1952 年初到南开大学任教时的雷海宗先生

雷海宗先生获美国芝加哥大学博士学位时留影

1957 年雷海宗先生全家福

南开百年史学名家文库

南开大学历史学科学术委员会　主编

雷海宗文集

江沛　编

南开大学出版社

天　津

图书在版编目(CIP)数据

雷海宗文集 / 江沛编. —天津：南开大学出版社，
2019.9
（南开百年史学名家文库）
ISBN 978-7-310-05846-4

Ⅰ.①雷… Ⅱ.①江… Ⅲ.①史学—文集 Ⅳ.①K0-53

中国版本图书馆 CIP 数据核字(2019)第 162869 号

南开大学出版社出版发行
出版人：刘运峰
地址：天津市南开区卫津路 94 号　　邮政编码：300071
营销部电话：(022)23508339　23500755
营销部传真：(022)23508542　　邮购部电话：(022)23502200
*
河北鹏润印刷有限公司印刷
全国各地新华书店经销
*
2019 年 9 月第 1 版　　2019 年 9 月第 1 次印刷
240×170 毫米　16 开本　46.5 印张　6 插页　805 千字
定价：185.00 元

如遇图书印装质量问题，请与本社营销部联系调换，电话：(022)23507125

"南开百年史学名家文库"编委会名单

总 序

为庆祝南开大学建校一百周年，南开大学统筹策划一系列庆典活动和工作。其中，借机整理人文社会科学学科百年历程，特别将各学科著名学者文集的编辑和出版列为代表性成果之一予以确定。2017 年底，时任南开大学副校长朱光磊教授主持部署此项工作，将历史学科相关著名学者的选择及成果汇集工作交予了历史学院。

2018 年 11 月，历史学科学术委员会集体商定入选原则后，确定 1923 年建系以来已去世的、具有代表性的十位著名学者入选"南开百年史学名家文库"，他们是：1923 年历史系创系主任蒋廷黻，20 世纪 20 年代在文学院任教的范文澜，明清史专家郑天挺，世界上古史专家雷海宗，先秦史专家王玉哲，亚洲史暨日本史专家吴廷璆，唐元史专家杨志玖，美国史专家杨生茂，史学史与史学理论专家杨翼骧，北洋史、方志学家暨图书文献学专家来新夏。

随即，历史学科学术委员会委托江沛教授主持此事，并邀请退休和在岗的十位学者（依主持各卷顺序为：邓丽兰、王凛然、孙卫国、江沛、朱彦民、杨栋梁与郑昭辉、王晓欣、杨令侠、乔治忠、焦静宜）参与此项工作，分别主持一卷。此后，各位编辑者按照统一要求展开编辑工作，克服重重困难，并于 2019年 1 月提交了各卷全部稿件。南开大学出版社莫建来等编辑，精心编校，使"文库"得以在百年校庆前印刷问世，这是对南开史学九十六年风雨历程的一个小结，是对南开史学学科建设的一个有益贡献，更是对南开大学百年校庆奉上的厚重贺礼。

十位入选学人，均为中国史、世界史学科的著名学者，创系系主任蒋廷黻，是中国近代外交史领域和世界史学科的开拓者之一；范文澜是中国较早的马克思主义史学家；郑天挺、雷海宗先生是南开史学公认的奠基人，是学界公认的史学大家，其影响力无远弗届；王玉哲（先秦史）、吴廷璆（亚洲史暨日本史）、杨志玖（唐元史）、杨生茂（美国史）、杨翼骧（史学史）、来新夏（北洋史、方志学、图书文献学）在各自学术领域辛勤耕耘、学识深厚、育人精良，誉满海内外。他们几十年前的论著，至今读来仍不过时，仍具有启示意义；他们所开创的领域仍是南开史学最为重要的学术方向，他们的学术成就及言传身教，引领了南开史学的持续辉煌，他们是南开史学的标志性人物。

学术传承，一要承继，二要创新。九十六年来，在这些史学大家引导下，逐渐凝聚出南开史学的重要特征：惟真惟新、求通致用。近四十年，已发展出"中国社会史""王权主义学派"等具有重要引导作用的学术方向。在当今历史学国际化、跨学科、复合型的发展潮流中，南开史学更是迎难而上，把发展方向定位在服务国家战略及社会需求上，定位在文理交叉、多方融合上，承旧纳新，必将带来南开史学新的辉煌。

值此"南开百年史学名家文库"即将付梓之际，特做此文，以为说明。

魏晋嵇康有诗曰："人生寿促，天地长久。百年之期，孰云其寿？"衷心祝福母校在第二个百年发展顺利、迈进世界一流大学的行列，恭迎南开史学百年盛典！

南开大学历史学科学术委员会主任：江沛

2019 年 8 月 26 日

导言：战国策学派文化形态学理论述评

——以雷海宗、林同济思想为主的分析

抗战时期名噪一时的战国策学派，无论其对世界历史、中国文化还是现实世界的认识中，其理论构架的核心就是历史形态学理论。在这一学派中，雷海宗与林同济又是对此倡导最力、著述最多的两位学者。

受斯宾格勒（Oswald Spengler，1882—1936）文化形态学说的影响，以雷海宗、林同济为代表的战国策学派，把五千年来世界上曾经出现过的高等文化区域划分为 7 个，在此基础上，雷海宗认为各种文化形态均经历了封建、贵族国家、帝国主义、大一统、政治破裂与文化灭亡的末世 5 个阶段；林同济则将各种文化形态的发展过程分为封建、列国和大一统帝国 3 个阶段。两人同时都对中国文化发展的脉络进行了清理，雷海宗还创造性地提出了中国文化独具"两周"的理论。雷海宗、林同济认为，20 世纪三四十年代的世界正处于"战国时代"，只有抱坚定的抗战信心，才能拯救中国文化于覆亡；雷海宗甚至预言：中国文化将进入第三个发展周期。这一理论，不仅具有学术创造的重要意义，而且在中日战争进入最艰苦的时期具有砥砺人心、振奋士气的现实功效。

一、文化形态学的要素

15 世纪"地理大发现"后，欧洲人得知了世界上还有发展层次不一的文化存在，它们形态各一，文明悬殊，风俗迥异，由此博物志、风俗志、民族学、人类学等新的学说逐渐兴起。18 世纪末，拿破仑远征埃及后，欧洲又产生了以发掘地下文明遗物作为研究古代文明手段的考古学。19 世纪，在相关学术研究数百年发展的基础上，欧洲学人得以对全世界各种文化形态发展的全过程有所了解，于是文化形态比较学应运而生。

文化形态比较学的开拓者，目前所知是俄国学者丹尼拉维斯基（N. Danilevsky），他于 1869 年发表《俄罗斯与欧罗巴》一文，将俄罗斯与西欧的

文化形态进行了比较分析，这是最早进行文明比较的论著。1918 年，德国人斯宾格勒出版了影响深远的《西方的没落》一书，将文化形态的比较研究方法进行了系统阐述，使文化形态比较学体系初成端倪。随后，欧美各国相继出现了二三十部有关文化形态比较研究的论著，其中最有名气的著作，要数英国著名史学家汤因比（A. Toynbee）耗费三十年心血完成的巨著《历史研究》（12 卷）一书。

斯宾格勒提出，目前世界上还没有一个全人类的历史，只有各个独立文化的历史，因此，研究世界历史实质上就是研究各个文化的发展史。每一种文化都有其独特的表征与精神，彼此沟通非常困难。要研究这个由不同文化构成的世界历史，必须采用全新的研究方法，以共时态的文化横向排列否定历时态的各种"社会发展阶段"的纵向演进。斯宾格勒称这种方法为文化形态学（Cultural Morphology）。照他的看法，文化形态学是"把一种文化的各个部门的表现形式内在地联系起来的形态关系"进行比较研究、综合考察的一种学说，是一种崭新的视角[①]。他提出，"对于每一有机体说来，生、死、老、少、终生等概念是带有根本性的"[②]，和自然界万事万物一样，"每一种文化都有它的自我表现的新的可能，从发生到成熟，再到衰落，永不复返"[③]，也就是说，不论一种文化具有何种特质，它的发展规律都是由盛到衰，因此各个异质文化间是有可比性的，异种文化间没有优劣之分，具有文化相对主义的倾向，他把这种文化形态学的研究方法也称做"比较形态学"。

斯宾格勒认为，所有的文化形态发展均要经历前文化、文化和文明三个阶段，然后周而复始地循环发展。以这种理论估算，世界上已有的埃及、巴比伦、印度、中国、古典、阿拉伯、墨西哥等七个文化都已死亡，仅余下一种历史的余迹。惟有西方文化尚处于文明的第一时期——战国时期，这个时期的特点是连绵不断的战争，在战争中几个国家最终合并成为一个大帝国。战国时期之后是帝国时期，统一的大帝国出现，这个时期要到 2000—2200 年间出现。因此，表面上斯宾格勒谈的是西方文化的没落，实质上却是以西方文化中心论出发，试图为西方文化寻求出路，同时也表现出各种文化间的平等发展的基本概念。

---

① ［德］斯宾格勒：《西方的没落》，北京：商务印书馆 1963 年 1 月版，第 18 页。
② ［德］斯宾格勒：《西方的没落》，第 13 页。
③ ［德］斯宾格勒：《西方的没落》，第 39 页。

文化形态史观具有文化相对主义倾向，它以共时态的各种文明横向排列否定了历时态的各种"社会发展阶段"的纵向演进，任何文明都具有相似的生命历程。与进化史观不同的是，这里的文化生命历程不具有"进步"意义，一种旧的文化衰亡与新的文化兴起，并不意味着是由落后向先进的演进，而只是生命周期的新一轮循环。尽管各个文化或"文明"在经验上存在着时序的先后，但"在哲学意义上"，仍可以把它们都看作是共时态的。它不强调文明间的所谓优劣差异，在某种程度上也表达出一种反种族主义、反特定文化本位主义的普世人文主义价值观[①]。

斯宾格勒的《西方的没落》第 1 卷出版时，正是"一战"德国战败之际。世界八大文化中只有西方文化还处于青年阶段，而西方文化又以德国文化最为优秀的论点，令灰心丧气的德国人获得了巨大的心理安慰，这部晦涩难懂的历史哲学著作，一时在德国畅销不衰，成为学术界争相议论的话题。

20 世纪前二十年，西学东渐的浪潮在古老的中国大地波涛汹涌，无数先进的知识分子希冀从西方现代性中找到"强国"的法宝，文化激进主义也好，文化保守主义也罢，都不再死抱着坚拒西学于国门之外的观念。在对中国文化未来发展走向的思考上，"中学为体"抑或"西学为体"的定位不同，只是在吸收西方文化的程度及方法上认识不一。二十年代初，在学人张荫麟、张君劢的大力介绍下，斯宾格勒走进了中国思想界，文化形态学由此进入中国。

战国策派学人中，多数具有留洋经历。雷海宗和林同济先后留美，贺麟与陈铨相继留德，雷、贺、林、陈于 1927 年至 1934 年间先后回国。四人中，雷、林是阐释、宣扬文化形态学并运用、发挥于中国文化分析的主要人物，陈铨与贺麟则是接受这一主张并在学术上加以运用的。至今尚无法确定雷、林二人是何时接受斯宾格勒的文化形态学说的，但雷海宗在 1936 年、林同济在 1938 年已有较为系统的文化形态史观则是无疑的，雷海宗运用文化形态学研究中国历史和文化的论著，主要是在三十年代后期完成的。

抗战全面爆发后，中华民族面临亡国灭种的危机。在前线浴血奋战的同时，知识界开始从学理上重新检讨中国文化，吸收精华、剔除糟粕的文化复兴运动，以近代以来不曾有过的、强烈的"中国化"面目跃然出现。战国策派的代表人物雷海宗、林同济，并不同意一味"中国化""民族化"的文化复兴，他们希求在东西文化的对比与融合中找到中国文化的复兴之路。林、雷两人合著的《文

---

① 秦晖：《文明形态史观的兴衰——评汤因比及其〈历史研究〉》，北京：《中华读书报》2001 年 1 月 17 日。

化形态史观》，收集了他们在四十年代初阐述文化形态史观的代表性论文六篇，集中表达了他们在这一理论指引下对抗战时期中国文化发展走向的思考。

二、雷、林的独特视角

战国策派学人对于文化发展的思考是立足于历史考察的，他们从"全体"的文化形态史观出发，提出了不同于进化史观的历史分期方法，进而创造出了"战国时代的重演"这一全新的时代命题。他们所有关于文化问题的论述，均由这一命题延伸而来。

雷、林在强调诸文化发展独立性与特异性同时，同样注重研究各个文化间的共同点，这就是他们常常谈及的"历史形态"或"文化形态"。雷海宗指出："历史进展大步骤的公同点，现在已逐渐成为学者所公认的现象。这种公同点，就是历史的形态，"[1]所以，文化形态学就是以文化为考察单位，以寻求它们之间共同发展规律的一门学问。这种历史形态的具体表现，就是各个文化在不同的"空间范围"经历的几个大致相同的"时间范围"，即历史阶段。

借用斯宾格勒的文化形态学理论，雷海宗认为每一种独立发展的文化，都有一个青春勃发—茁壮成长—繁荣昌盛—枯萎凋落的生命周期，都要经历封建、贵族国家、帝国主义、大一统、政治破裂与文化灭亡的末世等五个阶段。

第一阶段是封建时代，时间约为六百年。这一时期各个文化的政治、社会与经济现象较为特殊。在政治上的主权是分化的。每个文化空间范围内都有一个最高的政治元首，但这个元首并不能统治土地与人民，所谓"溥天之下，莫非王土，率土之滨，莫非王臣"，只是理想而已。元首直辖的土地只有王畿区域，在王畿内，也有许多卿大夫的采邑维持半独立状态，元首、诸侯、卿大夫、家臣等，对土地逐级分封。这一时期，社会上划分了明确的阶级，每个人在社会上的地位、等级、业务、权利、责任以及衣食住行等日常生活方式，都有公认的法规来认定，阶级是世袭的，其界限相当严格。在经济上，所有土地都是采地而非私产，极少可以自由买卖。在精神上是宗教的天下，宗教事务覆盖了人类所有的生活[2]。

第二阶段是贵族国家时代，以贵族为中心形成列国并立是典型的时代特征，前后约三百年。在政治上，封建时代的共主"渐渐全成傀儡，有时甚至整个消

---

[1] 雷海宗：《历史的形态与例证》，林同济、雷海宗：《文化形态史观》，大东书局 1946 年版，第 20 页。

[2] 雷海宗：《历史的形态与例证》，林同济、雷海宗：《文化形态史观》，第 20-21 页。

灭"，卿大夫及各级小贵族也日益没落。诸侯成为最有势力的阶级，他们控制各自的封疆，实行高度集权，主权分化现象不复存在。地方动乱大大减少，国际战争的目的，"只求维持国际的均势，没有人想要并吞天下"。在社会上，士庶之分仍然维持，但平民可以升为贵族。在经济上，井田制一类的授田制依然存在，但自由买卖土地得到承认。在精神上，宗教仍占据主流地位，但理性思想开始传播，对于宇宙、人生的奇思异想及伟人、圣哲都产生于这一时期①。

第三个阶段是帝国主义时代，前后约二百五十年。这一时期发生了政治、社会与经济上的大革命。革命推翻了贵族阶级，平民阶级夺取政权，得到了一个形式上的全民平等社会。随后社会动荡与国际战争重起，战争的目的，在于"消灭对方的实力，最后占据对方的领土，灭掉对方的国家"。由于阶级的消灭，全民皆兵的征兵制出现。在连绵的战争中，集权干预文化与思想的自由，思想趋于派别化，创造性思想极为缺乏；只有毫无中心见解的杂家贩卖词章，杂家的出现，意味着哲学的终结②。

第四个阶段是大一统时代，前后约为三百年。经过帝国主义时代的大战，一个强国吞并天下，出现了"整个文化区的大一统局面"。在政治上，为强化控制实行专制独裁，在社会上，物质较前有大的改善，但"颓风日愈明显"，尚武的精神衰退，文弱习气风靡，征兵制无法维持而改为募兵制。帝国疆域空前扩大，但帝国实力并不强大。在文化上，思想学术与文艺急剧退步，政治与文化冲突激烈，"思想定于一尊，真正的哲学消灭，文人全失创造的能力，只能对过去的思想与学术作一番解释，研究，与探讨的功夫，且其中夹杂着许多附会，误会，与望文生义的现象。一言以譬之，文化至此已经僵化，前途若非很快的死亡，就是长期的凝结"③。

第五个阶段是政治破裂与文化灭亡的末世，时间不定，"这是三百年大一统时代后无从幸免的一个结局"。政治腐败，体制衰退，个人主义严重，内乱外患不断，古老的文化从此一蹶不振，在与外族的争端中走向彻底毁灭。

---

① 雷海宗：《历史的形态与例证》，林同济、雷海宗：《文化形态史观》，第 22-24 页。
② 雷海宗：《历史的形态与例证》，林同济、雷海宗：《文化形态史观》，第 24-25 页。
③ 雷海宗：《历史的形态与例证》，林同济、雷海宗：《文化形态史观》，第 25-27 页。

表 1　世界四大文化周期比较表①

文化\年代	埃及	希腊—罗马	西欧	中国	
				古代中国	综合中国
封建与宗教时代·（600 年）	前 2800—前 2150 年旧国王时代	前 1200—前 650 年王制时代	911—1517 年中古时代	前 1300—前 771 年封建时代	383—960 年南北朝、隋、唐、五代时代
贵族国家时代（300 年）	前 2150—前 1850 年中期国王时代	前 650—前 323 年贵族国家时代	1517—1815 年旧制度时代	前 770—前 473 年春秋时代	960—1279 年宋代
帝国主义时代（250 年）	前 1850—前 1600 年希克索斯时代（Hyksos）	前 323—前 82 年后期希腊罗马时代	1815 年以后帝国主义时代	前 473—前 221 年战国时代	1279—1528 年元、明时代
大一统时代（350 年）	前 1600—前 1250 年新王国时代	前 82—180 年罗马帝国的盛期		前 221—88 年秦、东汉中兴时代	1528—1839 年晚明盛清时代
政治崩溃与文化消亡时代	前 1250 年以后波斯、罗马帝国统治	180—476 年		88—383 年东汉末年、三国、魏晋时代	1839 年以后晚清民国时代

注：雷海宗认为，印度、巴比伦及伊斯兰文明的资料因不可靠或匮乏的原由，无法进行较为系统的比较。

与雷海宗看法相似，林同济将文化发展形态分为三个阶段：（一）封建时代，是"'原始人群'与'文化人群'的分界"，社会被分成统治与被治两个阶层，"上下谨别"是一切思想与活动的标准。这一时期，贵族是社会中心，在政治上是"封君分权"，天下共主有名义尊严却无实际主权；在军事上是"贵士包办"，作战是统治者的特权；在经济上是"农奴采邑"；在宗教上是以祖先崇拜为特征的多神信仰。这一阶段类似中国历史上的春秋时代。（二）列国时代，具有"个性的焕发"和"国命的整合"两大潮流，个性潮流是针对封建阶级的束缚而发的，主张自由与平等，是一种离心运动；国命潮流则注重统一与集权，希冀打破旧的阶级并重组新的阶级，是一种向心运动。两者相生相克，最后国命潮流压倒个性潮流。这一时期，"政权集中，军权统一，经济干涉，国教创立"，可以说，"列国阶段是任何文化体系最活跃、最灿烂、最形紧张而最富创作的阶段"，这是"一个文化所可能达到的最高峰"。这一阶段类似中国历史上的战国时代。（三）大一统时代，战国时代的各国，大兴集权运动，全力进行国际间的战争，这种战争是规模浩大、残酷无情的"全体战""歼灭战"，结果是"一强吞诸国，

---

① 此表据雷海宗：《历史的形态——文化历程的讨论》（载重庆：《大公报·战国副刊》1942 年 2 月 4 日）和《中国文化的两周》（载雷海宗：《中国文化与中国的兵》，重庆：商务印书馆 1940 年 2 月初版）编制。

而制出一个大一统帝国，它多少都要囊括那文化体系的整个区域”①。

根据雷、林两人对世界文化形态的阶段划分理论，1815 年后，西方文化进入帝国主义时代即“战国时代”，这一阶段约为 250 年。至 20 世纪 40 年代，这个阶段已历经百余年，但仍在延续之中。林同济指出：“看十数年来全能国家一个跟着一个呱呱坠地，我们可以无疑地判断天下大势是不可遏止地走入‘战国作风’了。”②雷海宗认为，在“欧美文明”主宰命运的时代，大战国的景象已是相当明显。欧美文化“最后的归宿也必为一个大一统的帝国”。他认为，欧美文化的劫数并不在这一场战争中，那“或者仍为百年以后的事”，“历史的发展，自有其节奏与时限”。

在雷、林看来，中国文化则在大一统时代悠悠徘徊了两千余年，其文化早已是“活力颓萎”。在西方文化主导下的“战国时代的重演”当今世界，中国文化应该如何面对征伐无度的战争，如何保持民族生存和文化的薪传呢？笔者以为，这是雷海宗、林同济等人以文化形态学看待世界历史发展与现实变化的根本出发点。

林同济认为，战争本是任何一个时代都有的现象，但战国时代的战争却有三个独特的地方，这就是（一）“战为中心”，在战国时代，战争不仅是时代的显著标志，而且成为“一切主要的社会行动的标准”，成为一个民族和国家大政方针的出发点。（二）“战成全体”，封建时代的战例，规模有限，武器品种单一；战国时代的战争，则向着“全体化”的方向发展，可谓“人人皆兵，物物成械”；因此，“有没有本领随时可作全体战，可作‘战国之战’，乃是任何民族的至上需求、先决条件”。（三）“战在歼灭”，封建时代的战争，目的在于取胜，令对方割地赔款而已。战国时代的战争发起者，显示出一种“囊括四海，并吞八方”的气概，有一种“统治世界的企图”，所以此时的战争以歼灭战为多，“非到敌国活力全部消灭不止”。

林同济认为，战争从本质上讲是非正义性的，“用战的方式来解决民族间、国家间的各种问题，论理是‘不道德’，也‘不经济’的”，但资本主义体系的扩张性，用炮火的洗礼将全球文化纳于统一的轨道，任何一种文化想游离于其外都是困难的。这个“道地的战国灵魂乃竟有一种‘纯政治’以至‘纯武力’的倾向，充满了‘非道德’‘非经济’的冲动”。他明确指出：“在战国时代，侃侃能谈者总比任何时代为多。实际推行的可能性也总比任何时代为少。这不是

---

① 林同济：《形态历史观》，重庆：《大公报·战国副刊》1941 年 12 月 3 日。
② 林同济：《战国时代的重演》，昆明：《战国策》创刊号（1940 年 4 月 1 日）。

说和平不'应该',只是说战争是'事实'。[①]

由于社会与经济的发展,与时空上相去两千余年的战国时代相比,这一期"大战国时代"的战争呈现出一些新特点。林同济声称:"古战国之战,还未能充分发展其全体性;今战国之战,可以本着空前的科学发明以及科学组织法,而百分之百地把国家的一切人力物力向着一个中心目标全体化起来";其次,"古战国的歼灭方法尚不免粗且浅;今战国的歼灭方法却精密而深入得多",他警告道:"日本则更本着他的'准武士道'的原始残忍性而推广其毒化政策,从根本上来消灭我们的种族。"第三,古战国时代的所谓"世界大帝国",其面积不过地球一角,今天的战国,"也许开始是一种大陆式的若干'区域帝国'的对峙,最后乃在火拼而成为全世界的'大一统'"[②]。

文化形态学是一种考察世界文化发展规律的理论模式,战国策派学人也不是抱残守缺、泥古不化的书痴,他们反复强调新的"战国时代"的到来,目的既在探索中国文化发展的规律,也在观照现实,希望国人迅速认清当前的战争形势,坚定地从和平的梦幻中清醒过来,以"战国"的精神应对"战国时代"。面对国土上到处燃烧着的中日战争烽火,林同济声称:"目前的事实,是歼灭战已开始展开",中华民族"已经置身到人类历史上空前的怒潮狂浪当中了"![③]

林同济认为,当前的中日之战,"不但被侵略的国家(中国)生死在此一举,即是侵略者(日本)的命运也孤注在这一掷中!此所以日本对我们更非全部歼灭不可,而我们的对策,舍'抗战到底'再没有第二途"。他警告道:"歼灭战是无和可言的",企图以和谈、投降的方式了结中日战争的人,必是"妖言误国"。他痛斥汉奸汪精卫之流的愚蠢和不识时务,"以为天地间总有侥幸可图,只须号泣走敌廷,三跪九叩,人家即可'放松'饶命。傀儡心理,文人政客鬼胎,真贱极无聊了!"他大声疾呼,"不能战的国家不能生存",任何国家都无法幸免于这"无情的时代","人类的大运所趋,竟已借手于日本的蛮横行为来迫着我们中国人作最后的决定——不能伟大,便是死亡。我们更不得再抱着中庸情态,泰然捻须,高唱那不强不弱不文不武的偷懒生涯!"[④]。正是在抗战救国的意义上,陈铨才表现出了"你且莫管正义不正义,正义在其中了"的偏激[⑤],这是

---

① 林同济:《战国时代的重演》,昆明:《战国策》创刊号(1940年4月1日)。
② 林同济:《战国时代的重演》,昆明:《战国策》创刊号(1940年4月1日)。
③ 林同济:《战国时代的重演》,昆明:《战国策》创刊号(1940年4月1日)。
④ 林同济:《战国时代的重演》,昆明:《战国策》创刊号(1940年4月1日)。
⑤ 陈铨:《指环与正义》,重庆:《大公报·战国副刊》1941年12月17日。

应该正确理解的。

纵观近代中国史，林同济清醒地指出，不能"时时刻刻提着'大一统'时代的眼光来评量审定'大战国'的种种价值与现实。自上次欧战后之高歌'公理战胜'，以至九一八之苦赖国联，其思路都出于一条的路线。置身火药库边，却专门喜欢和人家交换'安详古梦'。这恐怕是我们民族性中包含的最大的危险"。他提出："我们须'倒走'二千年，再建起'战国七雄'时代的意识与立场，一方面来重新策定我们内在外在的各种方针，一方面来仔细评量我们二千多年来的祖传文化！"这里的"倒走"，只是希望国人能有"战国"意识，而不是如一些文章所言是真要中国倒退到两千年前。

战国策派认为，延续两千多年且活力尽失的"大一统文化"，在国民性中培植起因循守旧、中庸自足、懦弱懒惰的弱点，要想"救大一统文化之穷"[①]，重振中华文化的雄风，使中华民族走向新的强盛，就只有吸收"列国酵素"，将之改造为"最活跃、最灿烂、最形紧张而最富创作"的战国文化[②]，"现在的抗战建国运动，乃是有深厚的精神背景和普遍的学术文化基础的抗战建国运动，不是义和团式的不学无术的抗战，不是袁世凯式的不学无术的建国"，只有认识到抗战建国"必是建筑在对于新文化、新学术各方面各部门的研究、把握、创造、应用上"[③]，中国文化才能如凤凰涅槃般起死回生，迎来文化复兴的第三周。也许，这才是战国策派强调"战国时代的重演"的真意。透过冷静的学理分析，战国策派诸学人关注祖国文化与民族命运的拳拳之情跃然纸上。

林同济与雷海宗的文章发表后，"战国时代的重演"的观点，一时成为知识界人士中极为时髦的话题。

陈清初赞同战国策派学人的观念，他称："今日为'力与快'（force and speed）之时代，任何国家与民族欲求独立存在于今之世，非具备此两种条件不可，是以凡一国家其表现之'力与快'超过一般国家者强，不及一般国家者非弱即亡，揆之史实，历历可数。"[④]罗梦册反对战国策派学人理论的观点是有代表性的，他认为：林同济依据他自己的历史逻辑把现实世界比作中国的战国时代，这是不合历史事实的。即使在中国古代的战国时代，各国也不是以战而是以统一为中心。他质问：假如有"战国时代的重演"局势存在，为什么中国有资格参加，

---

① 林同济：《卷头语》，林同济、雷海宗著：《文化形态史观》，第3页。

② 林同济：《形态历史观》，重庆：《大公报·战国副刊》1941年12月3日。

③《抗战建国与学术建国》（1938年8月），贺麟：《文化与人生》，商务印书馆1988年版，第20-21页。

④ 陈清初：《"国家至上"的具体表现》，重庆：《军事与政治》第3卷第5期（1942年11月30日）。

而其他欧亚大帝国就不能呢？他以为，中日之战如是强弱之战，中国必亡，那还抵抗干什么？罗文提出，中日之战不是强弱间的对抗，"不是帝国征服的要求而是反帝国、反征服之'解放'浪潮"！"今日你与我所已置身其中的现世界的现时代，不是一个全人类即要被征服之后的时代的黑夜，而是一个全人类即要解放和必要解放之前进时代的前夕"。他声称："当林先生正大声疾呼地要求着我们必须了解现时代的意义的今日，他自己却正误解着现时代的意义。"[①]

柳凝杰声明并不完全赞同林同济的观点，但对林氏提出的人类文明分合过程中战争必然性的认识深以为然。他不同意罗梦册以历史上部落击败部落的例证作为否定林同济观点的依据，不赞成罗文认为古代中国人没有国家观念的说法，也不同意罗文认为古代中国的战国时代不是以战而是以统一为中心的论点，认为仅凭上述几点依据，并不足以否定"战国时代的重演"的观点。柳文指出："如果战争成为时代的'中心现象'，则任何国家民族谈任何事，均不能不就战争一项打算。如果人家均如此打算，而我们却要硬压住'战争'，去唱其他高调，则其危险，简直不堪想象！"他反对罗文仅因中日是强弱之战就要放弃抵抗的观点，虽然他并没有意识到中日之间强弱条件的相互转化，但他声称历史上从来也没有"弱遇强必败"的定律，"因为构成真正强弱的条件太多，决定最后胜利的因素更多，事在人为也"。柳文认为，依据"一战"的经验，"帝国主义者的崩溃，并不能如何有助于弱小民族"。仅用"战国时代"解释一切，未免失于简单。他指出，林同济的"自成体系"文化的标准较为模糊，不应该将希腊罗马文化与近代欧洲文化一分为二；秦汉以后中国国民劣根性的养成，主要是受佛道观念和历代统治者愚民政策的影响。他指出："历史是循着'割裂或对峙''统一''混同'三阶段，成循环的演变着，向世界大同的路上推进。由第一进至第二阶段，经过是残酷的，整个的趋向是'战争'，是'集权'。由第二进至第三阶段，刚刚相反，'和平''民主'等必然抬头。但是第三阶段新局面要完成的时候（有时就在第二阶段中），第二个新循环常就又应运而生了。"柳文还认为，如果林同济提出的战国时代的"战为中心""全体战""歼灭战"的特点成立，"今日之战已演变为'全体战'，故如战争失败，被毁灭者必为'全体'"，何来"战国时代的重演"呢？尽管如此，柳文认为面对残酷的世界战争，还是要严肃

---

① 罗梦册：《不是"战国时代的重演"，而是人类解放时代之来临！》，重庆：《大公报》1941 年 3 月 25、27 日。

地对待①。相对这些认真而率直的讨论，一些文章对文化形态史观的误会与曲解，就显得有些方枘圆凿、格格不入了，此不赘述。

笔者以为，文化形态史观没有固守古老的欧洲文化中心主义，与欧洲中心论相比显然是一个进步。基于对不同文化形态间的相互比较，从而得出文化发展的特殊或一般规律，相对于单纯认识一种文化形态，可以说视野更开阔、思考更深入。其次，在文化形态史观的框架中，各种文明形态，没有政治意义上的地位平等与否而具有同等的精神价值。其三，文化形态史观从"国际均势"的概念出发，对世界文化历史与现实的审视，更易于跳出感情与政治的束缚认清文明的发展规律。此外，文化形态史观提供了一个宏观的视角，使人对一种文明形态或整个文明体系的发展，在比较的基础上得出清晰认识。

文化形态史观在克服历史研究中唯科学主义思潮之弊的同时，也暴露出自身的局限性。如柯林武德所言：用历史形态学代替历史本身，"那是一种自然主义的科学，它的价值就在于外部的分析、建立一般规律以及（非历史性思想的决定性的标志）自称根据科学的原则预言未来。"它的基本出发点，是要"用自然主义的原则概念来代替相应的历史概念"②。在批评科学主义的同时，文化形态史观依然没有摆脱科学主义的窠臼。文化形态史观在对不同文化形态进行比较研究时，常常忽视政治、军事、哲学、艺术、宗教等现象之下社会生产力作为根本原动力的作用，似乎人类文化史就是一部征伐无度的战争史。

文化形态史观不管文化的来源及其影响，对文化异同只求其然而不知其所以然；作为一种史学研究方法，文化形态史观未免有"主题先行"之嫌，不管实际情况一律照搬其模式进行共时态的论说，否定历时态的学说；文化形态史观的理论根基相对薄弱，除了社会达尔文主义的思想之外，几乎没有什么理论来源。各个文化形态为什么只有这样的三个或五个阶段？各个文明的发展或许具有一定的周期，但周期的界定并不能如化学反应那样精确，文明变迁需要一定的时间才可以显现出质的转变，因此文明形态的界限应是一个模糊概念，过于精确的划分反而损伤了文明研究的科学性。

文化形态史观侧重于对世界上各个文明形态的发展阶段及其规律的认识。它吸收了达尔文考察自然生命发展规律的思想，视文明犹如一个有机体，认为其也存在着由盛至衰的变化。考察前近代世界的任何一种文明形态，只要是处

---

① 柳凝杰：《论所谓"战国时代的重演"及所谓"人类解放时代之来临"》，重庆：《大公报》1941 年 4 月 15-17 日。

② [英]柯林武德著、何兆武译：《历史的概念》，中国社会科学出版社 1986 年版，第 206-207 页。

于相对封闭的环境中，都有一个从孕育、壮大并因缺乏新的因子而衰亡的过程。中国有"天不变，道亦不变"的名句，或可作为这种现象的一个注释。其实，当一个文明的生存环境发生改变，而文化并未作出相应的调整，文化与社会的不相适应就会立即成为文化发展的桎梏。文化形态史观认为，一种文明形态的衰败，常常发生在与适应时代的高级文化的冲突中；而每一种既有文明形态的再生，同样得益于高级文化因子的融入。正是在冲突与融合中，世界文明在生死与较量中前进。文化形态史观的理论，为战国策派学人提供了考察世界的独特视角，也为近代中国的文化危机找到了一个本体论层次的解释。借此理论，战国策派学人不外乎要达到两个目的：一是要说服国人"摒弃'大一统型'的骄态与执见"，认真反思中国文化的病态与国民劣根性；二是要以开放的心态全面"吸收列国酵素"，使明显落后于世界发展的中国文化得以重建；三是要使国人认真思考抗日战争的残酷性，切不可对"战国时代"抱任何的幻想。

三、中国文化独具"两周"

面对着西方文化兴盛与东方文化衰败的近代历史，面对着德国法西斯、日本军国主义野蛮侵略和杀伐无度的"战国"现实，作为学人，雷海宗等从学术角度寻求文化发展的内在规律，强调现代性的不可回避；作为中国人，雷海宗则要捍卫中华民族顽强的生命力和中国文化的未来。中国文化的未来命运究竟如何？这一来自现实的呼声，是战国策派学人无法回避的重大课题。

雷海宗运用文化形态史观的理论，对世界上已知的典型文化形态进行比较研究后，得出了所有的文化形态在经历了封建与宗教时代、贵族国家时代、帝国主义时代、大一统时代、政治破裂与文化灭亡末世等五个阶段后必然衰亡的结论。然而，当雷海宗将中国历史划分至公元 383 年时，惊异地发现中国文化不但没有走向死亡，反而继续生存了下去。面对文化形态史观理论上的局限性，雷海宗并没有放弃，而是进行了创造性发挥。他将中国文化作为一个特例，提出中国文化独具"二周"的新认识。这一观点的提出，蕴含了雷海宗文化思想的主要成分和强烈的民族主义意识。

雷海宗认为，中国两千余年的悠久历史大致划分为周而复始的两大周期。第一周自殷周至公元 383 年的淝水之战，这一时期是纯粹的华夏民族独立创造文化的时期，外来血统与文化没有重要地位，也可称为古典的中国。第一周又可分为封建时代（公元前 1300—前 771 年）春秋时代（公元前 771—前 473 年）

战国时代（公元前 473—前 221 年）和帝国时代（公元前 221—88 年）帝国衰亡与古典文化没落时代（88—383 年）。雷海宗解释道，正是由于 383 年后胡人血统的渗入，导致胡汉民族的融合；此外，印度佛教传入后为中国文化带来新的生机，从而形成了梵华同化的第二周文化[①]。

第二周由公元 383 年至抗日战争时期，是北方各个民族屡次入侵中原，印度佛教深刻影响中国文化的时期，这一时期，中国民族在血统和文化上的个性没有丧失，但外来血统与文化开始据有很重要的地位，胡汉混合，梵华同化，也可视为一个综合的中国。第二周的 1500 年间，虽然朝代更替频繁也各有特点，但整个社会在政治、经济上没有实质性的变化，只是在宗教、哲学、文艺等方面有所演变。因此，第一周内各时代均有专名，而第二周只能以朝代划分了（参见下表）。

表 2　中国文化发展的两个周期表[②]

周期	时 代				
	宗教时代	哲学时代	哲学派别化时代	哲学消灭与学术化时代	文化破裂时代
第一周	殷商西周：前 1300—前 771 年 殷墟宗教 周代宗教	春秋时代：前 770 年—前 473 年 邓析、楚狂、陆通、接舆、孔子	战国时代：前 473—前 221 年 六家	秦汉与东汉中兴：前 221—88 年 经学训诂	东汉末至淝水之战：公元 89—383 年 思想学术衰退 佛教传入
第二周	南北朝隋唐五代：公元 383—960 年 佛教大盛	宋代：公元 960—1279 年 五子，陆象	元明：公元 1279—1528 年 程朱学派 陆王学派	晚明盛清：公元 1528—1839 年 汉学考证	清末以下：公元 1839 年后 思想文化并衰 西洋文化东渐

雷海宗认为，惟一在文化上可与中国相比的，是历史同样悠久的印度文化。印度文化虽然至今犹存，但在 100 年左右，"印度已开始被外族征服，从此永远未得再像阿育王时代的伟大与统一，也永不能再逃出外族的羁绊"。同时，由于印度缺乏可靠史料，无法对其文化进行清楚的研究，所以中印文化无从比较[③]。因此，雷海宗断言："中国由秦并六国到今日已经过二千一百五十余年，在年代

---

①《中国文化的两周》，雷海宗：《中国文化与中国的兵》，重庆：商务印书馆 1940 年 2 月初版，第 184-185 页。

②《此次抗战在历史上的作用》，雷海宗：《中国文化与中国的兵》，重庆：商务印书馆 1940 年 2 月版，第 208-209 页。

③《中国文化的两周》，雷海宗：《中国文化与中国的兵》，重庆：商务印书馆 1940 年版，第 199-200 页。

方面不是任何其他文化所能及的。罗马帝国一度衰败就完全消灭，可以不论。其他任何能比较持久的文化在帝国成立后也没有能与中国第二周相比的伟大事业。中国第二周的政治当然不像第一周那样健全，并且没有变化，只能保守第一周末期所建的规模。但二千年间大体能维持一个一统帝国的局面，保持文化的特性，并在文化方面能有新的进展与新的建设，这是人类史上绝无仅有的奇事。其他民族，不只在政治上不能维持如此之长，并且在文化方面也绝没有这种二度的生命。我们传统的习性很好夸大，但以往的夸大多不中肯；能创造第二周的文化才是真正值得我们自夸于天地间的大事。好坏是另一问题，第二周使我们不满意的地方当然很多，与我们自己的第一周相比也有逊色。但无论如何，这在人类史上是只有我们曾能作出的事，可以自负而无愧。"①

雷海宗认为，中国文化能够"独具二周"，是人类文化史上的奇迹。当其他文化在一周后渐次灭绝，中国文化何以仍有强盛的生命力呢？1938年，雷海宗的解释可谓发前人之未发。他认为，中国文化之所以有第二周的发展，是由于中国文化从以黄河流域为中心扩展到长江和珠江流域。雷海宗从人口数量、行政区域的角度勾画出自南北朝后中国文化南北消长的线索后说："到明清时代，很显然的，中原已成南方的附庸了。富力的增加，文化的提高，人口的繁衍，当然都与此有关。这个发展是我们第二周文化的最大事业。在别的民族已到了老死的时期，我们反倒开拓出这样一个伟大的新天地，这在人类历史上是无可比拟的例外。"②他不无幽默地比喻道：中国文化衰而复生的"独到的特点，可使我们自负，同时也叫我们自惧。其他民族的生命都不似中国这样长，创业的期间更较中国为短，这正如父母之年迈叫我们'一则以喜，一则以惧'。据普通的说法，喜的是年迈的双亲仍然健在，惧的是脆弱的椿萱不知何时会忽然折断。我们能有他人所未曾有的第二周，已是'得天独厚'。我们是不是能创出尤其未闻的新纪录，去建设一个第三周的伟局？"③在1942年时，雷海宗对此的解释仍未完全摆脱困惑："过去的文化为何一定都毁灭我们不知道，中国为何能独存我们也不知道。我们只知其然，不知其所以然；若勉强作一个比喻，我们可说文化如花，其他的文化都是草木，花一度开放，即告凋死；中国文化似为木本花，今年开放，明年可再开，若善自培植，可以无限地延长生命。第二周的文

---

① 《中国文化的两周》，雷海宗：《中国文化与中国的兵》，第198-199页。
② 《此次抗战在历史上的地位》，雷海宗：《中国文化与中国的兵》，第211页。
③ 《中国文化的两周》，雷海宗：《中国文化与中国的兵》，第200页。

化虽在人类史上已为例外，但既有第二周，也就可有第三周。"①

应该指出的是，雷海宗、林同济等人的"中国文化独具二周"理论，提出于 20 世纪 30 年代中期，成熟于烽火连天的中日战争相持阶段。如众多学者所言，雷海宗、林同济等人关于中国文化独具"两周"论的产生，具有为现实服务的强烈的民族主义情绪，他们希望从学理上圆满论证中国文化具有超乎寻常的顽强生命力，以振奋民族精神②。然而，仅仅以民族主义的情绪解释文化形态史观及中国文化独具"两周"论，显然低估了雷、林等人关于文化发展的洞见。

笔者认为，雷海宗、林同济的中国文化独具"两周"观点，首先是从文化形态史观推导而出，他们认为，任何一种文化的周期转折，要有外来文化因子的融入。佛教文化的传入，便成就了中国文化"第二周"的奇迹。而其他文化因缺乏吸收外来文化的机缘归于衰亡。近代以来处于衰败期的中国文化，在面临西方文化冲击的同时，实际上也孕育着新的生命。其次，以此警醒国人、为抗战服务的意义不言自明，两人也从不否认此点。纵观世界文化史和近代中国历史，雷、林等人在对以往文化优越的民族征服文化落后民族事例的联想中，为抗战时期中华民族的命运而深怀忧虑。"中国是否也要遭遇古代埃及与巴比伦的命运？我们四千年来的一切是否渐渐都要被人忘记？我们的文字是否也要等一二千年后的异族天才来解读？"③他们的仰天长问，像重锤一样猛击在国人的心田，令人不寒而栗。但在各种场合下，两人以论文、讲演等方式，一方面不断激烈地抨击中国文化根深蒂固的劣根性，一方面也冷静地指出西方文化在资本主义的强势扩张中出现的内在矛盾与世界性弊病，希望国人能坚定文化自信心，对处于"战国时代"的西方文化"可以不致再似过去的崇拜盲从，而是自动自主的选择学习"④。与此同时，雷海宗、林同济还似有预见地指出了从"二战"开始，世界上的民族冲突与其说是政治冲突，不如说是文化冲突，是强大的工业文明与各个独立的文化间不可避免的相互交融与渗透。尽管西方文化处于强盛顶峰，但其内在矛盾与弊病也日益明显地暴露出来，在借鉴西方文化优长的同时抵挡住西方文化的冲击，就可以保持中国文化的独立性。只有如此，

---

① 雷海宗：《历史的形态——文化历程的讨论》，重庆：《大公报·战国副刊》1942 年 2 月 4 日。

② 参见黄敏兰：《学术救国——知识分子历史观与中国政治》，河南人民出版社 1995 年 12 月版，第 231 页；侯云灏：《文化形态史观与中国文化两周说述论》；《史学理论研究》1994 年第 3 期；王敦书：《雷海宗关于文化形态、社会形态和历史分期的看法》；《史学理论》1988 年第 4 期等。

③ 《无兵的文化》，雷海宗：《中国文化与中国的兵》，第 155 页。

④ 雷海宗：《历史的形态——文化历程的讨论》，重庆：《大公报·战国副刊》1942 年 2 月 4 日。

中国文化才有第三周的发展。笔者以为，这种认识具有穿透时空的生命力。

四、"文化重建"第三周

近代中国危机的特殊语境中，固执的文化保守主义不足以得到知识群体的认同，全盘西化的激进主义同样使处于民族性与现代性的心理分裂中的知识群体无法接受。事实上，战国策派学人创造出的中国文化独具"两周"的理论，有意无意地朝着既要强调中国文化的生存又要大力引入西方文化精神的方向切入，目的就在于创建一个能超越近代中国知识群体在民族性与现代性间内在紧张的新的文化认同。无论对于现实政治还是学术研究，这都是一个极具挑战性的课题。

运用文化形态史观的理论，战国策派学人们认为，抗日战争不仅是中日两国间的战争，它实际上是"战国时代"列强争霸全球战争的一部分。不仅是两国间政治、经济与军事实力的较量，也是一种文化的较量，是西方文化与中国文化为代表的东方文化间的碰撞。因此，仅仅着眼于军事与政治的抵抗是不够的。只有顺应时代的形势，把握机遇，中国文化在实现前无古人的第二周后，仍然具有重新繁荣并进入第三周的可能。雷海宗信心十足地宣称："抗战开始以前，著者对于第三周只认为有实现的可能，而不敢有成功的希望。抗战至今日，著者不只有成功的希望，并且有必成的自信。以一年半以来的战局而论，中华民族的潜力实在惊人，最后决战的胜利确有很大的把握。"①

然而，要使中国文化顺利进入第三周的发展，首先应该确立中国文化的地位、认清优长与劣短，从正处于"战国时代"的西方文化身上汲取营养，即是所谓中国文化重建。

雷海宗指出，"此次抗战，是抗战而又建国。若要创造新生，对于旧文化的长处与短处，尤其是短处，我们必须先行了解"②。根据文化形态史观的理论，战国策派学人认为中国文化正处于"大一统时代"的末世，"其毛病在'活力颓萎'——内在外在，都嫌活力颓萎"③！"一心一意要'止于安'Security。开始百年间，文绩武功往往还能显出一时的盛况。过此以往，除了偶尔复兴的短期外，始终找不出真正有效的法子避免一种与时俱增的老年'倦态'Ennui：不

① 《建国——在望的第三周文化》，雷海宗：《中国文化与中国的兵》，第221页。

② 《总论——传统文化之评价》，雷海宗：《中国文化与中国的兵》，第1-2页。

③ 林同济：《卷头语》，林同济、雷海宗：《文化形态史观》，第3页。

求向上升高（封建现象），不求向外膨胀（列国现象），焚香祷祝，只求'天下无事'！"在这种奢靡风气中，社会就会出现"敌忾意识消失，一切作用'内向化'"和"贵士遗风式微，一切品质'恶劣化'"的现象。在这种文化侵蚀下，军队成为内乱的根源，政治"流为官僚功名利禄的把戏"。"整个文化的'人'与'物'两方面表现，始终摆不脱'颓萎'的色彩与精神"①。

他们认为，与中国文化恰恰相反，西方文化正处于活力四射的"战国时代"，尽管已有"超列国而入大一统"的征兆，但它仍有相当长的"活跃前途"，不会在短期内夭折。面对这个西方文化的无情冲击，"如果要保持自己的存在，而求不被毁灭，势必须决定一个及时自动的'适应'"②。在战国策派学人眼中，中西文化的优劣长短显而易见。因此，"救大一统文化之穷，需要'列国酵素'"，更要"抛弃'大一统型'的骄态与执见"③。

笔者以为，战国策派思潮中表现出一种明确的文化激进主义意识。他们认为，任何一种文化，在其独立发展失去活力之时，都需要改造文化的劣根性，需要外来文化因子的融入，才能产生新的活力。世界文化史的发展规律也表明，文化融合是一种文化衰而复生的关键所在。在保持中国文化生存上，他们与诸种观点并不抵触，但对一味强调"民族化""中国化"的认识持有异议，这种异议并没有政治意图，因为战国策派学人是从文化发展的整体视角考察问题的。

战国策派对于中国文化重建的倡言，当时即引起一系列的反响。主张生物社会史观的常乃惪和提倡生命史观的朱谦之等人，纷纷撰文表态。

常乃惪认为，"二战"具有重大的文化意义，"这也许是人类有史以来最大的一次战争，战争的结果不但决定了几个国家的兴亡，也许决定了几种文化体系的成败。一切关心战争前途及人类命运的人，对于这个战争的文化的意义不得不特别加以考虑，也只有真正了解历史文化发展途径的人，才能够真正把握住了此次战争的深刻的意义"④。常乃惪主张，通过抗战来动员民众起来改造旧的中国文化，以此唤起中华民族的新生。他明确赞同雷海宗的观点，声称与其研究结果"大同小异"。他认为：从生物学的角度来看，每一种文化体系的发展都是有生命和有机的，和一切有机的生命一样，都有一个从幼年、壮年至老年的生长过程，世界上每一个独立的文化体系，如中国、埃及、巴比伦、希腊、

---

① 林同济：《形态历史观》，林同济、雷海宗：《文化形态史观》，第15—17页。
② 林同济：《卷头语》，林同济、雷海宗：《文化形态史观》，第2页。
③ 林同济：《卷头语》，林同济、雷海宗：《文化形态史观》，第4页。
④ 黄欣周编：《常燕生先生遗集》第1卷，台北：文海出版社1967年版，第293页。

罗马和西欧等文化，都可以从这个角度去认识。当然，常乃惪也提出：正如人的寿命长短不一，每一个文化的发展周期长短也不尽相同，这与此种文化先天禀赋与后天调养的状况不无关系。他指出，就像树的接枝能使濒临淘汰的树种焕发青春一样，各民族的融合能为一种文化注入新的生命活力。在对中国文化发展的周期划分上，常乃惪也与雷海宗、林同济等人不同，他认为：中国共有三个周期，秦汉时代为第一周期；隋唐时代为第二周期；宋元明清为第三周期。三个周期还可分为春夏秋冬四季，以示一个周期内文化的兴衰。如第三周期的宋代，是中国经历了五代纷争的民族融合后进入第三周的春季，文化有了较大的发展；元代蒙古族的入主中原，实际上是民族的又一次大融合，中国文化呈现多姿多彩的特色，可谓此周中的夏天；明代至清代中国文化成熟灿烂，可谓是秋季；晚清由于英法等帝国主义强国的入侵，社会黑暗、民生痛苦及文化衰败是有史以来最严重的，因此"这是第三期文化的冬季，也正是一个新时代文化的酝酿时代"。他认为：也正是由于帝国主义列强的入侵，中国文化有了吸收西方文化的机遇，从 20 世纪起，中国文化第四周期的春天实际上已经开始了，极盛的夏季将在今后的一个世纪中来临，当务之急是在文化接枝同时进行民族混血工作[①]。

时任中山大学教授的朱谦之，以他对生命史观的探索进而关照文化发展规律，大体上认同雷海宗、林同济二人的基本观点。他认为，人类历史上确有几个平行、独立发展的文化体系，这些文化有生长、壮大、衰老的生命周期，但中国文化是一个例外，这是由中国文化的特质决定的。中国文化常常因为外族刺激而出现蓬勃新兴的气象；其二，中国文化具有更为长久的文化时间和广大的文化空间，与其他文化相比具有更加顽强的生命力，也应该具有更长的寿命；所以他认为："中国文化虽然已'老'，却是不衰。所以施本格勒和汤因比的历史决定论，都应受严格的批评。"[②]

朱谦之也提出了一个对中国文化发展历程的周期划分。他认为：中国文化共分为三个周期，第一个周期为宗教时期，也称"黄河流域文化时代"，约从公元前 3300 年至 1300 年止，历时 4600 年。第二个周期为哲学时期，也称"长江流域文化时代"，约从宋朝建立至 1937 年抗战爆发止，历时 600 余年。第三个周期是科学文化时期，也称"珠江流域文化时代"，即从抗日战争爆发起至今。

① 黄欣周编：《常燕生先生遗集》第 1 卷，台北：文海出版社 1967 年版，第 334-335 页。
② 朱谦之：《中国文化新时代》，《现代史学》第 5 卷第 3 期（1944 年）。

朱谦之将第三个周期视为中国文化第三次独立发展期①。朱谦之对中国文化周期划分的独特观点，可能是受雷海宗、林同济对中国文化周期划分的启发后提出的。其划分标准既考虑到了地域性因素，注重了早期文化发展的地理特征；又考虑到了各个时期的文化特征。

不管是战国策派学人，还是常乃悳、朱谦之等人，都较其他人更早地意识到第二次世界大战及其重要组成部分的中日战争，在世界文化发展及中国文化发展的历程中具有的文化意义。在他们看来，由于工业化后资本主义在全球的扩张及西方文化具有的强势，当时的世界已开始呈现出一个不可避免的文化全球化趋势，任何一种文化都无法回避或独立于其外。

在抗日战争时期救亡图存的主题下，他们均发出了中国文化重建的呼吁，从学术的角度阐述中国文化在历史演进中所具有的独立性与顽强的生命力，提出文化的强弱与民族的盛衰间不可或分的关系，不约而同地就中国文化发展及重建的若干问题达成了共识。显然，他们对于中国文化重建的认识，不只是要恢复中国传统文化的基本原则，更重要的是提倡中国文化在保持特性的前提下对以西方文化为主导的新"战国时代"的迅速适应②。应该说，是第二次世界大战激发了他们的学术灵感，不能认为他们的观点只是为适应当时文化"中国化"浪潮而提出的，只是知识分子爱国主义精神的体现；还要认识到他们透过第二次世界大战的战火硝烟深刻把握时代脉络的学术洞察力、开放胸襟及复兴中国文化观点的深远意义。其实，在战国策派的文化重建主张中，超越民族性与现代性的新的世界文化认同，是一个呼之欲出的话题。他们常常挂在嘴边的以"列国酵素""救大一统文化之穷"的看法，其实清楚地表明了他们在文化改造上的激进主义与自由主义意识。西化不等于现代化，但现代化所包含的社会分殊化、工具理性化、工业化、城市化、世俗化等所谓"现代社会特征"，都最早出现在西方国家，因此，现代化不可避免地要具有相当浓重的西方化色彩与意含。

战国策派学人以学术参与政治的结果，不仅使更多的人关注中国文化的命运，也从一个方面促进了学术的发展。此前盛行一时的进化史观，主张各种文化无论特点如何，其发展均是历时态性的；文化形态史观则主张文化发展的共时态性，它视文化发展多元的观点，不再机械、单线地看待历史与社会的发展形态。就此而言，其思想的养分值得认真对待。

---

① 朱谦之：《中国文化新时代》，《现代史学》第 5 卷第 3 期（1944 年）。

② 林同济：《卷头语》，林同济、雷海宗著：《文化形态史观》，第 2 页。

战国策派学人对于中国文化重建的呼吁，也再一次提醒后人关注第二次世界大战对现当代国际关系与社会发展的重要影响。1942 年 6 月，就在第二次世界大战进行最为艰苦、同盟国与轴心国间胜负难料的时刻，林同济竟然依据"文化形态史观"准确地预见到战后世界的基本政治格局。他说：

> 然而细察当前的形势，西洋文化还未到"定于一"的时辰。这次大战，不论那一方胜利，其所带来的结果，将不是世界的统一，而乃是两三个超级国家的诞生。这两三个超级国家可是一类压倒势的"大力国"Greatpowers，实际上决定人类命运的前途。配合而来的，也必有一类"大力国主义"，从理论上赋予这两三个大国以公认的地位与特权。

> 问题不在"大力国主义"的成立，因为它的成立恐怕是必然的。问题在这次战后这大力国主义究竟是取希特拉东条的强暴形式，抑还是一种开明领导的"齐桓公"作风——我们尚可叫为罗斯福作风？[①]

历史的演进表明，战前全球政治的无序与多元化，一变而为"二战"后由美苏两个超级大国所代表的两极化国际政治格局。西方国家并没有"定于一"，资本主义经济的市场竞争也由以前的各自为政演变为有序发展，社会主义国家在自己的势力范围内尝试着计划经济的发展。由此，"大力国主义" ——霸权政治成为不可回避的现实存在，由此带来的经济霸权和文化霸权思潮，成为全球发展中重要的现象。霸权政治实际上赋予了美苏两个超级大国"以公认的地位和特权"。两极化格局的形成，不可避免地使世界经济、政治、文化的发展趋于融合，无形中又加快了全球一体化的速度。进入 20 世纪八九十年代后，由于苏联解体，两极化格局终于被打破，全球一体化进程已是世人皆知，这个一体化背后的主导力量是全球经济与文化的一体化。

按照雷海宗给出的时间表，西方国家从 1815 年左右进入"定于一"的帝国主义时代，尽管有第一、第二次世界大战，然而西方国家的文化一统不时在向前发展，应当在 250 年后即 2065 年左右完成"大一统"[②]。时下欧洲联盟的快速组合及欧洲大陆国家间民族及疆界意识的淡化，欧洲统一货币欧元的产生，欧洲在政治、文化上日益脱离美国的独立趋势，都让我们看到了欧洲国家作为一个整体行将进入"大一统"的轮廓。这又使我们不得不为战国策派学人的精

[①] 林同济：《民族主义与二十世纪——列国阶段的形态观》（1942 年 8 月），林同济、雷海宗：《文化形态史观》，第 68 页。

[②] 雷海宗：《历史的形态与例证》，林同济、雷海宗：《文化形态史观》，第 34-36 页。

确预见而心生叹服。

作为一种文化理论，文化形态史观也是一种认识论。在战国策派学人看来，在以西方文化为主导的新"战国时代"下，世界上任何一种文化都没有条件也不可能再像过去那样偏安一隅、独立发展，没有一种对西方文化和世界文化全面开放的态度，就是生命力极强的中国文化，也无法重建或进入第三周的发展。这是值得后人反复领悟的战国策派思想的价值之一。

至于认为战国策派学人以文化形态史观曲解中国文化发展史，是一种典型的"历史循环论"的说法，笔者认为还有可以商榷的余地。

文化形态史观在考察埃及、希腊—罗马文化有兴衰时，并不是以"历史循环论"进行考察的，它明确声称埃及、希腊—罗马文化被西欧文化所征服（或许用融合一词更适宜）；在对秦汉之后长达二千余年的中国文化进行分析时，雷海宗注意到了中国文化在这一时期的停滞不前，他以淝水之战后佛教传入作为中国兴起第二周的解释，正是以文化融合为基本出发点的。如果以中国文化的两个周期看，中国历史的确存在着"循环"的现象，但这不是雷海宗的错而是历史的事实。在展望中国文化第三周重建时，雷海宗、林同济都声称，处于西方现代性主导的"战国时代"，必须吸收"列国酵素"以适应时代，他们从来没有要中国文化从第一个"封建与宗教时代"重新来过，因为这是一个资本主义扩张后全球性的文化融合时代，不可能再有一个文化形态独立生存的环境，也不会再有中国文化悠悠闲闲重新走过的可能。以中国文化适应西方现代性为主导的世界文化，这只能看作是一种号召中国文化前进的冲锋号，而不是后退的鸣金令。

（本文作者：江沛，原载《南开学报》2006 年第 4 期）

目 录

芝加哥通信

十月二日适逢中秋。芝城清华同学廿余人相率至唐人街之万芳楼代胃先生庆祝秋节。是晚也，月圆天清，肴胜兴浓。诸青年学子无不尽情欢绪饱享口福者。然人性各异，表舒亦目不同：文质彬彬、沉静寡言者，则闻齐二张（玉哲、景钺）也。高谈阔论、冠冕堂皇者，则姚永励也。鸿声高叫，满口大嚼者，则梅贻宝也。并肩端坐，言谈雅致者，则周思信与黄女士，王绳祖与吴小姐也。来回走动、料理应酬者，则王会长（化成）也。满心计算、逢人索债者，则冀会计（朝鼎）也。半口大吃，半口高谈两不相搅者，则吴士栋与周培源也。恺悌君子，文士态度者，则陈可忠与翟桓也。大人先生、谦恭和气者，则余相林与许继廉也。弥陀含笑，茶饭懒食，四目对射，一若旁无人者，则三日前宣布婚约之区博士（沛久）与蔡小姐也。不言不语，闷坐一隅，一心吹求他人是非者，则不才也。同学之短，既已全盘托出；已洒之水，安能复收？谨颂一首，以赎罪于万一：

"生者百岁，相去几何？

欢乐苦短，忧愁时多。"

何如肴馔，友朋相过？

闹闹笑笑，谈谈说说。

幸逢佳人，放心欢歌。

"五百"麻雀，戏苑"摩托"。

逢年遇节，倾囊果腹。

此机一去，万金土苴。

食色性也，人生所属。

道德仁义，腐烂迂腐。

宇宙无心，人造祸福。

及时行乐，其庶几乎？

自古忧愁无人和，

那见欢乐少侣徒？

雷海宗　一四，十，二，芝加哥大学。

（原载《清华周刊》第 24 卷第 11 期，1925 年 11 月 20 日）

强权即公理说

强权即公理的学说并不新奇；在柏拉图的时候就已有人提倡了。由犹太人的历史（见圣经旧约书）与英国的历史之中我们知道在最初的社会里宗族互斗自报私仇是普遍的公法。当政府要垄断裁判权的时候，人民非常愤懑，以为这是侵犯他们天授的自由权；就与现在美国人民反对禁酒令一样。然而终久是王家势大力强，竟将私斗废除，将国家的法律施行于全国。这就是说：强有力的人的意志变成了一个新公理的基础。社会的心理渐渐改变；后来竟认法律为神圣不可侵犯的公理。他们又安知这法律就是他们一两世前的祖先所大反对而特反对的呢？

在这种新旧交替的历史现象中，无论经济与其他的情形有若何大的影响；但那根本的事实——那不可少的事实就是王家的武力。法律公理乃是由武力产生的。最初并没有法律学家去阐明什么抽象的原理。这些原理都是后来的人所发明，用以解释一个木已成舟的现象的。

强权即公理的道理，我们又可以由美国南北战争来证明。战时北方深信奴隶制是残酷不公的；而南方则极力信奴隶制是上天命定而合乎人道的制度。如果于一八六五年南方战胜，恐怕此时此刻的思想家还要坐在他们那圈手椅子上引经据典的证明奴隶制是如何的尽善尽美呢。但是北方兵强力足，将南方战败。所以今日的美国人才信奴隶制为违反人道。

一八四六年时美国战胜墨西哥，夺了墨国许多领土。今日的美国人尚有断定美国为不合理的。由浮面上看起来，这仿佛是证明强权非公理。但是我们不要忘记北美合众国现在还是这些土地的主人翁。我们须要将"强权即公理"与"强权造公理"分清楚了。美国在一八四六时或者是违反公理。但是她的武力竟将这个战争变成合乎公理的。这就是说：她的武力造出一条公理来。所以现在美国乃是这些墨国土地的合理的主人翁。

伦理史中一个最紧要的现象，就是人民情感之陆续的更变。凡强权所已造成的制度文物，人民就渐渐信以为合理的，自然的。普通人民所习见的强权不知不觉的就被承认为公理。如果我们于研究历史之中，断定某种强权为不合理的，这是因为后来有一个更壮的强权出来将这先前的强权推翻。这后来的强权夺了主人翁的地位——公理的地位。我们由这新公理的观点去评判那旧公理，自然是以那旧的为不公了。

在一个新的公理与一个旧公理之间，并没有一个绝对的公正人评断是非。古今中外大多数的人所以反对这强权即公理的道理，也就是因为他们迷信冥冥中有一个绝对的公理。绝对的公正人既然无有，又从那里跳出一个绝对的公理来呢？野蛮社会相信鬼神是反复无常，好管闲事的。文化较高的人相信鬼神是公平的。由这两种迷信中，饭后无事的思想家就从他们的脑海中织出一个齐天亘古的绝对公理来。但是我们若由实际上观察，就知道世间惟一的公理就是法律上的公理与舆论上的公理。法律亦不过是舆论的结晶体；而舆论又是社会中强有力的阶级所创造出来的空气。所以一切终是归结到强权身上。

绝对的公理虽是无有，但我们不可由此就灰心不去宣播我们个人所以为是的理想。历史既指示我们强权即公理，我们就当越发的奋勇去保护我们心中的理想，使它们变成普遍的公理。"强权"这两个字，并非只指武力而言。大声的宣传，不讲理的宣传，也算是强权。我宣传我心中的理想的时候，就不分青红皂白的去攻击别人的与我不同的理想。古时所有的犹太的先知（prophets）都是用这个手段去传播他们的新道理。现在的一些教士在中国也是照样的宣传基督教。有理无理的大声疾呼——并非平心静气的辩论——乃是得获胜利的器械。二十世纪的资本家，××主义家，××党，以及一切社会改造家，那一个不是如此呢？

我们现在可举新近惊动全美——全世界——的一件事为例。美国基督教的维新派与守旧派相争已有数年；以致演出数月前田纳西省的"猴子案"。我们若详细察考他们两方面的理由，就看出大半都是一些不讲道理的断言。他们又何尝稳稳重重的辨明是非？白来安（Bryan）只咒他的对头为"无神党"，"不信者"；他就能受大众的欢迎推拥。那维新派除了拿武力造成的法律为护符之外，也不过是抬出无影无形的"理性"来而已。他们只要骂白来安和他的同类为无理性的野兽，就能得一般所谓知识界的赞许。其实说来，两方面都不完全合乎理性；因为理性就是很难摸索的一件东西。

将来无论是维新派战胜，或是守旧派占上风，结果是一样的，大家不免以"进步"目之。人类从来是如此的，并没有什么奇怪。我们自大自尊，称那产生我们现时的理想之伦理演化（moral evolution）为"进步"。我们这个进步岂不都是借很多的强权所产出来的吗？我们所以称它为进步，也就是因为我们下断语的时候是用这许多强权所造出的理想来做标准的。我们千万不可将我们现时的理想当作绝对的金科玉律。任何理想，都是强权所造就的，所以都是相对的，比较的，暂时的。

二十世纪基督教的社会福音（social gospel）的根本错误，就是它的不近乎人情。基督教并不是社会的，乃是个人的。基督教的伦理可以作一些犯"自愧病"（inferiority eomplex）的人的指南针。但是社会是永远不会基督教化的。一个人是一个整体（unit）。我们无论由任何方面观察，他总能算得一个自然的个体。反而言之，社会并不是一个个体；最好亦不过是一个人为的不自然的个体而已。在一些不成个体的原素之中，战斗是不得免的。在一个认为的个体之中，那暗流仍是战斗。即设有和平，那和平也是暂时的，骗人自骗的。

我们的世界尚不成为一个个体，连一个人为的个体都算不得。现在的几十个国家，最好亦不过是些人为的个体。所以各国国内就有阶级间与党派间的争斗；国际间就不住的呈战争残杀的现象。连一些反对"强权即公理"的人至多亦不过是可怜的说："我们必要想法使伦理加高程度；使它不只是已成的象物，而乃是应当成的象物（Not what is, but what ought to be）"。但是一个较好的伦理的定义——一个不骗人的定义——就是："伦理是某时代某社会的一个用很多不道德的势力所造成的临时标准。"马加斐力（Machiavelli）与霍布士（Hobbes）常被一伙夜郎自大的学者痛骂为不道德。其实他们两人说的是痛快淋漓的实话；而他们所以被骂的也就是因为这个原故。社会从来就不喜欢说真话的人。

我们由古今的历史上看来，就知道只有一些力疲神倦的时代才一心一意的希望永久的和平。欧战之后大同主义，和平主义，及其他的一切放空炮的主义，已经成了我们的口头禅。道，战争乃是建设的，不是毁坏的。贲哈第（Bernhardi）说："一切自然律都可以归结到一个总律：就是争斗律。一个社会中的思想发明和制度——全社会——都是由那社会中的争斗里产出的。在这个争斗之中，幸的思想或制度就得胜利；不幸的就被践踏，以致于灭亡。在社会以外的——社会际的——争斗就更残酷了。这个争斗就是战争。社会内的争斗就是众人日常的工作，他们的思想、情感、欲望，科学的争斗。社会际的发展就大半靠着刀兵。刀兵如何是创造的，建设的呢？它的建设就在乎那强者战胜而兴，弱者战败而亡中。战争是创造的，因为它能毁灭！"

忽然读来，贲哈第仿佛是说了一篇不近人道的疯话。但是我们须要知道文化乃是一个自杀的东西。古今文化之兴灭，从来没有人能详细讲明内中的原故。

普通的历史家所置诸不理的一个要紧事实，就是人类无度的繁殖（unlimited human reproduction）。直到现在，那一些以历史家自命的人还是不提这件事。但我们若读已往的历史，就知道每逢一个文化进步甚高、物质的安适加增，那个民族的尚武精神就减少，而他们人民的数目就日渐增加。只因人民中弱种过多所以一遇外敌，就完全破产了；非至国亡种灭不可。

当战争的时间，不只是强健的兵士阵亡；那战时免不掉的穷苦也叫那些战线后体弱质劣的人遭殃。所以息战之后，可使那些剩余的质强优秀的分子来重新整理社会，使社会不致在无用的人手中，愈趋愈下。近人所提倡的惟一代替战争保存文明的方法就是节生法（birth control）。我们对这方法也不反对，也不赞成；因为这方法的提倡人与反对派从来没有开诚布公的研究辩论这方法的利害。现在那提倡节生的人所说的话，大半都是些无谓的宣传；而那反对派所说的，也都是些执迷的守旧谈或宗教的迷信。如果节生法是真能强人种，免战争，那自然是绝妙无比的了。但是假若它是有害的，它的害处就必须很危险；因为我们不注意它，很难防备它的。我们需要知道，如果战争永远停止，社会以节生法限制人民；优质劣质的分子就相行并进，终是危险的。战争虽是暂时不便，却是长久之计；节生虽是暂时方便，恐怕终久是自杀之策。所以节生法必须多多借助于优生学（eugenics）。生物学所认为劣质的分子，我们须要使它们绝种，庶几社会得免无声无嗅中衰亡的危机。

若由理论方面讲来，这节生法与优生学仍是以强权即公理之说为基础的；因为这两种方法的根本观念就是使适合者繁殖，不适者死亡。但"适者"与"不适者"亦不过是"强者"与"弱者"的变态名词而已。由强者的观点看来，一个人民优强的社会自然是好的。但是那些弱者难道就没有话说么？恐怕他们未必就驯驯良良的叫医生绝他们的种吧？如果强者不用武力来压迫，他们必不肯甘心作鳏寡或用他法不生儿女的。那强而适的分子是对的——由他们自己方面看起来是对的。但由那弱者方面看来，那不适的分子也能说出道理。总而言之，强权才造得出公理。

我们要停止战争，恐怕非等世界大同不可。但是世界大同能否有一日实现呢？这个问题谁也不敢回答。假若以后大同真能成功，那成功的方法大概也是要靠武力，不是靠人民自动的结合。亘古以来，一个较先前尤大的政治团结都是用强权造出来的。人类间的动机太复杂，国际间的利益太水火不投，民族间的分别太深太广；想用和平的方法统一世界，恐怕是梦想。

强权即公理。这是古今不变的真理；将来也不会变的。在一个大同的世界中，强权仍是公理。大同世界的中央政府仍须要用武力来施行它的法律。再进一层：假设大同世界的国民都成了超人，只受舆论的管束，强权仍是公理。舆论是由任何方面看都对的么？万不是的。舆论所以能管人的，也就是因为它有全社会的势力作它的后盾。

强权即公理的道理，可用以下几句话总结起来我们可作的事情都靠我们势力的强弱。最强的人或团体，任何事都可作；不幸的人只能作强者许他们作的事。强有力的人——特别是强有力的国家——处处亨通，凡事可作。有力去保护他的公理的人才配谈公理。有力去保护她的疆土的国家才配承受那疆土。无力的人与无力的国家就无公理可言，并也不配谈公理。

参考书

Bernhardi, F. von: *Germany and the Next War*.

Hobbes, Thomas: *The Leviathan*.

M'Gilvary, E. B.: *The Warfare of Moral Idenls* (The Hibbert Journal, Vol. 14, pp. 43-64).

Machiavelli, N.: *Morality as Coercion or Persuasion*, (The International Journal of Ethics, Vol. 31, pp. 1-25).

Perry, R. B.: *Present Conflict of Ideals*, Chap. 11.

Plato: *The Republic*.

（原载《留美学生季报》第 11 卷第 1 期，1926 年）

安地斯山耶稣之铜像

在十九世纪后半期，南美洲诸共和国的战争，相继而兴。战争引起仇恨，仇恨产生新战争，这仇恨就越发无可补救了。

幸智利与阿根廷二国没有战争，但他们有一长久不解的边界领土问题，于一八九九年，双方各走极端，甚至调遣军舰，招聚军队，增加税额。直到一九〇〇年复活节这两国都占据战争险要之地。

正当此时双方举行遵守七圣日，有一阿根廷的主教（Bishop Benavente）于复活日在京城演讲。他的演讲不是平常的演讲，乃是奉耶稣的名诚心恳切的求平安。

这个消息传过安地斯山到一个智利的主教耳中，于是这两个主教各自在自己的国中，从此城到彼城，从此乡到彼乡，宣传和平修好的利益。首先赞成者只有妇女和牧师们，渐及男人、群众、极远的农夫，甚至两国全醒悟，后来在各国人民强迫请愿之下，不得不让步，及建设一恒久和平的政策。边界即时解决，平分所争的领土。至终被双方民意的督促，两国政府于一九〇二年议决一个无条件联盟公断的合同，期限五年。他们又结合起来一致的裁减军队和军舰。

正当二共和国与别国联盟签字的时候，他们的军队裁至刚够维持治安的数。他们的军舰或是卖出或是改作商船。智利伟大的兵工厂改作工业专门学校，又将所省的钱用于公共事业如修建铁路等等。最重要的是更换二民性的态度，从彼此仇恨到彼此信仰和友爱。他们试过这和平的经验，并且证明他的成功。

在一九〇〇年演讲止息战争者，希望立一耶稣的铜像在二和解的民中。他的希望已满足。边界要塞无用的枪炮置在阿根廷京城的兵工厂炉内镕化，铸成耶稣巨大的铜像。政府把他运到山顶，现有火车送到路轨的极点，再被骡马拉的炮车送到骡马不能行之地。末后被兵士用绳拉到高出海面一万三千尺的安地斯山顶，即智利与阿根廷的界址。

一九〇四年三月十三日铜像在边界军民大众之前，奉献于世界。像之右手高伸祝福，左手持十字架，其下刻着字说："在智利民与阿根廷民背盟于耶稣脚下以先，此山他们自己必崩裂成为沙土。"背面刻着字说："使我们合而为一的，是我们的平安。"是日，智利邀请阿根廷的兵丁驻扎在智利界内，阿根廷邀请智利兵丁驻扎在阿根廷界内，奏乐，鸣炮，庆贺这和平纪念的典礼。该像开幕的时候，众人显出一种谦逊沉静的样子。日落的时候两国的民又为普世和平作恳切的祈祷。（由国际联盟稿内译出）

我们在中国，也能效南美洲人所实行的和平运动么，敢问？

（原载《圣公会报》第 19 卷 第 8 期，1926 年）

元代基督教输入中国纪略

元代幅员，东极太平洋，西抵波兰及黑海，数万里间，商贾行人，贡臣教士，络绎不绝。先此之时，欧西与远东已通商业，景教亦已传至中国，然此皆间接鲜见之交通。使东西得直接携手者，则成吉斯汗之功也。大元帝国内之通衢，皆有凶厉之骑兵守护，盗贼强人，咸潜灭踪迹焉。蒙古兵士之中，奉景教者，颇不乏人，教皇欲使彼等皈依真教，故屡遣教士至可汗之行营或国都。一二四五年教皇遣卡滨尼（John de Plans Carpini）至可汗之行营（在今察哈尔与车臣汗之间）。卡滨尼于是年四月中旬起程，次年四月抵行营，时贵由（即定宗）方被选为可汗，卡滨尼苦待数月，始得进谒。十一月中旬贵由复教皇书，书用拉丁、亚伯拉、蒙古三种文字。卡滨尼得复书，遂反（返）教皇宫复命焉。

数年后，法兰西王圣路易遣儒卜儒科（Wiliam de Rubruck）至可汗行营。一二五三年十二月二十七日始至，次日即蒙诏见。时贵由已死，可汗乃蒙哥（即宪宗）。谒见后，蒙哥准儒卜儒科与其从人随营逗遛〔留〕两月，营中宫中，欧西之人甚多，基督教士、景教士、回教长老、佛教僧，遍满宫营，互相诋詈，咸冀博得可汗之欢心。可汗则一笑置之，毫不为动。次年春儒怀可汗复书反国。

两次遣使，片功无成。此后数十年间，教皇不复谋布教于远东，而马可孛罗之游中国，亦正于此时焉。一二九一年，孛罗将归欧西，教皇遣猛提阔非欧（John de Monte Corvino）至远东传教，年终猛提阔非欧至印度，注〔住〕麻打拉萨一年，一百余人受洗入教焉。后猛由海路至中国，于广州或福建登陆，直上大都（即北京）。时世祖忽必烈在位，诏见之。一二九四年忽必烈死，成宗铁木耳继位。世祖成宗，皆信佛教。猛虽苦谏，亦无用。

时大都有藩王名乔治者，不知来自何国，王与其随人皆信景教，后受猛劝化，转信天主教。乔治于距大都"二十日路遥远"之地建礼拜堂一所，以供猛氏礼拜讲经之用。"二十日路遥远"则猛氏记录中言，究为何地，今已难考，据著者揣测，想当山西之大同府。藩王乔治又命猛氏翻译天主教祷文、仪式诸书，以便广宣教义。一二九九年乔治死，其从人复归景教，同年猛氏建礼拜堂一座于大都，顶上有钟楼，楼中有钟三口。猛氏又教信徒歌唱圣诗，礼拜时台前居然有唱诗班助兴云。

一三○四年时，猛氏已有教徒五千人，遂又欲动工，建新礼拜堂一座。斯时景教势力颇大，忌猛氏成功之速，谗之、毁之为杀人凶手、奸细、冒名传教者。猛氏于中国法庭亲身辩护，证明己乃无辜之人，法官信之。景教徒由此遂不敢复与猛氏为难。一三○五或一三○六年，新礼拜堂成，时猛氏已将《新约》书与《大卫诗篇》译妥，献与成宗。猛氏又购男童一百五十人，为施洗礼，教以希腊拉丁文字，并教之歌唱圣诗。童子年皆在七岁与十一岁之间，歌声清脆悦耳，成宗嘉之。

猛氏大名远扬，东非洲黑人请其差人至彼炎热之地传教。猛氏禀教皇，教皇大悦，于一三○七年拔猛为大都总主教，又差主教七人辅之，七人中只三人于次年抵大都，即安得烈、折儒尔（Gerard）与丕瑞古爱（Peregrine）也。三人先后皆任福建主教之职。盖斯时闽地天主教颇盛，沿海口岸有义大利商人居留云。一三一二年教皇又遣主教三人至中国，或言武宗海山于一三一○年受洗入教，但此乃传言，已不可考。

于一三二○年与一三三○年间，猛氏死，时教士之尚存者，只安得烈一人，注（住）福建某口岸。安得烈之究竟，现已难考。一三三八年有"拂兰人安得烈"代顺帝至教皇宫，想即此福建主教也。但"安得烈"乃西人普通之名，同名之人甚多，安得烈主教与"拂兰人安得烈"究为一人抑或两人，吾人恐永不得而知矣。拂兰人安得烈谒见教皇，言可汗欲与圣宫通公使，教皇大悦，于一三三八年七月遣使四人至中国，玛瑞欧利即其一也。

先是义大利人欧德瑞科（Idoric）循海路游远东，西伦岛、苏门答腊、爪哇、安南、缅甸，皆有欧氏足迹。欧氏于广州登陆，游览福建，后至杭州，于城内见天主教教士四人，教徒多人，官绅中亦有入教者。欧氏顺运河北上，经扬州，见教士数人，但扬州景教势力甚大，有教堂三座，天主教无伸张之机会。欧氏抵大都，见天主教教士在可汗宫中甚蒙优遇，每年年节可汗容教士为之祷祝彼等之上帝。此乃可汗笼络人心之政策，彼则毫无受洗入教之意也。

欧氏归国不久，教皇即遣玛瑞欧利使中国。一三四二年玛氏至大都，献拂兰马（见《元史》）。顺帝留教皇钦差宫中三年，玛氏善体帝心，顺帝优遇备至。斯时教士于皇宫附近已建大礼拜堂一座，小礼拜堂数座，外又有总主教院一处。玛氏热心宣教，受洗者甚多，彼又与都中犹太人景教徒等驳辩道义，以定真伪。三年后，玛氏思归，顺帝劝留不果，遂返欧西。

蒙族在中国命运已近末日，基督教势力亦随之破产。新疆、甘肃与中亚细亚诸国已皆归回教，基督教无复立足地。一三五三年教皇又得顺帝书，教皇方将遣使，元室已亡。明兴，迁都南京。北京基督教，无人过问，遂衰。一三六二年福建主教已被回人暴杀，故南方教会亦失主脑。此后二百余年间诸国领土间不复见基督教踪迹云。

（原载《圣公会报》第 19 卷第 8 期，1926 年）

"五卅"的功臣

（这篇小小四不像的文章是民国十四年"五卅"案发生后作的。原文过于冗长，向来没有发表过。这一小段与《季刊》的宗旨还没有什么十分不相合的地方，所以就此发表一下。读者读了之后，若有一个"突如其来"的感觉，请不要过于批评，须要原谅原谅它的来源，要记得它不是一篇独立的文字。著者识）

一年三百六十五天，在全世界上大半都是空空无味的过去。张三家今日添了一个宁馨儿，这日在他家就算是有价值的了。李四家明日发了一个注意外的大财，这日在他家就算有可纪念的了。但是世界上自古至今有几个天头能有被一个国或全球纪念的价值呢？全球的公共纪念日几乎没有；有一个自称为世界纪念日的，就是一九一八年十一月十一日了。但这也不过是强权战胜强权的纪念日而已，那配得有知识的人纪念！

有被纪念的价值的日子，我们这不讲理性的人类反倒不几年。例如道光二十二年七月二十四日的南京条约，岂不是我们素来夜郎自大的中华人民所应当永远纪念不忘的么？十九世纪里中国又有什么别的比这个还有纪念价值的一天呢？我们不因南京条约而挂彩放炮，反倒费力去纪念一个什么十月十日，岂不是可笑到极点了么？十月十日不过是几个人呼出来的一个纸老虎罢了。用针扎一扎，我们就知道他是空空洞洞的，盛满了空气。这纸老虎即或现在有些生气，那点生气还都是几万万国民的一小部分吹入他鼻孔去的呢。一百年后，即使这纸老虎真正成了精，活泼乱跳；但究起他的根本来，总是空的。那南京条约确实一只真正的虎子；可惜我们当初拿他当做一个不美观的小猫头，没有理他，提起来还说他讨厌。但那虎子量可撑船，不见怪于我们这些有眼不识泰山的人。他忍忍耐耐的长起来，作我们的先锋，领我们去打他生身的母亲。我们这些庸人有什么用，怎能打那母老虎呢？但是这个虎子，替我们把他母亲打伤之后，我们还是照旧的不理他，不纪念他的生日；我们反倒还觍面夸口，说是我们自己把母老虎打伤的。这岂不是又可鄙，又可笑，又可恨，又可怜的一个忘恩负义的行作么？

文人做八股，雅人歌风月；酸士谈格物致知，官吏讲荣祖肥家；各人自扫门前雪，那管他人瓦上霜；得过且过，何问明天；不孝有三，无后为大；读书明礼，以纳美妾；五世同堂，朝廷嘉奖；妯娌打架，小姑使风；善恶到头终有报，只看来早与来迟；佳人才子，白面书生；男女授受不亲，君子言动不苟；敬贺年厘，升官发财；高才奇士，遁隐深山；弱不胜衣，三寸金莲。——这些一对一对的怪物，岂不是那虎子的饮食么？他所以能长大成神的，岂不都是靠着这些饮食么？这当初庸人所看为猫头贱物的，已经变成一只出没无踪的神虎了。他的仓廪大得很呢！架着飞艇，一天都不能看遍。以上所开列的那个小小食单，这神虎还没有用完；但他已吃了不少。这神虎食量无限，不久食单要完了，到那时他就要到他那广有四千万方里的仓中去寻新饮食去了！

但这神虎见一些有眼无珠的人不追想他的功劳，所以他出没无踪数十年后就拿定主意要显一回灵，让所有的人都见他一面。他这次托生后，自己起名叫"五四"。这一次有许多人真个就把他认出来，知道他的运命是与赤县神州想终始的。

后来他打他母亲的时候，他就是用"五四"的形去打的。但他有为自己起了一个新名，就是"五卅"。

（原载《留美学生季报》第 11 卷第 3 号）

西亚与非洲

（一）历史背景

亚拉伯（Arabia）——亚拉伯人与犹太人同属西米太民种（Semites），亚拉伯国为回教发祥之地（七世纪）。回教产生后，亚拉伯人即征服中亚西亚北非诸地；由新疆至摩洛哥，甚至西班牙，皆成大一统回教帝国之领土。十六世纪土耳其人勃起而为回教中心，亚拉伯反成属国。

巴里斯坦（Palestine）——即古犹太国，约于西历前一千年左右立国，于西历前一世纪归入罗马帝国版图。西历后七十年国人作乱，罗马皇帝提多（Titus）破灭之。二世纪又作乱，罗马又败之。此后犹太民族分散四海，巴里斯坦于民族上政治上皆非犹太有矣。七世纪亚拉伯回人占有其地，亚拉伯人遂渐成大多数民族，犹太人只不过全民十分之一而已。十六世纪后又附属土耳其，然其民族则仍为亚拉伯种。

叙利亚（Syria）——本亦回教帝国一部，民族亦属亚拉伯。由十字军时代（Crusades）法国即垂涎此地。至十九世纪法国文化与经济势力遍满近东，而叙利亚尤为法国帝国主义之目标。

波斯（Persia）——波斯人与欧洲人同属印度欧罗巴民种（Indo European Race）。于西历前六世纪立国，其帝国疆土甚广，西至小亚细亚，东至印度西境。前四世纪末亚历山大（Alexander）征服之；西后七世纪亚拉伯人又征服之，此后遂成回教区域，以至今日。今日领土乃前帝国之一小部而已。十九世纪俄英两帝国势力由南北两方同时侵入。至一九〇七年两国协商，划波斯为三区；北区为俄国势力范围，南区为英国势力范围，中部由波斯人自理。

阿富汗（Afghanistan）——于十八世纪立国，前此屡被人征服。立国时人民已信回教。十九世纪初期印度之英政府垂涎此地，十九世纪后期俄国亦思染指。最后英国占优势，得派驻守大臣于阿京开布尔（Kabul）。一八八〇年阿人某独立，败英人，强之驻守大臣，但阿王每年仍受英人津贴云。一九〇七年英俄协商，承认阿富汗为英国势力范围。

土耳其（Turkey）——土耳其人属蒙古利亚种，乃匈奴之一支，继亚拉伯人而统治回教大帝国者。十三世纪末开始建国，一四五三年下君士坦丁堡，而帝国完全成立。其帝国领土包有巴尔干半岛与匈牙利，亚洲西部与非洲北部。十七世纪末叶势力渐衰，十九世纪其属土多独立或为列强所占云。

埃及（Egypt）——为西前四千年之独立古国，前四世纪被亚历山大征服，前一世纪又成为罗马行省。西后七世纪被亚拉伯人征服，至今其地仍为亚拉伯民族与回教国家。十六世纪土耳其人征服之，十九世纪又成为英国势力范围。

阿比辛尼亚（Abyssinia）——为非洲土人古国，西前三世纪受希腊文化影响，西历四世纪基督教传入，国人多信从者。后回教势力亦渐侵入，然至今其国教仍为基督教云。阿比辛尼亚始终独立自由，十九世纪末义大利欲占其领地，阿人不服，于一八六九年与义开战，大败之；阿比辛尼亚遂得保持其二千年来之独立。今日非洲之真正独立国，只有阿一国而已。

（二）大战期间与战后之西亚与非洲

大战期间全世人心动摇，各种难以实现之理想与无从实现之幻想皆流动于人类脑海中。其中之一，即大回教主义（Pon lslamism）是也。回教数百年前尚为大一统之宗教帝国，十七世纪后势力渐衰，至十九世纪始完全解散而成为列强之附庸。大战期间，列强以将来世界大同民族自决之宣传号召于世，诸弱小民族头脑简单，信以为真，遂加入战团，冀自由平等之早日实现。大回教主义于此时遂成普世回教徒之热烈理想，而列强政治家之梦中恶魔。但战争一息，则此似易实现之理想立成万难实现之幻想。英法义俄诸强国以至东亚病夫之中国皆因利害关系而反对大回教主义。且回教本身已非昔比，昔日之积极组合力早经消尽，所余者不过消极之抵抗力而已。时至今日，回教领土仍多属他人，其真正独立者只土耳其阿富汗与波斯三国而已。今分述战期中与战后西亚北非诸回教国情形如下：

亚拉伯——自亚拉伯帝国破裂后，亚拉伯境内向未统一；十九世纪经列强之怂恿而分裂尤甚。大战后境内共分九区。

（1）汉志（Hedjaz）为英国势力下之独立国，立国于一九一六年。现王为伊奔撒武德（Ibn Saud）。

（2）内志（Nejd）与哈撒（Hassa）——此乃亚拉伯半岛之中央大沙漠区，

占亚拉伯之大部。汉志王伊奔撒武德同时亦领有此大国。其土远在内地，英国势力难以达到云。

（3）阿斯尔（Asir）

（4）伊门（Yemen）

（5）欧曼（Oman）

（6）叩外德（Koweit）——英国势力

（7）阿登（Aden）——英国势力

（8）基拉克（Kerak）或外约旦（Trans-Jordania）——英国委任统治邦（Mandate）。

（9）伊拉克（Iraq）——英国委任统治邦。

巴里斯坦——大战期间，英国占领巴里斯坦。英人为得全世犹太人之欢心协助，遂于一九一七年十一月宣言承认犹太人之复国运动（Zionism），战争停止后必力助全世犹太人归回故土，重建新犹太民族国家于巴里斯坦。战后巴里斯坦成为英国委任统治邦，一九二〇年后英人遂如言积极援助犹太人之复国运动。由一九二〇年至本年八月间此运动进行颇为顺利，八年中巴里斯坦之犹太人数竟增一倍，已由全民十分之一而跃为全民十分之二云。但本年八月下旬复国运动忽受挫折，所谓"哭墙"（Wailing Wall）事件发生矣。

叙利亚——大战后成法国委任统治邦。法国应许于最短期间助其实现完全独立之国际地位。叙人根据此种假道德之应许，于最近一年来屡请法国容许其人民自动设立宪法。但此立宪运动至今尚未成功云。

波斯——大战期间与战后，波人屡谋独立。英国应俄国势力已减，又因美国反对，遂放弃其南部之势力范围。波斯乃请美国助其改良财政；盖财政为国本，未有财政紊乱腐败而国家能得盛强者。最近二年来波斯渐减美人之财政顾问权，同时又取消一切不平等条约。一九二八年波斯又被选为国际联盟行政部非常委员之一，其国际地位之增高，可谓迅速之至矣。

阿富汗——大战期间阿人谋独立，败英人，于一九二〇年英国正式承认阿富汗完全独立，阿亦不复受英国津贴矣。

土耳其——大战后除纯土耳其种之小亚细亚或安娜图利亚（Anatolia）外，前此土耳其帝国领土皆宣布独立或成他人属国。即安娜图利亚西岸诸埠亦为希腊占领。土人战败希人后，而小亚细亚半岛始完全成为土耳其人之土耳其。战后土耳其新政府与希腊及列强定于洛桑（Lausanne），时为一九二三年。新约声明取消一切不平等条约，故帝国虽方破裂，而土国本部则反得国际上自由平等地位。新土耳其革命领袖共有三杰：即现总统凯马尔（Mustepha Kemal Pasha），现内阁总理兼土耳其国民党（惟一政党）总裁伊斯美（Ismet Pasah）与现大元帅兼警察总监富齐（Fewzi Pasha）。三杰率领民众励精图治，以谋进取数百年病夫之土耳其于世界第一等强国之域。其维新政策可分为数条讨论之如下：

（1）打倒旧势力——旧帝国属土乃尾大不掉之赘疣，即列强不思夺取，土国亦将任之独立，为使纯一色之土耳其人得建稳固之民族国家。再者，旧土皇同时为回教教主，以致政治问题与宗教问题界限不明。新土耳其遂废教主，以免将来宗教纷纠之影响政治，且免土国将来被卷入其他回教国之政教漩涡。

（2）迁都——大战前土耳其国都为君士坦丁堡。大战后土耳其国民党为脱离旧京之孵化势力与列强之战舰大炮起见，遂迁都于土耳其本部中心之一荒僻小城——安革拉（Angora）。但列强大使馆则仍留君士坦丁堡，其设使馆于安革拉者只苏俄与阿富汗二国。然各国于安革拉皆有长期留住之秘书，同时安革拉政府亦派特别交涉员于旧京。但交涉员权限狭小，重要交涉皆由安革拉外交部与各国特别秘书磋商云。阿格拉本为无名小庄，故政府衙署皆须完全新造，街道急待放宽。人口日见加多，而住处不敷分配。地价之腾高与人口之拥挤颇与我国之新都相同云。全国各地皆在建筑铁路，所有路线皆以安革拉为发起点。

（3）废不平等条约与善后方法——土耳其不平等条约之历史较中国尤为长久，其取消此种羁绊之努力亦远胜我国。土人深知西洋人心理视强权与公理为一事；纸上谈兵之公理乃书生之把戏，非列强外交家与政客所得而知者。故土人遂不辞危险毅然决然于一九一九至一九二二与希腊开战，大败之而强列强承认不平等条约之单方取消。前此以土耳其法庭法律为落伍者，此时亦只得承认强权下所产生之事实为公理，而容土人单独取消数百年来之神圣不平等条约（一九二三）。至于土国之新行法典与新式法庭则于一九二六年始公布成立云。故土耳其不平等条约之取消为无条件的取消，并无所谓善后方法也。

（4）改良风俗——新政府禁止土耳其男子带旧式之流苏帽（fez），而强之服西洋帽。妇女可自由去其面帕（但非强迫去帕）。今日国内都市妇女大多已去面帕而带西式女帽。惟内地妇女则仍沿旧习，神圣嘴脸不容生人视线之玷污。数月前内务部又通令全国妇女得参加地方选举。新政府之最后目的乃在推翻千余年重男轻女之风俗，而实现男女完全平等之社会。

（5）新文字运动——土耳其文虽为独立文字，但历来采用亚拉伯字母；书写困难，读认亦非容易。凯马尔为使土耳其文易读易书，并可与西洋文字一律起见，遂决意废亚拉伯字母而以拉丁字母改为土耳其文。此种激烈之革命，酝酿虽已数年，但最近一年来始得实现：新字母制中共用二十九字母，其中共八母音，其他皆为子音。于一九二八年十一月一日国会通过新字母法案；由十二月一日起报纸杂志与电影说明皆须用拉丁字母。政府与国民又合作推行新字母，附带推广教育。由本年元旦起义务教师一万二千人开始教导全国成年人认读新字母，同时政府并通令全国强迫成年人识字。但彻底革命每需极高代价。故现时全国出版业大受打击。前此识字之人，此时亦须习读新字；暂时全国上下皆成目不识丁之民族。据最近消息新闻纸之销场顿减百分之五十，杂志所受打击尤烈，因不能维持而停刊之杂志所在皆是。此种革命之成败，今日尚难逆料耳。

总上以观，土耳其之维新政策以两条原则为根据：① 恢复土耳其民族之自重心理；② 极力吸收西洋文化。骤然观之，此两原则似属矛盾。但外表之矛盾实含深刻之至理。盖土耳其二百年来时刻受辱于列强，故全民族皆有"下等复杂"（inferiority Complex）之难治心症。此症不除，则土人永无恢复自重心之望。然欲除此症，又非彻底模仿西人以谋抵抗西人不可。故凯马尔始不计危险！而实行其激烈之西化政策也。

埃及——大战时英土开战，英遂宣布埃及为其保护国（一九一四）。国人反对，战期间与战后屡谋独立。英国不得已，遂于一九二二年宣布埃及为独立国，但于宣言中保留四条：① 苏伊士运河仍由英国保护管理；② 英埃苏旦仍由两国共管；③ 住埃及外人之生命财产英国负有保护之责；④ 英国得助埃及抵抗任何外敌。此宣言公布后，埃及遂成为半主权之国家。其政体为君主立宪，现王名符阿德（Fuad）。政府由两院国会与国务院组成。国中政党有二，即自由党与国民党。

（一）劳兰爵士抵亚力山大城　前月英埃谈判告终后，英外长调英国驻埃及高等委员劳耳氏回伦敦，改任劳兰爵士以继其职。据九月二日亚力山大城电，新委员已安抵该城。

（二）国家主义党大示威　埃及国家主义党最近举行大游行，民众到者有一万余人。在此大集会中，有前国家主义党内阁那哈巴夏氏之演说。首谓前驻埃及英国高等委员劳耳氏，实为两国谅解之障碍。此次被英京召回，实为我埃及民族福音；就此一点，我党不得不承认现今英埃谈判联盟之原则。现今内阁马满巴夏氏，愿促成合法政府自行引退，此举可使我埃及民族对于英埃新约自由发表主张，将来可期更有圆满希望。听众屡次鼓掌赞许其言论，会前有一部分国家主义党党员冲入近今鼓吹赞成英国条约之报馆内。报馆经理与政府当局皆为其攻击，警察起而干涉，稍有争执，结果有多数示威党人，被警察拘获而去。

（三）首相之演说辞　九月初埃及首相马满巴夏氏，演说英埃问题，首谓政府对于埃及普通选举尚未议定确切办法，听着对此点，殊不乐闻。惟末谓英埃最近交涉经过听众鼓掌欢呼"宪法万岁"。马满巴夏氏继谓英国虽欲保护苏彝士河之安全，然自彼观察所及，英国仍将警卫之责交诸埃及，末谓英埃联盟新约，实为埃及问题最善之解决方法也。

（三）最近之西亚

最近西亚有两大事件发生，即阿富汗之反动革命与巴里斯坦之民族宗教流血惨剧是也。兹分述之如下：

（1）阿富汗革命——阿富汗名虽统一，然国人仍聚族而居，独立之部落生活仍为全社会之基础。国王阿曼努拉（Amanullah khan）欲废此封建制度而实现真正统一之国家。故于一九二八年周游西洋各国，回国后即开始施行其激烈之改良政策——由富民征特别税以实现强迫教育，妇女解放，提倡卫生广设医院，设立国家银行，改良风俗习惯（例如穿西装，行握手礼，吃西餐，废社交上各种客气称呼而全国上下皆互呼以"吾亲爱之某某"，全民选举，设国会与国务院。凡此种种，莫不遭旧势力之反对。一九二八年十一月发动革命爆发，攻击国王维新政策。革命军领袖名巴加撒高（Bocha Sakan）乃匪首变形之陆军上校。十二月间革命军势力愈张，进兵围京城开布尔（Kabul）。王军战败，于本年一月十四日阿曼努拉下诏宣布退位，而禅位于其兄伊那亚图拉（Sidar Llayatullah Khan），阿曼努拉则迁驻于边疆之甘达哈（Kandahar）。新王即位三日，即与巴家撒高讲和——而被迫退隐至印度西北境之皮沙瓦尔（Peshawat）。匪首遂入加布尔，自登王位，号称哈比布拉（Habibullah khan）。哈比布拉原籍波斯，故阿富汗人鲜爱戴之者。三日短命王旋由印度回国，亦至甘达哈。前王阿曼努拉遂收回退位诏书而宣布复位。本年二月间兄弟二王同留甘达哈，筹备与匪王开战。二月底阿曼努拉开始向开布尔进攻。国内各地部落酋长多乐拥护前王，但须以放弃维新政策为交换之条件。五月底前王又战败，逃往印度。同时王叔拿第尔将军（Genral Naadir Kham）亦起兵称王。故区区小国，新王旧王废王存王共有四枚之多，王愈多而国愈乱，各地部落又恢复旧日之独立生活矣。

六月初哈比布拉下甘达哈，拿第尔势几不支。前王阿曼努拉则于六月廿二日由孟买搭船往欧洲。拿第尔重整旗鼓，于夏季屡败反动军。哈比布拉势渐穷蹙，九月中大势已去，十月初拿第尔下开布尔。据十月中旬消息，国人愿再拥前王阿曼努拉复位云。

（2）巴里斯坦之"哭墙"事件——本年八月下旬犹太人与亚拉伯人冲突于"哭墙"（Wailing Wall）。欲知此事真相，须先明白其背景：（1）普遍背景——西亚中亚与北非之回教与犹太教（以至基督教）之信徒视国家民族宗教三者为不可分之一事，其兼民族国家狂之宗教狂热度极高；故异教异族之人常起冲突，每起冲突，非至杀人流血不止。犹太人复国运动亚拉伯人当然反对，视之为异族异教之无理侵略。有史识者早知终必有大流血之一日。（2）特别背景（哭墙）——"哭墙"乃今日世界上犹太民族之至圣地，其历史几有二千年之久。此墙最高处五十九英尺，最低处亦达五十六英尺。墙为二十四级大石所筑成，其年代考古家尚未敢断定。恐此墙非同时筑起，下九级最古，上十数级或为时较近。犹太未亡时，其京城耶路撒冷（Jersualem）之圣殿（Temple）乃全民族宗教生活政治生活之中心。二千余年来耶路撒冷共经攻破十七次，其中二次全城被毁。西历七十年耶城第二次被毁（见上），圣殿亦付之一炬，殿中神圣器物尽被掠劫而流散四方。此乃犹太民族最后之大劫也。二世纪犹太人又作乱，思图复国，罗马又败之，并禁止犹太人进耶城，免其再于城中阴谋叛逆。四世纪君士坦丁（Constantine）大帝许犹太人立于城外山上遥望旧城，后又特别加恩，许犹太人每年于提多皇帝攻下耶城之纪念日入城一次。故犹太人由望乡台又进一级，而得临时回乡探视之权利。此时旧圣殿遗址尚存高墙一堵，犹太人遂群聚墙下悲泣祈祷，求上帝早日恢复圣殿，复兴犹太。后罗马法令渐弛，犹太人陆续又多入城而居者。但旧城早成他人根据地，犹太人只为少数民族而已。此后每星期五日下午四时后以及犹太教节期圣日全世界各国之犹太人，无分贵贱贫富男女老幼，群聚于墙下祈祷上帝，诵读圣诗，并以口吻高墙，悲哭流涕，盖此乃全犹太民族精神生活之中心，象征其民族之特殊民族性，非理性所得而知，亦非理性所当批评者也。

"哭墙"之主有权向未确实规定，犹太人视之为全民族之公产，但于"哭墙"附近有回教之欧马尔礼拜寺（Omar Mosque），回人往往视"哭墙"为寺产。平时两方尚可马马虎虎，此墙不至发生问题。但自大战时英国赞助犹太人复国运动后，亚拉伯人大为愤懑，始终不肯承认犹太复国运动之原则；巴里斯坦之亚拉伯人始终不肯与耶路撒冷政府合作，并屡向国际联盟抗议。一九二五年犹太大学成立于耶路撒冷时，亚拉伯人全体罢工以示反对。一九二〇年耶城亚拉伯人曾起暴动一次，攻击犹太人，一九二一年约法城（Jaffa）又起民族暴动，死一百零四人，伤四百余人。最近犹太人又积极推行其复国政策，恃英人武力，对亚拉伯人意见完全置诸不理；故回人始有八月下旬之暴动。

八月二十三日适逢星期五，犹太人又聚"哭墙"下，回人趁机寻衅，双方遂起冲突，刹时全城陷入混乱状态，巴里斯坦各地旋亦起民族斗杀惨剧。三十日又有大批叙利亚之亚拉伯人思越境而助同族人攻杀犹太人。英法两国政府闻警后，立派军队至边境把守，使回人不得越界助乱。英国为犹太之委任国，乱事发生后，立即派兵各处镇压，至八月底局面渐趋平静。据九月二日消息，两方死亡人数已有二百，犹太人一百十五名，回人八十三名，基督徒四名。此后各处虽仍不免有小冲突，然大规模之暴动则难再起矣。

暴动事件虽告结束，但根本问题并未解决。回教势力跨亚欧非三洲，犹太人经济势力普遍全世；故暴动本身虽为事甚小，而其牵连影响则甚大。数月来欧美各地犹太人开会游行示威，甚至有组义勇军以谋开往犹太助战者。同时印度埃及波斯叙利亚土耳其亚拉伯及其他各地回人莫不痛恨犹人，誓作巴里斯坦回人之后盾。印度回人近且募捐以谋向各方宣传反对犹太复国运动。然复国运动暂时恐无取消之可能，最近流血暴动亦决非民族惨剧之最后一幕，此可断言者也。

（原载《时事月报》1929 年 11 月第 1 卷第 1 期）

欧洲联邦

——反对派之意见

本文译自美国当代杂志《The Living Age》，该杂志原为转录伦敦《泰晤士报》。原著者为西班牙人（Salvador de Maariaga）。氏现在英国牛津大学任西班牙文学讲席。——译者识

九月九日法国总理白里安氏宴请国际联合会大会中欧洲各国代表，并于席上发表彼对"欧洲联邦"之意见。此种行动与联合会之宪法以及联合会之习惯皆无冲突点：每当联合会行政院或大会开会时，日内瓦城中辄见有大英帝国会议，西班牙亚美利加代表讨论会，洛加诺（Locarno）公约国会议，小协商会（Little Entente）会议等类之集合。然详细思之，白里安之行动确为新奇，且属可惊。试举两点，以证吾言：于列强中，日本当然未在被邀之列，而大英帝国中亦只有两国列席，即不列颠与爱尔兰。此两点事实虽极明显，已足证明白氏之行动与联合会之政治潮流如何相左。

"欧洲联邦"观念确属动人听闻，其倡导者之精神亦令人油然向往。库登侯福·尤拉基伯爵（Couut Coudenhove-Kalergi）自于维也纳成立欧洲联邦行动后，即以令人欢迎之才力与公益心积极推行其计划。辗转至今，此观念已获得欧洲声望最高政治家白里安氏之拥护提倡，其进展之顺利可想见矣。种种日常经验之观察皆足赋此动人之抽象观念以具体之生动活气。吾人若欲由巴黎经比利时荷兰德国丹麦而至瑞典京都（Stockholm），则需六种钱币与邮票及五种不同之语言，然此全部地域之面积恐尚不抵美国一州或中国一省。欧洲各国间之税关阻碍，摩利逊伯尔爵士（Sir Clive Morrison-Bell）曾以图表证明其为滑稽之混乱现象。吾人每念及两国交界线上双方保护此种无理阻碍之军备与军费，则不胜慨叹。以联邦制度解决此种过度分治割裂问题，诚属正当建设之提议，凡具国际主义心肠之人皆宜增助之。然同时吾人亦以友谊的态度公然批评之。

以联邦主义为护符而贸然提议改良行政院者，颇不乏人。一派意见，以为

行政院宜地方化。由永久委员组织之行政院处理世界事务，而欧洲本部事宜则另由欧洲各国组织之行政院处理之。此种建议若果实现，少数欧洲国家或可多得于行政院中活动之机会，但吾人万不可令此动机危及国际联合会之基础：联合会必须永为普遍寰宇之团体。非欧洲国家得处理欧洲事宜，欧洲国家又得处理非欧洲国家事宜——今日联合会之此种现象并非缺点，乃其长处；并非弱点，正其优胜之基础。纯属欧洲本部之事务并不似吾人想象之繁多；且世界愈趋合一，此种事务将愈减少。即无此重要因素，吾人亦宜极力保持表现世界合一之国际联合会旧状。以联合会热烈赞助者之白里安氏而有上言之新建议，殊令人难以置信。新建议之来源定非法国。

欲求此事真相，实非易事。白里安氏提议时之发言，由始至终未离若实若虚之恍惚境界；此点或足与吾人以明了事实真相之暗示。据日内瓦方面可靠消息，于宴会之前日白里安氏曾请库登侯福·尤拉基伯爵以其意见书于纸上，以备参考。若然，泛欧罗巴主义理想家之意见或属过激以致实行政治家未敢采纳，或属过虚以致恍惚不清。无论如何，白里安氏之动人言谈并未足以使座客感觉欧罗巴灵魂之实现。

欧罗巴之灵魂乃难以捉摸之精灵。此或非表明其虚弱，而适足以证明其生气勃勃变化万相。忽促肤浅之思考，有意或无意之与他洲相较，往往使吾人忽略欧洲之主要特征——即于此有限之地域中人类精神之表现较任何其他面积相等之地域中皆繁杂丰富。Chartres 与 Venice，Heidelburg 与 Seville，Amsterdam 与 Budapest，Cambridge 与 Toledo，Naples 与 Stockholm，Canterbmy 与 Cracow，Granada 与 Oxford，Copenhagen 与 Forence，以及其他精神各各不同之方域，性质殊异，内容丰富，创造力殊特——此即吾人之欧罗巴也。至所谓欧罗巴人则何在乎？欧罗巴内部绝无此人之踪迹。欧洲内部只见有岛族之不列颠人，橄榄色之希腊人，机警聪明口锋锐利且视比利时人为假法兰西人之法兰国女人，以返老还童自豪之意大利人，梦想重新实现（re-becoming）之德意志人，不复梦想之西班牙人，再生之波兰人，活动不息之荷兰人，反对被人笼统称为斯堪的纳维亚人（Scandinavians）之瑞典人，挪威人与丹麦人，与无数其他富有个性之各各民族。欲求欧罗巴人，则不可得焉。吾人若欲与一真正欧罗巴人烩面——一英吉利德意志荷兰意大利法兰西斯堪的纳维亚人而参杂爱尔兰民族性与前代西班牙文化元素者——则必须搭轮往新大陆之纽约。于纽约吾人将发现真正道地欧罗巴人。且正在试验使用一种新式英吉利语，甚且梦想欧罗巴联邦之实现；因待本人乃欧罗巴联邦之活现缩本也。

非只人种问题复杂，与欧洲联邦相牵连之地理与政治问题亦同样复杂。联邦理想似以欧洲全部为政治建设之基础。欧洲内部或有少数一致点，是与吾人以新建设之暗示。然偏重欧洲之政治一致性，果属稳妥之行动乎？于无国际均势局面之新大陆，北美合众国由泛亚美利加主义之提倡可得不少之利益；然此种利益与泛欧罗巴主义下无决实现之可能。英国深知彼虽属欧洲，然同时又与其他两三大陆有深切之关系。俄罗斯虽四分之三属于亚洲，虽所余四分之一亦大部属于亚洲，然万难被摈斥于欧洲范围之外。于库登侯福·尤拉基伯爵之泛欧罗巴计画中并无英俄两国之地位。然则西班牙之精神志趣大部集中新大陆，物质利益多在大西洋，何为反可属欧罗巴联邦？法国既为联邦之一，非洲北部又将如何处置？意大利地位如何？希腊地位又如何？由事实方面观之，海洋恐较大陆为有其重要之联合基础；大西洋海岸诸国无论其属于何洲，其相互间关系之密切远超欧洲内部诸国之上。

故联邦问题，除联合全洲诸国外，尚有无数之复杂问题。欧罗巴联邦护符下之三种观念，若以现实欧洲事实考量之，皆呈现出乎意料之困难。实业合理化与欧洲制造品市场推广之提议者，似忘却欧洲之优点，在质而不在量（吾人并非有意视贬美国制造品，"质"乃表示异样之义，并非定有优等之意。）汽车与无线电机或可大批制造，但西班牙白酒与法兰西衣饰则不可。且欧洲人无论以个人言或以民族言，皆为极端个性化之人类。少许合理化之工作或足以增助欧洲之利益，然万难改变根本反对一致化之欧洲生命。再者，税关之阻碍虽往往过度无稽，然正足为此狭小亚洲半岛之欧罗巴生活复杂丰富之表现，实为梦想。

关税同盟并非初步工作，而为合一运动之最后一幕。且苟无解决复杂问题之政治机关，则经济同盟必无从办理。统一的政治意识尚未实现之先，联邦问题决无解决之望。尤有进者，苟欧洲采用经济合作政策，则其合作范围非至包括与欧洲经济关系密切之国之美国与阿根廷不可。

吾人无论由何面研究此题，所得之结论皆属一致——欧洲诸国间之关系并不比任何国家间之关系较为密切。即笃信欧洲诸国宜日趋合作之人，亦必承认欧洲以外之世界与欧洲本部之进步，并无迟速之别。隔海之关系，其发达之速度最少与大陆内部相等；而凡国际主义信徒对此现象必皆欢迎。欧洲合作之提倡，当然亦须赞助；但必以不影响尤要之世界利益为限。泛欧洲之政治制度不宜危机联合会之世界性，泛欧洲之经济组织不宜阻止欧洲诸国与非欧国家之合作，尤不宜以抵抗非欧经济势力为目的。美国之大批制造法以及合理化方法，吾人皆可采用；然欧洲重"质"轻"量"之个人主义特性，吾人亦须与以相当之考虑。

虽然，欧洲内部合作之点仍属不少，而其中之最为明显者即交通运输事业。交通业合作之亟须赶办者即空中航行业。今日航业紊乱，可谓已达极点。除德国外，各国间以商业利益为名义而实为军事猜忌之航空竞争，深足以阻碍航空业之健全发展。德国以凡尔塞条约之故，不得终日从事于军备之扩充，故得以全力发展航业之知识与技术。空中运输根本为国际事业，必有国际管理机关方能免却各国间之互相猜忌；而航空业上之猜忌乃缩减航空军备以及缩减一切军备之障碍。"欧罗巴"似宜随附时代潮流而先事处理航空界问题。动作须以切实之动作证明之，故合作亦须以立可实行之合作事业证明之。其他合作事业将来或可继起。于忙碌从事切实工作时，吾人似可忘却"欧罗巴联邦"矣。

（原载《时事月报》第 2 卷合订本，1930 年）

阿比辛尼亚维新运动

阿比辛尼亚为非洲土人古国，西历前三世纪颇受希腊文化影响，西历四世纪基督教传入，国人多信从者。后回教势力亦渐侵入，然至今国教仍为基督教。阿比辛尼亚与世外绝少往来，始终独立自由。十九世纪末意大利欲占领其地，阿人不服，于一八九六年与意开战，大败之。阿比辛尼亚遂得保持其数千年来之独立。

今日之阿比辛尼亚仍为封建制度之世界，各地诸侯分据，国王只为名义上之共主，地方实权则操之于诸侯之手，国王只直辖国都附近之王畿而已。惟资本主义商业之势力侵蚀日深，旧制度无形中不免渐趋消灭。新王（自称为皇）塔法利 Tafari Makonnen，阿比辛尼亚之凯末尔也：年不过三十五，富有魄力与改进维新之决心。彼幼年尝受教于法国传教士之学校，精通法文，英文亦能阅读。其对于阿国之需要甚为明了，然同时亦深知进步太急将有引起反动之危险。盖无论何国，万难由封建制度一跃而达二十世纪之文明境域也。塔王政策所含甚广：教育之推进，经济生活之改善，社会制度之改良，皆时时在其念中。目下阿人在各国研究者为数已属不少，塔王复拟派送青年学子前往欧美各国留学。且增设新式学校一所于国都阿第斯阿巴巴 Adis Ababa，内聘外国教师；凡国内男童，无分贵贱，皆得入学。此外又设医院一所，及工业机关数处。塔王及王后又建新式宫院一处，专为招待各国使臣与名贵旅客之用，并设印刷所与牛奶厂，专供王室之用。近年来农业机器，修路机器及其他各种机器输入者亦日多。

塔王为维新党之领袖，深信阿比辛尼亚非藉外人助力与欧美思想，不能永久存立于今日之世界。其与塔王相抗者，有强大之反动党，反对一切维新与西化之输入；国中封建诸侯与基督教教会，乃此党之中坚。盖阿比辛尼亚既属封建社会，除诸侯外，凡稍有地位之人，不分男女，无不各备私军以自卫，维新运动成功，则此种分治之局必须推翻，贵族反动，诚哉其不能免也。至于阿国教会与大小诸侯联合反对维新，对塔王之政策极为不利者，则宗教倾向守旧，各国类皆然也。顾阿之教会属反动势力，然亦颇受西洋民族思想之影响。阿国教会虽附属于埃及教会，其教主为埃及人，且为埃及教主所委任。近年来阿国上下皆思摆脱埃及教会势力，而使阿国教会完全独立。此举虽尚未完全成功，然埃及教会在阿之势力已大为减色矣。

阿比辛尼亚名义上仍为独立国。一九〇六年英法意三国公约承认其独立；然同时三国又划阿国为三部，为三国之势力范围，故瓜分之祸仍属不免。且毗邻三国属地之阿国东疆，界限向未划清，最易与三强以侵略之机会。塔王深知此种危险之严重，故力谋维新，以图富强。一九二六年英意两国侵略阿国之秘密协定暴露后，轰动一时。阿比辛尼亚既属国际联合会会员国之一，遂发公牒，分致所有会员国，对英意之行动大加攻击。此事现已搁浅，将来是否重提，尚不可知云。

然塔法利最大之仇敌并非反动党，亦非虎视之列强，而为其千万左右之人民。阿国人民种族语言皆不统一；基督教虽占优势，然回教及他种宗教之信徒为数亦不少。人民虽不积极反对维新，然其性情无形中为极难征服之消极抵抗势力。且阿国国境有四十万哩之广，境内多山，交通极感不便；人民皆聚居村落间，老死不相往来，故亦无交通可言。全国境内无一真正之城市，即其国都阿第斯阿巴巴亦不过一较大之村落而已。商业仍在货物交易时代；除以货易货外，其最普遍之交易媒介即日用之食盐。全国上下，教育皆不普及。即其教士亦多有目不识丁，贵族阶级中能为读书者亦占极少数。国内除圣经与神道学著作外，亦无其他文学可言。以此种幼稚之社会，而欲与二十世纪至列强竞争，其困难不卜可知。

元首制中最繁剧劳苦者当推专制君主，而专制君主中，塔法利实为劳苦之尤者。盖彼乃身兼专制君主外交大臣部落酋长三职之人物也。国内乏外交人才，且塔王不敢轻于信任左右，故外交事务概归其自理。至其传统之酋长职务，则尤为繁难。凡阿国人民，无论其地位若何卑贱，倘蒙冤屈，皆有直接上控于御座之权利。如地方官吏阻止其直达宫廷，则冤民得于御驾出行时高声喊冤；王必即刻停驾，听受冤者控诉。若即此亦不可得，则冤民得鸣礼拜堂院中特设之诉冤钟；王闻钟声，必立召鸣钟者，听其申诉冤苦，以千万人民之主上，而有此种繁琐之责任，恐为世上绝无仅有之事矣。

以上种种障碍，并不足以减少塔王之热心。除前述诸改革政策外，王近又公布全国，解放全体奴隶阶级。此种根深蒂固之制度，万无转瞬间完全消灭之可能。然王室与多数贵族之奴隶则确已解放。此外塔王又限制妾制，以为后日完全取消之准备。凡一切反近代潮流之法制习俗，彼皆决意逐渐扫除之。但全国上下反对者多，而赞助者寡。一九二八年某贵族阴谋刺杀塔法利，足见贵族多未觉悟。本年四月前女王驾崩后，塔法利自立为新王，某贵族聚众五万反抗，终为塔王所败。现塔王地位虽甚稳固，然反动暗潮势仍未杀。阿比辛尼亚之能否复兴以长久存立于世间，泰半系于塔王一人之存亡。塔王若壮志未竟而身遇意外，则阿比辛尼亚复兴之希望恐将成梦幻泡影矣。

（原载《时事月报》第 3 卷第 1 期，1930 年 7 月）

书评：《世界史纲》

英国韦尔斯著
中国梁思成等五人译述
梁启超等十人校订
商务印书馆出版。

（一）序论

评论原著与评论译品不同：前者只要对原书着眼就够了；后者却有两层：第一先要将原书的本身审查一下，估它的价值；第二还要对译书下批评，看它是否与原书相符。评论译品又可分两种——在现在学术仍靠外人接济的中国这种分类尤其是重要的。那就是说，翻译的书有的得当，有的不得当。翻译得当的书，评者对于上列两层的工作就都有应尽的责任。但假设译书因译者不明原文而错误百出，那我们就无需去评原书；只指明译书不成事体，希望再有别人出来翻译就够了。这类的事中国近年来很多，稍微留意的人就都知道，我们无需举例。至于韦尔斯史纲的译者则都是精通英语擅长国文的人，他们的译品当然是极端有细心捧读详细审查的价值。汉译史纲大体与原文相符，文词的清顺也堪与原书比美；我除佩服赞叹之外，再不敢置一词了。

上面所说的是笼统一切的书评而言。至于史书的评论则又可分两种——就是记事的史与史观的史。两者各有各的评论方法。这两种书并不是完全可以分开的。史观的书——历史哲学的书——仍是以事迹作根据。记事的书多少也有一点历史哲学作它的背景；若不然那本书就一定成为毫无意义杂乱无章没有半点头绪的一本流水账簿。但有的史书是以记事为前题〔提〕的，它的历史观是无系统的。这类史书的目的就是记事准确，堪为史学界一本可靠的参考书。所以我们评论这种书时应当对事实着眼；除此之外对书中某事或某人的解释我们间或可以发生疑问。这两样事作之后，评者的责任就算尽了。这类的书大半都没有前后一致的系统史观，所以我们就无需去寻问全书的立脚点。

又有一种史是专门发挥著者的历史观的；其中的记事只是发挥时所必需的工具，不过是证明某种原理时所举的例。对于这类的书我们批评时宜只看它的史观有道理与否；至于书中的记事，除非有太与实情相悖的地方，我们就无需举出。那本书的史观若根本没有价值不能成立，那么它的记事即或千真万确，那本书也是不值半文钱的。若它的史观说得通，那书就根本有永久的哲学价值；几点事实的错误是毫不碍事的。韦尔斯的史纲就是一本专门发挥某种史观的书；并且它内中的记事据评者所知也没有与实情过于背驰的地方。所以我们只对它的史观下审查就算尽了我们的责任了。

上面这个史书的分类，评者自知非常武断；因为有许多史书是介乎两种之间的。但为本文的清楚起见，暂分史书为此两种，望读者原谅。

现在前题〔提〕既已说清，下面就可归入正文。

（二）原著历史观的评价

韦尔斯我们都知道是小说家，并且是富有改造社会热诚的小说家。他这热诚的对象就是世界大同；而他的世界大同的哲学根据（与其说哲学根据不如说信仰的立脚点）就是无限量无底止的宇宙人类进化论。史纲就是他鼓吹世界大同的一本小说杰作。著者并不隐讳，开宗明义第一页就引了拉策尔的一句玄学信仰来概括全书，作它的总纲：

> 名实相副之人类历史哲学，必从天体叙起以及于地球，必具万物为一之真知——自始至终以同一定律贯彻其单纯之观念。（译本卷上导言页一）

因为韦尔斯先有了这种的一个成见，所以他才作出一本乾坤六合无所不包的宇宙史大全来。评者个人认为除国际外交史与文化沟通史以外并没有别样可能的世界史。世界通史是无论怎样也写不出来的；宇宙全史就更不必说了。一切世界通史都不外乎以下两种：（一）著者若能自圆其说，那书就成了一部结构精密不合事实的小说。（二）著者若不能自圆其说，那书就成了前后不相连贯的数本民族专史所勉强合成的一本所谓世界通史。

人类近五六千年的历史并不是一贯的，也不是一体的。换句话说，时间上或空间上人类史都不是一息相通的。"人类史"是没有存在的，不过是一个方便的抽象名词；因为人类史的实情乃是好几个文化区域独立的各各独自发展演变；

其中虽于几个极短的时期中，不免有外交上或文化上的关系，但一大半的时间各各文化区域都是自过自家的生活，与其他一切的文化区域毫不发生关系。中国由开国到两汉，与其他开化民族并没有过什么国际上或文化上的来往；假设我们硬要将中国这二千年左右的历化①与全世界所有民族同时期的历史并在一起去叙述，试问那本历史怎会有上下连贯的可能？假设叙述起来，居然上下一气相连，那我们就不问可知——著者一定是强调夺理，掩饰删抹的痕迹必定在在皆是。韦尔斯既是善于运用笔墨的小说家，他当然能写出一本前后一致的世界史来。但我们若详细审查一下，就知道他的书实在不是"史"——至少不是世界史，最好也不过成为前有四不像之长序中间被无关之事所参杂的一本西洋史。读者若不信，只将目录看一遍就会信了。全书共分四十章：除最末一章是发挥总结著者的历史观和宗教信仰的与前十三章是讲宇宙禽兽和野蛮民族的之外，其余二十六章都是讲近五六千年来各开化民族的历史。但我们若把这二十六章分析起来，就知道内中有十五章是讲西洋的（希腊罗马与近世欧西）。以外尚有一章讲雅利安（白人）民族的。所以二十六章内西洋人就占了十六章——百分之六十一分五——的地位；其余十章的一小块余地，韦尔斯先生慷然慨然的让亚述人、巴比伦人、埃及人、印度人、中国人、犹太人、回人、蒙古人、日本人去拥拥挤挤的凑热闹。这倒是为何原故呢？评者不敢相信著者是看其他一切民族为无足轻重，只有西洋人为上帝的骄子的。其真正的原因，据评者揣想是一种不知不觉中的混乱是非。著者是西洋著作界一个富有普通常识而缺乏任何高深专门知识的人，所以在他的脑海中"历史"一个名词就代表"西洋史"，而他的历史观也就是他以西洋史为根据所推演出来的一个历史观。不过处于现在的世界，任人都知道"历史"与"西洋史"不是可以互相混用的名词，所以韦尔斯作史纲的时候不得不把西洋以外的诸民族勉强拉进来，但他的历史观是早已固定了，并且是以西洋历史为根据的；所以他参考其他民族史籍的时候，不知不觉中，一定是只将可以证明他的历史观的——至少不同他历史观相悖的——事迹引用；其他的事迹若也引用，岂不是自己打自己的嘴巴？

评者上面说了韦先生一大篇不是，总未将证据逐条举出，读者或者要抱不平。所以下面随便指出几个比较重要的牵强掩抹的痕迹为例：

（1）第二十二章题为"希腊思想与人类社会之关系"，是讲西历纪元前五世纪以后的雅典思想界，并其价值与影响。但世界上同时的两个思想非常发达的

---

① 编者注：原文为"历化"。

区域——春秋战国诸子的中国与释迦牟尼前后诸家的印度——为什么却半句不题〔提〕？这个时期不只是中印两国思想极发达的时代，并且这两区思想的本身也有绝对可研究的价值。对于印度韦先生尚把佛教题〔提〕了一题〔提〕，对于中国他不但除了孔子外只字未题〔提〕，并且将秦始皇焚书的事放在希腊之先。这显然证明韦尔斯看中国古史为一种讨厌的障碍，故随便先把它略叙几句，以了结一场不该发生的公案，然后再不慌不忙的归入正文——西洋史。除此之外，我再也想不出第二个缘故来解释这种牵强事实掩抹事实的痕迹。但读者不要误会——我并不是说韦尔斯是故意这样；十有八九他那是受下意识的指导而作的。

（2）第十八章题为"田奴奴隶社会阶级及自由人"，是专叙述古代阶级制度的。内中虽也有一两句夹叙西洋，但一大半是讲所谓古代社会的。读了这章之后，我们就必得一个古代社会是阶级分明近代社会是大致平等的印象。欧西中古的严格阶级制度，今日苏俄同样的不能动摇分毫的阶级分别，他却并没有提及。这是因为据韦尔斯的历史观阶级制度是古代文化半开时代的一种不美的现象，并非今日文明社会所应有；殊不知这是方开化的社会所共同有的现象。韦先生对于中国的社会所说的话非常含糊，评者到底也不明白他是否说中国向来没有阶级制度。但反复诵读之后，我看他好似是说中国与印度是极端对抗的——印度是阶级严明中国是几乎无阶级的社会。殊不知阶级制度是任何民族文化初开时所必经过的一个步骤。苏俄乃是一个明证。俄罗斯民族近年来始得自由发展其本有精神与民族性，运用其独有的文化可能力——换句话说，俄罗斯民族昨日方才开化，走文化过程的第一步，所以它现在才有阶级非常严明的社会。它现在因受欧西影响，并承欧西化的俄帝国的余业，所以表面上看起来它的阶级仍未详细划分。但不出一百年，恐怕苏俄就要变成一个阶级世袭的社会。中国在东周之前也是这样，印度在释迦之前也是这样，希腊于苏格拉底前是这样，欧西于中世纪是这样。将来如果非洲黑人要开化，恐怕第一步也是这样。到底为什么文化过程的第一步非这样不可，那恐怕没有人能回答。但那与本题无关，我们不必去讨论。我们唯一所要切切申明的就是阶级严格的社会是任何文化的初步社会。并非"古"的社会，并无时间的限定。至于现在印度的阶级制度那是印度文化退步印度民族又退回半开化时所产生的，与印度原始的阶级制度形式上虽然相同，精神上已大不相同。但这是又一个问题，我们不必多赘。这一种事实韦尔斯是否知道，我不敢乱猜。但他既已有无限进化论的信仰与"古""今"绝对不同的成见，他当然只说"古"时有阶级，而"今"日无严明的阶级了。殊不知在历史上——尤其是在所谓人类全史——"古今"二字非但不通，并且非常危险，极易引起误解，以致一时的人重古轻今或崇今蔑古。"古今"二字可当作谈话间的两个非常方便的名词用，但若以为"古"与"今"真是两绝对不同的具体物象，那就大错了。因为我们若细想一想，就知道今日的苏俄比二千年前的中国还要"古"，罗马帝国时代的欧洲比十字军时代的欧洲还要"今"。由此类推我们常识的古今观念可以完全推翻。

（3）第三十八章题为"十九世纪之实情与理想"，本身颇有独到处，但读时我们得着的印象是："十九世纪的欧美是人类思想酝酿社会紊乱的最后一步"。殊不知战国时的中国，释迦时代的印度，亚历山大死后的希腊，也是有同样的现象。十九世纪的灿烂与紊乱不过是欧西民族历史过程中的一个步骤，并非人类史上一种空前绝后的时代。

这篇书评已经太长，并且对译本还没有说半句话，所以现在无需再多举例，因为书中没有一章不可当例举出的。史纲中的许多章，如果独立，都是很好的通俗历史小册。但只因为韦尔斯硬要把它们拉拢起来，编成一本有系统有先后的所谓世界史，所以倒把事情弄糟了。书虽名为世界史，实只头绪错乱参杂质的西洋史。西洋历史家每将埃及巴比伦亚述等国拉入"西洋"的圈中，强迫它们作"西洋史"的开幕人，已是不通！几乎可说是一种对已死民族的帝国侵略主义；现在韦尔斯把一部比此还不若的一本西洋史硬叫作世界史，是越发没有道理了。总括一句来作结论——韦尔斯不过是从漫无涯际不相连贯的人类历史中——尤其是西洋史中——找出几点紧要不紧要的事实来用小说家的理想线索把他们串在一起，御赐他们名叫世界史纲。

（三）译本之批评

史纲译本的校订诸公大半都是前辈；既经这许多名人审定嘉许之后，按理我们普通一般人除称赞颂美之外，不该再发表任何意见。况且此书的译工的确是又精致又正确；对于译工本身评者真是非常钦佩。但同时也不能自已的有一种"可惜"的感觉——可惜五位青年十位长老相互之间前后费了（据评者所知）六七年的功夫译出这本书来，中国最大的印书局又格外费力费本的精印精装；在学术界大闹饥荒的中国我们却费了这许多的精神上与物质上的精力去摆弄这一本书，评者不知说什么才好，只能再三再四的叹几声"可惜！"单讲译工，此书在近年来恐怕是第一等了。但原书恐怕是近来外书译品中最无价值的。中国近来新出的书都是短小曲委得可怜，这本书看起来还像一个书样子。可惜内容不称！

评者这种论调恐怕有人要以为太过。我并不是说史纲是一部不可读的书。留心西洋的思潮的人都当读这本书；但我们务须要注意"思潮"二字。（见下段。）西洋的读者有一大部分多少有点鉴别的标准，不拿史纲当史书读，只当它作一种消遣品。我们中国人却郑重其事的居然看它为一部出类拔萃的世界史入门。普通的国人对世界史本无一种相当的了解，读了这本书之后，非但不能了解，并且要发生一种谬解。国中应当读这书的人都看得懂原文或欧洲各国的译文，但现在此书的读者一大半都是中学与大学预科的学生——都是不该读这书的人；因为他们还没有一种标准，没有批评力，读了这种宣传品的史书只会发生误解，不会增长知识。但现在书已印出，不能挽回；我们只有谋一个善后的方法，以补前非。所以评者劝读此书的人要把每章看为独立的小册；可当它作一本通俗粗浅的参考书，不要看它为上下一致的世界史，若好奇心盛，非读全书不可，可将讲西洋的十几章按序读下，然后再读那讨论其他民族的几篇片面的小文章。至于讲宇宙与禽兽史的十几章，评者非科学家，不知事实是否正确。但无论事实正确与否，评者也看不出它们与人类史有什么关系。固然我们人类是由亿万年前的星雾中的原质所产生出来的，（科学家既然这样说，我们不妨姑且也这样承认；）固然没有人之先世界上就有禽兽（为免无谓的纠纷起见，这点也可不问而承认），但生物如何会从星雾中渐渐演变出来，下等的生物如何会渐渐变成上等动物，甚至人类，（假设真有其事），我们是半点也不知道的。所以这些事并没有解释人类史的功用；我们又何苦去把它们牵羊似的牵来作人类史的小序呢？但我们若分开读，这几章也是很有兴趣的消遣品；我们也无妨于闲暇寂闷时拿来读一读，只要不把它当作历史的一部分就是了。

译本的译工虽是尽善尽美，它的开幕者与收场者却有些不妥。开幕者就是那一篇莫名其妙的"译者序"。序的下面署名王云五；但译者的五人中并没有一个姓王的，不知这位译者是从何而来。校订者中倒是有位姓王的，可借名叫岫庐。"云五"与"岫庐"好似是有名与字的关系。然而一个人在同书中为什么要署两个名字，叫人费功夫去摸索，真是不可解。无论如何，"译者序"，全书开首的三个大字也应当改造——或改为"校订者序"，或改为"王云五先生序"；但我想最好是改为"王岫庐先生序"。

全书的收场者就是那小字精印的四大页"刊误表"，共总有二百条左右。中国近年来无论印什么书，书前或书后非有一篇正误表不可；若不然那书就仿佛是欠完整。评者个人也知道校对是非常苦非常难的一件事，但我不相信印一本一讹无有的书是不可能的。拿起一本西洋的书来，无论大小或有价值与否，若要找一个讹误，真是非常艰难；间或有之，但是非常又非常的例外。我们中国最大的书局为什么不能有同样的成绩，也真是一件百索不得的怪事。特别如此加工加细的一本书，更不应常有这样长的一篇刊误表。

（四）余言

中国现在一切的学问艺术都仰给于外人，那是无可讳言的。但只有少数人能直接读西文；其余的人都靠着这少数人的介绍。所以这少数人的责任是非常重大的。他们如不介绍则已，若介绍时则宜细心考虑——一要考虑某著作本身的价值，二要考虑读者的资格。二者都考虑妥当之后，方可介绍一本书。不可因某书在西洋因西洋的特别情形而风行一时，我们就非介绍到中国不可。至于史纲，我们若用这两种标准去考虑，就得结果如下！（一）此书本身无史学的价值，我们不可把它当史书介绍与比较易欺的国人。它只有思潮上的价值——欧美现在正在大同主义日渐风行国家主义极盛转衰的时代；史纲就是鼓吹大同主义的一本名著。韦尔斯不过是国家主义反动时代的一个产儿，他的史纲是受欧洲大战激感而写出的。所以关心西洋思想潮流的人不可不读史纲一书。但上面已经说过，能研究西洋思潮的人都能读原著或欧洲各国的译本，无需我们再费力去介绍——因为那就等于有人把我们一位熟识的朋友介绍与我们。（二）我们中国普通一般的读者并无心研究西洋的思潮，也够不上研究的资格。他们并无用批评眼光读这书的能力。关于这点，上面也已说明。

（五）重印附言

这篇评论是民国十七年三月四日在《时事新报》的"书报春秋"栏中发表的。二年以来，国人对于《世界史纲》的信仰似乎仍未减少：无论普通的读者或中学大学的学生仍多以此书为有权威的世界史。所以现在将原评转登在《史学》上，盼望国人将来能少走不通的路。

近年来西洋像《史纲》一类的著作甚多，并且都很风行。例如《科学大纲》，中国已有译本。此外如《哲学大纲》（原名哲学的故事），《美术大纲》，《宗教大纲》（原名信仰的世界），《文学大纲》（原名世界文学的故事），《生物学大纲》（原名我们何以举动如人）……不胜枚举。近来又有一本所谓《人类知识大纲》

出世，虽不过五六百页，却自称包罗万象；上面几种"大纲"所简单叙述的，这本书居然尤其简单的叙述出来。这也是今日西洋一种风气。大概十九世纪来各种学术都太偏于专门的研究，与平民完全断绝关系；今日西洋的社会既是平等民治的社会，又是教育普及的社会，所以一般无高深知识或无暇研究的人，都想要对于这一百年来堆积起来的学术多少有点了解。这些"大纲"就是因应付这种要求而产生的。而最初开这种风气的就是《世界史纲》。所以此书的确占有很重要的地位——一方面为提倡大同主义的杰作，一方面又开导新风气。我们所要注意的就是无论怎样，《史纲》并不是历史；研究历史时，最好读别的书，对韦尔斯的书愈少过问愈好。

（原载国立中央大学史学系文学院《史学》第 1 期，上海光华书局 1930 年 12 月）

殷周年代考

序 论

殷周年代至今仍为古史上未决问题。太史公作《史记》，年表始于共和元年（西前八四一年），此前年代皆认为难凭之传说。时至今日，吾人对此亦未有确实之推定。然关于周室元年，比较有价值之说法有二：

西前一一二二：《三统历》

西前一○二七：《竹书纪年》

两说代表两种可能之年代考定法，关于古史年代吾人普通亦只有此两法也。若有史料可凭，吾人当然根据史料之记载。例如秦并六国完成之年为西前二二一年，此为可靠记录，吾人可完全承认，无需再加以推考，此一法也。若关于史上某事发生年代，无确实之记载，则吾人可以片段材料为起发点而加以推考，此又一法也。以上两说，第二说为历史上之记录，但是否确实，尚待考定（普通多以《竹书》中所纪周元为西前一○五○年；此乃后世伪《竹书》之窜改，不可凭信。古本《竹书》纪周元为一○二七年——参见王国维著《古本竹书纪年辑校》）。第一说则为刘歆《三统历》根据片段史料所推定。然古今推算者不只一人，如《大衍历》推周元为一一一一年，今人亦有根据历法推算而肯定此年者；日本学者新城新藏则推定为一○六六年。此外转相抄袭或凭空拟定者尚多，更无赘述之价值。同为推算，而结果有三，且相差有四五十年之久，而推定结果之最早者与《竹书》所记相差几至百年。此非古史中年代传说上下所差不过三五年无关重要者可比。两说必有一误，或两者全误，此犹待吾人考定者。

根据片段史料而以历法推定历史上年代，须有以下条件为先题：（一）由吾人所确知之最早年代（如共和元年）至吾人所欲推定事实之年代（如周室元年），其间片段史料必须完全可靠，而非为疑似之传说；（二）与先后两年代间所用历法情形吾人必须详知；若有历法上之改革，吾人亦须明晰。以此两标准而断一切关于西周年代之推算，恐皆有穿凿附会之嫌也。（一）关于共和前之年代只《尚书》中有少数意义不清之记录。其记录是否可凭，尚有问题。即假定其全为事实，其解释亦大有困难。共和前任何周王在位年数吾人完全不知，而《尚书》中只言某事发生于某王某年；甚或年代亦全不录，而只记某月某日；而其记日之解释法则尚属疑题。于此种情形下吾人而欲确定《尚书》中所记某事为共和前某年，恐为事实上之不可能。（二）较此尤大之困难则古代历法变更问题，今日已无从解决。春秋时代历法上之变化，吾人尚可由《左传》中见其一二；然春秋以前历法有无改变吾人完全无从究诘。于此种情形下吾人将以何种历法为据而推定《尚书》中所记年代月日乎？故苟非地下有关于历法史极清楚而可靠之发见，吾人决难以历法推算共和前之年代。若采此法，则每人对历法各持一说，又不能起古人而断孰是孰非；是每人可随意推考，而是非永无解决之日。同为推算，而有三种不同之结果，其故即在此也。而可能之结果恐尚不只此。若有欲为数学上之练习者，大可以此为题；其结果或早于一一二二，或晚于一〇六六，皆无不可也。

推计既不可靠，吾人似只有信古代传说矣。然古代传说之有确定年代者，唯有《竹书》，而《竹书》又为战国末年作品，上距周初或已有八百年之久，吾人安能知其必是？本文所欲考证者，即此点也。

西周年代问题

于前述两种计年法外，尚有一法人少试用，吾人于此无可奈何情形下不妨尝试之。按温带人类生理，普通四世当合百年。中国古今朝代，皆不逃此原则。盖古代男子二十而冠，即可婚娶，至迟不过三十，所谓"男子三十而娶"者也。故以平均而论，娶妻生子年当在二十五左右；而帝王即位自周以下大半采长子继承制，故平均每世二十五年不爽也。

后世虽行早婚制，不过有年未及冠而婚者而已，实际娶妻生子仍多在年二十与三十之间也。故吾人若以每世二十五年之法推计，西周年代虽不可知，然大概年代必可求出，决不至再有上下百年之疑问也。

吾人试先推计西周以下之年代，以视其是否合于四世百年之例。然于推计之先，尚有须为声明者数则：（一）创业帝王往往即位已至垂死之年，故不能计为一世。（二）一代将亡时，往往一二幼主即位，不过十年即被废弑，此亦不能计为一世。（三）普通若有一二世兄弟相继者，兄弟二人或数人宜以一世计算，不能每君定为一世也。（四）若祖孙相继，则宜计为三世，非二世也。（五）吾人对不满四世之朝代概不计算，凡此皆属显然之理，不过预先指出以简下文而已。

共和以下周代年表既无问题，吾人可先为推计，以视其是否合于生理原则。共和十四年间厉王仍王于汾。厉王死，宣王始立，其年为西前八二七。故吾人可由宣王即位之年而计宣王以至赧王（西前二五六年死）之年代。此间共二十三世（其间除有数次兄终弟及易于查知者外，平王桓王为祖孙相继须特为注意），以每世二十五年计，应得五百七十五年，而实际年数为五百七十二年。推理与实际之相差可谓微乎其微矣。

西汉国祚二百一十四年（西前二〇六至纪元八年）。高祖晚年得天下，可不计算。孺子婴三年被废，亦宜除外。此间整个的为九世（宣帝为昭帝孙辈），按理宜为二百二十五年。

东汉国祚一百九十六年（纪元二五至二二〇）。光武壮年得天下，可计为一世；献帝晚年始禅位，亦可计为一世。光武至献帝共八世，宜为二百年。

晋国祚一百五十五年（纪元二六四至四一九）。由武帝至恭帝为五世，宜得一百二十五年。但其中除武帝外，每世皆兄终弟及。武帝以下三世每世三人为帝，第五世则五人继立，故世代年代完全混乱。此点于讨论殷商年代时尚须提出。

唐国祚二百八十九年（六一八至九〇六）。其中除高祖晚年得天下，哀帝不得善终外，共十二世，宜为三百年。

宋国祚三百一十五年（九六〇至一二七四）。太祖得天下虽在晚年，然继位者乃其弟，兄弟二人可计为一世。太祖至度宗共十二世，宜为三百年。

元国祚一百零四年（一二六四至一三六七）。若计至顺帝死年（一三七〇），则为一百零七年。世祖壮年即位，可计为一世。世祖至顺帝共六世（其中成宗为世祖孙），宜为一百五十年。况前后六世中有两世皆为兄弟三人相继者，国祚即逾一百五十年，亦不为异。今竟不过百年有零，殊不可解。元代为古今唯一不可解释之例外。但此与本题无关，因关于西周年代，说者皆失之过长，而不失之过短也。况元史至今疑问尚多，将来研有结果，此种特点或亦不难解释也。

明国祚二百七十六年（一三六八至一六四三）。太祖壮年得天下。怀宗虽未得终天年，然殉国时已在壮年，亦非即位数年而不得善终。故明代首尾二帝可计为二世。前后共十二世，宜为三百年。怀宗若得善终，则有明国祚必与三百相近也。

清国祚二百六十八年（一六四四至一九一一）。世祖七岁即位，宜计为一世。宣统三年退位，可不计。由世祖至德宗共八世，宜为二百年。此特殊之例外，乃因满清不立太子，每世即位者非长子而为幼子。故虽无兄弟相继之名，而有兄弟相继之实，非通例所可包括也。此点于讨论殷商年代时亦须提出。

兹将以上推定结果与实际记录列表如下：

朝代	世代	实际年数	推计年数
周共和以下	二十三	五七二	五七五
西汉	九	二一四	二二五
东汉	八	一九六	二〇〇
晋	五	一五五	一二五
唐	十二	二八九	三〇〇
宋	十二	三一五	三〇〇
元	六	一〇七	一五〇
明	十二	二七六	三〇〇
清	八	二六八	二〇〇

以上九代，除晋、清例外，当作别论；元为不关本题之例外；其他六代皆为四世百年之有力明证。上下三千年而无真正例外之生理事实，吾人似可承认矣。若以此而推，则西周年代当不难索得。武王晚年得天下，相传七年即崩，虽不可必，然为晚年王天下则属可信，故可不计为一世。由成王至厉王共八世，宜为二百年。宣王元年为八二七年，则周元当在一〇二七年左右，此与《竹书》所记恰相符合。若以西周全体而论，则共为十世，合二百五十年，周元当在一〇二〇年左右。《竹书》纪西周共二百五十七年，所差不过七年。若以二周全体而论，则三十一世合得七百七十五年。周亡之次年为公元前 255 年，是周元当在公元前 1030 年左右。兹将周元之四种可能年代列表如下：

一〇二七	竹书纪年
一〇二七	由宣王以上推计
一〇二〇	西周全部推计
一〇三〇	全周推计

由上表以观，周元似当在一〇三〇年与一〇二〇年间。而《竹书》纪为一〇二七年。推理与史录吻合如此，《竹书》所记必为可信无疑矣。

《竹书》纪录可信，尚有旁证。太史公修史谨严，列国世家于共和前皆不系年，而独辟鲁周公世家为例外；除伯禽年代无考外，考公以下皆系在位年数。史公必有比较可靠之根据也。兹列共和前鲁公年表如下：

伯禽	年数不详
考公	四
炀公	六
幽公	十四
魏公	五十
厉公	三十七
献公	三十二
真公	十三（真公十四年为共和元年。《十二诸侯年表》谓有共和元年为真公十五年说）

由考公至真公十三年共一百五十六年，至十四年为一百五十七年。共和元年为八四一年，则考公元年为九九七或九九八年。伯禽年代虽不可考，然其既为周公子，则必与成王年岁相若；且其封鲁十九在成王时，史传相传亦如此。成王元年当在一〇二〇年左右，故伯禽元年亦当在一〇二〇年左右。一〇二〇年距九九七年约二十余年，正合一君之平均年数。是《鲁世家》之记录可为《竹书》之旁证，而与《三统历》则全不相合矣。

殷商年代问题

殷商年代问题，可分二部探讨之。盘庚以下比较易得，可先为研究。盘庚以上则作为别论。

殷商年代上古传说较西周尤不一致。普通史籍据《三统历》定殷祀为六百四十四年，成汤元年为一七六六年，盘庚元年为一四〇一年。《三统历》关于西周之推计既不能成立，则前此推定更无讨论之价值。此外唯一记录则《竹书》谓盘庚迁殷至纣灭为二百七十三年。若周元为一〇二七年，则盘庚迁殷适为一三〇〇年。此说吾人果可承认否？

殷行兄终弟及之制，由史传及甲骨文中皆可证明。此后行此制或此相似之制者只晋、清二代。晋行此制，出自跋扈之尘，其中多有废弑。清行此制，则为皇帝固定政策。有清一代，除穆宗为文宗独子之外，其他诸帝无一为长子者。故清虽未行兄终弟及之制，而其年数结果则若已行此制者也。兹列清帝表如下：

世祖	
圣祖	世祖第三子
世宗	圣祖第四子
高宗	世宗第四子
仁宗	高宗第十五子
宣宗	仁宗次子
文宗	宣宗第四子
穆宗	文宗独子
德宗	穆宗堂弟

所谓平均每世二十五年者，乃历世或大多世代由长子嫡系相推而下之谓也。若由幼子计算，此数当然不能成立。清代八世二百六十八年，是平均每世三十三年也。晋代五世一百五十五年，是平均每世三十一年也。殷自盘庚至纣为八世，若以《竹书》所记二百七十三年计，则平均每世为三十四年。晋代多废弑，其平均数恐不若满清之可靠，而满清平均数又与《竹书》所记之殷代平均数遥遥相符。是《竹书》记载当无大误。虽未敢必，然盘庚迁殷必不出一三〇〇年左右也。［兄终弟及制下，每世平均不过三十三或三十四年，而据《三统历》则父子相继嫡长继位之西周每世平均反越乎此，岂不怪哉？据《三统历》，由周元至厉王死（一一二二至八二八）平均每世合三十七年，远超殷晋清三代之上。即以日人所推周元为一〇六六年计，厉王以上平均数尚合三十年，几与晋代相等，必无是理也。且据《三统历》殷自盘庚以下（一四〇一至一一二二）平均每世亦不过三十五年。即由盘庚之兄阳甲元年（一四〇八）计起，每世亦仅三十六年，而西周自厉王以上反为三十七年。其迷于不可靠之历法而对事理全不顾及也明甚。］

盘庚以上年代则较为难考。盖此时王室尚无定居，都会屡迁，文化程度恐尚甚低。文字虽十九已经发达，而为历史记录恐尚付缺如，或非常简陋也。故后代对盘庚以前无可靠之说，《竹书》记录当未可轻信。《竹书》纪殷商一代共四百九十六年，是盘庚以前只有二百二十三年，而成汤元年为一五二三年也。然成汤至南庚为九世，继南庚而立者为其侄阳甲，乃盘庚之兄。阳甲死盘庚始立。故吾人若计阳甲为一世，则盘庚以前殷商尚有十世也。其十世间所行者亦兄弟相继制，故其年代决无少于二百七十三年之理也。成汤即位，是否已老，全不可考。即令认汤即位为老年，而同时又不记阳甲为一世，则盘庚前尚有八世，其年数亦当与盘庚以下相等，不能反少五十年也。盘庚以前若以八世计，则商元当在一五七〇左右；若以九世计，则当在一六〇〇左右；若以十世计，则当在一六三〇年或一六四〇左右。汤胜诸国而王中原，按传说似曾经经过长期之战争，即王位当在老年，是以十世计似嫌过长。而盘庚前又有其兄阳甲在位，以八世计又嫌过短。是则盘庚前以九世计似属最为合宜。汤王中原当在一六〇〇左右，吾人似可承认矣。

商之年代除《竹书》有此较确定之记录外，战国时尚有一笼统之传说可供参考。《左传》宣公三年谓"商祀六百"，此不过大概之词，非定数也。若周元为一〇二七，则商元当为一六〇〇左右，与吾人之推定洽〔恰〕相符合。

最后关于殷商年代，《鬻子·汤政天下至纣》尚有记载，谓由汤至纣"积岁五百七十六岁"。古本《鬻子》当为战国作品，其记录宜有相当价值；然今本《鬻子》真为古代残本，抑为后世伪托，尚有疑问，故不敢凭信。但其谓商元为一六〇三，则堪注意者也。

殷周年代问题旁论

关于殷周二代之年数，《孟子》尚有较《左传》尤为笼统之记载，然亦可为本题之旁证。《孟子》末章谓"由汤至于文王五百有余岁……由文王至于孔子五百有余岁"。若周元为一〇二七，此前两世（文王武王）则当在一〇七七左右。孔子生于五五一年，最活动时期当在五〇〇左右，五五一及五五〇距一〇七七皆为"五百有余岁"。若周元为一一二二，则文王当在一一七二左右，是距孔子时代已有六百余年，《孟子》不能谓为"五百有余岁"也。《孟子》又谓"由汤至于文王五百有余岁"。若文王在位为一〇七七左右，则汤在位当在一五七七以前。是商元为一六〇〇左右，孟子亦承认之。孟子虽非史家，其说必根据战国时代尚存之古代史料。《竹书》之编者或有失检点，亦非不可能。或盘庚以前原本《竹书》本无讹误，而为晋以后之人抄误或计误，亦属可能。盖王氏辑本所录并非全为原文，内多后人总括《竹书》原文之词；其中总括年代处，难免抄误或计误之点也。故盘庚前无可靠史料，虽似可解，然观孟子之言则当时至少关于年代似已有大致可信之记载。惜史籍湮没，今已无考矣。

结　论

吾人若认以上所论为不谬，则《竹书》所记周元为一〇二七，盘庚迁殷为一三〇〇，当为可信之历史记录。即有讹误，前后所差亦必无十年之多。至商元则吾人只能定为一六〇〇左右，较此尤确之年代则无从考证矣。至所谓夏代，其传说多属神话，当时恐只有与各国并立之夏国，并无所谓夏代也。其世系表中人物，除与商发生关系之末世数后外，原为神话人物抑历史人物，至今犹为未决问题，其年代更无论矣。

（原载武汉大学《文哲季刊》第 2 卷第 1 号，1931 年）

一九三〇年之中国与世界

一、中国

党务

关于一九三〇年中国之党务可注意者为第三届第四届中委会之全体会议。第三届会议在三月举行，其最重要之意义为（一）党务集中于县，及县以下之地方社会事业。（二）励〔厉〕行节约与利用外国之机器与技术，以解决民生问题。（三）以教育建立三民主义之社会，以教育之力量，充实国家之新生机。第三届会议在十一月举行，适值逆氛扫除，和平可期之际；讨论党国大计，尤觉重要。计此次会议之议决案甚多，例如：（一）召集国民会议，（二）党部组织及党务工作，（三）刷新政治，（四）肃清□□，（五）集中人才等。

内政

十九年来，战争事相乘不已，去年自讨伐唐生智军事结束后，以为大局暂可小安，不料阎锡山（当时为中央委员兼海陆空军副司令）于二月十日对于时局发出通电，高唱礼让为国，力诋武力统一，野心勃勃，路人皆知。当经中央胡戴等院长复电驳斥，而阎仍不觉悟，竟于二月杪起兵谋乱，一面勾结冯玉祥令其率兵向洛阳东进，此时大局摇动，人心惶惶。惟中央早知阎冯阴谋，已有相当之准备，五月八日蒋总司令躬自督师讨伐，由京沿津浦路北上，其时何成濬指挥平汉路，何应钦留镇武汉，分途攻击。而战区扩大非常，几成相持不下之局。幸中央军队素有训练，战斗力甚强，八月十五日出其不意，克复济南，晋军北溃，冯军亦西退。最后和平之障碍顿除，而全国统一实开始于兹也。

九月十九日张学良通电拥护中央，东北军即接收平津，十月九日张氏在沈就任海陆空军副司令职，蒋主席亦于是日凯旋回京。全国喁喁，无不表示欢庆之意焉。

外交

去年我国外交大有进展，兹略述如下：（一）关税 五月六日中日关税条约成立；十一月十八日中和关税批准书在南京互换，我国关税自主即于此日宣告完全成功也。（二）收回租界 十一月十七日交收镇江英租界；九月十七日互换收回厦门英租界换文，十月一日接收威海卫；收回汉口日法两租界及广州湾租借地均于十一月分别提出，积极进行。（三）法权 我政府自动声明自十九年一月起收回法权，现正在与英美法和那威巴西六国交涉实施办法，因该六国旧约均未满期；二月间签订改组上海公共租界法院协定，该协定内容较临时法院亦稍有改良。（四）缔结平等条约 中捷友好通商航海条约，中和关税条约，中希友好条约，均已签订完成；中美公断条约，越南条约，中波（波兰）友好通商条约均已签字但尚待批准；中古条约，中秘条约，中土友好通商条约，中尼移民协定不久亦可签订；此外尚有多数条约均在进行中。（五）中苏关系 莫德惠奉命为全权代表于五月赴莫斯科，出席中苏会议；十月十一日开第一次会议；停顿多时忽又于十二月四日开第二次正式会议，决定分组讨论；而莫代表则于此时请假回国，请示一切。

财政

一年来之财政整理，最重要者，厥为全国裁厘问题。全国裁厘会议，十九年上半年业已准备就绪，原拟预定秋间召集会议，嗣以军事关系，各省又多纷乱，财部为慎重起见，决将裁厘日期展至二十年元旦实行。惟各省之实行政令与裁厘后之抵补问题，则尚须讨论，其抵补方法，不外兴办消费（国税）兴营业（地方税）两税耳。又国府近为调剂财政起见，特发行关税金融短期库券五千万，所有简章、库券条例，以及还本付息表等均于八月间公布。至于各省财政状况，多因军事关系，几收移做他用，省库因此支绌，亦有因匪□为灾，收入短少者；但各省府为维持财政起见，将糙米折价抵押借款者有之，向各银团暂借以济目前急需者有之。总之，过去一年中各省财政，实十分拮据也。

金融

过去一年中标金飞涨银价暴跌，为数十年来所未有。造成银价史上之最新纪录，影响于吾国经济界至深且巨。在十九年春间，极端锋利，只仅四百五十二两六钱，迨至六月底竟超出六百二十两之新高价。此时全国实业，金融，交通，无不有濒于破产之虞。所幸入秋以后，金价渐次回跌至五百四十五两左右。论者原冀其继续跌落，渐趋稳定，讵知至十二月中旬，标金涨风重炽，竟又逾六百二十两以外。至于洋厘银折，亦受金价影响，交易异常沉寂，入秋后，进口货几高中辍，金融市场，乃逾见逊色。非特洋款买卖及销售疏滞，即银款之需要，亦无甚重要，工商各业之凋敝，于此可见一斑。此以往一年间金融界之概况也，亦可谓极端严重之经济国难矣。

实业

一年来之我国实业颇少进展，前工商部召集之工商会议，集全国实业界巨子数十人，自十二月二日开会，至八日闭幕，前后讨论一星期；计议案四百零八件，约分十大类，并议决组国际贸易协会，由部聘定筹备员，洵为盛举。中国工商管理协会发起于十九年五月二十六日，旋于六月杪假上海银行公会举行成立大会，英德坎拿大等国实业考察团先后来华考察，其有助于我国实业之发展颇大。惟去岁因金潮关系，我国实业日呈颓唐之势，其最令人惊诧者，则为丝厂、绸缎、棉织等业之倒闭，同时火柴面粉等因无法维持以致停歇者，十之六七。今日中国实业之危机，殆已达于极点矣。

交通

电信之创设等，略有可述。盖招商局为我国惟一之大规模航局，但内部腐败非常。自国府建议收归国有，派遣专员负责整理后，稍有成绩。对于国际电信，我国近在真茹设立无线电台，直接与欧美通信，颇见利便。至于水线收回问题，虽英丹各公司尚不忍放弃，但我方已决定收回矣。关于航空方面，如中美中德航空合同之签订，中国航空公司之扩张航空线；路政方面，如回复陇海，平浦各路快车，与夫苏、浙、皖、晋、粤、辽、赣、冀、桂、新、鲁、湘、鄂、川等省长途汽车路以及各省省道之积极建筑；邮政方面，如交部设立邮政储金汇业总局，全国邮区之重行划定，均为交通事业之可述者。

建设

一年来国内建设事业之最堪置重者，莫如葫芦岛筑港，及东北二大港与中山港三门湾等之开辟也。葫芦岛筑港开工典礼，始于十九年七月二日，定期五年有半，预计建筑费六百四十万美金，该港之完成，足以打倒①大连，使得东北商业换一新面目。东北两大港之初步计划，及筹备办法，业经建设委员会会同财部协议，指定荷兰庚款全部为测验计划时期之经费。在庚款未发付前，暂由财部于欠拨建设委员会经费，依照两港预算拨发济用，现正从事积极测量中。中山港原名唐家环，位于广东中山县南。中山先生在世，曾有辟港之议，近该县现已拟定建筑中山港计划书呈请国府积极建筑。至开辟三门湾之议，远在数年前，最近浙省府以该处适当华南华北之要冲，应即辟筑海港，以期发展。现经省方规定计划，然后由企业家努力投资，俾资兴筑。此外，如建筑委员会第二次全体大会于十九年四月十五日开幕，十七日闭会，讨论建设议案不下十七余件。凡关于建设首都之规划，各省市公用事业（如电话，电气）之设备，土地之整理，实业之振兴与奖进，兴夫建设经费之筹措，或具备原则大纲，或缕述实施方案，均属切要之图，可期次第实现也。

侨务

欧战之际，实为南洋黄金时代。我国侨胞，视南洋为第二家乡，经营企业，多有成功。孰料未及十载，顿是疲惫残缺之状。盖南洋出口货物以树胶与锡为大宗，自生产与消费失却平衡后，胶锡价格一跌再跌，而尤以过去一年中为甚，以致南洋华侨，均感谋生困难。英荷南洋各属地，近复限制华工人口，颁布种种苛待华人之条例，侨胞失业人数，现在总计不下百余万。其稍有积蓄者，尚可暂且苟安，而多数华工则既缺乏川资回国，只得沿门托钵，随地漂流。虽有较为富有之华侨，力为救济，然杯水车薪，究属有限也。日美墨西哥等国各地华侨，近亦屡受外人歧视，且彼辈每因细故，被逐出镜，或无理拘囚，排华举动，至于此极，可为痛心。旅俄华侨，自前岁中俄事件发生以来，更遭虐待；如华人开设商店，则受官方种种刁难，侨民回国，则须缴归国领照税，满洲里附近一带，竟受裸体检查，如带俄币一文，即解回拘禁，其虐待我侨民之手段，可谓暴矣。总之，以言过去一年中侨胞之近况，正不啻一段伤心史也。

边事

一年来之边事最为吾人热闻者，厥惟日俄二国侵略南北满之锐进。日人之侵略满洲，举凡政治经济交通军事文化各项侵略，无所不用其极，而其利用韩

---

① 原文即为打倒。

民，为移民之先导，尤为世人所共晓。日人之侵略满洲，固以南满为集中点，然于北满亦未尝忘怀，殆成双管齐下之势焉。俄人之侵略满洲也，既于北满方面着着进行经济侵略，一面则常于北满边界，为军事示威运动，其凶焰迄今犹未已也。俄人于侵略北满之外，于外蒙方面，则操纵其政权，华商之经商外蒙者，损失何可胜数？于新疆方面，文化侵略经济侵略之不足，益以完成土西铁路以威胁之。俄人之侵略我东北西北，诚面面俱到矣。其在康藏，以在强邻环伺之中，频传警报，而尼泊尔之犯藏，为受英帝国主义者之驱策，殆成公开之秘密，尼人所犯藏事件，后虽归于和平解决，然英人在藏之势力，则与时俱进，不可一世。所幸藏人感受英之压迫，迭有内附之心，此则一大好消息也。

灾情

在过去的一年，各省区天灾人祸，相踵而降，若陕豫甘江浙湘赣皖川鲁冀辽桂滇黔诸省，或则患水灾，或则患旱灾，或则患虫灾，或则患兵灾，或则患匪灾，或则患电灾，或则患瘟灾，或则兼而有之，不一而足，死亡者枕藉于原野之中，流离者络绎于道途之上。若身历其境，必疑非人间大地矣。在各灾区中，豫陕二者之灾况，尤为惨不忍闻！以豫省言，不论豫东豫南豫西豫北，灾情之重，殆有同然，战区所在，弥觉不堪入目。以陕省言，其灾情之重，正不亚于豫省，一入陕境，积尸遍地，万人坑无县无之。综计豫陕二省之灾情，实为数百年来所未有，二省待赈之灾民，不下数百万之多，虽政府当局暨各善团力事救济，无如粥少僧多，力所未逮，欲解决此灾民问题，其积极的办法，当在移民东北与西北也。

匪患

年来灾患频仍，民无聊岁，各省匪□蜂起、掠地攻城，极惨虐之能事。加以讨逆军兴，各处防军不无单薄，匪□之活动，乃益加甚。凡苏浙皖赣湘鄂闽鲁豫冀粤川绥……诸省区，殆无一片净土。其中湘赣二省之匪患，尤属骇人听闻。以湘省言之，平江南县华容醴陵…诸城，均一度为匪所陷，而省会长沙，亦曾于七月二十七日以失守闻。人民生命财产之损失，不可胜数。以赣省言之，匪化区域，竟大数十县之多，朱彭窜扰于西南，方邵跳梁于东北，若吉安彭泽宜春信丰湖口袁州分宜永新莲花浮梁永丰等县，均曾为匪□所攻陷。其他各城，或则偏安一隅，或则匪势汹汹，据该省之调查，在已填报四十三县中因匪所受之损失，计财产二一四，〇一〇，三三二元，被焚房屋三七，七一二所，被灾人数八二，三〇四人。吁可痛矣！今则军事结束，剿匪之工作，日趋紧急，各省匪患，当可日灭矣。

教育

去年教育部实行废止大学预科制，取消名誉校长，裁撤大学副校长并更改年暑假日期。教部曾于四月间召集第二次全国教育会议，该会议之重要方案，如实施义务教育，成年补习教育，改进高等教育等计划，以及全国教费之预算，华侨蒙藏教育之改进与发展，均颇重要。

秋间，中央大学，中山大学，中国公学，清华大学，劳动大学均以易长问题，先后掀起风波，学潮汹涌，前所未闻。自四中全会后，行政院于十二月七日下整顿学风令，辞极严厉，为近来政府文告所仅见；且国府明令，蒋主席以行政院长兼教育部务，尤足以证明重视教育之至意。挽回狂澜，其在斯乎？

科学

一年来科学界发明之事，仅有罗国瑞君之天然瓦斯灯，李神辅君之家用电气保险丝，邢广世君之广世纺纱机等，为数寥寥，不足述也。虽然，科学发明，谈何容易？无已，试一考查科学界有无蓬勃之气象，则尚有以慰藉者。例如中央研究院各种研究所暨中国科学社诸机关，均力求进展，成绩昭然。其新兴之科学团体，更有海洋研究所，厦门暑期生物研究所等。然一年来科学界有一普遍之现象，颇堪吾人注意者，厥惟科学考查团之纷兴。大别言之，曰安得思中亚调查团，曰斯坦因新疆考查团，曰中央研究院贵州科学考察团，曰斯文赫之西北科学考查团，曰中国科学社四川采集标本团，曰中山大学川边考察团之数团体，虽所得不同，要有相当之成绩。惟我国领地，一任外人调查，斯为可愧，中央各部院虽取缔于前，而斯坦因辈仍肆无忌惮，此则科学界之隐忧，堪发人深省者也。

二、世界

国际

第二次海牙赔款会议于去年一月三日集议，十五国代表出席，赓续前年八月间会议未完之工作，例如杨格计划中之赔款商业化，及赔款支付日期诸问题。

国际法编纂会议于三月开会讨论国籍，领海，及国家对外人生命财产损害之赔偿等三项。关税休战会议于二月十七日在日内瓦召集，三十国代表出席。五强海缩会议则于一月二十一日在伦敦开幕，四月二十二日闭幕，中经不少波折，最后签订海军公约（六千字），共分五款，各方均表满意，惟未来六年内造舰程序方面，仅有英美日三国签字，对于意法尚无限制，不无遗憾耳。欧洲联邦问题喧传已久；五月十九日法国外相白里安 Briand 致说明书与各国，征求意见；各国先后复牒，意志尚难一致。此外国际会议尚有可述者甚多，例如六月十六日在柏林召集之世界动力会议等是也。

日本

日本国会于一月二十一日解散，各政党进行竞选运动，甚为激烈，结果民政党占优胜，得二百七十三席，政友会次之，得一百七十四席。各无产党总选失败，乃提倡合同运动，以求最后之胜利。政府地位稳固，遂宣布布政方针并谋改善经济，实行紧缩政策。关于伦敦海约，海军方面反对甚力，历时数月之久，始得枢密院通过。而出席伦会之财部（人名）海相亦于此时被迫辞职。

政府鉴于朝鲜革命风潮之汹涌，亦提出朝鲜自治案，以为掩饰之计。不意继朝鲜而起者有台湾之番人。番人久受日政府虐待，忽生暴动，事前颇有计划，故杀毙日人不少。此外可纪之要闻者，即十一月十四日滨口首相之被凶汉狙击是也，滨口受伤颇重，首相职务由币原代理，因此又引起种种政治上之纠纷。

苏俄

苏俄国内至今尚未十分安谧，农民受压迫而生暴动之事实，时有所闻。惟苏俄政府则积极向外活动。去年一月间苏俄与墨西哥国交断绝，颇引人注意，复原建筑土西铁道，以窥伺我新疆，吾人倘不急起直追，则新疆将为外蒙之续耳。五月三日盛传沿海州发生乱事形势颇为严重。政府虽然极力压制反对党，尚不能苟安于一时，其政府之根基实有待于改良。

共产党第十六次大会于六月二十六日举行，党代表二千人，代表党员二百万余人。斯达林被选为主席，会议秘密进行，详情无由得悉，而斯氏对外宣言则曰：维持和平为发展社会主义第一着，由此吾人可以窥见斯氏亦虑各国联合以对待苏俄也。苏俄大行扩大其势力，据云小亚细亚加托克苏维埃共和国已成立，但内部组织不详。苏俄外交颇感困难：芬兰有反共运动，因此俄芬间发生冲突，日俄间亦因渔业问题，大起争执，俄之国内反共运动，则仍极猛进；九月二十五日，被枪毙者四十八人。俄京忽又发现"实业党"之大阴谋，主犯被捕多人，其供词涉及法国总理及现任外长白里安与英国前财相丘吉尔等。案情离奇至此，真相如何，尚未得知。

英帝国

一九三〇年英帝国内所发生最严重之问题，当推印度独立运动事件。一月印度国民大会，实行宣布独立；各地相应，示威游行，前仆后继，工党内阁颇感困难，而忽有第四党组织，名曰联合帝国党，由报界巨擘 Beaverbrook 为之导，三月二十日宣告成立。工党内阁中，对于政府政策遂亦颇有闲言，六月三日内阁局部改组，虽无意外事故，但仍屡受反对党之攻击，几被推翻者，不止一次。盖英国于欧战以来，经济日就衰落，失业者日多，其总数据最近统计，不下一百六十余万人。政府力谋救济方案，注意工商业之发展。在帝国领土里进行甚力，六月间召集殖民部会议，讨论殖民发展及行政诸问题；十月又开帝国会议，讨论英国与殖民地间之经济问题。同时组织远东经济考察团，以发展远东贸易，其最大目的则在我国之市场。此外西门宪法调查团，所发表之报告，亦堪注意。该报告主张联印，罗致王公及缅甸分立。伦敦圆桌会议即实行讨论印度之将来地位，大致决定采取联邦制，惟甘地已下狱，印度群情愤激非常，根本否认此会议，是则虽有议决案，亦万难暂现，可逆料也。

R 一〇一飞船由英飞印，路出法国，不幸失火，遭难者有航空部长诸人，是亦英国一九三〇年中第一大不幸之事也。

美国

一月十六日为美国禁酒十周年纪念，在此十年中，禁酒成绩如何，颇多疑问，人民反对禁酒者颇不少，国会中常因此而起剧烈之争辩。国会议员不但对于酒禁，意见不同，其对于新税则，亦争执不已。共和党且因税则案而起内哄。

美国虽极升平富庶，人口增至一二二，六九八，一九〇人之多，而失业问题亦未由解决，据调查所得，其总数约在二百三十余万以上。政府对于国内经济，力谋改善，除进行扶助农业外，并制定新税则，其目的在增加税品，提高关税。参议院因此问题，大费辩论，卒于六月十三日通过，但欧美各国相继提出抗议，形势尚甚严重。美国对外贸易较前似大有逊色。资本主义发达之极，不免衰落，故去年纽约证券锐跌，破产者以千百计，而跌风至今仍不稍杀。

去年为美国国会改选之期，全国选民参加者约八千万人。结果民主党大获胜利，共和党遭此失败，为三十年来所未曾有。

西欧与南欧

一年来西欧与南欧之国际事情最堪吾人注意者，当为法意之交恶问题，法意同为拉丁民族国家，欧战时亦曾同患难；然一年来则双方力图扩充军备，其险恶之情，大有剑拔弩张之势。而意相慕索里尼迭次演说，尤足影响二国间之邦交，使日趋于恶化。此种局面，前途未可乐观也。至吾以国别言：（1）法国之经济状况，似已逐渐改善，惟政治上之纠纷，仍所未免。泰狄欧 Tardieu 内阁，曾于二月间总辞职，由急进派领袖夏丹 Choutemps 继之，然不旋踵而夏丹内阁倒，泰狄欧又登舞台矣。泰狄欧之内阁，直至十二月初旬，以上院通过政府不信任案，始由史梯继其任。（2）意大利在慕索里尼统治之下，邦基日趋稳固，益以对外则联络希土保匈，极纵横之能事；然国内失业问题，日趋严重，人民对慕氏之独断独为，似亦不无反感者。（3）西班牙在李维拉 Rivera 独裁之下，垂七年之久，去岁竟以下野闻；继其任者为贝伦圭 Berenguer 虽力图反李氏之所为，然其成绩不著，革命风潮，近且弥漫全国矣。（4）比利时在去年为独立百年纪念之期，特举行展览会以资庆祝。（5）葡萄牙在去年有二种不同之运动，一为复辟阴谋，一为革命酝酿，暴动之举，时有所闻，要皆以推翻政府为目的也。

中欧与北欧

一年来中欧北欧之事情有可记载者：（1）德国自三月三十日穆勒内阁辞职白鲁宁 Bruening 继任后，最感困难者为财政问题，因议会对政府之财政改革案不表赞同，德政府遂于七月间解散国会，并于九月间重行总选举，其结果国家社会党之名额突增九十四席。白鲁宁内阁似在摇荡之中，惟最近则白鲁宁内阁已告胜利矣。其在外交方面，则法军撤退莱茵 Rhineland，实为一值得纪念之事。（2）奥国于十一月举行总选，各党竞争颇烈，其结果福戈因 Voingoin 内阁以倒，由恩德 Erder 继任。（3）匈牙利去年适为开国千年纪念之期。其足影响于内政外交之上重大事件，为奥都大公 Archduke Otto 企图复辟之谣传。（4）捷克排德之风颇盛，二国间常起纠纷。（5）波兰之内阁，由史拉维克 Slavek 而毕苏资基 Pilsuski，近则毕氏因舆论不直其所为，仍由史氏代组内阁而毕氏亦下野矣。（6）芬兰之拉波运动 Lappo movement，范围颇为扩大。（7）冰岛举行国会成立千年纪念（8）北欧六国签订关税休战条约。

拉丁美洲

一年来拉丁美洲之大事，当为风起云涌之革命高潮：（1）圣多明哥 Santo Domingo 于二月间发生革命，其结果革命军胜利，总统副总统均辞职，由革命军领袖屋芮纳 Urena 暂行继任。嗣后举行大选，褚黑耀 Trujillo 当选为总统，屋氏当选为副总统。（2）巴西于九月间发生革命，初则革命军形势颇利，继则革命军突受顿挫，终则因政府军队之不稳，革命终归成功，现已成立新政府矣。（3）玻利维亚 Bolivia 于六月间发生革命，旋告成功，由革命领袖噶林杜 Galindo 另组军政府，不久当推选总统。（4）阿根廷于八月间发生革命，反对总统及现政府，结果总统及内阁均辞职，另由革命军组织临时政府，以伍瑞布如 Uriburu 为临时总统。（5）秘鲁于八月间发生革命，结果总统被押，由革命军领袖遂罗 Cerro 将军主持秘鲁国政。（6）智利于九月间亦发生革命。

西亚与非洲

伊拉克于七月间与英国订约，英承认其独立，并应许一九三二年协助伊国加入国际联合会。一九二九年巴里斯坦乱事调查委员会报告于三月间正式公布，大意责备亚拉伯人。夏季国联亦派委员会至巴调查乱事真相，起报告颇指摘英国行政之不善。英政府于十月间发表白皮书，限制犹太移民，大遭全世界犹太人之反对。法国于五月间公布叙利亚新宪法，划定该国为五邦组成之联邦国，采共和政体。波斯本年采行金本位制。土耳其本年有可纪之大事三：（1）新政党之成立。此后自由党可与十年来专政之国民党相对抗。（2）国际大联合政策。近二年来，土国内政渐上轨道，对外遂又开始活动。一年以来土国与苏俄，意大利，希腊，保加利亚，匈牙利诸国往来甚密，极引国际间之注意。（3）库尔迪叛乱。五月间土耳其与波斯交界地之库尔迪人开始叛乱。库人以波斯边地为根据地，致引起土波两国间之严重外交问题。本年年底库人已大部解决，惟少数仍在反抗云。

英国与埃及新约谈判于三月底在伦敦开幕，讨论英国允许埃及完全独立之条件。因苏旦问题之争执，会谈于五月初决裂。本年六月间埃及国民（自主）党政府因保障宪法之提案而与国王冲突辞职，各地暴动继起，一月后始渐平静，国王于十月间公布新宪法，维护王权。阿比辛尼亚前女皇于四月驾崩，国王塔法利自立为新皇，并于十一月二日行正式加冕礼。

巴尔干

巴尔干为欧洲之火药库，尽人所知。去岁十月间，巴尔干诸国会举行会议，似足为和平之征兆，然巴尔干之政局，有法意二国操纵其间，欲求和平而不可得。罗马尼亚与南斯拉夫，力求经济同盟，固仍是以法国为凭借之小协约国也。反之，保意联姻，希土订约，在在足以显示意图之纵横捭阖。至若阿尔巴尼亚之在意国势力范围，更无论矣。是以巴尔干诸国，显然有二大分野，观夫斯拉夫排意之热烈而更可知也。以国别言，年来巴尔干之重大事件，当推罗马尼亚加洛尔之践阼，此实为国际上值得注视之问题，惟嘉氏自六月返国后，罗国之党争未灭，内政亦殊无进步可言，尚有待于努力耳。其在南斯拉夫方面，独裁政治之施行也依然，塞克二族之纷争如故，殊非良好现象，惟最近数月，南斯拉夫人民有感于意大利人压迫之来，似又有合作以对外之趋势也。

（此文发表时署名为陈登皞、傅荣恩、雷海宗、赵镜元四人，故而收录。原载《时事月报》第4卷第1期，1931年）

孔子以前之哲学

序

普通研究中国哲学的，都看孔老为最早的哲学家，前此毫无哲学思想可言。然而凡稍明哲学进化的人都可看出孔老的思想是哲学已到成熟时代的思想，在他们背后一定还有悠久的历史，并且决不止是宗教信仰史，乃是真正的思想发展史。很多人以为把殷周间的宗教信仰作为前题〔提〕，就可解释孔老思想的构成。岂知这只能解释孔老思想的一部分，且是不重要的一小部分；其大部分则与宗教信仰并无直接的关系。

孔老以前哲学史料的缺乏是无可讳言的事实。但侥幸还有《尚书》与《周易》两部书能帮助我们寻出西周与春秋时代思想进化的线索。因材料过少，进化的步骤虽不十分清楚，然而大致的前后关系还可看出。所以本文的取材几乎完全是出于《书》《易》两经的。

最早用此法研究中国古代思想的就是法国支那学者现任法兰西学院教授的马斯伯劳 Henri Maspero。他一九二七年出版的《中国古代史》La Chine Antique 是一本空前的杰作，连中国人自己也没有作过这样一本书。本文得此书暗示的帮助很多，特此声明志谢。

（一）宗教背景

在殷周之际还无所谓哲学。当时的思想都带宗教色彩，完全是信仰与崇拜。宇宙人生各方面都受神的支配。群神之首为上帝，主宰一切，如《诗经》所云：

> 皇矣上帝，临下有赫；监观四方，求民之莫。（《大雅·皇矣》）
> 昊天有成命，二后受之。（《周颂·昊天有成命》）

除上帝外，神祇尚多。当时的记录虽已不传，然后后日关于平民的信仰多有记载。后日的平民信仰就是文化初开时的普遍信仰。如《山海经》《墨子》《淮南子》《国语》《左传》《风俗通》《楚辞》《吕氏春秋》等书中所记神名甚多。宇宙间各种现象都有专神掌理，例如司风之神为风伯，司雨者为雨师，司黄河者为河伯。宇宙间无一事物不有具体专神专为负责。除种种神祇外，上自天子下至士人，又都有各崇拜他们自己的祖先。人的魂死后升天也有神明的地位，对子孙也可与神祇同样的施福降祸。

祭祀祷告各种鬼神时，有许多很繁复的礼节；各种礼节又有专司其事的宗教官。《周礼》虽为后世作品，不能认为是西周时代的射影，然而由其中所描写的我们仍可想见古代宗教官的繁多。

在这许多宗教官中，与后世哲学发展有密切关系的只有两种，就是史官与筮人。史官专司国家各种的诏令策命，一切诏命都有史官撰定。撰定后，一方面按宗教礼节报告天子或诸侯的祖先，一方面发布出去，又一方面把复本存起来以待将来参考。这最后一点就是中国历史上档案制度的起源。后来中国哲学的一支就是从史官的档案中产生的。

筮人专司以八卦占卜吉凶，是王侯所必需的宗教官。后来又有一支的哲学就是由这些占卜之官和他们尽他们的责任时所必需的八卦中产生的。

（二）西周时代与哲学之初兴

（一）材料

西周时代的哲学材料仍存至今日的只有《尚书》中《周书》的一部分与《周易》中的《彖传》《象传》。《周书》传统说法以为是周初的史料，此说吾人今日恐怕不能绝对证实或绝对推翻。但《周书》中大多篇都富于哲学思想，不似周初政治方定时所宜有。且大多篇体裁一致，文体一致，思想一致，极似是出于一人或一组人之手。

吾人皆知西周末叶宣王（西前八二七至七八二）幽王（七八一至七七一）时诗歌曾大放光辉，《小雅》中所存名篇甚多。这是中国历史上文艺初次大盛。恐怕此时或此时前后散文文学也发达起来，真正的哲学思想也在此时萌芽起来。

一般史官就把他们历代所保存的史料加以系统化与哲学化而作成今日《周书》中多篇。其中事实或大半皆有历史根据，至于一切对答词恐怕都是史官借题发挥。所以《周书》是半历史半哲学的著作，一方面可作西周初年的政治史料，一方面又可作西周末年的哲学史料。

《周书》中的思想不见得是西周末所突然发生的。它的历史恐怕已经很长，殷、周之际神权政治下或者就已有这种思想。但到西周末这种思想才被史官所系统化。

至于《彖传》《象传》，旧说定为孔子所作，今日已无人置信。近来一般急进的古史学家喜欢把《易传》全部定为战国末年甚至秦汉间的作品[1]。处于古籍湮没的今日，对任何古书的时代都很难断定，因为我们没有一个参考比较的标准。

然而由两点我们可知《彖》《象》为很早的著作：（一）《彖》《象》中尚不以阴阳为主，足以证明其出世甚早。《系辞》中阴阳占重要地位；老庄亦特论阴阳；此外《文言》以下之《易传》中亦特标阴阳。然而《彖》《象》中除泰否二卦之《彖辞》与乾坤二卦之《象辞》外，则决未提及阴阳；且于此四处阴阳亦只为附带名词，处附属地位，并无特别的重要。所以《彖传》《象传》最晚亦在《系辞》与老庄之前。（二）《左传》昭公二年（西前五四〇年）记韩宣子至鲁"观书于太史氏，见《易象》与《鲁春秋》，曰，周礼尽在鲁矣！吾今乃知周公之德与周之所以王也"。近人对此颇多怀疑。如日本学者本田成之著作《易年代考》[2]，疑其为《左传》作者所伪托，未免过于牵强。此事极为自然，并无若何可疑处。韩宣子到旧文化中心的鲁国而去参观国家图书馆，参观后又加以外交口吻的赞美，亦何可怪？并且所谓"周礼尽在鲁矣"的"周礼"是"周文化"的意思。"礼"字在古代包括的范围甚广，一切法制文物都可称为"礼"。

《易》为周初历代传下的著作，《鲁春秋》为鲁国的官史，都是"礼"，铺张起来，就可说"周礼尽在鲁矣"。鲁既为周公之后，《鲁春秋》的前段描写周公处必甚多，因而韩宣子得知"周公之德与周所以王也"。至于"易象"一词作何解释，作者以为即指今日的《象传》，或者也包括《彖传》，因为两传文笔一致，思想连贯，必为先后同时的作品。这都是先代流传的哲学作品，也可称为"礼"。韩宣子不见得真正看得明白，但越不明白，当然越容易赞叹不置了。所以《彖》《象》最晚于西前六世纪中期时已经存在。况且韩宣子既把它与周公连在一起，可见当时人最少相信这是很早的著作。《周易·卦辞》《爻辞》是周初的作品，可认定已成定谳[3]。《彖》《象》文字较《卦爻辞》通顺，思想较为深刻，同时又为解释《卦爻辞》的文字，所以必在西周初年之后，十有八九也是西周末年文艺初次兴盛的宣王幽王时代的作品。

---

① 见《古史辨》卷三（朴社）
② 见江侠庵编《先秦经籍考》卷上（商务印书馆）。
③ 见《燕京学报》第六期，顾颉刚《周易卦爻辞中的故事》。又见《古史辨》卷三。

（二）《彖》《象》思想

所谓《周易》，当初除六十四卦外，只有西周初年产生的《卦辞》与《爻辞》。八卦或六十四卦的来源及其最初的意义，今日已无从考定。将来若无先史时代相关的地下发现，八卦问题恐怕永无解决的希望。我们若欲猜想，或者可说这六十四个符号是先史社会结绳时代结绳文字的变相。真正的文字产生后，当初的结绳符号遂变为宗教文字。宗教性好保守，古今一切宗教的倾向采用古代的文字。所以这六十四个符号或者是周初筮人把古代结绳文字加以系统化之后所产生的筮人阶级专利之神秘的机械象征。在神权社会之下，一切文字皆带神秘性，先代文字尤为可畏的神秘象征。六十四个象征符号定出之后，筮人又造出解释符号的文字来，就是《卦辞》《爻辞》。这是根据占卜的方法与六十四卦的格式，并附会时事与流行史话所作出的，用以为占卜吉凶的辞句①。当时的人相信六十四卦包括天事人事的全部，所以由卦中可以寻出万事的吉凶。

《卦辞》《爻辞》文字古奥，今日十之八九已完全不可了解；恐怕至西周末年时许多辞句已难解释。所以当时的筮人阶级中的哲士就做出《彖传》《象传》来解释《卦辞》《爻辞》；一方面是把当初不易了解的变为易于了解的，一方面又可借题发挥去发表他们自己的新思想。西周末叶是中国古代文化的一个大过渡时代，一方面伟大的封建帝国渐趋破裂，列国日见盛强；一方面文学界又有新的发展。在这种时期思想方面也不会完全寂寞，《彖》《象》二传大概就是这种新思潮之下的产品。

《彖》《象》中的思想尚甚简单。它的中心点我们可称为"乾坤哲学"，就是乾坤二卦的《彖辞》所提出的。在当初的六十四卦中，乾坤就是具体的天地，只是六十四卦中的两卦，除居首位及代表对象的体积较大外，并不比其他六十二卦特别重要。到了《彖》《象》中情形大变。乾坤已非具体的天地，乃是普遍天地万物产生天地万物的两种原理。这是中国思想史上最早的二元论。乾坤二元是宇宙的基础，连当初超乎一切的鬼神现在也降到附属的地位：

> 天地盈盈，与时消息；而况于人乎，况于鬼神乎？（丰彖）

所以乾坤之理不只支配人类，连鬼神也要同受支配。

乾元是天的原理（乃统天），是动的原理，是万有的根源——"万物资始"。"乾道变化，各正性命……首出庶物，万国咸宁。"

---

① 见《燕京学报》第六期，顾颉刚《周易卦爻辞中的故事》。又见《古史辨》卷三。

坤元是地的原理（乃顺承天），是静的原理，是万有所自生——"万物资生"。"坤厚载物，德含无疆，含弘光大，品物咸宁。"

乾坤二元包括宇宙间一切象物。两元相对而不相抗，相感化相激荡而产生宇宙万象。乾坤二元若不合作，则宇宙万有皆将停滞。万有流通，全靠乾坤二元的合作。《象传》中此种思想甚多，可略举数例如下：

> 泰，小往大来，吉亨；则是天地交而万物通也。
>
> 否……大往小来；是天地不交而万物不通也。
>
> 天地以顺动，故日月不过而四时不忒。
>
> 天地养万物。
>
> 咸，感也。柔上而刚下，二气感应……天地感而万物化生。
>
> 天地革而四时成。

并且乾坤二元之理不只包括自然现象。人世既然也是乾坤所生，也必逃不出乾坤的范围。所以宇宙的理就是人世的理，人明天理而小心遵循，则万事亨通；不然，则必遭祸，人君治国，尤其须明此理。这是最早的天人合一的思想：

> 天地交而万物通也，上下交而其志同也。
>
> 天地不交而万物不通也，上下不交而天下无邦也。
>
> 天地以顺动，故日月不过而四时不忒；圣人以顺动，则刑罚清而民服。
>
> 观天之神道而四时不忒，圣人以神道设教而天下服矣。
>
> 天地养万物，圣人养贤以及万民。
>
> 天险不可升也，地险山川丘陵也；王公设险以守其国。
>
> 天地感而万物化生，圣人感人心而天下和平。
>
> 日月得天而能久照，四时变化而能久成；圣人久于其道而天下化成。
>
> 天地革而四时成，汤武革命顺乎天而应乎人。
>
> 观乎天文以察时变，观乎人文以化成天下。

以上举例，专注人君——理想的人君或圣人——顺天理以治人世的道理。普通一般与人君无特别关系的人事也要合乎乾坤之理，方能成功：

> 家人，女正位乎内，男正位乎外。男女正，天地之大义也。家人有严君焉，父母之谓也。父父子子，兄兄弟弟，夫夫妇妇，而家道正；正家而天下定矣。

男女睽而其志通也，万物睽而其事类也。

归妹，天地之大义也。天地不交而万物不兴。归妹，人之始终也。

日中则昃，月盈则食。天地盈虚，与时消息，而况于人乎？

此外，《彖》《象》中还有纯粹的政治思想，在《象传》中尤其明显。人君治国之道，也以乾坤为根据，分析言之，共有二端：

天行健，君子以自强不息。（乾象）

地势坤，君子以厚德载物。（坤象）

所以君子以乾坤之理治国，一须自强不息，一须修德。"德"是一种神秘的能力，人君有德，则天下自治。修德的方法要效法先代圣人：

多识前言往行，以畜其德。

人君有德之后，治国方针甚多，举要言之如下：

建万国亲诸侯。

容民畜众。

保民无疆。

亲民设教。

明罚敕法。（此点又包括三项：赦过宥罪，折狱致刑，明慎用刑而不留狱。）

治历明时。

享于上帝立庙。

（三）《周书》思想

自古流传的策命与大事记录，到西周末年古代文化大起骚动时，由当时史官中的哲士加以润色而发挥他们的哲学思想与政治理想。他们把他们自己的新思想都托口于古代的君臣伟人，其中周公的地位尤为重要。诸篇中虽皆有思想成分，《洪范》一篇则几乎毫无纪事而全部都是有系统的一篇政治哲学的著作，可说是集当时政治思想之大成的一篇杰作。

《周书》的基础原理也是天人合一的思想。上帝为天下主宰，有德者则受命为天子，代天行道，治理天下。人君不积德修德，则丧天命而失天下。夏商的交替与殷周的交替都是因为这个道理。《多士》《无逸》《君奭》《多方》数篇对于这个道理解释的尤为清楚详尽。《多士》一篇翻来覆去的差不多完全是讨论这个问题。

《彖》《象》中鬼神已失去重要地位。作者虽仍承认他们的存在，然而把他们当初支配者的地位移与乾坤二元。《周书》作者不谈玄理，而于政治思想上又仍承认上帝的最高地位，这是史籀思想的两个大不同点。

人君欲治理天下，永保天命，必须采用天赐神示的大法——《洪范》，共分九种大事。这就是天人关系治理天下所必需的洪范九畴[①]：

一，五行——水，火，木，金，土。这是物质世界的五种原料，代表天道或物质世界。人君必须明白五行之理，善用五行，以治天下。五行为人生所必需之五材，"天生五材，民并用之，废一不可"。[②]所以人君必须知道如何支配五行。[③]

二，五事——貌，言，视，听，思。这是天子五种行为的表现，代表人道或伦理世界。天子"貌恭生肃"，"言从生义"，"视明生晢"，"听聪生谋"，"思睿生圣"。

三，八政——食，货，祀，司空，司徒，司寇，宾，师。这是天子按人道（五事）以理天道（五行）所行的八种国家大事，代表天人（物质与伦理）合一之王道。这八政我们又可分析为三类：（1）三政——"食"就是农业，"货"就是工商业，"祀"是神人关系，并且是求"食"求"货"或谢"食"谢"货"时所必需的礼节。这三政可说是国家的根本，是天子下对人民（食货）上对鬼神（祀）所必须履行的责任。

前二者是人生所必需的经济条件或物质条件，后者是人生所必需的宗教条件或精神条件。（2）三官——这是三政以外三种次要的国家大事。司空专司一切公共事业，如开河治水之类。司徒总司一切养民教民之事。司寇专司刑事。这三官的职司天子也须监督。（3）二国际——这是两种不可避免的国际关系，就是天子与诸侯的关系。"宾"是迎客出使的事务，是国家和平时的外交关系。"师"是行军征伐，是国家冲突时的战争关系。这两方面天子皆须注意，才能维持他的地位。

---

① 《洪范》解释见马斯伯劳《中国古代史》页四三九至四四二。
② 《左传》襄公二十七年。
③ 战国后期阴阳五行说发生后，"五行"变成宇宙间的五种神秘原理，与当初的"五材"几乎完全无关。战国、秦、汉间的人多附会《洪范》而发挥他们的新的五行思想。所以近来有人颇疑《洪范》为战国末期阴阳五行家的作品。殊不知战国末期的五行家决不会写出这篇与"五行说"完全无关的《洪范》来。——见《东方杂志》卷二十第十期，卷二十五第二期。

四，五纪——岁，月，日，星，辰，历数。这是五种普通的天象，可用以观察八政是否完全实行。八政若行，则五纪皆不出常轨；不然，则天象必乱。

五，皇极——皇极是上天授与天子之王权，使王能作"民之父母以为天下王"。王行八政皆靠天赐之皇极。

六，三德——正直，刚克，柔克。这是天子参合天人的三种方法，是实行皇极时所须随机应变采用的政术。天下太平，天子则采用"正直"手段。天下变乱，天子则采用决断的"刚克"手段。天下乱而复治，天子则采用怀柔的"柔克"手段。

七，稽疑——卜，筮。天子治国，往往遇见疑难不能解决的问题。于此种情形下，可用卜筮二法敬问神明决疑题。

八，庶征——雨，旸，燠，寒，风，时。这是王道行否之自然界的最后征兆。五纪只代表一般的天象，只能指示大体。至于王道各部完全成功与否，须详细观察四时变化天地气候之邪正，然后方能决定。若一切自然界的变化都按照常轨进行，那就是王道亨通的征兆。反是，那就证明王道不行，天子须重新修德努力。

九，五福六极——这是王道行否之人事界的最后征兆，也可说是王道的总结果。王道若行，天必降五福为酬报——寿，富，康宁，攸好德，考命终。王道若不行，天必降六极为惩戒——凶短折，疾，忧，贫，恶，弱。假设降六极，天子仍不悔悟，天就要夺回天命而另命他人为天子。

总括言之，《洪范》以及《周书》各篇的思想可说是天人合一的政治理想。人事若治，则天事必行，自然变化必可不失常规。同时天子若欲治人事，必须先明天事，先明一切自然之理。天子之人事行，则受福而长保天命。反是，则受祸，甚至失天命而丧天下。

（三）春秋时代哲学

1. 材料

春秋时代的哲学乃是承袭西周时代史筮两派的思想继续发展。当时的著作传至今日的，筮派有《周易》中的《系辞传》，史派有《尚书》中的《虞书》。

《系辞》上下篇的时代问题最难确定，因为这篇著作恐怕早已失去当初的状态。当初筮人的著作，后来（大盖〔概〕是战国后半期）经过儒人附会窜乱，以致它的文字非常杂乱，时代性非常不清楚。近人总喜欢说《系辞》是战国末或秦汉间的产品①。这篇也与《彖》《象》一样，我们同样的没有参照比较的标准。所以我们只能从思想的发展上来断定它大盖〔概〕的时代。从消极方面我们可断定《系辞不是战国末或秦汉之间的著作。战国中期阴阳学大盛。《周易》本来就讲"阴阳"，所以阴阳学与易学不久就发生了极密切的关系。但我们若看《系辞》，就可见出它的思想只能说是与老庄同系，而绝对不能说它有阴阳家的口吻。所以它不会是战国末期或秦汉间的产品。况且战国最后一百年已到古代哲学破产的时代。除实际政治的法家出了一个韩非子及实质法家名义儒家的一个荀子外，没有一个大思想家出来。那时代的代表作品就是《礼记》里那许多繁琐论文，与《吕氏春秋》一类的杂家百科全书，以及所谓《周易十翼》中毫无哲学价值的儒家作品——《文言》《说卦》《序卦》《杂卦》。在这种时代决产不出《系辞》一类整个的有系统的哲学作品来。至于秦汉时代的人，可说完全不知哲学为何物，只知把古代哲学著作来附会或误解，伟大的创作更谈不到了。

从积极方面看，我们可以断定《系辞》是《彖》《象》与《老子》之间的作品。《系辞》是根据《彖》《象》而发挥光大的，非常明显。《彖》《象》中的思想，它都包括，同时又把范围扩大，把内容充实，名词的定义比较清楚，名词的种类比较繁多，凡此都足证明《系辞》作者是在扩充《彖》《象》的思想。

《老子》一方面把《系辞》中的宇宙观吸收进去，却放弃那筮人阶级所专需的八卦思想（太极，二仪，四象，八卦的进化观），一方面又添加上以阴阳变化为根据而攻击春秋战国交替期间政治社会的论调。《老子》作者为谁，作于何时，至今仍为未决的问题。因史料过于缺乏，这个问题恐怕永远也不能完全解决。《老子》中并没有提到一个人名或一件确定的政治事实，所以我们若要从内证来断定它的时代是很困难的。但庄子时常引证《老子》，同时《论语·宪问》中一段：

> 或曰，"以德报怨，何如？"子曰，"何以报德？以直报怨，以德报德。"

很是像孔子驳老子或《老子》作者的话。所以老子或老子作者最早当为孔子先后同时的人，最晚当是庄子以前的人。由其中的政治思想看，定它为孔子时代的作品，最为自然。因为春秋末叶礼教发达至于极点而将到破裂的时代，在这个情形下出一个攻击礼教的革命家与维持礼教的孔子并立，是很可能的事。

① 见《古史辨》卷三。

在历史上凡一种制度快要破裂的时候，总有打倒与拥护的两种潮流互相激荡①。

至于《系辞》与《老子》先后关系的问题，我们也可由几方面观察。《老子》中"道"，"阴阳"，"象"等专门名词不会是由一个人凭空造出来的。一个哲学家的思想除时代背景外，都有它的渊源。这渊源不外两种——前代的哲学家，与当时或前代传下的宗教。最早的哲学，无论东西，都是有宗教信仰宗教术语演化出来的。

我们上面说过《周书》《彖》《象》都是宗教官根据他们自己的宗教职守下的材料来作出的。《系辞》也很明显的是根据《彖》《象》作出的。并且作《系辞》的，一定仍是筮人，因为它内中把筮法讲的非常详尽。例如"大衍之数五十……"一段完全是告诉我们用筮法占卜须如何的进行；太极八卦的思想仍是筮人的阶级思想；诸如此类，都可看出筮人的墨痕。所以《系辞》仍是半占卜半哲学的著作，与《老子》纯哲学的著作不同。《老子》作者不是筮人，所以把《系辞》中与筮人职业有关的思想完全摒弃，而只采用它的纯玄学思想。故此筮派思想进化的过程是：纯占卜（八卦及卦爻辞）……占卜与哲学（彖象系辞）……纯哲学（老子）。所以《系辞》的时代虽很难确定，但它是《老子》之先的作品我们是可以肯定的。《老子》若为春秋战国之际的作品，《系辞》当为春秋中期或末期筮人中哲士的作品。但这不见得是一人或一时期作出的，恐怕是经过春秋时代历代筮人所修改增删而成的。"道"，"阴阳"，"象"，"形"，"器"等名称是筮人阶级于长期中所造出的术语。后来老子承袭引用，加上新意义与新思想，而作《老子》。

　　　　　※　　　　　　　　　※　　　　　　　　※

《虞书》是史官中哲士的作品。它的时代也是一样的难以确定，但它比《周书》出世较晚，是无疑义的：一，因为它的文字比较《周书》为通顺；二，因为它显然是封建制度将要破裂或方才破裂时期的作品。一个制度极盛时代，并不用人替他辩护，到它将衰或已衰时都需要辩护。西周时代全天下封建主上的周天子用不着许多理论家来拥护他，只有《周书》一类的思想来解释他的地位就可以了。但到东周初年列国并起天子无权而仍欲恢复旧权的时代，辩护宣传

---

① 疑古过度而定《老子》为战国晚期作品的，有崔东壁《洙泗考信录》及梁启超《评胡适之中国哲学史大纲》。此外同一论调的文字甚多，无需列举。近代一般的风气是把一本古书在可能的范围内定到最晚的时期，以示批评力之精锐。这在崔东壁时代是革命的举动，到现在已成了天经地义。这在古籍湮没的今日本是非常容易的事。古籍湮没，参考比较的标准缺乏，我们若不顾一本书整个的系统与地位而专事于枝节的吹求，恐怕把先秦遗籍都断为汉人所伪托，也非难事。

家的时机就到了。《虞书》中所描写的显然是一个理想的"协和万邦"的大封建帝国，《尧典》一篇中把这种理想尤其形容得淋漓尽致。

并且除这个平泛的目的外，《虞书》作者恐怕还有一个很重要的具体目的——就是叫周天子最少在名义上仍能保持他那天下共主的地位。春秋前期（西前七世纪）的齐桓晋文与春秋后期（六世纪）的楚庄楚灵一般的霸主都有废周室而王天下的野心，就是《老子》中所谓的"取天下"，这由《国语》《左传》中很易看出。《虞书》作者提倡"让德"的论调，意思是说周虽无力，尚有积德；诸霸虽有势力，而未修德；所以周仍宜为天子，而诸霸仍须为臣下。楚庄王问鼎王孙满答以"在德不在鼎"的论调①，与《虞书》的论调几乎完全相同。晋文楚灵二霸篡位的野心尤其明显。其中只有第一个霸主的齐桓公野心或者比较还小些。而王室诸臣对此种野心惟一的应付方法就是提倡自古流传的德治主义，我们由王孙满的答语可见出这是王臣的惟一武器。《虞书》作者是王室的史官，也只能用这个武器。所以《虞书》作者一方面根据《周书》来发表他们的政治理想，一方面又借题发挥来拥护周天子。

所以《虞书》为春秋时代作品，可无疑义。但春秋前后二三百年，到底是那一年或那几十年或那一百年间的作品？《虞书·尧典》篇中有很多讲天文现象的文字，还算为可用的内证。但这些内证的解释，时至今日，已难完全确定。有人由其中的天文现象定《尧典》为春秋前半期或稍前（即西前八世纪七世纪间）的作品②。这虽不能算为定谳，但可引为一种旁证。《尧典》与《虞书》其他各篇文字一致，思感连贯，必是先后同时的作品。

2.《系辞》思想

我们若称《彖》《象》思想为"乾坤哲学"，就可称《系辞》思想为"阴阳哲学"，并且后者是直接由作者演化而出——"知者观其《彖辞》则思过半矣。"（《系辞》下）

"阴阳"在《彖》《象》中已经出现，但尚无特殊的意义。到《系辞》中阴阳就取代当初"乾坤"的地位。大概作者感觉"乾坤"中有"天地"的具体狭义，所以另采用意义较泛的"阴阳"二字。同时《系辞》作者又采用一个"道"字为阴阳二理的总名与渊源——"一阴一阳谓之道"。《系辞》的基础原理是要在调和理想（八卦）界与实际（自然）界。宇宙的存在有两方面，一面是自然具体界，就是人类万物——据说实数为一万一千五百二十种；又一面是超然理

---

① 《左传》宣公三年。

② 见《燕京学报》第七期，刘朝阳《从天文历法推测尧典之编成年代》。

想界，就是八卦六十四卦。两界是同样的重要，两界皆为实在，并且有卜筮定吉凶之理看来，我们可知两界完全相合；因为若不相合，我们万不能由八卦的转移而推知自然的变化[①]。

我们现在可分述自然界与理想界的变化原理。在自然界阴阳二理相感相生曰"易"——"生生之谓易"。"易"就是阴阳变化而生万物的活动。宇宙万象无不包括在"易"或阴阳二理变化活动的范围内：

> 夫易广矣大矣！以言乎远则不御。以言乎迩，则静而正。以言乎天地之间，则备矣。……广大配天地，变通配四时，阴阳之义配日月，易简之善配至德。

> 《易》之为书也，广大悉备。有天道焉，有人道焉，有地道焉。

这种阴阳的变化并且是无穷的，永久不息，这个永不停息的变化称为"通"——"往来不穷谓之通"。

阴阳的变化（易）与无穷的活动（通）其实是一事，不过是一事由两面看。由变化本身方面看称为"易"，由变化无穷方面看称为"通"。易与通都是看不见的。但后来渐渐有一种能见之"象"由变化中产生出来。"象"就是宇宙万有的模型，模范，畴范，万有之所以然。人之所以为人，因为冥冥中有人的"象"；木之所以为木，因为变通的易中产生了木的"象"。每物各有它的象，象就是每物所以发生出现之理。

但象虽可"见"，尚无定"形"。我们只能想象它，在想象中可以见它，但因它尚无定形，我们还不能真正的观察它。"象"具体化之后，才产生出有"形"的万物——"形乃谓之器"。"器"就是所谓万物，我们用五官所能具体观察的万物。象是可能性，器是具体化。象具体化之后才有物。每物种都含有那个物类的特象或特殊可能性。一根草之所以为草，就是因为它含有那种草的象，因为那种草象——那种草的可能性——在那根草中实现出来：

> 形而上者谓之道，形而下者谓之器。

"道"就是未成形的阴阳之理，"器"就是已按象而成形的器物。由道至器就是宇宙万有发展的全部经过。

但人为万物之灵，他能于此外助天工而另为创造——"制而用之谓之法"。

[①] 见马斯伯劳《中国古代史》页四七九至四八五。

"法"就是人效仿"象"理或"形"理而造新器物。只有阴阳二理能真正创造，人虽最灵，也无创造的能力；但人能摹仿阴阳所产生的象或形或加以新配合而造出全新的器物来。这一类的制作（法），古代的圣人功绩最为伟大，伏羲，神农，黄帝，尧，舜一般神话中的英雄现在都变成古代的圣人，都曾仿照象理卦理制造过有功于人类的器物。

理想界变化之理与自然界正正相对。自然界的绝对称为"道"，由道而生阴阳。理想界的绝对称为"太极"，由太极生出"二仪"——"是故易有太极，是生两仪。"两仪就是柔与刚。刚用"—"代表，柔用"--"代表。太极二仪都是不可见的。二仪生"四象"，就是⚌、⚍、⚎、⚏。这是可见而无形的，与自然界的"象"一样。四象生八卦，就是乾☰、兑☱、离☲、震☳、巽☴、坎☵、艮☶、坤☷，八卦又自演为六十四卦。八卦六十四卦可见并有形，与自然界的"器"一样。两界的相对可列表如下：

自然界	道	阴阳	象	器
……	……不见	……不见	……可见而无形	……可见并有形
理想界	太极	二仪	四象	八卦

以上所讲的变化之理"易"是不可须臾离的。宇宙时时刻刻在变化之中，宇宙可说就是无时停息的变化：

> 乾坤成列，而易立乎其中矣。
> 八卦成列，象在其中矣……刚柔相推，变在其中矣。

变化是天地万物的根本——"天地之大德曰生。"时刻变化，方有宇宙万象：

> 日往则月来，月往则日来；日月相推，而明生焉。寒往则暑来，暑往则寒来；寒暑相推，而岁成焉。

《系辞》虽主体为形而上学的抽象思想，但也与《彖》《象》一样的脱离不了政治思想的结论。圣人（即圣明的天子）须明易理，方能治平天下，因为易包括一切重要的知识：

> 《易》之为书也，广大悉备——有天道焉，有人道焉，有地道焉。
> 易于天地准，故能弥纶天地之道。仰以观于天文，俯以察于地理，是故知幽明之故。原始反终，故知死生之说。

圣人能明易理，就明白天地间一切最神秘奥妙的道理：有了这种神秘知识，就是有"德"。这与《彖》《象》作者称"多识前言往行"为德是一样的以知识为德。"穷神知化，德之盛也。"有神秘之德，则能支配宇宙，治理人类，平定天下：

> 天生神物[蓍龟]，圣人则之。天地变化，圣人效之。天垂象，见吉凶，圣人象之。

圣人如此，则一方面可治三材，一方面可定王业，圣人能治三材，因为易中包括天地人三材的道理。圣人用易能定王业，因为

> 夫易开物成务，冒天下之道，如斯而已者也。是故圣人以通天下之志，以定天下之业，以断天下之疑[筮法]。

王道事业，就是把易理中所指示的道理推行于天下：

> 推而行之[易理]，谓之道；举而错之天下之民，谓之事业。

但具体来讲，王道事业果为何事？约略言之，王道可分为三条。第一就是治鬼神：

> 精气为物，游魂为变。是故知鬼神之情状与天地相似，故不违。

天子不只为最高的政治元首（王），他也是最高的宗教元首（天子）；它是人类与鬼神之间的最高媒介，负有代人类应付鬼神的重责，所以他必须知道鬼神的性质。鬼神的真正性质，不是如平民信仰所描写，而是由易理中所能真正寻出。明易理，则明天地之理。鬼神并不出天地之范围，所以明天地即明鬼神。明鬼神之理，则知对鬼神如何应付。

第二，天子要统治万物：

> 知周乎万物，而道济天下，故不过。

天子代天行道，不只治理人民，并且也治理万物。欲治万物，须先明万物之理。这也只有由易中能寻出。

第三种王业就是治万民。治万民，须以仁爱为基础：

> 安土敦乎仁，故能爱。

分析言之，天子的仁德又有三种表现：

> 天地之大德曰生，圣人之大宝曰位。何以守位？曰，仁。何以聚人？曰，财。理财正辞，禁民为非，曰义。

所谓仁，财，义三者乃是"仁"的表现；天子因仁爱万民，才行此三政。同时天子必须行此三政，方能保全天命，方能"守位"。"仁"是基础，天子先有仁心，方能爱抚治理万民。爱抚治理万民，又有两种具体的方法，就是养（财）与教（义），一个是必需的物质条件，一个是必需的精神条件。

关于"义"或教育一方面，《系辞》中除"禁民为非"一句笼统说法外，并没有其他具体的解释。但于"财"方面，其中有为民造福兴利的具体建议，就是"法"象"法"形而制器为天下用：

> 备物致用，立成器以为天下利，莫大乎圣人。
> 便用（易理）出入，民咸用之[法器]，谓之神。

所以科学发明是圣人一种最大的责任。

3.《虞书》思想

《虞书》思想是根据《周书》中天人合一的政治哲学推演出来的。惟它的方法非常新颖：它假托根据人事化的神话与历史哲学来发挥政治理想。在荒藐的夏代之先显出一个王道大行的太古黄金时代。西周的人看夏代之先为鬼神当权的时代，并无所谓黄金。其时有各种天神（帝）和其他小神占据天地间的舞台。人类的地位仍非常卑微。现在史官中的哲士把这些神化人物人性化，变成古代的圣王与贤臣。天神的"帝"变成王天下的圣"帝"。"帝"字无形中就添了一个新的意义。许多别的神都变成圣帝的辅佐人物或"贤臣"。所以圣人观念至此才完全具体化。从前《周书》以及《易传》中都有"圣人"或有德天子的观念，但是只是抽象的理想，到《虞书》中圣人观念都具体的人格化与历史化。从前圣人只是思想家要周天子所达到的理想标准，现在圣人变成实际存在可以效法的榜样。一些超时间的神话人物现在都变成确定的时间内之圣贤。《系辞》中列举古圣制作器物以利万民与《虞书》是同样的把神话历史化。但《系辞》大盖〔概〕比《虞书》较为晚出；最早采用这个方法的还是《虞书》。

主要的人物就是尧舜。这本是两个地位很不清楚的天神，关于他们的神话我们知道的很少。只因如此，所以更容易被用为假托的对象，因为没有许多的神话故事做障碍物。所以尧、舜就变成第一等的圣人，空前绝后而王天下的圣人。

尧、舜的辅佐人物甚多。四岳本为泰山神，又称太岳，现在变成尧、舜的卿士。禹本位治水的神，死后成为太社或后土；因为治水在周代是司空的职责，所以禹现在变成舜的司空。皋陶当初在神话中地位不明，现在成为士或司寇。垂在神话中地位也不清楚，现在变为共工。契为殷商的神祖，现在成为司徒。益当初或为山川之神，现在变成掌山泽的虞。弃本为农神，周人尊为"皇祖后稷"，现在变稷或后稷之官，就是农官。伯夷当初神话中地位也不清楚，现在成为秩宗或宗伯。夔本为音乐神，现在成为典乐或乐正。龙当初或为神龙，现在成为纳言之官，这些都是辅佐尧舜实现王道的贤臣。

《虞书》中的思想可称为德治主义——天子平治天下，必须修德。德有两方面，神秘的德和人事的德，所谓神秘的德是天子一种特殊而不可直解的人格；有此人格，天下自然就感化而治平，无需多事自扰：

> 帝光天之下，至于海隅。(《皋陶谟》，今本《益稷》)
> 钦明文思，安安，允恭克让，光被四表，格于上下。克明俊德，以亲九族；九族既睦，平百姓；百姓昭明，协和万邦，黎民于变时雍。(《尧典》)

这种神德的观念可以图表法解明：德是天子人格中一种神秘的能力，射出去就可"光被四表"，"光天之下，至于海隅，"一层一层的由九族以至万邦黎民都受这种神秘空气的感动自然而然就天下大治了。

神德是圣王的必需条件，无神德的人不能王天下；所以"舜让于德"，是因为他自己的儿子没有王天下的资格。

除这种神秘的德之外，天子还要修人事之德，就是通常所谓"道德"。天子的道德人格可分析为三点：第一是孝弟。舜就是孝弟的最高表率，虽然"父顽母嚚象傲"而他仍"克谐以孝。"①

天子的第二种人德就是信任贤人，如尧舜的信任禹稷诸贤一样。圣王自己完全无为，只以神德光被天下，并不积极去作具体的事务。《论语》中

> 修己以安百姓。（《宪问》）
>
> 无为而治者，其舜也与！夫何为哉？恭己正南面而已矣。（《卫灵公》）

两段或者都是引述或引申《舜典》。这都是讲圣王无为而治的道理，圣王的责任"在知人在安民"。"知人"就是见解明哲，能用贤人为"股肱耳目"。贤人就积极的代替天子去从事于五典五礼五刑以平治天下。"安民则惠，黎民怀之。""安民"就是一面时刻不忘人民，一面用贤人去治理他们。如此则天下必能大治，天子可永保天命。《皋陶谟》有总括这种"知人安民"思想的一首短歌：

> 元首明哉！股肱良哉！庶事康哉！（今本《益稷》）

天子第三种人德就是不私天位，让德不让亲。不据天位而禅让于有神德的人就是圣王最高的道德。尧、舜礼让就是这种道德实施的显例。

结　论

以上所论，恐怕不是西周春秋之际思想的全部。古代哲学作品一定亡失的很多。由《国语》《左传》中可见春秋时代文化大盛，当时必有许多哲学作品出现，恐怕与王官完全无关的独立思想家②一定也有。但存至今日的只有王官（史籀）所传留的一点材料，这是原有材料的百分之几，我们完全无从推考。至于私人的作品就完全丧失了，我们今日连一个哲学家的姓名都不知道。

虽然如此，由《易传》与《尚书》所存留的一点遗迹，我们已能看出后日思想发展的线索。孔老并非突然出现的，古今并没有一个毫无思想渊源的大哲学家。当然每个思想家都有他的特殊的时代背景，但一个大思想家的哲学决不能完全以时代背景来解释，这是向来研究孔老的人所未曾注意的。一个开化的民族最早的幼稚简单思想大半是由宗教信仰中演化出来的。但这种简单的哲学已经产生，此后的哲学家就没有一个不是积极的或消极的承接以前的思想而进

---

① 《尧典》中关于舜的孝弟人格只有这一句记载。已佚的《舜典》恐怕有一大部分是讲舜的孝弟故事的。《孟子·万章》上还保存了这个故事的主体。

② 春秋末年与孔子同时之邓析一般人除外。

展发挥的。孔老的思想决不是文化初开时代的幼稚思想，必有思想渊源。孔子是史官思想的承接者，所以他言必称尧舜、《虞书》、周公、《周书》。他是专注意治国之道的，与《尚书》的作者一样。老子或《老子》作者是筮人思想的承接者，他是偏重玄学的[①]。后日中国哲学界最占势力的儒道两家是直接由孔子与老子传下来的，间接由无数无名的史官与筮人传下来的。

（原载金陵大学《金陵学报》第 2 卷第 1 期，1932 年 5 月）

---

① 诸子出于王官说，以全体论，本为穿凿附会。但谓儒、道出于王官，并非全误。惟儒家并不出于司徒之官，而出于史官；道家并不出于史官，而出于筮人。此外所谓某家出于某官，全为无稽之谈。——见《汉书·艺文志》。

书评：**Thompson, History of the Middle Ages**

History of the Middle Ages, By James Westfall Thompson
pp. 465. W.W.Norion & Co., New York. 1931.

　　由四五世纪至十五世纪间的所谓西洋中古史对于一般略知欧洲古今大势的人仍是一团漆黑或不解之谜。"中古"一词的不妥对于这点要负不少的责任。"中古"或"中世纪"是十五世纪意大利人文主义者所创的名词。那时他们对于过去希腊罗马的文艺研究日深，推崇日高，因而觉得（最少自己相信）与那个过去的文化神通气联；对于他们自己民族已往一千年的历史反倒感觉一无是处——只是介乎两个开明时代的一个混乱、野蛮、黑暗、迷信的"中间期"或"中世纪"。十五世纪深于成见的人文主义者的这个名词与它所表示的概念就变成后日学界一般的传习见解。直至十九世纪末这种成见才渐被打破；但是一九三三年仍有不少人对中古时代照旧是这样看法的，在中国尤其如此。汤姆逊先生这本《中古史》用不能否认的事实极力的纠正这种误解。这是本书的一个特点，在今日的情形之下也可说是它一个特别的长处。

　　《中古史》的主要成分有三：残余的希腊罗马文化与残余的拉丁民族，新兴的日耳曼民族与它的封建制度，基督教与基督教会。整部的《中古史》可说就是这三种元素的并行发展史与激荡冲突史。而在三种之中尤以日耳曼与教会二者为重要；希腊罗马文化只处于附属的地位。换言之，中古史是一个全新的局面，一个新文化开始的创造时代，并不是希腊文化的继续发展，而是近代西洋文化的最先一幕，汤姆逊先生把这个道理用事实描写的很清楚（见章一至四，八至九）。所以为要彻底明了今日的西洋，不研究希腊罗马以上的历史还可以；但若不知道所谓中古时代的情形是不可能的。今日的西洋并非由希腊罗马而生，乃是直接由中古日耳曼民族与教会所创。希罗文化品的参与曾有一部分被采用，但整个文化的精神，民族主要的成分，政治社会的构造，宇宙人生观的性质——这一切都是全新的，可说与所谓上古的西洋没有多少关系的（见章十一至十三，十五至二十四）。

由四世纪至八世纪可说是罗马帝国与罗马文化渐渐消减的时期。罗马的政治权衡不知不觉中失去效用，许多日耳曼王国在各地成立。罗马法制虽未完全绝迹，新的宪法观念，新的政体，新的法律，新的社会却渐渐发生以至于成熟。在八九世纪间经过一个临时的统一之后（查理曼时期），主权分化的封建制度与佃奴社会完全成立。但在这个分化局面之上有一个高超的一统势力，就是基督教精神方面的信仰与具体方面的教会。同一的信仰充满各国的人心，同一的教会支配所有的人生。这个一统的信仰与教会有一个超然的首领，就是在人世间代表上帝权威的教皇。各地的封建国家日渐稳固，与这个伟大的精神势力发生冲突是无所避免的。最早与它火并的就是那个奇特无比的所谓神圣罗马帝国；结果是日耳曼地与意大利半岛延至十九世纪才得统一。与这个冲突相偕并进的尚有十字军运动，整个的西部欧洲联合起来与东方的回教对抗。法兰西是这个运动中的主要角色，同时西班牙在半岛上进行它自己小规模的十字军战争，由八世纪至十五世纪西班牙半岛在政治方面整部的历史都被基督教与回教的死拼所包办。英国比较的处在局外，独自创造它的模范宪法，但因它与法国北部诺尔曼公爵邦的特殊关系，大陆的一切潮流都不免冲到不列颠岛的岸边。后日西洋主人翁的中等阶级同时也渐渐成立，并建起许多工商业中心的城市。

十三与十四世纪间这个封建制度与基督教合成的文化渐呈裂痕。一时作国际公断人的教皇现在被新兴的一统法兰西王国所侮辱，以至成为法王的傀儡。各国的教会渐趋独立，只受国王的干涉，不听教皇的号令，并且还要改革教会与教皇制度。英法两国内部日渐统一，因而两国在大陆曾经争夺三百年的领土引起百年战争。战争结束后两国的统一事业也就完成了。日耳曼与意大利方面因为特殊的情形反倒日趋分裂，神圣罗马帝国无形中分化为三百个大大小小的国家。所以中古最后二百年可说是整个一统的势力（教会与帝国）渐渐消灭与地方一统的势力（列国）渐渐成立的时代。到十五世纪末我们所熟知的西洋各国大半都已显露后日的形态了（见章二十五至二十九，三十一）。

不只日后的政治是由中古时代演化而出，近代的思想科学文艺也大半来自同一渊源（见章二十二至二十四）。今日欧洲的各种文字都在此时出生，发展，变成高等文艺与深奥思想的工具。书院哲学 Scholasticism 到今天虽已少有研究的人，但那时中古全部生活的唯理结晶，从本身讲来，那是一个极完备的哲学系统。世界上并没有最后完备的哲学，一种哲学的价值在乎它本身是否一个周密的系统，是否一个时代文化的射影。由这个观点看来，书院哲学比后日许多时髦的思想地位都要高些。并且十六世纪后哲学中许多的基本概念与基本问题都是书院哲学的传遗。在文学方面,英、法、德、西、意各种文字最早作品都于此时出现;悲壮的史诗与缠绵的抒情诗是后日文学批评家所公认为上品的。

中古时代的科学地位并非如一般人想象的那样低。在技术与方法方面,五百年前的科学家比较幼稚;但在思维力与精神力方面,他们并不落伍。他们知道地是圆的,明白日月蚀的原理。十二世纪前半期英国已有科学家 Adelard of Bath 亲身到威尔斯与爱尔兰的海岸去度夏,以便观察研究海潮的升降。十二世纪的科学家已经明了光学的原理;透光镜 lens 到十三世纪已成为科学界常用的工具。十三世纪的书院哲学家 Duns Scotous 在巴黎的一个修道院内费一个整个冬季的功夫用颇为准确的数学方法去计算岁差。培根 Roger Bacon 对于科学的贡献是无需介绍的。后日科学或日常人生的许多必需品都是中古科学家所创造或完成的,例如放大镜,火药,罗盘针,印刷术,风车,风琴,许多化学中的酸类与医学中的药品。这恐怕是连今日科学家也不知道的一件事。但科仑布发现新大陆,Vasco da Gama 航过好望角,麦哲伦 Magellan 航绕全球的成功,都是以中古科学家的数学知识与天文知识为依据的,并非意外侥幸的横冲直撞把戏。

研究过去的历史,我们必须有丰富的同情心,暂时必须变成那个时代的人,呼吸他们的空气,过他们的生活,与他们发生一种密切的默契。时代愈远,这种想象力与同情心愈为必须。中古史对于近日大多的西洋人已是不可了解;我们异族异化的人若要明了,更要尽力设法与他心契神通。汤姆孙先生在中古史专家中是一个最富于这种能力并且又能将这种能力表现于纸上而传与读者的。所以这本书是初习中古史时一个最适宜的南针。比这个课本尤详的尚有他两卷的著作《中世纪》The Middle Ages。专论中古的社会的有他的两卷《中古经济社会史》The Economic and Social History of the Middle Ages。专述日耳曼的有他的《封建的日耳曼》Feudal Germany。这三种虽是比较专门的作品,但笔法是同样的活泼生动引人入胜;事实虽然很多,性质虽然专门,却无丝毫学究气。

(原载《清华学报》第 9 卷第 1 期,1934 年 1 月)

书籍评论：西洋史表解

西洋史表解

田农

编著发行，页三二六，民国二十二年十月初版。定价一元八角。

历史表解是中国历史学界一种迫切的需要。一般旧的中国史表解今日已不适用，至于西洋史方面还很少人注意到这一点。表解的功用，是将事实分条，表列清楚，"使读者阅文便睹，举目可详"。这虽不是历史辞典，它的性质却与辞典相差不多，是为参考用的。因此，历史表解似乎应当遵守几条根本的原则——条理务要清楚，事实要比较丰富，并且轻重得宜，事实必须无误，与字典一样，文字须简洁清楚，使读者不致发生误会。当然这可说是一切著作所当具备的几个条件，但表解因为有辞典的性质，对这几点尤当注意，不然，就失去它存在的理由。

田农先生这本《西洋史表解》在中国虽不是最早的一本，却可称为最早作品之一。小字精印三百二十余页，在目下的中国可算一本巨著，值得我们用上列的几个标准研究一下。从条理一方面讲，本书可算很清楚。大小节目，按格分列，颇费一番功夫，的确做到使读者"举目可详"的地步。对于这一点，读者是应当感激的。

关于事实的多少轻重，却有问题。例如四千年的所谓上古史，只占五十五页的篇幅，一千年左右的中古史，占了将及四十页，六百年的近代史占了二百多页——全书三分之二以上的地位。普通一般西文的历史课本，已经有这种太失平衡的趋向，田君对此不只不加纠正并且变本加厉，已经长的尤其加长，已经短的更为缩短。所以这本书的近代部分，在材料的量一方面，还算充分，以前两部未免过于简陋。书末所列的参考书目或者可以解释这种过度违反轻重标准的现象。关于上古一部，除了 Breadted 一本 Ancient Times 的高中课本外，没有一本上古通史。几本上古专史，并且大半是偏于经济史的，由《表解》的内容看来，似乎没有参考许多。但是只用 Breadted 一本书而作表解是绝对不够的，这是中学课本，中学普通用不着表解；就是使用时，内容也当不比课本详细些。然而田君却是连 Breadted 的书也没有充分的使用，例如巴比伦与亚述只占两页，古爱琴只有半页，象这样不痛不痒的几句话，有什么叫人参考的价值？

关于中古史也是一样，只有一本何炳松编译的《中古欧洲史》和 Seignobos 的一本 Feudal Regime，两本都是过时的书。此外，就是几本大半偏于经济史方面的中古专史。不过无论通史专史，田君都没有真正利用，例如在"中古的文化"一章中，讲到当时文化重心的基督教的还不够两页（页八五至八六），而在这两页的范围内也没有抓住重要关节，"基督教的仪节"一段把教会的七圣事只举了五种，而所遗漏的两种之一，有一种（神品）是非常重要的。标题为中古文化的一章，对当时在文化上极占势力的宗教信仰与宗教哲学，只字不提，只在前一章（页五七）提出"博爱平等禁欲知神"八个空泛大字，为基督教"教义"，同时对于与正教对抗的异端派别（编者称为"邪教徒"，页八六）的主张，却又列了几条（虽是也不中肯要的），真是费解。

表解中不讲美国，"编辑大意"中说是因为"自合众国独立以后至欧战以前，多少总具有单纯性质"，这是一个不成理由的理由。政治制度、社会组织与欧洲一致，民族语言、思想潮流、文艺发展、宗教信仰与欧洲完全分不开，独立战争后不久就与欧洲国家打过一次仗，又一次几乎开火，编者所最注重的（最少在参考书目中所最注重的）经济发展，更是与欧洲毫无二致——这样的一个美国，不知凭什么硬要说它"多少总具有单纯性质"。照这样讲，英国、法国、德国而尤其是俄国，都"多少总具有单纯性质"，岂不是每国都要单作一本表解？其实不只美国，连南美各国也同样的属于西洋的体系。编者参考书目中所引 Hayes 的 Political and Social History of Modern Europe，名为欧洲史，尚为美洲另辟半章，可见欧洲与美洲是不能分离的。表解中把美国从略，实是一个最大的缺陷。

除大规模外，个别事实错乱或失平衡的地方也很多，我们可以举几个明显的例。希腊前七五〇年后的文学略为述及（页二二至二三），但前此的荷马完全从略。讲柏拉图的思想只有"主张国人机会均等"一句话（页二三），近乎开玩笑。页三七至三八于罗马对"东方诸国的略取"，列表分述惟及"埃及"一项，只列名而无事实。其实埃及的地位比其他各地更为重要。上古与中古的分界年，编者举了四七六与六二二[年]两说（页五六）。四七六年，固然是"依此说者最多"，六二二年却是一个人的主张。此外，四五世纪间可划分时代的大事很多，都有历史家认为合宜的分水界。偏怪的六二二年若可，引用这些也当列出，使读者知道历史上所谓分水界是长期的变化，并非单一的事件。再不然，就只列四七六年也不失为从众求简的方法。同页中古与近世的分界年，也有同样的情形，所列举的分界事件，也有错误。同页"中古史的分期"所分三段，与普通说法不合，并且显然与事实相违，不知钞[抄]自何位专家。页五七讲到原始基督教时，往往根据不可靠的教会传说，轻重也不得当。"夏理曼的外征"一节（页六六）中"环境"一条漏洞很多，"成绩"一条，重要的成绩并未全列，说伦巴人 lombards 被"强令改信基督教"，也与事实不符。以上都是列举事实轻重失宜的例，有些事实根本错误。

此外事实完全错误的地方还很多。例如说前二五〇〇至一五〇〇年间希伯来人曾握埃及政权（页三），不知何据。谓埃及第十三王朝曾征大军以防"回教徒的侵入"（页三），穆罕默德降生二千余年前，不知回教徒从何而来！谓爱琴时代克利特岛 Crete 在"政治上附属埃及"（页一三）；谓希腊于王政时代有城邦"二十余"（页一三）；谓罗马之 Quaestor, censor, praetor 诸官"均在战期辅设，由执政官任命"（页三二）——都不妥当。谓罗马与迦太基战争时"败募军制"，正与事实相反。前此没有当兵义务的人也被迫当兵，除妇女外几乎人人入伍，所谓"募军制"者，不知何指。罗马 与迦太基第二次战争后，迦太基赔款数目（页三六）较当时实数多出一千一百倍。谓 Diocletian 之死由于自杀（页四二），凯撒 Caesar"废平糴以禁游惰"（页四三），"奥古士丁置近卫军与以预选皇帝之权"（页五二），夏理曼帝国破裂时有"土耳其人"侵入（页六七），称耶苏会创始者 Ignatius Loyola 为"西班牙王子"（页一二四），"葡国当西欧与东欧贸易中枢"（页一二五），Adam Smith"倡重商主义"（页二九一），教皇亲自参与法兰克新王加冕礼（页六二），法兰克王逐伦巴人出意大利（页六二），并且此后教皇"成了意大利事实上的国君"（页六二）——皆误。神圣罗马帝国"朝代的更替"一节（页八〇），三个朝代的年代只有第一个可算正确（但缺少一个应当有的小注），后两朝的年代皆误。页八八说牛津、剑桥两大学校址，都在伦敦，误。说 Prague 大学在奥国，应当加注释。译中古有名诗品 Piers Plowman 为"码头的农夫"（页九七），大误，Piers 是人名。谓宗教改革时苏革兰女王马利"被刺"（页一一七），误。封建时代"主臣的系统"一节（页六八）把大主教与国君并列，极不妥当。页七四讲到法王与教皇关系的小注，事实颇多错误，并有重要的遗漏。页七五谓大不列颠岛于九世纪末已有"英文""英语"，把事实提早了四五百年。把封建时代文学作品放在文艺复兴栏下（页九六）而不加什么的说明，不妥至极。以一三四六年为英法百年战争开始之年（页一〇四），异于普通说法，且与事实不合。谓意大利统一过程中 Nice 与 Savoy "二地人民公决合并于 Sardinia"，应加解释。谓俾斯麦修改 Ems 电报中有 "激怒了高卢雄牛的一面红旗" 一语（页二二九），把原文完全看错。俾斯麦老奸曲滑，岂能容许正式电文中有这样露骨的话？那是俾斯麦私下的话。若公布的电文中有那样一句话，他当时煞费苦心所删改的电报，就要完全失去他所希望的作用。编者对于这个直接引起普法战争的重大事件的性质，似乎没有很弄清楚。

书中小注很多，但是往往与正文无关。编者似乎看小注为增助美观的装饰品，恰当与否不注意。有的因为意义太不清楚，正误难断，有的显然是错误的。例如而二八正文谓 "喀雷斯 Chares 尝造巨像于罗得岛"，下面有小注为 "前二二一年罗得岛大地震，科罗萨斯 Colossus 城半毁，银行倒闭"，正文与小注全不相干，其实在原文中（惟不知编者根据何种原文作品）是有关系的。"科罗萨斯" 就是正文中巨像的名称，并非城名；地震后半毁的就是巨像。至于 "银行倒闭" 是否实情，因不知编者所据蓝本，不敢断定。但 "银行" 一词很象是 banks（港岸）一词的误解。巨像跨立于海港两岸，大概地震时 "两岸塌陷"。因而巨像随着遭殃，与 "银行倒闭" 恐怕没有什么关系。

除了事实错误之外，由于措词不妥而易引起误会的地方也不少。例如 Cardinal 先译为 "教廷的阁员"（页八〇）还可以，后又译为 "主教长"（页一四二）不妥。称瓜分波兰的三国为 "屠手"（页一五四）大可不必。这种伦理性质的名词，在历史上没有地位。若照这样说，古今各国没有一个在某时期不是 "屠手" 的，若都称 "屠手"，反倒没有意义。革命前法国的政治元首，有时称 "王"，有时称 "皇帝"（第十八章）；名分岂可如此随便？译英国旧日之 Rotten boroughs 为 "腐烂城市"（页二六九、二七〇），太生硬了。不知道的人免不了要问城市是如何 "腐烂" [方]法？译为 "荒废" 或 "没落"，可免误会。同页讲一八三二年之选举改革案 "要点" 错误甚多，关于一八八四年改革案的内容也未弄清（页二七一）。称罗马帝国各行省之收入税吏 publicans 为 "收税的'经济'"（页三九），令读者不知何指。"经济" 一词古意今意都与收税官无关，加上括号孔子无济于事。称水道之长用 "步" 为单位（页三九）意义太泛。把 Augustus 译为 "最高的市民"（页四五），而把很重要并且真当 "最高市民" 解的 Princeps 一词反倒遗漏。页四九称罗马为 "无穷市"，意义不明，若为 Eternal City 之译名，则不妥。称中国为 "支那"（页五一），大可不必，这大概是直钞〔抄〕日本作品。记古罗马钱数，或用古制（ralents），或以近世英镑制合计，又有时用

"元"而不说明为中国银元或美金（页三七至四〇，此后亦有）。诸币大小轻重的比例，又不注明，不知滥引这些数目有什么用处。

《表解》中的译名，往往不一致，并有许多不妥当的译法。同一个人名地名或专门名称，常有两种甚至两种以上的译法。例如称古代希腊与意大利半岛内的诸国，"市府"与"城邦"两词并用，似乎是钞[抄]译法不同的两种中文书而未加整理。Cyrus 译为"凯洛斯"（页九），后又译为"居鲁士"（页二一）。十六世纪的宗教运动有一两处译为"宗教改革"，但大多是译为"宗教革命"，普通都译为"改革"，与西文原意也相符合，何必另立名目？Fredick 译为"腓得烈"（页八一还可以，后又屡次译为"勿列特"，第十七章），即或按方言音这也是一个莫名其妙的译法。Zeus 译为薛乌斯（页一三）、焦士（页二六）；Sardinia 译为撒底尼亚（页三五），下页改为萨丁；Tiberius 译提比留（页四一）、提庇略（页四五），把两个名为 Antonius 的人，都译成安敦，而见于中国史册上的安敦，反倒把他姓名中"安敦"一词削去（页四五）。Palestine 译巴力斯坦（页七）、马勒士登（页四七）；Byzantium 译卜商丁（页五二），下页改皮商丁；Leo 译利奥（页六〇）、立俄（页六二）；Prolemy 译多洛梅（页二六）、多列米（页六四）；Burgundy 译勃艮底（页六一）、布提底（页七〇）；Brittany 布勒塔尼（页七二），下页改不列他尼；Boethius 译波席晏（页五九）、波伊悉阿（页七五）；Bavaria 译巴伐利亚（页七〇）、巴威（页八二）、巴威略（页一五二、一九四）；Francis 译为佛兰西（页八六）、忽兰西斯（页一〇一）、勿兰息斯（页一一八）、法兰西斯（页一九八）；同页（一一三两译 Ferdinand）为勿迭南与斐迭南；Westphalia 译威斯特法耳亚（页一〇九）、威斯非立（页一二二）、威斯特伐里亚（页九七）；Magyars 译马加（页八二）、马扎儿（页一五三）；Mary 同页（一一七两译为梅丽与马利）；Richard 译理查（页七七）、理加德（页一二八），理加德只为其名，其姓 Chancellor 反而译不知何故；Savoy 译萨弗衣（页一二〇）、萨瓦（一四五）；奥国一名，在全书各处奥大利、奥地利、奥地利亚绝对放任的采用；Voltaire 译福尔特尔（页一五二）、福耳特（页一五八）；Dunkirk 译东喀基（页一四三）、丹刻克（页一七九）；St.Helena 译圣赫勒那（页一三一）、圣海伦那（页二〇一）；Louis Blanc 译路易勃郎（页二一二）、力喜腾斯泰因（页二二八）；欧战前的俄都称圣彼得堡（页二四六），又称彼得哥堡（页二五二）。许多译名都是用方言音的，除了上面已有的例之外，如 Pius 译为庇护（页四五），Honorius 译为贺罗留（页五三）都与国语音不合。此外两字音同而随意换用的，如苏俄首都莫斯科与墨斯科互用之类，更是不胜枚举。西文名词译为中文，根本已难弄清，现在一词而两译甚至三译四译，真是闹得读者眼花头昏。译名后并且往往不注原文，几乎使人疑惑编者故意与读者为难。"编辑大意"中说人名地名"凡最习见者概不加原文"，难倒这些两译的名词都是"最习见者"？例如页一一八之"发尔多"一词，评者始终不知是何字译音。编者所谓"最易见者"，不知是按什么标准。

与译名参错同类的一件事，就是所注原文也不完全一致。全书所注原文，大多是英文；但也有地方，并且是与法国毫不相干的地方（如页一〇、一九）用法文。这大概是由以法文为蓝本的作品或译品，不假思索的钞[抄]来的。

本书的各种错误与不妥当，恐怕很大一部分是由于抄录不可靠的中文参考书。编者对于用书，毫不选择，所列的三十多种中文参考书，连十种可用的都没有，大多数不是宣传材料，就是滑稽不堪的译品。英文参考书目虽不象是中文的那样滥，但也可谓偏怪至极。经济史列了那许多似乎很时髦，思想、文学、美术、宗教、科学的历史一本也没有。太简单的课本有几种，极专门的专题著作也有几种，不过都没有一个选择的标准，而实际这些书大半也没有真用。表解要的是事实，不要词藻，不要美丽的叙述，所以一切简单的课本，都不可用。

以上所列，都是美中的不足。田君的书在国内著作界中还算少见的，编者的确费了很多时间，安心要作一本好书，书中条理与规模大致都很可取。不妥处若加修正，不足处再加补充，就可成为大学初级学生很好的一本参考书。

（原载北平《清华学报》9 卷 2 期，1934 年 12 月。）

皇帝制度之成立

中国历史上四千年间国君的称号甚为简单。当初称王，王下有诸侯。其后诸侯完全独立，各自称王。最后其中一王盛强，吞并列国，统一天下，改称皇帝，直至最近的过去并无变更。称号的演化虽甚简单，内涵的意义却极重要。专就皇帝成立的事实经过而论，可分下列诸步骤：

（一）列国称王

（二）合纵连横与东帝西帝

（三）帝秦议

（四）秦始皇帝

（五）汉之统一与皇帝之神化

（六）废庙议与皇帝制度之完全成立

参错在这个史实的演化中，还有各种相反与相成的帝王论。本篇专以事实为主，帝王论与当时或后世史实有关系者也附带论及。

一

战国以前，列国除化外的吴楚诸国外，最少在名义上都尊周室为共主。春秋时代周王虽早已失去实权，然而列国无论大小，对周室的天子地位没有否认的。春秋时代国际政治的中心问题是"争盟"或"争霸"，用近代语，就是争国际均势。国际均势是当时列强的最后目的，并非达到其他目的的一种手段。以周室为护符——挟天子以令诸侯——是达到这个目的最便利的方法。因为列强都想利用周室，所以它的地位反倒非常稳固，虽然它并无实力可言。

到春秋末期战国初期这种情形大变。各国经过政治的篡弑与我们今日可惜所知太少的社会激变，统治阶级已非旧日的世族，而是新起的智识份子。旧的世族有西周封建时代所遗留的传统势力与尊王心理，列国国君多少要受他们的牵制。所以春秋时代的列国与其说是由诸侯统治，毋宁说是诸侯与世族合治。

列国的诸侯甚至也可说是世族之一，不过是其中地位最高的而已。争盟就是这个封建残余的世族的政策。他们认为这个政策最足以维持他们的利益，因为列国并立势力均衡，世族在各本国中就可继续享受他们的特殊权利。任何一国或任何一国的世族并没有独吞天下的野心。

战国时代世族或被推倒，或势力削弱。这时统治者是一般无世族传统与世族心理的出身贵贱不齐的文人。国君当初曾利用这般人推翻世族的势力；现在这般人也成为国君最忠心的拥护者。他们没有传统的势力与法定世袭的地位，他们的权势荣位来自国君，国君也可随时夺回。到这时，列国可说是真正统一的国家了，全国的权柄都归一人一家，一般臣下都要仰给于君上，不像春秋时代世族的足以左右国家以至天下的政策与大局。国君在血统上虽仍是古代的贵族，但在性质上他现在已不代表任何阶级的势力，而只知谋求他一人或一家的利益。所以战国时代二百五十年间国际均势虽然仍是一个主要的问题，但现在它只是一种工具，不是最后的目的。最后的目的是统一天下。列强都想独吞中国，同时又都不想为他人所吞。在这种矛盾的局面下，临时只得仍然维持均势；自己虽然不能独吞，最少可防止其他一国过强而有独吞的能力。但一旦有机可乘，任何一国必想推翻均势局面，而谋独强以至独吞。战国时代的大战都是这种防止一国独强或一国图谋推翻均势所引起的战争。列国称王也是这种心理的最好象征。列国称王可说有两种意义，第一是各国向周室完全宣布独立；第二是各国都暗示想吞并天下，因为"王"是自古所公认为天子的称号。

最早称王的是齐魏两国。但这种革命的举动也不是骤然间发生的，发生时的经过曲折颇多。战国初年三晋独立仍须周室承认（西前四〇三），田齐篡位也须由周天子取得宪法上的地位（西前三八六），可见历史的本质虽已改变，传统的心理不是一时可以消灭的。后来秦国于商鞅变法之后，势力大盛，屡次打败战国初期最强的魏国。这时秦国仍要用春秋时代旧的方法以巩固自己的地位，所以就极力与周天子拉拢，而受封为伯（西前三四三），与从前的齐桓晋文一样。次年（西前三四二）秦又召列国于逢泽（今河南开封东南），朝天子。这是一种不合时代性的举动，在当时人眼光中未免有点滑稽。虽然如此，别国必须想一个抵抗的方法，使秦国以周为护符的政策失去效用。于是失败的魏国就联络东方大国的齐国，两国会于徐州，互相承认为王（西前三三四）。这样一来，秦国永不能再假周室为号召，周室的一点残余地位也就完全消灭了。秦为与齐魏对抗起见，也只得称王（西前三二五）。其他各国二年后（西前三二三）也都称王。只有赵国唱高调称"君"；现成的"公侯"不用而称"君"，也正足证明周室的封号无人承认，一切称号都由自定，但赵国终逆不过时代潮流，最后也称王（西前三一五）[①]。至此恐怕各国方才觉悟，时代已经变换，旧的把戏不能再玩，新的把戏非常严重痛苦——就是列国间的拼命死战。这种激烈战争，除各国的奖励战杀与秦国的以首级定爵外，由国界的变化最可看出。春秋时代各国的疆界极其模糊。当时所谓"国"就是首都。两国交界的地方只有大概的划分，并无清楚的界限。到战国时各国在疆界上都修长城，重兵驻守，可见当时国际空气的严重。在人类史上可与二十世纪欧洲各国疆界上铜墙铁壁的炮垒相比的，恐怕只有战国时代这些长城。[②]

二

列国称王以后百年间，直至秦并六国，是普通所谓合纵连横的时期。连横是秦国的统一政策，合纵是齐楚的统一政策。其他四国比较弱小，不敢想去把别人统一，只望自己不被人吞并就够了。所以这一百年间可说是秦齐楚三强争天下的时期。这时不只政治家的政策是以统一为目标，一般思想家也无不以统一为理想。由现存的先秦诸子中，任择一种，我们都可发见许多"王天下""五帝三王云云"花样繁多而目的一致的帝王论或统一论。所以统一可说是当时上下一致的目标，人心一致的要求。这些帝王论中，除各提倡自己一派的理想，当初有否为某一国宣传的成分，我们现在已不容易考知。其中一种有丰富的宣传色彩，似乎大致可信——就是邹衍（西前三五○至二五○间）一派的五德终始说。对后代皇帝制度成立，也属这派的影响最深。可惜邹衍的著作全失，后代零乱的材料中，只有《史记·封禅书》中所记录的可以给我们一个比较完备的概念：

> 自齐威宣之时，邹衍之徒论著终始五德之运。及秦帝，而齐人奏之。故始皇采用之。

所以这当初是齐国人的说法，秦始皇统一后才采用。五德的说法据《封禅书》是：

> 秦始皇既并天下而帝，或曰：黄帝得土德，黄龙地螾见；夏得木德，

---

① 《史记》：《秦本纪》《赵世家》《魏世家》《田敬仲完世家》。
② 顾炎武《日知录》卷三一《长城》。

青龙止于郊，草木畅茂；殷得金德，银自山溢；周得火德，有赤乌之符。今秦变周，水德之时。昔秦文公出猎，获黑龙，此其水德之瑞。

这是一个极端的历史定命论，也可见当时一般的心理认为天下统一是不成问题的，并且据邹衍一派的说法，统一必由按理当兴的水德。

这个说法本来是为齐国宣传的。邹衍是齐国人，受齐王优遇，有意无意中替齐国宣传也无足怪。宣传的证据是与五德终始说有连带关系的封禅说。所谓封禅是历代受命帝王于受命后在泰山上祭祀天地的一种隆重典礼。在先秦时代，列国分立，各地有各地的圣山，并无天下公认的唯一圣山。由《周礼·夏官·职方氏》可知泰山不过是齐鲁（兖州）的圣山，并非天下的圣山；其他各州各有自己的圣山。只因儒家发生盛行于齐鲁及东方诸小国，儒书中常提泰山，又因封禅说的高抬泰山，所以后代才认泰山为唯一圣山。邹衍一派当初说帝王都须到泰山封禅，是一种前所未有的新闻。这等于说，齐国是天命攸归的帝王，不久必要统一天下。假设封禅的说法若为楚人所倡，必定要高抬衡山；若为秦人所创，必说非封禅华山不可。现存的《国语·齐语》《管子·封禅篇》《史记·封禅书》都讲到齐桓公要封禅而未得。这恐怕是同样的邹衍一派的宣传，暗示春秋时代的齐国几乎王天下，战国时代的新齐国必可达到目的。

空宣传无益。当时齐国的确有可能统一天下的实力。邹衍或其他一派的人创造这个学说，一定是认清这个实力所致，并非一味地吹嘘。齐国是东方的大国，到宣王时（西前三一九至三〇一）尤强，乘燕王哙让位子之大演尧舜禅让的悲喜剧的机会，攻破燕国（西前三一四），占领三年。后来（西前三一二）虽然退出，齐国的国威由此大振。同时（西前三一二至三一一）楚国上了张仪的当，贸然攻秦，为秦所破，将国防要地的汉中割与秦国。所以至此可说秦齐二国东西并立，并无第三国可与抗衡。至于两国竞争，最后胜利尚在不可知之数。在这种情形下，齐国人为齐国创造一种有利的宣传学说，是很自然的，于是产出这个以泰山为中心的封禅主义。

这个秦、齐并立的局面支持了约有二十五年。两国各对邻国侵略，但互相之间无可奈何。天下统一不只是政治家的政策，不只是思想家的理想，恐怕连一般人民也希望早日统一，以便脱离终年战争的苦痛。"王天下"的人为"帝"现在也已由理想的概念成为一般的流行语。当初的"王"现在已不响亮，作动词用（王天下）还可以。作名词用大家只认"帝"为统一的君主。秦齐既两不相下，所以它们就先时发动，于西前二八八年两国约定平分天下，秦昭襄王称西帝，齐湣王称东帝，除楚国外，天下由二帝分治。根本讲来，这是一个矛盾的现象，因为"帝"的主要条件就是"王天下"，所以两帝并立是一个不通的名词，在当时的局势之下也是一个必难持久的办法。可惜关于这个重大的事件，我们所知甚少。据《战国策》[①]似乎是秦国提议。秦先称西帝，齐取观望的态度，后来也称帝。但因列国不服或其他原因，两国都把帝号取消，仍只称王。但后来齐湣王在国亡家破的时候（西前二八四）仍要邹鲁以天子之礼相待，结果是遭两国的闭门羹，[②]可见取消帝号是一种缓和空气的作用，实际上齐国仍以帝自居。荆轲刺秦王的时候（西前二二七）称秦王为"天子"，[③]可见秦也未曾把帝号完全取消。两国大概都是随机应变，取模棱两可的态度。

三

齐国称帝不久就一败涂地。三晋本是秦的势力范围，齐湣王野心勃勃，要推翻秦的势力，以便独自为帝。齐攻三晋（西前二八六）的结果是秦国合同三晋，并联络燕国，大举围齐。齐国大败，临时亡国。燕国现在报复三十年前的旧恨，把齐国几乎完全占领（西前二八四）。楚国也趁火打劫，由南进攻。后来五国退兵，燕独不退。五六年间（西前二八四至二七九），除莒与即墨二城外，整个齐国都变成燕的属地。后来齐虽复国（西前二七九），但自此之后元气大亏，丧失强国的地位，永远不能再与秦国对抗。后来秦并天下，齐是六国中唯一不抵抗而亡的。所以燕灭齐可说是决定秦并天下的最后因素。二八四年前一切皆在不可知之数，二八四年后秦灭六国只是一个时间的问题。

二十年后（西前二五八）秦攻赵，围邯郸。赵求救于魏，魏援军畏秦，不敢进兵。邯郸一破，三晋必全为秦所吞并，因为现在中原只有赵还有点抗秦的能力。但其他各国连援兵都不敢派出，可见当时畏秦的心理已发展到何等的程度。这时遂有人提议放弃无谓的抵抗，正式向秦投降，由赵领衔，三晋自动尊秦为帝。此举如果成功，秦并六国的事业或可提早实现。所幸（或不幸）当时出来一个齐国人鲁仲连，帝秦议方才中止。[④]大概此时齐国虽已衰弱，齐国志士尚未忘记秦齐并立的光荣时期。所以对强秦最愤恨的是齐人，对帝秦议极力

①《战国策》卷十一《齐四》。
②《战国策》卷二十《赵三》。
③《战国策》卷三一《燕三》。
④《战国策》卷二十《赵三》。

破坏的也是齐人。后来赵魏居然联合败秦，拼死的血战又延长了四十年。

由于思想家的一致提倡统一，由于列强的极力蚕食邻国，由于当时人的帝秦议，我们都可看出天下统一是时代的必然趋势，没有人能想象另一种出路。最后于西前二二一年秦王政合并六国，创了前古未有的大一统局面。

四

秦始皇对于他自己的新地位的见解很值得玩味。据《史记·秦始皇本纪》，二二一年令丞相御史议称号：

> 寡人以眇眇之身，兴兵诛暴乱。赖宗庙之灵，六王咸伏其辜，天下大定。今名号不更，无以称成功传后世。其议帝号！

"其议帝号"一句话很可注意。当时秦尚未正式称帝，然而正式的令文中居然有这种语气，有两种可能的解释。一是帝本是公认为"王天下者"的称号，现在秦并六国，当然是帝。第二种解释就是七十年前秦称西帝，始终未正式取消，所以"帝号"一词并无足怪。现在秦王为帝已由理想变成事实，只剩正式规定帝的称号。

始皇与臣下计议的结果，名号制度焕然一新。君称"皇帝"，自称"朕"，普遍的行郡县制与流官制，划一度量衡，书同文，车同轨，缴天下械，治驰道，徙富豪于咸阳。凡此种种，可归纳为两条原则。一、天下现在已经统一，一切制度文物都归一律。二、政权完全统一，并且操于皇帝一人之手。从此以后，皇帝就是国家，国家就是皇帝。这种政治的独裁在战国时已很明显。只因那时列国并立，诸王不得不对文人政客有相当的敬礼与牢笼。现在皇帝不只不再需要敬畏政客文人，并且极需避免他们的操纵捣乱。当初大家虽都"五帝三王""王天下"不离口，但他们并没有梦想到天下真正统一后的情势到底如何。现在他们的理想一旦实现，他们反倒大失所望，认为还是列国并立的局面对他们有利。同时六国的王孙遗臣也很自然地希望推翻秦帝，恢复旧日的地方自由。所以文人政客个人自由的欲望与六国遗人地方独立的欲望两相混合，可说是亡秦的主要势力。焚书坑儒就是秦始皇对付反动的文人政客的方法。张良与高渐离[①]可代表六国遗人力谋恢复的企图。在历史上，第一个统一的伟人或朝代似乎总

① 《史记》：《留侯世家》《刺客列传》。

是敌不过旧势力的反动，总是失败的。统一地中海世界的凯撒为旧党所刺杀，西方的天下又经过十几年的大乱才又统一。统一中国的秦朝也遭同样的命运。一度大乱之后，汉朝出现，天下才最后真正统一。

秦亡的代价非常重大。秦朝代表有传统政治经验与政治习惯的古国，方才一统的天下极需善政，正需要有政治经验习惯的统治者。并且秦国的政治在七国中最为优美，是战国时的人已经承认的①。反动的势力把秦推翻，结果而有布衣天子的汉室出现。汉高是大流氓，一般佐命的人多为无政治经验的流氓小吏出身。所以天下又经过六十年的混乱方才真正安定下去。到汉武帝时（西前一四○至八七）政治才又略具规模，汉室的政治训练才算成熟。

五

汉室的成立是天下统一必然性的又一明证。楚汉竞争的时期形式上是又恢复了战国时代列国并立的局面，义帝只是昙花一现的傀儡。项羽灭后，在理论上除汉以外还有许多别的国，不过是汉的与国而已，并非都是属国。但列国居然与汉王上表劝进：

> 楚王韩信，韩王信，淮南王英布，梁王彭越，故衡山王吴芮，赵王张敖，燕王臧荼，昧死再拜言，大王陛下！先时秦为亡道，天下诛之。大王先得秦，王定关中，于天下功最多。存亡定危，救败继绝，以安万民，功盛德厚。又加惠于诸侯王有功者，使得立社稷。地分已定，而位号比拟，亡上下之分；大王功德之著于后世不宣。昧死再拜上皇帝尊号！②

细想起来，这个劝进表殊不可解。这是一群王自动公认另一王为帝，正与五十年前鲁仲连所反对的帝秦议性质相同。我们即或承认这是诸王受汉王暗示所上的表，事情仍属奇异。各人起兵时本是以恢复六国推翻秦帝为口号。现在秦帝已经推翻，六国也可说已经恢复，问题已经解决，天下从此可以太平无事；最少列国相互间可以再随意战争，自由捣乱，不受任何外力的拘束。谁料一帝方倒，他们就又另外自立一帝。即或有汉王的暗示，当时汉王绝无实力勉强诸王接受他的暗示。所以无论内幕如何，我们仍可说这个劝进表是出于自动的，最少不是与诸王的意见相反的。这最足以证明当时的人都感觉到一统是解决天

---

① 《荀子·强国篇》。
② 《汉书·高帝纪下》。

下问题的唯一方法，除此之外，并无第二条出路。第二条路是死路，就是无止期的战乱。从此以后，中国的历史只有这两条路可走：可说不是民不聊生的战国，就是一人独裁的秦汉。永远一治一乱循环不已。

汉室虽是平民出身，皇帝的尊严并不因之减少，反而日趋神秘。秦汉都采用当初齐国人的宣传，行封禅，并按五德终始说自定受命之德。[①]皇帝的地位日愈崇高，日愈神秘，到汉代皇帝不只是政治的独裁元首，并且天下公然变成他个人的私产。未央宫造成之后（西前一九八），

> 高祖大朝诸侯群臣，置酒未央前殿。高祖奉玉卮，起为太上皇寿曰："始大人常以臣无赖，不能治产业，不如仲力。今某之业，所就孰与仲多？夕殿上群臣皆呼万岁，大笑为乐。"[②]

由此可见皇帝视天下为私产，臣民亦承认天下为其私产而不以为怪，反呼万岁，大笑为乐。这与战国时代孟子所倡的民贵社稷次君轻的思想，及春秋时代以君为守社稷的人而非社稷的私有者的见解是两种完全不同的政治空气。

> 哀帝（西前六一至一）宠董贤，酒醉后（西前一年），从容视贤笑曰："吾欲法尧禅舜何如？"，

中常侍王闳反对：

> 天下乃高皇帝天下，非陛下之有也。陛下承宗庙，当传子孙于亡穷。统业至重，天子亡戏言！[③]

皇帝看天下为自己的私产，可私相授受。臣下认天下为皇室的家产，不可当作儿戏。两种观点虽不完全相同，性质却一样，没有人认为一般臣民或臣民中任何一部分对天下的命运有支配的权力。

天下为皇帝的私产，寄生于皇帝私产上的人民当然就都是他的奴婢臣妾。奴婢虽或有高低，但都是奴婢；由尊贵无比的皇帝看来，奴婢间的等级分别可说是不存在的。最贵的丞相与无立锥之地的小民在皇帝前是同样的卑微，并无高下之分。当时的人并非不知道这种新的现象。贾谊对此有极沉痛的陈述：

---

① 《史记·封禅书》，《汉书·郊祀志》。
② 《史记·高祖本纪》。
③ 《汉书》卷十一《哀帝纪》，卷九三《董贤传》。

人主之尊譬如堂，群臣如陛，众庶如地。故陛九级上，廉远地，则堂高。陛无级，廉近地，则堂卑。高者难攀，卑者易陵，理势然也，故古者圣王制为等列，内有公卿大夫士，外有公侯伯子男，然后有官师小吏，延及庶人。等级分明，而天子加焉，故其尊不可及也。里谚曰："欲投鼠而忌器。"

此善论也。鼠近于器，尚惮不投，恐伤其器，况于贵臣之近主乎？廉耻节礼以治君子，故有赐死而亡戮辱。是以黥劓之罪不及大夫，以其离主上不远也。

礼不敢齿君之路马，蹴其刍者有罚。见君之几杖则起，像君之乘车则下，入正门则趋。君之宠臣虽或有过，刑戮之罪不加其身者，尊君之故也。此所以为主上豫远不敬也，所以体貌大臣而厉其节也。今自王侯三公之贵，皆天子之所改容而礼之也，古天子之所谓伯父、伯舅也，而今与众庶同黥劓髡刖笞弃市之法，然则堂不亡陛乎，被戮辱者不泰迫乎？廉耻不行，大臣无乃握重权，大官而有徒隶亡耻之心乎？夫望夷之事，二世见当以重法者，投鼠而不忌器之习也。臣闻之，履虽鲜不加于枕，冠虽敝不以苴履。夫尝已在贵宠之位，天子改容而体貌之矣，吏民尝俯伏以敬畏之矣；今而有过，帝令废之可也，退之可也，赐之死可也，灭之可也。若夫束缚之，系绁之，输之司寇，编之徒官，司寇小吏詈骂而榜笞之，殆非所以令众庶见也。夫卑贱者习知尊贵者之一旦吾亦乃可以加此也，非所以习天下也，非尊尊贵贵之化也。夫天子之所尝敬，众庶之所尝宠，死而死耳，贱人安宜得如此而顿辱之哉？[①]

当时因为丞相绛侯周勃被告谋反，收狱严治，最后证明为诬告，方才释出。这件事（西前一七六）是贾谊发牢骚的引线。贾谊对于这种事实认得很清楚，但对它的意义并未明了。他所用的比喻也不妥当。皇帝的堂并不因没有陛级而降低，他的堂实在是一座万丈高台，臣民都俯伏在台下。皇帝的地位较前提高，臣民的地位较前降低，贾谊所说的古代与汉代的分别，实在就是阶级政治与个人政治的分别。先秦君主对于大臣的尊敬是因为大臣属于特殊的权利阶级。阶级有相当的势力，不是君主所能随意支配。到秦汉时代真正的特权阶级已完全消灭，人民虽富贵贫贱不同，但没有一个人是属于一个有法律或政治保障的固定权利阶级的。由此点看，战国时代可说是一个过渡时代。在性质上，战国时

① 《汉书》卷四八《贾谊传》。

代已演化到君国独裁的个人政治的阶段。但一方面因为春秋时代的传统残余，一方面因为列国竞争下人才的居奇，所以君主对臣下仍有相当的敬意。但这种尊敬只能说是手段，并不是分所当然的事。秦汉统一，情势大变，君主无需再存客气，天下万民的生命财产在皇帝前都无保障。由人类开化以来，古有阶级分明的权利政治与全民平等的独裁政治，此外，除于理想家的想象中，人类并未发现第三种可能的政治。一切宪法的歧异与政体的花样不过都是门面与装饰品而已。换句话说，政治社会生活总逃不出多数（平民）为少数（特权阶级）所统治或全体人民为一人所统治的两种方式。至于孰好孰坏，只能让理想家去解决。

皇帝既然如此崇高，臣民既然如此卑微，两者几乎可说不属于同一物类。臣民若属人类，皇帝就必属神类。汉代的皇帝以至后妃都立庙祭祀。高帝时令诸侯王国京都皆立太上皇庙。[①]高帝死后惠帝令郡国诸侯各立高祖庙，以岁时祠。[②]惠帝尊高祖庙为太祖庙，景帝尊文帝庙为太宗庙，行所尝幸郡国各立太祖太宗庙。宣帝又尊武帝庙为世宗庙，行所巡狩皆立世宗庙。至西汉末年，祖宗庙在六十八郡国中共一百六十七所。长安自高祖至宣帝以及太上皇悼皇考（宣帝父）各自居陵立庙旁，与郡国庙合为一百七十六所。又园中各有寝便殿。日祭于寝，月祭于庙，时祭于便殿。寝，每日上食四次。庙，每年祭祀二十五次。便殿，每年祠四次。此外又有皇后太子庙三十所。总计每岁的祭祀，上食二万四千四百五十五份，用卫士四万五千一百二十九人，祝宰乐人一万二千一百四十七人。[③]皇帝皇室的神化可谓达于极点！

不只已死的皇帝为神，皇帝生时已经成神，各自立庙，使人崇拜。文帝自立庙，称顾成庙。景帝自立庙，为德阳。武帝生庙为龙渊，昭帝生庙为徘徊，宣帝生庙为乐游，元帝生庙为长寿，成帝生庙为阳池。[④]

皇帝皇室的庙不只多，并且祭祀的礼节也非常繁重，连专司宗庙的官往往也弄不清，因而获罪。[⑤]繁重的详情已不可考，但由上列的统计数目也可想见一个大概。这种神化政策，当时很遭反对。详情我们虽然不知，反对的人大概不是儒家根据古礼而反对，就是一般人不愿拿人当神看待而反对。所以"高后

---

① 《汉书》卷七三《韦玄成传》。

② 《史记·高祖本纪》。

③ 《汉书》卷七三《韦玄成传》。

④ 《汉书·文帝纪》四年注。

⑤ 《汉书》卷七三《韦玄成传》。

时患臣下妄，非议先帝宗庙寝园官，故定著令，敢有擅议者弃市"。①这种严厉的禁令直到元帝毁庙时方才取消。

这种生时立庙遍地立庙的现象，当然是一种政策，与宗教本身关系甚少。古代的政治社会完全崩溃，皇帝是新局面下唯一维系天下的势力。没有真正阶级分别的民众必定是一盘散沙，团结力日渐减少以至于消灭。命定论变成人心普遍的信仰，富贵贫贱都听天命，算命看相升到哲学的地位。②这样的民族是最自私自利、最不进取的。别人的痛苦与自己无关，团体的利害更无人顾及，一切都由命去摆布。像墨子那样极力非命的积极人生观已经消灭，现在只有消极怠惰的放任主义。汉代兵制之由半征兵制而募兵制，由募兵以至于无兵而专靠羌胡兵，③是人民日渐散漫，自私自利心发达，命定论胜利的铁证。现在只剩皇帝一人为民众间的唯一连〔链〕锁，并且民众间是离心力日盛、向心力日衰的，所以连〔链〕锁必须非常坚强才能胜任。以皇帝为神，甚至生时即为神，就是加强他的维系力的方法。天下如此之大，而皇帝只有一人，所以皇帝皇室的庙布满各地是震慑人心的一个巧妙办法。经过西汉二百年的训练，一般人民对于皇帝的态度真与敬鬼神的心理相同。皇帝的崇拜根深蒂固，经过长期的锻炼，单一的连〔链〕锁已成纯钢，内在的势力绝无把它折断的可能。若无外力的强烈压迫，这种皇帝政治是永久不变的。

不过这种制度不是皇帝一人所能建立，多数人民如果反对，他必难成功。但这些消极的人民即或不拥护，最少也都默认。五德终始说与封禅主义是一种历史定命论。到汉代这种信仰的势力愈大，大家也都感觉到别无办法，只有拥戴一个独裁的皇帝是无办法中的办法。他们可说都自愿地认皇帝为天命的统治者。后代真龙天子与《推背图》的信仰由汉代的谶纬都可看出。④所以皇帝的制度可说是由皇帝的积极建设与人民的消极拥护所造成的。

六

到西汉末年，繁重不堪的立庙制度已无存在的必要，因为它的目的已经达

---

① 《汉书》卷七三《韦玄成传》。

② 王充《论衡》：《逢遇篇》《累害篇》《命禄篇》《偶会篇》《治期篇》《命义篇》《骨相篇》《初禀篇》。王符《潜夫论》：《正列篇》《相列篇》。荀悦《申鉴·俗嫌篇》。

③ 《汉书·高帝纪下》注，《昭帝纪》注。《后汉书·光武帝纪下》建武七年正文及注，卷五三《窦宪传》。

④ 《汉书·王莽传》，《后汉书·光武帝纪》。

到。况且儒家对于宗庙本有定制，虽有汉初的严厉禁令，儒家对这完全不合古礼的庙制终久必提出抗议。所以元帝时（西前四八至三三）贡禹就提议：

> 古者天子七庙。今孝惠孝景庙皆亲尽宜毁。及郡国庙不应古礼，宜正定。①

永光四年（西前四○）元帝下诏，先议罢郡国庙：

> 朕闻明王之御世也，遭时为法，因事制宜。往者天下初定，远方未宾，因尝所亲以立宗庙。盖建威销萌，一民之至权也。今赖天地之灵，宗庙之福，四方同轨，蛮貊贡职；久遵而不定，令疏远卑贱共承尊祀，殆非皇天祖宗之意。朕甚惧焉！传不云乎："吾不与祭，如不祭。"其与将军列侯中二千石诸大夫博士议郎议！②

由这道诏命我们可见当初的广建宗庙是一种提高巩固帝权的方策，并且这种方策到西前四○年左右大致已经成功，已没有继续维持的必要。诸臣计议，大多主张废除，遂罢郡国庙及皇后太子庙。同年又下诏议京师亲庙制。大臣议论纷纷，莫衷一是，此事遂暂停顿。此后二年间（西前三九至三八）经过往返论议，宗庙大事整理，一部分废罢，大致遵古代儒家所倡的宗庙昭穆制。③

毁庙之后，元帝又怕祖宗震怒，后来（西前三四）果然生病，"梦祖宗谴罢郡国庙"，并且皇弟楚孝王所梦相同。丞相匡衡虽向祖宗哀祷，并愿独负一切毁庙的责任，元帝仍是不见痊可。结果二年间（西前三四至三三）把所废的庙又大多恢复，只有郡国庙废罢仍旧。元帝一病不起（西前三三），所恢复的庙又毁。④自此以后，或罢或复，至西汉末不定。⑤但郡国庙总未恢复。

光武中兴，因为中间经过王莽的新朝，一切汉制多无形消灭。东汉时代，除西京原有之高祖庙外，在东京另立高庙。此外别无他庙，西汉诸帝都合祭于高庙。光武崩后，明帝为在东京立庙，号为世祖庙。此后东汉诸帝未另立庙，只藏神主于世祖庙。所以东汉宗庙制可说较儒家所传的古礼尚为简。⑥

这种简单的庙制，正如上面所说，证明当初的政策已经成功，皇帝的地位

---

① 《汉书》卷七十三《韦玄成传》。
② 《汉书》卷七十三《韦玄成传》。
③ 详情见《汉书》卷九《元帝纪》及《韦玄成传》。
④ 《汉书》卷九《元帝纪》及《韦玄成传》。
⑤ 《汉书》卷二十五下《郊祀志下》。
⑥ 《后汉书》卷十九《祭祀志下》。

已无摇撼的危险。在一般人心理中，皇帝真与神明无异，所以繁复的祭祀反倒不再需要。因为皇帝的制度已经确定稳固，所以皇帝本人的智愚或皇朝地位的强弱反倒是无关紧要的事。和帝（西元八九至一〇五）并非英明的皇帝，当时外戚宦官已开始活跃，汉室以至中国的大崩溃也见萌芽，适逢外戚窦宪利用羌胡兵击破北匈奴，为大将军，威震天下。当时一般官僚自尚书以下"议欲拜之，伏称万岁"，只有尚书令韩棱正色反对：

> "夫上交不谄，下交不黩。礼无人臣称万岁之制！"议者皆惭而止。"①

这虽是小掌故，最可指出皇帝的地位已经崇高到如何的程度。"万岁"或"万寿"本是古代任人可用的敬祝词，《诗经》中极为普通。汉代对于与皇帝有关的事物，虽有种种的专名，②一如秦始皇所定的"朕"之类，但从未定"万岁"为对皇帝的专用颂词。所以韩棱所谓"礼无人臣称万岁之制"实在没有根据，然而"议者皆惭而止"，可见当时一般的心理以为凡是过于崇高的名词只能适用于皇帝，他人不得僭妄擅用。礼制有否明文并无关系。

此后二千年间皇帝个人或各朝的命运与盛衰虽各不同，然而皇帝的制度始终未变。汉末、魏晋南北朝时代皇帝实权削弱，隋唐复盛，宋以下皇帝的地位更为尊崇。到明代以下人民与皇帝真可说是两种物类了，不只皇帝自己是神，通俗小说中甚至认为皇帝有封奇人或妖物为神的能力。这虽是平民的迷信，却是由秦汉所建立的神化皇帝制度产生出来的，并非偶然。这也或者是人民散漫的程度逐代加深的证据。不过这些都是程度深浅的身外问题，皇帝制度本身到西汉末年可说已经完全成立，制度的本质与特性永未变更。

（原载清华大学《清华学报》第 9 卷第 4 期，1934 年 10 月）

---

① 《后汉书》卷七十五《韩棱传》。
② 蔡邕《独断》。

中国的兵

历代史家关于兵的记载多偏于制度方面，对于兵的精神反不十分注意。本文范围以内的兵的制度，《文献通考》一类的书已经叙述甚详。所以作者的主要目的是要在零散材料的许可范围内看看由春秋时代到东汉末年当兵的是什么人，兵的纪律怎样，兵的风气怎样，兵的心理怎样；至于制度的变迁不过附带论及，因为那只是这种精神情况的格架，本身并无足轻重。作者相信这是明了民族盛衰的一个方法。

一　春秋

西周的兵制无从稽考，后世理想的记载不足为凭。但西周若与其他民族的封建时代没有大的差别，那时一定是所有的贵族（士）男子都当兵，一般平民不当兵，即或当兵也是极少数，并且是处在不重要的地位。

关于春秋时代，虽有《左传》《国语》内容比较丰富的史籍，我们对于当时的兵制仍是不知清楚。只有齐国在管仲时期的军制，我们可由《国语》中①得知梗概，其他各国的情形都非常模糊。按《国语》：

> 管子于是制国以为二十一乡，工商之乡六，士乡十五。公帅五乡焉，国子帅五乡焉，高子帅五乡焉。

这段简单的记载有一点可以注意，就是工商人没有军事义务，因为只有十五个士乡的人才当兵。这些"士"大概都是世袭的贵族，历来是以战争为主要职务的。这个军队的组织与行政组织是二位一体的。行政的划分如下：

（一）国分十五乡——由乡良人治理；

（二）乡分十连——由连长治理；

（三）连分四里——由里有司治理；

（四）里分十轨——由轨长治理；

（五）每轨五家。

与这个行政划分并行的是管仲所制定的军政制度：

（一）每轨五家，出五人——五人为伍，由轨长统率；

（二）每里五十人——五十人为小戎，即戎车一乘，由里有司统率；

（三）每连二百人——二百人为卒，合戎车四乘，由连长统率；

（四）每乡二千人——二千人为旅，合戎车四十乘，由乡良人统率；

（五）每五乡万人——万人为军，合戎车二百乘；

（六）全国十五乡共三万人——全国三军，戎车六百乘，由国君、国子、高子分别统率。

这是"国"的军队，是由三万家出三万人组织而成。所谓"国"是指京都与附近的地方，只占全国的一小部分。"国"中的居民除工商外，都是世袭的"士"，并无农民。工商直到齐桓公时（西前六八五至六四三年）仍无当兵的义务。农民当初有否这种义务虽不可考，管仲变法之后却有了当兵的责任；但并不是全体农民当兵，而是拣择其中的优秀分子。据《国语》：

> 是故农之子恒为农。野处而不暱，其秀民之能为士者必足赖也。有司见而不告，其罪五。

可见选择农民中的特出人才"能为士者"是有司的一项重要任务。

---

① 《国语》卷六《齐语》。

"国"以外的地方统称为"鄙"，一定有"士"散处各处，但鄙中多数的人当然是人口中绝对多数的农民。管仲所定的鄙组织法如下：

（一）三十家为邑；

（二）十邑为卒——三百家；

（三）十卒为乡——三千家；

（四）三乡为县——九千家；

（五）十县为属——九万家；

（六）鄙共五属——四十五万家。

国中每家出一人，鄙中却不如此；既然规定选择农民中优秀的为士，当然不能有固定的数目。但《国语》中说齐桓公有"革车八百乘"，而"国"中实际只有六百乘；其余二百乘，合一万人，似乎是鄙所出的兵额。这若不是实数，最少是管仲所定的标准。假定四十五万家中有四十五万壮丁，由其中选择一万人，等于每四十五人出一人当兵。①所以春秋时代的齐国仍是士族全体当兵，但农民中已有少数由法律规定也有入伍的责任。

别国的情形如何，不得而知。但在同一个文化区域内，各种的发展普通都是一致的，春秋时代各国的情形大概都与齐国相仿。关于秦穆公（西前六五九至六二一年）战国时代有如下的一个传说：

> 昔有秦缪公乘马而车为败，右服失而埜人取之。见埜人方将食之于岐山之阳，缪公叹曰：'食骏马之肉而不还饮酒，余恐其伤汝也！'于是遍饮而去。处一年，为韩原之战，晋人已环缪公之车矣……埜人尝食马肉于岐山之阳者三百有余人，毕力为穆公疾斗于车下。遂大克晋，反获惠公以归。②

这虽是很晚的传说，但《吕氏春秋》是秦国的作品，关于秦国先君的记载或者不至全为虚构。由这个故事我们可见韩原一战秦国军队中最少有三百个平

---

① 这些数目当然都是大概的成数，并不是精确的实数，但离实数似乎并不甚远。鄙中四十五万家，每家若按五口计算，共合二百二十五万人；若按八口计算，共合三百六十万人。至于国中人多半是士族，行大家族制，所谓三万家的"家"字不知何指。但与鄙相较，国在人口数目上可说无足轻重，我们仍可说三百六十万是齐桓公时齐国人口的最高估计。近代中国人口骤然增加，是与西洋接触后的变态现象，不足为比较的标准。经过满清一百五十年的太平盛世，乾隆晚年的人口大概可代表中国历代人口的最密限度。按清朝《文献通考》卷十九《户口考一》，乾隆四十八年（此后没有分省的统计）山东人口为二千二百零一万二千六百六十一人。这虽也是大概的数目，但自康熙废了人丁税之后人口的统计还大致可靠。这个数目与三百六十万为六与一之比，与二百二十五万为十与一之比。桓公时齐国的领土界线不清，但离今日山东面积的六分之一或者相差不远。即或当时的人口比较后代稀少，《国语》中的记载也是事实大致相合。

② 《吕氏春秋》卷八《仲秋纪》第五《爱士篇》。

民出身的兵。

春秋时代虽已有平民当兵，但兵的主体仍是士族。所以春秋时代的军队仍可说是贵族阶级的军队。因为是贵族的，所以仍为传统封建贵族的侠义精神所支配。封建制度所造成的贵族，男子都以当兵为职务，为荣誉，为乐趣。不能当兵是莫大的羞耻。我们看《左传》《国语》中的人物由上到下没有一个不上阵的，没有一个不能上阵的，没有一个不乐意上阵的。国君往往亲自出战，所以晋惠公才遇到被虏的厄难。国君的弟兄子侄也都习武，并且从极幼小时就练习。如晋悼公弟扬干最多不过十五六岁就入伍，因为年纪太小，以致扰乱行伍。①连天子之尊也亲自出征，甚至在阵上受伤。如周桓王亲率诸侯伐郑，当场中箭。②此外，春秋各国上由首相，下至一般士族子弟，都踊跃入伍。当兵不是下贱的事，乃是社会上层阶级的荣誉职务。战术或者仍很幼稚，但军心的旺盛是无问题的。一般的说来，当时的人毫无畏死的心理；在整部的《左传》中，我们找不到一个因胆怯而临阵脱逃的人。当时的人可说没有文武的分别。士族子弟自幼都受文武两方面的训练。少数的史筮专司国家的文书宗教职务，似乎不亲自上阵。但他们也都是士族出身，幼年时必也受过武事的训练，不过因专门职务的关系不便当兵而已。即如春秋末期专门提倡文教的孔子也知武事。《论语·述而篇》记孔子"钓而不纲，弋不射宿"，可见孔子也会射猎，并不像后世白面书生的手无缚鸡之力。又《论语·季氏篇》，孔子讲"君子有三戒"说："血气方刚，戒之在斗。"孔子此地所讲的"君子"似乎不只是阶级的，也是伦理的，就是"有德者"如孔子弟子一类的人。他们要"戒之在斗"，必有"斗"的技艺与勇气，不像后世的文人只会打笔墨官司与研究骂人的艺术。

二　战国

战国初期文化的各方面都起了绝大的变化。可惜关于这个时代，史料非常缺乏。《左传》《国语》都已结束；《战国策》本身即不可靠，对战国初期又多缺略；《竹书纪年》真本后世愚妄的士大夫又眼看着它失传。所以这个轰轰烈烈的革命时代使后来研究的人感到极大的苦闷。我们由《史记》中粗枝大叶的记载，只能知道那一百年间（约西前四七〇至三七〇年间）曾有几个政治革命，革命的结果是，国君都成了专制统一的绝对君主，旧的贵族失去春秋时代仍然残留

①《左传》襄公三年。当时悼公自己年只十七岁，扬干幼小可知。
②《左传》桓公五年。

的一些封建权利。同时在春秋时代已经兴起但仍然幼稚的工商业①到春秋末战国初的期间已进入政治的领域。范蠡②与子贡、白圭③诸人的传说可代表此时商业的发达与商人地位的提高。

传统的贵族政治与贵族社会都被推翻，代兴的是国君的专制政治与贵贱不分最少在名义上平等的社会。在这种演变中旧的文物当然不能继续维持，春秋时代全体贵族文武两兼的教育制度无形破裂，所有的人现在都要靠自己的努力与运气去谋求政治上与社会上的优越地位。文武的分离开始出现。张仪的故事可代表典型的新兴文人：

> 张仪已学而游说诸侯，尝从楚相饮。已而楚相亡璧，门下意张仪曰："仪贫无行，必此盗相君之璧！"夕共执张仪，掠笞数百。不服，释之。"其妻曰："嘻！子毋读书游说，安得此辱乎？"夕张仪谓其妻曰："视吾舌尚在不？"其妻笑曰："舌在也。"仪曰："足矣！"④

这种人只有三寸之舌为唯一的法宝，凭着读书所学的一些理论去游说人君。运气好，可谋得卿相的地位；运气坏，可受辱挨打。他们并无军事的知识，个人恐怕也无自卫的武技，完全是文人。

另外一种人就专习武技，并又私淑古代封建贵族所倡导的侠义精神。聂政⑤与荆轲⑥的故事最足以表现这种精神。他们虽学了旧贵族的武艺与外表的精神，但旧贵族所代表的文化已成过去。旧贵族用他们文武兼备的才能去维持一种政治社会的制度，他们有他们的特殊主张，并不滥用他们的才能。他们主要的目的，在国内是要维持贵族政治与贵族社会，在天下是要维持国际的均势局面。这些新的侠士并无固定的主张，谁出高价就为谁尽力，甚至卖命，也正如文人求主而事只求自己的私利一样。列国的君王也就利用这些无固定主张的人去实现君王自己的目的，就是统一天下。历史已发展到一个极紧张的阶段，兵制也很自然地扩张到极端的限度。

---

① 《国语》卷一四《晋语八》提到"绛之富商……能金玉其车，文错其服，能行诸侯之贿，而无寻尺之禄"。可见春秋时已有富商，但在政治上尚无地位。《左传》僖公三十三年，商人弦高救郑的故事，也是春秋时代有大规模商业的一个证据。

② 《史记》卷四一《越王勾践世家》。

③ 《史记》卷一二九《货殖列传》。

④ 《史记》卷七〇《张仪传》。

⑤ 《战国策》卷二七《韩策二》。

⑥ 《战国策》卷三一《燕策三》。

可惜关于战国时代没有一部像《左传》或《国语》的史籍，以致时代虽然较晚，我们对于那时的政治史与政治制度反不如春秋时代知道的清楚。各国似乎都行军国主义；虽不见得人人当兵，最少国家设法鼓励每个男子去当兵。关于这种近乎征兵的制度，只《荀子》中有一段极简略而不清楚的记载：

> 齐人隆技击，其技也得一首者则赐赎锱金。……魏氏之武卒以度取之，衣三属之甲，操十二石之弩，负服矢五十个，置戈其上，冠（革由）带剑，赢三日之粮，日中而趋百里。中试则复其户，利其田宅。……秦人其生民也陿院，其使民也酷烈，劫之以执，隐之以院，忸之以庆赏，鳍之以刑罚，使天下之民所以要利于上者非斗无由也。[1]

这是一段战国时代好空谈的儒家的记载，对于军事并无同情，所以记载的也不清楚。但看来秦国似乎是行全民皆兵的制度，齐魏两国最少希望为多数的人民都能当兵，定出一定的标准，以重利为诱惑，驱使多数人都努力去达到规定的标准。

战国时代的战争非常惨酷。春秋时代的战争由贵族包办，多少具有一些游戏的性质。我们看《左传》中每次战争都有各种的繁文缛礼，杀戮并不甚多，战争并不以杀伤为事，也不以灭国为目的，只求维持国际势力的均衡。到战国时代，情形大变，战争的目的在乎攻灭对方，所以各国都极力奖励战杀，对俘虏甚至降卒往往大批的坑杀，以便早日达到消灭对方势力的地步。吴越之争是春秋末年的长期大战，也可说是第一次的战国战争。[2]前此大国互相之间并无吞并的野心，对小国也多只求服从，不求占领。吴国仍有春秋时代的精神，虽有灭越的机会仍然放过，但伍子胥已极力主张灭越。后来越国就不客气，把横行东南百余年的大吴国一股脑儿吞并。从此之后，这就成为常事。

坑卒与战争时大量的杀伤，据《史记·秦本纪》与《秦始皇本纪》前后共十五次：

（一）献公二十一年，与晋战于石门，斩首六万；

（二）惠文王七年，与魏战，斩首八万；

（三）惠文王后元七年，秦败五国兵，斩首八万二千；

（四）惠文王后元十一年，败韩岸门，斩首万；

（五）惠文王后元十三年，击楚于丹阳，斩首八万；

---

① 《荀子》卷一〇《议兵篇》第一五。
② 《国语》卷一九《吴语》，卷二〇《越语》。

（六）武王四年，拔韩宜阳，斩首六万；

（七）昭襄王六年，伐楚，斩首二万；

（八）昭襄王十四年，白起攻韩魏于伊阙，斩首二十四万；

（九）昭襄王三十三年，破魏，斩首十五万；

（十）昭襄王四十三年，白起攻韩，斩首五万；

（十一）昭襄王四十七年，白起破赵于长平，坑降卒四十余万；

（十二）昭襄王五十年，攻三晋，斩首六千，晋军走死河中二万；

（十三）昭襄王五十一年，攻韩，斩首四万；攻赵，首虏九万；

（十四）王政二年，攻卷，斩首三万；

（十五）王政十三年，攻赵，斩首十万。

《秦本纪》与《秦始皇本纪》是太史公根据《秦纪》所作，事实大致可靠。其中所记都是秦国战胜后的杀伤数目。此外秦国失利甚至战胜时的死伤并未记载，其他六国相互间的战争当然杀伤也很可观。这是各国都全民武装的自然结果。斩首与大规模的坑杀成为常事，无人认为奇怪。

后代的人对于战国时代斩首数目的宏大，尤其对于坑杀至数十万人的惊人事实，往往不肯置信。这可说都是因为后代不善战、不肯战的文人不能想象历史上会有这种惨酷的时代。秦国以斩首多少定功行赏，斩首的数目不会有误。别国恐怕也采同样的办法。我们不可忘记这是一个列国拼命的时代，战争的目的是要彻底消灭对方的抵抗力。战争都是灭国的战争，为达到灭国的目的，任何手段都可采择。这是一个文化区域将要统一时的必有现象。罗马与迦太基的死战是古代地中海文化区将要统一时的大战。迦太基是当时的大国，但三战之后罗马不只灭了迦太基的国家，并且连它的人民也大多屠戮。这是有可靠的史料可凭的史实。可惜战国时代完全可凭的材料太少，但关于政治史与战争史，《秦本纪》与《秦始皇本纪》还算是最可靠的资料，我们没有否认的理由。

这种紧张的空气当然是不易忍受的。厌战的心理与军国主义相偕并进。墨子宋钘一班人的奔走和平，不过是最惹当时与后世注意的厌战表现。一般的人民，虽然受暗示与群众心理以及国家威胁利诱的支配，或者多数乐意入伍，但必有少数是不愿参加这种屠宰场式的战争的。这种平民的呼声当然难以传到后代，但并非全无痕迹可寻。关于吴起有如下的一段记载：

> 起之为将，与士卒最下者同衣食，卧不设席，行不骑乘，亲裹赢粮，
> 与士卒分劳苦。卒有病疽者，起为吮之。卒母闻而哭之。人曰："子，卒也，

而将军自吮其疽。何哭为？"母曰："非然也！往年吴公吮其父，其父战不旋踵，遂死于敌。吴公今又吮其子，妾不知其死所矣！①"

可见在战国的死拼局势下当权的人想尽方法去鼓励人民善战，战死的特别多，整个家庭绝灭的例一定也不少；民间自然有厌战的心理发生，故事中士卒的老母不过是我们由古籍中所见的一人而已。

总之，战国时代虽是战争极烈，但由军心民气方面看，两种不健全的现象也萌芽于此时：一是上等阶级的文武分离与和平主义的宣传提倡，一是一般人民中厌战心理的渐渐发生。在当时的紧张空气之下，这两种现象好似都不严重，不过是狂曲中陪衬的低音，使正曲益发显得壮烈。但后代军民隔离社会解体的没落局面都孕育在这两种不甚惹人注意的现象中。

三　秦代

秦在战国时代行征兵制，大概是无疑问的。情形特别严重时，甚至连童子也上阵。例如长平之战，秦王亲自到河内，"赐民爵各一级，发年十五以上悉诣长平"②。不过天下一统之后这种制度就不便不加修改而仍全部地实行。前此征兵制是因各国竞争，需要人人当兵。现在天下一家，内战理当消灭，对外也不一定需要天下人都去从军。并且六国虽被武力统一，最少一部分人仍有旧国的留恋，秦始皇对这般人也不敢轻于信任，所以即皇帝位的当年（始皇二十六年，西前二二一年）就大规模地缴械：

> 大酺。收天下兵，聚之咸阳，销以为钟锯，金人十二，重各千石，置廷宫中。③

这几句轻描淡写的文字所讲的是当时一件富有危险性而办理十分敏捷的大事。秦汉时代平时禁止人民聚饮：

> 汉律：三人已上无故群饮，罚金四两。④

汉制多承秦旧，这条汉律一定也是秦时的旧法。秦方并天下，于是就表示

---

① 《史记》卷五六《吴起传》。
② 《史记》卷七三《白起传》。
③ 《史记》卷六《秦始皇本纪》。
④ 《史记》卷一〇《孝文帝本纪》即位之年，《集解》引文颖注。

庆祝，特别许人民随意聚饮。这是很自然的事，人民当然不疑有什么作用。始皇暗中摆布，很容易地就把民间所藏的军械查出没收。虽然全部检出是办不到的事，被没收的一定占很大的部分。因为前此民间都有兵器，并无禁例，所以军械一定都公开地摆列，没有藏匿的需要，检查没收并无困难。

不过有一点《本纪》中没有言明，却是很关重要的事，就是所谓"收天下兵"的"天下"是否也包括秦国旧地在内。按理秦国人民对新局面不致不满意，无需缴械。若秦人也缴械岂非国家就要无兵可用？所以十二铜人与铜器所用的大概都是六国的铜。

但无论如何，天下的重兵都驻在关中，兵士大多必是旧秦国人，此点由秦始皇的驰道政策可以看出。秦始皇并天下的次年，二十七年，就开始治驰道。①驰道的形势，据汉初人的传说：

> 为驰道于天下，东穷燕齐，南极吴楚，江湖之上，濒海之观毕至。道广五十步，三丈而树，筑其外，隐以金椎，树以青松。②

文中"东穷燕齐，南极吴楚"两句话极可注意。只讲东与南，不提西与北，可见所有驰道的路线都以秦，尤其咸阳，为起发点，直达六国的各冲要地，以便秦兵随时能迅速地开出平乱。这证明天下的重兵驻在关中，其他各地只有轻兵镇压，或者只有郡尉所领地方的保安兵，并非正式的军队。始皇相信民间兵器大部没收，又有驰道可任秦兵随时开往各地，六国的旧地不致有大问题发生。若地方有兵驻守，我们很难想见秦二世时各地起兵何以那样容易。

秦代当初要将军队限于秦人，但事实上不免有很大的困难。内战虽已停止，边患并未消灭。并且从前各国分担的边防现在归秦独自担当，同时关中所驻以防六国复起的重兵也不见得比战国末期秦国所需的兵少得许多。所以按始皇原来的计划，一定要有感到兵不足用的一天。尤其四边用兵，与边疆的防戍，规模太大，只靠秦国人决难办到。所以始皇三十三年，

---

① 《史记》卷六《秦始皇本纪》。
② 《汉书》卷五一《贾山传》。这是贾山为汉文帝所作《至言》中的话。贾山年岁不可考，《至言》的年代也无记载，只说在文帝除铸钱令之前。除铸钱令，据《文帝纪》，在五年（西前一七五年），秦亡于西前二〇七年，当中只有三十二年的时间。贾山此时年岁最少当在三十左右，所以他个人必曾亲见秦的驰道。况且汉时的驰道承继秦旧，到文帝时还没有多少改变。所以这种记载，今日看来虽像过于铺张，所讲的却是著者亲见的官道，决非文人空弄笔墨的浮词。

> 发诸尝逋亡人，赘婿，贾人略取陆梁地。①

这里并未说所发的限于秦国，并且秦国逋亡人等恐怕原有当兵的责任，无需特别征发。所以这次所发的一定是天下各地的人。此外还有一个证据：秦二世二年，天下大乱，李斯等谏二世：

> 关东群盗并起，秦发兵诛击，所杀亡甚众，然犹不止。盗多，皆以戍、漕转，作事苦，赋税大也。请且止阿房宫作者，减省四边戍转。②

由此可见边疆戍转是关东大乱的一个重要原因，证明边疆上的兵并不是秦人，至少秦人不占多数。由始皇三十三年取陆梁地所发的人，我们可知戍边人的成分：逋亡人是流民，赘婿都是贫困无赖的人，贾人是抑商政策下所认为卑贱的人。③总而言之，所发的都是社会所认为下流的人。这些下流人大概没有留恋旧国的思想，所以将他们发到边疆并无危险。这是后代只有流民当兵，兵匪不分，军民互相仇视的变态局面的滥觞。同时，良家子弟渐渐不愿当兵恐怕也是秦代不得不发流民的一个原因。檄天下械，征发流民，一方面是与秦有利的政策，一方面恐怕也正合乎一般厌战人民的心理。在这种两便的局面下，古代健全活泼的社会就被断送。

四 楚汉之际

六国遗民的复国思想，秦代用民的过于积极，是秦亡的两个主要原因。各地起兵叛秦的多是乌合之众。例如陈胜起兵的基本队伍就是发遣屯戍渔阳的人，彭越起兵时所领的不过是些强盗与流浪少年，黥布也是强盗头目，郦商是流氓头目。④《史记》中常常讲到这些人到各处"略人""略地"或"徇地"。所谓"略人"云云就是到各处招募流氓的意思。这些初起的都是流氓集团。在起事的人中，只有项羽刘邦两人的兵比较可用。两人起事的地方（沛与会稽）都是战国时代楚国的旧地。楚在战国末期是秦以外最强的国家。各国在亡国的前夕抵

---

① 《史记》卷六《秦始皇本纪》。
② 《史记》卷六《秦始皇本纪》。
③ 秦的重农抑商政策见《秦始皇本纪》二十八年琅邪台刻石文。
④ 《史记》卷四八《陈涉世家》，卷九〇《彭越传》，卷九一《黥布传》，卷九十五《郦商传》。

抗的能力已经消灭。①缘故虽然不很明显，但秦的奖励战杀与大规模坑杀降卒恐怕是使列国的青年与壮丁日愈减少以至抵抗力几乎消灭的重大原因。所以五国最后吞并时，秦国反倒不觉特别费力。只有楚国情形不同。李信当初率二十万人攻楚，为楚所败。后来老将王翦用六十万兵才把楚国解决。②可见楚国仍是一个严重的问题。六国虽都有散兵游勇，恐怕只有楚国余的退伍士卒比较盛多，因为《史记》与《战国策》中都没有亡国时楚国军队为秦国大批屠杀的记载。在以前二三十年间，秦国的兵力多用在北方，无暇顾到楚国，在别国大受痛创时楚国的元气仍得保全。所以楚国虽亡，可能的实力还是很大。"楚虽三户，亡秦必楚"的谶语③意义虽不清楚，必有事实上的根据。当时的人恐怕都觉得只有楚国将来或有翻身的能力，甚或将秦推倒。所以北方起事的军队都不值章邯所领的秦兵一击，只有楚军可与秦兵一拼。太史公将这种情形描写得极为透彻活现：

> 当是时楚兵冠诸侯，诸侯军救巨鹿下者十余壁，莫敢纵兵。及楚击秦，诸将皆从壁上观。楚战士无不一以当十，楚兵呼声动天。诸侯军无不人人惴恐。于是已破秦军，项羽召见诸侯将。诸侯将入辕门，无不膝行而前，莫敢仰视。项羽由是始为诸侯上将军，诸侯皆属焉。④

巨鹿之战虽有善战的项羽为将，但若无比较强悍的兵，也决难与历来有胜无败的秦军相抗。这次战争的结果极为重要。当时秦国最大的一支军队由章邯率领，驻在巨鹿附近的棘原，与项羽有过几次小接触，都不利。但两方大军若背水一战，胜负正不可知。所以项羽虽已击破巨鹿的秦兵，对这支大军能否应付还是问题。章邯若能败项羽，秦朝的寿命或能延长下去也未可知。章邯与项羽的相拒是历史上一个紧要的关头。但最后的结局却是出乎意外的荒谬可笑。因为后方有赵高作祟，章邯于是不经大战就带二十万的劲旅向项羽投降，并为诸军的前导向西攻秦。然而项羽对这支强大的秦军终不敢信任，于是乘夜把它

① 《史记》卷六《秦始皇本纪》及各《世家》。只有齐国在被燕一度占领之后专讲和平主义，最后不抵抗而亡。别国亡时都是抵抗力消灭，并不是有兵而不用。
② 《史记》卷七三《王翦传》。
③ 《史记》卷七《项羽本纪》。范增说项梁："自怀王入秦不返，楚人怜之至今。故楚南公曰：'楚虽三户，亡秦必楚也。'"南公，据《汉书》卷三〇《艺文志》阴阳家有南公三十一篇，自注称南公为"六国时"人。无论这段谶语是否六国时南公所说，也无论当初的意义如何，但到秦统一天下后仍是楚国民间流行的预言，一方面表示楚民的希望，一方面证明楚国人相信自己终有灭秦的一天。这种信仰的事实根据就是在灭亡的六国中只楚国还有相当的实力。
④ 《史记》卷七《项羽本纪》。

全部坑杀。这是战国以来最末次的大批坑杀降卒。这支军队代表当时秦国实力的主体，从此秦的命运不卜可知。同时这支军队又可说是最后的一支国家军队，代表战国时代所遗留下来征兵制度下有训练有组织的正式军队。从此以后，这类的军队在中国历史上就完全绝迹。各地起事的人虽都打着六国的旗号，实际他们谁都不代表，只代表他们自己。军队并不属于任何国家或任何地方，只属于他们自己。此后的军队都是个人的军队。军队的品格纪律战斗力等等都靠主帅一人。主帅若肯忠于国家，他的军队临时就是国家的军队。主帅若要反抗国家，十有八九他的军队是牺牲国家而拥护主帅的。列国并立时所激荡而生的国家主义到统一之后渐渐衰弱。用六国的名义推翻秦朝，可说是旧日国家主义的回光返照。在这次的大混乱中，旧的爱国思想就寿终正寝。汉代虽常有内乱，但决不是由地方爱国思想所推动的内乱。爱国思想本由列国竞争所产生，天下一统之后爱国思想既然源泉枯竭，当然要趋于消灭。同时将当初狭义的爱国观念崇高化，推移到天下一统的大帝国，在理论上当然是可以办到，但实际只有极少数想象力较大信仰心较深知识较广的人或者能了解这种大而无外的理想，大多数人对这种观念根本不发生兴趣。爱国观念中消极的成分较积极的成分浓厚得多。爱国志士与其说是爱本国，不如说是恨别国。恨恶别国，轻视别国，是爱国观念的必需条件；要不然，爱国观念就必渐渐衰弱以至于消灭。秦代与楚汉之际就是中国历史上这种大转变的时期。爱国的观念消灭，爱天下的观念流产，人民渐多不愿入伍，结果就产生了一个麻木昏睡的社会。

五　西汉初期

汉初在理论上又恢复了战国时代流行而秦代临时间断的征兵制。当时力役与军役是同一件事。据董仲舒说：

> 月为更卒，已复为正，一岁屯戍，一岁力役，三十倍于古。①

颜师古注："更卒，谓给郡县一月而更者也。正卒，谓给中都官者也。"

在乡间当差称"更卒"，在中央当差称"正卒"。这些正卒实际恐怕就是保卫京师宫殿以及各官署的卫士。同时在地方当差的，除为地方官署服役外，又是地方的军队：

---

① 《汉书》卷二四上《食货志上》。

《汉仪注》云："民年二十三为正。一岁为卫士，一岁为材官骑士，习射御骑驰战陈。"又曰："年五十六衰老，乃得免为庶民，就田里"。[1]

这种种的力役与军役总称为"更"。更又分三种：

更有三品：有卒更，有践更，有过更。古者正卒无常人，皆当迭为之。一月一更，是谓卒更也。贫者欲得顾更钱者，次直者出钱顾之，月二千，是谓践更也。天下人皆直戍边三日，亦名为更，律所谓繇戍也，虽丞相子亦在戍边之调。不可人人自行三日戍；又行者当自戍三日，不可往便还，因便住，一岁一更。诸不行者出钱三百入官，官以给戍者，是谓过更也。[2]

这显然是事实修改理论的现象。天下统一后无需人民全体当兵，并不是这种新更赋制的主要原因。即或无需全体上阵，在地方受训练是每人可作也是健全社会每人当作的事。现在有践更的规定，一定有许多人根本就不再与军役发生任何的关系。并且这些人既能出雇更钱，多半都是在社会上地位比较高资产比较厚知识也比较深的人。春秋时代是上等社会全体当兵，战国时代除了少数以三寸舌为生的文人外，是全体人民当兵，现在上等社会不服军役而将全部卫国的责任移到贫民甚至无赖流民的肩上。所以汉代称这种制度为"更赋"，其中"更"的成分恐怕很少，"赋"的成分却极重要。"过更"当然完全是一种戍边税；"践更"虽不是直接交纳与国家的一种税，但国家既正式承认有钱者雇无钱者代替当兵，也等于一种税。少数"卒更"的人虽可说是直接尽国民当兵的义务，但实际他们恐怕都是终身当兵的，因为他们自己的期限满了之后就继续受雇"践更"或领饷"过更"。所以汉初在理论上虽仍行征兵制，实际所行的已是募兵制，不过尚未有募兵名义而已。秦代发流民的临时政策到汉代就成了国家法定的制度。

汉高帝出身民间，对一般人民不肯当兵的情形恐怕知道得很清楚。所以他定制度时已默认征兵是不能实行的：

高祖命天下郡国选能引关蹶张材力武猛者，以为轻车，骑士，材官，楼船；常以立秋后讲肄课试，各有员数。平地用车骑，山阻用材官，水泉

---

[1]《汉书》卷一上《高帝纪上》二年，注引如淳说。
[2]《汉书》卷七《昭帝纪》元凤四年，注引如淳说。

用楼船。[①]

文中的"选"字很可注意，"选"实际就是"募"。不过不被选的人要直接纳一种免役税，名义上算是认为大家都有当兵的义务。

汉初的兵力极其微弱。楚汉竞争的劳民伤财只能解释这种情形的一部分。征兵制破裂，募兵制又没有完全成立，兵制不定，组织一个可用的军队恐怕很不容易。同时又逢边疆上有强大的部落集团出现，以致大汉帝国只能守而不能攻。汉高帝虽然统一天下，却被匈奴困于白登，后来贿赂阏氏才得脱险。高帝算是受了一番教训，从此知道匈奴不像项羽一般人那样容易对付，只得委曲求和，行和亲的政策。高帝死后，单于冒顿甚至向吕后下求婚书：

> 孤愤之君生于沮泽之中，长于平野牛马之域，数至边境，愿游中国。陛下独立，孤愤独居；两主不乐，无以自虞。愿以所有，易其所无！

中国虽受了这样大的侮辱，吕后虽然怒不可遏，终不敢向匈奴发兵，只得婉辞谢绝冒顿开玩笑的请求：

> 单于不忘弊邑，赐之以书。弊邑恐惧，退日自图：年老气衰，发齿堕落，行步失度。单于过听，不足以自污。弊邑无罪，宜在见赦！窃有御车二乘，马二驷，以奉常驾。

冒顿还算是好汉，肯认错，回想自己向岳母求婚未免过于无聊，复书向吕后谢罪。后来文、景二帝时中国虽照旧和亲并送重礼，仍不能防止匈奴屡屡寇边，焚杀劫掠。[②]

汉代最后一次壮丁的全部或大部被征发，只限于一个地方，就是七国乱时的吴国。吴王濞下令吴国：

> "寡人年六十二，身自将；少子年十四，亦为士卒先。诸年上与寡人

---

① 《后汉书》卷一下《光武帝纪下》建武七年，注引《汉宫仪》。关于四种军队地理上的分配，史籍中没有清楚的记载。由散乱的材料中可知巴蜀（《汉书》卷一下《高帝纪下》十一年）、三河、颖川、沛郡、淮阳、汝南（《汉书》卷八《宣帝纪》神爵元年）有材官；河东、上党（《汉书》卷三《高后纪》五年）、三辅（《汉书》卷六《武帝纪》征和元年）、金城、陇西、天水、安定、北地、上郡（《汉书》卷八《宣帝纪》神爵元年）有车骑；寻阳（《汉书》卷六四上《严助传》）、桂阳、豫章、零陵（《汉书》卷六《武帝纪》元鼎五年）、会稽（《汉书》卷六四上《朱买臣传》）、齐沿海地（《汉书》卷六《武帝纪》元封二年）有楼船。

② 俱见《汉书》卷九四上《匈奴传上》。

比，下与少子等者，皆发。"发二十余万人。①

吴不只征发壮丁，连老幼的男子凡能勉强上阵的也都发出。除吴外，七国中楚最强，但史籍中没有楚国兵额的记载。这里所谓吴、楚二国就是战国末期楚国的地方，也是秦末唯一兵强的区域。楚汉之争时项羽就是以此地为根据地，并且由垓下楚歌的故事可知项王的士兵大部都是楚人。七国之乱是旧日楚地武力充实的最后表现，以后就长久的寂寞无闻。天下也不再有征发全体男子当兵的现象。

六 汉武帝

到汉武帝时（西前一四○至八七年），兵制上各种不健全的办法都发展成熟，所以武功虽盛，却是建在不稳固的基础之上。因为一般人不肯当兵，②武帝就开始正式募兵。旧日戍边的制度在人心涣散的局面下极难维持，于是屯田的制度成立。募兵与屯兵仍有时感到不足用，就大批的发囚徒，甚至雇用外族人当兵。一方面由于汉初六十年的养息，一方面由于武帝能牢笼人才，在种种的畸形发展下中国历史上居然有空前绝后纯汉族的大帝国出现。

汉初中央有南北军。关于南北军的组织与统制，《汉书》中没有清楚的记载。南北军有多少兵也不可考。在理论上南北军或者是由郡国的人民轮流番上，但实际上恐怕终身当兵的人必定不少。南北军的兵额不见得很大，只够维持京师的治安；国家需用大军时，多半要靠郡国临时调发。这种办法或者可以维持苟安的局面，但若想彻底解决边疆的问题，非另辟途径不可。武帝看到这一点，所以即位后就招募精兵维护京师。第一种称期门，次一等的称羽林。③至于期门羽林从此就代替了当初的南北军，或与南北军并立，或与南北军混合，都不可知。最少由武帝以下南军的名称未再提及，似乎期门、羽林是代替了南军。武帝所选的都是关西六郡（陇西，天水，安定，北地，上郡，西河）的良家子

---

① 《史记》卷一〇六《吴王濞传》。下面吴王告诸侯书又说吴国中有精兵五十万，恐怕是夸大其词的吹嘘。二十万是实数。

② 武帝向西南夷发展，要征发巴蜀的人，许多人宁可自杀而死，也不愿应征！这或者是极端的例子，但也可见出当时的空气。见《汉书》卷五七下《司马相如传下·谕巴蜀檄》。

③ 《汉书》卷一九上《百官公卿表上》。

弟，从此六郡多出名将。[①]期门、羽林专选强健武勇的子弟。例如元帝时甘延寿是北地人，善骑射，为羽林，后升为期门，屡次有功，至于封侯。[②]这虽是较晚的例子，甘延寿却是一个典型的六郡子弟，是以当兵为职业而起家的。

北军的名称武帝以下仍旧。但性质也与以前不同。武帝设置了八校尉：

（一）中垒校尉，掌北军垒门内，外掌西域；

（二）屯骑校尉，掌骑士；

（三）步兵校尉，掌上林苑门屯兵；

（四）越骑校尉，掌越骑；

（五）长水校尉，掌长水、宣曲胡骑；

（六）胡骑校尉，掌池阳胡骑；

（七）射声校尉，掌待诏射声士；

（八）虎贲校尉，掌轻车。[③]

北军的名义虽仍存在，但已被新设的中垒校尉所并。七校统称北军，由中垒校尉总管。中垒校尉同时又掌管西域，所谓北军已不是专卫京师的禁军。至于这七支军队的组成方法，三支外族兵当然是由胡越的降人充当；其他四军的士兵如何招来虽不可考，但由期门羽林的例子与当时人民不肯当兵的风气来看，一定是由招募而来，或者也多是六郡的子弟。这是汉武帝时第一种新的兵力。

汉初戍边的人以一年为期。但这种办法并不妥当，文帝时晁错已见到此点。胡人游牧为生，往来不定，乘虚入寇，边兵防不胜防。中央或邻地发大兵来援，胡寇早已不知去向。所以边兵费的粮饷虽多，效力却微乎其微。戍兵屯边一年，对边情方才熟习，就又调回，新来的兵仍是生手。况且戍边本是苦事，内地人多不愿去。晁错见到这种种困难，于是想出屯田的方法，专用囚犯与奴婢，不足用时再以厚利高爵招致良民。这些边兵兼营农业，可省去国家一大笔军费；都终身甚至世世代代守边，对边情必定熟习，防御边寇的效率必高。文帝听信了晁错的话，开始在边境屯田。[④]但大规模的屯田到武帝时才实行。元狩二年

①《汉书》卷二八下《地理志下》。当然皇帝的鼓励提倡并不是六郡以及整个的西北多出名将的唯一原因，也不见得是最重要的原因。一般在安逸地带的人尚文，甚至文弱；在危险地带的人尚武，甚至粗鲁。汉代外患在西北，西北多出名将是很自然的事。

②《汉书》卷七○《甘延寿传》。

③《汉书》卷一九上《百官公卿表上》。所谓八校尉实际只领有七支军队，因为中垒校尉是总领一切的人，并不是一军的校尉。所以《汉书》卷二三《刑法志》说："至武帝，平百粤，内增七校。"晋灼注认为胡骑不常置，所以称七校，恐怕不妥。七校统称为北军。

④《汉书》卷四九《晁错传》。

（西前一二一年）在西北置武威、酒泉二郡，元鼎六年（西前一一一年）又分两郡地，加置张掖、敦煌二郡，徙民六十万为屯田。①元狩四年（西前一一九年）卫青、霍去病大败匈奴，漠南空虚，自朔方以至令居（甘肃永登）屯田五六万人。开发西域以后，由敦煌至盐泽（吐鲁番西南）又随地置屯亭，远至轮台渠犁（迪化以南）之地都有田卒数百人，有使者校尉负责维持，一方面为汉在西北的驻防军，一方面又可接济中国遣往西域的使臣。②总理西北屯田事务的并有屯田校尉。屯兵是武帝时第二种军力。

武帝时第三种重要的军士就是外国兵。③胡越骑上面已经提到。此外尚有属国骑，是匈奴兵。元狩二年，匈奴昆邪王杀休屠王，带四万人来降，武帝划降地为武威、酒泉郡，并置五属国使匈奴降人居住。④五属国并不设在原地。昆邪王的旧地置为二郡，后又析为四郡，由汉人屯田，渐渐汉化。属国都设在后方，为的是便于控制。五属国就是天水郡的勇士县，安定郡的三水县，上郡的龟兹县，西河郡的美稷县，五原郡的蒲泽县，每属国都有皇帝派的属国都尉治理。⑤这些地方都在匈奴旧地的河南与河南以南的地带，都是原来的汉地或已经汉化的地方。

武帝时第四种军力就是囚徒。发囚徒为兵并不始于武帝。秦二世二年（西前二○八年）陈胜势力澎涨，二世一时来不及调动大军，于是就赦宥骊山修治始皇陵寝的囚徒，由章邯率领去攻陈胜。这是中国历史上第一次用囚徒为兵的例。但这是临时不得已的办法，后来继续发兵，所以章邯部下的主体仍是正式的军队。⑥第二次用囚徒，似乎是在汉高帝十一年（西前一九六年）英布反时。北军三万人与关中巴蜀的材官只足保护关中，不敢出发远方；汉统一天下不过六七年，对国本重地不敢不慎重。高帝不得已，于是"赦天下死罪以下，皆令从军"，才把英布打败。⑦这次也是临时救急的措置。此后八十年间，国家似乎没有再采用这种办法。⑧到武帝大规模向四方发展时，发囚徒才成了固定的政

① 《汉书》卷六《武帝纪》，卷二四下《食货志下》。
② 《汉书》卷九四上《匈奴传上》，卷九六上《西域传序》。
③ 晁错在文帝时已经提议以夷制夷，用降胡当兵。但文帝似乎没有采纳。见《汉书》卷四九《晁错传》。
④ 《汉书》卷六《武帝纪》。
⑤ 《汉书》卷二八下《地理志下》。此外中央又有典属国，或者是属国都尉的上司。据《汉书·百官公卿表上》，典属国是"秦官，掌蛮夷降者"。但秦时似乎没有将降人处在内地的事，典属国的责任恐怕是管理秦所征服的蛮夷土地与人民，并不像汉代的掌理迁处内地的蛮夷。
⑥ 《史记》卷六《秦始皇本纪》。
⑦ 《汉书》卷一下《高帝纪下》。
⑧ 武帝元鼎五年（西前一一二年）才又发囚徒，离高帝十一年有八十四年的工夫。

策。详情容待下面再讲。

由上述的情形我们可得一个结论，就是兵与民隔离的局面已经非常明显。募兵是少数或因喜好冒险、或因受厚赏的诱惑才入伍的人，是一种职业兵。屯兵有的出于强迫（囚徒），有的出于自愿，但到边疆之后就成了永久固定的边军，也是一种职业兵。胡越骑与属国骑是国家雇用的外族，更是以当兵为职业的。囚徒不是职业兵，乃是国家无办法时强迫入伍的，但一经入伍之后恐怕也就成了终身的职业。汉武帝虽然也发郡国的民兵，但这四种职业兵的地位比民兵的地位日趋重要。这四种兵，从兵的身份上说，都不是直接由民间产生的，大半都是民间的流浪分子，甚至外族的浪人。他们既不直接出于民间，与一般的人民自然没有多少情感上的联系。对于国家他们也很难说有多大的忠心，不过皇帝养他们，他们替皇帝卖死就是了。一般的民众处在大致安定的大帝国之内，渐渐都不知兵。这些既不肯卫国又不能自卫的顺民难免要遭流浪集团的军人的轻视。由轻视到侮辱，是很短很自然的一步。同时因为军人多是浪人，所以很容易遭一般清白自守的良民的轻视。不过这种轻视没有武力作后盾，不能直接侮辱军人，只能在言语上诋毁。"好铁不打钉，好汉不当兵"的成语不知起于何时，但这种鄙视军人的心理一定是由汉时开始发生的。

由春秋时代到汉代的发展经过，总括一句，先是军民不分，后来军民分立，最后军民对立。军民对立之下的军队最难驾驭。除粮饷充足外，将才是必不可少的条件。当然任何的军队都需要有才的人率领。但真正的民兵，即或主将不得人，顶多也不过是打败仗，决不至直接祸国殃民。流浪军却非有才将率领不可，否则不止要战败辱国，并且要行动如土匪，甚至公开的变成土匪。汉武帝的伟大时代就建设在这种军力之上。武帝个人缺点虽多，却是认识人才、善用人才的明主。他能从社会各阶级中找出有才的人，并且能尽量用这些人才。我们可将武帝一代的战争列一个表，就可看出他的武功的经纬：[①]

年	对象	兵	将	结果
建元三年 西前一三八	攻闽越，救东瓯	会稽兵	严助（会稽人，家贫，举贤良）	闽越逃走
建元六年 西前一三五	攻闽越，救南越		王恢 韩安国 （梁成安人）	闽越人杀其王郢而降

①《汉书》卷六《武帝纪》，卷五四《李广苏建传》，卷五五《卫青、霍去病传》，卷六一《张骞李广利传》，卷九七上《孝武李夫人传》，卷六四上《严助传》，卷六六《公孙贺传》，卷九〇《王温舒传》《杨仆传》，卷九四上《匈奴传上》，卷九五《西南夷两粤朝鲜传》，卷九六《西域传》。

年	对象	兵	将	结果
元光六年 西前一二九	攻匈奴	四万骑	卫青（私生子，生父为小吏，归生父收养） 公孙敖（北地义渠人） 公孙贺（北地义渠人，祖父守陇西） 李广（陇西良家子，秦将李信后裔，善射）	卫青胜，首虏七百级 公孙敖败，失七千级 公孙贺无攻 李广被虏，逃归
元朔元年 西前一二八	攻匈奴	三万骑	卫青（见上） 李息（北地人）	首虏数千级，降人二十八万，设苍海郡（三年罢）
元朔二年 西前一二七	攻匈奴		卫青（见上） 李息（见上）	首虏二千三百，俘三千人，畜百余万，收河南地置朔方郡、五原郡
元朔五年 西前一二四	攻匈奴	十余万骑，多为车骑	卫青（见上） 李息（见上） 公孙贺（见上） 张次公（河东人） 苏建（杜陵人） 李蔡（李广从弟） 李沮（云中人）	俘虏万五千人，畜百万。
元朔六年春 西前一二三	攻匈奴	十余万骑	卫青（见上） 公孙敖（见上） 公孙贺（见上） 苏建（见上） 李广（见上） 李沮（云中人） 赵信（降汉之匈奴小王）	虏三千级
元朔六年夏 西前一二三	攻匈奴	十余万骑	卫青（见上） 六将军（同前）	卫青大胜，首虏万九千级；李广无功，亡军，独身逃还；赵信败，降匈奴
元狩二年春 西前一二一	攻匈奴	万骑	霍去病（卫青姊私生子）	斩首九千级
元狩二年夏 西前一二一	攻匈奴		霍去病（见上） 公孙敖（见上）	霍去病大捷，斩首三万余，降人二千五百；公孙敖失道
元狩二年夏 西前一二一	攻匈奴	万四千骑	张骞（汉中人） 李广（见上）	张骞后期；李广杀三千人但全军覆没逃归
元狩四年 西前一一九	攻匈奴	十万骑，人民乐从者四万骑，步卒数十万（内有乐从者）	卫青（见上） 霍去病（见上） 公孙敖（见上） 李广（见上） 赵食其（冯翊人）	卫青至漠北，围单于，斩首万九千； 霍去病与左贤王战，斩首俘虏共七万级，漠南空虚； 汉军死者数万，马十四万，所余不满三万； 李广后期自杀；赵食其后期赎死。

续表

年	对象	兵	将	结果
元鼎五年 西前一一二	攻南越及西南夷	天下罪囚，江淮以南楼船，夜郎兵，巴蜀罪人共十万余人	路博德（西河平州人） 杨仆（宜阳人） 越侯严（越降人） 甲（越降人） 越侯遗（越降人）	南越及西南夷皆平，置郡县
元鼎六年 西前一一一	攻西羌	陇西天水安定骑士，中尉卒，河南、河内卒共十万人	李息（见上） 徐自为	平西羌
元鼎六年 西前一一一	攻东越	楼船，步卒	韩说（韩王信后，武帝幸臣） 王温舒（阳陵人，少时为盗） 杨仆（见上）	东越降，迁其民江淮间，东越遂虚
元鼎六年 西前一一一	攻匈奴	二万五千余骑	公孙贺（见上） 赵破奴（太原人，曾居胡中）	出塞两千余里，不见虏而还，遂分置西北四郡，徙民实边
元封元年 西前一一〇	攻匈奴	十八万骑	御驾亲征	匈奴匿漠北，不敢战
元封二年 西前一〇九	攻朝鲜	募天下死罪	杨仆（见上） 荀彘（太原广武人）	朝鲜人斩其王降，以其地为郡县；杨仆失亡多，免为庶人；荀彘争功弃市
元封二年 西前一〇九	平西南夷未服者	巴蜀兵	郭昌（云中人） 卫广	平定其地，以为益州郡
元封六年 西前一〇五	益州昆明反，发兵征讨	赦京师亡命	郭昌（见上）	？
太初元年 西前一〇四	征大宛	发天下谪民恶少年十万左右，属国骑六千	李广利（倡家子）	斩大宛王首，得善马三千，丧师十之八九，至大宛只余三万人，还军时只万人
太初二年 西前一〇三	伐匈奴	二万骑	赵破奴（见上）	赵破奴被掳，全军覆没
天汉二年 西前九九	伐匈奴	三万骑，五千步卒	李广利（见上） 公孙敖（见上） 李陵（广孙，善骑射）	李广利斩首万级，汉兵死约二万；李陵只率步卒五千，杀匈奴万人，最后战败降匈奴，只四百人逃归汉
天汉四年 西前九七	伐匈奴	骑六万，步卒七万，皆天下流民及勇敢士	李广利（见上）	战皆不利而还
		骑一万，步卒三万	公孙敖（见上）	
		步卒三万	韩说（见上）	
		步卒一万	路博德（见上）	
征和三年 西前九〇	伐匈奴	骑三万	李广利（见上）	李广利战败，降匈奴
		三万	商丘成	商丘无所见而还
		骑四万	马通	马通多斩首

武帝在位五十四年间（西前一四〇至八七年）前后共大小二十五次对外的战争，可由上表得一个大概的印象。有几点特别可以注意：

（一）匈奴是外患中最严重的，二十五次战争中有十五次是对待匈奴。

（二）关于兵的数目与种类，数目几乎都有记载，种类可惜多半只记"骑""楼船"等，对于兵的来源没有说明。元狩四年，卫青、霍去病大伐匈奴时，军队中有人民自告奋勇代军士运粮的人。这些人虽不见得都是无赖，但社会上的流浪分子一定占重要的地位。元鼎五年攻南越与西南夷时，除江淮以南的楼船外，又发罪囚与夜郎兵。这是武帝第一次大规模用囚犯与外国兵的例。元封二年攻朝鲜所用的都是天下死罪的人。元封六年伐昆明，所用的是长安的亡命。太初元年伐大宛，所用的是天下的谪民与恶少年及属国骑。天汉四年大伐匈奴，所用的军队一部分是谪徒与自告奋勇的勇敢士。总之，二十五次战争中最少有六次是一部或全部用的囚徒、流民、恶少年、乐从的流浪人或外族人。此外有三次清清楚楚的讲明所用的是正常的军队：建元三年救东瓯，发会稽兵，意思大概是指会稽的楼船；元鼎六年攻西羌，用的是陇西天水安定的骑士，河南河内的步卒，与京师中尉所领的步卒；元封二年平西南夷，用的是巴蜀地方的军队。其余十六次军役所用的到底是什么兵我们无从知道。假定都是中央或地方的正式军队，二十五次中有六次（百分之二十四）用的是非常的军队，仍是一件深可玩味的事。尤其像伐大宛用兵数十万，除少数的属国骑外，都是谪民与恶少年，可见中央与地方的正式军队不足用或不可用到如何程度。兵制破裂的情形，没有比这个再清楚的了。

（三）将军的出身高低不齐。有的是良家子或古代名将的后裔，有少数甚至是文人出身，但也有来历极不高明的，如倡家子、私生子、强盗之类。又有的是胡越投降的小头目。天下一统之后，人才的需要较列国并立时并不减少。有才就可擢用，尊崇无比的皇帝并不计较臣子的出身。并且因为尚武的风气日衰，将才很感缺乏，使皇帝要计较出身也办不到。

（四）战争的结果大半靠将才。卫青与霍去病二人从未打过败仗，每次都是大胜。李广利个人虽武艺高强，将才甚为平庸，所以总是打败，或需重大的代价才能求得小小的胜利，如伐大宛的一次。这也是兵制破裂的间接证据。当时的边族无论人力、财力都远在中国之下。文帝时，中国投降匈奴的中行说劝诫单于说：

> 匈奴人众不能当汉之一郡。然所以强者，以衣食异，无仰于汉也。今单于变俗，好汉物，汉物不过什二，则匈奴尽归于汉矣！①

①《史记》卷一一〇《匈奴传》。

这种小小的胡人，在战国分立时赵或燕能毫无困难的单独应付。战国时中国内部互相攻伐，战败的将很多，像赵括一类的笨将也不少。但汉时成为大患的匈奴对燕赵并不是严重的问题。当然到汉时匈奴方才组成一个坚固的帝国，战国时匈奴内部仍然分裂。但匈奴分裂时中国也分裂，中国与匈奴的统一也同时实现。所以匈奴统一虽或是中国感到威胁的一个原因，但决不是最重要的原因。唯一可能的结论，就是战国时代的兵可用，汉时的兵不可用，只有遇到才将率领时才能打胜仗。这是军队由流浪分子组成的当然结果。汉武帝时代武功的伟大是显然的，是人人能看到的。但若把内幕揭穿，我们就知道这个伟大时代是建筑在极不健全的基础之上。

七　武帝以后——光武中兴

武帝后兵制的发展，一日千里的顺序退步。例如屯兵的制度仍旧，并且范围日广。宣帝时（西前七三至四九年）为防止西羌内侵，用赵充国的计策，大量地在西北屯田。[①]然而边疆的屯兵第一代或者还是兵，第二代以下就有变成边地农民的危险，对当兵并无特别的热心。宣帝五凤三年（西前五五年）匈奴因内部分裂而投降之后[②]，边疆的大患消灭，所谓屯田更是有名无实。宣帝以下又屡次在西域屯兵。[③]匈奴投降之后，本就不强的西域更不敢轻于为乱，所以中国略为屯兵就可维持西域的秩序，并非所屯的兵真正强盛。

武帝以后外族在中国军队中的地位日愈提高。昭帝时（西前八六至七四年）开始用羌人。据《后汉书》，景帝时已有羌人投降中国，迁入边地。[④]但这个说法不知是否可靠，《史记》与《汉书》中都没有记载。昭帝时所用的羌人也不知道来源。昭帝始元元年（西前八六年）益州反，中国用羌人助战平乱。[⑤]推想起来，这大概是武帝威震西北以后投降中国的羌人。神爵元年（西前六一年），西羌反，宣帝所发的兵各色都有——囚徒，羽林，材官，骑士，胡越骑，此外并有羌骑。次年平服羌人之后，降羌很多，于是就设置了金城属国。[⑥]前此的降羌大概较少，此次有大批的人投降，才加置了一个羌族的属国。五凤三年呼

① 《汉书》卷六九《赵充国传》。
② 《汉书》卷八《宣帝纪》，卷九四下《匈奴传下》。
③ 《汉书》卷九六《西域传》。
④ 《后汉书》卷一一七《西羌传》。
⑤ 《汉书》卷七《昭帝纪》元凤四年诏："度辽将军明友前以羌骑校尉将羌王侯君长以下，击益州反虏。"
⑥ 《汉书》卷八《宣帝纪》。

韩邪单于率匈奴来降，又设置了西河、北地两属国，仍在河套与河套以南的地方。所以河套一带虽由秦汉两次征服并移民，但胡人的势力始终未曾完全消灭。

因徒与恶少年的军队昭、宣二帝时也屡次征发，[①]并又时常临时募兵。[②]至于像武帝时调发正式军队的例子，现在极其少见。西南夷与两粤平定之后，楼船似乎无形间废弃不用。其余三种正式军队一共只发过两次，并且都在宣帝一朝。本始二年（西前七二年）发关东的轻车与步卒去帮助乌孙攻打匈奴。神爵元年西羌反时，一方面发三河，颍川，沛郡，淮阳，汝南的材官，一方面又发金城，陇西，天水，安定，北地，上郡的骑士。[③]这种情形证明地方的兵一天比一天的不可用，所以国家非万不得已时不去征发。愈不征发，兵愈不可用。在这种恶劣的循环关系之下，由战国时代遗留下来的征兵制的痕迹就无形间消灭净尽。

到王莽时所用的就只有募兵，囚犯，与外族兵，旧日正式的军队已经绝迹。例如始建国二年（西元一〇年）伐匈奴，"募天下囚徒丁男甲卒三十万人"，又发高句丽的兵，但高句丽不肯奉诏。[④]此时适逢天灾流行，各地盗贼蜂起，最著名的是临淮的瓜田仪、琅邪女匪吕母与樊崇所率领由琅邪起事的赤眉贼，都于天凤四五年间（西元一七至一八年）发动。王莽在这种情形下，于天凤六年仍要大伐匈奴，所用的仍是"天下丁男及死罪囚吏民奴"。这种军队王莽大概也觉得不足用，于是

> 又博募有奇技术可以攻匈奴者，将待以不次之位。言便宜者以万数：或言能度水不用舟楫，连马接骑济百万师；或言不持斗粮，服食药物，三军不饥；或言能飞，一日千里，可窥匈奴。莽辄试之，取大鸟翮为两翼，头与身皆著毛，通引环纽，飞数百步，堕！莽知其不可用，苟欲获其名，皆拜为理军，赐以车马，待发。[⑤]

想用法术一类的把戏去打仗，这是一个兵力堕落不堪的社会才会发生的事，一个真正尚武的民族绝不屑于享受这些幼稚的幻想。后来闹到三辅之地也"盗

---

① 《汉书》卷七《昭帝纪》元凤元年，五年，六年；卷八《宣帝纪》神爵元年。

② 《汉书》卷七《昭帝纪》始元元年，卷八《宣帝纪》神爵元年，卷一二《平帝纪》元始二年，卷七九《冯奉世传》元帝永元二年"发募士万人"击羌。

③ 《汉书》卷八《宣帝纪》。

④ 《汉书》卷九九中《王莽传中》。

⑤ 《汉书》卷九九下《王莽传下》。

贼麻起"，遣兵捕剿，"军师放纵，百姓重困"。①现在已到了兵匪不分的时代，这是军民分立最后的当然结果。兵的行动与匪无异，无告的人民不得已也多起来为匪。②一个社会发展到这个阶段之后，兵事可说是到了不可救药的地步，任何理论上可通的方法都不能根本改善这种病态。

我们明白这种情形，对光武帝废除郡国兵的政策就不致认为难解。建武七年（公元三一年）诏：

> 今国有众军，并多精勇。宜且罢轻车骑士材官楼船士及军假吏令还复民伍。③

地方兵现在已全不可用。太平时代，一般所谓好人都不肯当兵；天下一旦混乱，少数流氓与多数饥民就成为土匪，只能扰乱社会秩序，并不能卫国卫民。这些土匪往往打着军队的旗号，但旗号是不能掩盖实际的。只有善将兵的人经过相当时期的训练，才能造出一支真会打仗的军队。诏书中所谓"国有众军，并多精勇"，并非一句空话。光武起事时所领的虽也不过是些流氓与饥民，但经过十年左右的汗马生活，光武帝已锻炼出一个很大并且可用的军队。地方军反成了赘疣，在很多地方恐怕实际早已不存在，光武的诏书不过是承认一件既成的事实。隗嚣与公孙述是光武的两个大敌，在建武七年仍未平服，地方军若有丝毫的用处光武也决不会在此时一纸公文把它废掉。

八　东汉

所以东汉只有中央军，没有地方军。中央军除宫廷的卫士外，北军的名称仍然存在，称北军五营或五校就是屯骑、越骑、步兵、长水、射声。每营有校尉一人，五军由北军中候总领，就是武帝时的中垒校尉。武帝时七校的兵现在并为五校，胡骑并于长水，虎贲并于射声。④北军五营中最少有两营完全是外族人，其他三营中是否有四夷的人加人已不可考。据《后汉书》注引《汉官》，五营每营七百人，只有长水营多三十六人，为七百三十六人。所以胡越兵在北

---

① 《汉书》卷九九下《王莽传下》。

② 王莽时起事的人都是流民土匪出身。除赤眉等以外，如刘玄等人也都不过是土匪头目。见《后汉书》卷四一《刘玄刘盆子传》，卷四三《隗嚣、公孙述传》。此外甚至有人利用西北属国的羌胡起兵。见《后汉书》卷四二《卢芳传》。

③ 《后汉书》卷一下《光武帝纪下》。

④ 《后汉书》卷三七《百官志四》。

军中占五分之二以上的地位。北军平时宿卫京师，四方有事也往往被发。

第二种中央直辖的军队就是驻守要地的营伍：

> 光武中兴，以幽冀并州兵骑克定天下，故于黎阳立营，以谒者监之……扶风都尉部在雍县，以凉州近羌，数犯三辅，将兵卫护园陵，故俗称雍营。①

黎阳就是今日河南浚县，在洛阳东北，所驻的大概就是光武所谓"国有众军，并多精勇"的兵，恐怕是东汉初年中央军的主体。雍营护卫长安与西汉诸帝的园陵，兵数大概也不少。可惜两营到底有多少兵，史籍没有记载。

中央第三种军队就是屯兵。缘边各郡都有屯田，明章两代（西元五八至八八年）发囚徒到边疆屯田的事前后共有八次。②可见从前的屯兵都已变成边地的土著农民，已不堪当兵，只得再发囚徒去充实国防。明帝向王莽时丧失的西域方面活动，也恢复了屯田的事业。③同时又在金城一带屯兵，防备西羌。④

东汉也有属国兵，可算中央的第四种军队。东汉官制，有使匈奴中郎将一人，主护南单于；护乌桓校尉一人，主乌桓胡；护羌校尉一人，主西羌。⑤这三个都是专管边境属国的人。匈奴在王莽时反叛，大半又都逃出塞外，东汉初年屡次寇边。建武二十四年（西元四八年）匈奴内部分裂为南北，南单于自称呼韩邪，又来投降，中国又把河套以及整个并州的地方交给降胡。南单于本人居西河，韩氏骨都侯屯北地，右贤王屯朔方，当于骨都侯屯五原，呼衍骨都侯屯云中，郎氏骨都侯屯定襄，左南将军屯雁门，栗籍骨都侯屯代郡。⑥

乌桓本是东北塞外（今热河南部）的东胡种，西汉时弱小，投降中国，代中国守边。王莽乱时与东汉初年屡次寇边。南匈奴投降的次年，建武二十五年（西元四九年），乌桓见强大的匈奴投降，自己于是也要求入居中国，光武也就容许他们迁居幽州塞内，为中国的属国。⑦北军五营中长水一营的胡骑多半是乌桓人。⑧

---

①《后汉书》卷五三《窦宪传》注引《汉官仪》。

②《后汉书》卷二《明帝纪》永平元年，八年，九年，十六年，十七年；卷三《章帝纪》建初七年，元和元年，章和元年。

③《后汉书》卷一一八《西域传》。

④《后汉书》卷一一七《西羌传》。

⑤《后汉书》卷三八《百官志五》。护乌桓校尉与护羌校尉西汉时已经设立，但西汉时羌兵与乌桓兵还不是中国不可少的兵力。

⑥《后汉书》卷一一九《南匈奴传》。

⑦《后汉书》卷一二〇《乌桓传》。

⑧《后汉书》卷三七《百官志四》注。

西羌本是小族，在西汉时就在凉州边境与汉人杂居，时常反叛，中国总是用屯田的方法防御他们。建武九年（西元三三年）光武设立护羌校尉，有事时可领降羌替中国打仗。①所以并州由匈奴代守，幽州由乌桓代守，凉州由西羌代守。此外又有些囚徒屯田各地，与外族人共同守边。整个的北边，由辽东到敦煌，都不用内地士大夫良家子与一般顺民去费力保护，中兴盛世的安逸人民大概认为这是又便宜又舒服的事！

总之，东汉只有中央直辖的军队，并且外族在这个军队中占很重要的地位。不过废地方兵并不是简单的事。最低的限度，地方的治安是须有人维持的。所以各郡的太守一定要招募些保安的地方兵。关于这件事，在中兴时代我们没有直接的证据。但东汉末年各地州牧太守纷纷割据，一定原来有兵。然而这都是地方官的私军，不受中央的调动。所以严格讲来，仍可说东汉只有中央军，没有地方兵。

由东汉向外用兵的情形就可知道当时兵的性质。明帝永平十六年（西元七三年）窦固伐北匈奴，这是东汉第一次并且是中兴盛世的向外大发动，所用的兵很可玩味：

> 固与忠（耿忠）率酒泉、敦煌、张掖甲卒及卢水羌胡万二千骑，出酒泉塞；耿秉秦彭率武威，陇西，天水募士及羌胡万骑，出居延塞；又太仆祭肜度辽将军吴棠将河东，北地，西河，羌胡及南单于兵万一千骑，出高阙塞；骑都尉来苗护乌桓校尉文穆将太原，雁门，代郡，上谷，渔阳，右北平，定襄郡兵及乌桓鲜卑万一千骑，出平城塞。②

这四支军队中都有外族兵，祭肜吴棠的一支完全是胡兵。后来窦固的从孙窦宪于和帝永元元年（西元八九年）又大伐匈奴：

> 会南单于请兵北伐，乃拜宪车骑将军，金印紫绶，官属依司空，以执金吾耿秉为副，发北军五校，黎阳雍营，缘边十二郡骑士，及羌胡兵出塞。明年，宪与秉各将四千骑兵及南匈奴左谷蠡王师子万骑，出朔方、鸡鹿塞；南单于屯屠河将万余骑，出满夷谷；度辽将军邓鸿及缘边义从羌胡八千骑，与左贤王安国万骑，出捆阳塞。皆会涿邪山。宪分遣副校尉阎盘司马耿夔耿谭将左谷蠡王师子右呼衍王须訾等精骑万余，与北单于战于稽落山，大

---

① 《后汉书》卷一一七《西羌传》。
② 《后汉书》卷五三《窦固传》。

破之。虏众崩溃，单于遁走。追击诸部，遂临私渠北鞮海，斩名王已下万
三千级，获生口马牛橐驼百余万头。于是温犊须日逐温吾夫渠王柳鞮等八
十一部率众降者前后二十余万人。宪、秉遂登燕然山，去塞三千余里，刻
石勒功，纪汉威德。①

这是东汉规模最大影响最深的一次外征，解决了三百年来的匈奴问题，最
少当时的人相信这个问题已经解决。但所用的兵大半是外族人，而实际败北单
于的完全是南匈奴的兵。我们对东汉能驾驭外族以夷制夷的政策能收大功，不
能不表示钦佩。但军队不是汉人的军队却也是不可掩蔽的严重事实。

除此次大败北匈奴外，东汉唯一的对外武功就是班超的平定西域。但班超
当初所用的只有三十六个人，后来政府发给他的也不过一千多囚徒与义勇兵。
班超所以制服西域，一方面靠他个人特殊的将才与超人的勇敢，一方面还是靠
以夷制夷政策的大规模利用，西域各国的军队互相攻击。②

这种专靠外族的办法极其危险。一旦外族不肯受利用，或转过来向我反攻，
自己就要束手无策。这件事后来的确实现，并且就在窦宪大破北匈奴后还不到
二十年。东汉初期，西羌屡屡扰边。塞外的羌人想要向内地劫掠，塞内投降的
羌人又常受地方官与边民的侵害，因而怨恨反叛。建武九年班彪上书：

> 今凉州部皆有降羌。羌胡被发左衽，而与汉人杂处；习俗既异，言语
> 不通。数为小吏黠人所见侵夺，穷恚无聊，故致反叛。夫蛮夷寇乱皆为此
> 也。③

西羌匈奴虽然强悍，但对中国国家与中国文化似乎十分景仰，对中国一般
人也无恶感。只要中国肯收容，他们就乐意移居塞内，为中国守边。由窦宪的
攻破北匈奴可见他们也很诚恳的为中国卖力。但中兴以后政治日坏，地方官与
豪右对这些异族的人不免侵夺压迫，勉强他们服役。地方无知的人民恐怕也常
推波助澜，因而时常引起叛变。待叛乱一起，地方官与边民又惶恐无措，敏捷
的逃入内地，迟钝的束手待毙。最大最长的一次羌乱于安帝永初元年开始，直
到灵帝建宁二年才算平服，前后乱了六十多年的工夫（西元一〇七至一六九年）。
羌乱的导火线很为简单。汉要发羌征西域，羌人不愿远屯，遂发兵反，出塞与

---

① 《后汉书》卷五三《窦宪传》。
② 《后汉书》卷七七《班超传》。
③ 《后汉书》卷一一七《西羌传》。

塞外羌人联合，大乱于是开始。羌人在内地居住已久，多无兵器，只持用竹竿木枝为戈矛，用板案为盾，甚至手持铜镜为兵器。这种易兴的叛羌就足以把边官与边民的胆惊破，都不敢动。顺民已驯顺到如何的程度，可想而知！中央派兵去剿，总是打败的时候多。边官多为内地人，不愿出死力守凉州，就上书勉强边民内徙逃难。领兵的人"多断盗牢廪，私自润入，皆以珍宝货赂左右。上下放纵，不恤军事，士卒不得其死者白骨相望于野"。羌人夺取了官军的兵器之后，势力更为浩大。这种种不堪设想的情形王符描写得最为活现。王符是西北安定临泾（今甘肃镇原县）人，恐怕他自己的亲友戚族就有受祸的人：

> 往者羌虏背叛，始自凉并，延及司隶，东祸赵魏，西钞蜀汉。五州残破，六郡削迹，周回千里，野无孑遗；寇抄祸害，昼夜不止，百姓灭没，日月焦尽。而内郡之士不被殃者咸云："当且放纵，以待天时！夕用意若此，岂人心也哉？前羌始反，公卿师尹咸欲捐弃凉州，却保三辅，朝廷不听。后羌遂侵，而论者多恨不从咸议。余窃笑之，所谓媾亦悔不媾亦有悔者尔，未始识变之理。地无边，无边亡国。是故失凉州则三辅为边，三辅内入则弘农为边，弘农内入则洛阳为边，推此以相况，虽尽东海犹有边也！……"
>
> 前日诸郡皆据列城而拥大众……然皆不肯专心坚守，而反强驱其民捐弃仓库，背城邑走。由此观之，非苦城乏粮也，但苦将不食尔！
>
> 谚曰："痛不著身，言忍之；钱不出家，言与之！"夕假使公卿子弟有被羌祸朝夕切急如边民者，则竞言当诛羌矣！今苟以己无惨怛冤痛，故端坐相仍；又不明修御之备，陶陶间澹卧委天，听羌独往来深入多杀。已乃陆陆相将诣阙，谐辞礼谢退云状。会坐朝堂，则无忧国哀民恳恻之诚，苟转相顾望，莫肯违止。日晏时移，议无所定。已且须后少得小安，则恬然弃忘。旬时之间虏复为害，军书交驰，羽檄猥狎，乃复恇怂如前。若此以来，出入九载……一人吁嗟，王道为亏，况百万之众号哭泣感天心乎？[1]

民众已不是战国时代人人能战的民众，士大夫更不是春秋时代出将入相的士大夫。军事情形的不堪可谓达到极点。羌乱方平，灵帝中平元年（西元一八四年）黄巾贼的乱事又起。这时虽是方经长期的羌乱，国家仍是忙的手足无措，军事毫无把握。"诏公卿出马弩，举列将子孙及吏民有明战阵之略者，谐公车。"[2]

① 王符《潜夫论》卷五《救边篇》第二二，同卷《劝将篇》第二一，《边议篇》第二十三，《实边篇》第二四也都论述羌祸与边事。

② 《后汉书》卷八《灵帝纪》。

同时又"诏敕州郡修理攻守，简练器械"①。国家发了五校与三河的骑士（大概就是黎阳营）与招募的义勇兵，靠皇甫嵩与朱俊的将才算是把乌合的黄巾贼捕灭。但两人（最少朱俊）似乎有"家兵"杂在国家的军队之内。各地的刺史太守都有私军，朱俊曾作过交趾刺史，这些"家兵"就是作刺史时所召的私军。国家现在只有羌胡兵与地方官的"家兵"可用，天下的大势显然已不可收拾。

黄巾贼的次年，中平二年（西元一八五年），汉阳贼边章韩遂与羌胡联合东侵三辅。皇甫嵩奉命讨贼，就请求发乌桓兵三千人。北军中侯邹靖认为乌桓太弱，应当往塞外去招募鲜卑。下公卿大臣讨论此事，两方面都有赞成与反对的人。反对用鲜卑的理由，就是从前征匈奴与西羌曾用过鲜卑，结果并不美满：

> 斩获丑虏既不足语，而鲜卑越溢，多为不法。裁以军令则忿戾作乱，制御小缓则陆掠残害。劫居人，钞商旅，驱人牛羊，略人兵马。得赏既多不肯去，复欲以物买铁。边将不听，便取缣帛聚欲烧之；边将恐怖，畏其反叛，辞谢抚顺，无敢拒违。

乌桓鲜卑都不愿用，最后听了应劭的话，决定用陇西"守善不叛"的羌胡！②一统天下的公卿大臣公开承认用外兵要忍受外兵的跋扈，但说来说去总是逃不出招募外兵，对于召用汉人始终无人提起一字。连方才平定黄巾威震天下的皇甫嵩也是一样。可见本国兵只能对付国内乌合的土匪，一牵涉到外族就非用其他的外族不可！

汉人现在并不是完全不会用兵器，但只有保护自己的家乡才肯出力，并且还必须有领袖指导。若无勇敢的领袖，即或家乡被扰，大家也都是训〔驯〕羊。例如应劭不敢提议用汉人到边疆打仗，但他于献帝初平二年（西元一九一年）守太山，复起的黄巾贼入郡界，"劭纠率文武，连与贼战，前后斩首数千级，获生口老弱万余人，辎重二千两。贼皆退却，郡内以安"。③至于远离乡土去冒险，除非是荒年被迫为盗，没有人甘心去作。

列国并立时，每国都是一个有机体的坚强体系，天下一统之后临时尚可勉强维持，但不久就成了一盘散沙，永未变成一个大的有机体。这样的民族是任何内部野心家或外来野心族的战利品，决难自立自主，自己的命运总不操在自己手里。董卓之乱将这种情形暴露无遗（西元一八九至一九二年）。董卓虽是汉

---

① 《后汉书》卷一〇一《皇甫嵩传》。
② 《后汉书》卷七八《应劭传》。
③ 《后汉书》卷七八《应劭传》。

人，手下所率领的兵最少一部分是羌胡：

> 是时洛中贵戚室第相望，金帛财产家家殷积。卓纵放兵士突其庐舍，淫略妇女，剽虏资物，谓之搜牢。人情崩恐，不保朝夕。及何后葬，开文陵，卓悉取藏中珍物。又奸乱公主，妻略宫人。虐刑滥罚，睚眦必死，群僚内外莫能自固。卓尝遣军至阳城，时人会于社下，悉令就斩之，驾其车重，载其妇女，以头系车辕，歌呼而还。……

> 于是尽徙洛阳人数百万口于长安，步骑驱蹙，更相蹈藉，饥饿寇掠，积尸盈路。卓自屯留毕圭苑中，悉烧宫庙官府居家，二百里内无复孑遗。又使吕布发诸帝陵及公卿已下冢墓，收其珍宝。①

迁都长安之后，长安又遭李催、郭汜之乱，受祸不亚于洛阳。车驾于是又迁回东都：

> 自此长安城中尽空，并皆四散，二三年间关中无复行人。建安元年车驾至洛阳，宫阙荡涤，百官披荆棘而居焉。州郡各拥强兵，而委输不至。尚书郎官自出采稆，或不能自反，死于墟巷。②

董卓以后各地的太守、刺史都扩大私军，割据自雄。实际上五胡乱华的局面已经成熟。中国社会已经崩溃，只有边地的属国还有组织，同时又勇敢善战。布满幽并凉三州的外族很可向南移动，占据中国。恰巧当时中国出来几个特殊的人才，把这种厄运又暂缓了一百年的工夫。所谓三国时代，由这个观点来看，可说是曹操司马懿几个善练兵善将兵又有政治谋略的人重新组织散漫的中国以便抵抗外族的时代。曹操曾大破乌桓，并分散并州匈奴的势力，③可见他明了这个问题的严重性。但外族的势力根深蒂固，无从斩除；中国内部的病势过于沉重，难以根治。几个特殊人才死后不久，中原终于成了汉代那些属国的属国。

九　后言——汉末至最近

汉代的问题实际是中国的永久问题，东汉以下兵的问题总未解决。只有隋及盛唐承袭北朝外族的制度，百余年间曾实行半征兵的府兵制，这也是汉以后

---

① 《后汉书》卷一〇二《董卓传》。
② 《晋书》卷二六《食货志》。
③ 《三国志·魏志》卷三〇《乌丸传》，《晋书》卷九七《北狄传》。

中国自治的唯一盛强时代。二千年来的情形，骨子里都与东汉一样。东晋以下中原陷于外族将近三百年。隋唐的盛期过去之后，由天宝到五代的二百年间是外族第二次扰乱中国的时代。中国常雇用外兵，外族也常擅自行动。宋虽名为统一，中国本部东北的燕云与西北的河西总未收复，每年与契丹西夏纳贡才得苟安。宋的军队中也有番兵，不过地位不像汉唐时那样重要。后来终于不能自保，中原又丧于女真，最后整个的中国亡于蒙古。明代算是把中国本部完全统一，但只有太祖成祖的极短期间有应付外敌的能力。此后二百余年间几乎时时刻刻在勉强支持着应付外侮的进袭。受日本的一度威胁之后，不久就亡于满洲。道光以下满汉并衰，中国又感到有被西洋吞并的危险。自己的力量不足，清末以下就又借外力，不过方式随着时代略有变化。现在借的不是外兵，而是外国的军器军火与军事顾问。正如历代靠番兵不足抵抗外番，西洋的军器军火与军事顾问也不足以抵抗西洋或彻底西洋化的国家。二千年来中国总是一部或全部受外族统治，或苟且自主而须忍受深厚的外侮；完全自立又能抵抗外族甚至能克服外族乃是极少见的例外。这种长期积弱局面的原因或者很复杂，但最少由外表看来，东汉以下永未解决的兵的问题是主要的原因。[①]人类历史上的政治集团，无论大小，不为刀俎，必为鱼肉；若要两种都不作，是办不到的事。东汉以下的中国不能作刀俎，当然也不愿作鱼肉，但实际大半的时候总是任人宰割。

（原载清华大学《社会科学》第 1 卷第 1 期，1935 年 10 月）

[①] 并且大家一向都安于这种堕落的局面，并不觉得这是一个需要解决的问题。只有王安石曾认清这个问题，并提出适当的解决方法。在他《上仁宗皇帝言事书》（俗称《万言书》）中，他认为只有叫良民当兵，尤其是一般所谓士大夫都人人知兵，人人当兵，才能使中国自立自主。只就这一点来看，王安石已是二千年间特出的奇才。可惜王安石一类的积极人才在传统的中国决无成功的机会。一般的说来，文武兼备的人有比较坦白光明的人格，兼文武的社会也是坦白光明的社会。这是武德的特征。中国二千年来社会上下各方面的卑鄙黑暗恐怕都是畸形发展的文德的产物。偏重文德使人文弱，文弱的个人与文弱的社会难以有坦白光明的风度，只知使用心计；虚伪，欺诈，不彻底的空气支配一切，使一切都无办法。中国兵制的破裂与整个文化的不健全其实是同一件事。在这种病态的社会，王安石一流的人必定失败。

书评：Latourette, The Chinese, Their History and Culture

Kenneth Scott Latourette,

The Chinese, Their History and Culture.

2 vols. The Macmillan co., N.Y. 1934.Xii+506+389pp.

    Samuel wells williams 所著 The Middle Kingdom 是已往半世纪中英美人士的中国指南。此书最后订正本出版于一八八三年，此后五十年间的中国经过空前的变化以致书中所论大部成了历史上的陈述。Latourette 教授今著《中华民族之历史与文化》两册的目的即为供给现代英美人士一本新的合时的中国指南。上册是一本由石器时代至 1933 年的中国通史；下册是一本现代中国文化鸟瞰，分别叙述政制、经济、宗教、社会、语言、文学的大概情形。每章之后附有参考书目，分中文史料与著作，西文普通著作，与论文及专题作品三类。后两类价值甚大，因为西方支那学者近年来研究的结果至今尚无人统计整理，所以读者对于 Latourette 教授这种初步的工作应当欢迎感激。

    书中地位的分配大致甚为得体。西人所著中国通史往往不出两类：一类专讲秦汉以上的中国，最近二千年的史实反倒三言两语了事；另一类就只注意鸦片战争以下的外交史，而把已往四千年的一大段公案缩为一篇短序。Latourette 教授能够避免这两种易犯的错误。上册中四分之一的地位论述上古秦汉时代，这是中国文化的创造期，为明了整个的中国对于这个时代必须有相当的认识。又有四分之一的地位专讲最近一百年的历史；六朝至满清中期就占据其余二分之一的篇幅。作为一种简单的中国通史，这个篇幅的分配可算恰当。

    本书材料的选择也能令人满意。书中所讲的并不是列朝列帝的系统，而是古今的大事与重要潮流。普通一般比较详细的中文通史总喜欢把许多宝贵的篇幅让历代官制以及其他相类的干燥事实占去。其实这类事只对想象力枯竭的学究能发生兴趣；历代相传，只有名称的改变，并无本质的变化；并且往往是纸上的看法，不是实际的制度。Latourette 教授只说明秦汉所创的制度，并且告诉读者此后各朝实际上也不过是因袭旧制而已（上册，页 362）。

下册是一本很周到的社会写照，不只对欧美人大有帮助，中国读者也能从其中得些新的知识。我们大多数人或是乡民或是市民，极少的人同时对城乡两方面都真正了解。并且无论城民乡民，尤其是城民，对自己事业团体范围以外的事也往往十分隔阂。Latourette 教授这种内容比较充实的社会横切叙述可以帮助我们明白自己团体以外的社会。

本书范围如此之广，遗漏与错误当然难免。例如上册讲到汉代儒教的构成成分时，著者提到墨家与法家，反倒把笼罩全社会的阴阳家忘记。著者又怪孔子不懂得幽默 humor，不喜爱儿童，除对已死的母亲略有孝思之外并不尊重女性，连自己的妻子也不恭敬（上册，页 73）。这种说孔子不幽默不完善的论调本身就非常幽默，那等于说孔子不是二十世纪的美国人。孔子是否幽默当然无从考知，但据传说当时有人讲他的相貌既像圣人，又有点像"丧家之狗"，孔子听见之后感觉非常有趣，因而发笑。这或者可说是中国春秋时代赏鉴幽默的表现，但不知是否合乎今日美国的标准！

著者认韩愈为"唐代最大诗人之一"，这恐怕是误解古文提倡者的韩愈所致。说后代称成汤为"The First"（页 41），不知何意；或者是把"太乙"与后代神话中的"太一"混为一谈的错误。说"汉文帝耕自己的田"（页 107），好似一个庞大帝国的皇帝居然能有闲暇去享农家乐！文帝不过是恢复古代的籍田礼。译王莽朝代的名称为"New"极不妥当（页 121）；不知详情的读者很容易相信改革家的王莽故意取这样一个富于革命性的美名。许多支那学者有这种误会。王莽本是新都侯，新只是新都的简称。

著者认为刘向"曾受过佛教与道教的影响"（页 141）。当时芜杂的道家思想与刘向曾发生关系，大概没有问题。但据今日所知，佛教传入中国当在西元一世纪初期甚或中期，前此情形全不可考。刘向死于西元前一世纪末年，恐怕连浮屠的名词还不知道。他与他儿子刘歆所编的《七略》中全无佛经或任何佛典的痕迹。虽不敢说西汉末年一定没有佛教徒到中国传教，但这是至今无从证明的事。

关于唐代，著者说："中国文化在扬子江以南愈发根深蒂固。正如北方人自称为汉人，南方人都自称为唐人，这是颇有意味的。"（页 227－228）这一定是措词上的疏忽，因为著者在中国多年，决不至以为长江以南的人都自名为唐人。

关于宋代的几个历史家与他们的作品，著者没有认清（页 265）。《资治通鉴》始于西元前五世纪末期，并非四世纪初期。《通鉴外纪》的作者为刘恕，并非司马光；范围到周为止，并非宋代。最后，著者又断定丰臣秀吉希望中国自动承认他为皇帝（页 307）。那位冒险家不见得如此幼稚。

下册限于当代，误解比较稀少。但有几点可提出商榷。著者说节孝牌坊是为殉夫的寡妇与不受辱而死的妇女建立的（页 257）。这虽不错，但并不是事实的全体，很易引起欧美读者的误会。牌坊到今日虽已不时髦，一般人恐怕还知道大多数的牌坊是为自青年至老年守节的寡妇而立，并且多半是于这些女君子仍然在世时建立。

在讲中国文字常用的书体时，著者举出宋体、行书、草书三种（页 270）。最少公文中与一切正式文件中所用的楷书也当算为常用的一种。论到中文数目分类字时（页 295，352），著者举"一个石头"的例，认"个"字为"石头"的数目分类字。是否某种方言有这样的语法，评者不敢断定。最少在国语中"石头"的数目分类字是"块"，不是"个"。戈壁沙漠又称瀚海或翰海，并不称旱海（页 350）；后者另有所指。

以上所举大半都不是很严重的错误。Latourette 教授的目的可算达到，他的著作是外国人一本合用的中国指南，也值得中国人一读。

（原载清华大学《清华学报》第 10 卷第 2 期，1935 年 4 月）

书评：Goodrich, The Literary Inquesition of Ch'ien-Lung

The Literary Inquisition of Ch'ien-Lung, Luther Carrington Goodrich, Waverly Press, Inc. Baltimore, U.S.A. 1935.pp.xii+275.

近年来对于清代文字狱的问题，国人搜集材料与研究的工作虽然不少，但有系统概括一切的专著仍不多见。哥伦比亚大学汉学讲师 Goodrich 先生这种勇敢尝试的工作，很值得我们欢迎。此书分两部，上部约占全书四分之一的篇幅，论述文字狱的政治背景，《四库全书》与文字狱的关系，禁书的搜求方法，文字狱的目的、结果与影响。书中专注意乾隆一朝，但乾隆以前的文字厄运也附带论及。下部约占全书四分之三的地位是翻译或缩译与各文字狱有关的档案、文件与传记。

上部综合整理近年来各方面研究的结果，虽没有许多新的贡献，尚可一读。其中有几点很动人的见解。例如乾隆时代中国已经安定，不似以前对满清的那样反抗，按理不必有严厉的文字检查；但实际乾隆时代对于文字的摧残较比清初严重不知多少倍。著者认为根本的原因是心理的。大清在此时由外表看来虽然极盛，实际这是衰落时期的开始；满人下意识中感觉到这一点，所以对汉族愈发畏忌，因而更加紧的压迫。这虽是难以证明或否证的说法，仍不失为一个很有兴趣并很合情理的解释。

搜查禁书为编辑《四库全书》的一个主要目的，著者屡次提出。无论当初的计划如何，《四库》的编纂后来成了铲除禁书的一件利器，是无问题的。这一点虽然从前也有人见到，却是一般认《四库》为无价国宝的人所不大注意的事，著者反复说明并非累赘。

全国大规模有系统的搜查禁书，现代的人不易想见。但在最严重的十五年间（乾隆三十九至五十三年）全国人心惶惶，连不认字的农家也有时因为祖传下来一部原来不相干的书而招大祸；这在普通的史料中是不易见到的，只有私人所遗留的日记与笔记能帮助我们回想到当时的紧张情形。著者把这点特别提出，深得史家恢复往迹的本旨。

不求甚解的综述工作，著者还能勉强担当。翻译是另外一回事，著者的中文程度似乎还不能胜任。评者读下部的翻译各篇时，时常遇到上下不连贯，意义不清楚，或情节可疑的词句；于是就把手边现有的一篇原文与译文校比，只这一篇中就发现了几个大错。原文是乾隆四十一年立《贰臣传》的上谕，见王先谦《东华录》：

> 原文：此辈在《明史》既不容阑入，若于我朝国史因其略有事迹列名叙传，竟与开国时范文程，承平时，李光地等之纯一无疵者毫无辨别，亦非所以昭褒贬之义。

> 译文：[Biographies] of this group could not be put in the Ming history, but if they are included in our annals, since their actions deserve mention, along with the biographies of their contemporaries Fan Wen-Ch'eng, Ch'eng Ping-shih, and Li Kuang-toi, without any difference between them noted, then no clear distinction is made between deserving and undeserving，（页一五四）

译文中的小疵可以不管，"承平时"居然也成了清初的名臣之一，确是奇闻！关于此点著者似乎颇费心力，因为后面有注解："I cannot find this worthy's claim to fame recorded anywhere"。也无足怪，因为"这位老先生"与他的"声名"都是著者自己的产物！

> 原文：昨岁已加谥胜国死事诸臣，其幽光既为阐发，而斧钺之诛不宜偏废，此《贰臣传》之不可不核定于此时，以补前世史传所未及也。

> 译文：Last year I gave posthumous recognition by canonization to all those great officials who died in the service of the former regime, and by so doing shed light on their glory; the death by the executioner's axe which was their lot need not be further enlarged on.

> [The authors of]this new division of Erh Ch' en Chuan cannot but examine into and fix the facts at this time to constitute an addition to the history and biographies of former generations, which included none such before（页一五五）

原文中"不宜偏废"四字著者全不明了。"斧钺之诛"连下文，即指立《贰臣传》而言，著者把句读破，以为是指明末诸臣死国的事，将下半句另开一节；既不可通，又擅加「The authors of」三字。殊不知"死事诸臣"中，自杀与阵亡的居多，不肯降清因而受"斧钺之诛"的却占少数。本来中国文字一向不加标点，国内读破万卷书的人也不敢自信对前代文字的句读有十稳的把握。但 Goodrich 先生读中文的能力太差，以致占本书四分之三篇幅的下部全不可用。中国人无需去用，不识中文的西洋人若去应用就要吃大亏。

这本书最有价值的一部分恐怕还是后面附录的《禁书现存目录》。后来研究的人必能发现许多遗漏，但在目前这个目录可算是一个很便利的参考工具。

雷海宗

（原载清华大学《清华学报》第 10 卷第 4 期，1935 年 10 月）

书评：Dawson, The March of Men

The March of Man,

Lawrence H. Dawson,

The Encyclopaedia Britannica Co. Ltd., London, 1935.

　　这本书的副题，自白的很清楚："由史前到最近各民族与大事的表纪，内中包括一个分七段的《世界史对照表》《历史地图》九十六页，与《图像》六十四幅。"编者曾作过《大英百科全书》的一个编辑，对于编作像《人类行程》的一本书应当是很合适的人。但实际只有《历史地图》的一部分没有严重的缺陷与错误；恰巧这一部分是别人替他制作的。由中国人的眼光来看，连《历史地图》也有一个缺点。在《世界史对照表》中，中国占一个独立的重要地位，这可说是近年来西洋人对中国史的认识加深的结果。但《历史地图》中，中国连一张独立的地图也没有，几张附属的地图也都不清楚。况且序文中既将中国与埃及、巴比伦诸古国并列，最少也当像它们同样的有一两张详细的地图。《对照表》与《地图》这样不平衡，编者似乎应当负责。

　　《图像》一部分是编者自己选择的，极不妥当。64 幅中，伟人写真的或理想的画像占据约有三分之二的地位，这只能供儿童欣赏，对于"人类行程"的了解没有多大帮助。伟人在历史上固然有他们的重要地位，但伟人的相貌不见得都能给人多少神感。各级人民生活的方式，宫殿庙宇居室的构造形式，城郭的布置，田园的小影，游戏的方法，诸如此类的图像所给与读者的知识往往较比长篇大论的描写还要清楚深刻。这一类的图像并不难找，《大英百科全书》中就很多。编者好似没有明白图像的用处，以为不过是扩大范围的家庭像片簿而已！

　　在《图像》一部中，中国只占一幅的地位，就是一张清初人所画的老子、孔子、释迦合像。这样一张不相干的象征图像也与《对照表》中中国的地位太不相称。西洋人收买盗运的中国书已难统计，足以代表中国书或中国文化的不见得以这幅象征画最为高明。

《对照表》太潦草，尤其关于中国史更是错误百出，前后自相矛盾的地方也不少。例如汉朝的年代先说西前二〇六至西元二二一年，下面又说西前二〇二为汉元年，西元二二〇为汉末年。西前二〇六与二〇二的两个汉元年的说法都可通，但这样简单不加说明的表中不当两列。东汉亡于西元二二〇年，二二一年误。把墨子放在西元四世纪初，晚了一百年。墨子活动在五年世纪，他或者死在四世纪初。称秦始皇为"皇帝"（Huang Ti），上面黄帝也用同样的两个拼音字，不知出于何典；秦始皇决无单称"皇帝"的道理。定秦朝的寿命为西前二四九至二〇二年，两个年代都错的不着边际。废挟书禁，说是在汉昭帝时，不知汉武帝那种热闹的儒教与儒学由何而来！司马迁的生死年代编者都能查明，这是没有第二个人知道的事。只提东汉时中国征服西域，对西汉时的西域事业一字未提。说契丹在西元十一世纪兴起，实际燕云十六州在十世纪前半期已经被契丹占据。地方官回避乡土的制度并不始于满清，隋唐时代已很盛行，六朝时已经萌芽。尼布楚条约的年代是西元一六八九，不是一六六九。此外编者对于一些皇帝与朝代似乎都恨寿命太短，所以将汉武帝、唐太宗、清圣祖、清宣宗的死年与南宋灭亡之年都展缓了一年的功夫。元太宗即位，又提早了两年。最不可解的，就是对照表中将孔子的年代记载的很正确（西前五五一至四七九年），到《图像》的说明中又改为五五〇至四八七年。编者对于工作如此的不负责任，叫人怀疑他是否真担任过《大英百科全书》编辑部的职务。纪年的书把年代弄得这样错乱，不知还有什么用处。编者在序文中并称上古的中国为"扬子江流域文化"，这是对中国稍微注意的西洋人决不会有的错误。

为编者着想，中国史或者困难太多，读者不当过事吹求。但西洋史的一部分不妥当与错误的地方也不少，这是编者自己也难以自解的。这里我们不必像中国史那样详细推敲，可由人类最早开化的埃及史中与今日西洋所由脱胎的罗马晚期史中各举一例以概其余。关于埃及，编者说在西前一五八〇年前一切大事的年代都由推测而来，都是约略的说法。这是史家所公认的。埃及史由西前三五〇〇年左右美尼斯（Menes）统一南北起，也还妥当。但在此前有一件很重要并且是年代确定的大事，就是西前四二四一年太阳历的颁行。这个历法后来由凯撒（Julius Caesar）传到罗马，由罗马传与中古以及近代的西洋，近代的西洋人又传播到全世界。其中虽有小的改变，但今日世界所通行的大体仍是六千年前埃及原来的历法。这不能不说是"人类行程"中的一件大事，同时也是人类史上第一件年代确定的事，无论如何不当遗漏。

罗马帝国承认基督教为合法的宗教，编者说是在西元三一二年。实际 Galerius 皇帝在三三一年，虽未统一全国，已颁布法令承认基督教。至于君士坦丁（Constantine）大帝承认基督教是在三一三年帝国内部平定之后。三一二年是相传君士坦丁用基督徒的军队战胜的一年。编者把三年中前后的发展并没有认清，况且基督教合法令的颁布既然值得提出，八十年后（西元三九二年）Theodosius 皇帝正式定基督教为罗马帝国国教的法令更为重要，并且是三一三年法令的自然结果。编者在三九二年记录了一件不很重要的政变，把这个重大的事反倒失载，可谓疏忽至极。

这本书装潢很好，印刷很精，看起来很美观，可惜内容太不相称。只有《历史地图》一部分还可供参考

（原载清华大学《社会科学》第 1 卷 1 期，1935 年 10 月）

书评：Hecker, Religion and Communism

RELIGION AND COMMUNISM: A STUDY OF RELIGION AND ATHEISM IN SOVIET RUSSIA.

By Julius F. Hecker-Chapman and Hall, Ltd., London, 1933, Pp.303.

西方有一句老话，说："英国人或美国人谈话，谈来谈去一定要谈到体育游戏的问题；法国人谈话，谈来谈去一定要谈到女人的问题；俄国人谈话，谈来谈去一定要谈到宗教的问题。"英美人或法国人是否如此，我们可不必管；至于俄国人，最少革命以前的俄国人，的确是以宗教为有无上兴趣的问题。三五个目不识丁的农民聚在一起而大谈上帝与人类死后命运的问题，在帝俄时代并不算稀奇的事。今日的情形，最少由外表看来，当然已经大变；Hecker 先生这本书就是要解释这种变化的背景与经过。

全书共十四章。第一章为绪论，第二章叙述俄罗斯民族传统的宗教信仰与宗教情绪，把民族的神秘特征描写得非常清楚。第三章讲帝俄时代国家与教会的关系。教会完全是政府的一个机关，可说是一种精神警察，专司查禁人民心中一切反抗政府的意念。例如一九〇五年圣彼得堡和平请愿的工人被军警杀伤的有数千之多；教会不只不从宗教或人道的立场提出抗议，各地的教士反多与俄皇打电报，贺他能当机立断。革命后想尽方法要推翻新政权的份子虽然很多，但其中最出力的就是教会。第四章讲正教以外的各种宗教改革派别的活动。由十四世纪末直到最近，历代都有反抗政治与宗教上的黑暗而起以宗教为号召的运动。这些新的宗教派别往往有共产的色彩，可见后日俄国的共产主义并不是偶然的事。第五章讲到十八世纪受了法国 Voltaire 一般人的影响之后的无神主义与非宗教主义。在宗教腐败不堪的俄国，这种革命思想非常盛行，并且成了多数改革家的公同信仰。今日苏俄的激烈反宗教政策也大半渊源于此。第六至第八章讲到十九世纪的改革运动，非宗教运动，与进步的宗教思想；对托尔斯泰尤其注意。十九世纪的革命思想家，如 Belnsky, Herzen, Bakunin, 之类，最后虽都成了反宗教的人物，但青年时都曾经过一个盛烈的宗教狂热时期，并且晚年时反宗教的革命热诚实际就是青年时宗教热诚的变向发展。这也是俄人宗教特征的一个明证。

第九章略述共产主义的宗教观。宗教的泉源是自然界与人事界的压迫。原始的人类受自然界的压迫，因而崇拜自然现象。但最大的宗教压迫还是人类开化后的阶级社会。先是贵族阶级，后是资本阶级，对多数的人民榨取剥削。人民惶恐畏惧，不能自保，于是就专事依赖神明的保佑与信仰的安慰去忍受他们不能避免的痛苦。榨取阶级也鼓励人民皈依宗教，因为宗教是一个很便利的麻醉品，能使人民忘记他们的苦处。这个宗教观是否妥当，实际上无关紧要；它是一个向宗教进攻的利器。最少帝俄之下的宗教的确是被政府当做人民的麻醉品去应用，所以革命之后新政权与教会是势不两立的。第十章就讲到这种不可并立局面下的政教冲突。教会占胜利的机会本来就很少，但它连所余的一点机会也不知利用。例如一九二一年俄国大饥，教会不肯出力救荒。最后政府决定没收教会积储的许多宗教上不必需的金银器皿与各种珠宝去救灾民，教会却极力反抗。这种难以置信的愚顽不仁的行动等于自杀，连教士内部都有人提出抗议，已经微弱的教会因而又分裂为两派。今日教会在乡间虽然仍有相当的势力，但在都市中已经不大惹人注意。

第十一至第十三章叙述反宗教运动的方法。在物质方面许多教堂都被没收，在思想方面反宗教同盟又刊行杂志与小册一类的反宗教宣传品。这种运动不能说没有成功，因为都市的青年大多已不信宗教，认为纯现世主义的五年计划与唯物哲学就可占领他们整个的人格。但青年中仍不免发生"人类由何而来？""人类为何而来？""人类到何处去？"的问题；这都是共产主义所不能满意的解答的。并且反宗教运动根本是一种消极的运动，除少数"反"的狂热家之外，一般人对它不易发生兴趣。虽有政府的保护提倡，反宗教运动已使人感到厌倦，在乡间与偏僻的地方甚至有时招致人民的反对。

最末在第十四章著者对于宗教在苏俄的前途提出他个人的见解。反宗教家相信十年之内宗教的势力就要完全消灭，但著者认为问题并不如此简单。即使我们承认共产主义的宗教观，认宗教为压迫恐惧下的产物，即使我们又承认共产主义的理想社会将来真能实现，但未来的理想社会决不会像古今的宗教家与今日的共产主义者所想象的极乐世界。在任何的主义之下，我们很难想见战争，饥荒，瘟疫，水旱，地震，夭折，失恋，失望，以及其他各种意外或非常的事会完全绝迹；至于人类何来、为何、何去的问题更是人性所必要猜想的宇宙之谜。这都是引起恐惧、疑惑、追求信仰的现象，并且是人类根本不能完全理解的现象。共产主义在初胜的狂欢下或者可以不理这些问题，但人类只要仍是人类，这些都是不可避免的问题。

著者个人仍然笃信宗教，同时对苏俄政治又很表同情。全书由始至终态度非常客观，在英文同样性质的作品中是很难得的一本书。

雷海宗

（原载清华大学《社会科学》第 1 卷第 2 期，1936 年 1 月）

书评：Jaspers, Man in the Modern Age

MAN IN THE MODERN AGE.

By K. Jaspers. Tr. From the German by Eden and Cedar Paul. Henry Holt and Co., N. Y., 1933, PP. 243

十九世纪以前西洋虽然变化甚多，但历代都以自己的时代为固定不动的，永久的。十九世纪以下，尤其欧洲大战以下的今日，大家都感到时代有如流沙，顷刻万状；每人无论自己的境遇稳固与否，都觉得整个的时代是不稳固的。这种普遍的心理渐由西洋传播到全世界。从前的人相信大局与环境是固定的，所以个人的地位反倒重要，在固定的环境之下，每个人可凭自己的能力去活动立业。现在的人都感到个人的力量微乎其微，环境的急剧变化似乎不由人力，人力也没有控制环境诱导环境的能力；并且个人努力的目标与最后所得的结果往往不相合，甚至正相反，使人心中异常苦闷。人要支配环境，结果反被环境支配，旧的世界已成过去，新的世界还未来临。没有人相信现在的局面能够持久，但也没有人知道新的世界到底怎样，甚至很多人对新世界来临的可能根本怀疑。

今日的世界过于复杂，所以没有人知道此时此刻的整个局面到底如何。但 Jaspers 教授相信我们不妨勉强去探讨今日的情势。一八〇〇年世界的人口约为八万五千万，今日已增加到十八万万。这种骤增的人口全靠科学与机械的进步来维持。人类全部生产与消费以及一般日常的生活都在一定的规则与集中管理之下进行，以致个人的自由完全失去，每人只是庞大机械中的一个渺小机件。因为人口大增，人类相互的关系日趋密切，所以今日才有所谓"群众"的问题。整个的政治社会机构都为的要设法叫群众有饭吃，同时也有人出来利用群众，麻醉群众，呼群众为主人翁，推群众为最后的统治者。但群众实际并没有统治的能力。今日所谓群众政治实际只是一种抽象方法的政治。多数人无可无不可，不参与政事。其余的人用投票选举或其他的方法干政，但实际一切都由少数有组织的人把持操纵。然而这少数人的行动都以全部群众——大部不管事的与小部管事的——的名义为根据。今日的领袖都须要谋求群众的利益，虽然这种利益往往只是口惠。如此看来，所谓主人翁的群众实际是一个非常抽象的动物，所谓群众政治也是一个难以捉摸的鬼物。

在机械化与群众独尊的局面之下，个人的地位无足轻重。今日除极少数有特别知识或特别技能的人之外，一般人在社会上都没有长久固定的地位。甲能作的事，乙也能作。今天由甲作，明天换乙去作，甲就须另谋发展，或赋闲失业。从前连一个最贫贱的人都有固定的地位，今日连一个所谓领袖的人物对于自己的地位也没有把握。一般人对于工作并不感觉兴趣，因为工作并不是终身的职业。工作无聊，可以说人生最大的快乐已经丧失。

家庭在今日有消灭的趋势。大多数人都没有恒产，居室都是与军营相似的蜂巢式的房屋，只是夜间睡觉的地方，并不是家庭生活的根据地。所以搬家成了常事，因为一般人实际都没有“家”。父母对于子女的影响日愈减少，离婚日多，终身不正式结婚的男女也不少。今日性学的发达与性学者的风行，正足证明家庭的破裂。从前家庭与婚姻并没有成过严重的问题，所以没有人去注意。

教育在固定的时代有固定的内容与目标；当时社会所认为最高的价值都靠教育保持流传。今日整个的文化流动不定，因而教育的目标也无准则。有人无所适从，就提倡尊古，把今日无人信仰的前代传统全部灌输给现代的青年。又有人认为教育的目的只是为供给学生一个谋生的工具。实际大家谁都找不到门路，这是今日教育学说与教育书籍所以流行的原故。各种新奇的教育学说与教育试验都表示教育事业的迷失正路。今日的教育特别崇拜青年，认为未成熟的青年能指示教育的方针。同时因为成年人没有把握，青年人也就日渐进取，为他们自己真能找出路，无需成年人的指导。因为教育学说与教育内容变化无定，学生出校之后不久就感觉落伍。所以今日各国都有成年教育的可怜呼声。

这样时代的人当然是悲观的，革命的，破坏的，盲动的。……今日最时髦的出路就是□□主义与法西斯主义。两者其实相同：都要人民盲目的服从，都以几句口头禅为真理，都让几个已经夺得政权的人去专政。这种非理性的主义在少数的国家已经实现，在没有实现的国家也是群众所要求或希望的目标。著者对于未来的趋势十分焦心，人类或者会盲目的自杀也未可知。今日大家所作所为，几乎都是自杀行动。群众的时代否认个人的自由，著者相信只有恢复个人的自由人类才有出路。但他没有说明这个自由如何恢复，他自己似乎也怀疑有否恢复的可能。

这类的书近年来欧美各国都出的很多。美国 Joseph Wood Krutch 的 The

Moder Temper 沉痛的叙述摩登人类的消极与悲哀。德国 Oswald Spengler 的 Der Untergang des Abendlandes 断定人类历史的将来一定与以往同样的痛苦；Keyserling 写了许多书，倡导一种江湖派的假乐观主义，实际对于将来也感到无望。英国 H.G.Wells 发表的短文与长书更多，热心的为迷途的人类寻出路；但 Wells 的见解时常变换，证明连他自己也还没有找到出路！Heidelberg 大学 Jsspers 教授的书也是这一类的时代产品，很值得一读；可惜著者也犯德国人的通病，书中有许多微妙虚玄语句，读起来好像是梦话。

（原载清华大学《社会科学》第 1 卷第 3 期，1936 年 4 月）

书评：顾颉刚《汉代学术史略》

《汉代学术史略》

顾颉刚著

上海亚细亚书局，基本知识丛书之一。

民国二十四年八月十日出版。页二二四。

我们对于战国以上的情形知道的很少，所知道的一点大多又经过汉人的修改或解释。所以我们今日看上古时代，都戴着汉人的眼镜。把这副有颜色的眼镜完全脱去或者不易办到，但我们最少可想法减淡它的色彩，使我们所见的与实情比较相近。顾先生这本书，除直接研究汉代外，就是要达到这个目的。著者认为阴阳五行说是汉代思想的骨干，所以第一章就讲论阴阳五行说及其理想中的政治制度。自古就有的受命说，至此已演化为封禅说，于是整个的西汉时代不断的为受命改制的潮流所震荡。最后王莽也就利用这种潮流去实现篡位的阴谋。讲论王莽与王莽时代的几章是本书最有精采的一部分。王莽的自比周公与凡事论古的把戏，大家虽都知道，但从前没有人像著者这样把王莽所摆的迷魂阵全部揭穿。儒经的成立与经今古文的竞争，本书也扼要谈及。对东汉时代，著者特别注意谶纬学的势力。最后以曹丕抄袭王莽利用谶纬学来移汉鼎的故事为全书的总结束。书虽然短，事实却很丰富，条理清楚，对初学的人可说是很好的一部参考书。评者个人只觉得书的名称不甚妥当。书中所讲的各种题目，汉代的人也不见得全部当作"学术"看，我们今日更难如此的恭维。书名似乎当作《汉代信仰史略》，或《汉代宗教史略》，或《汉代宗教思想大纲》。

书中有两点可以商量。著者说焚书与坑儒无关，是两件性质不同的事（页一六至一七）。这是近年来流行的一种时髦见解。但我们若细读《秦始皇本纪》，就可看出坑儒并不只是"始皇个人的发脾气而已"，也"是一种有计划的政治手段"。始皇对求药方士的不满意，显然只是一种借口。焚书令中本来禁止人民"偶语诗书"或"以古非今"。这种禁令当然难以执行，始皇也知道偶语与非今的文人很多，因此要找一个机会造成恐怖，使一般失意的文人不敢再藐视焚书令。所以始皇说："诸生在咸阳者，吾使人廉问，或为妖言，以乱黔首。"这里所谓"妖言"当然包括各种诽谤皇帝与国政的言论。所以始皇"使御史悉案问诸生，诸生传相告引"。咸阳的文人方士终日见面，大家都互相认识，见面都不免发几句牢骚。这本是古今文人的常情，言论愈不自由时牢骚愈多。在非刑拷打之下，大家都互相牵连，所以就有四百六十多人被坑，放逐的人还不知有多少。这是焚书令的严厉执行，使好谈是非的文人知道焚书令并不是具文，不只要焚书，不妥当的说话也是犯禁的。并且这次的祸事虽由方士引起，被坑的反倒大多是儒人。坑儒之后，太子扶苏上谏言："天下初定，远方黔首未集。诸生皆诵法孔子，今上皆重法绳之，臣恐天下不安。唯上察之！"诵法孔子的当然是儒家，求仙药的方士用不着孔子。当时儒家在诸家中势力最大，也最迷古，所以最易犯"以古非今"的罪，因而也最招致始皇的嫉恨，引得他找一个借口来大批的诛灭儒生。所以焚书与坑儒是始皇一贯政策下有密切关系的两件事，二千年来的见解并不错误。

著者仍议《左传》与《国语》原为一书，这似乎是犯了只知疑汉不知疑清的毛病。《左传》有问题，大概很少人否认，但以《左》《国》为一书的解释未免过于简单。著者认今本《国语》为刘歆"删削之余"；但今本《国语》与《左传》相重复处甚多，不能说是"删削之余"。两相重复处，不只文字往往不同，连事实也不尽同，有时甚至相反。例如《吴语》论到黄池之会，说"吴公先歃，晋侯亚之"。《左传》哀公十三年，说"乃先晋人"。又如《楚语》上所讲楚臣次第奔晋的人名与功业与《左传》襄公二十六年完全不同。此外同类的例尚多。至于叙事时，同一件事先后的关系或叙述的详略，两书往往歧异。两书文字与用字的不同，近年来也屡次有人提出研究。在这些个别的问题没有满意的解决之先，我们似乎不当因为《左传》的出处与编制可疑就笼统的断定《国语》为它的前身。

（原载清华大学《清华学报》第 11 卷 2 期，1936 年 4 月）

无兵的文化

著者前撰《中国的兵》，友人方面都说三国以下所讲的未免太简，似乎有补充的必要。这种批评著者个人也认为恰当。但二千年来的兵本质的确没有变化。若论汉以后兵的史料，正史中大半都有兵志，正续通考中也有系统的叙述，作一篇洋洋大文并非难事。但这样勉强叙述一个空洞的格架去凑篇幅，殊觉无聊。反之，若从侧面研究，推敲二千年来的历史有什么特征，却是一个意味深长的探求。

秦以上为自主、自动的历史，人民能当兵，肯当兵，对国家负责任。秦以下人民不能当兵，不肯当兵，对国家不负责任，因而一切都不能自主，完全受自然环境（如气候，饥荒等等）与人事环境（如人口多少，人才有无，与外族强弱等等）的支配。

秦以上为动的历史，历代有政治社会的演化更革。秦以下为静的历史，只有治乱骚动，没有本质的变化，在固定的环境之下，轮回式的政治史一幕一幕的更迭排演，演来演去总是同一出戏，大致可说是汉史的循环发展。

这样一个完全消极的文化，主要的特征就是没有真正的兵，也就是说没有国民，也就是说没有政治生活。为简单起见，我们可以称它为"无兵的文化"。无兵的文化，轮回起伏，有一定的法则，可分几方面讨论。

一 政治制度之凝结

历代的政治制度虽似不同，实际只是名义上的差别。官制不过是汉代的官制，由一朝初盛到一朝衰败期间，官制上所发生的变化也不能脱离汉代变化的公例。每朝盛期都有定制，宰相的权位尤其重要，是发挥皇权的合理工具，甚至可以限制皇帝的行动。但到末世，正制往往名存实亡，正官失权，天子的近臣如宦官、外戚、幸臣、小吏之类弄权专政，宰相反成虚设。专制的皇帝很自然的不愿信任重臣，因为他们是有相当资格的人，时常有自己的主张，不见得完全听命。近臣地位卑贱，任听皇帝吩咐，所以独尊的天子也情愿委命寄权，到最后甚至皇帝也无形中成了他们的傀儡。

例如汉初高帝、惠帝、吕后、文帝、景帝时代的丞相多为功臣，皇帝对他们也不得不敬重。他们的地位巩固，不轻易被撤换。萧何在相位十四年，张苍十五年，陈平十二年，这都是后代少见的例子。萧何、曹参、陈平、灌婴、申屠嘉五个丞相都死在任上，若不然年限或者更长。①

丞相在自己权限范围以内的行动，连皇帝也不能过度干涉。例如申屠嘉为相，一日入朝，文帝的幸臣邓通在皇帝前恃宠怠慢无礼，丞相大不满意，向皇帝发牢骚：

> 陛下幸爱群臣，则富贵之。至于朝廷之礼，不可以不肃！

文帝只得抱歉地答复："君勿言，吾私之。"但申屠嘉不肯放松，罢朝之后回相府，正式下檄召邓通，并声明若不即刻报到就必斩首。邓通大恐，跑到皇帝前求援，文帝叫他只管前去，待危急时必设法救应。邓通到相府，免冠赤足，顿首向申屠嘉谢罪，嘉端坐自如，不肯回礼，并声色俱厉地申斥一顿：

> 夫朝廷者，高皇帝之朝廷也。通小臣，戏殿上，大不敬，当斩！史今行斩之！

"大不敬"在汉律中是严重的罪名，眼看就要斩首。邓通顿首不已，满头出血，申屠嘉仍不肯宽恕。文帝计算丞相的脾气已经发作到满意的程度，于是遣使持节召邓通，并附带向丞相求情："此吾弄臣，君释之！"邓通回去见皇帝，

---

① 俱见《汉书》卷一九下《百官公卿表下》。

一边哭，一边诉苦："丞相几杀臣！"①

这幕活现的趣剧十足地表明汉初丞相的威风，在他们行使职权的时候连皇帝也不能干涉，只得向他们求情。后来这种情形渐渐变化。武帝时的丞相已不是功臣，因为功臣已经死尽。丞相在位长久或死在任上的很少，同时有罪自杀或被戮的也很多。例如李蔡、庄青翟、赵周、公孙贺、刘屈耗都不得善终。②并且武帝对丞相不肯信任，相权无形减少。丞相府原有客馆，是丞相收养人才的馆舍。武帝的丞相权小，不能多荐人，客馆荒凉，无人修理；最后只得废物利用，将客馆改为马厩、车库，或奴婢室！③

武帝似乎故意用平庸的人为相，以便于削夺相权。例如田千秋本是关中高帝庙的卫寝郎，无德无才，只因代卫太子诉冤，武帝感悟，于是就拜千秋为大鸿胪，数月之间拜相封侯。一言而取相位，这是连小说家都不敢轻易创造的奇闻。这件事不幸又传出去，贻笑外国。汉派使臣聘问匈奴，单于似乎明知故问：

闻汉新拜丞相。何用得之？

使臣不善辞令，把实话说出，单于讥笑说：

苟如是，汉置丞相非用贤也，妄一男子上书即得之矣！

这个使臣忠厚老实，回来把这话又告诉武帝。武帝大怒，认为使臣有辱君命，要把他下吏治罪。后来一想不妥当，恐怕又要贻笑大方，只得宽释不问。④

丞相的权势降低，下行上奏的文件武帝多托给中书谒者令。这是皇帝左右的私人，并且是宦官。这种小人"领尚书事"，丞相反倒无事可作。武帝晚年，卫太子因巫蛊之祸自杀，昭帝立为太子，年方八岁，武帝非托孤不可。于是就以外戚霍光为大司马大将军领尚书事，受遗诏辅政。⑤大司马大将军是天下最高的武职，领尚书事就等于"行丞相事"，是天下最高的政权。武帝一生要削减相权，到晚年有意无意间反把相权与军权一并交给外戚。从此西汉的政治永未再上轨道。皇帝要夺外戚的权柄就不得不引用宦官或幸臣，最后仍归失败，汉的天下终被外戚的王莽所篡。至于昭帝以下的丞相，永久无声无臭，大半都是

---

① 《汉书》卷四二《申屠嘉传》。
② 《汉书》卷五八《公孙弘传》，卷六六《公孙贺传》《刘屈耗传》。
③ 《汉书》卷五八《公孙弘传》。
④ 《汉书》卷六六《车千秋传》。
⑤ 《汉书》卷六《武帝纪》，卷六八《霍光传》。

老儒生，最多不过是皇帝备顾问的师友，并且往往成为贵戚的傀儡。光武中兴，虽以恢复旧制相标榜，但丞相旧的地位永未恢复，章帝以后的天下又成了外戚、宦官交互把持的局面。

后代官制的变化，与汉代如出一辙。例如唐朝初期三省的制度十分完善。尚书省总理六部行政事宜，尚书令或尚书仆射为正宰相。门下侍中可称为副宰相，审查诏敕，并得封驳奏钞诏敕。中书令宣奉诏敕，也可说是副宰相。但高宗以下天子左右的私人渐渐用"同中书门下平章事"的名义夺取三省的正权，这与汉代的"领尚书事"完全相同。[①]

唐以后寿命较长的朝代也有同样的发展。宋代的制度屡次改革，但总的趋势也与汉唐一样。南渡以后，时常有临时派遣的御营使或国用使一类的名目，操持宰相的实权。明初有中书省，为宰相职。明太祖生性猜忌，不久就废宰相，以殿阁学士勉强承乏。明朝可说是始终没有宰相，所以宦官才能长期把持政治。明代的演化也与前代相同，只不过健全的宰相当权时代未免太短而已。满清以外族入主中国，制度和办法都与传统的中国不全相同，晚期又与西洋接触，不得不稍微摹仿改制。所以清制与历来的通例不甚相合。

历朝治世与乱世的制度不同，丞相的权位每有转移。其时间常发生一个有趣的现象：就是前代末朝的乱制往往被后代承认为正制。例如尚书、中书、门下三省，乃是汉末魏晋南北朝乱世的变态制度；但唐代就正式定它为常制。枢密院本是唐末与五代的反常制度，宋朝也定它为正制。但这一切都不过是名义。我们研究历代的官制，不要被名称所误。两代可用同样的名称，但性质可以完全不同。每代有合乎宪法的正制，有小人用事的乱制。各朝的正制有公同点，乱制也有公同点；名称如何，却是末节。盛唐的三省等于汉初的丞相，与汉末以下演化出来的三省全不相同。以此类推，研究官制史的时候就不至被空洞的官名所迷惑了。

二 中央与地方

宰相权位的变化，二千年间循环反复，总演不出新的花样。变化的原动力是皇帝与皇帝左右的私人，与天下的人民全不相干。这在一个消极的社会是当然的事。

---

① 《新唐书》卷四六《百官志一》，卷四七《百官志二》。

中央与地方的关系，秦汉以下也有类似的定例。太平时代中央政府大权在握，正如秦汉的盛世一样。古代封建制度下的阶级到汉代早已消灭。阶级政治过去后，按理可以有民众政治出现；但实际自古至今在任何地方也没有发生过真正的全民政治，并且在阶级消灭后总是产生个人独裁的皇帝政治，没有阶级的社会，无论在理论上如何美善，实际上总是一盘散沙。个人，家族，以及地方的离心力非常强大，时时刻刻有使天下瓦解的危险。社会中并没有一个健全的向心力，只有专制的皇帝算是勉强沙粒结合的一个不很自然的势力。地方官必须由皇帝委任，向皇帝负责；不然天下就要分裂混乱。并且二千年来的趋势是中央集权的程度日愈加深。例如汉代地方官只有太守是直接由皇帝任命，曹掾以下都由太守随意选用本郡的人。南北朝时，渐起变化。隋就正式规定大小地方官都受命于朝廷，地方官回避乡土的制度无形成立。①若把这种变化整个认为是由于皇帝或吏部愿意揽权，未免因果倒置。主要的关系恐怕还是因为一般的人公益心日衰，自私心日盛，在本乡作官弊多利少，反不如外乡人还能比较公平客观。所以与其说皇帝愿意绝对集权，不如说他不得不绝对集权。

乱世的情形正正相反。帝权失坠，个人、家族与地方由于自然的离心力又恢复了本质的散沙状态。各地豪族、土官、流氓、土匪的无理的专制代替了皇帝一人比较合理的专制。汉末三国时代与安史乱后的唐朝和五代十国都是这种地方官专擅的好例；最多只维持一个一统的名义，往往名义上也为割据。例如唐的藩镇擅自署吏，赋税不解中央，土地私相授受，甚至传与子孙。②这并不是例外，以前或以后的乱世也无不如此。在这种割据时代，人民受的痛苦，由民间历来喜欢传诵的"宁作太平犬，勿作乱世民"的话，可以想见。乱世的人无不希望真龙天子出现，因为与地方小朝廷的地狱比较起来，受命王天下的政治真是天堂。

宋以下好似不大见到割据的局面，但这只是意外原因所造出的表面异态，北宋未及内部大乱，中原就被外族征服。南宋也没有得机会形成内部割据，就被蒙古人吞并。这都是外来的势力使中国内部不得割据的例证。元末汉人驱逐外族，天下大乱，临时又割据起来。明末流寇四起，眼看割据的局面就要成立，恰巧满清入关，中国又没有得内部自由捣乱。清末民初割据的局面实际已经成立，只因在外族势力的一方面威胁一方面维持之下，中国不得不勉强摆出一个统一的面目。所以在北京政府命令不出国门的时候，中国名义上仍是一个大一

---

① 顾炎武《日知录》卷八《掾属》。
②《新唐书》卷五〇《兵志》，卷二一〇《藩镇列传》。

统的中华民国。最近虽略有进步，这种情形仍未完全过去。所以宋以下历史的趋势与从前并无分别；只因外族势力太大，内在的趋势不得自由活动而已。

三　文官与武官

文官武官的相互消长也与治乱有直接的关系。盛世的文官重于武官，同品的文武二员，文员的地位总是高些。例如汉初中央三公中的丞相高于太尉，地方的郡守高于郡尉，全国的大权一般讲来也都操在文吏的手中。[①]又如唐初处宰相地位的三省长官全为文吏，军权最高的兵部附属于尚书省，唐制中连一个与汉代太尉相等的武官也没有。[②]

独裁的政治必以武力为最后的基础。盛世是皇帝一人的武力专政，最高的军权操于一手，皇帝的实力超过任何人可能调动的武力。换句话说，皇帝是大军阀，实力雄厚，各地的小军阀不敢不从命。但武力虽是最后的条件，直接治国却非用文官不可；文官若要合法的行政，必须不受皇帝以外任何其他强力的干涉支配；若要不受干涉，必须有大强力的皇帝作后盾。所以治世文胜于武，只是一般的讲；归结到最后，仍是强力操持一切。这个道理很明显，历史上的事实也很清楚，无需多赘。中国历史上最足以点破这个道理的就是宋太祖杯酒解兵权的故事：

> 乾德初，帝因晚朝与守信等饮酒。酒酣，帝曰："我非尔曹不及此，然吾为天子殊不若为节度使之乐。吾终夕未尝安枕而卧！"
>
> 守信等顿首曰："今天命已定，谁复敢有异心？陛下何为出此言邪？"
>
> 帝曰："人孰不欲富贵？一旦有以黄袍加汝之身，虽欲不为，其可得乎？"
>
> 守信等谢曰："臣愚不及此，唯陛下哀矜之！"
>
> 帝曰："人生驹过隙尔，不如多积金帛田宅以遗子孙，歌儿舞女以终天年，君臣之间无所猜嫌，不亦善乎？"
>
> 守信谢曰："陛下念及此，所谓生死而肉骨也！"
>
> 明日皆称病，乞解兵权。帝从之，皆以散官就第，赏赉甚厚。[③]

---

① 《汉书》卷一九上《百官公卿表上》。

② 《新唐书》卷四六《百官志一》，卷四七《百官志二》。

③ 《宋史》卷二五〇《石守信传》。

宋初经过唐末五代的长期大乱之后，求治的心甚盛，所以杯酒之间大军阀能将小军阀的势力消灭。此前与此后的开国皇帝没有这样便宜，他们都须用残忍的诛戮手段或在战场上达到他们的目的。

乱世中央的大武力消灭，离心力必然产生许多各地的小武力。中央的军队衰弱，甚至消灭，有力的都是各地军阀的私军。这些军阀往往有法律的地位，如东汉末的州牧都是朝廷的命官，但实际却是独立的军阀。[①]唐代的藩镇也是如此。此时地方的文官仍然存在，但都成为各地军阀的傀儡，正如盛世的文官都为大军阀（皇帝）的工具一样。名义上文官或仍与武官并列，甚或高于武官，但实情则另为一事。例如民国初年各省有省长，有督军，名义上省长高于督军，但省长的傀儡地位在当时是公开的秘密。并且省长常由督军兼任，更见得省长的不值钱了。

乱世军阀的来源，古今也有公例。最初的军阀本多是中央的巡察使，代中央监察地方官，本人并非地方官。汉的刺史州牧当初是巡阅使，并非行政官。[②]唐代节度使的前身有各种的监察使，也与汉的刺史一样。后来设节度使，兵权虽然提高，对地方官仍是处在巡阅的地位；只因兵权在握，才无形中变成地方官的上司。[③]这种局面一经成立，各地的强豪、土匪以及外族都可趁火打劫而成军阀。如汉末山贼张燕横行河北诸郡，朝廷不能讨，封为平难中郎将，领河北诸山谷事，每年并得举孝廉。[④]唐末天下大乱，沙陀乘机发展，以致引起后日五代时期的沙陀全盛局面。[⑤]这些新军阀都是巡察官的军阀制度成立后方才出现的。

四　士大夫与流氓

在一盘散沙的社会状态下，比较有组织的团体，无论组织如何微弱或人数如何稀少，都可操纵一般消极颓靡的堕民。中国社会自汉以下只有两种比较强大的组织，就是士大夫与流氓。

士大夫团体的萌芽，远在战国时代。古代的贵族政治破裂，封建的贵族被

---

① 《后汉书》卷一〇四《袁绍传》。
② 《汉书》卷一九上《百官公卿表上》。
③ 《新唐书》卷五〇《兵志》，卷二一〇《藩镇列传》。
④ 《后汉书》卷一〇一《朱俊传》。
⑤ 《新唐书》卷二一八《沙陀传》。

推翻，在政治上活动的新兴人物就是智识分子，在当时称为游说之士。但在战国时代百家争鸣，游说之士并非一个纯一而有意识的团体。这种团体的实现是汉武帝废百家，崇儒术，五经成为做官捷径后的事。隋唐以下，更加固定的科举制度成立，愈发增厚士大夫的团结力量。儒人读同样的书，有同样的目标，对事有同样的态度，并且因为政治由他们包办，在社会上他们又多是大地主，所以他们也可说有公同的利益。虽无正式的组织，他们实际等于一个政党，并且是唯一的政党。由此点看，一党专政在中国倒算不得稀奇！皇帝利用儒人维持自己的势力，儒人也依靠皇帝维持他们的利益。这些士大夫虽不是一个世袭的贵族阶级，却是唯一有公同目标的团体，所以人数虽少，也能操纵天下的大局。

但士大夫有他们特殊的弱点，以每个分子而论，他们都是些文弱的书生，兵戎之事全不了解，绝对不肯当兵。太平盛世他们可靠皇帝与团体间无形的组织维持自己的势力。天下一乱，他们就失去自立自主的能力，大权就移到流氓的手中。士大夫最多只能守成，并无应付变局的能力。每次天下乱时士大夫无能为力的情形就暴露无遗。乱世士大夫的行为几乎都是误国祸国的行为，古今绝少例外。他们的行为不外三种。第一，是无谓的结党误国。东汉末的党祸，宋代的新旧党争，明末的结党，是三个最明显的例。三例都是在严重的内忧或外患之下的结党营私行为。起初的动机无论是否纯粹，到后来都成为意气与权力的竞争；大家都宁可误国，也不肯牺牲自己的意见与颜面，当然更不肯放弃自己的私利。各党各派所谈的都是些主观上并不诚恳客观上不切实际的高调。①

乱世士大夫的第二种行为就是清谈。一般的高调当然都可说是清谈，但典型的例子却是魏晋时代的清静无为主义。胡人已经把凉州、并州、幽州（略等于今日甘肃、山西、河北三省）大部殖民化，②中国的内政与民生也到了山穷水尽的时候，一些负政治责任的人与很多在野的人仍在谈玄，这可说是一种逃避现实的行为。③今日弄世丧志的小品幽默文字，与一知半解的抄袭西洋各国的种种主义与盲目的号呼宣传，可说是两种不同的二十世纪式的清谈。

乱世士大夫的第三种行为就是作汉奸。作汉奸固然不必需要士大夫，但第一等的汉奸却只有士大夫才有资格去作。刘豫与张邦昌都是进士出身。洪承畴也是进士。

流氓团体与士大夫同时产生。战国时代除游说之士外，还有游侠之士。他

---

① 除正史外，可参考赵翼《廿二史札记》卷五，卷二六，卷三五。
② 《晋书》卷五六《江统传》，卷九七《匈奴传》。
③ 赵翼《廿二史札记》卷八。

们都肯为知己的人舍身卖命，多为无赖游民出身；到汉代皇帝制度成立后，费了九牛二虎之力才把侠士太公开的自由行动大致铲除。[①]但这种风气始终没有消灭，每逢乱世必定抬头。由东汉时起，流民也有了组织，就是宗教集团。最早的例子就是黄巾贼。[②]松散的人民除对家族外，很少有团结的能力。只有利用宗教的迷信与神秘的仪式才能使民众团结。由东汉时代起，历代末世都有类似黄巾贼的团体出现。黄巾贼的宣传，提出"苍天已死，黄天当立；岁在甲子，天下大吉"似通不通的神秘口号。唐末黄巢之乱，也倡出黄应代唐的妖言。[③]元末白莲教盛行一时，[④]明代（尤其明末）历批的流寇仍多假借白莲教或其他邪教的名义。[⑤]满清末季的白莲教，天理教，八卦教[⑥]以及义和团都是这类的流氓、愚民与饿民的团体。流氓是基本分子，少数愚民被利用，最后饿民大批入教。一直到今日，在报纸上还是时常发现光怪陆离的邪教在各地活动。但二千年来的流氓秘密组织是否有一线相传的历史，或只是每逢乱世重新产生的现象，已无从稽考了。

太平时代，流氓无论有组织与否，都没有多大的势力。但唯一能与士大夫相抗的却只有这种流氓团体。梁山泊式劫富济贫、代天行道的绿林好汉，虽大半是宣传与理想，但多少有点事实的根据。强盗、窃贼、扒手、赌棍以及各种各类走江湖的帮团的敲诈或侵略的主要对象就是士大夫。流氓的经济势力在平时并不甚强，但患难相助的精神在他们中间反较士大夫间发达，无形中增加不少的势力。

流氓团体也有它的弱点。内中的分子几乎都是毫无知识的人，难成大事。形式上的组织虽较士大夫为强，然而实际也甚松散。《水浒》中的义气只是理想化的浪漫故事。真正大规模的坚强组织向来未曾实现过，所以在太平时代，流氓不能与士大夫严重对抗，并且往往为士大夫所利用：大则为国家的武官或捕快，小则为士大夫个人的保镖。由流氓团体的立场来看，这是同类相残的举动，可说是士大夫"以夷制夷"政策成功的表现。

但遇到乱世，士大夫所依靠的皇帝与组织失去效用，流氓集团就可临时得势。天下大乱，大则各地割据的土皇帝一部为流氓头目出身，小则土匪遍地，

① 《汉书》卷九二《游侠列传》。
② 《后汉书》卷一〇一《皇甫嵩传》。
③ 《新唐书》卷二二五下《黄巢传赞》。
④ 《明史》卷一二二《韩林儿传》。
⑤ 赵翼《廿二史札记》卷三六《明代先后流贼》。
⑥ 魏源《圣武记》卷一〇。

官宪束手，各地人民以及士大夫都要受流氓地痞的威胁与侵凌。人民除正式为宫廷纳税外，还须法外地与土匪纳保险费，否则身家财产都难保障。士大夫为自保起见，往往被迫加入流氓集团，为匪徒奔走，正如太平时代士大夫的利用流氓一样。以上种种的情形，对民国初期的中国人都是身经、目睹或耳闻的实情，无需举例。

流氓虽然愚昧，但有时也有意外的成就。流氓多无知，流氓集团不能成大事；但一二流氓的头目因老于世故，知人善任，于大乱时期间或能成伟人，甚至创造帝业。汉高祖与明太祖是历史上有名的这类成功人物。但这到底是例外，并且他们成事最少一部分须靠士大夫的帮助，成事之后更必须靠士大夫的力量保守成业，天下的权力于是无形中又由流氓移到士大夫的手里。

五　朝代交替

"话说天下大势，分久必合，合久必分。"谁都知道这是《三国志演义》的开场白，也可说是二千年来中国历史一针见血的口诀。一治一乱之间，并没有政治社会上真正的变化，只有易姓王天下的角色更换。我们在以上各节所讲的都是治世与乱世政治社会上各种不同的形态，但没有提到为何会有这种循环不已的单调戏剧。朝代交替的原因或者很复杂，但主要的大概不外三种，就是皇族的颓废，人口的增长，与外族的迁徙。

第一种是个人的因素，恐怕不很重要；但因传统的史籍上多偏重这一点，我们不妨略为谈及。皇族的颓废化是一个自然的趋势，有两方面：一是生物学的或血统的，一是社会学的或习惯的。任何世袭的阶级，无论人数多少，早晚总要遇到一个无从飞渡的难关，就是血统上的退化。从古至今没有一个贵族阶级能维持长久，原因虽或复杂，但血统的日趋退化必是一个很重要的原因。法国革命前的贵族都是新贵，中古的贵族都已死净或堕落。今日英国的贵族能上溯到法国革命时代的已算是老资格的了。至于贵族中的贵族（王族或皇族）因受制度的维护，往往不至短期间就死净或丧失地位，但血统上各种不健全的现象却无从避免。百年战争时代（十四与十五世纪间）的法国王族血统中已有了深重的神经病苗。今日欧洲各国的王族几乎没有一个健全的；只因实权大多不操在王手，所以身体上与神经上的各种缺陷无关紧要。但中国自秦、汉以下是皇帝专制的局面，皇帝个人的健全与否对于天下大局有很密切的关系。低能或愚昧的皇帝不只自己可走错步，他更容易受人包围利用。中国历代乱时几乎都有这种现象。至于血统退化的原因，那是生物学与优生学的问题，本人无需离题多赘。

皇族的退化不只限于血统，在社会方面皇帝与实际的人生日愈隔离，也是一个大的弱点。创业的皇帝无论是否布衣出身，但总都是老经世故明了社会情况的领袖，所以不至受人愚弄。后代的皇帝生长在深宫之中，从生到死往往没有见过一个平民的面孔，对人民的生活全不了解。例如晋惠帝当天下荒乱，百姓饿死的时候，曾说："何不食肉糜？"①法国革命时巴黎饿民发生面包恐慌，路易第十六世的美丽王后也曾问过："他们为何不吃糕饼？"这样的一个皇帝，即或身心健全，动机纯粹，也难以合理地治理国家，必不免为人包围利用；若再加上血统的腐化，就更不必说了。

皇族的退化只是天下大乱的一个次要原因。由中国内部的情形来讲，人口的增长与生活的困难恐怕是主要的原因。这个问题非常重要，下面另辟一节讨论。由外部的情形来讲，气候的变化与游牧民族的内侵是中国朝代更换的主要原因。大地上的气候似乎是潮湿期与干燥期轮流当位。潮湿期农产比较丰裕，生活易于维持，世界上各民族间不致有惊人的变动。干燥期间土著地带因出产减少，民生日困。并且经过相当长的潮湿期与太平世之后，人口往往已达到饱和状态，农收丰裕已难维生，气候若再忽然干燥，各地就立刻要大闹饥荒。所以内在的因素已使土著地带趋向混乱。同时沙漠或半沙漠地带的游牧民族因气候骤变，生活更难维持，牛羊大批的饿死，寄生的人类也就随着成了饿殍。游牧民族在平时已很羡嫉土著地带的优裕生活，到了非常时期当然要大批地冲人他们心目中的乐国。自古以来中国的一部或全部被西北或东北的外族征服，几乎都在大地气候的干燥时期。这绝不是偶然的事。②中国被外族征服是二千年来历史上的一件重大公案，下面也另节引申讨论。

六　人口与治乱

食料的增加有限，人口的增加无穷，这在今日已是常识。一切生物都自然的趋向于无限的繁殖，中国传统的大家族制度与"不孝有三，无后为大"的香火主义使人口增加的速度更加提高。一家数十口，靠父祖的遗产坐吃山空，都

---

① 《晋书》卷四《惠帝纪》。

② 关于气候变化与游牧民族迁徙的问题，可参考 Ellsworth Huntington 教授的各种著作，最重要的是 Civilization and Climate; The Pulse of Asia; Character of Races。

比赛着娶妻生子。甚至没有遗产或遗产甚少，但数十口中若有一二人能够生产，全家就都靠这一二人生活繁殖。所以在小家庭的社会被淘汰的废人游民，在中国也都积极地参加人口制造的工作。并且按人类生殖的一般趋势，人愈无用生殖愈多，低能儿之生儿育女的能力远超常人，生殖似乎是废人唯一的用处与长处。所以中国不只人口增加的特别快，并且人口中的不健全分子的比例恐怕也历代增加。这大概是二千年来中国民族的实力与文化日愈退步的一个主要原因。

中国到底能养多少人口，是一个难以解答的问题。人口的统计向来不甚精确。先秦时代可以不论，由汉至明的人口，按官家的统计，最盛时也不过六千万左右，大乱后可以减到一二千万。但这个数目恐怕太低。中国自古以来的人丁税与徭役制度使人民都不肯实报户口；若说明以上中国的人口向来没有达到过七千万，这是很难置信的。由满清时代的人口统计，可以看出前代的记载绝不可靠。[①]康熙五十年（西元一七一一）的人口为二千四百万。五十一年，颁"盛世滋生人丁"的诏书，从此以后，人丁赋以康熙五十年为准，这实际等于废人丁税。雍正时代田租与丁赋合并，可说是正式废除人丁税。从此户口实报已无危险，人口的统计不致像前代的虚妄。十年以后，康熙六十年（西元一七二一），增到二千七百万。此后增加的速率渐渐达到好像不可信的惊人程度。二十八年后，乾隆十四年（西元一七四九），人口忽然加到前古未有一万七千七百万的高度，较前增加了六倍半。二十八年也不过是一世的期间，中国生殖率虽然高，也绝无高到这种程度的道理；显然是前此许多隐瞒的人口现在都出头露面了。再过十年，乾隆二十四年（公元一七五九年），就有一万九千四百万。再过二十四年，乾隆四十八年（公元一七八三年），就有二万八千四百万，将近三万万的人口高潮了。[②]此时社会不安的现象渐渐抬头，高宗逊位之后就发生川楚教匪的乱事，可见饭又不够吃的了。自此以后，至今一百四十年间社会总未安定，大小的乱事不断的发生。所以就拿中国传统极低的生活程度为标准，三万万的人口是中国土地的生产能力所能养的最高限度。历代最高六千万的统计，

① 汉代人口最盛时五千九百万（《汉书》卷二八上《地理志下》）。这数目或者还大致可靠。一、因当时的农业方法尚甚幼稚（《汉书》卷二十四上《食货志上》）。二、因今日广东，广西，福建，云南，贵州与四川一部的广大区域方才征服，尚未开发。三、因长江流域一带也没有发展到后日的程度。大概汉时承继古代法治的余风，政治比较上轨道，人民也比较的肯负责，大致准确的人口统计还不是绝对办不到的事。至于唐代人口最盛时只有五千万的记载，绝不可信；此后历代的统计就更不值一顾了。

② 关于历代人口的统计，除散见于正史《地理志》或《食货志》诸篇外，最方便的参考书就是《文献通考》卷一〇至一一《户口考》，《续文献通考》卷一二至一四《户口考》，《清朝文献通考》卷一九至二〇《户口考》。

大概是大打折扣的结果，平均每五人只肯报一人。

至于今日四万万以至五万万的估计，大致也离实情不远。这个超过饱和状态的人口是靠外国粮食维持的。近年来每年六万万元的入超中，总有二万万元属于米麦进口。都市中的人几乎全靠外国粮食喂养，乡间也有人吃洋饭。这在以农立国的中华是生民未有的变态现象。今日的中国好比一个坐吃山空的大破落户，可吃的东西早已吃净，现在专靠卖房卖田以至卖衣冠鞋袜去糊口，将来终有一天产业吃光，全家老小眼看饿死。[1]

历代人口过剩时的淘汰方法，大概不出三种，就是饥荒，瘟疫，与流寇的屠杀。人口过多，丰收时已只能勉强维持；收成略减，就要大闹饥荒。饥荒实际有绝对的与相对的两种。广大的区域中连年不雨或大雨河决，这是绝对的饥荒，人口不负责任。但中国每逢乱世必有的饥荒不见得完全属于这一类，最少一部分是人口过剩时，收成稍微减少，人民就成千累万的饿死。

瘟疫与饥荒往往有连带的关系。食料缺乏，大多数人日常的营养不足，与病菌相逢都无抵抗的能力，因而容易演成大规模的传播性瘟疫。试看历代正史的《本纪》中，每逢末世饥荒与瘟疫总是相并而行，这也绝非偶然的事。

饥荒与瘟疫可说是自然的淘汰因素，人为的因素就是流寇。流寇在二千年来的中国历史上地位非常重要，甚至可说是一种必需的势力。民不聊生，流寇四起，全体饿民都起来夺食，因而互相残杀。赤眉贼，黄巾贼，黄巢，李自成，张献忠是最出名的例子。但流寇不见得都是汉人，西晋末的五胡乱华也可看作外族饿民的流寇之祸。

在民乱初起时，受影响的只限于乡间，但到大崩溃时城市与乡间一同遭殃。例如西晋永嘉之乱时：

> 长安城中户不盈百，墙宇颓毁，蒿棘成林。朝廷无车马章服，唯桑版署号而已。众惟一旅，公私有车四乘。[2]

长安城中的人民或死亡，或流散。至于乡间的情形，据永嘉间的并州刺史刘琨的报告：

> 臣自涉州疆，目睹困乏，流移四散，十不存二；携老扶弱，不绝于路。

---

[1] "兵在精，不在多"，谁都承认。一讲到人口，一般的见解总以为是多多益善。这是不思的毛病。南京中国地理学会出版的《地理学报》第二卷第二期（民国廿四年六月）中有胡焕庸教授《中国人口之分布》一文，可代表多数人的开明见解，注意中国人口问题的人都当一读。

[2] 《晋书》卷五《愍帝纪》。

及其在者，鬻卖妻子，生相捐弃；死亡委厄，白骨横野，哀呼之声，感伤和气。群胡数万，周匝四山，动足遇掠，开目睹寇。唯有壶关可得告籴，而此二道九州之险，数人当路，则百夫不敢进。公私往返，没丧者多，婴守穷城，不得薪采；耕牛既尽，又乏田器。

后来刘琨转战到达晋阳（今太原），只见：

府寺焚毁，僵尸蔽地，其有存者饥羸无复人色。荆棘成林，豺狼满道。[①]

城乡人口一并大减。历史中所谓"人民十不存一二"或许说得过火，但大多数人民都死于刀兵水火或饥饿，是无可怀疑的。

民间历代都有"劫"的观念，认为天下大乱是天命降劫收人。这种民间迷信实际含有至理。黄巢的杀人如麻，至今还影射在民族心理的戏剧中。黄巢前生本为目连，因往地狱救母，无意中放出八百万饿鬼；所以他须托生为收人的劫星，把饿鬼全部收回。凡该被收的人，无论藏在什么地方，也逃不了一刀。这就是所谓"黄巢杀人八百万，在劫难逃"。这种神秘说法实际代表一个惨痛的至理。那八百万人（黄巢直接与间接所杀的恐怕还不只此数），无论当初是否饿鬼，但实际恐怕大多数是饿民或候补的饿民，屠杀是一个简直了当的解决方法。[②]

历代人口的增减有一个公式，可称为大增大减律。增加时就增到饱和点甚至超饱和点，减少时就减到有地无人种有饭无人吃的状态。人口增多到无办法时，由上到下都感到生活困难；官吏受了生活恐慌心理的影响，日愈贪污，苛捐杂税纷至沓来。民间的壮健分子在饥寒与贪污的双层压迫下，多弃地为匪，或入城市经营小本工商，或变成无业的流民与乞丐。弃地日多，当初的良田一部成为荒地，生产愈少，饥荒愈多。盗匪遍地之后，凡不愿死于饥荒或匪杀的农民，也多放弃田地，或入城市，或为盗匪。荒地愈多，生产愈少，生产愈少，饥荒愈甚；饥荒愈甚，盗匪愈多，盗匪愈多，荒地愈广。这个恶圈最后一定发展到良民与盗匪无从辨别的阶段，这就是流寇的阶段。

长期的酝酿之后，人口已经减少，再加最后阶段的流寇屠杀，当初"粥少僧多"的情形必一变而成"有饭无人吃"的局面。至此天下当然太平，真龙天

---

① 俱见《晋书》卷六二《刘琨传》。

② 《新唐书》卷二二五《黄巢传》。黄巢的八百万饿鬼中还有不少的洋鬼！见张星烺教授《中西交通史料汇篇》第三册第二九节。

子也就当然出现。大乱之后，土地食料供过于求，在相当限度以内，人口可再增加而无饥荒的危险。所以历史上才有少则数十年、多则百年的太平盛世：西汉初期的文景之治，东汉初期的中兴之治，唐初的贞观之治，清代康熙乾隆间的百年太平，都是大屠杀的代价所换来的短期黄金境界。生活安逸，社会上争夺较少，好弄词藻的文人就作一套"路不拾遗，夜不闭户"的理想文章来点缀这种近于梦幻的境界。

但这种局面难以持久。数十年或百年后，人口又过剩，旧的惨剧就须再演一遍。

七 中国与外族

二千年来外族在中国历史上的地位非常重要。在原则上，中国盛强就征服四夷，边境无事，中国衰弱时或气候骤变时游牧民族就入侵扰乱，甚或创立朝代。但实际二千年来中国一部或全部大半都在外祸之下呻吟。五胡乱华与南北朝的三百年间，中原是外族的地盘。后来隋唐统一中国算又自主。但隋与盛唐前后尚不到二百年，安史之乱以后，由肃宗到五代的二百年间，中原又见胡蹄时常出没，五代大部是外族扰攘的时期。北宋的一百六七十年间，中国又算自主，但国防要地的燕云终属于契丹，同等重要的河西之地又属西夏。南宋的一百五十年间，北方又成了女真的天下。等到女真已经汉化之后，宋、金同归于尽，一百年间整个的中国是蒙古大帝国的一部，这是全部中国的初次被征服。明朝是盛唐以后汉族唯一的强大时代，不只中国本部完全统一，并且东北与西北两方面的外族也都能相当的控制。这种局面勉强维持了约有二百年，明末中国又渐不能自保，最后整个的中国又第二次被外族征服。二百年后，满人已经完全汉化，海洋上又出现了后来居上的西洋民族。鸦片一战以后，中国渐渐成为西洋人的势力，一直到今天。

中国虽屡次被征服，但始终未曾消灭，因为游牧民族的文化程度低于中国，入主中国后就都汉化。只有蒙古人不肯汉化，[①]所以不到百年就被驱逐。游牧民族原都尚武，但汉化之后，附带的也染上汉族的文弱习气，不能振作，引得新的外族又来内侵。蒙古人虽不肯汉化，但文弱的习气却已染上，所以汉人不很费力就把他们赶回沙漠。

---

① 赵翼《廿二史札记》卷三〇。

鸦片战争以下，完全是一个新的局面。新外族是一个高等文化民族，不只不肯汉化，并且要同化中国。这是中国有史以来所未曾遭遇过的紧急关头，唯一略为相似的前例就是汉末魏晋的大破裂时代。政治瓦解到不可收拾的地步，因而长期受外族的侵略与统治。旧文化也衰弱僵化，因而引起外来文化势力的入侵，中国临时完全被佛教征服，南北朝时代的中国几乎成了印度中亚文化的附庸。但汉末以下侵入中国的武力与文化是分开的，武力属于五胡，文化属于印度。最近一百年来侵入中国的武力与文化属于同一的西洋民族，并且武力与组织远胜于五胡，文化也远较佛教为积极。两种强力并于一身而向中国进攻，中国是否能够支持，很成问题。并且五胡与佛教入侵时，中国民族的自信力并未丧失，所以仍能得到最后的胜利：五胡为汉族所同化，佛教为旧文化所吸收。今日民族的自信力已经丧失殆尽，对传统中国的一切都根本发生怀疑。这在理论上可算为民族自觉的表现，可说是好现象。但实际的影响有非常恶劣的一方面：多数的人心因受过度的打击都变为麻木不仁，甚至完全死去，神经比较敏捷的人又大多盲目地崇拜外人，捉风捕影，力求时髦，外来的任何主义或理论都有它的学舌的鹦鹉。这样说来，魏晋南北朝的局面远不如今日的严重，我们若要找可作比较的例证，还须请教别的民族的历史。

古代的埃及开化后，经过一千余年的酝酿，在西前一六〇〇年左右全国统一，并向外发展，建设了一个大帝国，正如中国的秦汉时代一样。这个帝国后来破裂，时兴时衰，屡次被野蛮的外族征服，但每次外族总为埃及所同化。这与中国由晋至清的局面相同。最后于西前五二五年埃及被已经开化的波斯人征服，埃及文化初次感到威胁。但波斯帝国不能持久，二百年后埃及又为猛进的希腊人所征服。从此埃及文化渐渐消灭，亚历山大利亚后来成为雅典以外最重要的希腊文化城。从此经过罗马帝国时代，埃及将近千年是希腊文化的一部分。最后在西元六三九至六四三年间，埃及又为回教徒的阿拉伯人所征服，就又很快的亚拉伯化，一直到今天埃及仍是亚拉伯文化的一部分。今日在尼罗河流域只剩有许多金字塔与石像还属于古埃及文化。宗教以及风俗习惯都已亚拉伯化，古文字也早已被希腊文与亚拉伯文前后消灭，直到十九世纪才又被西洋人解读明白，古埃及的光荣历史才又被人发现。

古代的巴比伦与埃及的历史几乎同时，步骤也几乎完全一致。也是在统一与盛强后屡次被野蛮的外族征服，但外族终被同化。后来被波斯征服，就渐渐波斯化，最后被亚拉伯人征服同化。今日在两河流域的古巴比伦地已经找不到一个巴比伦人，巴比伦的文字也是到十九世纪才又被西洋的考古学家解读明白的。

中国是否也要遭遇古代埃及与巴比伦的命运？我们四千年来的一切是否渐渐都要被人忘记？我们的文字是否也要等一二千年后的异族天才来解读？但只怕汉文一旦失传，不是任何的天才所能解读的！这都是将来的事，难以武断地肯定或否定。但中国有两个特点，最后或有救命的效能，使它不至遭遇万劫不复的悲运。中国的地面广大，人口众多，与古埃及、巴比伦的一隅之地绝不可同日而语。如此广大的特殊文化完全消灭，似非易事。但现代战争利器的酷烈也为前古所未有，西洋各国宣传同化的能力也是空前的可怕，今日中国人自信力的薄弱也达到了极点，地大人多似乎不是十分可靠的保障。

另外一个可能的解救中国文化的势力就是中国的语言文字。汉文与其他语文的系统都不相合，似乎不是西洋任何的语文所能同化的。民族文化创造语言文字，同时语言文字又为民族文化所寄托，两者有难以分离的关系，语言文字若不失掉，民族必不至全亡，文化也不至消灭。亚拉伯人所同化的古民族中，只有波斯人没有失去自己的语言文字，所以今日巴比伦人与埃及人已经绝迹于天地间，但波斯地方居住的仍是波斯人，他们除信回教之外，其他都与亚拉伯人不同。并且他们所信的回教是亚拉伯人所认为异端的派别，这也是波斯人抵抗亚拉伯文化侵略的表现。这种抵抗能力最少一部分是由于语言文字未被同化。西洋文化中国不妨尽量吸收，实际也不得不吸收，只要语言文字不贸然废弃，将来或者终有消化新养料而复兴的一天。

（原载清华大学《社会科学》第 1 卷第 4 期，1936 年 7 月）

汉武帝建年号始于何年？

中国古代的纪元方法过于幼稚简单，只有"维王某年"甚至"维某年"一类的字样，使后人读了不知到底是何王何代，以至有铭刻的铜器虽发现了不少，但年代多不可考，使研究古史的人不敢放心的引用。直到战国时代仍沿用这种纪年法，但那时已有了改元的制度。例如秦惠文王本称秦伯，十三年（西前三二五）称王，次年就又改称元年。①按《竹书纪年》，梁惠王也于称王后改元。这是因改君号而改元，与后代的改元不同，不能算作真正的改元。并且这种改号改元的办法，并没有成为定例。秦王并六国，改称皇帝，并没有改元。秦王政二十六年（西前二二一）并天下，仍为二十六年，不过以前为秦王二十六年，此后为秦始皇帝二十六年而已。次年仍为二十七年，直到始皇死时终未改元。②楚汉争时，刘邦为汉王。汉王五年（西前二〇二）统一天下，称皇帝，也未改元，与秦始皇一样。③

真正改元的制度创始于汉文帝。文帝十七年（西前一六三）得玉杯，刻有"人主延寿"四字，于是改十七年为元年。④这是初次因祥瑞而改元，此后的改元也多由于祥瑞或其他可纪念的事。后来作史的人为清楚起见，称第二次的公元为后元；但在当时只是元年，二年……，并非后元年，后二年……。景帝八年（西前一四九）改称元年，史记、汉书都没有说明道理。七年时曾立后来的武帝为太子，改元或者是纪念这件事的。⑤改元的七年，又改称元年，《史》《汉》也都没有举出理由。前一年不知何故，曾大改官名，这与改元或者是有连带关系的事。⑥后来作史的人就称初次改元为中元，二次为后元。

---

① 《史记》卷五《秦本纪》。
② 《史记》卷六《秦始皇本纪》。
③ 《史记》卷八《高祖本纪》。
④ 《史记》卷一〇《孝文本纪》。《汉书》卷四《文帝纪》说是十六年得玉杯，明年改元。
⑤ 《史记》卷一一《孝景本纪》，《汉书》卷五《景帝纪》。
⑥ 《史记》卷一一《孝景本纪》，《汉书》卷五《景帝纪》。

文景二帝的改元，只是把一，二，三……从头再数一遍，并没有建立年号。最早建年号的是汉武帝。但当初武帝仍用父祖的办法：因祥瑞改元，并无年号。所以按郊祀志（见下表）后来有司倡议建年号的时候说：

> 元宜以天瑞命，不宜以一二数。一元曰建，二元以长星曰光，三元以郊得一兽曰狩云。

可见武帝在位长久，屡次改元。因改元太多，容易混乱，大概就非正式的称即位后为"一元"，第一次改元为"二元"，第二次改元为"三元"。武帝的前六年（即后日的建元）称一元，后十二年（即后日的元光与元朔）称二元，此后直到有司建议的那一年都称三元。后来有司感到这样"以一二数"不太方便，才提议建设年号。但这种年号的制度到底创始于何年，史记汉书都绕了许多大圈子，却始终不肯说一句明白话，真使人大惑不解。建年号的制度对当时与后世都极便利，除定一年为标准纪年起发点的方法外，这可算是最好的纪年法。但建年号而不知始于何年，说起来未免好笑。我们可把关于这件事的材料排比举出，以便求得一个答案：

《汉书·武帝本纪》	《汉书·郊祀志》（《史记·封禅书》同）
建元元年（西前一四〇）	
建元六年（西前一三五） 秋八月有星孛于东方，长竟天。	
元光元年（西前一三四）	
元朔元年（西前一二八）	
元狩元年（西前一二二） 冬十月，获白麟。	其明年，郊雍，获一角兽，若麟然。
元狩二年（西前一二一）	其明年，齐人少翁……
元狩三年（西前一二〇）	
元狩四年（西前一一九）	居岁余，诛文成将军。
元狩五年（西前一一八）	文成死明年，天子病鼎湖甚。
元狩六年（西前一一七）	
元鼎元年（西前一一六） 夏五月，得鼎汾水上。	
元鼎二年（西前一一五）	其后三年，有司言元宜以天瑞命，不宜以一二数。一元曰建，二元以长星曰光，三元以郊得一兽曰狩云。
元鼎三年（西前一一四）	其明年，立后土祠与汾阴脽上，其夏六月汾阴得鼎。

续表

《汉书·武帝本纪》	《汉书·郊祀志》(《史记·封禅书》同)
元鼎四年（西前一一三） 十一月甲子，立后土祠于汾阴睢上。 六月，得宝鼎后土祠旁。秋，马生渥 洼水中。作《宝鼎》《天马》之歌。	
元鼎五年（西前一一二）	

由上表可见，同书中两篇纪年的文字并不相符。《本纪》在紧要关头不肯说一句痛快话，明明白白的告诉我们建年制到底创于何年。《郊祀志》又抄袭《史记》，写了一大堆"其明年""居岁余""其后三年"一类的糊涂句子，看起来非常混乱，与《武帝纪》排比起来也不相合。同时《汉书礼乐志》的记载又与两处都不相同。按《本纪》中，除元鼎元年得鼎外，第二年得鼎汾阴与水中得马都在元鼎四年，下面并谓"做宝鼎天马之歌。"按《郊祀志》得鼎只一次，在元鼎三年。但按《礼乐志》，马生水中与"天马歌"乃元狩三年，得鼎汾阴与宝鼎歌又为元鼎五年的事。①总之，班氏纪年，或因所据史料矛盾而两纪，或因失察而错误，或因后人辗转传抄而错乱；这几件事的一笔糊涂账今日很难算清。别的事还不要紧，年号建于何年的问题我们很愿解决。《武帝纪》"建元元年"四字之下有刘攽注，首先提出这个问题，并给了一个答案：

> 《封禅书》云"其后三年，有司言元宜以天瑞命，不宜以一二数"。推所谓"其后三年"者，盖尽元狩六年至元鼎三年也。然元鼎四年方得宝鼎，又无缘先三年而称之。以此而言，自元鼎以前之元皆有司所追命，其实年号之起在元鼎耳。故元封改元则始有诏书矣。

这个说法好似有道理，其实很不妥当。并且认"其后三年"为元鼎三年亦误，当作元鼎二年。又说元鼎的年号是纪念元鼎四年获鼎的事，绝不可通。因事改元，都在事件发生的当年或次年，如元光元年为长星见的次年；元狩元年为获麟的当年；绝没有在祥瑞发生后倒推上三四年去改元道理，古今也没有这种先例。既称"元鼎"，当然是本年或前一年曾发现过宝鼎。《郊祀志》中只有一次获鼎的记载，但《本纪》中元鼎元年与四年两次得鼎，可见元鼎的年号一定是纪念元年的发现，与四年的事无关。并且元鼎四年是否有获鼎的事，尚有

---

① 《汉书》卷二二《礼乐志》

问题。荀悦《汉纪》完全以班氏《汉书》为根据，获鼎的事系于元鼎元年，四年毫无鼎的痕迹。①这或者证明在东汉末年的《汉书》中，获鼎的事尚未传抄错乱，只有元年得鼎，四年并无得鼎的事。

我们即或承认这种解释，建年号始于何年的问题仍未解决。按今日郊祀志中的记载，有司的建议是在元鼎的二年。但建议书中只提到建元、元光、元狩三个年号，原称一元，二元，三元；并没有提到鼎的事。所以有司的建议一定在获麟之后与获鼎之前，必不能在获鼎以后。因为当时若已获鼎，必已改元为"四元"，有司也有必要在建议书中为四元起名。"其后三年，有司言……"的"三"字若改为"二"字，一切矛盾就都消失了。如此，有司的建议提前一年，在元鼎元年，并且必在夏五月或六月之前。因为当年五月或六月获鼎。②

并且我们又能证明有司的建议不能早于元鼎元年，因为在获鼎的前一年（当时为三元六年，后改称元狩六年）仍无年号。在那一年武帝封三子为王，在封策中开头一句就是"维六年四月乙巳"，并无年号。当时若已有年号，正式的封策中绝无遗漏的道理。③所以我们如果把三件事合起来看，就可见出最后的答案：

（1）元狩六年四月仍无年号

（2）元鼎元年五月或六月获鼎

（3）有司建议中有狩无鼎

如此，有司的建议一定是在封三王与获鼎的十三四个月之间。并且如果改"其后三年"为"其后二年"不太荒谬，有司的建议不能发生于元首狩六年，一定是在元鼎元年的冬十月至夏五月或六月的八九个月之间。④

武帝了解了有司的建议，当时必有诏书，可惜《史》《汉》都失载。⑤并且我们猜想有司的建议在获鼎之前，而武帝的接受在获鼎之后。获鼎之年以前，武帝在位已二十四年，曾改过两次元，共有三元。第一元六年，第二元十二年，第三元到此时已经七年。但当时恰巧又获鼎。武帝遂又决定改元。所以第三元也共是六年。为整齐起见，武帝又把第二元分为两半，每半六年；第一半就用

---

① 荀悦：《汉纪》卷一三《武帝纪四》。

② 按《武帝纪》元鼎四年获鼎在六月，《郊祀志》亦在六月。《汉纪》系于元年，也是六月。《武帝纪》元鼎元年获鼎在五月。两事都在夏季，或实为一事两纪，到底是五月或六月，已无从稽考。

③《史记》卷六〇《三王世家》。《汉书》卷六三《武五子传》中就改为"维元狩六年四月乙巳。"这一定是班氏所追加，并非封策原文。

④ 太初改历前，汉以冬十月为岁首。

⑤ 刘邠说元封改元，始有诏书，也不可通。当初有司建议定年号，皇帝接受时当然下诏。

有司所建议的"元光",第二半武帝定为"元朔",乃是开始的意思,与建元相同。因为方才获鼎,就改当年(三元七年,有司提议中的元狩七年)为元鼎元年,叫元狩恰巧也有六年。从此这就成了定例,每六年必找一个借口改元;元鼎六年后为元封,元封六年后为太初。一直到太初改制,才把这个定例打破;此后每四年改元一次。

结论,武帝建年号是在当时的三元七年,即有司建议的元狩七年,即武帝最后决定的元鼎元年,即西前一一六年。这是中国历史上年号制度创立的一年,值得大书特书的!

年号对当时与后世都是极便利的制度,大概无人否认。但武帝三番五次的改元到后来也成了定例,对当时与后世都是一种不必需的麻烦。历代的皇帝,除在位太短,来不及改元的之外,都有两个以上的年号。例如刘备称帝只三年,所以没有改元。但唐睿宗在位三年,居然也改元一次。像唐太宗作大唐皇帝天可汗前后二十三年,始终只用一个贞观的年号,这是极少见的例外。这或者也可说是太宗开明的一方面。这种繁琐的改元制度,到明代才废除。明清两代的皇帝没人只有一个年号,五百四十年间并无例外。清圣祖在位六十一年,始终号为康熙。唯一好似例外的就是明英宗。他因一度被也先俘虏,景帝即位;七年后他又复位,因当中已有景帝的年号,所以英宗不得不改元。这是特殊的情形,不能算作真正的例外。

(原载清华大学《清华学报》第 11 卷第 3 期,1936 年 7 月)

断代问题与中国历史的分期

（一）正名
（二）中国史的分期
（三）中国史与世界史的比较

断代是普通研究历史的人所认为一个无关紧要的问题。试看一般讲史学方法的书，或通史的叙论中，对此问题都有一定的套语，大致如下：

"历史上的变化都是积渐的，所有的分期都是为研究的便利而定，并非绝对的。我们说某一年为两期的分界年，并不是说某年的前一年与后一年之间有截然不同之点，甚至前数十年与后数十年之间也不见得有很大的差别。我们若把这个道理牢记在心，就可分历史为上古、中古、近代三期而不致发生误会了。"

这一类的话在西洋的作品中时常遇到，近年来在中国也很流行一时。话都很对，可惜都不中肯要。历史就是变化，研究历史就为的是明了变化的情形。若不分期，就无从说明变化的真相。宇宙间的现象，无论大小，都有消长的步骤；人类文化也脱离不了宇宙的范围，也绝不是一幅单调的平面图画。但因为多数研究的人不注意此点，所以以往的分期方法几乎都是不负责任的，只粗枝大叶地分为上古、中古、近代，就算了事。西洋人如此，中国人也依样画葫芦。比较诚恳一点的人再细分一下，定出上古、中古、近古、近世、近代、现代一类的分期法，就以为是独具匠心了。这种笼统的分法比不分期也强不了许多，对于变化的认清并没有多大的帮助。不分期则已，若要分期，我们必须多费一点思索的工夫。

一　正名

"名不正则言不顺"这一句话，很可移用在今日中国史学界的身上。无论关于西洋史或中国史，各种名义都不严正，这是断代问题所以混乱的一个主要原因。我们若先将各种含意混沌的名词弄清，问题就大半解决了。

西洋史上古、中古、近代的正统分期法，是文艺复兴时代的产物。当时的文人对过去数百年以至千年的历史发生了反感，认为自己的精神与千年前的罗马人以至尤前的希腊人较为接近，与方才过去的时代反倒非常疏远。他们奉希腊罗马的文献为经典（Classics），现在为这种经典的复兴时代（Renaissance），两期中间的一段他们认为是野蛮人，尤其是戈特人的时代（Barbarous 或 Gothie），或黑暗时代（Dark Ages），恨不得把它一笔勾销。他们只肯认为这是两个光明时代之间的讨厌的中间一段，甚至可说是隔断一个整个的光明进展的障碍物，除"野蛮，""戈特，"或"黑暗"之外，他们又称它为"中间时代"，[①]字中含有讥讽厌弃的意义。希腊罗马就称为经典时代（Classical Ages），又称为古代或上古（Antiquity）。"经典"当然是褒奖的名词。连"古代"也有美的含意。他们那时的心理也与中国汉以下的情形一样，认为"古"与"真美善"是一而二，二而一的。因为崇拜"古"，所以"古代"就等于"理想时代"或"黄金时代"。至于他们自己这些崇拜"古代"的人，就自称为"摩登时代"或新时代（Modern Age）。所谓"摩登"与近日一般的见解略有不同，并不是"非古"，而是"复古"的意思，是一个"新的古代"或"新的经典时代"，或"经典复兴的时代"。

这种说法并不限于一人，也不倡于一人，乃是文艺复兴时代的普遍见解。虽然不久宗教改革运动发生，宗教信仰又盛极一时，但文艺复兴与人物崇拜古代的心理始终没有消灭，历史的三段分法也就渐渐被人公认，直到今日西洋史学界仍为这种分法所笼罩。虽不妥当，在当初这种分法还可勉强自圆其说。"上古"限于希腊罗马；关于埃及、巴比伦和波斯，除与希腊罗马略为发生关系外，他们只由《圣经》中知道一点事实，在正统的历史作品中对这些民族一概置诸不理。十九世纪以下情形大变。地下的发掘增加了惊人的史料与史实，和出乎意料的长的时代。这些都在希腊罗马之前，虽不能称为"经典时代"，却可勉强称为"古代"。地下的发掘愈多，"古代"拉得愈长。到今日，古代最少有四千年，中古最多不过千年，近代只有四五百年。并且把希腊罗马与中古近代的历史打成一片，虽嫌牵强，还可办到。但地下发现的史实太生硬，除了用生吞活剥的方法之外，万难与传统的历史系统融合为一。专讲埃及史或巴比伦史，还不觉得为难；一旦希求完备的通史，就感到进退窘迫。凡读通史的人，对希腊

---

① Mediaeval 为拉丁文"中间"（medius）与"时代"（aevum）二字合成。

以前时间非常长而篇幅非常短的一段都有莫明其妙的感想，几万言或十几万言读过之后，仍是与未读之前同样的糊涂，仍不明白这些话到底与后来的发展有什么关系。近年来更变本加厉，把民族血统完全间断，文化系统线索不明的新石器时代与旧石器时代也加上去，①甚至有人从开天辟地或天地未形之先讲起，②愈发使人怀疑史学到底有没有范围，是否一种大而无外的万宝囊。

西洋人这种不加深思的行动，到中国也就成了金科玉律，我们也就无条件地认"西洋上古"为一个神怪小说中无所不包的乾坤如意袋。西洋人自己既然如此看法，我们也随着附和，还有可说；但摹仿西洋，把中国史也分为三段，就未免自扰了。中国从前也有断代的方法，不过后来渐渐被人忘记。在《易·系辞》中已有"上古""中古"的名称，"上古"是指"穴居野处，结绳而治"的时代，"中古"是指殷周之际，所谓"殷之末世，周之盛德"的纣与文王的时代。③以此类推，西周以下当为近代。若求周备，可称西周为"近古"，就是荀子所谓"后王"的时代，④礼乐崩坏，"世风日下"，"人心不古"的春秋战国可称"近世"或"近代"。这大体可代表战国诸子的历史观与历史分期法。秦汉以下，历史的变化较少，一般人生长在不变之世，对于已往轰轰烈烈的变化，渐渐不能明了，史学于是也变成历朝历代的平面叙述。断代的问题并不发生，因为清楚的时代观念根本缺乏。

十九世纪西学东渐以后，国人见西洋史分为三段，于是就把中国史也照样划分。战国诸子的分法到今日当然已不适用，于是就参考西洋的前例，以先秦时代为上古，秦汉至五代为中古，宋以下为近代。再完备的就以宋为近古，元明清为近代，近百年为现代。此外大同小异的分期法，更不知有多少。这种分期法倡于何人，已无可考，正如西洋史的三段分法由何人始创的不可考一样。⑤但西洋史的三段分法，若把希腊以前除外，还勉强可通；至于中国史的三段分法或五六段分法，却极难说得圆满。

---

① 新石器时代的人类与近人大概有血统的关系，虽然同一地的新石器人类不见得一定是后来开化人类的祖先，文化系统也不见得是一线相传。至于旧石器时代的人类，与近人并不是同一的物种。

② H.G.wells 的 Outline of History 是最早最著名的例子。近年来东西各国效肇的人不胜枚举。

③ 见《易·系辞》下。

④ 见《荀子》卷三《非相篇》第五，卷五《王制篇》第九。《韩非子》卷一九《五蠹篇》第四九以有巢、燧人的二代为上古，以尧舜禹之世为中古，以商周为近古，与《荀子》略异。

⑤ 若详细搜索清末的文字，或者可找到创始的人。但这种事殊不值得特别费时间去作，将来或有人无意中有所发现。

　　近年来中国史的上古也与西洋史的上古遭了同样的命运。中国古代的神话史本来很长，但一向在半信半疑之间，并不成严重的问题。近来地下发现了石器时代的遗物，于是中国史戴上了一顶石头帽子。这还不要紧。北京原人发现之后，有些夸大习性未除的国人更欢喜欲狂，认为科学已证明中国历史可向上拉长几十万年。殊不知这种盗谱高攀的举动极为可笑，因为北京原人早已断子绝孙，我们决不会是他的后代。由史学的立场来看，北京人的发现与一个古龙蛋的发现处在同等的地位，与史学同样的毫不相干。据今日所知，旧石器时代各种不同的人类早已消灭，唯一残留到后代的塔斯玛尼亚人（Tasmanians）到十九世纪也都死尽。[①]新石器时代的人到底由何而来，至今仍为人类学上的一个未解之谜；是由旧石器时代的人类演变而出，或由他种动物突变而出，全不可知。新石器时代的文化是否由旧石器时代蜕化而出，也无人能断定；新旧两石器时代的人类似乎不是同一的物种，两者之间能否有文化的传达，很成问题。新石器的人类与今日的人类属于同一物种，文化的线索也有可寻，但不见得某一地的新石器时代人类就是同地后来开化人类的祖先，某一地的新石器文化也不见得一定与同地后来的高等文化有连带的关系。因为我们日常习用"中国史""英国史""欧洲史"一类的名词，无意之间就发生误会，以为一块地方就当然有它的历史。由自然科学的立场来看，地方也有历史，但那是属于地质学与自然地理学的范围的，与史学本身无关。地方与民族打成一片，在一定的时间范围以内，才有历史。民族已变，文化的线索已断，虽是同一地方，也不是同一的历史。这个道理应当很明显，但连史学专家也时常把它忽略。无论在中国或西洋，"上古史"的一切不可通的赘疣都由这种忽略而发生。（所以关于任何地方的上古史或所谓"史前史"，即或民族文化都一贯相传，最早也只能由新石器时代说起，前此的事实无论如何有趣，也不属于史学的范围。这是第一个"正名"的要点。）

　　人类史的最早起点既已弄清，此后的问题就可简单许多。在中国时常用的名词，除"中国史"之外，还有"世界史""外国史"与"西洋史"三种名称。"世界史"按理当包括全人类，但平常用起来多把中国史除外，所以"世界史"等于"外国史"。至于"外国史"与"西洋史"有何异同，虽没有清楚的说法，但大致可以推定。我们可先看"西洋史"到底何指。"西洋"是一个常用的名词，但若追问"西洋"的时间与空间的范围，恐怕百人中不见得有一人能说清。若

---

　　① 见 W.J.Sollas 著 Ancient Hunters 第四章。

说西洋史为欧洲史，当初以东欧为中心的土耳其帝国制度文物的发展是否西洋史的一部分？若是，为何一般西洋史的书中对此一字不提；若不是，土耳其帝国盛时的大部显然在欧洲。西历前的希腊与近数百年的希腊是否同一的属于西洋的范围？若说欧洲与地中海沿岸为西洋，起初不知有地中海的古巴比伦人为何也在西洋史中叙述？回教到底是否属于西洋？若不属西洋，为何一切西洋中古史的书中都为它另辟几章？若属于西洋，为何在西洋近代史的书中除不得不谈的外交关系外，把回教完全撇开不顾？欧洲新石器时代的文化与埃及文化有何关系？埃及已经开化之后，欧洲仍在新石器时代，但西洋通史的书中为何先叙述欧洲本部的石器文化，然后跳过大海去讲埃及？这些问题，以及其他无数可以想见的问题，不只一般人不能回答，去请教各种西洋史的作者，恐怕也得不了满意的答复。

"西洋"一词（The West 或 the Occident）在欧美人用来意义已经非常含混，到中国就更加空泛。我们若详为分析，就可看出"西洋"有三种不同的意义，可称为泛义的、广义的与狭义的。狭义的西洋专指中古以下的欧西，就是波兰以西的地方，近四百年来又包括新大陆。东欧部分，只讲它与欧西的政治外交关系，本身的发展并不注意，可见东欧并不属于狭义的西洋的范围。这是以日耳曼民族为主所创造的文化。我们日常说话用"西洋"一词时，心目中大半就是指着这个狭义的西洋。

广义的西洋，除中古与近代的欧西之外，又加上希腊罗马的所谓经典文化，也就是文艺复兴时代的所谓上古文化。讲思想学术文艺的发展的书中，与学究谈话时所用的"西洋"，就是这个广义的西洋。

泛义的西洋，除希腊罗马与欧西外，又添上回教与地下发掘出来的埃及、巴比伦，以及新石器时代，甚至再加上欧洲的旧石器时代。这是通史中的西洋，除了作通史的人之外，绝少这样泛用名词的。

对于希腊以前的古民族，欧美人往往半推半就，既不愿放弃，又不很愿意简直了当的称它们为"西洋"，而另外起名为"古代的东方"（The Ancient East 或 the Ancient Orient）。但希腊文化最初的中心点在小亚细亚，与埃及处在相同的经线上，为何埃及为"东"而希腊为"西"，很是玄妙。回教盛时，西达西班牙，却也仍说它是"东方"。同时，西洋通史又非把这些"东方"的民族叙述在内不可，更使人糊涂。总之，这都是将事实去迁就理论的把戏。泛义的西洋实际包括埃及、巴比伦、希腊、罗马、回教、欧西五个独立的文化，各有各的发展步骤，不能勉强牵合。至于欧洲的新石器时代，与这些文化有何关系，是到今日无人能具体说明的问题。这五个独立的文化在时间上或空间上或有交互的关系，但每个都有自立自主的历史，不能合并叙述。若勉强合讲，必使读者感觉头绪混乱。我们读西洋上古史，总弄不清楚，就是因为这个道理；中古史中关于回教的若即若离的描写，往往也令人莫测高深。把几个独立的线索，用年代先后的死办法，硬编成一个线索，当然要使读者越读越糊涂了。

欧西的人尽量借用希腊罗马的文献，当经典去崇拜，所以两者之间较比任何其他两个文化，关系都密切。但推其究竟，仍是两个不同的个体。希腊罗马文化的重心在小亚细亚西岸与希腊半岛，意大利半岛的南部处在附属的地位，北部是偏僻的野地，地中海沿岸其他各地只是末期的薄暮地带。今日希腊半岛的民族已不是古代的希腊民族，今日的意大利人也更不是古代的罗马人。真正的希腊人与罗马人已经消灭。至于欧西文化的重心，中古时代在意大利北部与日耳曼，近代以英法德三国最为重要。希腊半岛与欧西文化完全无关，最近百年才被欧西所同化。上古比较重要的意大利南部也始终处在附属的地位。地中海南岸与欧西文化也完全脱离关系。创造欧西文化的，以日耳曼人为主体，古罗马人只贡献一点不重要的血统。连今日所谓拉丁民族的法兰西、意大利、西班牙人中也有很重要的日耳曼成分；称他们为拉丁民族，不过是因为他们的语言大体是由古拉丁语蜕化而出。希腊、罗马文化与欧西文化关系特别密切，但无论由民族或文化重心来看，都绝不相同。其他关系疏远的文化之间，当然更难找同一的线索了。这是"正名"工作的第二种收获，使我们知道西洋一词到底何指。狭义的用法，最为妥当；广义的用法，还可将就；泛义的用法，绝要不得。

日常所谓"西洋史"既包括五个不同的文化，在人类所创造的独立文化中，除新大陆的古文化不计外，只有两个未包括在内，就是中国与印度。所以我们平常所谓"外国史"或"世界史"只比"西洋史"多一个印度。若因印度人与"西洋人"都属于印欧种而合同叙述，"外国史"或"世界史"就与"西洋史"意义相同了。这是"正名"的第三种收获，使我们知道三个名词的异同关系。

文化既是个别的，断代当然以每个独立的文化为对象，不能把几个不同的个体混为一谈而牵强分期。每个文化都有它自然发展消长的步骤，合起来讲，必讲不通；若把人类史认为是一个纯一的历史，必致到处碰壁，中国的殷周时代当然与同时的欧洲或西亚的历史性质完全不同，中古时代的欧西与同时的希腊半岛也背道而驰。我们必须把每个文化时间与空间的范围认清，然后断代的问题以及一切的史学研究才能通行无阻。这是"正名"的第四种收获，使我们知道人类历史并不是一元的，必须分开探讨。互相比较，当然可以；但每个文化的独立性必须认清。

在每个文化的发展过程中，都可看出不同的时代与变化。本文对中国特别注意，把中国史分期之后，再与其他文化相互比较，看看能否发现新的道理。

二 中国史的分期

中国四千年来的历史可分为两大周。第一周，由最初至西元三八三年的淝水之战，大致是纯粹的华夏民族创造文化的时期，外来的血统与文化没有重要的地位。第一周的中国可称为古典的中国。第二周，由西元三八三年至今日，是北方各种胡族屡次入侵，印度的佛教深刻地影响中国文化的时期。无论在血统上或文化上，都起了大的变化。第二周的中国已不是当初纯华夏族的古典中国，而是胡汉混合、梵华同化的新中国，一个综合的中国。虽然无论在民族血统上或文化意识上，都可说中国的个性并没有丧失，外来的成分却占很重要的地位。为方便起见，这两大周可分开来讲。

华夏民族的来源，至今仍是不能解决的问题。我们只能说，在西元前三〇〇〇至二〇〇〇年间，后日华夏民族的祖先已定居在黄河流域一带。至于当初就居住此地，或由别处移来，还都是不能证明的事。在整个的第一周，黄河流域是政治文化的重心，长江流域处在附属的地位，珠江流域到末期才加入中国文化的范围。第一周，除所谓史前期之外，可分为五个时代：

（1）封建时代（西前一二〇〇至七七一年）；

（2）春秋时代（西前七七〇至四七三年）；

（3）战国时代（西前四七三至二二一年）；

（4）帝国时代（西前二二一至西元八八年）；

（5）帝国衰亡与古典文化没落时代（西元八九至三八三年）。

在西元前三〇〇〇年以后，黄河流域一带，北至辽宁与内蒙，渐渐进入新石器文化的阶段。除石器之外，还有各种有彩色与无彩色的陶器最足代表此期的文化。无彩色的陶器中有的与后来铜器中的鬲与鼎形状相同，证明此期与商周的铜器时代有连接的文化关系。与新石器时代遗物合同发现的骸骨与后世的华夏人，尤其北方一带的人大致相同，证明此期的人已是日后华夏民族的祖先。[①]

这些原始的中国人分部落而居，以渔猎或畜牧为生，但一种幼稚的农业，就是人类学家所谓锄头农业（hoe culture），已经开始。在西前二〇〇〇年左右，这些部落似乎已进入新石器时代的末期，就是所谓金石并用期。石器、骨器、陶器之外，人类又学会制造铜器。农业的地位日趋重要，与农业相并进行的有社会阶级产生。人民渐渐分为贵族巫祝的地主与平民的佃奴两个阶级。这种阶级的分别直延到封建的末期，才开始破裂。部落间的竞争，继续不断，当初成百成千的部落数目逐渐减少。到西前一七〇〇年左右，或略前，有两个强大的部落出现，就是夏与商。夏当初大概比较盛强，许多小部落都承认它为上国。所以"夏"，"华夏"，或"诸夏"就成了整个民族的种名。但商是夏的死敌，经过长期的竞争之后，在公元前一六〇〇年左右，商王成汤灭夏，所有的部落都被臣服，最早松散的半封建帝国，部落组成的帝国，由此成立。可惜此后三百年间的经过，我们完全不知道。但我们可断定，在西前一六〇〇年左右必已有一个比较可靠的历法，否则农业不能发达。同时必已发明文字，因为自成汤以下历代的王名都比较可靠，并且传于后代。

* * * * * * * *

据《竹书纪年》，在西前一三〇〇年，盘庚迁殷。这是中国历史上第一个比较确定的年代，可认为封建时代的开始。关于前此三百年，我们只知商王屡次迁都；但此后三百年殷总是商王势力的中心。这或者证明前三百年间商王的共主地位只是名义上的。因势力不稳，而时常被迫迁都。或因其他的关系迁都，但因为势力微弱才能因小故而迁都，若势力稳固就不能轻易迁动国本。到盘庚时真正的封建制度与封建帝国才算成立，已不是许多实际独立的部落所组成的松散帝国。商王是所有部落的共主，又称天子，势力最少可达到一部分的部落之内，或者有少数的部落是被商王征服之后又封建亲信的人的。但无论当初的部落，或后封的诸侯，内政则大致自由，诸侯的地位都是世袭的。

后来周兴起于西方，据《竹书纪年》，于西前一〇二七年灭商，代商为天子。武王、周公相继把东方的领土大部征服，然后封子弟功臣为诸侯。所以周王的势力大于前此的商王，周的封建帝国也较商为强。但整个的制度仍是封建的，天子只直接统辖王畿，诸侯在各国仍是世袭自治的。

约在西前九〇〇年左右，封建帝国渐呈裂痕。诸侯的势力日愈强大，上凌

---

① Black, D. 著 The Human Skeletal Remains from Sha Kuo T'un; A Note non the Physical Characters of the Prehistoric Kansu Race。

共主的天子，下制国内的贵族。经过长期的大并小强兼弱之后，少数的大国实际变成统一的国家与独立的势力，天子不能再加干涉。西前八六〇年左右厉王即位，想要压迫诸侯，恢复旧日的封建帝国。这种企图完全失败，在西前八四二年，厉王自己也被迫退位。此后十四年间王位空虚，诸侯更可任意发展。迨宣王（西前八二七至七八二年）即位之后，诸侯已非王力所能制服。戎人屡屡寇边，内中有诸侯的阴谋也未可知。宣王最后败于戎人，不能再起。幽王（西前七八一至七七一年）的情形更为狼狈，最后并被戎人所杀。整个的西部王畿临时都遭戎人蹂躏。平王（西前七七〇至七二〇年）不得已而东迁，封建共主的周王从此就成了傀儡。我们已进到列国为政治重心的春秋时代。

封建时代的精神生活为宗教所包办。自然界的各种现象都被神化。风伯、雨师、田祖、先炊、河伯以及无数其他的神祇充满天地间。最高的有无所不辖的上帝，与上帝相对的有地上最高灵祇的后土。除此之外，人与神的界限并不严明。所有贵族的人死后都成神，受子孙的崇拜。

*　　*　　*　　*　　*　　*　　*

"春秋"本是书名，书中纪年由西前七二二至四八一年。但我们若完全为一本书所限，又未免太迂。若由西前七二二年起，此前的五十年将成虚悬，无所归宿。以四八一年为终点，还无不可，因为西元前五世纪初期的确是一个剧变的时期。但那一年并没有特殊的大事发生。此后三十年间可纪念的事很多，都可作为时代的终点。西元前四七九年，孔子死；四七七年，田桓割齐东部为封邑，田齐实际成立；四七三年，越灭吴；四六四年，《左传》终；四五三年，《国策》始，就是韩赵魏灭智氏，三晋实际成立的一年。这都值得注意。《通鉴》始于韩赵魏正式为诸侯的四〇三年，认为战国的始点，略嫌太晚。我们定越灭吴的四七三年为春秋战国之间的划界年，原因下面自明。

东迁以后，实际独立的列国并争，开始有了一个国际的局面。齐晋秦楚四方的四个大国特别盛强，中原有一群小国成了大国间争夺的对象。这种争夺就是所谓争霸或争盟。大小诸国在名义上仍都承认周王的共主地位，但天子的实权早已消灭，他的唯一功用就是正式承认强力者为霸主。当初齐桓晋文相继独霸中原，但楚国日趋盛强，使这种独霸的局面不能维持。秦在春秋时代始终未曾十分强大，齐自桓公死后也为二等国，天下于是就成了晋楚争盟的均势局面。中原的北部大致属晋，南部大致属楚。

这些竞争的列国，内部大体都已统一。封建的贵族虽仍存在，诸侯在各国内部都已成了最高的实力者，贵族只得在国君之下活动，帮助国君维持国力。

平民仍未参政，在国君的统治之下，贵族仍包揽政治。所以春秋可说是封建残余的时代。但贵族的势力，在各国之间也有差别。例如在秦楚二国，贵族很为微弱；在晋国贵族势力就非常强大，世卿各有封土，国君只有设法维持世卿间的均势才能保障自己的地位。但这种办法终非长久之策，最后世卿实际独立，互相征伐，晋君成为傀儡，晋国因而失去盟主的地位。但楚国并未利用这个机会北进，因为在东方有新兴的吴国向它不住地进攻，使它无暇北顾。吴的兴起是春秋的大变局。

吴国兴起不久，南边又崛起了一个越国，两国间的竞争就结束了春秋的局面。春秋时代的战争是维持均势的战争，大国之间并不想互相吞并。吴越的战争，性质不同。吴仍有春秋时代的精神，虽有机会，又有伍子胥的怂恿，但并未极力利用机会去灭越。然而越国一旦得手，就不再客气，简直了当地把第一等大国的吴一股吞并。这是战国时代的精神，战国的战争都是以消灭对方为目的的战争。所以春秋末期的变化虽多，吴越的苦战可说是最大的变化，是末次的春秋战争，也是初次的战国战争。越灭吴之年是最适当的划分时代的一年。

春秋大部的时间似乎仍在宗教的笼罩之下。但到末期，大局发生剧变，独立的思潮开始抬头。对时局肯用心深思的人大致分为三派。第一为迎合潮流，去参加推翻旧势力的工作的人。这种人可以邓析为代表，是专门批评旧制，并故意与当权者为难的人。[①]第二，为悲观派，认为天下大局毫无希望，只有独善其身，由火坑中求自己的超脱。这种隐士，孔子遇见许多，楚狂接舆、长沮、桀溺都是这一流的人。第三，就是孔子的一派，崇拜将要成为过去的，或大半已经成为过去的旧制度文物，苦口婆心地去宣传保守与复古。每到剧变的时代，我们都可遇到同样的三种人：为旧制辩护的人，反对旧制的人与逃避现实的纠纷的人。

*　　*　　*　　*　　*　　*　　*　　*

"战国"一词的来源，不甚清楚。司马迁已用此名，可见最晚到汉武帝时已经流行。[②]《战国策》成书似在秦末或汉初或楚汉之际。[③]但书名本来无定，不知当初"战国策"是否也为书名之一。[④]若然，"战国"一词在秦汉之际已经通

---

①《左传》定公九年；《吕氏春秋》卷一八《审应览》第六《离谓篇》。

②《史记》卷一五《六国年表序》。

③ 六国中齐最后亡，齐亡时的情形，卷一三《齐策六》中有记载。卷三一《燕策三》中又提到高渐离谋刺秦始皇的事，可见成书必在秦并六国之后。书中似乎没有汉的痕迹。

④ 据刘向《战国策目录》，书名原有《国策》《国事》《短长》《事语》《长书》《修书》六种。不知"国策"是否"战国策"的缩写。

行。但很可能，在秦并六国之先，已有人感觉当时战争太多太烈，而称它为"战国"。所以这个名称不见得一定是后人起的，也许是当时人自定的。

《战国策》卷六《秦策四》顿弱谓"山东战国有六"，卷二十《赵策三》赵奢谓"今取古之万国者分以为战国七"。可见"战国"一词起于当代。一般以为自《战国策》书名而来，乃是一个很自然而不正确的印象。

战国初期的一百年间是一个大革命的时代。三家分晋与田氏篡齐不过是最明显的表面变化，骨子里的情形较此尤为紧张。各国内部，除政治骚乱外，都起了社会的变化。封建残余的贵族都被推翻，诸侯都成了专制独裁的君主。所有的人民最少在理论上从此都一律平等，任何人都可一跃而为卿相，卿相也可一朝而堕为庶民。一切荣辱都操在国君手中。要在政治上活动的人，无论文武，都须仰国君的鼻息。同时，人民既然平等，就须都去当兵，征兵的制度开始成立。当兵已不是贵族的权利，而是全体人民的义务。所有的战争都是以尽量屠杀为手段，以夺取土地为目的的拼命决斗。周天子名义上的一点地位也无人再肯承认，一切客气的"礼乐"都已破坏无遗。这是中国历史上唯一全体人民参战的时代。

战争最烈的时代也是中国思想史上的黄金时代。各家争鸣，都想提出最适当的方案，去解决当前的严重问题。各派都认为当设法使天下平定，最好的平定方法就是统一。但统一的方策各自不同。除独善其身的杨家和道家与专事辩理的名家外，儒、墨、法，阴阳四家都希望人君能实行他们的理想以平天下。除了法家之外，这些学说都很不切实际，最后平定天下的仍是武力。但秦并六国后却承认阴阳家的五德终始说，自认为以水德王。

*　　*　　*　　*　　*　　*　　*

西前二二一年，秦始皇创了自古未有的新局。前此无论名义如何，实际总是分裂的。自此以后，二千年间统一是常态，分裂是变局。但在二千年的统一中，以秦，西汉，及东汉中兴的三百年间的统一为最长，最稳固，最光荣。二千年来的中国的基础可说都立于这三个世纪。秦始皇立名号，普遍的设立郡县，统一度量，同文，同轨。一般讲来，这都是此后历朝所谨守的遗产。中国的疆土在汉武帝时立下大致的规模，此后很少超出这个范围。

社会制度也凝结于此时。传统的宗法社会在战国时代颇受打击。商鞅鼓励大家族析为小家族的办法，恐怕不限于秦一国，乃是当时普遍的政策。为增加人民对于国家的忠心，非打破大家族、减少家族内的团结力不可。这种政策不见得完全成功，但宗法制度必受了严重的摇撼。到汉代就把这种将消未消的古制重新恢复。在重农抑商的政策之下，维持宗法的大地主阶级势力日盛。同时，儒教成为国教后，这个事事复古的派别使宗法社会居然还魂。丧服与三年丧是宗法制度的特殊象征。这种在春秋时代已经衰败，在战国时代只是少数儒家迂夫子的古董的丧制，到汉代又渐渐重建起来。[①]帝国成立之后，争鸣的百家大半失去存在的理由，因而无形消灭。若把此事全都归咎于秦始皇的焚书，未免把焚书的效能看得太高。只有儒、道、阴阳三家仍继续维持，但三者的宗教成分都日愈加重。孔子虽始终没有成神，但素王也演化为一个很神秘的人格。道家渐渐变成道教，鬼神，符箓，炼丹，长生的各种迷信都成了它的教义。阴阳家自始就富于神秘色彩，至此儒道两家都尽量吸收它的理论。汉的精神界可说是儒、道、阴阳合同统治的天下。

* * * * * * * *

和帝一代（西元八九一至一○五年）是重要的过渡时期。前此三百年间，除几个短期的变乱之外，帝国是一致的盛强的。由和帝以下，帝国的衰退日益显著。内政日坏，外族的势力日大，最后北部边疆的领土实际都成了胡人的殖民地。民族的尚武精神消失，帝国的军队以胡人为主干。在这种内外交迫的局势之下，大小的变乱不断发生。羌乱，党锢之祸，黄巾贼，十常侍之乱，董卓之乱，李傕、郭汜之乱，前后就把帝国的命运断送。经过和帝以下百年的摧残之后，天下四分五裂，帝国名存实亡。三国鼎立之后，晋虽临时统一，但内部总不能整顿，外力总不能消灭。勉强经过三国魏晋的百年挣扎之后，胡人终于把中原占据，汉人大批的渡江南迁。

同时，精神方面也呈现相似的衰颓状态。儒教枯燥无味，经过几百年的训话附会之后，渐渐被人厌弃。比较独立的人都投附于一种颓废的老庄学说，就是所谓清谈。平民社会的迷信程度日愈加深，一种道教会也于汉末成立。在这种种无望的情形下，佛教暗中侵入。当初还不很惹人注意，但自汉末以下势力日大，与无形中侵蚀土地的胡人同为威胁传统中国的外力。

胡人起事的八十年后（西元三八三年），北方临时被外族统一，符坚决意要渡江灭晋，统一天下。淝水之战是一个决定历史命运的战争。当时胡人如果胜利，此后有否中国实为问题。因为此时汉族在南方的势力仍未根深蒂固，与后来蒙古满清过江时的情形大不相同。不只珠江流域尚为汉族殖民的边区，连江

---

① 关于此点，两《汉书》中材料太多，不胜枚举。关于汉儒的丧服理论，可参考《白虎通》卷四。

南也没有彻底的汉化，蛮族仍有相当的势力，[1]汉人仍然稀少。胡人若真过江，南方脆弱的汉族势力实有完全消灭的危险。南北两失，汉族将来能否复兴，很成问题。即或中国不至全亡，最少此后的历史要成一个全新的局面，必与后来实际实现的情形不同。东晋在淝水虽占了上风，中国所受的冲动已是很大。此后二百年间，中国的面目无形改变。胡、汉两族要混合为一，成为一个新的汉族，佛教要与中国文化发生不可分的关系。中国文化已由古典的第一周进到胡人血统与印度宗教被大量吸收的第二周了。

* * * * * * * *

胡人的血统在第一周的末期开始内侵，在整个第二周的期间都不断地渗入。一批一批的北族向南推进，征服中国的一部或全部，但最后都与汉人混一。唯一的例外就是蒙古。北族内侵一次，汉族就大规模地渡江向南移殖一次。在第一周处在附属地位的江南与边疆地位的岭南，到第二周地位日见提高，政治上成了一个重要的区域，文化上最后成了重心。

佛教也是在第一周的末期进入中国，但到第二周才与中国文化发生了化学的作用。中国文化原有的个性可说没有丧失，但所有第二周的中国人，无论口头上礼佛与否，实际没有一个人在他的宇宙人生观上能完全逃脱佛教的影响。

第二周也可分为五期：

（1）南北朝隋唐五代（西元三八三至九六〇年）；

（2）宋代（西元九六〇至一二七九年）；

（3）元明（西元一二七九至一五二八年）；

（4）晚明盛清（西元一五二八至一八三九年）；

（5）清末中华民国（西元一八三九年以下）。

第一周的时代各有专名，第二周的时代只以朝代为名。这并不是偶然的事。第二周的各代之间仍是各有特征，但在政治社会方面一千五百年间可说没有什么本质的变化，大体上只不过保守流传秦汉帝国所创设的制度而已。朝代的更换很多，但除强弱的不同外，规模总逃不出秦汉的范围。只在文物方面，如宗教、哲学、文艺之类，才有真正的演变。最近百年来，西化东渐，中国文化的各方面才受了绝大的冲动，连固定不变的政治社会制度也开始动摇。

* * * * * * * *

---

[1]《宋书》卷九七《夷蛮列传》，《南史》卷七九《诸蛮列传》。

南北朝[①]隋唐五代是一个大的过渡、综合、与创造的时代。南北朝的二百年间，北方的胡族渐与汉人同化，同时江南的蛮人也大半被汉族所同化。到隋统一宇内的时候，天下已无严重的种族问题，所以这个新的汉族才能创造一个媲美秦汉的大帝国。同时，在南北朝期间，新旧文化的竞争也在夷夏论辩与三教合一的口号之下得到结束。在汉代，佛教并未被人注意，因为当时那仍是一个不足注意的外来势力。到南北朝时佛教大盛。以儒道为代表的旧文化开始感到外力的威胁，于是才向所谓夷狄之教下总攻击。由《弘明集》中我们仍可想见当时新旧文化竞争的紧张空气。这种竞争到种族混一成功时也就告一段落，佛教已与旧有的文化打成一片，无需再有激烈的争辩。调和一切包含一切的天台宗恰巧此时成立，并非偶然。同时，中国式的佛教的最早创作也于此时出现，就是有名的《大乘起信论》。[②]伟大的隋唐帝国与灿烂的隋唐文化都可说是南北朝二百年酝酿的结果。

隋唐的天子在内称皇帝，对外称"天可汗"，象征新的帝国是一个原由胡汉混成，现在仍由胡汉合作的二元大帝国。所以外族的人才时常被擢用，在《唐书》的列传里我们可遇到很多的外族人。佛教的各派，尤其像华严宗，法相宗，禅宗一类或内容宏大或影响深远的派别，都在此时发展到最高的程度。完全宗教化的净土宗也在此时泛滥于整个的社会，尤其是平民的社会。在唐代文化结晶品的唐诗中，也有丰富的释家色彩。

历史上的平淡时代可以拉得很长，但光荣的时代却没有能够持久的。隋唐的伟大时代前后还不到二百年，安史之乱以后不只政治的强盛时期已成过去，连文化方面的发展也渐微弱。藩镇，宦官，与新的外祸使帝国的统一名存实亡；五代时的分裂与外祸不过是晚唐情形的表面化。在文化方面发生了复古的运动，韩愈、李翱一般人提倡一种新的儒教，以老牌的孔孟之道相号召。佛教虽仍能

①"南北朝"在中国史学上是一个意义极其含混的名词。《南史》与《北史》同为李延寿一人所撰，但《北史》始于拓跋魏成立的西元三八六年，终于隋亡的六一八年；《南史》始于刘宋成立的四二〇年，终于陈亡的五八九年。所以《北史》的首尾都超过《南史》。关于南北朝的始点，有人用三八六年，有人用四二〇年，又有人用魏统一北方的四三九年。关于终点，隋亡的年当然不可用，因为当时已非南北分立的局面；一般多用隋灭陈而统一天下的五八九年，可算非常恰当。关于南北朝的始点，很难武断的规定。当然五胡起事的三〇四年或东晋成立于江南的三一七年都可认为是南北分立的开始。但当初的局面非常混沌，一般称此期为"五胡乱华"的时期，十分妥当。三八六与四二〇两年，除两个朝代的创立之外，并没有特殊的重要，四三九年又嫌太晚，都不应定为时代的开始。到淝水战后，北方已很明显地要长期厌于胡人，同时胡人也觉悟到长江天险的不易飞渡，南北分立的局面至此才算清楚，分立局面下种族与文化的酝酿调和也可说由此开始。所以我们不只把三八三年当为南北朝的开始年，并且定它为第二周的起发点。

② 见梁启超《大乘起信论考证》。

勉强维持，极盛的时期却已过去，宋代的理学已经萌芽。所以南北朝隋唐五代代表一个整个的兴起、极盛与转衰的文化运动。

*　　*　　*　　*　　*　　*　　*　　*

宋代的三百年间是一个整理清算的时代。在政治社会方面，自从大唐的二元帝国破裂之后，中国总未能再树立健全的组织，国力总不能恢复。二百年来的分裂割据局面到九六〇年算是告一段落，但各种难题仍未解决。隋唐短期间所实行的半征兵制度的府兵早已破裂，军队又成了不负责任的流民集团。财政的紊乱与人民负担的繁重也是一个极需下手解决的问题。隋唐时代的科举制度至此已成为死攻儒经的呆板办法，真正的人才难以出现，国家的难题无人能出来应付。在这种种的情形之下，宋连一个最低限度的自然国境都不能达到，也无足怪。不只外族的土地，寸尺不能占有，连以往混乱期间所丧失的河西与燕云之地也没有能力收复。这是中国本部东北与西北的国防要地，若操在外人手里，中国北方的安全就时刻感到威胁。宋不只无力收复，并且每年还要与辽夏入贡（巧立名目为"岁币"），才得苟安。

整个的中国显然是很不健全，极需彻底的整顿。王安石变法代表一个面面俱到的整理计划，处处都针对着各种积弊，以图挽回中国的颓运。但消极、破坏与守旧的势力太强，真正肯为革新运动努力的人太少，以致变法的运动完全失败。不久中原就又丧于外人，宋只得又渡江偏安。最后连江南都不能保，整个的中国第一次亡于异族。

在思想方面也有同样的整顿运动，并且这种企图没有像政治社会变法那样完全失败。无论衷心情愿与否，中国总算已经接受了外来的佛教，永不能把它摈除。但人类一般的心理，无论受了别人如何大的影响，在口头上多半不愿承认。实际中国并未曾全部印度化，中国的佛教也不是印度的佛教，但连所吸收的一点印度成分中国也不愿永久袭用外来的招牌。宋代理学的整顿工作，可说是一种调换招牌的运动。在以往，中国参考原有的思想，尤其是道家的思想，已创了一个中国式的佛教。现在中国人要把这种中印合璧的佛教改头换面，硬称它为老牌的古典文化，就是儒教。宋代诸子最后调和了中国式的佛教，原有的道教，与正统的儒教，结果产生了一种混合物，可称为新儒教。这种结果的价值难以断定，但最少不似政治社会方面整顿计划的那样明显的失败。

*　　*　　*　　*　　*　　*　　*　　*

元、明两代是一个失败与结束的时代。一百年间整个的中国初次受制于外族。五胡辽金所未能实现的，至此由蒙古人达到目的。这是过度保守过度松散的政治社会的当然命运。蒙古人并且与此前的外族不同，他们不要与中国同化，还要鼓励汉人模仿蒙古的风俗习惯，学习蒙古的语言文字。所以中国不只在政治上失败，文化上也感到空前的压迫。但蒙古人虽不肯汉化，不久却也腐化，所以不到百年就被推翻。

明是唐以后惟一的整个中国自治统一的时代，不只东北与西北的国防要地完全收复，并且塞外有军事价值的土地也被并入帝国的范围。这种局面前后维持了二百年，较宋代大有可观。但这种表面上的光荣却不能掩盖内里的腐败。科举制度最后僵化为八股文的技术，整个民族的心灵从此就被一套一套的口头禅所封闭，再求一个经世的通才已办不到。宋代还能产生一个王安石，到明代要找一个明了王安石的人已不可得。此外，政治的发展也达到腐败的尽头。廷杖是明代三百年间的绝大羞耻。明初诛戮功臣的广泛与野蛮，也远在西汉之上；汉高情有可原，明祖绝不可恕。①成祖以下二百余年间国家的大权多半操在宦官手中，宦官当权成了常制，不似汉唐的非常情形。有明三百年间，由任何方面看，都始终未上轨道，整个的局面都叫人感到是人类史上的一个大污点。并且很难说谁应当对此负责。可说无人负责，也可说全体人民都当负责。整个民族与整个文化已发展到绝望的阶段。

在这种普遍的黑暗之中，只有一线的光明，就是汉族闽粤系的向外发展，证明四千年来唯一雄立东亚的民族尚未真正的走到绝境，内在的潜力与生气仍能打开新的出路。郑和的七次出使，只是一种助力，并不是决定闽粤人南洋发展的主要原动力。郑和以前已有人向南洋活动，郑和以后，冒险殖民的人更加增多，千百男女老幼的大批出发并非例外的事。②有的到南洋经商开矿，立下后日华侨的经济基础。又有的是冒险家，攻占领土，自立为王。后来西班牙人与荷兰人所遇到的最大抵抗力，往往是出于华侨与中国酋长。汉人本为大陆民族，至此才开始转换方向，一部分成了海上民族，甚至可说是尤其宝贵难得的水陆两栖民族！

元明两代的思想界也与政治界同样的缺乏生气。程朱思想在宋末已渐成正统的派别，明初正式推崇程朱之学，思想方面更难再有新的进展。到西元一五〇〇年左右，才出来一个惊人的天才，打破沉寂的理学界。王阳明是人类历史上少见的全才。政治家，军事家，学者，文人，哲学家，神秘经验者：一身能兼这许多人格，并且面面独到，传统的训练与八股的枷锁并不能消磨他的才学，这

① 赵翼《廿二史札记》卷三二《胡蓝之狱》。
② 赵翼《廿二史札记》卷三四《海外诸番多内地人为通事》。

是何等可惊的人物！他是最后有贡献的理学家，也是明代唯一的伟人，他死的一五二八年可定为划时代的一年。那正是明朝开始衰败，也正是将来要推翻传统中国的魔星方才出现的时候。约在他死前十年，葡萄牙人来到中国的南岸。后来使第二周的中国土崩瓦裂的就是他们所代表的西洋人。

* * * * * * * *

晚明盛清是政治文化完全凝结的时代。元明之间仍有闽粤人的活动，王阳明的奇才，足以自负。明末以下的三百年间并没有产生一个惊人的天才，也没有创造一件值得纪念的特殊事业，三世纪的功夫都在混混沌沌的睡梦中过去。

明末的一百年间，海上的西洋人势力日大，北方前后有鞑靼、日本与满洲的三个民族兴起。这四种势力都有破灭日见衰颓的明朝的可能。西洋人的主要视线仍在新大陆、印度与南洋，未暇大规模地冲入中国，蒙古的鞑靼在四种势力中是最弱的，后来受了中国的牢笼，未成大患。日本若非丰臣秀吉在紧要关头死去，最少征服中国北部是很可想见的事。最后成功的是满洲，整个的中国第二次又亡于异族。但满人与蒙古人不同，并不想摧残中国传统的文化，他们自己也不反对汉化。他们一概追随明代的规模，一切都平平庸庸。但有一件大事，可说是满清对汉族的一个大贡献，就是西南边省的汉化运动。云南贵州的边地，虽在汉代就被征服，但一直到明代仍未完全汉化，土司与苗族的势力仍然可观。清世宗用鄂尔泰的计划，行改土归流的政策，鼓励汉人大批移殖，劝苗人极力汉化，在可能的范围内取消或减少土司的势力，增加满汉流官的数目与权势。至此云、贵才可说与中国本部完全打成一片。这虽不像明代闽粤兴起的那样重要，但在沉寂的三百年间可说是唯一影响远大的事件了。

王阳明以后，理学没有新的进展。盛清时的智力都集中于训诂考据。这虽非没有价值的工作，但不能算为一种创造的运动；任何创造似乎已不是此期的人所能办到。

* * * * * * * *

鸦片战争以下的时代，至今还未结束，前途的方向尚不可知。但由百年来的趋势，我们可称它为传统政治文化总崩溃的时代。中国民族与文化的衰征早已非常明显，满人经过二百年的统治之后，也已开始腐化。在政治社会方面，不见有丝毫复兴的希望；精神方面也无一点新的冲动。在这样一个半死的局面之下，青天霹雳，海上忽然来了一个大的强力。西洋有坚强生动的政治机构，有禀性侵略的经济组织，有积极发展的文化势力；无怪中国先是莫测高深，后又怒不可遏，最后一败涂地，直到最近对于西洋的真相才有一个比较正确的认识。最足代表传统文化的帝制与科举都已废除，都市已大致西洋化，乡间西化的程度也必要日益加深。中国文化的第二周显然已快到了结束的时候。但到底如何结束，结束的方式如何，何时结束，现在还很难说。在较远的将来，我们是否还有一个第三周的希望？谁敢大胆地肯定或否定？

三　中国史与世界史的比较

以上中国历史的分期不能说是绝对的妥当，但可算为一种以时代特征为标准的尝试分期法。专讲中国史，或者看不出这种分期有何特殊的用处，但我们若把中国史与其他民族的历史比较一下，就可发现以前所未觉得的道理。由人类史的立场看，中国历史的第一周并没有什么特别，因为其他民族的历史中都有类似的发展。任何文化区，大概起初总是分为许多部落或小国家，多少具有封建的意味。后来这些小国渐渐合并为少数的大国，演变成活泼生动的国际局面。最后大国间互相兼并，一国独盛，整个的文化区并为一个大帝国。这种发展，在已往的时候可说是没有例外的。在比较研究各民族的历史时，整个文化区的统一是一个不能误会的起发点。统一前的情形往往过于混乱，因为史料缺乏，头绪常弄不清。并且有的民族关于统一前能有二千年或二千年以上的史料，例如埃及与巴比伦；有的民族就几乎全无可靠的史料，例如印度。但这是史料存亡的问题，不是史迹演化的问题。史料全亡，并不足证明时代的黑暗或不重要。关于统一前的史料，知道比较清楚的，大概是埃及、希腊罗马与中国的三个例子。由这三个文化区历史的比较，我们大致可说民族间发展的大步骤都有共同点可寻，并且所需时间的长短也差不多。希腊各小国的定居约在西元前一二〇〇年，帝国的实现约在西元前一〇〇年，[①]前后约一千一百年的功夫。中国由盘庚到秦并六国也是一千一百年。埃及最早定局似在西元前三〇〇〇至二八〇〇年间，统一约在西元前一六〇〇年，前后约一千二百至一千四百年的功夫，较前两例略长，但埃及的年代至今尚多不能确定。我们可说一个文化区由成立到统一，大致不能少于一千年，不能多于一千五百年。以此类推，其他民族的历史可以大体断定。例如关于印度帝国成立前的历史，除了北部被希腊人一度征服外，我们几乎一件具体的事都不知道。但印度帝国成立于西元前三二一年，所以我们可推断雅利安人在印度北部定居，建设许多小国，大概是

---

① 普通的书都以第一个皇帝出现的西元前三一或三〇年为罗马帝国开始的一年。实际在西前一〇〇年左右整个的地中海区已经统一，帝国已经成立。

在西元前一四〇〇年或略前。关于巴比伦的历史，地下的发现虽然不少，但头绪非常混乱，年代远不如埃及的清楚。但巴比伦帝国成立于西元前二一〇〇至二〇〇〇年前，所以我们可知巴比伦地域最初呈显定局是在西元前三一〇〇年或略前。①这种由详知的例子推求不详的例子的方法，是我们细密分期的第一个收获。

这个方法虽不能叫我们未来先知，但或可使我们对将来的大概趋势能比较认清。今日世界上最活动的文化当然是最初限于欧西今日普及欧美并泛滥于全球的西洋文化。如果可能，我们很愿知道这个有关人类命运的文化的前途。如果西洋文化不是例外，它大概也终久要演化到统一帝国的阶段。但这件事何时实现，比较难说，因为西洋文化当由何时算起，仍无定论。西洋文化的降生，在西罗马帝国消灭以后，大概无人否认。但到底当由何年或何世纪算起，就有疑问了。我们可改变方法，从第一时代的末期算起。一个文化区都以封建式的分裂局面为起发点。这种局面在中国结束于西元前七七〇年左右，距秦并天下为五百五十年的功夫。在希腊，这种局面（普通称为"王制时代"）约在西元前六五〇年左右结束，距罗马帝国的成立也为五百五十年。埃及方面因史料缺乏，可以不论，但中国与希腊的两例如此巧合，我们以它为标准或者不致大误。西洋封建与列国并立的两时代，普通以西元一五〇〇年左右为枢纽；以此推算，西洋大帝国的成立当在西元二〇五〇年左右，距今至少尚有一世纪的功夫。西洋现在正发展到中国古代战国中期的阶段。今日少数列强的激烈竞争与雄霸世界，与多数弱小国家的完全失去自主的情形，显然是一个扩大的战国；未来的大局似乎除统一外，别无出路。

我们以上所讲的两点，都限于所谓文化的第一周。第二周尚未谈及，因为中国文化的第二周在人类史上的确是一个特殊的例外。没有其他的文化，我们能确切的说它曾有过第二周返老还童的生命。埃及由帝国成立到被波斯征服（西元前五二五年）因而渐渐消灭，当中只有一千一百年的功夫。巴比伦由帝国成立到被波斯征服（西元前五三九年）与消亡最多也不过有一千五百年左右的功夫。罗马帝国，若以西部计算，由成立到灭亡（普通定为西元四七六年）尚不到六百年。所谓东罗马帝国实际已非原来希腊罗马文化的正统继承者，我们即或承认东罗马的地位，罗马帝国由成立到灭亡（西元一四五三年）也不过一千五百五十年的功夫。中国由秦并六国到今日已经过二千一百五十余年，在年代

---

① 回教文化的问题过于复杂，争点太多，为免牵涉太远，本文对回教的历史一概从略。对此问题有兴趣的人可参考 Oswald Spengler 著 Decline of the West，Arnold J.Toynbee 著 A Study of History.

方面不是任何其他文化所能及的。罗马帝国一度衰败就完全消灭，可以不论。其他任何能比较持久的文化在帝国成立以后也没有能与中国第二周相比的伟大事业。中国第二周的政治当然不像第一周那样健全，并且没有变化，只能保守第一周末期所建的规模。但二千年间大体能维持一个一统帝国的局面，保持文化的特性，并在文化方面能有新的进展与新的建设，这是人类史上绝无仅有的奇事。其他民族，不只在政治上不能维持如此之长，并且在文化方面也绝没有这种二度的生命。我们传统的习性很好夸大，但已往的夸大多不中肯；能创造第二周的文化才是真正值得我们自夸于天地间的大事。好坏是另一问题，第二周使我们不满意的地方当然很多，与我们自己的第一周相比也有逊色。但无论如何，这在人类史上是只有我们曾能作出的事，可以自负而无愧。

唯一好似可与中国相比的例子就是印度。印度帝国的成立比中国还早一百年，至今印度文化仍然存在。但自阿育王的大帝国（西元前三世纪）衰败之后，印度永未盛强。帝国成立约四百年后，在西元一〇〇年左右，印度已开始被外族征服，从此永远未得再像阿育王时代的伟大与统一，也永不能再逃出外族的羁绊。此后只有两个真正统一的时代，就是十六与十七世纪间的莫卧儿帝国与近来英国统治下的印度帝国，都是外族的势力。在社会方面，佛教衰败后所凝结成的四大阶级与无数的小阶级，造出一种有组织而分崩离析的怪局。即或没有外族进攻，印度内部互相之间的一笔糊涂账也总算不清。所以在政治方面印度不能有第二周。在宗教与哲学方面，印度近二千年间虽非毫无进展，但因印度人缺乏历史的观念，没有留下清楚可靠的史料，我们只有一个混沌的印象，不能看出像中国佛教与理学发展的明晰步骤。所以在文化方面，中国与印度也无从比较。第二周仍可说是我们所独有的事业。

这种独到的特点，可使我们自负，同时也叫我们自惧。其他民族的生命都不似中国这样长，创业的期间更较中国为短，这正如父母之年的叫我们"一则以喜，一则以惧"。据普通的说法，喜的是年迈的双亲仍然健在，惧的是脆弱的椿萱不知何时会忽然折断。我们能有他人所未曾有的第二周，已是"得天独厚"。我们是不是能创出尤其未闻的新纪录，去建设一个第三周的伟局？

（原载清华大学《社会科学》第 2 卷第 1 期，1936 年 10 月。以《中国文化的二周》为名，收入雷海宗：《中国文化与中国的兵》，商务印书馆 1940 年 2 月版）

对于大学历史课程的一点意见（附表）

近年来时常得机会与各大学比较熟识的历史学毕业生谈话，他们都表示，回想已往四年的工作，觉得对史学的园地并没有得到一个清楚的认识。他们都很客气，不肯把责任归到各位教授身上，总是说他们自己未曾用心读书。但事后反省，我们这些教历史的人实在不能摆脱责任，并且大半的责任在我们方面，学生当负的责任甚少。

第一点我们未曾尽职的，就是对学生选课，我们没有充分的加以指导。各校情况或有不同，但一般的讲来，课程都开的太多，必修的基本课程太少，大多数的课都是比较专门的选修课。在自由研究的美名之下，我们就放任实际对历史一无所知的一群青年，用近乎拈阄的方法去随意选课，至于他们是否有能力去选课，似乎无人注意。史学难倒真是漫无准则、无论怎样乱学都可以？补救此种弊病的方法，最好是大量减少选修课的数目，增加必修课的数目，并极力充实必修课的内容，务必使学生把几种基本的必修课读过之后，对历史能有一个比较清楚的认识。这并不是一个很高的理想，不致有不能克服的困难。

所以第二点我们当考虑的，就是历史功课分配与组织的问题。中国各大学的制度大半以美国为标准，我们可把美国与中国几个重要大学的西洋史课程列表比较一下，就可看出我们的办法是如何的不合理：

学校 课程	哥伦比亚 (1927—1928)	哈佛 (1934—1935)	芝加哥 (1935—1936)	中央 (？年)	北大 (1935—1936)	清华 (1935—1936)	武汉 (1935—1936)	燕京 (1930—1931)
通史	文化概论（全）	西洋通史:罗马帝国末至最近（全）	历史导论（季） 西洋经济史（季）	西洋文化史（全）	西洋通史（全）	西洋通史（全）	西洋文化史（全）	西洋文化之历史基础（全）
上古史	上古通史（全） 近东与希腊史（全） 罗马史（全）	罗马共和国史（半） 罗马帝国（半） 希腊史（全） 希腊罗马末期（半） 后期希腊（半） 犹太史（半）	上古之地中海世界（三季一年）	上古中古史（全） 菲亚古国史（全） 希腊史（半） 罗马史（全）	上古史（全）	希腊史（全） 罗马史（全）	上古史（全）	上古至纪元前第四世纪（半） 后期希腊至罗马（半） 犹太史（二年）
中古史	中古史（全）	中古文化史（半）	中古史（三季一年）	中古史（见上古史栏）	中古史（全）	中古史（全）	中古史（全）	基督教史之浪漫时期（半） 欧洲中古史——文艺复兴（半）

课程＼学校	哥伦比亚 (1927-1928)	哈佛 (1934-1935)	芝加哥 (1935-1936)	中央 (? 年)	北大 (1935-1936)	清华 (1935-1936)	武汉 (1935-1936)	燕京 (1930-1931)
近代史	近代史(全) 欧战前后史(半) 欧洲史，1870至1914(半)	文艺复兴与宗教改革(全) 欧洲文化史，1750至1850(全) 法国革命史(半) 欧洲大陆史，1815至1871(半) 欧洲大陆史，1871至1914(半)	近代史，1500至1914(六季二年) 欧战背景史(季) 战后史(季)	近代史(全) 文艺复兴 宗教改革 法国革命(半) 现代史——一大战后(全)	文艺复兴与宗教改革(半) 十七八世纪史(半) 十九世纪史(全) 当代史(全)	近代史初期(全) 宗教改革史(全) 十七十八世纪史(全) 法国革命史(全) 十九世纪史(全)	近世史(全)	近世各国发展史(全) 革命时代之基督教史(半) 独裁政治，欧洲革命(半) 一八一八以来之西洋史(全)
国别史	美国史(全) 英国史(半)	英国史(二年) 美国史(二课一年) 俄国史(全) 西班牙帝国史(半) 德国近代史(全) 法国中古史(半) 法国近代史(半) 意大利中古史(半) 意大利近代史(半)	英国史(二季) 美国史(三季一年) 俄国十九世纪史(季)	英国史(全) 美国史(全) 俄国史(全)	法国史(全) 英国史(全)	美国通史(全) 英国通史(全) 俄国通史(全) 俄国近代史(全)		法国史(全) 德国史(全) 俄国史(全) 美国史(全)
专题史	美国制度史(全) 英美宪法史(全) 欧洲发展史(全) 大英帝国史(全) 欧洲文化史(全)	英国中古宪法史(全) 日耳曼中古宪法史(半) 英国外交史，1814以下(半)	十九世纪经济社会史(季) 欧洲向外发展史(二季) 英国史专题研究(三季一年)	史前史(全) 英国工业革命(全) 考古学(全) 欧洲沿革地理(全) 西洋史学史(半) 考古学(全) 历学(全)	历史学研究法(全) 西洋史籍举要(全) 上古史择题研究(全) 中古民族迁移史(全) 西洋史学史(全) 希腊文明史(全) 科学发达史(全)	史学方法(全) 西洋史学史(全) 近代国际关系史(全) 俄国在亚洲发展史(全) 欧洲海外发展史(全)	史学方法(半)	史学方法(半) 史学练习(半) 高级历史方法(半) 西洋史学家(全) 年代学(全) 历史教授法(半) 巴里斯登考古(半) 英国民权发达史(全) 不列颠帝国及其外交政策(半) 基督教史(全) 国际联盟(全)

关于上面所列的表，有几点需要解释：

（1）去年的大学一览表或历史学系的课程说明，有的学校一时不能找到，所以只得用几年前的旧刊物。其中关于中央大学，所据的说明书上没有注明年月，但推想大概是属于一九三三或一九三四年的。

（2）每课程下括弧中的"全"字，指全年课程，"半"字指半年课程。只有芝加哥大学举行季制，一年四季，以三季为一学年。

（3）关于美国三个大学，只列本科及研究院公同的课程，专为研究院而设的课程一概从略，因为中国各大学即或有研究院，规模也很小，学生甚少，实际并没有专为研究院开设的课程。

（4）关于中国各大学，只列西洋史的课程，与不分中西的课程，如史学方法之类，纯粹中国史的课程从略，因为美国各校实际没有中国史。

（5）文化史或文明史，按课程说明的标准，或归"通史"栏，或归"专题史"栏。

从上列的比较表，我们按类分析，可得结论如下：

（1）通史方面，无论中美，各校都有一个一年的课程，大半都是为全校一年级的学生而设，不专属于史学系。

（2）上古史方面，芝加哥是一年的课程，哥伦比亚除一个一年的上古通史外，又有两个全年的断代史。哈佛规模最大，共有四年的课程。中国各校，最少有一年的课程，多的可有三年。在量上讲，我们可说与美国最高的标准几乎相等。

（3）中古史方面，哈佛半年，但"国别史"中有许多中古的课程。美国其他两校的中古史都是一年。中国各校，除中央没有独立的中古史外，都是一年的课程。

（4）近代史方面，哥伦比亚是二年，芝加哥约二年半，哈佛三年半。中国，除武汉只为一年外，其他各校最少三年，多的可有五年。在量的方面，我们超过美国。

（5）国别史方面，哥伦比亚只有英美两国，共一年半；芝加哥只有英美俄三国，全共二年。哈佛比较复杂，除英美俄三课已有四年外，尚有六种课程，合共三年半。中国，除武汉因历史学系规模小、没有国别史外，各校最少有二年的课程，多的可到四年，并且我们的课并不限于情形比较特别的英美俄三国，我们似乎非学美国规模最大的哈佛不可，哥伦比亚与芝加哥还不能达到我们的标准。

（6）专题史方面，哥伦比亚五课，共二年；芝加哥也是三课二年。在这一点，我们的课程真可说是洋洋大观。武汉规模最小，但也有一个美国三校所无的史学方法，其他各校可以多到十门课程以上，年限最少的也有三年半，多的可到九年。

若把以上几项平均起来讲，可说我们的功课在各方面都较美国最完备的三个大学为复杂，最少也与它们并驾齐驱，但这只限于西洋史。我们不要忘记，在美国历史学系只有西洋史，中国史最多也不过有一两门不相干的课程。但在中国，中国史最少占二分之一的地位。试问在此种情形下，我们如何能希望学生得到充分的训练？功课如此多且滥，选课指导又非常的马虎，又何怪学生毕业后感到连对历史的大体仍是一知半解？所以我们必须有一个通盘的计划，不能一切都照抄美国，更不可添上美国所不敢有的许多新花样。

中国史至今尚未研究清楚，所以中国史的课程暂时不免琐碎，各课都有一点研究练习的性质，但对这种情形，我们当设法早日补救。至于西洋史，大致已无问题，同时由人才与设备上讲，我们也决无能力对于西洋史有研究的贡献，所以各种繁琐的课程可以一概不开，只求学生对西洋史能得一个整个而比较充分的了解，已非容易，也就很够我们努力的了。

所以我们的课程，极需彻底的改革。中国史目前恐无完善的办法。关于西洋史，作者先把个人的意见提出，妥当与否尚望各校同人指教：

（1）通史：西洋通史一年，仍按今日的办法，每周三小时或四小时，为全校学生而设。

（2）断代史：根本废除上古中古近代的刻板分期法，开一门内容极其充实的"西洋史"，二年授完，每周上课五小时或六小时，除讲演外，课外的读书也要相当的丰富，凡以历史为主系的人都要修习。二年分配的方法并无需一致，但作者个人以为最好第一年授今日所谓的上古史与回教及中罗马帝国的历史，约至一五〇〇年为止。第二年授所谓中古与近代史，由三〇〇年左右开始。这个分法或者好象奇特，西洋各大学也不这样作。但我们在课程和分配上并无需盲目的追随西人，回教在历史上的地位甚为重要，与中国的关系也很密切，但在西洋史的课程中回教总是处在附属的地位。我们不假思索，承袭西人，把十字军总看为欧西人征服东方的发展运动，始终不曾反过来想，把它看为回教所遇到的一个外来大患。所以最好把所谓中古时代在空间上分为两部，第一年的末期只讲回教与东罗马的部分，以回教与东罗马为主，以欧西为辅，关于欧西方面，只讲它与回教及东罗马的关系，欧西本身整个不管。第二年的初期只讲欧西部分，以欧西为主，以回教及东罗马为辅。关于后者，只讲它们与欧西的关系，本身的历史一概从略。

这门功课的目的，为的是叫学生于二年之内对整个的西洋史能够大致明了。如此教法，对于教者或不免困难，一人教授，当然办不到，也无需一个包办。两人分教，或仍有难处，然而并非不可能。再退一步，若以半年为单位，由四人分教，按理当毫无问题。但二人或四人必须密切的合作，把时间的分配预先商定，教授的方法在可能范围内务要一致。

（3）国别史：只开英美俄三种，因为三国的历史比较有特殊性。每课或一年，每周三小时或半年，每周五六小时，可按时间支配的便利而定。三课皆可作为选修，但本系学生至少当习一种。

（4）专题史：可以完全不要。因为中国史已够我们研究不清的了，越俎去研究西洋史，既无此需要，在国内也决无此能力。最多或者可有一门欧洲向外发展史的课程，但连这一课的内容，在第二年的西洋史中也当有比较详尽的讲授，特辟功课实非必要。另外或可与政治学系合作，开一门大战的的国际政治。

专题课程，目下中国各校所同有的就是史学方法，并且大半都是必修课，这在美国各校都是研究院的功课，且是专为要得高等学位的人而设，其他的研究生并无需选习。我们本科有此必修课，大概是希望历史学系毕业生将来都能成为历史专家，尤其是考据专家。关于这一点，我们并不一定要追随美国，为本科四年级生也不尝不可开这样一门功课，但似乎无需定为必修。历史学系学生本科的目的是要给学生基本的知识，叫他们明了历史　是怎样一回事，叫他们将来到中学教书时能教得出来，叫他们将来要入研究院或独自作高深的研究时，能预先对史学园地的路线大略清楚，不致只认识一两条偏僻的小径。既或将来也不教书，也不继续研究，最少叫他们知道毕业后回想起来，还能知道人类已往发展的步骤与情形，可作他们应付人生的一种助力。至于训练专家，那是研究院的事，并且要作专家，也须先有基本的知识，偏枯的专家不只不能算为一个完备的"人"，在自己专门的范围以内也难以有很大的贡献。

本文并没有指摘任何学校的意思，作者自己与表中所举五个国内大学中的三个先后都有关系，对它们的功课表可说多多少少、直接或间接，都要负责。所以本文与其说是批评，不如说是忏悔。

十月十四日

（原载《独立评论》第 224 号，1936 年 10 月 18 日）

第二次大战何时发生

今日凡对世界大局关心的人，心中有意无意间都有一个"二次大战"的暗影。有人希望它早日来临，有人愿意它缓期实现，也有人苦想使它不致发生的方法；但没有人否认它的可能性，多数都承认它的必然性。我们姑且假定二次大战终要爆发，我们是否能推定它爆发的时期？

在回答这个问题之先，有一个前题〔提〕必须认清。那就是说，欧洲仍为国际政治的重心。近年来我们听惯太平洋问题的各种论调，与美国为世界经济盟主的说法，往往就以为欧洲已不似先前的能左右世界的大局。我们中国人处在远东的危机之下，尤其难以相信我们的问题不如欧洲问题的重要。但政治经济利益的冲突，军备的扩充与竞争，民族间仇恨等等，欧洲一隅较世界任何部分都要严重复杂。把欧洲当一个单位来看，它的战斗力远在东亚或美洲之上。因为欧洲如此重要，所以别处发生战争，不见得能引起欧洲的冲突；欧洲若发生大国间的正面冲突，全世界就必将卷入旋涡。因此二次大战无论如何发生，它必定仍是一个以欧洲为中心的战争。虽然直接的导火线不必在欧洲，但二次大战的第一炮或第一弹也仍以由欧洲放掷的可能居多。无论如何，非待欧洲内部的机运成熟之后，二次大战恐怕不会发生的。

这一点认清之后，再推究二次大战发生的时期，或可略有把握。十七世纪的三十年战争是第一次的欧洲大战，那是列国成立后的初次混战。自此以后，欧洲屡屡发生大战，其中颇有一定的节奏：

三十年战争	一六一八至一六四八年
西班牙王位继承战争	一七〇一至一七一四年
七年战争	一七五六至一七六三年
拿破仑战争	一七九九至一八一五年
统一战争（意、美、德）	一八五九至一八七一年
第一次世界大战	一九一四至一九一八年

我们若把上列的表研究一下，就可看出在已往三百年间，欧洲每一世纪必

有两次大战，平均约五十年发生一次。前后三百年间如此齐整，恐怕不是偶然的事，必有道理可寻，任何一国参战，虽无必胜的把握，但多少要有可胜的希望，否则除非被迫万不得已必不肯贸然出战。每经过一次大战之后，各国的财政与社会的经济都受很大的损失，非经相当时间的养息之后不能复原再战。这是大战不能当作家常便饭的一个主要原因。再者，战争发生之前，大家都尽力拉拢与[各]国；这种你拉我扯的把戏颇费时间，必须经过屡次的搭配变换之后，合纵连横的局面才能固定。在联盟的变换期间，国际的局面时常骚动，神经过敏的人都有不可终日的感想。但纵横的局面一经成立，临时反倒较前安定：这是大家都埋头苦干，准备最后一拼的现象。这种掉阖对立的中间期也非一朝一夕的事，这是大战不会每几年或一二十年就发生一次的第二个主要原因。

每次大战方才过去之后，一因各国经济困难，二因国际关系不甚清楚，所以各国内部与国际之间都不免发生小的骚动。例如近年来的九一八事变、一二八事件、阿比西尼亚战争、德国屡次所造成的事件、至今尚未解决的西班牙问题，以至十几年来欧洲所发生的许多小冲突——每一个问题在初发生时，都有神经过敏的人认为是大战将要爆发的征兆。但实际与其说这些是新大战前的预备战，不如说是旧大战后的余波。真正热闹的戏剧还在后边。我们今日正处在两个大战间的中点，空气当然非常紧张。但一二年来新的联盟关系已经开始酝酿，不久的将来国际间必有两个相抗的大壁垒出现，较上次大战前的三角同盟与三角协约的规模还要宏大。到那时，在外表上国际间的空气暂时反倒可以缓和下去，因为大家都在咬紧牙关预备拼命，无人肯费时间精力去创造或参加一些虚作声势的战戏，即或有小骚乱，发生的次数也要比以前减少许多。

历史不能未来先知，过去将来也未必完全相合。但我们若不要推测未来则已，否则除研究过去之外，别无他法。过去每两次大战总间隔四五十年的功夫，最少（七年战争与拿破仑战争）也有三十六年。我们今日距离上次大战只有十八年，下次大战的发生最少当还有二十年左右功夫，大概要在一九六〇年前后。所以凡是惟恐天下不乱的人，目前恐怕不免失望，因为大乱的发生还嫌太早。但妄想安逸的和平主义者，最后也必要失望，因为大战终久总要发生。

中国处在今日的局面之下，当然要有万不得已就随时一拼的准备。但由世界的大局来看，真正的冲突还在未来，我们虽不能如俗话所说的立下百年大计，最少当有一个二十年或三十年的计划。这个问题太大，不是三言两语所能说明，也不是一二人所能认清。但有几件事可说是准备应付未来大难的必需条件，不只政府应当预筹，凡在国民也当注意。

第一，就是工业化的问题。在今日的世界要作强国，工业化是绝对的需要。一个以农业立国的国家万难应付现世的局面。必须平时与战时所需要的一切用品，大半都由本国制造，才能做二十世纪的一个独立国，否则只有任人宰割。中国的原料并不似一般人想象的那样丰富，并且最宝贵的原料已被人夺去，同时过剩的人口也是大规模工业化的一个障碍。所以我们不可欲望太高，我们的工业不只永不能像英美那样发达，恐怕连苏俄也赶不上。大概最多也不过能作到像法国那样大小工业参半的程度。困难虽然多，可能性虽然有限，我们在认清各种的限制之后，当然只有苦干。整个的设计，与个别的经营，都需要专门的人才。凡有工艺的兴趣与才能的人，今后二三十年间负有极大的责任。

第二，就是军备自给的问题，也可说是工业化中最重要的问题。平时军备尚可靠人接济，大战爆发后却非靠自己不可。今日我们的军备，尤其是比较重要的空军与机械化的军备，大半都是输入品。我们必须在不太长的期间能把制造飞机时所用的一切，由马达到小钉，都自己制造，才能算为国防充实。其他的一切，都可由此类推。这方面当然更需要专门的人才，一个这样的人才，在最后的价值上，或者不下于十万的雄兵。

第三，就是食粮问题。人口过剩，不只妨碍工业的发展，对战时的食粮也是一个可怕的威胁。我们近来每年要输入二万万元左右的米麦来供应都市中的人口。一旦战事发生，不出几月很多人就有饿死的危险，前方无论胜负，整个的局面也必要塌台。发展交通问题，在今日这种人口过剩之下，绝谈不到。农业问题，实际比工业与军备的问题尤为困难。目前最需要的，是一种比较切实的调查与统计，看看全国整个算起来，食粮到底缺乏到什么程度。若发现本国的粮食只要合理的分配就可足用，那当然是大幸。若不然，我们只有把粮食储蓄与军备储蓄看为同等重要的问题，大规模的买外粮收仓，逐年新陈代谢，以备战时的急需。凡此种种，除需要农业专门的人才之外，还需要调查、统计与设计的人才。

此外可以想到的问题还有许多。但为应付未来的大难，这三点可说是最要的急务。三者都需要脚踏实地，少说话多做事的人才。我们今日应当提倡不说话主义，因为已往我们上由各级的政府，下至各种的专家，以至许多一通百通的热血青年，都说话太多，作事太少，甚至只说话不作事。大家尤其喜欢漫谈各种的理论。中国只要不亡，将来千百年都是高谈阔论的时间，目前不妨先多作点有裨实际的事务。侥幸近来这种风气已有转变，政府人民都已开始默然作事。这是值得乐观的现象。我们若能继续不断的把从前说话的聪明与精力都用在作事上去，未来的大难必能应付裕如。

民国二十五年十二月四日。

（原载：《清华周刊》第 45 卷第 7 期，1936 年 12 月 16 日）

世袭以外的大位继承法

除原始的部落酋长之外，人类社会的政治元首大多是世袭的。有的民族始终维持世袭的制度，如中国由殷商至辛亥革命的情形。有的民族半路作些异样的尝试，如古代的希腊、罗马人与近代的西洋人。今日的世界，在西洋文化的笼罩之下，呈现一个人类开化后的空前现象，就是世袭君主制的大致消灭。多数的国家都是共和国；少数的国家只维持一个傀儡的世袭君主，实权却操在另外一个选举的或用他法产生的执政者的手中。真有实权的君主在今日已是凤毛麟角。所以名义上保有君主的国家，实际也可说都是共和国。

但共和制度与民主主义是两件事，两者可合可分，并无绝对必要的联系。反之，凡不终日闭眼在理想世界度生活的人，都可看出今日的大势是趋向于外表民主而实际独裁的专制政治。在许多国家这种情形已经非常明显，最重要的就是德、俄、意三国。三国的独裁者虽然都用"合法"的方式产生，但实际都是终身职，最少也是无限期职。在其余的国家，或多或少，也都有同样的趋势，不久的未来恐怕也终不免要追随潮流。

但再反过来看，政治上任何实权者的世袭制度，在今日的世界绝无地位。在从前君主世袭与神权信仰有不可分的关系。太远的将来无人敢说，但最近的未来大概神权信仰不会复兴，所以也不会有世袭专制的君主制度发生。在这种微妙的情形之下，实权者的承继问题于最近的将来在许多国中都必要发生，于较远的将来恐怕世界各国都不免要逢到这个难关。二十世纪的人类究竟要如何解决这个问题，无人敢给一个武断的答案。但在前代，在较小的范围以内，人类曾遇到过这个问题，也曾得到勉强满意的解决方法。最重要的例大概要算罗马帝国的皇帝与回教初期的教主；两者都是专制的，但都不是世袭的。

一　罗马帝国皇帝

到西元前一〇〇年左右，罗马已经成了地中海上最大的势力。多数的国家都已被罗马征服，其余名义上仍然独立的各国实际也都成了罗马的势力范围。罗马帝国至此可说已经成立。但传统的政治制度只适于城邦的范围，不能维持一个广大的帝国。况且帝国的疆域仍在继续扩张，武人的势力因而日大。代替旧制的帝国政制是此后六七十年间无形之中建设起来的。

到西元前一〇〇年左右，元老院是罗马城与罗马帝国中的最高政治机关，凡仍然在职与已经去职的重要官员都是元老。所以名义上元老的权柄虽然有限，实际上大权都操在他们手里。公民会议仍然存在。但罗马没有代议制，罗马公民遍天下，公民会议到会的实际却只有罗马城内与附近的人民。这些人大半没有固定的职业与财产，对一切既不满意又不负责，所以极易受人操纵利用。元老阶级以及对现状满意的人至此都联合一起，称为贵族阵线（Optimates）。城内一般流动的公民，资本家，少数的贵族，与其他一切对现状不满意的人也联合一起，称为平民阵线（Populates）。这种党派的分歧与政权的争夺在当初还有意义，还表现一种真正的政争。一方面赞成少数人为少数人的利益而统治天下，一方面赞成全体公民为全体公民的利益而统治被征服的各民族。但两条阵线的原意不久都消没净尽，当初的各种口号都成了独裁者的护符。原来有帝国而没有皇帝，在贵族阵线与平民阵线的纠纷之下就产生了一个专制的皇帝。

最早的独裁者是马略（Marius），是平民阵线的领袖，在非洲打仗屡次胜利之后，于西元前一〇四年被选为宪法上地位最高的执政官（Consul）。上等社会的人已都不愿当兵，征兵制不能维持。马略见到此点，于是改革军政，正式募兵。这是非常重要的一个变化；从此军队遂成为将军个人的职业兵，国家军队的性质日愈淡薄。最少我们可说，军队直接是将军个人的军队，只间接才是国家的军队。最后的结果当然是最强大的将军与国家无形相混，甚至合一。

继马略而起的是贵族阵线的苏拉（Sulla），也是军人。在西元前八二年，他勉强元老院正式给他无限的独裁权。苏拉虽然没有皇帝的名号，实际上他可说是罗马帝国第一任的皇帝。

马略与苏拉还真正是两个相抗的阵线的领袖，此后的独裁者就难说了。便利时，他们可与或左或右的一个阵线合作，但大致他们是以个人训练的军队为最后的靠山，两个阵线都成了傀儡。

苏拉死后,不久三个独裁者同时并出(西元前六〇年),就是庞培(Pompey),克拉苏(Crassus)与凯撒(Julius Caesar),临时三雄合作,组成三头政治。在三头中,庞培地位最高,当时的人就给他一个半正式的称号——"首领"(Princeps)。但三个伟人当然难以合作,一度冲突之后,凯撒胜利,二年之间(西元前四六至四四年)他成了全帝国的独裁者。但少数的理想主义者对于旧日的共和政体不能忘情,最后用暗杀的手段将凯撒推翻。

正如用复兴六国的名义把秦推翻之后,列国分立的局面并未恢复;凯撒被刺后,共和政体也绝无挽回的可能。结果只有多付一次大乱的代价而已。共和主义者能把独裁者杀掉,但不能治理一个庞大的帝国。他们原来相信民众会赞成他们"除暴"的举动,岂知结果大失所望,多数的人民似乎感觉:独裁的好坏是另一问题,实际目前除独裁外别无维持天下安宁的方法。所以经过十四年的大乱之后,在西元前三〇年一个新的独裁者又出现,就是屋大维(Octavius)。至此,一切恢复旧制的幻想都已消散,帝国各地都呼屋大维为"世界的救星"。这正与垓下之战后没有人再喊"铲除暴政"或"恢复六国"一类的口号一样。

但屋大维秉性谨慎,对凯撒的命运时刻未忘。所以共和制度虽已推倒,他决定在实际独裁的局面之下仍维持共和的外表。名义上一切仍旧,但屋大维在宪法上有几种特权与特殊名号,使他实际的地位远超宪法之上:

(一)至尊权(Imperium)——在共和旧制之下,国家最高元首的执政官有至尊权,就是行政上的最高权。但前此至尊权的期限为一年,现在屋大维的至尊权屡次的延长,实际等于终身的权力。

(二)至尊号(Imperator)——在至尊权的制度之下,最重要的就是全国军队的统率权。在统率军队时,领有至尊权的人可用"至尊号",也可说是大元帅。后来罗马历代的皇帝普遍都用此为常号,近代西洋文字中 emperor 或 empereur 一类的名词都由此演化而出。在中文我们一般译为中国历史上同类的名词——"皇帝"。

(三)保民权(Tribunicia potestas)——罗马原有保民官(Tribune),乃是平民阶级的官吏,在宪法上有全权去防止或禁止任何贵族个人或团体对任何平民个人或团体有欺压的行动。宪法并承认保民官的"神圣"地位(Sacrosanctitas),任何人对他的身体或生命若有侵犯,就与亵渎神明同罪。现在屋大维不居保民官的地位,而终身领有保民官的职权与神圣性。

(四)其他特权:

(1)宣战与讲和权。

（2）元老院与公民会议的召聚权。这就等于说两个会议实际都由皇帝操持。

（3）一切正式聚会中占据最高座位的权利。

（五）首领（Princeps）：这是一个半正式的称呼，以前的独裁者多曾用过。后来元老院感觉"首领"一词不够尊崇，就又正式称屋大维为"国父"（Pater patriae）。但这个名词始终没有流行，最通用的还是半正式的"首领"。

（六）奥古斯都（Augustus）：这是屋大维与后来历任皇帝惟一正式的特别名号，就是"至尊无上"的意思。这只是一个尊号，与任何的特权无关。但这个正式的称号与非正式的"首领"可表示当时的人，无论贵族或平民，都承认独裁制的不可避免，因而情愿创造两个宪法以外的尊号。

在当时的情形之下，这个新旧调和的办法未尝不好，唯一的缺点就是承继问题的虚悬。因为在理论上罗马仍为共和国，一切地位与权柄都创自元老院或公民会议，所以世袭制当然不能成立。也恰巧屋大维没有儿子，所以世袭的问题也没有发生。在理论上，屋大维死后，或退职后，由元老院再选派一人担任巨艰，应当没有问题。但现在实际的制度是独裁，这种纸上的办法完全行不通。屋大维在生前也见到这一点，为避免将来再起内乱，他感到非预先暗中指定承继人不可。他当初四个亲信的人都壮年死去，未得继立。最后他决定以他的义子提比略（Tiberius）为嗣，使他也接受保民权与至尊权，所以全帝国都知道他是皇帝心目中的承继人。屋大维死后，无人提出异议，提比略安然即位。

提比略原已享受至尊权，所以屋大维死后他就成了当然的大元帅，无形之间承继了屋大维的地位。但提比略也极力地尊重宪法的外表，正式召聚元老院会议，请他们选定屋大维的承继人。元老院也知趣，就把屋大维生前所享受的一切特权与名号都加在提比略身上。从此这就成了惯例，每代的皇帝生前都指定实际的承继人，而由元老院将来正式承认。

西元四一年，皇帝加利古拉（Caligula）被暗杀，生前并未指定承继人。元老院因加利古拉生前暴虐，于是就讨论恢复旧日名实相符的共和制度的问题。但在元老院雄辩未决的时候，御卫队已先发动，代他们决定，拉克劳底（Claudius）出来为大元帅。元老院无法，只得承认既成的事实，许多天花乱坠的长篇演说都中途停顿。

克劳底的承继者尼禄（Nero）暴虐无道，激起内乱；同时他又未指定承继人。西元六八年变乱四起，尼禄自杀。四个武人争位，都各由军队拥护为皇帝。次年韦斯帕申（Vespasian）胜利，由元老院承认为首领。韦斯帕申后来由其子提多（Titus）承继。这虽实际上等于世袭，但名义上仍为选举。提多也是先接受至尊权与保民权，在父亲死后借此两种特权而当然继位。

提多由其弟多密申（Domitian）承继。西元九六年多密申被暗杀，无人继位。至此元老院虽有机会，也不再妄想恢复共和，于是选举了一个老好先生的尼尔瓦（Nerva）为皇帝。尼尔瓦感觉自己太庸碌无能，就以武人特拉燕（Trajan）为义子，并给他至尊权与保民权。

特拉燕忽略了承继问题，生前未按惯例指定承继人，到临死时才认亚第盎（Hadrian）为义子（西元一一七年）。元老院与军队虽都表示承认，但因亚第盎当初并未被默认为承继人，也未享有至尊权与保民权，所以另外有武人反对。所幸反对派即被平定，未再引起大规模的内乱。此后六十年间（西元一一七至一八〇年），承继问题一按惯例解决，历代皇帝都指定承继人，并都以承继人为义子。

西元一八〇年后，罗马帝国二百年的盛期已经过去，乱时多，治时少，承继的问题也时常发生。但一直到西罗马帝国亡时（西元四七六年）帝位在理论上始终不是世袭的，在实际上也不都是世袭的。甚至到最后东罗马帝国亡的西元一四五三年时，帝位在理论上仍非世袭的私产。

由上面的简表看来，罗马帝国帝位的承继法可总论如下：

（1）在理论上帝位不是世袭的，实际上也大多不是世袭的。

（2）最普通的承继法是由在位的皇帝于生前指定承继人，承继人并且在皇帝生前就享有特权，以便将来能不留痕迹而继位。但这是一种非正式的默认惯例，无人公开的考虑这个方法，大家都只"心照不宣"而已。

（3）皇帝大多以承继人为义子。这与政制本身无关，只能算为一个以人情辅助公事的办法。

（4）凡不按惯例指定承继人时，或因故未得指定承继人时，结果往往是引起内乱或招致军队的跋扈干涉。

（5）屋大维以后几乎无人再相信旧日的共和制度有恢复的可能，所以也很少有人想推翻独裁皇帝的制度，虽然始终大家不肯承认帝位是一人一家的私产。

二 回教初期教主

亚拉伯人自古就分为两种：游牧人与城居人。游牧人散居内地沙漠地带，牧畜为生，迁移无定，组织极为散漫。城居人聚住沿海肥地，有城郭，以商业与简单的农业为生。城市中最重要的就是西岸的麦迦（Mecca）与麦第那

（Medina）。但城市间的距离甚远，不利于公同的政治组织。无论土著与游牧，政治组织都停顿在部落的阶段。以往在半岛各地间或有比较广大的国家出现，但都是暂时的。在回教兴起之前，部落组织是常态。

每个部落或城市，各有自己的神祇与宗教。但麦迦是全民族所承认的共同圣地，城中有庙名嘎巴（Kaaba）或立体庙。庙中有神像三百六十座，乃全民族在各地所崇拜的神祇的总汇。庙墙中有黑石一块，尤为全体亚拉伯人所崇敬。每年一度，全半岛的人都到麦迦朝圣，一方面朝拜立体庙中的群神，而尤其重要的是向神圣的黑石示敬。这种松散的宗教仪式，可说是回教兴起前亚拉伯人唯一民族意识的表现。

加强民族意识，统一各部落与各城市，使这本来一盘散沙的民族一跃而成为当时世界最强大的势力的——就是穆罕默德。穆罕默德所创的宗教简而易行，感人的能力非常之深。他毁掉各地的神像，圣庙中的三百六十座神像也被废弃。但立体庙本身与墙中的黑石却仍保留，照旧被奉为圣地。代替旧日繁复信仰的新宗教非常简单，信条只有一段，妇孺皆可背诵明了："除唯一真宰（Allah）外别无他神，穆罕默德是他的先知（Prophet）。"这一句话的力量，不是我们今日的人所能想象的。穆罕默德用这一句话，在十年之内统一亚拉伯半岛。穆罕默德死后，他的承继者靠这一句话，在一百年内征服了东至中央亚细亚，西至西班牙的一个大帝国。

此前亚拉伯各部落的酋长本由各部落推选。但现在情形大变，全民族在短期间已经统一，实权者的承继问题甚为重大。穆罕默德自己生前对此并未预定计划；同时他又无子，所以世袭制也谈不到。至于一般信徒，看穆罕默德几同神明，不信他也会如凡人一样地死去。一旦首领薨逝，大家都无所适从。在穆罕默德左右地位最为重要的有阿布伯克（Abu Bekr）欧玛（O-mar）与阿里（Ali）三人。西元六三二年穆罕默德死，回教中要人遂公选阿布伯克继位，为最初创教者的代表或"哈利发"（Caliph）。这个地位是宗教而兼政治的，可说是一个有政权的教主。教主在理论上由全民选举，选举后宗教权与政治权都集于一身。但阿布伯克实际是由少数人选出的。

阿布伯克德高望重，选举未成严重的问题，但也几乎引起内部的分裂。许多部落由于习惯的关系，又欲恢复原始分散独立的状态。但一切叛乱都被阿布伯克平定，从此半岛内部未再发生严重的分裂问题。

阿布伯克见到无限制的选举有引起内乱的危险，所以在生前就向左右指定欧玛为最适宜的承继人。西元六三四年阿布伯克死，左右尊重他的意见，就正式选举欧玛为教主。

欧玛感觉继位法有固定化的需要，于是生前就指定六位元老为选举委员，将来他们由自己内部互选一人为教主。欧玛有子，但不肯假公济私，没有指定儿子为承继人，并且也未派他为选举委员之一。西元六四四年欧玛死，六位选举委员中的欧斯曼（Osman）被选为继位的教主。

欧斯曼腐败，引起反抗，西元六五六年被刺杀而死。他生前并未指定承继人，也没有预定选举法。反对派遂拥阿里为教主。回教内部的分裂由此开始，公元六六一年阿里亦遭刺杀。从此教主的地位变成阴谋与争夺的对象，回教共和国无形结束，统一的或各地分立的回教国都成了世袭专制的政体。

回教共和国虽只维持了三四十年，亚拉伯的情形虽与罗马帝国不一样，但承继法却大同小异。阿布伯克以后两代的教主都因被预先指定而未成问题。第四代因未指定，又未预定选举法，内乱于是发生，共和国竟至因而结束。回教不似罗马，未得演化出一个大家公认的承继惯例。但阿里以前几次的蝉联似乎是正在对着一个固定惯例的方向走去，可惜尚未成功就被世袭制打断。

三 结论

"历史不重述自己"——History does not repeat itself。我们不敢说二十世纪西洋各国的独裁者也都要用罗马与回教那种实际指定而名义选举的方法产生承继人。但在制度的范围以内，我们很难想象其他更为妥当或更为自然的方法。西洋又有一句与上面所引正正相反的老话："天下并无新事"——There is no new thing under the sun！

参考书

罗马

Cambridge Ancient History, Vol. X, chap. 5; Vol. XI, chap.10.

Boak, A. E. R., A History of Rome to 565 A. D., chap, 11-19.

Bailey, C.（ed.）, The Legacy of Rome, ——"The Conception of Empire", "Administration".

回教

Cambridge Medieval History, Vol II, chap. 10-11.

Ameer Ali, A Short History of the Saracens, chap. 1-6.

Margoliouth, D. S., Mohammed and the Rise of Islam.

Encyclopedia Britannica, ninth edition, —— "Mohammedanism".

Ibid., fourteenth edition, ——"Islamic Institutions."

（原载清华大学《社会科学》第 2 卷 3 期，1937 年 4 月）

中国的家族制度

（一）春秋以上
（二）战国
（三）秦汉以下
（四）结论

中国的大家族制度曾经过一个极盛，转衰，与复兴的变化；这个变化与整个政治社会的发展又有密切的关系。春秋以上是大家族最盛的时期，战国时代渐渐衰微。汉代把已衰的古制又重新恢复，此后一直维持了二千年。

关于春秋以上的家族制度，前人考定甚详，①本文不再多论，只略述几句作为全文的背景而已。战国以下的发展，一向少人注意，是本文所特别要提出讨论的。

一 春秋以上

春秋时代大家族制度仍然盛行，由《左传》《国语》中看得很清楚。并且大家族有固定的组织法则，称为宗法。士族有功受封或得官后，即自立一家，称"别子"。他的嫡长子为"大宗"，称"宗子"；历代相传，嫡长一系皆为大宗，皆称宗子。宗子的兄弟为"支子"，各成一"小宗"。小宗例须听命于大宗，只大宗承继土田或爵位；族人无能为生时，可靠大宗养赡。但除大宗"百世不迁"外，其他一切小宗都是五世而迁，不复有服丧与祭祀的责任。"迁"就是迁庙。

宗法的大家族是维持封建制度下贵族阶级地位的一种方法。封建破裂，此制当然也就难以独存。所以一到战国，各国贵族推翻，宗法也就随着消灭，连

---

① 关于宗法制度，《礼记》多有记载，《大传》一篇最详。万斯大的《宗法论》八篇解释最好。大家族的实际情形，散见于《左传》《国语》。顾栋高的《春秋大事表》研究最精。近人孙曜的《春秋时代之世族》总论宗法与家族，可供参考。

大家族也根本动摇了。贵族消灭的情形，因春秋、战国之际的一百年间史料缺乏，不能详考。但大概的趋向却很清楚。各国经过一番变动之后，无论换一个或几个新的朝代（如齐、晋），或旧朝代仍继续维持，旧日与君主并立的世卿以及一般士族的特权已都被推翻。各国都成了统一专制的国家。春秋时代仍然残余的一点封建制度，至此全部消灭了。

至于平民的情形，可惜无从考知。但以历史上一般的趋势而论，平民总是百方设法追随贵族的。所以春秋以上的平民，虽不见得行复杂的宗法制，但也必在较大的家族团体中生活。

春秋以上的大族，不只是社会的细胞与经济的集团，并且也是政治的机体。各国虽都具有统一国家的形态，但每一个大族可说是国家内的小国家。晋齐两国的世卿最后得以篡位，根本原因就在此点。

经过春秋末战国初的变革后，家族只是社会的细胞与经济的集团，政治机体的地位已完全丧失。至此专制君主所代表的国家可随意如何支配家族的命运了。

二　战国

据今日所知，战国时代最有系统的统制家族生活的就是秦国。商鞅变法：

> 令民为什伍，而相收司连坐。不告奸者腰斩，告奸者与斩敌首同赏，匿奸者与降敌同罚。民有二男以上不分异者，倍其赋。有军功者各以率受上爵，为私斗者各以轻重被刑。[①]

商鞅的政策可分析为两点。第一，是废大家族。所以二男以上必须分异，否则每人都要加倍纳赋。第二，是公民训练。在大家族制度之下，家族观念太重，国家观念太轻，因为每族本身几乎都是一个小国家。现在集权一身的国君要使每人都直接与国家发生关系，所以就打破大家族，提倡小家庭生活，使全国每个壮丁都完全独立，不再有大家族把他与国家隔离。家族意识削弱，国家意识提高，征兵的制度才能实行，国家的组织才能强化。商鞅的目的十分明显。什伍连坐是个人向国家负责。告奸也是公民训练。禁止私斗，提倡公战，更是对国家有利的政策；家族间的械斗从此大概停止了。

[①]《史记》卷六八《商君列传》。

商鞅的政策完全成功：

> 行之十年，秦民大说。道不拾遗，山无盗贼。家给人足。民勇于公战，怯于私斗。乡邑大治。①

汉初贾谊不很同情的描写，尤为活现：

> 商君违礼义，弃伦理，并心于进取。行之三岁，秦俗日败。秦人有子，家富子壮则出分，家贫子壮则出赘。假父耰锄杖彗耳，虑有德色矣。母取瓢碗箕帚，虑立讯语。抱哺其子，与公并踞。妇姑不相说，则反唇而睨。其慈子嗜利而轻简父母也，念罪，非有储理也。亦不同禽兽仅焉耳！②

贾谊所讲的是否有过度处，很难断定，但大概的情形恐怕可靠。旧日父母子女间的关系以及舅姑与子妇的关系完全打破，连父母子女之间相借贷都成问题，颇有今日西洋的风气！

可惜关于家族制度的改革，我们只对秦国有这一点片面的知识，其他各国的情形皆不可考。但商鞅变法，以李悝的《法经》为根据。③李悝前曾相魏文侯，变魏国法，魏因而成为战国初期最强的国家。秦在七国中似乎变法最晚，并非战国时惟一变法的国家。这个重要的关键，历来都被人忽略。楚悼王用吴起变法，也在商鞅之前。吴起原与李悝同事魏文侯，对魏变法事或者亦有贡献。后往楚，相楚悼王：

> 明法审令，捐不急之官，废公族疏远者，以抚养战斗之士。④

此处所言不详，所谓"明法审令"所包必广，恐怕也与后来商鞅在秦所行的大致相同。此外申不害相韩，与商鞅同时，"内修正教，外应诸侯"，大概也是在变法。⑤

关于秦魏楚韩四国的变法，我们能得到这一点眉目，已算侥幸；其他各国的情形，连一个字也未传到后代。但泛观人类历史，同一文化区域之内，一切的变化都是先后同时发生的。所以我们可以假定战国七雄都曾经过一番彻底的

---

① 《史记》卷六八《商君列传》。
② 贾谊《新书》卷三《时变篇》。《汉书》卷四八《贾谊传》中所引与此大同小异。
③ 《晋书》卷三〇《刑法志》："是时承用秦汉旧律。其文起自魏文侯师李悝。悝撰次诸国法，著《法经》……商鞅受之以相秦。"
④ 《史记》卷六五《吴起列传》。
⑤ 《史记》卷六三《申不害传》。

变法。商鞅变法是秦国富强的必需条件，但不是惟一条件，秦并六国更不完全由于变法，因为变法在当时是普遍的现象。地广人稀，沃野千里的蜀地的富源，恐怕是秦在列国角逐中最后占优势的主要原因。

各国变法之后，家族制度没落，可有种种方面看出。丧服制与子孙繁衍的观念可说是旧日家族的两个台柱。清楚严明的丧服制是维持一个人口众多的家庭的方法；子孙繁衍是使大家族继续存在的方法。但到战国大家族破裂之后，这两根台柱也就随着倒塌了。

三年丧是丧制的中心。三年丧的破裂象征整个丧制的动摇。三年丧似乎破坏的很早，春秋末期恐怕已经不能完全实行。孔子的极力提倡，正足证明它的不为一般人所注意；连孔门弟子宰我都对三年丧表示怀疑，认为服丧一年已足。[①]这恐怕是当时很普遍的意见。后来孟子劝滕文公服丧三年，滕的父兄百官无不反对：

> 吾宗国鲁先君莫行，吾先君亦莫之行也；至于子之身而反之不可！[②]

所谓"先君"到底"先"到什么程度很难强解。最少可说战国初期鲁滕两个姬姓国家已都无形间废除三年丧。实际恐怕春秋末期政治社会大乱开始的时候，这个古制必已渐渐不能成立。

墨子倡三月丧必很合乎当时的口味。[③]在当时提倡并且实行三年丧的只有一般泥古的儒家。但一种制度已经不合时代的潮流，勉强实行必不自然，虚伪的成分必甚浓厚。墨者骂儒家"繁饰礼以淫人，久丧伪哀以谩亲"，[④]或有党派之嫌，但与实情相离恐不甚远。许多陋儒的伪善，连儒家内部比较诚恳高明的人也看不过，也情不自已地骂两句。荀子所指摘的种种"贱儒"必包括一些伪善与伪丧的人。[⑤]《礼记》各篇中所讲的漫无涯际的丧礼，到底有多少是古代实情，多少是儒家坐在斗室中的幻想，我们已无从分辨。若说春秋以上的人作戏本领如此高强，很难令人置信！

与三年丧有连带关系的就是孝道。孔子虽然重孝，但把孝创为一种宗教却是战国儒家，尤其是曾子一派所作的。《孝经》就是此种环境下所产的作品。

---

① 《论语·阳货篇》。
② 《孟子·滕文公上》。
③ 《墨子》卷二《公孟篇》第四八。
④ 《墨子》卷九《非儒篇下》第三九。
⑤ 《荀子》卷三《非十二子篇》第六。但荀子并不反对三年丧；见卷一三《礼论篇》第一九。

与三年丧同时没落的，还有多子多孙的观念与欲望。大家族制度下，子孙众多当然是必需的。西周春秋时代的铭刻中，充分的表现了这种心理：

> 其永宝！
> 子孙其永宝！
> 其万年宝用！
> 其万年子子孙孙永宝用！

以上一类的句法，几乎是每件铜器上必有的文字。后来虽或不免因习惯而变成具文，但在当初却是整个社会制度的一种表现。孟子"不孝有三，无后为大"[①]的说法，不只是战国时代儒家的理想，也确是春秋以上的普遍信仰。

但一旦大家族破裂，子孙繁衍的观念必趋微弱。一人没有子孙，整个家族的生命就有受威胁的可能。但公民观念代替了家族观念之后，一般人认为一人无子，国家不见得就没有人民。并且在大家族的集团生活之下，家口众多还不感觉不便。小家庭中，儿女太多，的确累赘。人类的私心，总不能免。与个人太不便利时，团体的利益往往就被牺牲。所以战国时代各国都有人口过少的恐慌，也多设法增加自己国内的人口。最早的例子就是春秋战国之交的越国，勾践要雪国耻，极力鼓励国内人口的繁殖：

（1）令壮者无取老妇，令老者无取壮妻。
（2）女子十七不嫁，其父母有罪；丈夫二十不娶，其父母有罪。
（3）将免（娩）者以告，公医守之。
（4）生丈夫二壶酒一犬，生女子二壶酒一豚。
（5）生三人公与之母，生二人公与之饩。[②]

我们读此之后，几乎疑惑墨索里尼是勾践的私淑弟子，两人的政策想同处太明显了！

关于越国，我们或者可以说它是新兴的国家，地广人稀，所以才采用这种方法。但北方的古国，后来也同样作法，就很难如此解释了。魏居中原之中，也患人少。梁惠王向孟子诉苦：

> 寡人之于国也，尽心焉耳矣。河内凶，则移其民于河东，移其粟于河内。河东凶亦然。察邻国之政无如寡人之用心者，邻国之民不加少，寡人

---

① 《孟子·离娄篇上》。
② 《国语》卷二〇《越语上》。

之民不加多何也？[①]

梁惠王以后，秦国也患人少，有人提倡招徕三晋的人民。[②]赵魏秦三国也绝非例外，其他各国也必感到同样的困难。战争过烈，杀人太多，或可解释人口稀少的一部分，但此外恐怕还有其他的因素。小家庭制度盛行多子观念薄弱之后，杀婴的风气必所难免。关于战国时代，虽无直接的证据，但到汉代，杀婴的事却曾惹人注意。

并且再进一步，今日西洋各国所时尚的节制生育方法并非新事，战国时代的中国已有此风。中国古代称它为房中术，又称玄素术，阴阳术，容成术，或彭祖术。按《汉书》，古代此种的书籍甚多，[③]正如今日西洋性学专书与节制生育小册的流行一样。战国、西汉间，最重要的有八种：

(1)《容成阴道》，二十六卷；

(2)《务成子阴道》，三十六卷；

(3)《尧舜阴道》，二十三卷；

(4)《汤盘庚阴道》，二十卷；

(5)《天老杂子阴道》，二十五卷；

(6)《天一阴道》，二十四卷；

(7)《皇帝三王养阳方》，二十卷；

(8)《三家内房有子方》，十七卷。

这些书可惜已全部失传无从详考其内容。单看书名，前七种似乎专讲方法。最后一种仍承认"有子"是必需的。但内中必有条件，正如今日西洋节制生育家所提倡的儿女少而优秀的说法。我们从葛洪较晚的传说中，还可看出房中术的大概性质：

> 或曰：闻房中之事，能尽其道者，可单行致神仙，并可以移灾解罪，转祸为福，居官高迁，商贾倍利。信乎？
>
> 抱朴子曰：此皆巫书妖妄过差之言，由于好事增加润色，至令失实。或亦奸伪造作虚妄，以欺诳世人；隐藏端绪，以求奉事；招集弟子，以规

---

① 《孟子·梁惠王上》。

② 《商君书》卷四《来民篇》。此篇所言并非商君时事，篇中谓："今三晋不胜秦四世矣。自魏襄王以来，野战不胜，守城不拔；小大之战，三晋之所以亡于秦者不可胜数也。"魏襄王还是惠王的儿子，此篇所言当为孟子与梁惠王后百年的情形。

③ 《汉书》卷三〇《艺文志》。

世利耳。夫阴阳之术，高可以治小疾，次可以免虚耗而已。其理自有极，安能致神仙及却祸致福乎？人不可以阴阳不交，坐致疾患。若乃纵情恣欲，不能节宣，则伐年命。善其术者，则能却走马以补脑，还阴丹以朱肠；采玉液于金池，引三五与华梁。令人老有美色，终其所禀之天年。而俗人闻黄帝以千二百女升天，便谓黄帝单以此事致长生；而不知黄帝于荆山之下，鼎湖之上，飞九丹成，乃乘龙登天也。黄帝自可有千二百女耳，而非单行之所由也。凡服药千种，三牲之养，而不知房中之术，亦无所益也。是以古人恐人轻恣惰性，故美为之说，亦不可尽信也。玄素谕之水火，水火煞人而又生人，在于能用与不能耳。大都其要法，御女多多益善；如不知其道而用之，一两人足以速死尔。彭祖之法，最其要者；其他经多烦劳难行，而其为益不必如其书，人少有能为之者。口诀亦有数千言耳，不知之者，虽服百药，犹不能得长生也。①

葛洪又谓：“房中之术，近有百余事焉。”又谓：“房中之法，十余家。”可见到晋时比战国秦汉间已又增加了几种作品；方法也相当的复杂，可以有百余事。又谓：“或以补救伤损，或以攻治众病，或以采阴益阳，或以增年延寿；其大要在于还精补脑之一事耳。”②

上面仅存于今日的几段记载，废话太多，中肯的话太少。但我们可看出当时对此有种种自圆其说的理论，用以遮掩那个完全根据于个人幸福的出发点。“却走马以补脑”或“还精补脑”的一句话，暗示今日节制生育中所有的一种方法，在古代的中国这大概是最流行的方法。

并且一种潮流，往往不只有一种表现的途径。战国时代家族破裂，国家不似家庭那样亲切，号召人心的力量也不似家族那样强大。于是个人主义横流，种种不健全的现象都自由发展。道家的独善其身与杨家的任性纵欲与有理论为借口的个人主义。房中术是没有理论的，至少可说是理论很薄弱的个人主义。与房中术性质相类的还有行气，导引，芝菌，按摩等等。③行气又称吐纳，就是今日所谓深呼吸，在当时又称胎息术。

　　得胎息者，能不以鼻口嘘吸，如在胞胎之中。④

---

① 《抱朴子内篇》卷内《微旨篇》。
② 同上，卷八《释滞篇》。
③ 《汉书》卷三〇《艺文志》，神仙家。参考《抱朴子内篇》卷六《微旨篇》。
④ 《抱朴子内篇》卷八《释滞篇》。

导引又称步引，就是今日的柔软体操与开步走之类。本是活动身体的方法，后来渐渐附会为"步罡踏斗"的神秘把戏。

芝菌近乎今日的素食主义（Vegetarianism）与斋疗术（fastingcure），认为少吃，不吃，或专吃几种特别食品可以延年益寿。芝菌术又称辟谷术，因为最彻底的实行者不只忌肉食，并且又辟五谷，而专吃野生的芝菌。这种本就荒唐的办法，后来又演化为炼长生丹与药饵的说法。据说战国韩的遗臣而后来成为汉初三杰之一的张良，在晚年曾经学习辟谷，[①]可见其流行的程度了。

按摩术，名与事今日都很流行。这种种个人享乐与养生的方法，当初或都各自独立发展。但后来合流为神仙术，象征个人主义的极顶表现。养生术未可厚非，但太注意身体的健全，本身就是一个不健全的现象，对整个的社会是有妨害的。求长生不老，根本是变态心理的表现。今日西洋少数人要以羊腺或猴腺恢复青春的妄想，若不及早预防，将来也有演成神仙术的可能。战国时代的人口稀少，与个人养生享乐的潮流必有关系，可惜因史料缺乏，不能断定关系密切到如何的程度。但自私心过度发展，必至连子女之爱也要牺牲。房中术的主旨是既得性欲之乐，又免儿女之苦，对于人口稀少要负一部分的责任，是没有问题的。

三　秦汉以下

秦汉大帝国初立，战国时代一般的潮流仍旧。秦皇汉武既为天子，又望长生，人人皆知的两个极端例证可以不论。人口少仍是国家一个严重问题。房中之风仍然流行。王莽相信黄帝御一百二十女而致神仙，于是遣人分行天下，博采淑女。一直到天下大乱，新朝将亡时，王莽仍"日与方士涿郡昭君等于后宫考验方术，纵淫乐焉"[②]。

东汉时此风仍然盛行，王充谓"素女对黄帝陈五女之法，非徒伤父母之身，乃又贼男女之性"[③]。可见这在当时仍是很平常的事，所以王充特别提出攻击。东汉末有妄人冷寿光，自谓因行容成公御妇人法，年已百五六十，面貌仍如三

---

① 《史记》卷五五《留侯世家》。但这与黄石公的故事很可能都是张良见功臣不得善终，故意使人散步的谣言，以示自己无心于俗世，借以免祸。但以此为借口，更足见其流行。

② 《汉书》卷九九下《王莽传下》地皇二年，四年。

③ 王充《论衡》卷二《命义篇》

四十。[①]

此外，汉时有的地方盛行杀婴的风气。东汉末，贾彪为新息（今河南息县）县长：

> 小民困贫，多不养子。彪严为其制，与杀人同罪。城南有盗劫害人者，北有妇人杀子者。彪出案发，而掾吏欲引南。彪怒曰：'贼寇害人，此则常理。母子相残，逆天违道！'遂驱车北行，案验其罪。城南贼闻之，亦面缚自首。数年间人养子者千数。佥曰：'贾父所长。'生男名为贾子，生女名为贾女。[②]

区区一县之地，数年间可杀而未杀的婴儿居然能有千数，可见杀婴不完全是由于困乏。此风停止后，也没有听说生活更加困难；贫困最多也不过是杀婴的一种借口。这种风气恐怕来源甚早，也不见得限于新息一地；前此与别处无人注意就是了。房中术盛行时，不明其法的人就难免要采用野蛮的杀婴方法。

汉代的政府也如战国时代列国的设法提倡人口增加。高帝七年，命"民产子，复勿事二岁"。[③]这或者还可以大乱之后人口稀少来解释。但由后来的情形，可看出这并不是惟一的原因。西汉最盛的宣帝之世，仍以人口增加的多少为地方官考课的重要标准，当时人口缺乏的正常现象可想而知了。黄霸为颍川太守，"以外宽内明，得吏民心，户口岁增，治为天下第一"。西汉末年，人口称为最盛，[④]然而召信臣为南阳太守，"其化大行……百姓归之，户口增倍"。[⑤]所谓"百姓归之"就是邻郡的人民慕化来归的意思。人口增加到靠外来的移民，生殖可谓困难到惊人的程度！

两汉四百年间，人口的总额始终未超过六千万。汉承战国的法治之余，户口的统计当大致可靠。并且当时有口赋、算赋、更赋的担负，男女老幼大多都逃不了三种赋役中的最少一种，人口统计当无大误。珠江流域虽尚未开发，长江流域虽尚未发展到后日的程度，但北方数省的人口在今日已远超六千万。汉代人口的稀少，大概是无可置疑的。并且西汉人口最盛时将近六千万，东汉最盛时反只将近五千万，减少了一千万。[⑥]可见当时虽每经过一次变乱之后，人

---

① 《后汉书》卷一一二下《华佗传》附《冷寿光传》。
② 《后汉书》卷九七《贾彪传》。春秋以上，生子可弃，但与此性质不同。
③ 《汉书》卷一下《高帝纪下》。
④ 《汉书》卷二八下《地理志》。
⑤ 黄霸召信臣事具见《汉书》卷八九《循吏列传》。
⑥ 《汉书》卷二八下《地理志下》，《后汉书》卷三三《郡国志五》。

口减而复增，但四百年间人口的总趋势是下减的。

此点认清之后，东汉诸帝极力奖励生育的政策就可明白了。章帝元和二年，降下有名的胎养令，分为两条：

（1）产子者，复勿算三岁；

（2）怀孕者，赐胎养谷，人三斛；复其夫勿算一岁。[①]

由此看来，生育的前后共免四年的算赋，外给胎养粮。算赋不分男女，成年人都须缴纳，每年一百二十钱，是汉代最重的一种税赋，"产子者，复勿算三岁"，未分男女，大概是夫妇皆免。怀孕者，夫免算一岁；妇既有养粮，免算是不言而喻的了。两人前后免算八次，共九百六十钱。汉代谷贱时，每石只五钱，饥荒时亦不过数百钱，平时大概数十钱。[②]所以这个胎养令并不是一件小可的事情，所免的是很客观的一笔税款。这当然是仁政，但只把它看为单纯消极的仁政，未免太肤浅。这件仁政有它积极的意义，就是鼓励生育。并且这个办法是"著以为令"的，那就是说，以后永为常法。但人口的增加仍是有限，总的趋势仍是下减。如此大的奖励还是不能使人口增加，可见社会颓风的积重难返了。

此外，汉代诸帝又不断地设法恢复前此几近消灭的大家族制度。这个政策可从两方面来解释。第一，战国的紧张局面已成过去，现在天下一家，皇帝只求社会的安定。小家庭制度下，个人比较流动，社会因而不安。大家族可使多数的人都安于其位，所以非恢复大家族，社会不能安宁。[③]但汉帝要恢复大家族，恐怕还有一个原因，就是希望人口增加。小家庭制与人口减少几乎可说有互相因果的关系。大家族与多子多孙的理想若能复兴，人口的恐慌就可免除了。汉代用政治的势力与权利的诱惑提倡三年丧与孝道，目的不外上列两点。战国时代被许多人讥笑的儒家至此就又得势了。

汉初承战国旧制，仍行短丧。文帝遗诏，令臣民服丧以三十六日为限。[④]臣民亦多短丧。一直到西汉末成帝时，翟方进为相，后母终，既葬三十六日除服。[⑤]但儒家极力为三年丧宣传，武帝立儒教后，宣传的势力更大。公孙弘为

---

① 《后汉书》卷三《章帝纪》。

② 《汉书》卷二四《食货志》。

③ 汉代重农抑商，原因亦在此。商业是流动的，使社会不安。农业是固定的，农业的社会大致都安静无事。见《汉书》卷二四《食货志》。

④ 《史记》卷一〇《文帝本纪》，《汉书》卷四《文帝纪》同。

⑤ 《汉书》卷八四《翟方进传》。

后母服丧三年，可说是一种以身作则的宣传。①到西汉末，经过百年间的提倡，三年丧的制度又重建起来了。成帝时薛宣为相，后母死，其弟薛修服三年丧，宣谓"三年服少能行之者"，不肯去官持服，后竟因此遭人攻击。②哀帝时，刘茂为母行三年丧。③成哀间，河间王良丧太后三年，哀帝大事褒扬。④哀帝时，游侠原涉为父丧三年，衣冠之士无不羡叹。⑤哀帝即位，诏博士弟子父母死，给假三年。⑥到东汉时，三年丧更为普遍，例多不举。光武帝虽又废三年丧，但那是大乱后的临时措置，不久就又恢复。⑦后虽兴废无定，但三年丧已根深蒂固，已成为多数人所承认的制度。⑧

孝道的提倡与三年丧的宣传同时并进。汉帝谥法，皆称"孝"。《孝经》一书特别被推崇。选举中又有孝廉与至孝之科。对人民中的"孝弟力田"者并有赏赐。据荀爽说：

> 汉为火德。火生于木，木盛于火，故其德为孝。……故汉制使天下诵《孝经》，选吏举孝廉。⑨

汉谥法用"孝"的来源不详。荀爽火德为孝的解释不妥，因为以汉为火德是王莽时后起的说法，汉原来自认为水德或土德，⑩而西汉第二代的惠帝已称"孝惠"。谥法用"孝"，解释为国家提倡孝道，最为简单通顺；无需绕大圈子去找理由。

明帝时，期门羽林介胄之士都通《孝经》，⑪可见此书到东汉时已成了人人皆读的通俗经典了。关于孝廉与孝弟力田的事，例证极多，无需列举。

孝的宗教，到东汉时可说已经成立。东汉初，江革母老，不欲摇动，革亲自在辕中为母挽车，不用牛马。乡里称他为"江巨孝"。⑫中叶顺帝时，东海孝王臻与弟蒸乡侯俭并有笃行，母死皆吐血毁瘠。后追念父死时，年尚幼，哀礼

---

① 《汉书》卷五八《公孙弘传》。
② 《汉书》卷八三《薛宣传》。
③ 《汉书》卷八一《独行列传》。
④ 《汉书》卷五三《河间献王传》。
⑤ 《汉书》卷九二《游侠列传》。
⑥ 《汉书》卷一一《哀帝纪》。
⑦ 《后汉书》卷六九《刘恺传》，卷七六《陈忠传》。
⑧ 《后汉书》卷七《桓帝纪》，卷九二《荀爽传》。
⑨ 《后汉书》卷九二《荀爽传》。
⑩ 《汉书》卷二五《郊祀志》，卷九八《后元传》，卷九九《王莽传》。
⑪ 《后汉书》卷六二《樊准传》。
⑫ 《后汉书》卷六九《江革传》。

有阙，遂又重行丧制！①至此孝已不只是善之一种，而成了万善之本。章帝称赞江革的话可说是此后二千年间唯孝主义的中心信条：

> 夫孝，百行之冠，众善之始也。②

这种三年丧与孝教的成功，表示大家族制度已又渐渐恢复。人口虽仍不见加多，但并未过度地减少，所以帝国仍能维持，不致像西方同时的罗马帝国因患贫血症而堪堪待死，等到日耳曼的狂风暴雨一来，就立刻气绝。中国虽也有五胡入侵，但最后能把他们消化，再创造新的文化局面，这最少一部分要归功于汉代大家族制度的重建政策。

四　结论

到东汉时大家族重建的运动已经成功，魏晋清谈之士的谩侮礼教，正足证明旧的礼教已又复活。五胡的打击也不能把旧礼教与大家族冲破。永嘉乱后，中原人士南迁，家人父子往往离散。子过江而不知父母存没的甚多，守丧的问题因而大起。未得正确的消息之先，为人子的可否结婚或做官，更是切肤的问题。"服丧则凶事未据，从吉则疑于不存"。真是进退两难。大家议论纷纷，莫衷一是，可见孝道与丧制的基础是如何的稳固了。③房中术与杀婴风气虽未见得完全绝迹，但已不是严重的问题。此后历代的问题不是人口稀少，而是食口太多，生活无着。胎养令一类的办法无人再提起；因为不只无此需要，并且事实上也不可能了。

东汉以下两千年间，大家族是社会国家的基础。④大家族是社会的一个牢固的安定势力。不只五胡之乱不能把它打破，此后经过无数的大小变乱，社会仍不瓦解，就是因为有这个家族制度。每个家族，自己就是一个小国家。每个分子，甚至全体分子，可以遇害或流散死亡；但小国家制度本身不是任何暴力或意外的打击所能摇撼的。

但反过来讲，汉以下的中国不能算为一个完备的国家。大家族与国家似乎是根本不能并立的。封建时代，宗法的家族太盛，国家因而非常散漫。春秋时

---

① 《后汉书》卷七二《东海恭王强传》。
② 《后汉书》卷六九《江革传》。
③ 《晋书》卷二〇《礼志中》。
④ 但严格来讲，不能称为宗法社会，因为春秋以上的宗法制度始终没有恢复。

代宗法渐衰，列国才开始具备统一国家的雏形。战国时代大家族没落，所以七雄才组成了真正统一的完备国家。汉代大家族衰而复盛，帝国因而又不成为一个国家。二千年来的中国只能说是一个庞大的社会，一个具有松散政治形态的大文化区，与战国七雄或近代西洋列强的性质绝不相同。

近百年来，中国受了强烈的西洋文化的冲击，汉以下重建的家族制度以及文化的各方面才开始撼动。时至今日，看来大家族的悲运恐怕已无从避免。实行小家庭制，虽不见得国家组织就一定可以健强，但古今似乎没有大家族制下而国家的基础可以巩固的。汉以下始终未曾实现的真正统一的建国运动，百年来，尤其是民国以来，也在种种的困苦艰难中进行。一整个的文化区，组成一个强固的国家，是古今未曾见过的事。中国今日正在努力于这种人类前此所未有的事业；若能成功，那就真成了人类史上的奇迹。相形之下，已经算为非常例外的中国文化第二周，反觉平平了。

家族制度，或大或小，是人类生活的必需条件。所以未来的中国到底采用如何形态的大家族或小家族制度，颇堪玩味。大小两制，各有利弊。两者我们都曾实行过，两者的苦头也都尝过。我们在新的建国运动中，是否能尽量接受历史上的教训，去弊趋利；这种万全的路径，是否可能；大小两制是否可以调和——这些问题都是我们今日的人所极愿追究的，但恐怕只有未来的人才能解答！

（原载清华大学《社会科学》第 2 卷 4 期，1937 年 7 月）

章学诚与蓝鼎元《饿乡记》

蓝鹿州的《饿乡记》可算为盛清的一篇奇文。这篇文字与章实斋又发生过一段怪的因缘。这段因缘又牵涉到一位向来无人注意的老秀才——贾澎。

据《永清县志》①贾氏原出女真部族，自金时即世居永清县。贾澎字东澜，生于康熙四十一年（西元一七〇二年），卒于乾隆四十三年（西元一七七八年），享年七十七岁。雍正四年（西元一七二六年）年二十五，为生员。屡与乡举，皆不售，以力田与塾师业终身。乾隆元年（西元一七三六年），年三十五，诏举孝廉方正，知县丁栋以澎应举，澎以亲老不出。

澎致力于著述，晚年辑一生文稿，名之曰《耕馀集》。乾隆四十二年（西元一七七七年），章实斋主永清县志馆。②时澎年已七十六，以稿就正于实斋。实斋亦不谦辞，尽量代为批改。次年，澎死，县志尚未竣事，故澎竟得一代大手笔之章实斋为之立传。传中并录实斋改正之《耕馀集》中《饿乡记》一篇。

《耕馀集》未付剞劂，文章世藏于家。光绪二十二年（西元一八九六年），澎曾孙意防以其稿求序于永清县教谕裴觐仪，且欲以之付梓。意防并未将文稿誊清，而即以实斋批阅原稿求序，为人可谓真挚！觐仪为作《东澜先生遗文序》一篇，意防即补之于原集卷端。但付雕之事始终未成。此后贾氏因人事关系，藏书文稿大半散佚，而实斋手改之《耕馀集》原稿遂落先君手中，稿末有较新之纸一页，前面有十四字："此卷之经加点，系章实斋先生笔也。"后面有字两行。第一行为"鲁峰公讳埭，余六世祖也。先曾祖东澜公讳澎遗藁。"盖《耕馀集》中提及贾埭，故有此语。第二行为"光绪乙酉拣于败笥，六世孙意防识。"可见此稿之未消失，全出侥幸。今观其稿，除裴序外，其三十三篇。篇目如次：

（1）耕馀集自序

（2）谱序一

（3）谱序二

---

① 章学诚《永清杂志》第五篇《士族表》，第二一篇《贾澎传》。
② 《永清县志》卷首《禀贴》。

（4）残篇（前半已佚；似为《谱序》三）

（5）文昌祠序

（6）送戴南宫出宰序

（7）送张又庵分教肥乡序

（8）送友人朱昊若佐理昌邑序

（9）挽友人张又庵序

（10）六十自序

（11）杨节妇序（后半佚）

（12）怪说

（13）隙驹说一

（14）隙驹说二

（15）寄宅说

（16）虎说

（17）狐说

（18）辕马说

（19）豹说

（20）鹿说

（21）过说

（22）人说一（实斋改为《人道说》）

（23）人说二

（24）唐节度使张公祠堂记

（25）饿乡记

（26）周公

（27）天报秦

（28）开基继统诸帝辨（实斋改"辨"为"总论"）

（29）两汉

（30）唐宋

（31）明

（32）宋武帝论

（32）嬴吕辨

各篇除文字上之修改增删外，篇末皆有实斋批语。所可怪者，此集最少一部出于抄袭，实斋似丝毫未有所觉。如《辕马说》即方苞之《辕马说》，《过说》

即方苞之《原过》,《人说》二篇即方苞之《原人》二篇,《周公》即方苞之《周公论》,《宋武帝论》即方苞之《宋武帝论》。[①]据程崟,[②]"康熙癸巳,'望溪'先生尽室北迁,……给事海淀。"癸巳即康熙五十二年(西元一七一三年),海淀就是北京西郊的海淀镇或海甸镇。当时贾澎年已十二,成年后必有机会得见百里外望溪先生之文字,遂据为己有。"

此外,《耕馀集自序》前半全袭鹿州《试草自序》。[③]《试草》为八股文习题,于京师一带流行必广,故亦被抄袭或套用。

最后尚有全部抄袭之一篇,即《饿乡记》。蓝鼎元生于康熙十九年(西元一六八○年),卒于雍正十一年(西元一七三三年),享年五十四岁,[④]长于贾澎二十二岁。蓝氏《饿乡记》,据文集,作于康熙四十九年(西元一七一○年)。此文的背景是"岁频饥,尝作《饿乡记》,自广其志。都门竞传诵之"。[⑤]但贾澎得见此文,似乎甚晚。抄文中自谓游饿乡在丙辰年,即乾隆元年(西元一七三六年),蓝文问世已经二十七年。此年恐即抄袭的年份,澎年已三十五,也正是被举为孝廉方正之年。蓝文"都门竞传诵之",贾氏后来见到,也无足怪。

今将蓝氏原文,贾氏抄文,与章氏改文,分节排比录下,读者即可一目了然:

蓝氏	贾氏	章氏
(1)醉乡睡乡之境稍进焉,则有饿乡,王苏二子之所未曾游也。其土其俗其人,与二乡大同而小异;但其节尚介,行尚高,气尚清,磨砺圣贤,排斥庸俗,则又醉乡睡乡之所未能逮也。	(1)距醉乡睡乡三万六千里,有饿乡焉。王子苏子所未曾游也。其土其俗其人,与二乡大同而小异;但其节尚介,行尚高,气尚清,磨砺圣贤,排斥庸俗,则又醉乡睡乡之所未能逮也。	(1)距醉乡睡乡三万六千里,有饿乡焉。王子苏子所未曾游也。其土地人物,与二乡略同;然其俗节尚介,行尚高,气尚清,磨砺圣贤,排斥庸俗,则又二乡之人所未逮也。非大圣人,孰能居之?
(2)昔者伯夷叔齐尝造是乡,爱其境,婆娑不忍去。乡之人留之,群奉为主;凡有过客,悉禀命辨别去留。	(2)昔者伯夷叔齐造是乡,爱其境,婆娑不忍去。乡之人留之,群奉为主;凡有过客,悉禀命辨别去留。	(2)昔者伯夷叔齐造是乡,爱其境,婆娑不忍去。乡之人谓夫真而主也,为筑坛拜之;凡有过客,悉禀问纳不。

① 方氏诸篇俱见《望溪先生全集》。
② 《望溪文偶钞》程崟序。
③ 《鹿州初集》卷五。
④ 《鹿州初集》卷首《行述》。
⑤ 同上。

蓝氏	贾氏	章氏
（3）孔子去卫适陈，道经是乡。伯夷率乡人郊迎伏谒，礼甚恭，欲以主位让。孔子不顾，然亦重违其意，乃偕诸弟子为停骖者七日。	（3）孔子去卫适陈，道经是乡。伯夷率乡人郊迎伏谒，礼甚恭，欲以位让。孔子不顾，然亦重违其意，乃偕诸弟子为停骖者七日。	（3）孔子去卫适陈，道经是乡。伯夷率乡人郊迎伏谒，礼甚恭，且致位焉。孔子笑不应，重违其意，乃偕诸弟子为停骖者七日。
（4）其后孔子之徒，如曾子子思原思辈，尝窃往游焉。或三旬九回，或并日一归，大抵与夷齐兄弟甚相得。	（4）其后孔子之徒，如曾子子思原思辈，尝往游焉。或三旬九回，或并日一归，与夷齐兄弟甚相得。	（4）其后曾子颜渊原思辈嗜其趣，数往游焉。或三旬九回，或并日一归，与夷齐兄弟甚相得。
（5）于陵陈仲子矫廉于齐，齐人疑之。仲子投是乡三日，欲亲伯夷。夷笑而麾之曰："若避兄离母，非吾徒也！"仲子惭而去。	（5）于陵陈仲子矫廉于齐，齐人疑之。仲子投是乡三日，欲亲伯夷。夷笑而麾之曰："若避兄离母，非吾徒也！"，仲子惭而去。	（5）于陵陈仲子投是乡三日，希见收于伯夷。夷笑而麾之曰："若避兄离母，非吾徒也！"，去其籍，故后世称仲子者咸于陵之，而不以饿乡系也。
（6）汉周亚夫慕是乡高义，弃通侯之尊，徒步款里门。伯夷蹙额曰："亚夫粗人，岂足以居此？但彼既来，亦不可拒者。"顾左右："即于里门别构数楹与之。"亚夫乐焉。	（6）汉周亚夫慕是乡高义，弃通侯之尊，徒步款里门。伯夷蹙额曰："亚夫粗人，岂足以居此？但彼既来，亦不可拒者。"顾左右："于里门别构数楹与之。"亚夫乐焉。	（6）汉周亚夫慕是乡高义，弃通侯之贵，徒步款里门。伯夷蹙额曰："亚夫粗人，岂足以辱吾土哉？然恐绝来归者心。"顾左右："构数楹于里门，使居之。"亚夫乐焉。
（7）未几而幸臣邓通亦贸贸然往。伯夷叔齐勃然大怒曰："吾乡固清白世界也，竖子敢来相辱！"命左右挤出数十里外扑杀之。	（7）而幸臣邓通亦贸贸然往。夷齐勃然曰："吾乡固清白世界也，竖子敢来相辱！"命左右挤出数十里之外扑杀之。	（7）而幸臣邓通亦贸贸然往。夷齐勃然怒曰："吾乡固清白乡也，竖子敢来相浼！"命左右挥之数十里外扑杀之。司马迁未深考，误谓邓通老是乡也。[①]岂不诬哉？
（8）而延晋处士陶潜以高风涤荡羞秽。潜亦舍彭泽令，与夷齐交，称莫逆焉。然潜性放诞，不能安，每越境与王无功游。夷亦不禁。	（8）而延晋处士陶潜以高风涤荡羞秽。潜亦舍彭泽令，与夷齐交，称莫逆焉。然潜性放荡，不能安，每越境与王无功游。夷亦不禁。	（8）伯夷既诛邓通，不怿者累日。因使人延晋处士陶潜，以其高风涤荡羞秽。潜亦舍彭泽令，与夷齐交，称莫逆焉。然潜习游荡久，不能安，每越境与王无功游。夷亦不之禁。

---

① "老是乡也"从原稿；《县志》作"老是乡焉"，或为志稿誊录之误，或为刻工雕板之误，或为实斋最后编志时所改。

续表

蓝氏	贾氏	章氏
（9）梁武帝为侯景所迫，逃入是乡。伯夷不纳。因叩头力请，不肯去。卒免侯景之刃。	（9）梁武帝为侯景所逼，逃入是乡。伯夷不纳。因叩头力请，不肯去。卒免侯景之刃。	（9）梁武帝为侯景所逼，逃入是乡。伯夷不纳。因叩头力请，不肯去。卒免侯景之刃。
（10）夷俱为天下遍逃薮，爰集乡人，更训典，严条约，日出数十人要于路以觇客。"凡有圣贤豪杰，孝子忠臣，高人义士辱临敝乡，迎之致敬，无敢失礼。其为贱隶鄙夫，亟扑杀之里门之外。至于富贵庸人，亡命至此，亟遣之去，无辱唇齿。"	（10）夷俱为天下遍逃薮，爰集乡人，更训典，严条约，日出数十人要于路以觇客。"凡有圣贤豪杰，孝子忠臣，高人义士辱临敝乡，迎之致敬，无敢失礼。其为贱隶鄙夫，亟扑杀之礼门之外。至于富贵庸人，亡命至此，亟遣之去，无辱唇齿。"	（10）夷俱为天下遍逃薮，爰集乡人，更训典，严条约，日出数十人觇客于路上。"凡有圣贤豪杰，孝子忠臣，高人义士辱临者，迎之致敬，无敢失礼。其为贱隶鄙夫，有托而逃者，扑杀之无赦。至于富贵要人，亡命至此，亟遣之去，无辱唇齿。"
（11）自是之后，游者日以众，不得入者日以多。为所敬礼周旋，去来任意者，若唐韩愈，宋吕蒙正范仲淹而外，代不过数人焉。近世士大夫罕得其门而入者也。	（11）自是之后，游者日以众，不得入者日以多。为所敬礼周旋，去来任意者，若唐韩愈，宋吕蒙正范仲淹而外，代不过数人焉。近世士大夫罕有得其门而入者也。	（11）自是之后，游者虽日以众，而得入其门者日盖寡。其幸得邀优款去来不阻者，若唐韩愈，宋吕蒙正范仲淹而外，代不过数人焉。近世士大夫罕有问津者矣。
（12）吾友黄越甫尝游是乡，归为余言此中佳胜，非俗人所知。余初未以为然。年来偕越甫，联袂而征。未半途，觉道路险巇，苦不可耐。复勉强前行，忽尔气象顿宽，别有天地。其山茫茫，其水淼淼，其民浑浑噩噩，忘贫富贵贱；三光如飞弹，大块如转圜；俯视王侯卿相，不啻蝼蚁之尊，持梁齿肥，醉饱欲死，殊觉可怜莫甚焉。	（12）吾友仲乐园尝游是乡，归为余言此中佳景，非俗人所知。余初未以为然。岁丙辰，借乐园联袂而征。未半途，觉道路险巇，苦不可耐。复勉强前行，忽尔气象顿宽，别有天地。其山茫茫，其水淼淼，其民浑浑噩噩，忘贫富贵贱；三光如飞弹，大块如转圜；俯视王侯将相，不啻蝼蚁之尊，持梁齿肥，醉饱欲死，殊觉可怜莫甚焉。	（12）吾友仲乐园尝游是乡，归为余言此中佳景，非俗人所知。余初未之信。岁丙辰，乐园招余同往未半途，①苦其路险巇，甚不可耐。复勉行数百步，入外郭，觉有异。后渐至佳境，则似别有天地，其山茫茫，其水淼淼，其民浑浑噩噩，忘贫富贵贱；②三光如飞弹，大块如转圜；下视王侯将相，与一切持梁齿肥醉饱而死者，直蝼蚁不啻焉。

①"未半涂"从原稿；《县志》作"涉半涂"似为实斋最后所改。

②"贫富贵贱"从原稿，《县志》作"贫贱富贵"。见前注（"老是乡也"从原稿；《县志》作"老是乡焉"，或为志稿誊录之误，或为刻工雕板之误，或为实斋最后编志时所改。）

蓝氏	贾氏	章氏
（13）伯夷叔齐皆为余言是乡来历，及君子之至于斯者。且言彼未入时，"虞帝大舜及商臣傅说胶鬲皆尝流连是乡。后又有管夷吾，孙叔敖，百里奚诸公谒吾徒而来请。盖天将有意于是人，必先使阅历是乡以增益之；二君其亦然乎？"	（13）夷齐皆为余言是乡来历，及君子之至于斯者。且言彼未入时，"虞帝大舜及商臣傅说胶鬲留连是乡。复又有管夷吾，孙叔敖，百里奚诸公谒吾徒而来请。盖天将有意于斯人，必先使阅历是乡以增益之；二君其亦然乎？"	（13）夷齐为余言是乡来历，及君子之至于斯者。且言彼未入时，"虞帝大舜及商臣傅说胶鬲故尝游是乡。后又有管夷吾，孙叔敖，百里奚诸公谒吾徒而来请。后皆不久留，梯青云而去，非恶此而逃之也。盖天将有意于斯人，必先使阅斯乡以磨砺之；二君其亦借径于吾乡欤？"
（14）余笑而不信。但乐其乡人之不余拒也，辄数日一往。往则与夷齐上下议论，盘桓尽兴而归。深以为二人独得之秘，恨王无功苏子瞻之不获从吾游也。士之不自菲薄，有志是乡者，自行束脩，吾将诲之。	（14）余笑而不信。但乐其乡人之不余拒也，辄数日一往。往则与夷齐上下议论，盘桓尽兴而归。深以为二人独得之秘，恨王无功苏子瞻之不获从吾游也。士之不自菲薄，有志斯乡者，自行束脩，吾将诲之。	（14）余无以应。然乐其乡人之不余拒也，辄数日一往。往则于夷齐上下共议论，久益畅然。快吾二人爱得乐土，而悲王与苏之未获从吾游也。士之有志斯乡者，自行束脩，吾将诲之。

原稿篇末有实斋批语如下：

> 诡奇至此，古今游戏文字中，当与《毛颖传》元人《乌实传》鼎峙而三，余皆无能为役也。

《鹿州先生集》中，每篇之末皆有旷敏本评语。两相对照，倍觉有趣。《饿乡记》后评语如下：

> 此非游戏之文，乃鹿州庚寅岁实游是乡作也，经日不食，写此排遣。……

总观上列所分十四节中章氏改原文处甚多，可以不论，贾氏袭蓝氏文中，第五与第十一两节完全相同。第二至第四节，第六至十节，及第十三节第十四节，两者间稍有差异，但实际可谓相同。贾文只不过每每增减不相干之一二字，或代以一二与原文意义相同之字而已。此为故意涂改，或为辗转传抄之自然差异，今日已无从断定。第十节中"里门"改为"礼门"恐为笔误；实斋将此词根本删去。第十三节中"后又有"误抄为"复又有"；实斋代为更正。

大不同者为第一与第十二两节。第一节中劈头第一句贾氏即改蓝氏之"稍进"为"三万六千里",与原义大不相同几乎可说完全相反。如此改法,好似更为想入非非,但实际此种惊人的距离与下面第八节中轻描淡写的"每越境与王无功游",不能互相照应。此种前后不合处实斋似未感到。

除第一句外,贾文第一节全袭蓝文。

第十二节,除无关大体的一二字句外,贾氏改"苦不可耐"为"若不可耐",不知为笔误,抑出误会。实斋觉其不通,遂改"若"为"甚","黄越甫"改为"仲乐园",仲氏大概是贾澎的友人。"年来"改为"岁丙辰"。无论贾澎是否真正到过饿乡,抄袭时却要实践其事,就以自己友人顶替蓝文中的人名,又加上与自己年岁相合的年份,丙辰年,澎年三十五。当然贾澎真挨过饿,而几年甚至几十年后抄文追忆其事,也非不可能。但贾澎传中并无饥饿的痕迹,这个丙辰年恐怕就是抄文之年。

关于这件文坛怪事,吾人可有几点感想。第一,贾澎抄袭,无足轻重。事过二百年后,此点更不值得特别注意。贾澎虽为事件的初动人,但此事的重要却在蓝章二氏。

第二,章实斋一代通人,却无意间如此受骗,可见无公共图书馆时书籍流传的有限与博览的困难。实斋与望溪志趣不同,不读桐城老祖的文字,或无足怪。[1]然鹿州文字中,无论其他各篇如何,京师曾经传颂一时的《饿乡记》,实斋亦全不知,颇属可惊。

第三,实斋改贾氏抄文,县志中为澎立传时即将此改正后之文字全部引录。实斋增删更改处甚多,几可称为章氏饿乡记。后人只知蓝氏原文,对章氏改文似少注意。

第四,实斋在当时是一个有名的目空一切的人,由此事又可得一证明。乾隆四十二年,实斋年正四十,[2]一位年逾古稀的老先生的文字,他居然毫不客气的大事批改。[3]并且关于《饿乡记》一篇,他实际是在改正鹿州的文字,至

---

① 但实斋对桐城文并非不能赏识。如《人说一》的批语:"金刚努目,菩萨低眉;如此立言,方有关于世道。"《人说二》的批语:"说理直夺宋儒皋比,而峭洁峻拔是昌黎学荀孟文字。"

② 胡适、姚名达《章实斋先生年谱》。

③《贾澎传》中并未明言,澎以文就正于实斋,当然亦不便明言,故吾人或可疑其为澎死后,子孙以文稿送志馆而由纂修人批改者。但由批语中,可证此种或然推断之非。《明篇》批曰:"……盖罟则其词必不平,而其义反不畅。遍阅古今著作,似乎皆不尔尔。简为易之,不知高明其印可否也?"由此可见实斋评阅时贾澎尚在人世。

于他是否有资格为鹿州的师保，或改后的文字与原文孰优孰劣，那只有请文学批评家去判断了。

（原载清华大学《清华学报》第 12 卷第 3 期，1937 年 7 月）

此次抗战在历史上的地位

此次抗战不只在中国历史上是空前的大事，甚至在整个人类历史上也是绝无仅有的奇迹。我们若把中国与其他古老文化比较一下，就可得到惊人的发现。埃及文化由生到死，不过三千年。公元前三百年左右被希腊征服，渐渐希腊化。后来又被回教徒征服，就又亚拉伯化。今日世界上已没有埃及人、埃及文字，或埃及文化；今日所谓埃及的一切，都是亚拉伯的一部分。巴比伦文化的寿命与埃及相同，也同时被希腊征服，后来又亚拉伯化。希腊罗马文化寿命更短，由生到死不过二千年；今日的希腊不是古代的希腊，今日的意大利更不是古代的罗马。至于中国，由夏商之际到今日，将近四千年，仍然健在。并且其他古族在将亡时，都颓靡不振，不只没有真正抵抗外患的力量，甚至连生存的意志也大半失去。它们内部实际先已死亡，外力不过是来拾取行尸走肉而已。至于我们此次抗战的英勇，是友邦军事观察家所同声赞许的，连敌人方面的军事首领有时也情不自已地称赞一声。我们虽然古老，但我们最好的军队可与古今任何正在盛期的民族军队相比，这是值得大书特书的。我们有一部分的军队或者不能尽如人意，但略为研究军事历史的人都知道任何时代任何民族的军队也有因暂受挫折而纪律松弛的现象，也都有因缺乏经验而战力不佳的现象。并且我们不要忘记今日中国的军队不是征兵，而是募兵。征兵虽也有缺点，但只有征兵才是长久可靠的军队。我们只有募兵，而其效能已几乎与征兵相等，这又是人类历史上稀有的奇事。半年以来，我们大部的军队可以告无罪于国家民族；倒是后方的人，尤其是太平时代说话最响亮的人，当下一番忏悔的功夫。我们的前方，大致尚可与欧战时列强的前方相比；我们后方有责任有职守者的慌张飞逃，却与欧战时各国后方的镇静安详成反比例。这只足证明，连许多平日自诩甚高的人也没有达到征兵的程度，也就是说，还没有国民的资格。谈到此点，我们对前方将士的英勇更当感愧；若再埋怨他们不肯出力，使得我们不得不于敌人仍在数百里以至千里之外的时候三番两次的飞寻乐土，那就未免太无自知之明了。说得干脆一点，若看后方的情景，我们只配有纪律不佳与战力缺乏的军队！

　　中国文化的寿命为何如此之长？今日因何能有如此英勇的抗战？中国至今存在，因为中国曾经返老还童，而别的文化一番衰老后就死去。每个文化发展的步骤，都是先由分裂的部落或封建的小国开始。后来小国合并为大国，列国竞争，国际的局面日愈紧张，国际的战争日愈激烈。最后一国出来吞并列国。统一天下，成了笼罩整个文化区的大帝国。帝国是文化的末期，此后只有衰弱再分裂，以至于灭亡。别的民族至此都不能再维持。只有中国，于秦汉统一大帝国之后，虽也经过三国六朝的短期消弱，但后来却又复兴。复兴之后，政治制度虽不再有多少更革，文化潮流却代有进展。这是其他民族的历史上所绝无的现象。我们可称南北朝以下为中国文化的第二周，与第一周的文化潮流列表比较如下，就可一目了然：

分期 周期	宗教时代	哲学时代	哲学派别化的时代	文化消灭与学术化的时代	文化破裂时代
第一周	殷商两周（公元前一三〇〇至七七一年） 殷墟宗教，周代宗教	春秋时代（公元前七七〇至四七三年） 邓析，楚狂，接舆，孔子	战国时代（公元前四七三至二二一年） 六宗	秦汉与东汉中兴（公元前二二一至公元八八年） 经学训诂	东汉末年至淝水之战（公元八九至三八三年） 思想学术并衰，佛教之输入
第二周	南北朝隋唐、五代（公元三八三至九六〇年） 佛教之大盛	宋代（公元九六〇至一二七九年） 五子，陆象山	元明（公元一二七九至一五二八年） 程朱派，陆王派	晚明盛清（公元一五二八至一八三九年） 汉学考证	清末以下（公元一八三九年以下） 思想学术并衰，西洋文化东渐

　　我们由上表可知中国文化前后有过两周，其他文化都只有第一周，绝无第二周，都是一衰而不能复振。这一点是我们大可自豪于天地间的。我们不只寿命长，并且没有虚度我们的光阴，各代都能翻点新的花样。

　　中国文化为何能有第二周？这个问题与上面尚未解答的今日为何能如此英勇抗战的问题，可以一并回答。中国文化的第二周可说是南方发展史。古代的中国限于中原，长江流域乃是边地，珠江流域根本与中国无关。秦汉时代奠定了三大流域的中国，但黄河流域仍为政治文化的重心。五胡乱华以后，南方逐渐开拓。此后每经一次外患，就有大批的中原人士南迁。五胡乱华，五代之乱，与宋室南渡时南迁的人数尤多。并且一般的讲来，南迁的人是民族中比较优秀的分子，因为他们大多都是不肯受外族统治而情愿冒险跋涉的人。并且沿路的困苦危险远非火车轮船汽车飞机的今日可比。因而冒险南下的人中，又有一批被淘汰。到了环境迥异的南方之后，在卫生知识与卫生设备两缺的前代，因不能适应而死去的人，恐又不少。最后得机会开发南方的可说是优秀分子中选择出来的优秀分子。所以二千年来，虽因外患来自北方而统一的首都始终设在中原，然而南方经济与文化的地位一代比一代重要，人口一代比一代繁殖，到最后都远超中原之上。此点可由种种方面证明，但由行政区域的划分可最清楚最简单的看出南北消长的痕迹，因为行政区域的划分大致是以人口与富力为标准的。春秋战国时代，除楚国与倏起倏灭的吴越二国之外，所有的列国都在北方，可以不论。汉武帝分天下为十三部，北方占其八：司隶、豫州、冀州、兖州、青州、幽州、并州、凉州；南方占其五：徐州、荆州、扬州、益州、交州。此时北仍重于南，是没有问题的。唐太宗分天下为十道，南北各占五道。北为陇右、关内、河东、河北、河南；南为淮南、山南、剑南、江南、岭南。经过晋室南渡与南北朝二三百年的对峙之后，南方已发展到与北方平衡的地步。北宋分天下为十五路，北方五路：京东、京西、河北、河东、陕西；南方十路：淮南、江南、荆湖南、荆湖北、两浙、福建、西川、峡西、广南东、广南西。此时虽然北方失燕云于辽，失河西于夏，然而南北的悬殊仍甚可异，可见此时北方已较南方落后，唐末与五代的大乱必与此有关。再经过宋室南迁与一度偏安之后，到明代虽然燕云与河西都已收复，然而二直隶十三布政司中，北方仍只占其五：京师、山东、山西、陕西、河南；南方占其十：南京、浙江、福建、江西、湖广、四川、广东、广西、贵州、云南。满清十八省，北占其六：直隶、山东、山西、河南、陕西、甘肃；南占十二：江苏、浙江、安徽、福建、江西、湖北、湖南、广东、广西、四川、贵州、云南。到明清时代，很显然的，中原已成南方的附庸了。财力的增加，文化的提高，人口的繁衍，当然都与此有关。这种发展是我们第二周文化的最大事业。在别的民族已到了老死的时期，我们反倒开拓出这样一个伟大的新天地，这在人类历史上是无可比拟的例外。

　　此次抗战，虽然是全国参加，但因人力物力的关系，抗战的重心在南方，也是无可讳言的。这可说是我们休养生息了两千年的元气，至此拿出与亘古未有的外患相抗。因为以往外患都在北方，又因军队都是募兵，所以兵士大半都是由政府就地招编，当然以北人居多。历代对外失败，可说都限于北方，失败后就又有一批人士南迁。民族元气大宝藏的南方力量，此前向无机会施展。偏安与割据的时代，南方当然有自己的军队，但都无足轻重。蒙古入主中国，编南人为新附军，也无重要地位。南方人士编成有用的大军，是满清时代的事。嘉庆初年川楚教匪之乱，官兵无用，平乱大半依靠乡勇。这是南兵第一次大显身手的例证。后来的太平天国与湘军，可说是两个对峙的南方大军。时至今日，中国军队的主力，不仅要从北方挑选，尤其要从南方编练，已是显而易见的事。军队素质的高低，不专靠体力与训练。每个士兵的智力，神经反应的迟速，随机应变的能力，以及其他种种的天然禀赋，都有关系。尤其在近代的复杂战术之下，因为二千年来民族元气的南偏，南方的劲旅多于北方，也是当然的事。中国虽然古老，元气并未消耗，大部国民的智力与魄力仍可与正在盛期的欧美相比，仍有练成近代化的劲旅的可能。二千年来养成的元气，今日全部拿出，作为民族文化保卫战的力量。此次抗战的英勇，大半在此。

最后还有一点，或者值得论及。按上面列表，我们第二周的文化今日已到末期。第一周的末期，前后约三百年。第二周的末期，由始至今方有百年；若无意外的变化，收束第二周与推进第三周恐怕还得需要一二百年的功夫。但日本的猛烈进攻使得我们不得不把八字正步改为百码赛跑。第二周的结束与第三周的开幕，全都在此一战。第一周之末，有淝水之战（公元三八三年）。那一战中国若失败，恐怕后来就没有第二周的中国文化，因为当时汉人在南方还没有立下根深蒂固的基础。淝水一战之后，中国文化就争得了一个在新地慢慢休养以备异日脱颖而出的机会。此次抗战是我们第二周末的淝水战争，甚至可说比淝水战争尤为严重。成败利钝，长久未来的远大前途，都系于此次大战的结果。第二周文化已是人类史上空前的奇迹，但愿前方后方各忠职责，打破自己的非常纪录，使第三周文化的伟业得以实现！

（原载汉口《扫荡报》1938 年 2 月 13 日）

（雷海宗《中国文化与中国的兵》，商务印书馆 1940 年版）

君子与伪君子

——一个史的观察

观察中国整个的历史，可能的线索甚多，每个线索都可贯串古今，一直牵引到目前抗战建国中的中国。"君子"一词来源甚古，我们现可再用它为一个探讨的起发点。

"君子"是封建制度下的名词。封建时代，人民有贵贱之分，贵者称"士"，贱者称"庶"。"君子"是士族阶级普通的尊称；有时两词连用，称"士君子"。士在当时处在政治社会领导的地位，行政与战争都是士的义务，也可说是士的权利。并且一般讲来，凡是君子都是文武兼顾的。行政与战争并非两种人的分工，而是一种人的合作。殷周封建最盛时期当然如此，春秋时封建虽已衰败，此种情形仍然维持。六艺中，礼乐书数是文的教育，射御是武的教育，到春秋时仍是所有君子必受的训练。由《左传》《国语》中，可知当时的政治人物没有一个不上阵的。国君也往往亲自出战，晋惠公竟至因而被虏。国君的侄兄弟也都习武。晋悼公的幼弟杨干最多不过十五岁就入伍；因为年纪太轻，以致扰乱行伍而被罚。连天子之尊也亲自出征，甚至在阵上受伤。如周桓王亲率诸侯伐郑，当场中箭。当兵绝非如后世所谓下贱事，而是社会上层阶级的荣誉职务。平民只有少数得有入伍的机会，对于庶人的大多数，当兵是一个求之不得的无上权利。

在这种风气之下，所有的人，尤其是君子，都锻炼出一种刚毅不屈，慷慨悲壮，光明磊落的人格。"士可杀而不可辱"，在当时并非寒酸文人的一句口头禅，而是严重的事实。原繁受郑厉公的责备，立即自杀。晋惠公责里克，里克亦自杀。若自认有罪，虽君上宽不责，亦必自罚或自戮。鬻拳强谏楚王，楚王不从；以兵谏，楚王惧而听从。事成之后，鬻拳自刖，以为威胁君上之罪罚。接受了一种使命之后，若因任何原因不能复命，必自杀以明志。晋灵公使力士锄麑去刺赵盾，至赵盾府后，发现赵盾是国家的栋梁，不当刺死，但顾到国家的利益，就不免违背君命；从君命，又不免损害国家。所以这位力士就在门前触槐而死。以上不过略举一二显例，类此的事甚多，乃是当时一般风气的自然表现。并且这些慷慨的君子，绝不是纯粹粗暴的武力。他们不只在行政上能有建树，并且都能赋诗，都明礼仪，都善辞令，不只为文武兼备的全才。一直到春秋末期，后世文人始祖的孔子，教弟子仍用六艺，孔子自己也是能御能射的人，与后世的酸儒绝非同类的人物。

到战国时，风气一变。经过春秋战国之际的一度大乱之后，文化的面目整个改观。士族阶级已被推翻，文武兼备的人格理想也随着消灭。社会再度稳定之后，人格的理想已分裂为二，文武的对立由此开始。文人称游说之士，武人称游侠之士。前者像张仪以及所有的先秦诸子，大半都是凭着三寸不烂之舌，用读书所习的一些理论去游说人君。运气好，可谋得卿相的地位；运气坏，可以招受奇辱。张仪未得志时，曾遭楚相打过一顿，诬他为小偷。但张仪绝不肯因此自杀，并且还向妻子夸口：只要舌头未被割掉，终有出头露面的一天。反之，聂政、荆轲一类的人物就专习武技，谁出善价就为谁尽力，甚至卖命。至于政治主张或礼仪文教，对这些人根本谈不到。所以此时活动于政治社会上的人物，一半流于文弱无耻，一半流于粗暴无状。两者各有流弊，都是文化不健全的象征。

到汉代，游侠之士被政府取缔禁止。后世这种人在社会上没有公认的地位，但民间仍然崇拜他们，梁山泊好汉的《水浒传》就是民间这种心理的产品。

汉以后所谓士君子或士大夫完全属于战国时代游说之士的系统。汉武帝尊崇儒术，文士由此取得固定不变的地位。纯文之士，无论如何诚恳，都不免流于文弱，寒酸与虚伪；心术不正的分子，更无论矣。惟一春秋以上所遗留的武德痕迹，就是一种临难不苟与临危授命的精神。但有这种精神的人太少，不能造出一个遍及社会的风气。因为只受纯文教育的人很难发挥一个刚毅的精神，除非此人有特别优越的天然秉赋。可惜这种秉赋，在任何时代，也是不可多得的。

至于多数的士君子，有意无意中都变成伪君子。他们都是手无缚鸡之力的白面书生。身体与人格虽非一件事，但一般的讲来，物质的血气不足的人，精神的血气也不易发达。遇到危难，他们即或不畏缩失节，也只能顾影自怜的悲痛叹息，此外一筹莫展。至于平日生活的方式，细想起来，也很令人肉麻。据《荀子》记载，战国时代许多儒家的生活形态已是寒酸不堪。后世日趋愈下。汉代的董仲舒三年不涉足于自己宅后的花园，由此被人称赞。一代典型之士的韩愈，据他的自供，"年未四十，而视茫茫，而发苍苍，而齿牙动摇"。这位少年老成者日常生活的拘谨迂腐，可想而知。宋明理学兴起，少数才士或有发挥。

多数士大夫不过又多了一个虚伪生活的护符而已。清初某理学先生，行步必然又方又正，一天路上遇雨，忽然忘其所以，放步奔避。数步之后，恍然悟到行动有失，又回到开始奔跑的地方，重新大摇大摆地再走一遍。这个人，还算是诚恳的。另外，同时又有一位理学先生，也是同样地避雨急走，被旁人看见指摘之后，立刻掏腰包贿赂那人不要向外宣传！这虽都是极端的例子，却很足以表现一般士君子社会的虚伪风气。这一切的虚伪，虽可由种种方面解释，但与武德完全脱离关系的训练是要负最大的责任的。纯文之士，既无自卫的能力也难有悲壮的精神，不知不觉中只知使用心计，因而自然生出一种虚伪与阴险的空气。

我们不要以为这种情形现在已成过去，今日的知识阶级，虽受的是西洋传来的新式教育，但也只限于西洋的文教，西洋的尚武精神并未学得。此次抗战这种情形暴露无遗。一般人民，虽因二千年来的募兵制度，一向是顺民，但经过日本侵略的刺激之后，多数都能挺身抵抗，成为英勇的斗士。正式士兵的勇往直前，更是平民未曾腐化的明证。至于知识阶级，仍照旧是伪君子。少数的例外当然是有的，但一般的知识分子，在后方略受威胁时，能不增加社会秩序的混乱，已是很难得了。新君子也与旧君子同样地没有临难不苟的气魄。后方的情形一旦略为和缓，大家就又从事鸡虫之争；一个炸弹就又惊得都作鸟兽散。这是如何可耻的行径！但严格讲来，这并不是个人的错误，而是根本训练的不妥。未来的中国非恢复春秋以上文武兼备的理想不可。

征兵的必要，已为大家所公认，现在只有办理方法的问题。目前的情形，征兵偏重未受教育或只受低级教育的人，而对知识较高的人几乎一致免役。这在今日受高深教育的人太少的情况之下，虽或勉强有情可原，但这绝非长久的办法。将来知识分子不只不当免役，并且是绝对不可免役的。民众的力量无论如何伟大，社会文化的风气却大半是少数领导分子所造成的。中国文化若要健全，征兵则当然势在必行，但伪君子阶级也必须消灭。凡在社会占有地位的人，必须都是文武兼备，名副其实的真君子。非等此点达到，传统社会的虚伪污浊不能洗清。

（原载昆明《今日评论》第 1 卷第 4 期，1939 年 1 月 22 日）

雅乐与新声：一段音乐革命史

中国文化，自古即注重音乐。由音乐的变化，可看出文化的变化；由音乐的盛衰，可看出文化的盛衰。古代祭祀时有乐舞，外交酬酢时有赋诗，王公卿大夫的宫中都有瞽师组织的乐队，士族子弟大多能歌善舞，平民的婚姻也以田野中的唱和歌舞为背景。孔子以下儒家所提倡的礼乐之治，的确是对于前代传统的一种崇拜，并非无根的理想。但正如孔子所希望恢复的封建制度，当孔子在世时已发展到没落的阶段，孔子所推崇的音乐同时也已不堪时髦。孔子死后不久，封建全消，古乐也成为少数儒家一种抱残守缺的古董。对于一般的社会，古乐已不存在，连儒家所保守的音乐是否真正的或完备的古乐，也很成问题。一种音乐，不专是技术问题；整个的文化背景若已变化，旧的技术即或尚未失传，往往也无力继续维持一种旧的历史景象。在艺术史方面，此理尤为显著。以上一段变化，今日已无从详知，但大体的过程尚可探寻。

音乐当初并无新旧之分。但春秋晚期产生了一种新的音乐，于是旧乐从此就称"雅乐"，新兴的称为"新声"又称"郑声"或"郑卫之音"或"濮上之音"，反对的人甚至称之为"淫声"或"亡国之音"或"靡靡之音"。新声发祥于郑卫两国，在卫国的桑间濮上之地甚为发达。据《汉书·地理志》："卫地有桑间濮上之阻，男女亦亟聚会，声色生焉。"濮水今已枯涸，古道在今河南延津县与滑县境内，属卫，近郑。《诗·鄘风》中有"桑中"之篇，乃男女相悦之诗，来源甚古，并非春秋末之新声。由"国风"中可知与"桑中"篇相类的情诗各国皆有，并不限于郑卫，并且都是古代传下，而非春秋末年的产品。音乐史上的桑间濮上之音是另一回事，与郑卫关系虽密，但不见得只是男女相悦之音，《汉书》中的解释不免有误会与附会之嫌。新声虽出于郑卫，但要人中最悦新声的是孔子幼年时在位的晋平公（公元前五五七至五三二年）。平公的乐师师旷，是春秋末期有名的大雅乐家，仍拥护古乐，据《国语·晋语八》的记载，他对平公的嗜好新声曾下断语："公室其将卑乎！"后世关于平公与新乐，流传了一段美丽的故事，虽非实情，却含至理。

据《韩非子·十过篇》，卫灵公朝晋，路过濮水，夜闻奇声，出自水中，遂命师涓代为写谱。师涓连听两夜，将声谱完全写下。到晋后，两君相会，灵公命师涓献新声，师涓鼓琴未终，师旷抚止曰："此亡国之声，不可遂也。"

平公曰："此道奚出？"

师旷曰："此师延之所作，与纣为靡靡之乐也。及武王伐纣，师延东走，至于濮水而自投。故闻此声者，必于濮水之上。先闻此声者，其国必削。不可遂！"

平公曰："寡人所好者音也，子其使遂之。"

师涓鼓究之。平公问师旷曰："此所谓何声也？"

师旷曰："此所谓清商也。"

公曰："清商固最悲乎？"

师旷曰："不如清徵。"

公曰："清徵可得而闻乎？"

师旷曰："不可！古之听清徵者，皆有德义之君也。今吾君德薄，不足以听！"

平公曰："寡人之所好者音也，愿试听。"

师旷不得已，援琴而鼓。一奏之，有玄鹤二八，道南方来，集于郎〔廊〕门之垝。再奏之，而列。三奏之，延颈而鸣，舒翼而舞。音中宫商之声，声闻于天。平公大说，坐者皆喜。

平公提觞而起，为师旷寿。反坐而问曰："音莫悲于清徵乎？"

师旷曰："不如清角。"

平公曰："清角可得而闻乎？"

师旷曰："不可！昔者黄帝合鬼神于西泰山之上，驾象车而六蛟龙，毕方并辖，蚩尤居前，风伯进扫，雨师洒道；虎狼在前，鬼神在后，腾蛇伏地，凤凰覆上。大合鬼神，作为清角。今主君德薄，不足听之。听之将恐有败！"

平公曰："寡人老矣。所好者音也，愿遂听之。"

师旷不得已而鼓之。一奏，而有玄云从西北方起。再奏之，大风至，大雨随之，裂帷幕，破俎豆，隳廊瓦。坐者散走，平公恐惧，伏于廊室之间。晋国大旱，赤地三年。平公之身遂癃病。

这一段生动的故事，当然不能作为历史看，但也不是好事者的妄言。很可能春秋末战国初新声中一个主题，就是前代的许多神话故事。这可代表封建文化将消没时的一种最后的怀想与追念，其中因怀古不可复得而生的悲哀怨诉的声调特别凄惨动人。即或不然，这段故事最少也是历史事实的一种艺术化的绝好描写。由故事中可见新声靡靡悦耳，感人的魔力非常之深，性质近乎西洋所谓浪漫的音乐。末流所趋，此种音乐甚至可发展到与今日的爵士音乐相类的地步（今日西乐中的"爵士"一词，几乎可说是中国古代"靡靡"一词的译名！）传统的雅乐，比较深沉醇厚，近乎西洋所谓古典的音乐，不专以声调感人，较声调尤为重要的是声调背后的信仰与理想。历史上大的革命时代，变化不限一方，而是普及于各部门的。春秋末战国初，是中国历史上的大革命时代，除政治社会的翻腾外，音乐也起了空前的变化：新声代替了雅乐，浪漫代替了古典。然而每逢革命，任何一种改变，一方面有人拥护，就是革命派，一方面又有人反对，就是保守派。春秋末最有名的保守派，无论讲到政治社会制度，或是讲到音乐，都是孔子。在《论语·阳货篇》中，孔子"恶郑声之乱雅乐"。《卫灵公篇》中，孔子的表示尤为清楚："乐则韶舞。放郑声，远佞人。郑声淫，佞人殆。"孔子个人也的确能赏识雅乐，所以在齐国闻韶之后，竟至三月不知肉味！但极端保守的理想，最后总是失败。到战国时代，雅乐已成了古董，流行的音乐几乎都是新声。《礼记·乐记篇》，魏文侯（公元前四〇〇年左右）问夏子说："吾端冕而听古乐，则唯恐卧；听郑卫之音，则不知倦。敢问古乐之如彼何也？新乐之如此何也？"这简短的几句问话，可说是革命音乐全部道理的一针见血之论，指明春秋与战国两个时代之间有一条不可强渡的鸿沟。好古的人尽管推崇雅乐，真能打动人心的只有新声。

雅乐是祭祀与朝会或宴享时的必需条件之一。祭祀时，以乐"降神"，以乐"媚神"。至于朝宴时，"我有嘉宾，鼓瑟吹笙"，是当然的。这是封建制度下的一种礼数，并不是为消遣或娱乐的。其中即或含有消遣娱乐的成分，也只是附带的，主要的作用是媚神与礼客。到战国时，古代的祭祀虽未全消，但祭祀大半已成了儒家的理想，各国实际多不注意。古代的宴享之礼，也不能继续维持。音乐已完全成了一种消遣，主要的目的是娱乐。至此"声"与"色"才结了不解之缘。子夏在《乐记篇》中批评新声的话绝非虚语："今夫新乐，进俯退俯，奸声以滥，溺而不止。及优侏儒糅杂子女，不知父母，乐终不可以语，不可以道古。此新乐之发也。"新乐的主角是倡优，侏儒，歌男舞女，专供富贵之家的玩赏，古乐的郑重与庄严以及信仰理想的成分已经消灭净尽。

我们明白此点之后，对于墨子的极力反对音乐就不致感到难解了。《墨子》

书中，除《非乐篇》外，《三辩篇》亦以排斥音乐为主题，可见"非乐"在墨子思想中占据很重要的地位。墨子诚然是一个庄严过度的人，对于一切的艺术大概都无鉴赏的能力，也完全不明幽默为何物。《论语》中不只屡次提到孔子发笑，甚至开玩笑，并且由许多章句中都可看出孔子是一个富于幽默而和蔼可亲的大师。《墨子》一书，虽超过《论语》的篇幅许多倍，但由始至终没有一句笑语。全部《墨子》中所表现的墨子人格，是一个诚恳过度，庄严过度，终生未尝一笑的人物。《庄子·天下篇》中批评墨子，说他"为之太过"，又谓"今墨子独生不歌，死不服"，又"其生也勤，其死也薄……使人忧，使人悲，其行难为也……反天下之心，天下不堪。墨子虽独能任，奈天下何？"又"日夜不休，以自苦为极"。由这种评语可想见墨子的终日拉长面孔而孜孜不已的精神，摩顶放踵以利天下为心的精神。此种人一般都是不笑的，也是不知艺术为何物的。墨子的仇视音乐，几乎成了一种变态心理，据《淮南子·说山训》，"墨子非乐，不入朝歌之邑。"城名有"歌"字，即不肯入，真是把音乐与洪水猛兽同样看待了！这即或是后人开玩笑的故事，也可证明墨子非乐论所给人的印象是如何之深了！

但墨子本人的个性，只能解释非乐的一部分。假定战国时代的音乐仍与春秋以上的音乐性质相同，仍为祭祀与朝宴时所必需，则信仰鬼神追求治平的墨子大概不致无条件的非乐。《荀子·乐论篇》，说了墨子一大篇不是，实际恐怕都是文不对题的门户之见。荀子所拥护的是雅乐，墨子所反对的是新声。正因为战国时代的音乐完全是娱乐品，并且往往是少数人的娱乐品，极端功利主义者的墨子当然要排斥攻击。同时，他本人又是一个不能赏鉴音乐的人，也就难怪他的非乐理论说的非常痛快淋漓了！

音乐发展到纯娱乐的阶段，就离末日不远了。"亡国之音"的名称，甚为恰当；不只是国家将亡，新乐甚至可说是一种伟大文化将亡的先声。汉以下历代正史中虽都有讲到音乐的文字，但几乎全部是抽象的与机械的描写。秦汉以下，我们不再听到真正伟大的音乐，也不再见到大的音乐家。此后的所谓音乐家只是李延年一流的倡优人物，后世也日趋愈下。最近六七百年来的音乐，以戏曲中的声调为代表，可谓为音乐的极端末流。至于婚丧大事所用的音乐，使人听了真有哭不得笑不得之感！战国时代音乐虽已大变，但古代的雄厚之气尚未全消。高渐离与荆轲所合同奏唱的《易水歌》，虽然音调已完全失传，但寥寥十数字的歌词仍能使二千年后的人想见当时的悲壮气概。秦汉以下，文化的气息一代比一代微弱，以致到今日我们几乎成了一个没有音乐的民族。

近年以来，国人对古乐又渐注意，少数的有心人并且要在可能的范围内设法恢复古乐。真正的恢复，当然绝不可能。无论雅乐或新声，都已成为万古不复的过去。但这种运动却是中国又要产生新的伟大音乐的征兆，也是中国文化又要有新的发展的征兆。

（原载《中央日报》昆明版，1940 年 5 月 7 日）

建国

——在望的第三周文化

只看目前，我们是在抗战中建国。但若把眼光放得远大些，我们今日显然的是正在结束第二周的传统文化，建设第三周的崭新文化。从任何方面看，旧的文化已没有继续维持的可能，新的文化有必须建设的趋势，此次抗战不过加速这种迟早必定实现的过程而已。我们近来时常称今日为"大时代"，真正的意义就在此点。

此次抗战，有如塞翁失马，在表面损失的背后，隐藏着莫大的好处。自抗战开始之后，著者对它的最后意义，时常拟题自问，自供的答案也日愈清楚。假定开战三两月后，列强就出来武力调停，勉强日本由中国领土完全退出。那与目前这种沿江沿海与各大都市以及重要交通线全因战败而丧失的局面，孰优孰劣？答案是：战败失地远胜于调停成功。假定开战不久，列强中一国或两国因同情或利益的关系而出来参战，协助中国于短期内战败日本。那与目前这种沿江沿海与各大都市以及重要交通线全因战败而丧失的局面，孰优孰劣？答案是：战败失地远胜于借外力而成功。假定战争初开或开战不久，日本又发生一次大地震，较一九二三年那一次尤为严重，都市全部破坏，轻重工业整个销毁，全国公私一并破产，元气丧失到不可恢复的程度，因而被迫不得不无条件的向中国求和。那与目前这种沿江沿海与各大都市以及重要交通线全因战败而丧失的局面，孰优孰劣？答案是：战败失地远胜于因敌遭天灾而成功。假定我们有一位科学天才，发明一种非常的利器，能使我们于一两个月之内将日本的实力全部歼灭。那与目前这种沿江沿海与各大都市以及重要交通线全因战败而丧失的局面，孰优孰劣？答案是：战败失地远胜于靠特殊利器而胜利。假定日本国内与国际的种种顾忌而不敢发动此次的侵略战争，容许我们再有十年的准备，以致我们与敌人势均力敌，能用外交的压力或战场上短期的正面决战强迫它退出中国。那与目前这种沿江沿海与各大都市以及重要交通线全因战败而丧失的局面，孰优孰劣？这个拟题的诱惑力，诚然太大；与上面的几个假设相比，的确是一个深值考虑的出路。但我们仍不妨狠心而大胆的回答：把眼光放远放大些，战败失地还是胜于外交压迫或短期决战的胜利。

我们为何无情的摒弃一切可能的成功捷径，而宁可忍受目前这种无上的损失与痛苦？理由其实很简单：为此后千万年的民族幸福计，我们此次抗战的成功断乎不可依靠任何的侥幸因素。日本速战速决的胜利是不可能的；中国速战速胜的战果是不应该的。即或可能，我们的胜利也不当太简易的得来。若要健全的推行建国运动，我们整个的民族必须经过一番悲壮惨烈的磨炼。二千年来，中华民族所种的病根太深，非忍受一次彻底澄清的刀兵水火的洗礼，万难洗净过去的一切肮脏污浊，万难创造民族的新生。

"新生"一词含义甚广，但一个最重要的意义就是"武德"。非有目前这种整个民族生死关头的严重局面，不能使一般顺民与文人学士从心坎中了解征兵的必要。好在我们沦陷的区域甚广，敌人的疯狂残暴逼得向来自扫门前雪的老百姓不得不挺身自卫，不得不变成为个人，为家庭，为国家民族拼命的斗士。同时，为应付势所必然的长期战争，未沦陷的后方又不得不加紧推行战前已经开端而未完成的国民兵役制度。所以全国之内可说都在向普遍征兵的方向迈进。此中虽然因二千年来的积习太深，不免有许多障碍与困难，但经过此番波动，自卫卫国的观念必可渗入每个国民的意识中，将来彻底实行征兵，可无很大的困难。

旧中国传统的污浊、因循、苟且、侥幸、欺诈、阴险、小器、不彻底，以及一切类似的特征，都是纯粹文德的劣根性。一个民族或个人，既是软弱无能以致无力自卫，当然不会有直爽痛快的性格。因为直爽痛快不免与人发生摩擦，摩擦太多就不免动武。但由弱者的眼光看来，动武是非常可怕的事，所以只有专门使用心计了。处世为人，小则畏事，大则畏死。平日只知用鬼鬼祟祟的手段去谋私利，紧急关头则以"明哲保身"的一句漂亮话去掩饰自己的怯弱。这种人格如何的可耻！这种人所创出的社会风气如何的可鄙！上面所列的一切恶德，都是由这种使用心计与明哲保身的哲学而来。此次抗战有涤尽一切恶劣文德的功用。我们若求速胜岂不又是中了旧日文人侥幸心理的恶毒？

但我们绝不是提倡偏重武德的文化，我们绝不要学习日本。文德的虚伪与卑鄙，当然不好；但纯粹武德的暴躁与残忍，恐怕比文德尤坏。我们的理想是恢复战国以上文武并重的文化。每个国民，尤其是处在社会领导地位的人，必须文武兼备。非如此，不能有光明磊落的人格；非如此，社会不能有光明磊落的风气；非如此，不能创造光明磊落的文化。此点若不能达到，将来我们若仍与已往二千年同样的去度纯文德的卑鄙生活，还不如就此亡国灭种，反倒痛快！

初级教育与军事训练都当成为每个国民必有的义务与权利。义教是文化的起点，军训是武化的起点。两者都是基本的国民训练。这个目标达到之后，整个中国的面目就要改观。当然在面积广边防极长的中国，恐怕非有一个常备军甚至职业军不可，但这只能作为征兵的附庸，必须由征兵训练中产生。所有的兵必须直接出自民间，兵与民必须一体，二千年来兵民对立的现象必须彻底打破。由此次抗战的英勇，我们可知中华民族虽然很老，但并不衰，仍是第一等的兵士材料。这是征兵制能够成功的绝对保障，也是新文化必定实现的无上把握。

* * * * * * *

兵的问题，牵动整个的社会；兵制与家族制度又是不能分开的。中国历来讲"忠孝"，认为忠与孝有密切的关系：在家孝，在国必忠。但这大半是理论。实际上，为家庭的利益而牺牲国家社会的利益，在已往几乎成了公认的美德。二千年来无兵的文化，全都由此而来。所以旧日夺人志气的大家族，必须废除。反之，近世欧美的小家庭也不是绝对无疵的办法，因为小家庭无形中容易培养成一个极端个人主义的风气，发展到极点，就必演成民族自杀的行动——节制生育。这恐怕是许多古代文化消灭的主要原因，这也是今日西洋文化的最大危机。中国于战国秦汉间也曾一度遇到这个难关，所幸太古传下的家族观念始终没有完全消灭，汉代的人口政策大体成功，所以此种恶风未能普遍的流行，民族的生机未被不可挽回的斩断。我们今日能如此英勇的抗战，就是受此种强度的家族观念之赐。否则我们的民族与文化恐怕早已与埃及巴比伦或希腊罗马同样的完全成为博物馆中的标本，欲求今日流离颠沛的抗战生活，亦不可得矣！这个问题，比兵的问题尤其难以应付。兵的问题是一个可以捉摸的问题，可以用法令解决。家庭生活虽有利益的关系，但情感的成分甚大，不是法令所能随意支配的。舆论的倡导，学人的意见，社会领导者的榜样，是解决这个问题的必要力量。我们虽不必仍像从前以无限制的多子多孙为理想，但像西洋上等社会流行的独身与婚而不育的风气。却必须当作洪水猛兽去防御。所幸此种现象，在中国尚未成为固执的风气。现在的中心问题是大小家庭的问题，不是节制生育的问题。大家族与小家庭的调和，虽不免困难，但并不是绝对不可能的。近年来，中国实际正在向这方面进行。现在的趋势，是在大家族的观念与形式仍然保留之下，每个成年人都去过他独立的生活。旧日老人专权的家族制，当然不能再维持，因为那是使社会停顿与国家衰弱的势力。但西洋的个人完全与父母兄弟隔绝的办法，也万不可仿效；因为无论短期间的效果如何，那到最后是使社会国家破裂与民族生命毁灭的势力。中国自古以来善讲中庸之道。中庸之道，无论在其他方面是否仍当维持，在家族制度方面却无疑是绝对需要继续采用的。我们若要度健全的生活，若要使民族的生命能万古不绝，一个平衡的家族制度是一个必不可缺的条件。这个问题非三言两语所能说尽，最后的解决仍有待于来日与来人。

*　　*　　*　　*　　*　　*　　*

　　兵的问题与家族问题之外，我们还有一个政治问题。政治问题虽然千头万绪，但最少由表面看来，一个固定的元首制度是最为重要的。因为政局的稳定与否，就由元首产生时的平静与否而定。近年来吃了群龙无首的大亏之后，国人已渐觉到首领的必要！此次抗战尤其增进了这种认识，我们已有了全民族所绝对拥护的领袖。毫无疑问，这对将来政治问题的解决可以有莫大的帮助。但这个问题，微妙难言。古代罗马帝国的制度，或可供我们将来的参考。

*　　*　　*　　*　　*　　*　　*

　　建国运动，创造新生，问题何只万千？但兵可说是民族文化基本精神的问题，家族可说是社会的基本问题，元首可说是政治的基本问题。三个问题若都能圆满的解决，建国运动就必可成功，第三周文化就必可实现。但我们万不可认为这是轻而易举的工作。此次的复兴建国，是人类史上的空前盛事，因为从古至今向来没有一个整个文化区组成一个真正统一的国家的现象。罗马帝国或秦汉以下的中国皆为大而无当的庞大社会，绝非春秋战国或近世欧美的许多真正统一的一类国家。所以我们是在进行一件旷古未有的事业，绝无任何类似的前例可援，其困难可想而知。抗战开始以前，著者对于第三周只认为有实现的可能，而不敢有成功的希望。抗战到今日，著者不只有成功的希望，并且有必成的自信。以一年半以来的战局而论，中华民族的潜力实在惊人，最后决战的胜利确有很大的把握。我们即或承认最坏的可能，最后决战我们仍然失败，但此次抗战所发挥的民族力量与民族精神仍是我们终久要创造新生的无上保障。

　　我们生为今日的中国人，当然是不免痛苦的，但也可说是非常荣幸的。今日是中国文化第二周与第三周的中间时代。新旧交替，时代当然混乱；外患乘机侵来，当然更增加我们的痛苦。但处在太平盛世，消极的去度坐享其成的生活，岂不是一种太无价值太无趣味的权利？反之，生逢二千年来所未有的乱世，身经四千年来所仅见的外患，担起拨乱反正，抗敌复国，变旧创新的重任——那是何等难得的机会！何等伟大的权利！何等光荣的使命！无论何人，若因意志薄弱或毅力不坚，逃避自己分内的责任，把这个机会平白错过，把这个权利自动放弃，把这个使命轻易抹煞，岂不是枉生人世一场！

（原载《中国文化与中国的兵》，商务印书馆，1940 年）

张伯伦与楚怀王

——东西一揆？

今日张伯伦心中作何感想，只有他自己知道，连对最亲近的人恐怕他也不肯吐露真情。并且由英国人的不善于自问自省的特点看来，大概他自己也不知道他心中的味道到底是占苦辣酸甜咸的哪一种。几百年来，英国于没有充分的准备之下而被迫参战的，尚以此为第一次。对今日英国处境的困难，张氏要负大部的责任，这不只是英国反对党的门户之见，也是英国以及世界各国人士的多数看法。后世的人对张伯伦如何评判，大半要看目前欧洲战事的结果。如果英国战败，历史家一定认为大英帝国是由张氏手中断送的。即或英国战胜或两方不分胜负而妥协，后世的人最少也要说张氏是一个拿国命作儿戏的顽固人物。今日的世界，正处在一个极端无情的大时代。凡负政治重任的人，不能走错一步。一步走错，轻则丧权，重则亡国。路线走错之后，无论如何自辩自解，也不能告无罪于天下，更不能告无罪于后世。凡是强国，都有一贯的外交政策。但政策尽管不变，运用却必须灵活。从政的人最忌成见太深，成见太深必要招致愚而好自用的错误。"仇俄"是英国自十九世纪以来外交政策的主要一面，但大英帝国的政策绝不只此一面。张氏为成见所蔽，把国内政治的分野与国际政治的纵横竟然混为一谈，把"仇俄"作为全面的政策，结果遇到四百年来所未有的外交失败与战事危机，这在法治精神特别发达的英国可以引咎辞职了事，并且在下届内阁中仍能占一重要地位，若在舆论比较偏激的国家恐怕绝不会有如此便宜的下场！战事尚未结果，所以张伯伦的地位也还在未定之天。但中国在战国时有一个大国的元首，行为颇与张伯伦相仿佛，最后个人惨死异邦，把国家大局也弄得一败不可收拾，这个人就是楚怀王。

楚怀王即位于公元前三二八年。当时天下有三个强国，东为齐，西为秦，南为楚。此外燕韩赵魏是二等强国。齐楚联盟抗秦。齐靠楚的支持，乘着燕国内乱的机会，把燕全部占领（三一四年）。秦国要破坏齐楚的优势，于是在次年就派善于辞令的张仪到楚国去活动。张仪大概知道楚怀王的弱点，向他说："大王苟能楚闭关（绝）齐，臣请使秦王献商于之地六百里。"怀王大喜过望，一般承颜色的臣子也都称贺。只有陈轸一个不贺，并且谏楚王说：

> 臣见商于之地不可得，而患必至也……夫秦所以重王者，以王有齐也。今地未可得而齐先绝，是绝孤也。秦又何重孤国？且先出地后绝齐，秦计必弗为也。先绝齐后责地，且必受欺于张仪。受欺于张仪，王必悁之。是西生秦患，北绝齐交，则两国兵必至矣。

楚怀王不听，一面派人绝齐，一面派人随张仪到秦国去接收土地。到秦国后，张仪忽然堕车受伤，三月不朝也不能见客。楚国的使臣向秦索地，秦人把一切责任都推到张仪身上。三月之后，秦国已得了齐楚完全绝交的可靠情报，同时秦也暗中已与齐定了同盟条约，张仪的伤也已养好，出来向楚国的使臣说："从某至某，臣有奉邑六里，愿以献大王左右！"楚使说："臣闻六百里，不闻六里！"张仪："仪固以小人，安得六百里？"

使臣回国报告之后，怀王大怒，要发倾国之师攻秦。陈轸阻谏，劝他以国事为重，不要完全以个人的好恶去决定国家的最后政策。怀王不听，楚攻秦，齐助秦夹击楚，楚国大败，数百年来国防要地的汉中也丧于秦国（三一一年）。秦既得了汉中，从此可随时威胁楚国的心腹之地。

秦楚的关系僵持了许久，后来两国算是又言归于好，怀王的太子并往秦作质子（三〇三年）。但太子终有太子的脾气，次年在秦宫中杀人，畏罪逃回楚国。这正好给了秦国一个再向楚进攻的借口。自从十年前的一着失算，楚的国力已经大削，此次结果又被秦打败。至此怀王才想到旧梦重圆的计策，又与齐联盟，并派太子到齐作质（三〇〇年）。秦见齐楚又合，于是次年遣书楚王：

> 始寡人与王约为弟兄，盟于黄棘，太子为质，至欢也。太子凌杀寡人之重臣，不谢而亡去，寡人诚不胜怒，使兵侵君王之边。今闻君王乃令太子质于齐以求平。寡人与楚接境壤界，故为婚姻，所从相亲久矣。而今秦楚不欢，则无以令诸侯。寡人愿与君王会武关而相约，结盟而去，寡人之愿也，敢以闻下执事！

群臣多劝怀王勿往秦赴约，以免受骗。但怀王居然仍以秦的诺言为可以听信，亲往武关赴会。楚王一到秦即闭关，把楚王带到咸阳。并且秦王不肯与怀王分庭抗礼，要叫他朝拜如蕃臣。怀王大怒，拒绝见礼。秦要怀王割地，方能放他回国。怀王非先定盟回国，不肯交地。但秦要先得地，然后再放人回国。

怀王屡次受欺之后，总算学了一分乖，始终不肯答应秦的要求。

二年后（二九七年），楚怀王乘隙向东北逃往赵国，求赵国护送回楚。赵畏秦，不敢收留。不久秦兵居然追至赵国，挟怀王又回秦，监视加严，无从再逃。同时秦仍继续向楚进攻，屡败楚兵。到公元前二九六年，怀王愤恨发病而死。秦把怀王的灵柩送回楚国，全体的楚人无不悲悼。但楚人所悲悼的是怀王个人的命运。若由大局方面着眼，楚国的前途几乎完全是被怀王所断送的。

楚怀王在秦为虏时的心境如何，史上虽无明文，但我们很易想见他的悔恨与懊丧。今日的张伯伦大概还没有如此的可怜。但假设英国最后战败，恐怕那时的张伯伦就是第二个抱恨终天的楚怀王了！

（原载《战国策》第六期（欧战号），1940 年 6 月 25 日）

历史警觉性的时限

多年来中国学界有意无意间受了实验主义的影响,把许多问题看得太机械,太简单。以史学为例:一般认繁琐的考证或事实的堆砌为历史的人,根本可以不论;即或是知道于事实之外须求道理的学者,也往往以为事实搜集得相当多之后,道理自然就能看出。实际恐怕绝不如此。历史的了解,虽凭借传统记载的事实,但了解程序的本身是一种人心内在的活动,一种时代的精神的哲学表现,一种整个宇宙人生观应用于过去事实的思维反应。生于某一时代,若对那一时代一切的知识,欲望,思想,与信仰而全不了解,则绝无明了历史的能力。对自己时代的情形与精神愈能体会,对过去历史的了解力也愈发增高。由另一方面言,一个时代愈发展紧张生动,那时代少数警觉性深刻的人对过去的历史也愈发看得透彻。一个完全平淡静止的时代,对于任何过去的大事都绝无明了的能力。历史的了解是了解者整个人格与时代精神的一种表现,并非专由乱纸堆中所能找出的一种知识。

上面一段话或者不免过于抽象,意义不免过于晦涩,但我们举出具体的例证之后,问题大概就容易看清了。在任何民族的生命中,历史的了解力或警觉性都是为时甚暂的一种活动。中国秦汉以下的二千年间史料的丰富使人气闷,以史家自命的学者车载斗量,但始终没有一本历史的作品,原因也很简单。二千年来的中国社会,虽间或有小的波动,但一向绝无真正的变化更革。一人身处完全静止的环境中,整个的人格,整个的心灵,也都是静止的。此种人格所影射的一切也当然是静止的,对过去真正停滞的时代当然看为停滞,即或对于活泼生动的时代也难以看出道理。因为人格中所完全缺乏的,绝难在外物中找到:正如宇宙间有许多颜色与音响为人类的耳目所不能见闻的一样,因为这些声色超过我们官感构造的范围。一个患贫血症的人格,对于机械的史料或者还能做点排列的功夫,遇到富有意义的史料反要手足无措,二千年来对于战国以前的历史毫无办法,就是因为这个缘故。后世对于所谓三代文化的憧憬与崇拜证明一些空虚无物的人格仍能感到战国以前的伟大;但伟大处到底何在?却是二千年来无人能够明了的一件事。大致讲来秦汉以下改朝换代的平淡故事，同化了全部的中国历史，所以三代也不过是三个朝代而已。这是如何幼稚可怜的一种看法！

一个民族历史警觉性的最发达的时间，至多不过二百年。前此是信仰混沌的阶段，虽有历史命运的向往，但无清楚的观念，根本谈不到历史的了解。此后则一切都糊涂渺茫，思想与想象都微弱到苟延残喘的地步，正如我们秦汉以来二千年间的情形。两者之间有二百年的非常时代，是文化的最高峰，民族的事业达到顶点：向后回顾，来龙清楚；向前瞻视，去脉分明。这是人类心胸最开朗的时代。但绝峰之上，难以久留，明古知来的幸运阶段转瞬即逝。前此的心地光明一变而为一塌糊涂。这个短暂的幸运阶段在中国就是战国时代，在欧西就是今天。

中国的战国时代，前后二百五十年。欧西自进到战国后，也已有一百五十年的历史。但历史的了解力或警觉性并非与时代相始终的。时代的初期，警觉性仍甚微弱，到末期就又趋于模糊。真正发达的时期，还不足二百年。中国此期所遗于后世的唯一作品就是《左传》。《左传》是战国前半期的作品，在当时可说是一部通史。殷商西周的事迹，当时已不十分知清。著者为慎重起见，由平王东迁后开始，叙述到著者生前的几十年间为止。全书的线索虽然非常复杂，条理却十分清楚，使读者能够身临其境，对于春秋时代整个的国际局面以及少数大国的内部状态都能一目了然。当然只有大手笔能有如此成就，但大手笔必须生在大时代才能具有如此魄力。春秋时代虽然在前，但我们今日对它的认识远胜于战国，就是因为关于战国时代没有这样一部伟大的作品。试想，若无《左传》一书，我们今日对于春秋时代岂不也要如对西周一样的恍恍惚惚？

欧西对历史的了解，由法国革命开始。法国革命前尚无名实相符的史学。今日唯一认为有史学价值的革命前的作品——吉朋的《罗马帝国衰亡史》——其价值在文字而不在史解。革命方兴，了解力仍甚薄弱。到一八五〇年左右，历史的警觉才成了知识阶级全部人格的一个不可缺的部分，少数哲学头脑特别发达的人也才对古往今来的一切比较彻底的认识。由一九〇〇年到今天，欧西人的历史意识可说已发达到最高峰。而今而后，只有倒退，难有再进一步的发展。法西斯主义兴起之后，思想渐受统制。这种趋势只有日愈强烈，减轻的希望很少，消灭的可能绝无。此种非理性，反理性的新神秘主义，最多不过五十年后，一定要成了笼罩整个欧西文化的弥天黑云。独立的思想渐被扑灭，历史的了解也必同时消亡。史学的消灭与哲学结束是同一件事的两方面。五十年后，欧西思想界一定要有类似杂家者出现，杂家是哲学发展的丧钟。同时史学界也必要开始呈现司马迁《史记》的没落形态。太史公是中国古代伟大史学消灭的象征。二千年来学术界对于司马迁的崇拜，正是二千年间中国没有史学的铁证。《史记》一书，根本谈不到哲学的眼光，更无所谓深刻的了解，只是一堆未消化的史料比较整齐的排列而已。后此的所谓史著，都逃不出此种格式，甚至连史公比较清楚的条理也学不来。文化精神衰退的一泻千里，真可惊人！

战国时代为何能明白过去的历史？因为战国时代的文化最为复杂，最为紧张；任何时代的任何事迹在战国时代的心目中，都不至显得生硬。反之，比较简单松懈的时代，对于战国时代根本无从了解，因为战国的许多潮流与线索是其他时代的人所不能想象的。只有复杂紧张的战国才能产生少数特别复杂紧张的人格，只有这种人格才能对古往今来的一切设身处地的去体会。此种能力，在春秋以上，在法国革命以前，绝无出现的可能。中国到吕不韦时代，欧西到二〇〇〇年左右，这也就成为无人能够想象的一种异能。

我们混沌的过了二千年的静止生活。今日幸逢欧西的盛大时会，受了外力的渲染，又第二次的得有明了历史的良机。深望国人善于利用机会，把埋没二千年的历史彻底寻出一个条理，不要终年累月的在训诂考据中去兜圈子。中国只要不亡，此后千万年都是我们可以尽情沉涵于训诂考据的时间。真正明了历史的机会，却是一纵即逝，最多不过还有五十年的工夫。中国的乱纸堆，二千年来堆得太高，若必要把许多毫无价值的问题都考证清楚，然后再从事于综合了解的工作，恐怕是到人类消灭时也不能完成的一种企图！

尤有进者。欧西人无限的欲望与追求，使他们发现了许多古民族历史。埃及、巴比伦、印度以及希腊罗马的发展经过，今日欧西人所知道的，在许多方面比较古民族自己当初所知道的尤为清楚。这种扩大心胸的机会是如何的难得！有心的人，为何不抖去由堆满败简残篇的斗室中所沾的灰尘，来到海阔天空的世界大吸一口新鲜的空气！

雷先生本篇对于史学的解释是根据他整个的历史观出发的。考证训诂并不就是历史学，真正的史书只能在战国时代产生——他这两点主张一方面是对当代"学究式"的史家当头一棒，一方面也是可以勉激国人此后新史学的努力。望读者特加注意。同时我们借此机会介绍雷先生的一本杰作，就是由商务印书馆出版的《中国文化与中国的兵》一书。——编者

（原载《战国策》半月刊第 11 期，1940 年 9 月 1 日）

专家与通人

专家是近年来的一个流行名词，凡受高等教育的人都希望能成专家。专家的时髦性可说是今日学术界的最大流弊。学问分门别类，除因人的精力有限之外，乃是为求研究的便利，并非说各门之间真有深渊相隔。学问全境就是一种对于宇宙人生全境的探讨与追求，各门各科不过是由各种不同的方向与立场去研究全部的宇宙人生而已。政治学由政治活动方面去观察人类的全部生活；经济学由经济方面去观察人类的全部生活，但人生是整个的，支离破碎之后就不是真正的人生。为研究的便利，不妨分工，但我们若欲求得彻底的智慧，就必须旁通本门以外的知识，各种自然科学对于宇宙的分析，也只有方法与立场的不同，对象都是同一的大自然界。在自然科学的发展史上，凡是有划时代的贡献的人，没有一个是死抱一隅之见的人，如牛敦或达尔文，不只精通物理学或生物学，他们各对当时的一切学术都有兴趣，都有运用自如的了解力。他们虽无哲学家之名，却有哲学家之实，他们是专家，但又超过专家，他们是通人，这一点总是为今日的一些专家与希望作专家的人所忽略。

假定某人为考据专家，对于某科的某一部分都能详述原委，作一篇考证文字，足证能超出正文两三倍，但对今日政治、经济的局面完全隔阂，或只有幼稚的观感，对今日科学界的大概情形一概不知，对于历史文化的整个发展丝毫不感兴趣，这样一个人，只能称为考据匠，若恭维一句，也不过是"专家"而已。又如一个科学家，终日在实验室中与仪器及实验器为伍，此外不知尚有世界，这样一个人，可被社会崇拜为大科学家，但实际并非一个全人。他的精神上之残废，就与身体上之足跛耳聋，没有多少分别。

再进一步，今日学术的专门化，并不限于科学之间，一科之内往往又分化为许多细目，各有专家。例如一个普通所谓历史专家，必须为经济史专家，或汉史专家，甚或某一时代的经济史专家，或汉代某一小段的专家。太专之后，不只对史学以外的学问不感兴味，即对所专以外的史或部分也渐疏远，甚至不能了解。此种人或可称为历史专家，但不能算为历史家。片段的研究无论如何重要，对历史若真欲明了，却非注意全局不可。

今日学术界所忘记的，就是一个人除作专家外，也要作"人"，并且必须作"人"。一个十足的人，在一般生活上讲，是"全人"，由学术的立场讲，是"通人"。我们时常见到喜欢说话的专家，会发出非常幼稚的议论，这就是因为他们只是专家，而不是通人，一离本门，立刻就要迷路。他们对于所专的科目在全部学术中所占的地位完全不知，所以除所专的范围外，若一发言，不是幼稚，就是隔膜。

学术界太专的趋势，与高等教育制度有密切的关系。今日大学各系的课程，为求"专精"与"研究"的美名，舍本逐末，基本的课程不是根本不设，就是敷衍塞责，而外国大学研究院的大部课程，在我们只有本科的大学内反倒都可找到。学生对本门已感应接不暇，当然难以再求旁通。一般的学生，因根基的太狭太薄，真正的精通既谈不到，广泛的博通又无从求得；结果各大学每年只送出一批一批半生不熟的知识青年，既不能作深刻的专门研究，又不能正当的应付复杂的人生。近年的教育当局与大学教师，无论如何的善于自辩自解，对此实难辞咎。抗战期间，各部门都感到人才的缺乏。我们所缺乏的人才，主要的不在量，而在质。雕虫小技的人才并不算少，但无论做学问，或做专业，所需要的都是眼光远大的人才——我们所根本没有的人才。

凡人年到三十，人格就已固定，难望再有彻底的变化。要做学问，二十岁前后是最重要的关键，这正是大学生的在校时期。品格、风趣、嗜好，大半要靠此时来做最后的决定。此时若对学问兴趣立下广泛的基础，将来的工作无论如何专精，也不致于害精神偏枯病。若在大学期间，就造成一个眼光短浅的学究，将来若要再作由专而博的工夫，其难真是有如登天。今日各种的学术都过于复杂深奥，无人能再希望作一个活的百科全书的亚里斯多德，但对一门精通一切，对各门略知梗概，仍当是学者的最高理想。二十世纪为人类有史以来最复杂最有趣的时代，今日求知的机会也可谓空前；生今之世，而甘作井底之蛙，岂不冤枉可惜？因为人力之有限，每人或者不免要各据一井去活动，但我们不妨时常爬出井外，去领略一下全部天空的伟大！

（原载《新南星》第 6 卷第 5 期，1940 年）

中外的春秋时代

春秋时代，在任何高等文化的发展上，都可说是最美满的阶段。它的背景是封建，它的前途是战国。它仍保有封建时代的侠义与礼数，但已磨掉封建的混乱与不安；它已具有战国时代的齐整与秩序，但尚未染有战国的紧张与残酷。人世间并没有完全合乎理想的生活方式与文化形态，但在人力可能达到的境界中，春秋时代可说是与此种理想最为相近的。

春秋背景的封建时代，是文化发展上的第一个大阶段。由制度方面言，封建时代有三种特征。第一，政治的主权是分化的。在整个的文化区域之上，有一个最高的政治元首，称王（如中国的殷周），或称皇帝（如欧西的所谓中古时代）。但这个元首并不能统治天下的土地与人民，虽然大家在理论上或者承认"溥天之下，莫非王土；率土之滨，莫非王臣"。他所直辖的，只有天下土地一小部分的王畿，并且在王畿之内，也有许多卿大夫的采邑维持半独立的状态。至于天下大部的土地，都分封给许多诸侯，诸侯实际各自为政，只在理论上附属于帝王。但诸侯在封疆之内也没有支配一切的权力，他只自留国土的一小部分，大部土地要封与许多卿大夫，分别治理。卿大夫在自己的采邑之上，也非绝对的主人，采邑的大部又要分散于一批家臣的手中。家臣又可有再小的家臣。以此类推，在理论上，封建贵族的等级可以多至无限，政治的主权也可一层一层的分化，以至无穷。实际的人生虽然不似数学的理论，但封建政治之与"近代国家"正正相反，是非常显明的事实。

封建时代的第二个特征，是社会阶级的法定地位。人类自有史以来，最少自新石器时代的晚期以来，阶级的分别是一个永恒的事实。但大半的时期，这种阶级的分别只是实际的，而不是法律所承认并且清清楚楚规定的。只有在封建时代，每个人在社会的地位，等级，业务，权利，责任，是由公认的法则所分派的。

封建时代的第三个特征是经济的，就是所有的土地都是采地，而非私产。自由买卖，最少在理论上不可能，实际上也是不多见的。所有的土地都是一层一层的向下分封，分封的土地就是采地。土地最后的用处，当然是食粮的生产。生产食粮是庶民农夫的责任，各级的贵族，由帝王以至极其微贱的小士族，都把他们直接支配的一部土地，分给农夫耕种。由这种农业经济的立场看，土地称为井田（中国）或佃庄（欧西）。此中也有"封"的意味，绝无自由买卖的办法，井田可说是一种授给农夫的"采"，不过在当时"封"或"采"一类的名词只应用于贵族间的关系上，对平民不肯援用此种高尚的文字而已。

总括一句：封建时代没有统一的国家，没有自由流动的社会，没有自然流通的经济。当时的政治与文化，都以贵族为中心。贵族渐渐由原始的状态建起一种豪侠的精神与义气的理想，一般的起起武夫渐渐为斯文礼仪的制度所克服，成了文武兼备的君子。但在这种发育滋长的过程中，政治社会的各方面是不免混乱的，小规模的战事甚为普遍，一般人的生活时常处在不安的状态中。

封建时代，普通约有五六百年。封建的晚期，当初本不太强的帝王渐渐全成傀儡，把原有的一点权力也大部丧失。各国内部的卿大夫以及各级的小贵族也趋于失败。夺上御下，占尽一切利益的，是中间的一级，就是诸侯（中国）或国王（欧西）。最后他们各把封疆之内完全统一，使全体的贵族都听他们指挥，同时他们自己却完全脱离了天下共主的羁绊。列国的局面成立了，这就是春秋时代。

主权分化的现象，到春秋时代已不存在。整个的天下虽未统一，但列国的内部却是主权集中的。社会中的士庶之分，在理论上仍然维持，在政治各部辅助国君的也以贵族居多。但实际平民升为贵族已非不可能，并且也不太难。在经济方面，井田的制度也未正式推翻，但自由买卖的风气已相当的流行。各国内部既已统一，小的纷乱当然减少到最低的限度；至此只有国际间的战争，而少见封建时代普遍流行的地方战乱。真正的外交，也创始于此时。贵族的侠义精神与礼节仪式发展到最高的程度。在不与国家的利益冲突的条件之下（有时即或小有冲突，也不要紧），他们对待国界之外的人也是尽量的侠义有礼。国际的战争，大致仍很公开，以正面的冲突为主，奇谋诡计是例外的情形。先要定期请战，就是后世所谓"下战书"，就是欧西所谓宣战。"不宣而战"是战国时代的现象，春秋时代绝不如此无礼。晋楚战于城濮，楚帅成得臣向晋请战："请与君之士戏，君凭轼而观之，得臣与寓目焉。"这几句话，说得如何的委曲婉转！晋文公派人回答说："寡君闻命矣……敢烦大夫谓二三子，戒尔车乘，敬尔君事，诘朝请见。"答辞也可说与请战辞针锋相对。

战争开始之前，双方都先排列阵势，然后方才开战，正如足球戏的预先安排队形一样。有的人甚至宁可自己吃亏，也不攻击阵势未就的敌人。宋襄公与楚战于泓水，宋人已成列，楚人尚未渡水。有人劝襄公乘楚人半渡而突击敌军，宋君不肯。楚军渡水，阵势未成又有人劝他利用机会，他仍拒绝。最后宋军战败，襄公自己也受了伤，并且后来因伤致死。这虽是一个极端的例，但却可代表春秋时代的侠义精神，与战国时代惟利是图的风气大异其趣。

春秋时代的战争，死伤并不甚多，战场之上也有许多的礼数。例如晋楚战于邲，晋人败逃，楚人随后追逐。晋军中一辆战车忽然停滞不动。后随的楚车并不利用机会去擒俘，反指教晋人如何修理车辆，以便前进。修好之后，楚人又追，终于让晋军逃掉！

虽在酣战之中，若见对方的国君，也当在环境许可的范围内恭行臣礼。晋楚战于鄢陵，晋将却至三见楚王，每见必下车，免首胄而急走以示敬。楚王于战事仍然进行之中，派人到晋军去慰劳，却至如此不厌再三的行礼。却至与楚使客气了半天，使臣才又回楚军。在同一的战役中，晋栾针看见楚令尹子重的旌旗，就派人过去送饮水，以示敬意。子重接饮之后，送晋使回军，然后又击鼓前进。两次所派到对方的都是"行人"，正式的外交使臣，行人的身命在任何情形下都是神圣不可侵犯的。

欧西的春秋时代，就是宗教改革与法国革命间的三个世纪，普通称为旧制度时代。欧西人对于利益比较看重，没有宋襄公一类的人，但封建时代的礼仪侠气也仍然维持。例如当时凡是两国交兵，除当然经过宣战的手续与列阵的仪式之外，阵成之后，两方的主帅往往要到前线会面，互示敬意，说许多的客套话，最后互请先行开火。过意不去的一方，只得先动手，然后对方才开始还击。到法国革命之后，就绝不再见此种不可想象的傻事了！

除较严重的战争场合外，一般士君子的日常生活也都以礼为规范。不只平等的交际如此，连国君之尊，对待臣下也要从礼。例如臣见君行礼，君也要还礼，不似后世专制皇帝的呆坐不动而受臣民的伏拜。大臣若犯重罪，当然有国法去追究。但在应对之间，若小有过失，或犯了其他不太严重的错误，国君往往只当未见未闻。路易第十四世，是欧西春秋时代的典型国君。他的最高欲望，就是作整个法国甚至整个欧洲最理想的君子。有一次一位大臣当面失态，使路易几至怒不可遏。但他仍压抑心中的怒火，走到窗前，把手中的杖掷之户外，回来说："先生，我本想用杖打你的！"

英国伊利沙伯女王的名臣腓力·西德尼爵士是当时的典型君子。举止行动，言谈应对，对上对下，事君交友，一切无不中节。男子对他无不钦羡，女子见他无不欲死。他的声名不只传遍英国，甚至也广播欧陆。最后他在大陆的战场上身受重伤。临死之际，旁边有人递送一瓶饮水到他口边。他方勉强抬头就饮，忽见不远之处卧着一个垂死的敌人，于是就不肯饮水，将瓶推向敌人说："他比我的需要还大。"一个人真正的风格气度，到危难临头时必要表现，弥留之顷尤其是丝毫假不得的。"人之将死其言也善"，是指罪孽深重临死忏悔者而言，那只是虚弱的表示，并非真情的流露。至人临死，并无特别"善"的需要，只是"真"而已。世俗之见，固然可看西德尼的举动为一件"善"事，但那是对他人格的莫大误解，他那行为是超善恶的，他绝无故意行"善"的心思。与他平日的各种举动一样，那只是他人格自发的"真"，与弱者临危的"善"相差不可以道里计。后代时过境迁，对前代多不能同情的了解，春秋时代的理想人格是最易被后代视为虚伪造作的。当然任何时代都有伪君子，但相当大的一部分的春秋君子是真正的默化于当代的理想中。

我们举例比较，都限于中国与欧西，因为这两个文化可供比较之处特别的多，同时关于它们的春秋时代，史料也比较完备。此外唯一文献尚属可观的高等文化，就是古代的希腊罗马。希腊文化的春秋时代，是纪元前六五〇年左右到亚历山大崛起的三百年间。当时的历史重心仍在希腊半岛，雅典与斯巴达的争雄是历史的推动力，正如中国的晋楚争盟或欧西的英法争霸一样。当时的希腊也有种种春秋式的礼制，凡读希罗多德的历史的人都可知道。侠义的精神，尤其是大国对大国，是很显著的。雅典与斯巴达时断时续的打了四十年的大战之后，雅典一败涂地，当时有人劝斯巴达把雅典彻底毁灭。但斯巴达坚决拒绝，认为这是一种亵渎神明的主张。柏拉图与亚里斯多德的哲学使命，都在斯巴达侠义的一念之下，日后得有发扬的机会。

上列的一切，所表现的都是一种稳定安详的状态。春秋时代的确是稳定安详的。封建时代，难免混乱；战国时代，过度紧张。春秋时代，这两种现象都能避免。国际之间，普通都以维持均势为最后的目标，没有人想要并吞天下。战争也都是维持均势的战争，歼灭战的观念是战国时代的产物。在此种比较安稳的精神之下，一切的生活就自然呈现一种悠闲的仪态，由谈话到战争，都可依礼进行。

但历史上的任何阶段，尤其是比较美满的阶段，都是不能持久的。春秋时代最多不过三百年。中国由吴越战争起，欧西由法国革命起，开始进入战国。贵族阶级被推翻，贵族所代表的制度与风气也大半消灭。在最初的一百年间，中国由吴越战争到商鞅变法，欧西由法国革命到第一次大战，还略微保留一点春秋时代的余味。但那只是大风暴雨前骗人的平静，多数的人仍沉湎于美梦未醒的境界时，残酷的，无情的歼灭战，闪电战，不宣而战的战争，灭国有如摘瓜的战争，坑降卒四十万的战争，马其诺防军全部被虏的战争，就突然间出现于彷徨无措的人类之前了。

（原载《战国策》半月刊第 15—16 合期，1941 年 1 月 1 日）

全体主义与个体主义

——中古哲学中与今日意识中的一个根本问题

人类自文化初开群聚而居以来，有意无意间就时常遇到一个很难满意解决的问题，就是个人与团体的关系的问题。到底是个人为团体而生存，或团体为个人而存在？个人的利益高于团体的利益，或团体的利益高于个人的利益？许多的哲学家，一谈到政治社会问题时，也不免要对此煞费心思。有的时代，甚至这是哲学界的中心问题。团体高于一切的说法，可称为全体主义；个人高于一切的说法，可称为个体主义。两种主义的竞争，在各国之内与国际之间，都是人类目前的切肤问题。共产主义与各形各色的社会主义，都是有全体性的；民主主义，自由主义，个人主义，都是有个体性的。但这些名词，今日都与入主出奴的情绪搅在一起，所以本文只能用全体主义与个体主义两词，希望可以少引起一点情感的联系作用。并且当局者总不免迷惑，为摆脱我们今日所难避免的局内成见，我们似乎可对从前一个相似的时代加以研究，虽不见得能使我们解决今日的问题，但最少可叫我们对当前的局面有比较客观而深入一层的了解。在整个的人类史上，于史料许可的范围内，我们可说欧西的中古时代是对全体与个体的关系最为注意的，当时的第一流思想家都费大部的精神去推敲这个问题。

中古哲学讨论这个问题时，采取的是一个非常抽象的方式：就是共相对特相的关系。"形而上者谓之道"，共相是形而上的；"形而下者谓之器"，特相是形而下的。古今世界有无数的马，各马之间无论颜色，身材，速率，性格，以及身心的一切琐碎之点，没有两匹马完全相同。每一匹马是一个特相，并且是很"特别"很"独特"的特相。每个"特相"的马都是我们能见能闻能触的形下之器。但虽无两马相同，我们却毫不犹豫的总称古往今来所有的坐乘为"马"。似乎在一切能见能闻能触的形而下的马之外与之上，还有一切的马所以为"马"的原理，一个不可捉摸而仍然非常实在的形而上之道。否则既然没有两匹马相同，我们安能总称所有类似而不相同的四足物为"马"？一切的马所以为马的根本之理就是共相。

中古哲学家中，一派特别注意共相，认为形而上的道是唯一的实在，形而下的器只是偶然的外相，一切马所以成马的根本性质才是重要的；并且只有这个共相是实在的，一切个别的马不过是马的共相的临时表现而已。这一派的说法，在当时称为唯实主义：唯有共相是实在的。对立的一派，正正相反，所取的是一种常识的态度。具体的当然就是实在的，实在的当然就是具体的。并且只有具体的才能称为实在，只有一个一个的马古往今来实际的存在。虽然没有两匹马完全相同，但所有的马之间有许多主要的公同点，例如善走，可乘，特别是啸声，独有的鬃形等等。我们为便利起见，总称一切赋有以上各种特征的四足兽为"马"，这个"马"只是人类为自己的便利所定的"名"，本身并非实在。这一派称为唯名主义：一切所谓共相都是人定的名称，只有每个特相才是实在的。

这两派的思想，互相争辩甚烈。当初他们只谈一些不相干的例证，如马，狗，舟，车，花，木之类。但不知不觉间，他们就把注意力转移到比较切身的问题，如教会，上帝，国家等。按唯名主义的说法，教会只是许多信徒所组合而成的团体的"名"，实在的只有个个的信徒。教会属于信徒，教会可存可废，全听信徒的便利。教会为信徒的利益而存在，并不能绝对的支配信徒。这种推论当然是大逆不道，绝非当时定于一尊的教会所能接受。再如教会对于上帝有所谓三位一体的信仰，上帝是三而一的，"三"虽然不能放弃，但当时特别注重于"一"。若按唯名的说法，所谓上帝的"一"只是虚名，实际却有三个上帝。但由正统教义的立场来看，否认上帝的"一"是荒谬绝伦的异端，必须彻底的扑灭。再者，中古时代虽尚没有特别清楚的国家观念，但当时有一个所谓神圣罗马帝国，在时人的政治意识中占很重要的地位。唯名主义也把它与教会同样的推翻，当然也非它所乐意承认。

唯名主义虽然是不合正道，唯实主义也不能负起卫道的责任，按唯实的说法，教会为唯一实在的主体，个个信徒只是属于教会而已，根本无足轻重。但当时的教会口口声声说是要解救所有的人，使每个人死后灵魂能升天堂，如何能说个人不重要？并且唯实主义讨论上帝的问题时，若推到逻辑的尽头，就成为泛神论。上帝是宇宙间最高最大的共相，至高无上，大而无外，于是上帝就与宇宙成为一体，宇宙间的一切，包括人类在内，都是上帝的一部分，都是上帝的表现，本身并无独立的存在。追根究底，只有上帝是宇宙间唯一的实在，因为上帝是无所不包的大共相。人类的灵魂即或存在，也不过是上帝神质之一粒的暂时射出，终久是要归还到上帝而失去独立存在的。既然如此，教会以及一切教会救人升天的信条典礼，可说都是庸人自扰，毫无必需的理由。

两派既然都不妥当，不久就有第三派出来，一个调和折衷的说法。提倡此说的最早名人就是十二世纪的巴黎大学教授阿贝拉。他认为特相与共相都是实在的，但特相很显然是具体而存在的，共相则不可捉摸，共相只存在于特相中。一个一个的马是实在的，但所以实在的原因，就是因为每个马都有"马"的共相贯乎其中，否则不能成马。似此，共相又属非常重要。但共相不可离特相而独立，不顾特相而只谈共相，共相就只为人心中的一种概念。所以阿贝拉的思想，当时称为概念论，这个说法，是否可以调和两极端的主义，是八百年来没有定论的一个问题。当时有许多人攻击阿贝拉，认为他的思想实际仍是一种变相的唯名论，与宗教的正道根本冲突。这种争辩，正在不得开交时，阿贝拉病死，问题也就不了了之的解决了。

共相特相的问题，到十三世纪才得到教会所认为满意的解决方案。阿里斯多德的哲学全集由回教的世界输入欧西，十三世纪的许多哲学家就费全部的精神去吸收消化这位希腊大师的思想。此种潮流的代表人物就是十三世纪中期义大利哲人圣多玛。他认为共相与特相是相对的，而非绝对的；两者都是实在的，并且是不可分的。宇宙万象，形似混乱，但由畴范与物质的观点去考察，一切却又非常清楚，任何器物都有它所以成为器物之理，就是它的畴范，就是前一世纪哲学界的所谓共相。但每一器物又有它所依据的物质基础，所谓特相的"特"点就是由物质而来。畴范虽然只有一个，但没有两匹马的物质基础完全相同，因而产生了理同器异的现象，个性个个不同的现象。再进一层，畴范与物质的关系并非绝对的。宇宙是金字塔式的，层次甚多，每级为物质，又为畴范，对下级为畴范，对上级为物质。物质为可能性，畴范为完成体；畴范是物质的目的，物质是畴范的依据。例如空气水分肥料推动一粒种子，一棵大树因而长成；种子空气水分肥料是物质，大树是畴范。把树作成门窗梁栋，树就又成为物质，门窗梁栋是畴范。门窗梁栋以及许多其他元素集合而成屋，门窗等又成为物质，屋是畴范。许多间屋合成一座建筑，屋又为物质，建筑是畴范。许多建筑合而成为一所庭园，校园，或公署，建筑又为物质，院署是畴范。许多庭园公署和各种类似的建筑集团总合而成一个城市，建筑集团又成了物质，城市是畴范。再往上推，可及于一区，一国，以至天下宇宙。这不过是根据圣多玛的思想所举的一串相连的例证。宇宙间事物就是这样一串一串的无数物质畴范层叠形。宇宙间只有上帝是特殊的，他超脱于宇宙间的一切，他是纯粹的畴范，不杂有任何的物质。但他并非与宇宙无关的，宇宙间各种的畴范都靠上帝而存在。它们存在于上帝的思想中，上帝思想一物而其物存在。对于我们今日这个非宗教的时代，这个说法或者不免显得生硬，但由纯理论的立场来看，这至今仍不失为一种可以说得通的宇宙万象观。因为对于宇宙万象之所由来，我们除非是存而不论，否则非假定一个最后的无因之因不可。称这个无因之因为道，为太极，为太一，为绝对，为上帝，都同样的只是一个理所必有的假定而已。

圣多玛的思想，不久就被教会承认为正宗的哲学，历史上称他的思想为折衷唯实论：他注重于畴范，但不认畴范为绝对的。他对于上帝问题所论的那一套，与我们的主题无关，可以撇开不谈。他对于畴范物质关系的一般说法，却非常重要。物质与畴范，特相与共相，两者间的绝对关系既被打破，所以绝对的唯实论与唯名论也都变成没有意义的论说。讲到教会与信徒，教会当然是畴范，信徒是物质。但教会之所以成为教会，就是因为有信徒，无物质则畴范失所依据。反之，信徒为要实现人类的最高可能性，必须进入教会，物质而无畴范则永远不能达到它的最高目的。物质与畴范，特相与共相，并不是对立的，可说是相依为命的。个体与全体是不可分的，个体主义与全体主义都不妥当。健全稳定的时代，个体不是全体的牺牲品，全体也不是个体的工具，两者相生相成，全体靠个体而成立，个体靠全体而实现。

十三世纪是封建文化的最高峰，美满的哲学系统也于此时成立。任何稳定美满的时代，有形无形间实际都是服膺此种折衷的哲学思想的。只有在变乱的时代，极端唯实的全体主义或极端唯名的个体主义才占上风。十四世纪，封建文化渐趋破裂，哲学界唯名主义大盛。文艺复兴的运动也萌芽于此时，提倡人本主义，就是个人主义，到十五十六两世纪间而变成义大利所风行的极端放纵的自私自利主义。同时，宗教改革运动兴起，以个人信仰自由相号召。这一切可说都是推翻封建文化与宗教文化的革命势力。到十七世纪，这种革命运动大致已经成功，以教会以封建为中心的文化局面至此已经消灭，一个新的稳定局面已又成立，历史上称之为旧制度：对内各国完全统一，对外列国维持均势，可说是一个美满的国际局面。后世的人承袭法国革命时的标语口号，对旧制度每多误会。当时的政治是普通所谓专制的，路易第十四世的"朕即国家"一语，最为后人所误解。法国的神学家包随与英国的哲学家霍布斯是此种专制政体的代言人，他们的文字，我们今日读来，虽然有时不免觉得繁琐，但我们能很清楚的明了当时对于专制君主的看法。君主不过是整个国家的象征，国家的观念已经很强，但一般人还不能想象一个抽象而无所寄托的国家，他们只能明白以一人为中心的国家形[态]。人民当然属于国家，所以也就当然服从国家的象征，君主。君主的专制就由此而来。同时，国家也不是绝对的，君主对人民的福利必须顾到，人民有上书请愿的权利，实际也有上书请愿的事实。这也可以说是一种折衷唯实论的制度，国家与人民相依相成的局面。

旧制度的盛期，也不过百年左右。到十八世纪，尤其是十八世纪的晚期，卢梭一流的革命思想家又起，提倡人权，提倡个人的自由。不久法国的大革命爆发，以自由，平等，博爱为推翻旧制度的革命口号。星星之火，可以燎原，革命与战乱的狂潮一发不可收拾，直到一八七〇年的普法战后，才算告一段落，欧西的世界渐有呈显小康之象。但一般讲来，法国革命时期的个人主义，势力仍然相当的强大，欧美各国无论表面上如何的安定，骨子里个人主义的地位则嫌太高，所以局面总不能完全的稳定。各形各色社会主义的日趋兴盛，就是对于个人主义的一种自然反响，第一次大战后兴起的法西斯主义，纳粹主义，共产主义，以及各种各类的极权主义，代表一种更激烈的反动。第二次大战后的今日，典型的纳粹国家德意志，典型的法西斯国家意大利，杂牌的极权国家日本，虽都已消减，但极权主义的根本潮流不仅没有减退并且有与日俱增之势，与民主主义对立的局面日趋尖锐化。今日以英美为主干的大西洋两岸的各民主国家，大致可说是代表唯名主义，个人主义，或个体主义的。今日以苏联为中心的东欧各极权国家，是代表全体主义或唯实主义的，并且其主义并非折衷性，而是属于极端性的，人民完全成为国家的工具，毫无个人自由可言，个人人格的价值几乎全部被否定。这与民主国家的把个人捧得太高，一过一不及，两者都不是国家社会长治久安的基础。世界若求安定，无论是国内或国际的外界的安定，或一般人心的内界的安定，都必须先求这个根本问题的解决。过于轻视个人的极权主义与过于重视个人的民主主义一日不彻底变质，举世人心的惶惶无主的情境就一日没有解除的希望。

（原载《中央日报》（昆明版），1941 年 3 月 10 日第 4 版，"人文科学"第10 期。又载《周论》第 1 卷 15 期，1948 年 4 月 23 日，略有修改）

古代中国的外交

　　古今来所有的高等文化，于封建制度过去之后，大一统的帝国出现之前，都有五六百年的列国并立时代。各国对内统一，对外争衡，在此种的国际局面下就自然的产生了外交，真正的外交也只限于这个文化阶段。由纪元前六五〇年左右到一〇〇年左右罗马帝国的成立，是希腊罗马文化的列国时代。关于当时的外交，史料虽然不多，但仍值得今日研究外交史与外交术的人去参考。印度的封建时代，普通称为吠陀时代，于纪元前八五〇年左右结束，由此到纪元前三二一年孔雀王朝的统一帝国成立，是印度的列国时代，只可惜这一大段的政治史与外交史已几乎全部失传。欧西由十六世纪初宗教改革时起，进入列国，这个阶段至今尚未结束，它的外交史与外交术仍是目前活的问题，外交业者与外交学者当然对它特别注意。中国古代的春秋战国，前后五百五十年，也是同样的一个列国阶段，外交术甚为发达，外交史的材料传于后世的也不少于希腊罗马。外交史，说来话长，但春秋战国的外交术，虽至今日也不显得陈腐，颇有一谈的价值。

（一）春秋时代

　　外交各以本国的利益为出发点，而国与国间情形复杂，不似个人的关系可以比较的开诚布公，所以任何时任何地的外交都不免有欺诈的成分。但一般说来，春秋时代的外交，尚相当的坦白，欺诈的事例并不太多。外交注重辞令。外交的辞令由好的方面言，是一种说话得体的艺术：不轻不重，不多不少，不偈不卑，而把自己的意愿能够彻底地表达，方为理想的外交辞令。由坏的方面言，外交辞令也可说是一种撒谎的艺术：以非为是，以是为非，而能持之有故，言之成理，把对方完全蒙蔽，或使对方明知为欺诈而不能反驳，方为外交扯谎的上乘。

　　春秋时代最出名的一篇颠倒是非的外交辞令，大概要算成公十三年（纪元前五七八年）晋使吕相绝秦的那篇绝交书。书中先责七十年前秦公败晋惠公于韩原的事。韩原之败，实乃由晋自招；惠公原许割地与秦，中途变卦，才引起战事。二，吕相又言晋文公报秦穆公扶立之德，曾使东方诸侯朝秦。这是绝无其事的谎言。三，又言僖公三十年郑侵秦，晋文公曾率诸侯与秦围郑。实则晋因郑暗中与楚勾结，才去伐郑，与秦全不相干。四，责秦于此项战役中，暗里与郑请和。此点是事实。五，言诸侯都怒秦单独请和，将伐秦，而由晋文公制止。绝无其事。六，责秦穆公于晋文公死后，袭郑灭滑。是事实。七，谓晋襄公因郑、滑之事，不得已而攻秦于殽。这虽是事实，却全为自解之辞。八，责秦于此后联楚攻晋。是事实。九，责秦康公要强立晋公子雍为晋侯，"欲阙翦我公室，倾覆我社稷，归我菲贼以来荡扫我边疆"。这真是欲加之罪，何患无词；实际是晋国自动请秦把公子雍送回晋国即位，后来晋国又忽然反悔，将护送公子雍的秦军当为边寇，乘其不备而加以袭击！十，责秦此后屡次侵伐晋边。但这都是晋所自取。十一，责秦桓公攻晋。十二，责秦背河西之盟。十三，责秦联狄和楚，以便攻晋。最后三点，都是事实。总观这一篇外交通牒，虽非全无根据，但大体却是颠倒是非，歪曲事实之言。这可说是古今中外一切外交辞令的通例，在春秋时代这不过是一个显例而已。

除口头应对或文书来往的辞令外，春秋时还有一种特殊的辞令，就是赋诗。此时古诗集的种类大概很多，传到后世的《诗》三百篇只是其中的一种。赋诗也是一种艺术，非经严格的训练与练习不能胜任。对方赋诗，自己必须答赋，答赋必须恰当，否则必招人讥笑，有辱国家。赋诗时或赋全篇，或任择一二章，皆可随机应变。赋诗由乐工负责，外交人员不过发令指示而已。乐工一面奏乐，一面歌唱，乐歌并作。太复杂的交涉，或难用赋诗的方式去进行，但除普通的外交酬酢当然赋诗外，赋诗有时也可发生重大的具体作用。例如文公十三年（纪元前六一四年）郑伯背晋降楚后，又欲归服于晋，适逢鲁文公由晋回鲁，郑伯在半路与鲁侯相会，请他代为向晋说情，两方的应答全以赋诗为媒介。郑大夫子家赋《小雅·鸿雁篇》，义取侯伯哀恤鳏寡，有远行之劳，暗示郑国孤弱，需要鲁国哀恤，代为远行，往晋国去关说。鲁季文子答赋《小雅·四月篇》，义取行役逾时，思归祭祀；这当然是表示拒绝，不愿为郑国的事再往晋一行。郑子家又赋《鄘风·载驰篇》之第四章，义取小国有急，想求大国救助。鲁季文子又答赋《小雅·采薇篇》之第四章，取其"岂敢定居，一月三捷"之句，鲁国过意不去，只得答应为郑奔走，不敢安居。郑伯见请求成功，于是就向鲁侯下拜，表示谢意。鲁侯赶忙答拜还礼。这俨然是作戏，却也是富有内容的一段变相的外交辞令。

两国绝交，当然是施展辞令的大好机会。在一般无关重要的外交场合中，辞令的润饰也很重要。但若逢到真正严重的交涉时，普通是先私下作一番非正式谈商的工夫，并且大多是由次要的人物出面。待大体商定之后，主角才出台作戏，在正式的会议中表演一套冠冕堂皇的辞令而已。襄公二十七年（纪元前五四六年）的向戌弭兵之会，是此种办法的最好例证。弭兵会议的两个主角是晋中军将赵武与楚令尹子木。会场在宋的首都商丘，宋左师向戌是当然的主人。赵武虽先到会，子木却停留于陈国，不肯与赵武太早的会面，以免两大相逢，或将因摩擦过甚而演成僵局。向戌于是就成了中间的传话人，先到陈会见子木，子木非正式的向向戌提议："请晋楚之从，交相见也。"就是说，晋的附属小国也要朝见楚王，楚的附属小国也要朝见晋侯，作为晋楚两国不再用兵争取中原小国的条件。向戌回宋，报告赵武。赵武对此并不反对，但另外提出齐秦两国的问题，提议算齐为晋的属国，算秦为楚的属国，秦也要朝晋，齐也要朝楚。赵武这是故意给楚国出一个难题目去作。因为齐国四十年前为晋大败，齐侯曾亲自朝晋，算齐为晋的属国，还勉强可以说通。但晋秦是世仇，秦绝不肯低声下气的去朝晋。并且秦楚两国虽然一向国交亲密，秦并不附属于楚，楚也绝不能命令秦去朝晋。向戌又往陈国转达赵武的意见，子木不能决，遣人回国向王请示。楚王倒很干脆，决定说："释齐秦，他国请相见也。"向戌又回宋，赵武也就不再故意为难，接受了楚王的决意。一切既定之后，赵武与楚国已经到宋的次要人物子皙先非正式的定盟，以免正式会议时再有条文的争讼。至此，子木始到宋赴会。

正式会议本当顺利，不意却又发生了意外的问题。晋楚争先，两国都要主盟。前此的国际会议，或由晋召聚，或由楚召聚，两大国向未在国际盟会中逢面，晋召会，当然晋主盟；楚召会，当然楚主盟。主盟，作主席，有两种权利。第一，先书盟：会议中所定的正式盟约用牺牲的血写在竹简上，约中要列与会各国的国名，主席的国名当然写在第一位。第二，主席先歃血：盟约写定之后，主席先读一遍，然后以盘中的牲血涂在口边，表示请鬼神为盟约的证人，这就是所谓歃血为盟，意义与今日的签字一样。盟主之后，列国顺序歃血。现在晋楚同时在场，主席的问题大感困难。晋国的代表说："晋固为诸侯盟主，未有先晋者也。"楚人说："子言晋楚匹也。若晋常先，是楚弱也。且晋楚狎主诸侯之盟也久矣，岂专在晋？"两方各执一词，皆能言之成理，一群小国都不敢发表意见，根本也不知应当如何调解。最后还是晋国的叔向提出一个妥协的办法，就是在写盟约时先晋后楚，歃血为盟时先楚后晋，两方都接受了这个提议，弭兵之会才算是顺利的结束。

大国与小国的关系，难以是完全平等的。盟约称为载书，当时有许多的载书可说是不平等的条约。但春秋时代国际间还未发展到蛮不讲理的阶段，小国若有智胆兼备的外交家，在坛坫之上往往可以与大国抗衡。例如襄公九年（纪元前五六四年）晋与诸侯盟郑于戏，晋卿士弱为载书，写道："自今日既盟之后，郑国而不惟晋命是听而或有异志者，有如此盟！"郑国的代表子驷认为如此的条文侮人太甚，于是趋前在载书上加写了一条："天祸郑国，使介居二大国之间，大国不加德音，而乱以要之，使其神鬼不获欲其禋祀，其民人不获享其土利，夫妇辛苦垫隘，无所底告。自今日既盟之后，郑国而不唯有礼与强可以庇民者是从而敢有异志者，亦如之！"晋方的荀偃大怒，说："改载书！"要把郑国后加的条文删去。郑方的子展说："昭大神，要言焉，若可改也，大国亦可叛也！"这句话说得非常厉害，晋国辞穷，无法可想，只有听任载书保留前后矛盾的两种条文。这大概是古今中外所未再有的一种奇特条约！[①]

总观春秋外交的各种情形，欺诈的作用虽不能免，但大体还是有规则，讲道理，重礼节的国际交往周旋的一种方式。一进战国，情形大变。国际的局面骤然紧张，外交也就随着根本变质了。

（二）战国时代

战国初期的百年间，由吴越战争到商鞅变法，是一个大革命的时期。革命的详细经过，今日已不可考，但革命的结果我们看得很清楚。各国都变成国君一人专制独裁的国家，扩充领土变成列强的最高国策。各国都成了帝国主义的国家，都想吞并邻国，最后统一天下。战争之外，外交，无所不用其极的外交，也是达到此种目的的一种手段。春秋时代比较坦白的外交已不再见，纵横诈伪变成外交术的显著特征。春秋外交艺术之花的赋诗，无形消灭，可说是外交术彻底革命的象征。赋诗何时停止，难以稽考。《左传》中最后一次的赋诗，在昭公二十五年（纪元前五一七年），正当孔子三十五岁左右的时候。但这不足为此后不再赋诗之证，最多只能表明赋诗之事的日渐稀少。孔子说："诵诗三百，授

[①] 以上各节，俱见《左传》。

之以政，不达，使于四方，不能专对；虽多，亦奚以为？"①所谓"使于四方，不能专对"，就是指出使外国时赋诗而言，可见当孔子时赋诗仍相当的普遍，孔子教授弟子学诗的一个重要目的，也就是希望他们将来从政时，若出使四方，能够专对。赋诗的传统，大概就在战国初期百年大乱的期间消灭。赋诗之事，象征春秋时代稳定安详悠闲自在的文化精神与国际空气。此种精神与空气，进到战国后已不复存在，无人再有闲情逸致去雍容赋诗。

《战国策》与《史记》所记载的纵横外交，乍看之下，好似是变幻万端，难以揣测。但若归纳研究，就可见在随机应变的运用之上，实有几条原则，一切的诈伪都逃不出它们的围范：

（1）利而忘义——绝对的信义，只能见于私人间的关系上，国际间当然不可能。但战国时代国际间信义扫地的程度，则远非春秋的士君子所能想象。例如韩齐二国会订军事同盟，约定患难相助。后来秦伐韩，韩派使臣往齐求援，齐王想要出兵解救时，齐臣田臣思说："王之谋过矣。不如听之。子哙与子之国，百姓不戴，诸侯弗与。秦伐韩，楚赵必救之。是天以燕赐我也。"齐王称善，于是应许韩的使臣立刻出兵，而实际按兵不动。楚赵为要维持均势，果然自动出兵救韩，齐国却乘着大家忙乱不堪的时机攻占燕国，把燕国临时灭掉。②又有一次，齐秦二国强甲天下，秦约齐同时称帝，齐为东帝，秦为西帝。齐国想称帝，又怕天下各国不服，空招无趣，于是决定应许与秦同时称帝，而先观望不称，待秦国称帝之后，如果没有不利的反响，齐国再正式自加尊号，也不为迟；秦称帝，若国际的舆论不佳，齐就始终不动，免得与秦同被恶名。后来秦国果然上当，称帝不久就又羞答答的取消了尊号。这在战国时代算是秦国外交上一个小小的失败。③

齐攻宋，宋派使向楚求救，楚王满口答应，痛快非常。宋使回国途中，面带愁容，他的从人问他为何使命成功而不欢喜。使臣说："宋小而齐大，夫救于小宋而恶于大齐，此王之所忧也，而荆王悦甚，必以坚我。我坚而齐弊，荆之利也。"楚国果然失信，听宋为齐所败而不搭救。④

（2）贿赂内奸——买通敌对国家中意志薄弱、头脑不清或思想复杂的分子，无事时可以泄漏情报，有事时可以捣乱响应，这是国际钩心斗角局面下的一种

---

① 《论语·子路篇》。
② 《战国策》卷九《齐策二》。
③ 《战国策》卷十一《齐策四》。
④ 《战国策》卷三十二《宋卫策》。

费力少而效用大的阴谋手法。贿买内奸，以人类大弱点的贪欲为起发点，秦对此点看得最清楚，秦相应侯有一次对秦王说："秦于天下之士，非有怨也，相聚而攻秦者，以己欲富贵耳。王见大王之狗，卧者卧，起者起，行者行，止者止，毋相与斗者。投之一骨，轻起相牙者；何则？有争意也。"①这未免太小看了天下之士；不计私利而一心抗秦的人物，各国都有。但接受秦贿而出卖国家的人，的确也不算少。秦王政即位不久，出万金，令大阴谋家顿弱到各国去行贿，六国自将相以下都有被收买的人。②秦国吞并天下，兵力之外，这是很重要的一个助力。秦国贿赂策略收效最大的地方，就是齐国。齐相后胜暗中受了秦国的金玉，故意松弛齐国的武备，以致最后齐国在六国中成了唯一不抵抗而灭亡的国家。③

（3）流言反间——散布谣言蜚语，挑拨离间，拆散敌方领袖间的团结合作，也是一种失败也无大碍，成功可收奇效的外交攻势。燕将乐毅攻齐，下七十余城，除莒与即墨二地外，齐国全部沦陷，齐王亦死，真可谓国破家亡。田单守即墨，乐毅围攻甚急，适逢燕王死，新王为太子时即与乐毅失和，田单乘隙使人至燕散布流言："齐王已死，城之不拔者二耳。乐毅畏诛而不敢归，以伐齐为名，实欲南面而王齐。齐人未附，故且缓攻即墨，以待其事。齐人所惧，唯恐他将之来，即墨残矣。"新王果然中计，夺了乐毅的兵权。代将的人庸碌无能，不久就把乐毅征服的齐地全部丧失。④

长平之战，赵将廉颇采取高垒坚守以老敌师的策略。秦军屡次挑战，廉颇自计实力太弱，应战必然失败，所以始终不动。赵王以及国内一般浅见者流，多认为廉颇过度示弱，讥怨之声四起。秦使人往赵反间说："秦之所恶，独畏马服子赵括将耳。廉颇易与，且降矣。"赵括是善于纸上谈兵的军事家，名望甚高，而无真正的本领。但在舆论失常之下，赵王竟不顾一切，撤换了廉颇，使赵括代将。赵括贸然进攻，大败，赵军四十万人投降，全部为秦将白起所坑杀。⑤这个反间计，比田单所施用的还要厉害，田单的目的不过是去掉一个劲敌，秦人此次不只去掉一个莫可奈何的廉颇，并且还请来一位幼稚可怜的赵括，以便由秦彻底的解决。历史的教训，很少有人接受。三十年后，秦已灭韩，出兵围赵，

① 《战国策》卷五《秦策三》。
② 《战国策》卷六《秦策四》。
③ 《战国策》卷十三《齐策六》。
④ 《史记》卷八十二《田单列传》。
⑤ 《史记》卷七十三《白起列传》。

赵将李牧司马尚二人善用兵。秦军屡次失利，遂又用反间计，贿赂赵王的宠臣，使他乘间向赵王进谗，说李牧司马尚与秦暗中有所勾结。这是贿买内奸与流言离间双管齐下的进攻，赵王居然听信了谗言，杀李牧，废司马尚。不久赵军大败，赵国亦亡。[①]

战国末期，六国中唯一有胆有识的抗秦人物就是魏公子信陵君，天下知名，号召力甚大，组织六国的联军，屡次败秦。秦王出万金，在魏遍布流言："诸侯徒闻魏公子，不闻魏王，公子亦欲因此时定南面而王。诸侯畏公子之威，方欲共立。"此外，秦的使臣又屡次向信陵君致贺，并问登位的日期。魏王当初虽然半信半疑最后竟被说动，夺了公子的军权，魏以及六国的悲运从此也就注定了。[②]

小国间的鸡虫得失，有时也用反间。昌他由西周逃到东周，把西周的秘密全盘托出，东周大喜，西周大怒。西周于是派人与昌他送书，并附金三十斤，说："告昌他：事可成，勉成之；不可成，亟亡来。事久且泄，自令身死。"西周同时又使人告东周："今夕有奸人当入者矣。"东周的守兵当然捉得西周的送书人，东周君立刻杀掉昌他！[③]

（4）虚伪利诱——为达到自己的目的，以重利引诱他人，待目的达到之后，再设法把当初送人的利益收回，甚或实际的利益始终并未放手，待把握已定之后，再翻脸不认旧账，这也是国际纵横捭阖的一种秘诀。战国时代最有名的利诱例证，就是张仪骗楚怀王的故事。齐楚同盟，秦颇感受威胁，遂派张仪往楚游说，只要楚与齐绝，秦即无条件的割商于之地六百里与楚。楚怀王大喜，与齐绝交，并派人随张仪回秦受地。张仪回国，假醉坠车，称病不出。待秦已确知齐楚绝交之后，张仪才病愈上朝，告楚使说："子何不受地？从某至某，广袤六里。"使臣说："臣闻六百里，不闻六里。"张仪吃惊回答说："仪固以小人，安得六百里？"楚使回国，怀王大怒，伐秦，为秦所败，国防要地的汉中也为秦夺去。[④]后来秦攻韩，怕楚干涉，派冯章使楚，应许于战后将汉中割还楚国，楚国又二次听信了秦的甘言。战后，楚向秦索地，冯章自请出亡，秦于是把一切责任都推到冯章身上，说他未得秦王同意而擅自应许楚国割地的条件。[⑤]又

①《战国策》卷二十一《赵策四》。
②《史记》卷七十七《信陵君列传》。
③《战国策》卷一《东周策》。
④《战国策》卷四《秦策二》，《史记》卷四十《楚世家》。
⑤《战国策》卷四《秦策二》。

有一次，秦赵合攻魏国，魏国也以割地的厚利去诱骗赵国，赵国也利令智昏，退出战团，魏国的急围遂得解除。事过之后，魏国也把责任推到使臣身上，不肯割地。①

利诱的把戏，有时可以玩得非常复杂。楚怀王的太子横在齐为质。怀王死，太子要回国即位。齐以楚割东方领土的所谓下东国五百里之地相要挟，否则不放太子。太子只得答应割地。回国即位，为楚襄王。齐要取地，襄王向群臣求计。子良说："王不可不与也。王身出玉声，许强万乘之齐而不与，则不信。后不可以约结诸侯。请与而复攻之。与之信，攻之武。臣故曰与之。"昭常说："不可与也。万乘者，以地大为万乘。今去东地五百里，是去战国之半也。有万乘之号，而无千乘之用也，不可。臣故曰勿与。常请守之。"景鲤说："不可与也。虽然，楚不能独守，臣请西索救于秦。"襄王最后问慎子，慎子说，可兼用三子之计。王不悦，认为慎子是在开玩笑。慎子解释说："臣请效其说，而王且见其诚然也。王发上柱国子良车五十乘，而北献地五百里于齐。发子良之明日，遣昭常为大司马，令往守东地。遣昭常之明日，遣景鲤车五十乘，西索救于秦。"楚王真就采用了这条连环妙计，子良献地之后，昭常又去坚守不退，不久秦为维持均势又出兵救楚。齐国空欢喜一场，一无所得。②

这种空头支票的诱人诡谋，有时也会弄假成真，非忍痛割地不可。楚魏战，魏许秦割上洛地，请秦不要助楚。魏果然战胜。秦向魏索地，被魏拒绝。秦于是作出与楚接近的姿态。魏怕秦楚联合攻己，赶快把上洛之地割与秦国。③

（5）威逼诱降——敌人战败而尚未失去抵抗力，或可战而意志未决时，用甜言蜜语去松懈他的决心，使他相信早日投降可以免除更大的痛苦，这种利用人类侥幸心理的策略，往往也可以收获宏效。秦败楚，楚怀王使太子为质于齐以求援。秦昭王致书楚王，说愿与楚王在秦楚交界处的武关相见，面谈两国间的误会，以便言归于好。楚怀王犹豫不决，去，怕被欺，不去，怕招致秦国更烈的进攻。最后，怀王冒险往武关去赴会，结果被秦扣留。秦要怀王割地，否则不准回国。怀王不肯一错再错，坚决拒绝割地，终至死在秦国。楚太子横虽由齐回国，即位为襄王，但秦乘楚内部人心惶惶之际，猛烈进攻，大败楚国。④

五国相继破灭亡之后，只有齐尚独立于东方。秦威胁利诱兼施，劝齐不要

①《战国策》卷二十四《魏策三》。
②《战国策》卷十五《楚策二》。
③《战国策》卷六《秦策四》。
④《史记》卷四十《楚世家》。

作无谓的抵抗，以免生灵涂炭，只要齐王入朝，就可封与五百里之地，但齐国必须降秦。齐王建的精神已被秦克服，左右亦多胆怯或曾被秦贿买，极力劝王建西去降秦，王建入秦，齐毫无抵抗而亡国。王建被秦拘，饿死。[①]在战国时代秦国全部的外交史上，灭齐是收尾的一幕，也是最便宜的一幕：一纸招降书而灭掉一个有名的大国，全天下从此就都一统于秦。

（6）骑墙外交——以上所讲的，几乎都是大国间互相侵袭的纵横诈术。小国在此种局面下，难以有完全自主的外交，只有兼事四邻的大国，利用大国间的矛盾，使自己成为国际均势之下的一个虽小而必需的成分，小心翼翼，各方讨好，或可勉强维持独立。这可称为骑墙外交。滕文公向孟子所说："滕，小国也，间于齐楚，事齐乎，事楚乎？"又，"滕，小国也，竭力以事大国，则不得免焉，如之何则可？"正道出各小国莫可奈何的悲哀。[②]魏伐赵，勉强宋出兵随征。宋国进退两难，暗中派人到赵去诉说苦衷，请赵准宋军开入赵境，专围一城，以便对魏交代，同时赵亦可不至受宋的大害。魏国居然被蒙蔽，以为宋真正在大卖力气助战。赵国也甚心感宋国，认为宋只是虚张声势，并非真正仇赵。宋国两面讨好，最后"兵退难解，德施于梁，而无怨于赵"[③]。当时宋，卫，鲁，中山，西周，东周诸小国，都时常被大国要挟，在可能时也总是采取此种骑墙的策略，以谋自保。

（三）后言

战国的外交，手段要辣，居心要狠，才有成功的希望。身处战国，而行春秋的外交，小则丧权，大则亡国。战国的结局，在各民族中，都是全文化区的统一：印度，中国，希腊罗马无不如此。今日的欧美恐也终难逃脱历史的命运。最辣最狠的国家，往往也是最后成功的国家。战国时曾有人对秦下过很深刻的评断："秦之欲并天下而王之也，不与古同。事之虽如子之事父，犹将亡之也。行虽如伯夷，犹将亡之也。行虽如桀纣，犹将亡之也。虽善事之无益也，不可以为存，适足以自令亟亡也。然则山东非能从亲，合而相坚如一者，必皆亡矣！"[④]六国中的明眼人，都知秦的野心漫无止境，非独吞天下不可。但六国始

①《战国策》卷十三《齐策六》。

②《孟子·梁惠王下》。

③《战国策》卷三十二《宋卫策》。

④《战国策》卷二十八《韩策三》。

终不能一心一德的合力抗秦，最后听秦各个击破，统一宇内。世事推移，好似有非人力所能挽回的趋势。只看细节，历史绝不重演。但若从远处大处着眼，历史所能供给的教训似乎又非常之多。印度的史料过度缺乏，可以不论。但罗马的统一地中海世界与秦的统一中国，在政策运用与步骤的进展上，往往如出一辙。今日的欧美，表面的态势无论如何的独特，骨子里是否又在开始重演战国的悲剧，这当然只有后来的人才能断定。但我们今日的人，若由此点观察，对世界的大局与趋势或者能有深入一层的了解。

（原载《社会科学》第 3 卷 1 期，1941 年 4 月 27 日。后以《春秋外交与战国外交》为题在重庆《大公报》1942 年 7 月 23 日第 3 版、7 月 24 日第 3 版连载）

抗战四周年

七七事变，已经四周年，抗战的事业虽然尚未结束，但过去四年可悲可喜的种种，却都已成了历史上不可修改的业果。我们身处大战之中，对于全局或难有完全清晰的透视；但四年的光阴已不为短，作一番比较客观的历史的探讨，当非全不可能。

我们的抗战，在中国史以至人类史上，诚然是一种空前的艰苦事业，历史上任何的战争都难与比拟。这是许多人都曾见到，且曾由各种不同的方向论列过的道理，无需再去重述。但由长期战的立场来看，过去历史上可供比较的事例却不算少。无论中外，都曾打过几年至几十年的大战，而一切的长期战似乎都有公同的发展步骤。溯往知来，过去的大战或者可使我们对已往的四年多所了解，对今日的处境增加同情，对未来的趋势易于把握。

军事与政治的本身，不在本文讨论之列，关系大战期间一般的风气与心理的变化，可举下列几点，加以分析：

（一）生活方式——战争初起，一般人即感到责任的重大，不可多事消耗，同时又感到未来的渺茫，恐有无以为继的一天；所以大家的生活都立刻严肃起来，能收缩的地方都设法收缩，起居饮食尽量节俭，不必须的娱乐显著的减少，无谓的应酬降到最低的限度。这是社会生活的第一个阶段。但这个阶段为时甚短，很少能延至一年之久，普通也不过是几个月的功夫。初期的严肃与紧张之后，心理上自然起了一种反感，以为何必如此的自苦，同时，又感到物资的供应与自己的购买能力似乎并未减少了许多。至此一切的生活方式就又恢复了常态。前方浴血奋战，后方歌舞升平，这是作战稍久之后必有的现象，虽不见得所有的人如此，多数人不知不觉的确是如此转移的。再过一个相当的时期之后，多则三两年，少则一二年，就又进入第三个阶段，生活方式就完全是变态的了。松弛的社会不必说，即或是统制极严的社会，在长期战之下，也不免有少数人，并且往往是相当大的少数，获得有意经营的或意外飞来的横财。例如经商致富的属于前一类，因地价房价升涨而致富的属于后一类。这些暴发户，因骤富而头昏，尽情享乐，一切的生活都完全脱离了常轨，同时，连未暴富而手中略为宽裕的人，一方面受了横暴者的传染，一方面因长期战所产生的心理疲乏，也就采取了今朝有酒今朝醉的人生哲学，对于未来全不顾计，终日的从事于酒肉的征逐与荒乐的沉迷。少数头脑清醒，意志坚强的人，当然不会如此的同流合污，又有很多人根本没有能力去度此种反常的生活。但到长期战的晚期，这种不可以常理喻的现象总是非常普遍的。

（二）商业经营——战端初开，商人大多数经营如恒，少数甚至不免有需要缩小营业之感。此时一般的心理仍然正常，不只普通的民众对于国家的急需踊跃输将，对于前方的将士尽力慰劳，连惟利是趋的商人也乐意牺牲正当得利的一部，贡献公家。但这只是初期的临时现象，不久，物资的缺乏，运输的不便，经济各部门在战时所不可避免的或多或少的脱节，自然使物价逐渐增高。这正给商人一种囤积居奇投机取巧的机会。操纵更助长物价的增涨。物价愈高，操纵愈烈，物价愈高。这种恶圈能使物价在短期间增涨到惊人的程度。暴富的机会也随着提高到不可思议的境界。因此，经济全失常态，人心也丧失了平衡，大家都想乘机发财，各阶层各职团的人无不转为商人或以商为副业。在组织不严的社会里，政界的人士往往也凭借势力，加入商业投机的竞争，以致能使整个的市场很快的变成一个庞大的疯人院。但囤积操纵，终有到饱和的一天，在大家富梦正酣的时节，必会发现或因屯物过多而一时无从脱手，或因买空超过了相当的限度而一时周转不灵，破产的威胁忽然横在眼前。这是长期战末期必定发生的惨剧。惨剧的收场，普通要待战事结束之后。和平一现，社会上必定添加了无数噩梦初醒的破产潦倒之士。这批人当初或多为贫士，现在不觉又恢复了原来的地位而已。但它们当初是安贫的，经过一度的暴富之后，安贫的美德已经丧失，发财的机会又不可再来，它们就必致沉沦到底，永远不得翻身。

（三）后方热情——开火的初期，一般的舆情非常的狂热，激扬蹈厉，一似每人都恨不得亲上杀场的模样，但这只能说是一种自然的心理反应，并非理性的思考行动，对短期即了的战事或可有帮助，对旷日持久的大战可说是毫无裨益的。心理的兴奋之后，必继以心理的厌倦，不出一年，一般人的狂热就要消灭到无形无迹。并且战事持久，绝无久胜之理，胜败乃兵家常事。胜败的轮换也是长期战的当然情况。但闻胜勿骄而败勿馁，只有少数人有此把握，而且这少数人大半都是初期并未非理的狂热的，一般的神经过度的流荡，闻胜必定如狂的骄侈，闻败又必反常的气馁。几度的骄馁之后，神经必然呈显一种麻木不仁的状态。这就达到心理变化的第三个阶段了。多数人渐渐看战争为与我无关的身外事，漠不关心，一切听其自然，终日所计较的只是个人的私事，军国大事都像平时的完全委诸政府。等而下之，愚昧的人，甚至并不太愚昧的人，就逃避现实，转而听信天命鬼神，例如最近各地流传的所谓"刘伯温救劫碑记"说了一大套"修德躲祸末劫"与"搭桥接新主"的鬼话。这都是因为许多人对现实感觉厌倦而又无力控制现实，才引起的一种躲入幻境的变态现象。

（四）前方士气——战事初起，前方的士气与后方的民心一般无二，慷慨激昂，视死如归。所以战争的第一阶段，必有几场惊天地而泣鬼神的浴血恶战。但战斗虽然必需热血，却是不能专凭热血的。专凭热血，只能打胜仗，不能打败仗。一败，热血就有变冷的危险；热血一冷，军队就要崩溃。但持久的大战，绝无一方长胜的道理；一败之后，当初勇往直前的军队就立刻呈显土崩瓦解的景象。这是长期大战中最危险的关头。此关不能度过，就必全盘失败；若能安全度过，就是进入大战的第三期，就是强毅坚持的阶段。至此，不只惊慌失措的心理已经消散，当初专凭热血实际幼稚的行动也已克服。如此锻炼成熟的军心，才真正可说是达到胜亦不骄败亦不馁的境地。当初是视死如归，结果是常作无谓的牺牲；至此一般军士虽然绝不畏死，却也不故意的寻死或冤枉的碰死，必要先得相当的代价才肯捐躯。如此的军队，除非是物质的条件过度的不利，就绝无溃败之理。只有如此的军队，才有在长期战中取胜的希望。

（五）谣言类型——战乱时期，是谣言的黄金时期。因为此时不只军事是机密的，相关的政治上往往也有许多不能随意宣布的事实，这当然给造谣者一个绝好面壁虚构的机会。除敌人或内奸有计划的造谣不计外，内发的自然谣言也有固定的发展步骤。战事初期，一切的谣言都是乐观的，反映着当时的激昂热情。前方的小胜，必夸为大胜。我方如何如何的有把握；某某将帅如何如何的智勇兼全，杀敌致果；敌人如何如何的不济事……诸如此类的消息，时时刻刻的传播在紧张万状的后方社会中。但不久就必有完全相反的现象发生。心理的厌倦与理所必有的败仗，一定使谣言的性质大变。悲观主义与失败主义风靡一时，政治如何的紊乱，军事如何的无望，几周或几月之后一切就必如何的塌台……总而言之，不久就要亡国了。另外一种谣言，就是和平的风传：两方如何的在进行和平，议和的人物与地点以及议和的条件，都能清楚的说出，俨然确有其事的模样。但这往往只是人心疲倦的反映并无事实的根据，一月一月的过去，一切悲观的理论与和议的宣传都证明为庸人自扰。但悲观与和议的谣言，寿命特别的长，到战事的晚期尚难以完全绝迹。但一般讲来，晚期是谣言稀少的时期。一些神经过敏与好事之徒，渐渐都因刺激过多而麻木不仁，谣言的产量于是也就逐渐的减少。同时，经过多次证明为虚伪的谣言之后，一般人自然也就学了聪明，对一切谣言都不置信。既无雇主，当然也就无人制造。

（六）战争时限——初时大家热血沸腾，气吞山河，认为小可的敌人不久就可解决，少则三五个月，最多不过一年，全面的胜利就必来临。但一年过去之后，战事仍无止息的景象。于是人们就把时候拉长，认为一年半，二年，二年半，长到极点也不过三年，战事必然结束。但过了一两年之后，战争仍在健旺的进行，仍看不出停息的征兆。至此，一般对于神经的活动不善节制的人，心灵已经疲惫或麻木，疲倦或麻木的人心是停滞不动的，也可说是永恒的，所反映出来的外界也是停滞不动的，也是永恒的。战争似乎成了永久不变的常态，没有停止的希望，没有结束的期限，八年，十年，以至几十年之后，两方都精疲力竭，方有和平出现的可能。实际这种看法，与当初的短期全胜的信仰是同样的不合理。历史上固然有延至几十年的战争，但这究竟是极端的例外，长至十年的战争已是非常少见的事例。就在一般人认为战事永无止境，因而对于未来漠不关心的情绪中，和平忽然实现。一个大战开始时，最少一方必有准备，有时两方都是有准备的。但对于大战的结束，往往是任何人都无准备，各方对于残局如何收拾，如何善后，于是也就感到无所适从。所以大战之后，政府以及社会各方面无不手忙脚乱，这虽是大战的当然结果，但一部也是事先没有准备所招致的痛苦。

以上是由历史上多次的大战所归纳而得的几条原则。环境的特殊或外力的影像，有时可以略微改变一方面或几方面的发展，但大体讲来，任何长期的战争都要经过上述的几种步骤的。美国独立战争，拿破仑战争，美国南北战之战，一九一四至一九一八年的大战，是最近二百年间的四个显例。我们的抗战尚未结束，一部的发展仍在未来，但观察目前的情景，我们大致已走到长期战的晚期。抗战何日胜利，虽然无人能够预知，但最少大家应该警觉，无论政军负责的人物或社会各部门的人士，都当接受过去的教训，不要等胜利到来时而毫无迎接胜利的准备。

（原载《当代评论》第 1 卷第 1 期，1941 年 7 月 7 日）

海军与海权

海军与海权的控制，是人类历史上的一个重要因素。中国自古以来就是一个大陆国家，对于海洋的价值一般的中国人因而不能体会。近年来在欧美一部人士中流行，在中国也有人附和，一种所谓杜黑主义，提倡空军至上，虽不直接漠视海军，但间接似乎是要减低海军的地位的。杜黑主义就是以压倒优势的空军为军备的中坚，战端一开，就立刻进行空中的闪击战，一方面破坏对方的军需与交通，一方面打击敌国人民的神经，以便短期间得到决定性的胜利。但杜黑主义的成功，要假定两个条件。第一，就是对方完全没有空军设备，或设备太劣以致等于没有。再不然，就假定对方正在酣睡，毫无准备，以致他的空军措手不及，不能抵抗或反攻。第二个假定，在钩心斗角，情报网密布的今日世界，是不可想象的。至于第一个假定，至今也仍然只是一个假定而已；惟一的实例就是意大利的侵略阿比西尼亚之役。当时阿比西尼亚毫无空军可言，意大利因而得以不费吹灰之力而获得胜利。但撇开正义人道不谈，专从军事上言，意阿之战已是意大利的一个莫大的羞耻；杜黑主义若需此类的事件来捧场，也就难乎其为杜黑主义了！

海军与空军在整个军备上的比重，或须待此次大战后方能由专家作最后的估量。但最近两年的欧洲战局，已足证明海军仍未丧失它几千年来的重要地位，则是无可置疑的。德国不能渡过区区的海峡去征服英国，就是因为英国的强大海军。德国最后冒险去攻击苏联，也是因为英国的海军使希特勒在西线与非洲莫可奈何。我们现在探讨海军的价值与海军的意义，对于明了今后战局的趋势，或者不是毫无裨益的。

一、海洋与海权的意义

海洋，由表面看，不过是一片大水；但这是外行人的看法，是一个生于内地长于内地而初见到大海的人的看法。海洋是一条大的通路，并且虽至科学工具发达有如今日的世界，我们仍可说海洋是世间最便利的通路。所谓海权，即能控制，至少能利用，世界上最大最广最便利的交通线。自古以来，水上的交通不只便于陆地，并且远较陆地经济与迅速。火车，汽车，飞机有如穿梭的今日，水上的交通虽已丧失速度最高的地位，但仍较任何其他种类的交通（包括表面最为经济而实际最不经济的人力，马力，或大车力在内）远为经济。除少数的例外（中国是最显著的一个），古今各民族无不视海运为最高国策所须考虑的一个因素。升平之世如此，战乱时期尤然。为求海运的通畅与安全，商船必须自身有自卫的设备，或有专门作战的战舰保护，一方面防止海盗，一方面抵抗其他商业国家的干涉。最近百年来，海盗已经绝迹。承平时期各国也已不再直接的互相干涉。但到战时，情形当然不同，无海军的作战国就只有退出世界通路的海洋；即或是中立国家，若无海军，它的一切海上行动也都要喜怒由人，不能自主。

战时海军的使命，可分正反两面。正面的使命，就是保障自国轮船的自由航行；反面的使命，就是阻止，最少是妨碍，敌轮的自由航行。这种使命的具体目的有二，第一，就是物资运输的控制。战事一拉长，就必变成经济消耗战，古今无不如此。任何大的一国，也没有各种资源都能在长期战中自足自给的可能。制海的国家，可由同盟国或中立国方面源源不断的取得接济；缺乏海军的国家，假定不是岛国，又假定陆地的邻国不都是敌国，虽可由陆上输入资源，但陆地的运输太不便利，并且接济的来源只限于少数的陆上邻国，在作战力上总是一个大的弱点。一切海上可以取得的接济，当然全部或大部被对方阻止封锁。在一般情形下，这往往是最后胜败的决定因素。第二，制海的国家，可以将兵力向四面八方自由运送，以迄〔契〕合作战的最高策略：当进时进，当退时退，当登陆时就登陆。没有制海权的国家，军事的行动只能限于步行或乘车所能达到的地方，军略的运用因而也不免大受限制。熟习历史的人，对过去战史上许多此类的例，都能忆及。历史生疏的人，若对今日欧洲的战局略下思索，也可即明此理。我们今日的抗战，最大的痛苦，并不是重炮飞机与坦克车的缺乏（虽然这些我们也的确缺乏），而是敌人有海军所赐与的调动与运输的便利，而我们只能在陆地上艰苦的应付。中日的战事牵涉到全世界，当然不能由日本的海军决定一切；但日本海军是我们一切困难的最大来源，则是抗战四年后的国人所当清楚认识的。

二、海权的因素

任何国家，除非是全无海岸的国家，当然都可建设海军，发展海权。但一般讲来，有几种人力以外的因素，往往是海军有无或强弱的决定力。主要的因素为地势、地形、疆域与人口。

论到地势，海岛显然是特别便于海上的发展的，一方面可以无需陆上的防卫，一方面可以免除陆上扩土的诱惑，全部的精力都可集中于海上的事业。在此观点上，英国比德法两国处于较为优越的地位，意大利介乎两者之间。北美合众国因陆上无强国为邻，而东西又有两条长的海岸线，最少到今日已无直接在陆上拓土的意愿，所以它也几乎成了一个庞大的海岛，有如澳大利亚，只较澳大利亚不知富庶几千百倍而已。英国自十五世纪中期百年战争结束后，即永久放弃欧陆扩土的政策。十七、十八两世纪法国雄霸全欧时，大半的精力耗于大陆上的开拓。德国自十九世纪晚期统一后，也一半自动一半被动的在大陆消耗实力。这都是给英国独霸海外的间接助力。最后讲到远东岛国的日本，它豢养一个大而无当的陆军，以便向东亚大陆发展的政策，即或幸能获得部分的成功，也未见得是他们国家的百世之福。它若移陆军所耗之大部，也用于海军，从而专世商业的发展与海权的扩张，恐怕是既不害人又大利己而又少有危险的政策。

地势，除岛国与陆国之分外，尚有另外一点应当考虑，就是海港。本国海岸必须有合用的良港，最好海外也有占领、收买或租借的港口，以便平时贸易休息，获得食料与燃料，战时为护航作战之根据地。英国不只本国沿岸良港密布，几百年来在海外又善于取得适当的根据地，如直布罗陀、苏彝士、马尔太岛、新加坡等据点。美国的夏威夷与巴拿马也属此类。这是英美海权建立上的一个重要因素。法国因在海上向无目光远大的政策，所以殖民帝国虽大，良港并不多，并且有些可能成为良港的据点，如越南的金兰湾，它也并不知尽量的开发利用。日本的侵占旅顺，大连，青岛，海南岛，俄国二百年来对于君士坦丁堡的渴望与追求，都是海上发展政策的逻辑结果。

海权的第二个因素，地形，主要系指沿海的形势而言，与第一个因素有连带的关系。海岸的形态直接影响到海军的发展。即或一个有很长的海岸线，即或是一个岛国，若无良港，则航海术必不发达，亦必无海军可言。于此种情形下，大海只是一堵万仞的绝壁，而非一条诱人的通路。中国是最好的例证。古代中国的海岸线，自渤海以至淮水口，长则长矣，但极端缺乏可供航行的港口。所以华夏始终为大陆民族。海外只是海市蜃楼，神仙来往的玄密世界。连一衣带水之隔的台湾岛，中国文化已经有了二千年的生命并已拓土到闽粤地域之后，仍然全不知晓。隋唐以下，因海岸曲折，大小湾港较多的浙东与闽粤之地的大事开发，一部浙人与许多闽人粤人始成为航海家。但因历史造成的习惯与历史传统所造成的政策，此种发展甚为迟缓，政府非只不知鼓励，并且千方百计的去破坏阻挠。到明代，中国的海上事业才开始有显著的成效，闽粤人大规模的向南洋活动移植，造成今日闽粤人第二故乡的南洋局面。但这种伟大的事业完全是人民自发力量的收获，明清两朝的政府不惟始终未加协助，并且往往消极的甚至积极的干涉阻止。

要有成效，海港必须多，只靠一二良港，不足引起海上事业的发达。所谓良港，即是深而较大的港口，可供海船的出入与停息之需。最好的港口就是江河入海的海口，因为可以便于内地货物的输出与海外货物的输入，在平时的贸易便利不必说，在战时尤有畅通商运输入资源的效能。上海超过青岛的，完全在此。从港口本身言，上海并不特别的优于青岛。但上海有西延数千里的腹地，它的吸收与输运的作用，可顺长江而直达四川。相形之下，青岛可说是一个孤悬海上的死港。铁路的兴建虽然可以补救青岛的缺点，但由经济便利的观点看来，青岛永难与上海并驾齐驱。

希腊，意大利，不列颠是特别丰于良港的几个地域。上古与中古的希腊，中古与近世的意大利，都是航海事业的重心。不列颠岛上的人，在初见于历史的罗马时代，就以善于航海见称；十六世纪晚期以下始终握有海上霸权的英国，更不必说了。不列颠岛因海岸形势的曲折万状，内地的任何一点，距离海岸亦未超过一百公里，多数地点与海岸的距离则远短于此。所以绝大多数的英国人民，一生都有见海的机会，许多人都可到海边歇夏，并举行海浴。这似乎是小事，但与英国海权的建立却有不可分的关系。

法德两国，海岸线的形态虽然优于中国，但远较英国为逊。法德海上事业的永落英国之后，原因虽多，但这种地形的差别是一个非常重要的原因。

地形的影响海权，除海岸线外，内地的富庶或贫瘠也有关系。地瘠民贫的海岸人民，必须捕鱼为生，甚至走险而为海盗。渔业与海盗业都是养成航海技能与航海习惯的重要条件。过于富庶的内地，使人民安土重迁，不肯冒大海之险去求财富，不只不肯作海盗，连渔业也不愿认真的去经营。虽有良港，也往往不知利用，最少不知尽量的利用。英国与荷兰都是贫国，所以能大规模的向海上发展。法国内地过于富饶，多数的人民都满足于本土的生活，不再有另谋出路的志向。英国人的一个特点，就是能够到处为家，所以才有今日几个海外小英国的自治领；法国人则认为只有法兰西是可住之地，法国殖民地的未能好好的开拓，并非全因殖民地中无可开拓，而是因为肯一生一世子子孙孙去开拓的法国人太少。这种两相悬殊的局面，与英法本土的贫富，是有密切关系的。中国的航海事业向不发达，除良港的过度缺乏外，内地资源的雄厚也是一个很要紧的原因。德国统一虽不过七十年，但在航海的技巧与努力上最少已可与法国相比，德国内地的比较贫乏无疑的是主要的推动力之一。

北美合众国，虽然承袭英国的血统与传统，但直至十九世纪的晚期，因天然资源不可想象的丰富，海上的事业始终落后。进至十九世纪末与二十世纪初，因陆上的发展已达到尽头，才开始对海上注意。一八九九年美国寻找借口攻击西班牙的残余帝国，占领菲律宾，波托黎各，与关岛，同时又合并前此独立的夏威夷群岛，可说是美国开始的向海上大事活动的象征。一九〇三年，鼓动巴拿马独立。一九一四年而美国控制下的巴拿马运河修成，是向全世界宣告北美合众国已是海上竞争一分子的不可漠视的事件。但这一连串的大事，都是北美大陆已经开发完竣之后的发展，此前绝无实现的可能。二十年来，美国一部分的远见之士，提倡大海军的政策，甚至要建设两洋海军，但总是招致各方的非难与破坏、这仍然是富庶内地所造成的内向心理在作祟。

疆域面积，是海权发展的第三个因素。所谓面积，并不一定是指全部的领土而言。海岸线的长短，良港的多少，以及海岸港口与人口的比例，是较领土面积的绝对数量远为重要的。海岸线即或长，良港即或多，但人口若太少，不只非福，且为大祸，因为这是招致外侮的理想局面。欧人初到的新大陆，是一个最好的例证。南北美洲的海岸线甚长，良港亦相当的多，但整个新大陆的任何一地，人口都太稀少，对外侮没有充足的抵御能力，所以两大洲之地很快地就完全成了白人的世界。不列颠在上古与中古的初期也有同样的情形，所以迭遭罗马人、爱尔兰人、日耳曼人、斯堪的纳维亚人、诺尔曼人的征服。十二世纪以下，人口渐多，海岸防守的力量已经充量，所以屡次严重的外敌入侵的威胁都能安全的渡过。由海权的立场言，海岸线相当长，良港相当多，而又有足以自卫的人口的局面，是最合理想的疆域情形。

海权的第四个因素，就是人口数量。所谓人口数量，与疆域面积一样，并非绝对的。全体人口的多少，关系尚小，主要的是实际参加航海事业的可能训练为航海家的人数。例如今日的中国，航海者大多为闽粤与浙东人，以及少数冀鲁沿海的人。且所谓闽粤人，亦非两省人的全体，而为近海一带县份的人民。其他的人非只不实际参加海上的活动，并且训练为航海者的可能性也极为有限。举一个极端的例证：一个甘肃人或山西人成为航海家的机会与可能，几乎等于零。撇开难以捉摸的遗传力量与自然选择不谈，一个甘肃的子弟，自幼的环境与习惯，已使他万难适应海上的生活与海上的工作。所以将来除非有绝大而不经济的人为努力，中国海上事业的责任，主要的仍须靠闽粤人与少数浙东冀鲁的人去负担。

再如一八〇〇年以前的法国人口，总是超过英国，但其可供水手业者的人数则较英国为少，这也是法国海军不能与英国抗衡的一个主要原因。不列颠的海岸线特别曲折，所以也特别的长，全岛的人口几乎有一半可说是住在海岸的，每日吸收海的空气，时常因打鱼、消遣或其他的事务而渡〔度〕海上的生活，不期然而然的就可有一半的人口成为航海家或候补航海家。所以海上人员若遇到意外的损失，在英国补充起来较欧洲人和其他强国都容易多多。尤其在战时，这是一个非常大的优点。今日英国睥睨一世的海上地位，并非出自偶然，而是地势，地形，与人口因素的自然赐与。

三、海权小史

除中国外，人类历史上因战争而实现的大转变，由于海战者较由于陆战者为多。一般的历史书，对于此点多未给与适当的注意，因为连在海上事业向来重要的西方世界，历史家也大多是陆上人，而非水上人，对海洋不能真正的了解。上溯到最古的民族，如埃及，巴比伦，亚述，波斯，都无不以取红海、波斯湾或地中海的控制权为主要的政治目标之一。纪元前五世纪初期，希腊与波斯的大战，海军是最重要的推动力与决定力。波斯未发展到地中海东岸时，他与希腊间尚可免除严重的纠纷。待波斯的势力达到海岸后，雅典有人见到未来的危险，提倡建设大海军，以免将来措手不及。不久波斯果然水陆并进，大有吞灭整个希腊之势。陆战虽也重要，但撒拉米斯的海战是全局的转折点。初期的陆上胜利，无益于波斯，因它不能永久派大军驻守征地。反之，它若能控制爱琴海，只需少数船只与水手就可叫希腊各城俯首听命。无奈波斯的海军在撒拉米斯遭遇惨败，自此北爱琴海是希腊人，尤其为雅典人活动的场所，波斯最后只有承认自己完全失败了。

雅典与斯巴达在纪元前五世纪后半期的长期大战，虽然海陆并争，也是以海战为主。雅典当初略占上风，就是因为它的海军较为盛强。但后来雅典在最高战略上走了错步，冒一种得不偿失的大险去远征西西利岛，结果海军的中坚全部覆没。此后战事虽仍迁延多年，但雅典失败的命运已经注定，希腊政治与希腊文化的黄金时代不久也就成了陈迹。

罗马与迦太基在纪元前三世纪的前后两次大战，也是以海权为转移。当初迦太基的海军较强，但可惜人口稀少，海员似乎多为外人与属地的人民。罗马人口较多，且同盟国大致同文同种，等于一国之人，所以罗马的海军在技术上与士气上似乎超过迦太基。并且罗马的海员易于圆满的补充，迦太基若受损失，愈补充恐怕分子愈复杂与不可靠，这是一个致命的弱点。所以罗马当初虽因国策的目标一向限于意大利半岛之内，并不以海军见长，不久却能取代迦太基在西地中海的霸主地位。在决定整个地中海世界命运的第二次大战中，迦太基虽有不世英雄的汉尼拔为主帅，但因海军权已经丧失，遂不得不远涉西班牙，高卢，而越阿尔卑斯山，以攻意大利，由海上直攻罗马成意大利沿岸据点的最便利最自然的攻略，绝无执行的可能。汉尼拔出发时，率有精兵六万，待抵意大利时，已被沿路的苦痛与疾病削减到三万三千。并且对于这三万三千人，远隔海岳的迦太基政府也难以接济，海上有罗马封锁，陆上接济在事实上几不可能。若送援军，也仍得冒陆上的苦痛去运送，人力与时间皆属极不经济。反之，罗马无论运兵或运饷，始终来去自如，进入敌人势力中心的西班牙，与进入本土同样的容易，作战的策略可以丝毫不受限制的去划定与执行。所以汉尼拔尽管于一开始时能在陆上给罗马以莫大的打击，罗马仍能获得决定性的胜利，最后变成地中海世界的主人。这一切都是制海权之赐。

中古时代，东罗马帝国，回教徒，维尼斯，热内亚，斐冷粹，各大小政治势力的盛衰消长，都与海权有密切的关系。降至近代，一五八八年英国的大破西班牙的无敌舰队，是英国海权奠定的开始。西班牙当时的属土，除本部外，尚有新大陆之大部，意大利南部，西西利岛，意北之米兰，今荷兰与比利时之地外，并又新近合并了葡萄牙。此时法国内部的宗教纠纷正炽，不能与西班牙抗衡。惟一可与西班牙较量短长的，就是英国。然而英国当时尚无殖民地可言，陆上的军力亦极有限；只靠航海技巧的超越全欧，得以渡过亡国的危机，并得一跃而成全欧的海军领袖国。当时英国若败，则今日的北美大陆恐怕也与南美一样的是西班牙人与西班牙语的势力范围，近二百五十年来大致以英国为重心的欧洲历史就绝无实现的可能，今日的世界上也将无一个北美合众国与几个说英语的自治领了。

拿破仑于一七九八年攻占埃及，但并未预先取得地中海的控制权，以致当初以埃及为根据地而远征英帝国属地印度之计划完全落空。一八〇三年拿翁已经深明海权的重要，遂大集船只，以备渡海侵英。但征英的陆军虽已备齐，船舰亦有成数，而英伦海峡却仍无从飞渡，拿氏曾谓：只须能控制海峡至四五日，大功即可告成。但实际法国海军对海峡连一小时也不能控制。待一八〇五年纳尔逊大破法海军，气吞山河的拿破仑只得永久放弃侵英的计划，指戈东向，以陆上的霸权自慰自娱。至一八一〇年时，拿氏的帝国几乎包括俄国外的全部欧陆，俄国当时亦已成为大法国的同盟国。但最后俄皇认为拿氏势力太大，与法国脱离同盟关系，引起一八一二年的征俄之役。这是拿氏失败的开始，概〔盖〕世的英雄最后落得在荒岛上闷度余年。拿破仑失败的直接原因，为征俄的失算；基本的原因，是英国的海军与海权。

一九一四至一九一八年的大战，德国有仅次于英国的强大海军，但技术与经验都逊于英国，所以虽有宝贵的海军也不能善为利用。然而在陆上，德国很快的就征服了欧洲的大部。奥地利、土耳其、保加利亚是同盟国。比利时，法国最富庶的东北地区，俄属波兰，塞尔维亚，罗马尼亚之大部，都先后被德国占领。最后俄国失败，革命，被迫签订辱国的条约，俄国的西境又成了德国的势力范围。但一离陆地，就有英法的海军在作梗、封锁日愈周密，德国的原料渐感缺乏，战斗力自然减少，粮食的恐慌日甚一日，民心士气与士民的体健日愈退步。英法则到处资源原料食品皆无缺乏之虞，德国惟一可以威胁英国食品接济的潜艇战，最后也宣告失败。德国陆上的军力始终强于英法，战场始终远在德国疆界之外，但最后被英法的海军，又加上美国的海军困得不能灵活运用，孤注一掷的进攻后就一败涂地。

四、空军与海权

空军的惊人发展，是一个全新的因素，当然要影响到海军的作战术。从前只要防备或进攻水面上的敌对海军，现在又须防备或进攻天空中的敌对飞机。至于海军的地位，是否由此就为降低，仍是一个意见不一的问题。最早也须待此次大战后，方能得一个比较正确的答案。但有几点，虽在今日，也已可得而言：第一，海军只有在毫无空军协助作战的情形下，方能谓为完全无用。反之海军较强的国家，即或空军略弱，最少仍可与敌人打个平手。此次法国 失败后的英德酣战，使我们对此点已无置疑的余地。所以海军最少仍可说是一个重要的胜负决定力。第二，空军的发展对海军的影响有好有坏，不能一概而论。最重要的好影响，就是增加海军巡逻能力，天朗气清时，一架海军飞机一小时的巡逻可与五只驱逐舰一天的巡逻相抵。这显然对海军作战的设计是一个非常大的帮助。第三，空军对海军的威胁并不似许多人想象的那样厉害。海军不只有高射炮及自己的飞机保护，并且高空投弹而射中一艘在水中活动的船只的可能性，也非常稀微。一九三九年九月二十七日，德国轰炸机二十架在北海攻击英国的一个分舰队，结果并无一弹命中，而德机反有两架落水，一架负伤。即或是较弱的船舰尤其是自卫能力微不足道的商轮，遇到敌机，也未见得就非等待沉没不可。商轮或他种力弱的船只，遇到敌机投弹或扫射时，往往不走直路，而走曲线，可以大大的减少被命中的机会。凡此种种，都指明空军的发展并未使海军的地位显著的降低。英德之间的大西洋之战，虽然仍未结束，真实的情形仍未泄露，但由所能得的一点消息看来，商轮与小船在海上的最大威胁，不是敌机，而是敌人的潜水艇与袭击舰，海船所最怕的仍是海上的敌人，而非天空的敌人。

人之常情，对于所不能深知的现象，易犯估价过高或估价过低的错误。一般陆上的人，大概都把海军的地位看得过低，把空军的地位看得太高。其实这完全是以个人为出发点的浅短之见。海军只能在水上活动，除神话中外，绝无陆地行舟之理。所以陆上人很难想象自身会受海军的攻击或危害。海军只是千百里外一种若有若无的力量。空军在一般人的想象中，是头上的一群铁鸟，善下铁蛋，使地上的人一想就心惊胆寒，对空军的威力不期然而然的也就放大不知多少倍。

当然不能否认的，空军有时可以严重的打击海军。此次战事中最重要的例，就是英国空中鱼雷击伤意大利主力舰的事件。但这与其说是英国的空军厉害，不如说是意大利海军的训练与技术太差，人才可怜。同时，大概意大利战舰的制造也有重大的缺陷。除意大利不足深道外，英德两方海上的重大损失，都来自对方的海军。一九三九年十二月，南美海外德国袖珍战舰哥拉夫斯比号与英国炮火较弱射程较短而总吨数较大的船舰作战而失败，证明有自然环境与历史传统的海军国，在海上是不可轻侮的。哥拉夫斯比号被击伤，战斗力丧失，最后为避免主力舰被俘的羞耻，只得自行沉凿。一九四〇年四月十三日纳维克海外之战，英国小有损失，德国则丧失驱逐舰七艘。这是英国海军给予德国海军的一个重大打击。虽不能说德国海军的元气因此而大减，但最少此后德国海军就不敢再公开大规模的出动，冒险与英国作战。本年五月二十四至二十七日，由格陵兰的海外以达挪威海岸的英德两个海军分舰队所发生的遭遇战，德国先击沉世界最大而装甲较薄的英国战斗巡洋舰胡特号，但不久英国就击沉属于世界最坚种类的德国主力战俾斯麦号。此次战役虽有空军参加，但两方主要的攻击力都来自海军。

空军的发展，或多或少，或好或坏，要影响海军的战术与地位，是无可置疑的事实。但若要作一个最后的估量，今日为时尚早。若勉强下一个尝试的结论，可说海军仍是一个主要的胜败决定力，海上最大的威力仍是海军而非空军。海军也绝未因空军一日千里的进展而降到整个战斗力中的附庸地位。最后我们还可说，要作世界上的一个第一等强国，而无相当可观的海军，至今仍是不可想象的事。

（原载《当代评论》第一卷第九期，1941 年 9 月 1 日）

司马迁的史学

太史公书为二千年来学术界所公认的正史的开山之作，司马迁也往往被推崇为史学的鼻祖。对此书此人的颂赞大概不出两点：文章的美与史体的美。史公的书中，有几篇的确是生动如画，《项羽本纪》《高祖本纪》《陈涉世家》，以及其他楚汉之际的多篇世家与列传，使人读了，真有身临其境之感。除野史小说不计外，正史所传描的乱世，楚汉之际的六七年是最为清楚活现的。但这能归功于司马迁的手笔么？若果如此，为何关于春秋战国任何混乱的一段，他不能供给我们一幅如生的图画？对于楚汉之世，司马迁最重要的依据就是今日可惜已经失传的《楚汉春秋》，由《史记》其他部分的抄袭作风观察，全部《楚汉春秋》除次序的变动外，大概一字不改被收入史公的作品中。所以后人谈到《史记》之文立刻联想到的《项羽本纪》诸篇，其功归于陆贾，与抄袭的司马迁无关。据《史记》本书的记载，陆贾向高帝论秦往事，"每奏一篇，帝辄称善"，可见陆贾是一个善于文词的人。至于司马迁自己，就本书而论，似乎只善为议论的短文，如《秦楚之际月表》序与《孔子世家》赞之类，意味诚然隽永。至于长篇，他只在有牢骚可发时，才有可观，《报任安书》就是一个显例。此外如《伯夷列传》虽名为传，实际完全是史公借题发挥，自叹自怜，所以其文也有特异处。至于叙事的文章，整部的《史记》并不能使我们相信司马迁是长于此道的人。《孔子世家》是他最卖力气的一篇传记，其紊乱的情形简直不可想象。春秋战国名人的列传，因大半无成书可抄，几乎都是空洞虚弱的。

至于称赞司马迁为正史的创始人，这只能说是二千年来学术界停滞状态的反映，根本牵涉不到《史记》的功过问题。所谓正史之体，也不过是一种非常机械的编排而已，与真正的史学无关，更谈不到史识了。司马迁生在中国古代文化的开始衰落时期，难有伟大的成就与创造的贡献。后世的人，想象力愈发枯竭，不只不能再有新的进展，连媲美史公的史著都不能再有，所以只有对他盲目的崇拜了。

中国旧的学术，尤其是史学，并不讳抄袭，认为抄袭前人的成文是当然的，所以我们上面关于史公抄陆贾的一段话，只是想把文美之功归于正主，并非指摘史公抄袭的本身。但"抄"比"作"虽然容易，善抄其实也是一件难事。司马迁对于抄的工夫，似乎也未做到尽善尽美的境地。第一，他只知抄录正式的现成材料，而不肯费力去找比较偏僻而实际重要的其他史料。例如《陈杞世家》讲胡公满封陈，都是些不相干的附会之辞，大概整个抄自世本。《左传》襄公二十五年所记"虞阏父为周武王陶正，其子胡公，武王配以元女大姬"的一段真正关键所在的大事，因非手边的现成文字，史公都略而不载。又如《左传》定公四年所讲晋卫鲁三国受封时的情形，因未列在成套的列国谱牒中，所以也被漠视。

《周本纪》中关于成康昭穆四代，甚少记载。《左传》昭公四年所讲几代天子的朝诸侯之会，乃是盛周的大事，史公也一字未提。同时，关于穆王却抄了《国语》中祭公谋父的一大篇废话与吕刑的一大段。这一方面是全无鉴别轻重能力的表现，一方面可说是避重就轻，只知认定大段的成文提笔直抄。

周宣王是一个在位多年的英武之主，若把《大小雅》中史价甚高的许多诗篇略加消化整理，可以对宣王的功业有一个清楚的鸟瞰。但史公手头大概没有前人为他预备好的一篇记载，所以就只以寥寥百字，轻捎而过。对于幽王一代，却把《国语》中关于褒姒的一长篇鬼话大抄而特抄。后世的人都戴上有色的眼镜去读《史记》，今日一个中学生若如此的作叙事文，必定要被教师批驳得一文不值！

抄袭的困难，不只在分量的平衡分配，抄而无误也非易事。但司马迁特别疏忽，抄时错误之多，真是令人不可想象。我们可只举《晋世家》一篇中的春秋时代为例，并且只提比较显著的误错。据《左传》曲沃之乱，有一时晋国内哀侯与鄂侯二君并立，《史记》误为鄂侯卒而哀侯立。曲沃并晋后，献公灭曲沃旧族，以免他们再袭曲沃篡晋的故智，而史公谓所灭的为"故晋"的公子，大误。又曲沃旧族最后在聚城内全部被屠戮，然后献公迁都于绛，史公误合聚与绛为一地，疏忽至极。

《尚书》中文侯之命一篇，乃平王东迁时命晋文侯之辞，而史公误为襄王赐春秋霸主晋文公的策命。当然此篇到底为谁而作，今日已难确定。但最少文侯之说，较为近情。曲沃并晋后，晋君皆称公，不再称侯。此篇既称"文侯"，当是东移时的文侯，而非一百四十年后的文公。文侯名仇，文公名重耳。策命中对受命者特别客气，称他的字"义和"。"义和"二字与"仇"可以沟通，而与"重耳"完全无关。中国自古以来名与字相关联的办法，也可证明此篇属于东迁时的晋文侯。

晋灵公要杀赵盾时，有两人对赵盾特加卫护，一为提弥明，一为灵辄，史公误混二人为一人。晋厉公"多外嬖"，明明是男子，《左传》中讲解的非常清楚。史公误认为是女子，擅改为"宠姬"。

以上各例，有的虽属小节，但都可指明司马迁采用史料时的疏忽与不负责任。关于许多时期与许多大事，古代其他文字都已失传，今日只余《史记》一书可凭。但关于有对证的记载，史公既然如此的不可靠，使人对于《史记》中许多死无对证的文字不免深度的怀疑顾虑。不知司马迁于无意中给了我们多少曲解与误解的事实。

误抄当然要不得，但有时一字不改的直抄，也可闹笑话。《燕召公世家》中称燕亡国之君为"今王喜"，这真是使人难以置信的笔法。这显然是根据战国末年燕王喜未死时的记载。史公绝不会对此亦不明了，这又是他疏忽而不负责的一种表现。

不平衡的抄，误抄，过直的抄，都不可为训。另外一种抄袭时所当忌的缺点，就是当抄而不抄。太史公书中可指摘的重大遗漏甚多，在古书大半失传了的今日，有许多的遗漏恐怕我们已无从指明。例如向戌弭兵是春秋晚期晋楚争盟史中的一件大事，但史公对此，无论在《晋世家》《楚世家》，或《宋微子世家》中，都只字未提，使人百思不得其解。汉灭项羽后，诸王向汉王上表劝进，请登帝位。这也是表示历史转折的重大事件，证明列国的并立不可恢复，天下的一统不可避免。大概陆贾在《楚汉春秋》中即未收入此表，史公也就远无班氏父子的史识，或者也就是过度的偷懒，不知去另外采入。高帝死后，单于冒顿向吕后下书求婚，这是当时中国衰弱，匈奴盛气凌人的绝好证据，史公在《匈奴传》中竟把这篇历史文件遗漏，幸亏班氏《汉书》，此文才得传于后世。假设司马迁的史法，是尽量减少大篇成文的载录，那我们对他最后的两个遗漏可原谅。但《史记》中所录的成文很多，并且有相当大的一部分是无聊与无意义的，真是我们欲谅莫从了。

年代学虽不是历史学，但年代是史学所必不可少的线索。全无年代，或年代过度混乱的记载，是没有多少意义可言的。司马迁在古今中外负有盛名的史家中，恐怕是一个最缺乏年代观念的人。本纪、世家与年表中年代互相超乎情理之外。本文只列举《孔子世家》中前人虽已注意而未曾清楚言破其含意的两点，以示一斑。篇中说孔子"使从者为宁武子臣于卫"，然孔子时宁氏已灭，从者何得去为臣？这是盲目抄袭不可靠的传说，而不肯细心考求年世的一种错误。

又谓"孔子年十七，鲁大夫孟僖子病且死"，告诫他的儿子去师礼孔子。按《左传》昭公七年，"孟僖子病不能相礼，乃讲学之。及其将死，召大夫"云云。此所谓"病"乃"遗憾"之意，并非"疾病"之谓，史公于此犯了过度"读书不求甚解"的毛病。且孟僖子死于昭公二十四年，时孔子年已三十四，昭公七年的传文不过终言前后的经过而已，非谓僖子当年即死。况且十七岁的人而知礼到被人如此推崇的地位，也是人情必无的事。司马迁在他所最认真自写的一篇传记中，对于年世竟尔如此的荒疏，书中各部年代的混乱与矛盾，也就无足为奇了。

全部《史记》中最不可赎的纪年法，就是《封禅书》中关于汉武帝年事的叙述。《史记》成书时，年号的制度早已确定：据《汉书》，元封改元，初见诏命。《封禅书》则叙至太初以下，其时年号制度已经成立无疑。史公放弃此种清楚的办法，却去写了一大串"明年"，"是明年"，"其后三年"，致使读者到后来不知各年到底为何年。并且年号的制度究创于何年，也是中国历史上的一件要事，司马迁亦失载。失传的今上本纪《武帝纪》中曾否明记此事，已不可知。但此制富有宗教的意味，《封禅书》中即或不加详述，也当扼要提到。然而书中只言有司曾提议建元的制度，而未言制度到底何年成立。并且此制未立时，武帝如何纪年法，今亦不可考。这是司马迁缺乏历史家基本条件之一的年代观念的铁证。《史记》纪年之无数的乖异处，后人多谓为时代传抄之误，这又是有色眼镜看法。司马迁的粗心大意非常明显，任何的解释都不能掩盖。

擅改史实与望文生义，也是司马迁史德的缺点。齐灭燕，为齐宣王时事，《战国策》与《孟子》书中同此记载；孟子本人当时在齐，当不致有误。史公不知何据，在《燕召公世家》与《六国年表》中，把此事都系于齐闵王下。同时，对齐国如此惊人的武功，《田敬仲完世家》中却一字不提，也是荒疏至极的遗漏。

周厉王出奔后之所谓"共和"，今日所尚可见的古代记载，如《鲁连子》《吕氏春秋》《庄子》都说是具体的人名，绝无所谓周召共和行政抽象意味，这显然是史公的望文生义。大概他所根据的官书，对此并无详细的说明，只有"共和行政"一类的简单字句，他自己又不肯对零散的材料细心考研，妄把此事与周初的周召分治混为一谈，以致害尽二千年来不知多少史公的崇拜者，想种种的方法去为他作强勉的解释无聊的辩护。

"太公望"一词，是古制略有认识的人，一看便知为谥法与生名的合称。司马迁竟写了一段"吾太公望子久矣"的寓言。这不知是前人望文生义而被史公盲抄，或史公自己自出心裁的妙解。

上列各点，并非根据近日新的发现或新的立场而对前贤故事吹求的立论，可说都是依照汉代所有的知识与汉人学术的立场而下的批评。并且各点都是就书论书，并未在本书之外再作苛求。但有一点，虽有凭今日的见解而在书外对古人挑剔的嫌疑，但因为牵涉到《史记》根本价值的问题，我们不妨冒嫌提出，由全书看来，尤其由列传的所有与所无看来，司马迁对古人古事可说完全缺乏了解的能力。第一，完全由他自撰的列传，都淡而无味。孔子所特别赞许而也确伟大的管仲，史公对他竟说不出一点真正的道理。如此好的一个题目，他都不能发挥，其著述的能力与历史的见解也就十分有限了。此外如《老庄申韩列传》，完全不关痛痒。《孟荀列传》，所传战国中期的一群哲士，等于列表加注而已，安能称"传"？

再如鲁仲连、邹阳既可入传，生时事业伟大死后影响深远的李悝为何反倒无传？鲁、邹两人在史上只是穿插的角色，李悝却是一个重要的主角，岂可遗漏？关于李悝汉代仍存的材料甚多，据《汉书·艺文志》所载，儒家有《魏文侯》六篇，《李克》七篇，法家有《李子》三十二篇，零短的材料又散见于《韩非子》与《吕氏春秋》。史公对李悝绝不能有材料缺乏之感，他只是对战国初期各国内部的重大变化毫无认识而已。

二千年来对太史公的崇拜，真正的原因，除缺乏想象力的学术界认为正史鼻祖外还另有原因在。先秦的古书多已亡佚，未佚的古书也或因为文字的困难，或因内容的复杂，或因性质的特殊，后世的学人也都弃如敝屣，否则就是曲解，误解，或附会（如《十三经》）。所以凡对先秦的历史要略知一二的人，只有《史记》惟一方便的成书，对它自然的要特别看重。连我们今日已经觉醒的学术界，因古书亡佚过多，在许多方面也只有根据《史记》。但鉴于司马迁抄袭术的低劣，使我们引用他时，心中总不免有疑信参半之感！

（原载清华大学《清华学报》第 13 卷第 2 期，1941 年 10 月）

论欧洲各国请英美善意保护

九月二十四日伦敦电讯："第二届同盟国会议，今日在伦敦召开……各代表呼（吁）英美能于战后对欧洲采取善意之保护制……确保德国不能再挑起另一世界战事。"

上面的一段消息，埋在紧张变化的全世战讯中，并未惹得一般人的注意，也未引起关心世局的人的评论，但在将来的历史上，很可能要比年来世界报纸上所大书的许多战讯，地位要重要多多。这简短数言中所表示的一种心理与认识，在十九世纪是不可想象的，在第一次大战时仍不可能、连到一九三九年时仍然不会成为实际政治中的一个节目。数百年来在欧洲国际关系上的一个坚定不移的原则，就是政治主权的绝对性：任何的一个国家，都有绝对自由自主的权利，绝无一国肯自动的牺牲自己主权的一丝一毫。但今日欧洲许多国的政府，大概也在□□□□的政府，居然出于自愿的请求英美将来对他们要采取善意的保护，在心理上与精神上是如何重大的一个转变！

由国际心理上看，这件事诚然是一个大的转变，但由国际实情上来讲，转变并不太大，只不过是一个客观事实的公开认识与正式承认而已。年代过远的，且不必追溯。专就十九世纪而论，许多自认为独立自主的国家无形中实际是受英国的保护。奇怪的是，这种局面不仅被保护的小国不明了，连英国也不自知。英国在执行最高国策时，无意中保障了许多小国；而一般英国人的性情又有些古怪，非到万不得已时，对于一个比较复杂的问题，向来不肯把前因后果与旁及的影响，想出一个清楚的路线，所以英国人自己并不感觉他们最少自十九世纪以来对于别人曾经尽了一个莫大的义务。施惠的人既不自觉，受惠的人很自然的也就无动于衷了。挪威、瑞典、丹麦、荷兰、比利时、葡萄牙诸小国，能在德、意、法、俄各列强虎视眈眈的欧洲大陆立足，并且能使各自的人民安居乐业，在社会立法与日常生活上往往能达到相当美满的境界，主要的是因为英国在大陆上绝无领土的或政治的直接野心，同时也不容许任何其他一国把这些小国作为野心的对象。而英国在海上的绝对权威与工商业上的超绝力量，又使它有能力执行这种政策。所以一般的小国，虽然绝无自卫的力量，在十九世纪却大致能够坐享自由与太平。这些小国，因为无需直接参加国际的纵横捭阖，无需耗力于军备的过度扩张与国际的种种阴谋，反倒可以完全致力于内部的发展，以致专由内政言，它们往往比任何大国都能近乎理想。荷兰可做一个例证。在十九世纪晚期与二十世纪初年荷兰在全世界是公共卫生最发达的国家，人口的死亡率在世界各国中为最低，国民的平均寿命在全世界为最高。关于每个国民的平均收入，荷兰亦处在最高级中。荷兰的教育也特别发达，在如此小的一个国中，竟有三个国立大学与三个私立大学，三个国立学校在全世界的最高学府中都是负有声誉的。在远东荷兰拥有一个广大丰富的殖民帝国，但十九世纪中惟一可以威胁这个帝国的就是英国，而英国对于自己的帝国已经感到满足，并无向荷属东印度扩充势力的野心。到十九世纪晚期以后，德国与日本两个新兴的海军国骤然盛强，惟一使它们不敢向东印度侵略的，就是英国的海军，荷兰自己在此方面可说是没有丝毫的自卫力量。

英国的无形保护制，并不限于欧洲。新大陆各国也无不享受英国的庇护。北美合众国在十九世纪初期曾经宣布门罗主义。但实际它在当时并没有执行此种政策的力量。十九世纪惟一可以向拉丁美洲侵略而门罗主义担保人将对它感到莫可奈何的，就是握有海上霸权的英国。相形之下，北美合众国海军的威力真是微不足道。但英国可说是自动的接受了门罗主义，甚至可说它也积极的拥护门罗主义，因为真正防止欧洲各国向中美南美拓展的，并非门罗总统的一纸宣言，而是大英帝国的强大海军。中南美各国百余年来尽管内政多不透明，各国互相间尽管时常捣乱，但始终并未感受外力的严重威胁，无形中也是受了英国的海权之赐。直到十九世纪与二十世纪之交，门罗主义（发布）者的美国，才有了能够对付欧陆强国的海军实力；直到第一次大战时，它才有了可与大英帝国相比的海军。但是迟到第二次大战的今日，在英伦面对灭亡危机的今日，中南美各国以及北美合众国才彻底的认识他们过去以及现在是依赖大不列颠到如何的程度。美国现在领导新大陆各国，尽全力去帮助危机中的英国，就是因为它们已经有了此种认识。英国的保护，有如阳光或空气，平时不仅并不感到它的可贵，甚至连它的存在也容易忘记。然而一旦阳光被遮或空气将尽时，人们立刻就会明白它是生活的一个必需条件。

英国百余年来劳民伤财地维持一个强大的海军而施惠他人，当然并非出于舍己为人的心理，连最自是的英国人也不会如此的自辩自矜。真正的原因极为显明：这种比较和平的政策，是对整个十九世纪间惟一高度工业化国家的英国最为有利的，它的商业与金融的势力借此可以蔓延全球。但无论动机如何，最少在结果上是使许多弱小的国家得到一种不劳而获的安全。然而十九世纪大致稳定的局面，并不是国际的常态，而是暂时的幸运状态。法国革命以前欧洲所保有的侠义精神，钩心斗角的十九世纪尚未完全忘记，国际的关系虽然唯利是图，惟力是视，但些微的封建时代的精神仍然使小国不致感到随时亡国的威胁。除英国海权的基本条件外，此种残余的封建精神是各小国的最大保障。若无此种精神力量的辅助，英国的海权未必能够十分顺利的维持国际的秩序。世事推移，一进到二十世纪后，中古以来的侠义精神渐趋消灭，德国最足代表新的野蛮精神，但其他各国内部也都有变质的趋势，十九世纪以上的玉帛相将与国际揖让的作风，到今日已经成了陈迹。不宣而战的新作风是新的野蛮主义的最佳象征。由此点看，希特勒可说是历史命运的操持者。正如拿破仑一样，他个人，甚至他所创造的政局，可以完全失败。但他所遗留的长久影响是不可磨灭的。经过希特勒的一度翻天覆地的活动，旧的欧洲已经无再度恢复的可能。希特勒若果获胜，未来的局面当然可不必谈。英美如果胜利，它们即或自动的愿意恢复一九三九年以前大小各国完全独立自主的十九世纪式的国际局面，也必定不能办到。最近同盟国会议中各国代表的请求英美将来采取善意保护制，可知即使英美要摆脱责任，小国也不容许它摆脱。从前任何小的一个袖珍国家都要坚持它的绝对主权；现在大半的一群国家竟然甘心情愿的要求英美保护，这是如何可惊的奇变！多数的小国与较弱的国家，明白过去他们曾无形中受有英国的保护。德国代表一种新兴的霸道的力量，若不把它打倒，它们将来只有受它的"恶意保护"。即或把它打倒，若不早作预防，将来难免要有第二个并且尤恶的希特勒兴起的可能。惟一或可避免此种噩运的办法，就是把十九世纪隐覆的事实，公开的承认，并且定为正式的制度，以便把它的功能加强。现在北美合众国已与英国并驾齐驱，同为世间的强国，而在血统上，传统上，与精神上，英美又为一系相传的姊妹国。所以各弱小的国家呼吁英美两国将来对他们要合同采取"善意保护"的制度。罗斯福与邱吉尔的大西洋宣言，虽不无宣传的意味，但大致是诚恳的。然而他们主观上无论如何的诚恳，客观的情势将来会使他们不能把他们的宣言中恢复各国独立自主局面的一点，不折不扣的实现。今日英美的远见之士，多已明了此点，时常有人讨论战后世界如何改造的问题。但至今尚无大家一致的见解。详细的办法，当然须度情察势，非今日所能预定。但一方面观察英美民族的特性，一方面顾到世界大局的事情，大体的轮廓或者不难推测。

将来胜利的英美，大概在名义上仍承认欧陆各国独立自主的地位，实际上对与它们一般的内政大概也不会多加干涉。但国际间必会产生以英美为重心的一个超然政府，一个赋有维持国际秩序的责任的政府。陆军大概仍由各国自理，但军队的数量与军备的种类恐怕要受限制。至于海军，战斗舰，航空母舰，与潜水艇恐怕要成为英美所专有的舰种。其他的舰种，他国可以配备，但吨数也必受限制。最后，压倒优势的空军必操英美之手，别国只能各备有限数量的飞机，但无论海、陆、空的军力，都要受英美重心的国际政府的统制与监视。

经济的活动也必受统制。原料的分配，工业的区分，商业的流通，恐怕都要由太上政府去设计。这个问题当然比军备问题复杂得多，军备统一，比较容易实现。经济统一，却要大费经营。

以上的推想若能实现，并不是说欧美的世界从此就可太平无事，这不过是西洋文化的一个新发展，并不是黄金时代的来临。我们今日所不能见到的甚或不能想象的许多问题，一定会很快的发生。战乱也不会由此消灭，不过方式或要改变而已。我们中国对于欧美这种新的局面，无论是处在合作，对立，或中立的地位，我们对它的关系，一定只有比过去更要复杂。我们对于国际问题的警觉，必须比过去与今日还要提高，方能应付未来的欧美世界。

（原载《当代评论》第 1 卷第 18 期，1941 年 11 月 3 日）

战国时代的怨女旷夫

　　战国时代是悲壮伟大的，但同时也是紧张痛苦的。各国内部时常发生的变动，与国际间几乎每年必有的战争，使政治社会经济以及文化的各部门，无不严重的失调。人心总是紧张的，人人都是在紧张的空气中生活。失调的现象，复杂多端，其中之一就是怨女旷夫的太多，多到成为忧心世道的人所认为值得提出讨论的一个问题。孟子批评当时的齐国，用反面的词语，称赞周太王时"内无怨女，外无旷夫"的理想社会境界。这正是战国时代怨女旷夫过多的一种侧击说法。

　　怨女，就是今日所谓老处女，太多的原因，甚易明了。除社会一般的脱节，使许多人根本无法去度正常的生活外，当时既多又惨的战争当然会大量的减少青年与壮丁的数目，使整个社会中男女人口的比例大为悬殊。白起的坑卒四十万，只是最显著的一例，每次战争无不死伤几万以至十几万人。在此种情形下，无论如何的善为支配，总会有相当大的一部分过剩的女子，被命定的终身在闺中自怨自叹。妾制并不能解决这个问题，因为有能力纳妾的，到底只是极少数的人，并且除了各国王室的后宫外，任何私人也无几百几千的广蓄婢妾的可能。所以妾制与后宫制，虽不能说全无裨益，但并不能容纳全体的过剩女子。

　　讲到妾制，上次大战后的欧洲曾经发生过一个笑话，但缺失千真万确的事实。捷克斯拉夫立国不久，感到大军之后男女人口失调问题的严重，议会中有一位男议员，半庄半谐的提议在法定的若干年限之内，准许国中的男子享受两位夫人的幸福。当时议会内有几位女议员，立刻站起，大闹大骂，会议也就一哄而散。此事虽似好笑，却是一个伤痛事实的反映。第一次大战后，欧洲大小各国，无不有数万以至数十万的女子，永远没有去度家庭生活的可能。中国旧语说得好：人事的阴阳失调，自然会产生许多怨气，因而引起天时的阴阳奇变。天时的阴阳奇变是否会因此而生，我们可以不管，但这最少是增加社会各方面紧张空气的一个重大力量。人口的比例尚未恢复均衡，现在欧洲又起了尤大尤惨的第二次大战，怨女的数目只有去听它与日俱增了。

关于怨女，中国在战国时代，曾有过一个委婉动人的故事。据《列女传》与《琴操》二书所载，鲁漆室女，过时未适人，倚柱悲吟。邻人妇说："何啸之悲也？子欲嫁耶？吾为子求偶。"漆室女自谓因忧国忧时而悲吟，讲了一篇大道理，最后"自伤怀洁而为人所疑，"逃入山林，见女贞之木，遂作女贞之辞曰：

> 菁菁茂木，隐独荣兮。
>
> 变化垂枝，合秀英兮。
>
> 修身养行，建令名兮。
>
> 厥道不移，善恶并兮。
>
> 屈躬就浊，世彻清兮。
>
> 怀忠见疑，何贪生兮。

遂自尽而死。可见当时有志有识之女，也颇有不得及时而嫁者。

旷夫的问题，性质略有不同。女子过剩而男子仍有许多不得娶妻，初看之下，好似不可解。但当时各方面的纷乱与不安，自然的会产生此种矛盾的现象。人生相与，甚为复杂，不是数学的加减乘除所可概括的。今日欧美各国的男子，或因生活的压迫，但往往是因紧张环境养成的种种怪癖，而终身不娶的，所在多有。中国的战国时代，一定也有同样的情形。关于旷夫，《古今注》与《琴操》二书中也载有一个独具风味的故事。齐宣王时，处士牧犊子年七十无妻，出薪于野，见雉雄雌相随而心悲，乃仰天长叹："圣王在上，应及草木鸟兽；而我独以不获。"遂援琴作雉朝飞之操以自伤，曰：

> 雉朝飞兮鸣相和，
>
> 雌雄群游于山阿。
>
> 我独何命兮，未有家？
>
> 时将暮兮，可奈何？
>
> 嗟嗟暮兮，可奈何？

（如果我们不误，雷先生是中国学界中第一位的形态历史家。我们在这里发表他这篇札记文章，用意还在唤起大家对他的《中国文化与中国的兵》那本杰作的注意。——编者）

（原载重庆《大公报》战国副刊，1941 年 12 月 10 日）

海战常识与太平洋大战

陆地上的战争，包括机械化的战争在内，即或是一个从未上过战场的纯文之士，也可想象其大概，若肯作一番抽象的研究，对它大致也可明了。海战对于多数人则是一个难解的现象，对于一个没有在大海上航行经验的人，几乎可说是不可想象的一个谜。现在太平洋大战已经爆发，海上冲突的消息在报纸上时常见到，将来大规模的决战若果发生，消息必更要丰富复杂。为减少每日阅报时的渺茫之感，我们对于海军的舰种，根据地的意义，要塞战的困难，正面决战的方式，若略作一个外行的探讨，或可不无小补。

海军的主要舰种是战斗舰，又称主力舰。主力舰是海军军力的中坚，是大海战中的决定力量。一般讲来，没有主力舰队，不能对有主力舰的舰队作战，若贸然作战，等于自杀。战斗舰装有钢甲，最厚处可达十四英寸，所以非常坚固，极难击沉。但他因其如此，主力舰代表一笔庞大的投资，一只新式的主力舰需价七八百万金镑。所以即以美国之富，造有一百只主力舰，仍为不可想象的事，实际今日全世界所有的海军国统合起来，不过共有六十只左右，小海军国，如荷兰，比利时，希腊，根本就无此舰种，主力舰不只宝贵，并且制造困难而迟缓。只有高度工业化，技术最精明的国家，才能制造主力舰，即有最理想的技术与原料的条件之下，一年的工夫也造不出一只战斗舰。这与美国每年可造飞机几万架的事实相比，我们就可想象战斗舰的制造是如何的困难了。因为主力舰如此的珍贵，所以绝不轻易出动，更少没有小舰与飞机围护而单独出动，以免遇到不必需的危险。一只战斗舰的吨数，在理论上可以大而无限，十万以至数十万吨的一只大舰，也未尝不可制造。但世界各地海军根据地的设备有一定的限度，过大过重的舰只不能入港或停靠。此外世界上又有海军所必经的几条运河，如巴拿马与苏彝士之类，宽度与深度也有限，过大过重的船舰根本不能通过。这是在事实上限制舰重的两个重要因素。现在各海军国的主力舰，小者在三万吨左右，三万五千吨是标准量，最大四万五千吨，但已是稀罕的海怪了。

一种次要的主力舰，称战斗巡洋舰，装甲较轻，但也设置重炮。轻甲利于航行，每小时的速率可超过三十海里，这是普通的战斗舰所难办到的。但因装甲略轻，沉没的机会较多；以如此贵重之物而多冒击沉的危险，似乎太不合算，所以各国都不愿多造这个舰种。以头等海军国的英国而论，在第二次欧战爆发时，只有战斗巡洋舰三只。一为胡特号，本年五月间在大西洋被德国击沉；一为利巴尔斯号，在太平洋大战爆发后的第四日即被日本在马来的海外击沉。现在英国只余一只，即利诺昂号（威名号）。

最后，还有一种新颖的主力舰，就是袖珍战斗舰，由德国创始，现在日本也想仿造，英美对此则仍取怀疑的态度。德国当初因受凡尔赛条约的限制，不能制造重吨的军舰，所以才自出心裁制造此种与重巡洋舰吨数相等的小型主力舰，吨重只有一万，但却装有十一英寸口径的大炮，这在主力舰上虽属较小的炮类，但乃巡洋舰上所没有的，巡洋舰上最大的炮不过八英寸口径。袖珍战斗舰的主要目的有二：一，速度高，以便遇到真正的主力舰时可以逃脱；二，火力大，以便遇到速度同等的巡洋舰或驱逐舰时可将它们击沉。袖珍舰的最高速率达二十六海里，略高于多数的主力舰。制造的详细情形，一部仍属秘密，但因尽量减重增力的关系，制造费非常之高。制造一只袖珍舰，平均每舰合价三七五金镑；一只正统主力舰的制造费每吨可低至一四五金镑。以此为准，一只三万吨的普通主力舰与一只一万吨的袖珍舰，在金钱的价值上约略相等，但在作战的价值上袖珍舰显然的落后。哥拉夫斯比号袖珍舰，于一九三九年十二月，在南美海外被三只火力较差的英国巡洋舰战败的事实，除英国海军传统的悠远与海战技术的高明外，许多海军专家都认为是袖珍舰不可信靠的证据。虽然如此，我们为慎重起见，最好是说英国海军的意外收获，是可以幸致而不可强求的海上非常胜利。反之，三只巡洋舰战败一只真正的主力舰，则可说是不可想象的奇迹。

第二种重要的作战军舰，就是巡洋舰。巡洋舰的炮火亦甚猛烈，大炮的口径可至八英寸，威力只略次于主力舰。最大的重巡洋舰，排水量可有万吨，速度可达三十三海里。装甲较薄，不能抵御主力舰的重炮，所以在一般情形下，巡洋舰不能单独对主力舰作战，遇到主力舰时，只有利用它航驶的高速度而逃脱。除正式作战外，巡洋舰最大使命为巡行海洋，搜捕敌国的商轮与袭击舰。击败德国一个最大袭击舰，袖珍舰哥拉夫斯比号的，就是英国的三艘巡洋舰。较大的商轮队，需要巡洋舰护航。作战时巡洋舰担任前哨工作，搜寻敌舰，并驱逐对方的同类舰只。巡洋舰上往往载有少数的飞机，以便扩大它巡逻范围。

没有主力舰的小海军国，必有几只巡洋舰为海军的中坚，否则在海上的地位就不足挂齿了。

第三种军舰是驱逐舰，是战争期间最为忙碌最为劳苦的舰种，吨位小于巡洋舰，但一部的工作与巡洋舰相同，如巡逻、护航等等。它的主要使命是搜寻毁灭敌方的鱼雷艇、潜水艇、商轮，并检查中立国载运违禁品的轮只，驱逐舰上都装有鱼雷是它最重要的武器。小而轻便，速度可高至三十七海里以上。作战时保护主力舰，使不受对方鱼雷或潜艇的攻击。主力舰退守或战败后退时，需要驱逐舰施放鱼雷，驱逐敌舰。驱逐舰没有钢甲，小的舰身与高的速度是它最重要的自卫因素。

第四种，也是最新的一种重要军舰就是航空母舰。在外观上它的最大特点就是一个大平甲板的舰面，用途与陆地上的飞机场相同。舰面下有机库，平时储藏飞机，要起飞时，先由升降机将飞机运至舰面，舰面的长度可至八百英尺，大型母舰所载的飞机可达六十架。舰面因高出水上，面积又大，所以只能装备很薄的钢甲以免头重脚轻不能航行。一个广大的轻甲场面当然是敌机轰炸的理想目标，所以航空母舰可说只有可怕的进攻武器，自卫的能力甚为薄弱。在作战时，母舰只将子机遣送前方，自己却远处火线之后，免为对方所乘。若遇敌机远来后方轰炸，除自己或仍余有少数飞机可作抵抗外，舰身的防护力全靠高射炮。一个大型的母舰，可装设三十至四十架的高射炮。在作战的大型舰只中，航空母舰算是航率较速的，每小时可超三十海里。

上述的四种军舰，笼统讲来，都算属于大型的，都为作战时所必需，此外两种小型的非常重要的作战单位，就是潜水艇与鱼雷艇。潜水艇是二十世纪初期的产物，直至第一次大战时才在作战舰种中取得重要的地位。它的作用为袭击敌方的商轮与军舰，德国用它几乎把二十五年前的英国饿毙。潜艇的最大优点，就在它能潜伏水底，一方面可乘敌方不备而进袭，一方面可躲避敌方强大舰只的攻击。潜艇的进攻武器是鱼雷。此外又有小口径的炮与高射炮，为在水面作战或袭击时的武器。潜艇可重至七百吨以上，小型的只二百五十吨。尚有一种袖珍潜艇，只容二人，称双人潜艇，最近日本偷袭夏威夷时曾经使用。英美似乎并无此种最小型的潜艇。潜艇速率不大，潜行时尤慢，普通在十海里以下。一个鱼雷放射出去之后，速度可达每小时四十五海里。但目标若太远，则不准确，并且目标（敌方船舰）随时有改变航行方向的可能。所以潜艇射放鱼雷，普通都在五英里以内，以免射中的机会过少。鱼雷若中的，最多不过是几分钟之内的事。

鱼雷艇是第一次大战时的产物。速度高，可达五十海里，舰身小，长度最多不过七十英尺，所以绰号称为蚊虫军舰。高的速度使它能乘隙袭敌，急转逃脱，小的舰身，使对方的任何武器都不易将它射中。除进袭的鱼雷外，鱼雷艇上又有小口径的炮多架，为自卫之用。因为轻小，水面下的浸没甚低，所以水雷鱼雷都不能伤及鱼雷艇，鱼雷艇的用途与潜水艇相似，袭击轮舰与辅助作战，两者间最大的不同就是水底与水面之分。

次要的辅助舰，种类甚多，如运输舰，接济舰，修理舰，布雷艇，扫雷艇等等。顾名思义，各舰种的使命很易明了。其中的一部，往往是由商轮改装的。此外有两种辅助舰，在此次太平洋的大战中，很可能有时会要见于报章的，就是铁甲舰与炮艇。两种都是浅水舰，铁甲舰的主要使命，为向岸上的要塞或其他的陆地目标进攻。舰身装有轻甲，并有一两座相当重的大炮。舰底甚浅，可靠近海岸进攻。航行甚慢，但它等于可以移动的一座炮台，速度的高低无关重要。炮艇可开入敌方的内河，艇上只装轻炮与机关枪。在攻陷敌方的一地河口要塞后，若再向内进攻，就需要炮艇。清末长江开放之后，日本与欧美各国航行其中的军舰，大半都是炮艇。

舰只的总数与载重的总数，是衡量一个海军大小强弱的标准。但各国舰只之间，也有一个大概的比率，互相之间不能过度的失去平衡，主力舰必须有其他的舰种辅助，否则就行动不便，且易发生危险。所以一个主力舰太多而副力舰不够分配的海军，可说是一个头重脚轻的海军。反之，其他的舰很多而主力舰太弱时，若出动作战，重炮的威力太差，小舰往往是白白的牺牲。例如英国在一九三九年九月初，二次欧战爆发时，有主力舰十五艘，巡洋舰五十六艘，驱逐舰一百七十艘，航空母舰六艘，潜水艇六十八艘，鱼雷艇二十五艘。我们若以十为单位，而采四出五入的办法，可说这六种主要舰只的比例是：二、六、一七、一、七、三。这虽不是一个平衡舰队的绝对标准，但海军传统最长的英国的舰种比率，大致可认作一个准绳。增则俱增，减则同减，小有出入还无关系，但不能太随意的武断增减。

重舰，尤其是主力舰、巡洋舰与驱逐舰三种，以大炮为最要的武器（只驱逐舰有鱼雷，有时与大炮同等的重要）。炮的口径愈大，炮弹重量也愈大，射程也愈远。小舰不能对大舰单独作战，不只因炮力太弱，难以伤及厚甲的大舰，且因射程太短，在根本未能射达大舰时，已先被大舰的远程大炮所击沉。在理论上，这是不可或移的海战原理。但有时也可发生哥拉夫斯比号一类的非常事件。哥拉夫斯比号上装有十一英寸口径的大炮，三只英国巡洋舰上最大口径的炮为八英寸，多数为六英寸。德舰最远的射程为三万码，英舰为二万九千码，多数的炮只能射到二万五千码。按战理讲，哥拉夫斯比号的胜利是无问题的，它的失败是一件意想不到的事，也是使英美海军专家对袖珍战舰根本怀疑的一个主要原因。

海军重炮的射程，最远可达二十英里，约三万五千码。但如此大的距离，瞄准当然难望精确。实际海战时的射程，很少需在十五英里以外，普通仅限于十英里左右。十英里的射程，在训练有素的炮手，可有相当精明的瞄准。

在理论上，海炮可以无限的扩大，正如主力舰的吨数没有绝对的限制一样。但炮愈大，愈难驾驶，射的速率愈低，效力也愈减少。所以今日海上流动大炮的口径，很少超过十六英寸，十八英寸的已为例外。兹将炮弹口径与其相当的重量，列表如下，或可帮助我们要深一层明了炮火的威力的差别：

口径（英寸）	弹重（磅）
一	二
三	一二至一六
四	三一
四·五	四〇
四·七	四五至五〇
五·五	八二
六	一〇〇
七·五	二〇〇
八	二五六
一四	一五六〇
一二	一九二〇
一六	二四六一

军舰除本身的力量外，必须有根据地，方能活动自如。被迫在远离根据的大洋面作战的舰队，是处在极端不利的地位的，一败则无法收拾。一只军舰不能永在海上继续不断的航行，它必须时常回到根据地去修理，加油，补军火，装入食粮。一只军舰若机件发生障碍或受伤后，因根据地太远而不能自力航行全部的归程，就须其他舰只拖曳，这是非常迟缓而不经济的，且给敌舰或敌机一个理想的目标。负伤后因无他舰拖行，或因任何原因不便拖行，附近有根据地时或可勉强自力回航，根据地太远就往往只有沉没了。一国若有满布世界的根据地，它的海军就可任意驶行海上，没有受窘之虞。反之，根据地限于一隅

的国家，它的海军也只能在那一隅的附近活动，在平时还可依靠别国的援助，在战时就只有自己的根据地才可信赖。在此方面最占优势的是大英帝国，它在世界的任何海洋都有或大或小的根据地。日本是处在劣势的，因为西北太平洋是它惟一可以自由活动的海面，在他处偷袭或作小规模的袭击当然可以，但大规模的活动是不可能的。根据地的大小与设备，也很有关系。一般的补充，任何的根据地都可胜任。但修理的工作非常复杂，主力舰修理尤为困难，并非所有的根据地都能负担。能容纳巡洋舰的小港，未必有主力舰停靠休息的场所。在太平洋大战中，珍珠港与新加坡的重要，除地势外，就是因为它们能够容纳能够修理主力舰，所以由整个的战略形势上讲，香港，马尼拉，荷印的湾港，关岛，以及其他的岛屿海港，都可丧失，而对英美的海军不致有太大的妨碍。但新加坡若失守，英美的主力舰就不能再在南洋以及整个的西太平洋活动，战局的挽回就需要很艰苦的旋转努力。珍珠港若陷落，美国的海军就只有退回本部的西岸，整个的太平洋就都在日本海军的控制中，连巴拿马运河都要遭受侧击包抄的威胁。这当然是一个不可想象的局面，但我们故意陈述一种不可能的发展，可叫我们对于根据地的重要与意义更有深刻的认识。

海战，除少数舰只的遭遇战外，可分两类，一为进攻要塞的登陆战，一为两大舰队的海上决战。历史上大的海战都属第二类，但要塞的进攻，在战略上往往也占重要的地位。海岸要塞都装有重炮，对方的海军要强行登陆，实非易事。要塞上的炮位固定不动，所以炮身与炮外的防护可以大量加重而无太笨之感。军舰上的大炮必须顾及重量的支配，所以较陆炮容易被毁。军舰上的地位有限，对于发炮的便利，诸多限制。岸上的炮台则可尽量布置，复杂亦无妨，所以发炮的速率远高于海炮。最后，舰在海上，即或不向前进，也是时刻摆动，发炮的技术无论如何高明，也难十分准确。陆上的炮台稳定不移，炮手若训练纯熟，经验丰富，则对进攻的海军几乎可施百发百中的威胁，因为以上种种的关系，除非进攻的海军有超远射程的大炮，能在陆炮所不能及的海面上向陆地轰击，则很少直接向大的要塞进攻。若贸然进攻，十九是要吃亏的，所以日本最近虽把新加坡军港所仅有的两只英国主力舰侥幸击沉。但仍不敢向该港直接进击，而取陆路包抄的战略。由此我们又可认识要塞的另一原理。理想的要塞是完全环水的，如珍珠港，否则就必须防备敌人由后路抄袭。后面的布防当然也可设置重炮、机械化部队以及空军；但敌人也可用同样的武器进攻，两方可能发挥的威力相等，不似海陆对垒时的陆优海劣之势了。这种包抄也往往是由一种登陆行动开始，先选一个没有重炮防守的小据点，靠海的大炮强行登陆，然后向对海优势而对陆劣势或平等的大据点进攻（新加坡实际是一个海岛，但因距马来半岛南端的大陆太近，在战略上等于大陆岸边的一个要塞）。

大海之上的正面决战，两方全部或大部海军出动的大战，在今日海军建造的消耗费、迟缓与困难情形下，是不易多见的奇观。海战的特点，就是它总是歼灭战，失败的舰队难以得有返回根据地，重新整理，准备再起的机会；一败之后，就要全部或大部沉没海底，远离根据地而战败的舰队是尤难逃此厄运的。一日的海战，可使一个第一等海军国，一降而为海上全无地位的国家。大陆天府的北美合众国，若遭此种打击，仍不失为一个强国。贫瘠岛国的日本或普遍全世[界]海洋而以海军为神经系统的大英帝国，若遇到同样的损失，就将是一个致命的打击，所以大的舰队多是备而不用，只是可能的威力，而非实际作战的武力。上次大战时英德的两大舰队，始终未曾真正开火。只在北海的雅特兰一役，两大舰队出动，但稍事接触后，两方都因顾忌太多，不约而同的又各自退回本国。假如两个舰队的吨数与火力相等或相差有限时，就都不敢轻易接战。在此种情形下，一般的海战都无主力舰或只有一二主力舰参加，都是两方小分队的遭遇战。反之，如果两个大舰队无论是由于一方的主动，或双方的互相情愿，而对垒作战，在一般情形下，吨数较重，炮力较大的一方可说是有胜利的把握的。如果相形之下，一方在吨数与火力上显处劣势，则绝少陆地上精神战胜物质的可能，劣的一方必定失败。以太平洋的局面而论，英美的海军若能大部移用，当然是对日本处于绝对的优势，可操必胜的左券。但若一日英美真能放心大胆的如此去做，那时的问题将是一个移动摆布与诱敌出战的问题。因为到那时日本的海军主力必坚守本部而死不露面，英美仍难远离根据地向它进攻。除战争策略的巧妙运用，或可诱敌或迫敌出动外，当然经济的压力最后也可能逼得日本孤注一掷而冒险在太平洋的波涛中与英美的优势海军一决雌雄。

海上的大决战有如下棋，军舰是棋子，两方的统帅是棋手。每个统帅都有一个全盘的计划，时时刻刻都想先胜一着，或防止对方取胜一着。统帅必须注意对手的每一举动，不只要看他是否威胁自己的舰只，并且要随机应变，随时决定自己所要走的下一步骤。在整个的战役中，统帅总是想抵消对手的动作，同时又想把自己的舰只摆布到有利的地位，但与下棋的一个不大同处，就是统帅没有长时考虑的机会，他的决断必须敏捷，又须正确，方有制胜的希望。一个大海战的战场，可以拉长到十英里甚至十英里以上。统帅若要指挥自如，必须每时每刻都知道自己每一舰只的所在地位与航行方向，同时又必须在可能范围内尽量探知对方舰只的态势，实际上这往往是不可能的，不只对方的情形不易清楚的知悉，在火烟太浓或海浪太大时，连自己的舰只有时也不易全部辨清。

但统帅必须竭尽人事。统帅的旗舰上有一个战图室，室中备有一个大桌，桌上布有整个舰队中每一个舰只的地位、航向与速率的标识，统帅的每一命令，任何属舰的一个报告，以及巡逻舰与飞机由敌方所探来的每一消息，都要在战图室的大桌上登记，有专门训练的人员替统帅在桌上摆画出明晰的图影。每一舰只只知道自己附近的情形，只有统帅总知全局，所以即或一个舰只收到一道好似完全不通的命令，它的舰长也必须毫不犹豫的去尽力执行，因为一点与全局的看法是当然不同的。统帅总是想要每一只敌舰受尽自己的炮火的控制，否则对方将有一部的舰只可以坦然的向自己方面瞄准射击。

海上的统帅与陆上的统帅有一个大不同处。陆上的统帅可以"运筹帷幄之中，决胜千里之外"，远处绝无危险的后方在策划一切。即在机械战与闪电战的今日，陆军统帅遭遇个人危险的机会仍是微乎其微。海上的统帅却是身处战争火线的中间，所冒的危险与任何的一个士兵完全相同。

虽有战图所供的战影，统帅的责任仍是困难很大的。他属下的每一舰只，时时刻刻在移动，所以战图必须时时刻刻随着变化。一个大舰队中各种舰只都有，各有特殊的任务。巡洋舰是舰队作战时的前哨，往往远布在视线之外。它们要探访对方的情势，又要防止对方探得自己方面的任何消息。巡洋舰的后面是潜水艇，准备攻击偷过巡洋舰前哨线的敌方舰只。真正开火之后，它们往往前去袭击对方的主力舰。在阵势方才摆成时，主力舰在潜艇的后面，大致可说是全阵的中央。在主力舰未开火前，周围都有驱逐舰保护，防止大舰被对方的潜艇袭击。在开火后，驱逐舰须要对抗敌方同类舰只，或用鱼雷进攻各种的敌舰。但当两方的主力舰已接近到有效的射程之内时，驱逐舰必须赶快躲开。因为主力舰上的一炮可把一只驱逐舰打成粉碎。在较远的后方有航空母舰，带有子机，负巡逻侦察与空中进袭的任务。

战事开始时的队形，在战争进行中往往不能全部的保持。在战役开始之前与进行之中，一个舰队间命令与报告的传达非常繁复。无线电传达消息虽然便利，但在海战时用的并不多，一因敌方可以偷听消息，二因无线电机易为炮火损坏，三因消息的传达常有被对方电波扰乱的可能，所以旗语与信号机仍是海战时传达消息的重要工具。距离太远时，消息可用秘密符号的探照灯传达。只有在各种方法都不便或根本不能使用时，才用无线电传达消息。为免除混乱起见，每一舰种，由主力舰以至潜水艇，都各用预定的特殊波度。队形的改变，以及战役中所有的动作，都是由上述几种传达消息的方法去发号实现。

由以上关于海上作战的简单叙述，我们可知那是如何复杂的一种技术。海上统帅的地位与责任，远较陆上统帅为重要，对于结局的胜负，他个人的关系大于陆军统帅。所以如果人事方面太差，一个大的舰队仍可为一个较小的舰队战败，虽然此种可能性并不太大，因为海军的将吏都是经过严格的选择的。但在两方统帅的谋略与智力相等，两方军士的训练与士气无甚差别的情势之下，吨数较重炮火较烈的一方，仍是十有九稳的操有胜算。

（原载《当代评论》第 1 卷第 25 期，1941 年 12 月 29 日）

梦境的十九世纪

人世的变迁，有时快得几乎不可想象。我们大家若同意 1815 至 1914 年间为十九世纪，那一百年可说是个乐观的世纪，一个充满了希望的世纪。但今日想来，那一切的希望与乐观，都不过是一场春梦而已，在今日的欧美，无论十九世纪的遗老，或二十世纪的少年，没有人再真正地相信这些幻想。但幻想总是美妙的，已经消逝的幻想有如废墟古迹，尤其令人情不自已的盘桓留恋。

工业革命是当时乐观心理的一个主要根源。机器的发明，日益精妙，人类每日工作的时间因而可以逐渐减少。工作减少之后，一而可以利用剩余的时间来多受教育，满足人类求知的欲望，一而复可消遣享乐，陶冶性情：两者都是人性理所当有的自然发展。理性是万能的，人性的发展是无限的，天堂或极乐世界并不在死后，就在不太久远的今生今世！

十九世纪精神的第二个基础就是法国革命后所普遍成立的"民族国家"。当时大家都认此为万古不变的天经地义。欧美各国之间，有时容或可有小小的纠纷，但决不会发生真正的大问题。侵略的对象都在亚洲、非洲未开化半开化或退化的地带，欧美各国之间平衡并立的局面是永远不致发生激变的。它们之间，只有和平的竞赛，没有拼命的斗争。唯一例外的普法之战，实际上也并非过度严重的大战。

在工业革命与法国革命的双重基础上，就建起了一种无限进化论的崇拜。诗人丁尼孙、幻想家马克斯、社会学家斯宾塞、哲学家如柏格森，都殊途同归的提倡一种进化主义的信仰。从此，"前进"与"进步"之类，都变成了动人心弦的名词。斯宾塞且说过："无论社会、政治、工业、商业、语言、文字、科学、艺术，都是时时刻刻在进步，并且进步不是偶然的，而是必然的。一切的罪恶终究必归消灭；人类最后必然达到至善的境界"。最美的，同时又有哲学意味的说法，就是柏格森的创化论。整个的宇宙是一个无限生长的过程。所谓天演并非一种机械的变化，而是生命的本身，乃是宇宙的生命时时刻刻的在创造新生。最后的结局纵然无人知道，但柏氏至少好像暗示，在久远的未来，宇宙中终有大团圆的一天！

这种种的美梦，在第一次大战之前已有渐难维持之势；到一九一八年后，就全部幻灭了。只有少数怀古的人仍然抱残守缺的要继续坚持十九世纪的精神。但第二次大战发生之后，连这最后一点守旧得努力也绝对不可能了。种种丑恶的事实，今日已无人再能否认，也无法再加否认。机器发明的进步，只是增加了劳工的事业与社会的不安宁。多数人民于八小时工作之暇，除看电影、跳舞，或参加其他低级趣味的娱乐以外，并不知去增加自己的知识或修养自己的人格，最多也不过是看报或听无线电，去受无聊政客的煽惑。多数人识字以后，不只不足以使他们的人格增进，反增加了各种妄人愚惑他们的机会。今日各国内部与国际之间的不安，至少有一部分导源于此。十九世纪"教育万能"与"理性发展无限"的信仰，只得宣告破产了。

法国革命以后的欧美各国，都认国家思想为永恒真理，认爱国为高于一切的责任：每个国民对于国家的利益比较对于父母妻子以及个人的生命还要看重。在十九世纪，各国的国民大致也能作到此点。在一九一四至一九一八年的大战期间，也还能够勉强维持此种精神。但上次大战之后的民族自决，可说是法国革命精神的一种回光返照。时至今日，情形已经大大的改变。基斯林与赖伐尔虽已变成被人咒骂的口语，但卖国的人岂只限于挪威与法兰西两国？无论何国，岂难找出成千成万的出卖国家利益的基斯林或赖伐尔？这种情形，不只在十九世纪后半期是不可想象的，即在第一次大战是也尚不可能，而至今日，居然在各国都成了不足为奇的普遍现象。我们今日阅报，假如希特勒攻下任何一国，而其国中没有内奸与第五纵队，我们倒要表示惊异。还是世界人心的一个如何重大的变化！同时，也是各国内部渐趋瓦解的一个如何明显的反映！如此严重的事实，决不能单纯的以希特勒的阴谋手段来解释——希特勒至多恐不过是历史大转变的一个工具而已。十九世纪欧美人士所认为万古不变的民族国家，不过经了百年，就证明为快要消灭，至少也是快要产生根本变化的了。

十九世纪的希望已经幻灭，新的希望还未产生，今日欧美的人心可空处无主。关于此点，我们尚无积极的断语可言，只可下一消极的结论：目前正在进行的大战，德国若占胜利，一切还有何说？假若英国最后获胜，它今日口口声声所标榜的民主主义、自由主义、民族自决以及其他种种十九世纪的遗物，也绝无再度恢复的可能。到那时，英国最大的责任，就是供给精神破产的欧洲以一个新的信仰与新的希望。

（原载：《星期评论》1941 年第 26 期）

历史的形态

——文化历程的讨论

历史形态学在学术上与民族实际文化改革上的重要性，本刊曾经提及。雷先生此文可与第一期林同济先生《从战国重演到形态史观》参照。本文系国立云南大学政治经济系主办之《现代思潮十讲》中之一。先为刊载于此。——编者

（一）

所谓历史，有特殊哲学意义的历史，并不是由开天辟地以迄今日演变的种种。历史的时间以最近五千年为限，前此的发展是天文学，地质学，生物学与人类学的园地，与正当的历史学无关。旧石器时代的各种人类，与今日的人类，属于生物学上不同的物种，我们虽也承认他们为"人"，但他们究竟"非我族类"，他们的活动与我们的活动在根本上大异其趣，不能用同样的标准去衡量。进到石器时代，有了一种新的人类，那就是我们今日世界上已开化与未开化的各种民族的祖先。但在公元前三五〇〇年以前，世界各地的新石器文化仍然一脉相通，北非与东亚之间，或西欧与中亚之间的新石器文化，并无显著的分别。所以此一阶段也仍属于人类学的范围。

但在公元前三〇〇〇年左右或略前，最早或可追溯到三五〇〇年左右，不知由于何种外来的影响或内发的力量，在清一色的新石器世界中，有两个地方发生了变质的作用，就是埃及与巴比伦。自此以后，地面各处或先或后的都脱离了石器的阶段而进入历史文化的阶段。据今日所能确知，五千年来的高等文化区域共有七个：埃及，巴比伦，印度，中国，希腊罗马，回教，欧西。

直到百年之前，大家都认为历史为一元的。虽至今日，文化一元说仍然相当的盛行。这种观点甚为自然。各民族无不保有唯我独尊的态度，视四方为夷狄，认文化以我为中心而一系相传的发展。在交通不便的时代，这是再自然不过的心理形态，前代的中国，古代的印度，古典的希腊罗马，以及远古的埃及

或巴比伦，无不自视为天之骄子，无不自命为文化至宝的唯一创造者与维系者。直到如今，在欧美各国，连许多以客观自诩的学者，有意无意间仍不免以欧西文化为起发点而衡量古往今来的一切。但交通的大开与考古学的空前收获，使心胸宽大眼光锐利的一些学者，把前此的文化一元论完全放弃，认为历史是多元的，是在不同的时间与不同的地域各个独自产生与自由发展的。考古的发掘，使我们知道有许多被后人忘记的伟大文化；交通的便利，使我们发现远方有许多前所未闻的异样民族。这许许多多时间与空间都不相同的历史单位，经过多人与多方的探讨，虽无人否认他们各自有特殊点，然而历史进展大步骤的公同点，现在已逐渐成为学者所公认的现象。这种公同点，就是历史的形态。

（二）

在一个文化的发展上，第一个阶段就是封建时代，前后约六百年。此时的政治、社会与经济的现象都很特殊。政治上的主权是分化的。在整个文化区域之上，有一个最高的政治元首，但这个元首并不能统治天下的土地与人民。所谓"溥天之下，莫非王土；率土之滨，莫非王臣"，在当时不过一种理论与理想而已。元首所直辖的，只有天下土地一小部分的王畿；并且在王畿内，也有许多卿大夫的采邑维持半独立的状态。至于天下大部分的土地，都分封给很多诸侯，诸侯实际各自为政，只在理论上承认共主的元首。但诸侯在封疆之内也没有支配一切的权力，他只自留国土的一小部分，大部土地要封与许多卿大夫，分别治理。卿大夫在自己的采邑之上，也非绝对的主人，采邑的大部又要分散于一批家臣的手中，家臣之下，可有再小的家臣，以此类推，在理论上封建贵族的等级可以多至无限，政治的主权也可一层一层的分化，以至无穷。实际的人生虽然不似数学的理论，但封建政治之与"近代国家"正正相反，是非常明显的事实。

封建时代的第二个特征，是社会阶级的法定地位。有史以来，阶级的分别是一个永恒的事实。但大半的时候，这种阶级的分别，只是实际的，而不是法律所承认并且清清楚楚规定的。只有在封建时代，每个人在社会上的地位，等级，业务，权利，责任，下至衣食住行一般日常生活的方式，都是由公认的法则所分派的，并且阶级的地位是世袭的，贵族的子孙，世世代代永为贵族，平民的子孙，世世代代永为平民。同一贵族或平民的阶级之内，往往又有许多小的等级或职务的分别，小分别之间的界限往往也是相当严格的。

封建时代的第三个特征，经济的特征，就是所有的土地都是采地，而非私产。自由买卖，最少在理论上不可能，实际上也是不多见的。所有的土地都是一层一层的向下分封，分封的土地就是采地。土地最后的用处，当然是食粮的生产。生产食粮是庶民农夫的责任，各级的贵族，由最高的王公以至最微的士子，都各把他们直接支配的一部土地，分给农夫耕种。由这种农业经济立场看，土地称为"井田"或其他类的名称。此中也有"封"的意味，绝无自由买卖的办法。井田可说是一种授给农夫的"采"，不过在当时"封"或"采"一类的名词，只应用与贵族间的关系上，对平民不肯援用此种高尚的文字而已。

在精神方面，封建时代是宗教的天下。国家的每种大典，婚丧生育的人生大事，以至团体或个人的许多例行事务，几乎都为宗教的规范所围范。宇宙间充满了神力，大小的神祇可以多至不可胜数。一般人对于神灵既然恐惧，又须依赖，有时敬爱的心理也能发生。无论是恐惧，或依赖，或敬爱，一概都要有崇拜的外仪来表现。

（三）

历史的第二个阶段，可称为贵族国家时代，前后约三百年，是一个以贵族为中心的列国并立时代。封建的晚期，当初本不太强的中央共主渐渐全成傀儡，有时甚至整个消灭。各国内部的卿大夫以及各级的小贵族也趋于失败。夺上御下，占尽一切利益的，是中间的一级，就是当初封建各国的国君。最后他们把封疆之内完全统一，使全体的贵族都听他们指挥，同时他们自己却彻底脱离了天下共主的羁绊。天下的共主至此失位或者完全消灭，或者名存实亡。主权分化的现象已经不复存在。整个的天下虽未统一，但列国的内部却是主权集中的。社会上的士庶之分，在理论上仍然维持，在政治各部门辅助国君的也以贵族居多。但平民升为贵族，实际已非不可能，并且也不太难。在经济方面，井田一类的授田制尚未正式推翻，但自由买卖的风气已相当的流行。各国内部既已统一，小的纷乱当然减少到最低的限度；至此只有国际间的战争，而少见封建时代普遍流行的地方战乱，贵族阶级在封建时代已经开始修养的狭义精神与斯文仪式，至此发展到最高的程度，在不与国家的利益冲突的条件之下，他们对待国界之外的人也是尽量的侠义有礼。国际的战争大致仍很公开，以正面的攻击为主，奇谋诡计是例外的情形。战时的死伤并不甚多，战场之上也有不可轻易破坏的礼仪。战争的目的只求维持国际的均势，没有人想要并吞天下。国际的战争虽然难免，但天下的大局是大致稳定的。

在精神方面，宗教仍占主要的地位。但唯理的思想已经开始，渐盛，最后发展到极峰。一个文化对于宇宙人生问题的伟大解释与伟大答案，都产生于此时。伟大的哲人与诗圣，也都是此时的人物。

（四）

文化的第三个阶段，是帝国主义时代，前后约二百五十年。第二第三两期之际，必发生惊天动地的政治、社会与经济的大革命。革命的结果，贵族阶级被推翻，过去日渐得势的平民阶级，至此夺得政权。临时在表面上实现了一个全民平等的社会，最初的一百年间，政治社会生活的各方面，往往可谓大体美满，但社会的骚动与国际的大战很快的就把这种美满的境界毁灭。阶级既然取消，全民既然平等，大家就都有效命疆场的义务。当兵，在封建时代是贵族的权利，贵族国家时代的军队仍以贵族为主，平民的小兵完全要受贵族将官的指挥。进到帝国主义时代之后，全民皆兵的征兵制成立，大规模的战争，残酷无情的歼灭战，成了国际野心家所专研的战争方法。战场以大量的屠杀为最高的目的，以便消灭对方的实力，最后占据对方的领土，灭掉对方的国家。前一时代的斯文战争，至此已不再见。列国的数目，尤其是强国的数目，日渐减少，最后只剩三两个大国，各自率领附属的小国，互作死拼的决战。

在不断的大战与大乱之中，文物开始遭受浩劫，战争时无意的破坏，当然古今难免，但此时因战争的特别激烈，所以摧残尤厉。并且在无意的破坏外，还有由于各国政策所产生的故意的文化摧残。经过短期间思想自由的阶段之后，焚书坑儒一类的办法渐渐成为常事。与国家政策不合的文字，对于当权者不利的文人学士，轻则被弃，重则被毁，被逐，或被戮。在思想方面，这是一个回光返照的时代。短期之间，百家争鸣，在表面上似乎非常热闹。但思想趋于派别化，伟大的创造思想家并不多见。最后连派别化的思想也趋于消沉，只剩下毫无中心见解的杂家，东拼西凑的去写许多杂乱无章的大书。

（五）

文化的第四个阶段是大一统时代，前后约三百年。长期的酷战与大乱之后，一个独强，并吞天下，实现了封建时代可望而不可即的理想，就是整个文化区的大一统局面。至此，无论名义如何，政治必然是专制独裁的。此时人心已感疲倦，精神渐觉不支，不能再过从前那种紧张悲壮的生活，不能继续维持过去那种丰富复杂的文化。专制的皇帝与他的左右，现在替天下的人解决一切的问题，个人无需再过分的努力自苦。天下大致是太平的，内乱当然难免，边患也不能却除；但兵荒马乱的事，的确较前大为减少。一般人的物质生活大致安逸。但这只是更加增进心理的松懈与精神的涣散。社会的颓风日愈明显，最后一泻千里，不可收拾。尚武的精神急速的衰退，文弱的习气风靡一世。征兵制不能维持，只有开始募兵。最后连募兵都感困难，只得强征囚犯奴隶，或招募边疆归化的夷狄来当兵。但在最后的崩溃尚未来临之前，帝国的疆域往往可以扩展到空前的程度，许多边外的夷狄，或因慕化，或因畏威，都归顺投降。帝国也自动的征服许多新土。但表面的庞大，并非内在的伟大。毁灭的命运很快的必然来临。

思想学术与文艺，都急剧的退步。思想趋单调。政府受了潮流的影响，往往也推进思想一尊的趋势。或因政见的不同，或因文人的偏激，政府时常与思想界发生冲突，大规模的焚书坑儒都是此时所演的惨剧。局面稳定之后，思想学术定于一尊，真正的哲学消灭，文人全失创造的能力，只能对过去的思想与学术作一番解释、研究与探讨的工夫，并且其中时常夹杂许多附会、误会与望文生义的现象。一言以蔽之，文化至此已经僵化，前途若非很快的死亡，就是长期的凝结。

第五个文化阶段，最后的时代，是政治破裂与文化灭亡的末世。时间不定，可长可短。这是三百年大一统时代后无从幸免的一个结局。政治日愈专制，日愈腐败，日愈野蛮。社会的机构，一代不如一代；最后极端的个人主义，自私自利主义，变成社会生活的主要原动力。内乱迭起。外患也因而日愈严重。当初灿烂的文明帝国，往往被边疆的蛮夷侵占征服。古老的文化，从此可以一蹶不振，以致死亡。有时外族被同化，文化临时又有短期的生气。但同化的外族，不久也腐化，又被其他的外族征服。传统的政治文化，最后总有完全毁灭的一天。

这就是历程的梗概。如何提出具体的例证，再把它来观察中国的过去与复兴的将来，我们当分文讨论。

（原载重庆《大公报》战国副刊，1942 年 2 月 4 日）

三个文化体系的形态
——埃及·希腊罗马·欧西

形态历史观，由林同济与雷海宗两先生在第一期与第十期分别作过大同小异的发凡。本篇是雷先生一篇"例证"之作。本刊不久尚要发表雷先生《独具两周的中国文化》一文。警醒之外，或更可予我们民族以鼓舞。——编者

一、埃及文化

埃及文化是世界上最古的文化之一，只有巴比伦可与它比拟。因典籍亡佚，哲学的发达无从稽考，但古老埃及的政治社会演变，从我们今日所能知的约略情形，可见其也不出历史形态的范围。

埃及的封建时代，普通称为旧王国时代，又称金字塔时代（公元前二八〇〇至二一五〇年）。王室为政治文化的中心，诸侯分立各地。王权有限，"法老"只是名义上的天下共主。

埃及的贵族国家时代，普通称为中期王国时代（公元前二一五〇至一八五〇年）。王室衰微，诸侯独立，许多小国相互争衡。这就是许多西洋史学家所误认的"封建时代"。真的封建时代已经过去，此时最多不过只保留一些封建的痕迹而已。

帝国主义时代，称希克索斯 Hyksos 时代（公元前一八五〇至一六〇〇年）。希克索斯人是一种来历不明的外族。他们入侵埃及，很快的埃及化，临时成了埃及内部最强的势力，与旧日的埃及列国争胜。此时战事日烈，俨然一个具体而微的战国局面。最后，一个大一统的埃及帝国成立。

大一统时代普通称为新王国时代，或新帝国时代（公元前一六〇〇至一二五〇年）。此时埃及大拓疆土，西至今日利比亚的沙漠，南达阿比西尼亚，东抵巴比伦之地。

公元前十三世纪中期以下，埃及一方面内乱迭起，一方面又屡次被野蛮的

外族征服。但因这些征服者文化幼稚，先后都为埃及所同化。公元前五二五年，波斯入主，这是埃及初次遭受一个已经开化民族的征服，埃及文化染上了不少的波斯色彩。公元前三三二年，亚历山大成了埃及的主人，埃及于是又与希腊同化。到公元前三〇年埃及变成罗马帝国一个行省的时候，在文化上已经完全是希腊的附庸了。不仅旧的制度文物荡然无存，连传统的语言文字也趋消灭，除了少数偏僻区域的人之外，所有的人都只说希腊语，读书的人也只读希腊书。埃及民族与埃及文化至此可说已经绝迹与天地间了。六七百年之后，公元六三九至六四一年间，埃及又被回教徒征服，就又毫无困难的亚拉伯化。今日所谓埃及人，无论血统如何，由宗教、语言、文字、风俗、习惯上言，其实大都是亚拉伯人了。

二、希腊罗马文化

希腊罗马文化的封建时代，历史上称为王制时代（公元前一二〇〇年至六五〇年）。小国林立，各有国王；但天下有贵族，限制王权的行使。在众王之上，有一时期曾有一个最高的共主；关于此点，荷马的史诗中仍留有痕迹，可惜史实已完全失传了。宗教盛行，后世流行的神话都是此时的产物。

贵族国家时代（公元前六五〇至三二三年）的历史，大致以雅典、斯巴达与罗马三国为中心，就是历来史书中所称道的希腊文化的极盛时代。内部统一的列国，罗布在地中海世界的大部，外交的关系甚为复杂，国际的战争也时常发生。但各国的内部，除罗马外，始终不甚稳定。天下的共主早已消灭，多数的国内已把王推翻，同时又无固定的新制替代。王制最少可说是一种安定力，王制破裂，各国的政局时常都在动荡中。但无论如何的变化，各国的政治可说是贵族性的，因为多数人或为奴隶，或为没有政权的农奴。所谓民主政治，或全民政治，也不过是全体人口中少数自由人的政治而已。哲学由兴起而渐盛，晚期出了三大哲人：苏格拉底、柏拉图、亚里斯多德。

帝国主义时代，普通称为后期希腊与罗马时代（公元前三二三至八二年）。此时地中海沿岸只余五大强国，就是希腊化的埃及，希腊化的叙利亚，马其顿，罗马，与制度罗马化的迦太基。此外尚有一些缓冲小国，以希腊半岛上为最多。五国中罗马最强，最少可说罗马的政策最为高明。它采取各个击破的策略，先毁灭了比较强劲的迦太基，然后吞并东方各国。迦太基之灭，甚为凄惨，不只国破，并且民族也全部被歼，只剩下极少数的遗民，也遭流放异地的命运。至公元前八二年苏拉 Sulla 独裁，可说是地中海世界第一任的实际皇帝。此时的哲学只有旧日思想的演述，与几种时麾一时的人生观。斯多亚派，伊比鸠鲁派，怀疑主义派，犬儒派，算是比较新颖的人生学说，此外则有柏拉图与亚里斯多德主义的信徒。最后调和一切的，也可说毁坏一切的，杂家出现，而古典的希腊哲学遂告结束。

大一统时代就是罗马帝国的盛期（公元前八二年至公元一八〇年）。罗马的疆土不只扩展到整个地中海沿岸，并且在许多方面深入内地。今日意大利，希腊，保加利亚，土耳其，西班牙，葡萄牙，法兰西，比利时，与瑞士的全部，德意志的西境，荷兰，南斯拉夫，与罗马尼亚的大部，伊拉克与高加索的一部，埃及与沙漠以北的整个北非之地，都是帝国的疆域。此外并在海外征服了今日的英格兰，威尔斯，与苏格兰的南境。但希腊罗马人的颓风日盛，公民渐都不肯当兵。起初还有内地的游民入伍，最后就只剩边地的日耳曼人与其他的外族还有执干戈的能力。颓废的人心，除物质的享乐外，往往又向东方传入的许多厌世宗教去求安慰。思想知识，只有以雅典与亚历山大利亚两城为中心的古代经典的研究。

盛世一个最后的伟大皇帝死于公元一八〇年，帝国逐渐瓦解。不婚，婚而不育的现象，相当的普遍。人口减少，品质似乎也退步。怠工与游手好闲成了社会的风气，许多人宁受国家的救济，而不肯从事正当的工作以自养。田地荒废，无人经营。整个的社会，呈显一种坐以待毙的征象。日耳曼人入侵，不过是用手指弹倒一个行尸走肉的帝国而已。传统所谓四七六年罗马帝国的灭亡，实际不能由日耳曼人负责。罗马民族与文化的消灭，更与日耳曼人无关。

三、欧西文化

欧西文化的封建时代就是普通所误称的西洋中古时代的大部（公元九一一至一五一七年）。名义上的天下共主，有两人争夺，就是罗马的教皇与神圣罗马帝国的皇帝。各国分立，国王无权，各级贵族分据国内各地。农业集中于佃庄，与中国古代的井田相类。精神生活全由基督教笼罩。每人由出生，直至临死，甚至死后，无不受教会的指导与约束。

贵族国家时代，历史上称旧制度时代（公元一五一七至一八一五年）。内部统一的列国成立，中央的共主失位。教皇只余宗教的地位，政权尽失，皇帝仅拥虚名，但他的傀儡权位直到时代末期才被拿破仑废掉。旧日独立的封建贵族，至此成为辅助王政的特权阶级。国际之间时起战争，普遍天下的大战，由十七世纪起，平均每五十年一次，三十年战争（一六一八至一六四八年），西班牙王位继承战争（一七○一至一七一三年），七年战争（一七五六至一七六三年），拿破仑战争（一七九九至一八一五年）。除末期的拿破仑战争外，所有的国际冲突可说都是以维持均势为目的的。十七与十八两世纪间，伟大的思想家辈出，末期的康德与诗哲歌德可说是集大成的哲学家。

一八一五年以下，欧西文化进到帝国主义的阶段。北美合众国的地位日趋重要。所以我们可称此期为欧美文明时代。这个时代至今方逾百年，尚未结束，无从见其全貌，但大战国的景象已经非常明显。有大革命的法国开端，征兵制普遍了欧美的世界。英美因地理形势的安全，久想逃避现实，但今日也已被迫实行征兵。百余年来的战争中，歼灭战与屠杀战的形式，一次比一次的显著。纳粹所谓闪电战不过是最后为此种趋势找到一个动听的名词而已。炮火炸弹的威力，不分前方与后方。伤亡与俘虏数目的庞大，在人类史上真是空前。德国攻马奇诺防线后，法军被俘虏的在一百五十万人以上，除少数老弱残兵外，一般青壮的军士至今尚未释放。他们目前所遭的摧残，可以意度。至于他们将来的命运，谁敢设想？白起对付赵国降卒的手段，虽未必不折不扣的演在今日，但虽生犹死的遭遇，安知不会发生？纳粹在占领各国，因一二德人被暗杀而竟大批屠戮"人质"的惨剧，这岂非新野蛮时代已经来临的明证？这一切不过是开端而已，欧美世界未来的大流血与大悲剧，恐非今日仍未忘情于十九世纪比较斯文的景象的人类所能想象！

文物的破坏，在欧美也已见端倪。相生相克的道理，在文物破坏中最为明显。欧美钢骨水泥的各种伟大建筑，甚至中世纪所传下的纯石块的大礼拜堂，都非一般的"刀兵水火"所能破坏。但欧美的人类又精心的制造猛烈无比的炮火与炸弹，数十世代千辛万苦所积累而成的文化标帜，多在狂战中惨遭毁灭与损伤。到了大破坏的时代，文物的遭劫似为不可避免的命运。至于比较微弱的孤本古书，名贵雕绘，稀世乐器，无论如何的善为保藏，或大或小的损害更难逃脱。除了这种虽非故意却似百命运存乎其间的文物浩劫外，焚书坑儒的事件也已由德国作俑。犹太人的著作或与国社主义相违的作品，都被有系统的焚毁，犹太学者与非犹太而反纳粹的文人哲士，重则丧命轻则被囚，幸运者得遭放逐或逃亡国外。此种焚书坑儒的风气，将来恐怕也有日趋猖獗之势。十九世纪百年间比较自由的思想与学术，恐怕只是暂时的现象。目前宣传已经取代思想的地位，不久的未来欧美人士或将不知精神自由为何物。伟大的思想家已少出现，思想已经开始派别化：康德派，黑格尔派，唯实派，实际派，以及各种巧立名目的派别。新的宗教精神也已萌芽，奇形怪状的各种新宗教，流行在欧美的各大都市中。一种新的巫术，所谓灵学，虽有少数人用科学的方法与态度去研究，但对大多数问津的人却成了自我慰藉与逃避现实的一服精神麻醉剂。

所以，无论由国内政治与国际形势言，或由精神情况言，今日的欧美很显然的是正在另一种作风之下，重演商鞅变法以下的战国历史或罗马与迦太基第二次大战以下的地中海历史。欧美在人类史上若非例外，最后的归宿也必为一个大一统的帝国。但这或者仍为百年以后的事。历史的发展，自有其节奏与时限，速成班之类的办法在历史上是轻易不见的。时机未到，野心大于希特勒十倍的怪杰，也不能使大一统的局面稳定的实现。

（原载重庆《大公报》"战国"副刊，1942 年 2 月 25 日）

独具二周的中国文化

——形态史学的看法

除欧美的历史尚未结束外，一切过去的伟大文化都曾经过一度的发展、兴盛、衰败，而最后灭亡（参看本刊第十期）。惟一的例外就是中国。

中国的文化独具二周。由殷商西周至五胡乱华为第一周。由五胡乱华以至最近为第二周。

一、第一周的形态

中国的封建时代，就是殷商西周，由盘庚迁殷至平王东迁，前后五百余年（公元前一三○○至七七一年）。中央有一个王，又称天子，当初是殷，后改周室。天子之下，各地有许多诸侯。诸侯之下，有卿大夫与各等各级的家臣。这是标准的封建金字塔。贵族与平民之间，界线森严。一切的农田，井田，都由贵族支配。分与平民耕种经营。殷周的宗教，虽多失传，但由甲骨文，铭刻，与仅存的一点古代文献，我们还可看出当时精神生活的中心就是宗教。

中国的贵族国家时代称春秋时代（公元前七七一至四七三年）。诸侯多已统一境内，列国并立的国际局面成立。贵族阶级仍然存在。但只能在诸侯统制下操持国政，不似封建时代的随便自行其是。国际间列国争衡，天子已成了傀儡，只能承认最强的诸侯为霸主。齐晋秦楚是四方的四强，它们大致只求维持国际的均势，即或一国特强，也仅要作中原小国的盟主，并无吞并天下的野心，天下在理论上仍由天子统治。国际的战争虽多，然而并不酷烈，大家都服膺"适可而止"的道理。战场之上，有谦让客气的种种礼教，侠义之士无不遵守。战争并不是一种拼命的死争，而是一种有章有则的竞赛。在精神方面，宗教的形式仍然维持。但少数的哲士对宇宙人生的问题探索甚深。可惜早期或有的作品都已失传，我们今日所知的最早思想家是春秋末期的孔子与孔子早时的一些哲人。孔子是保守派，认为旧制破裂，人心不古，是一切困难的根源。若能恢复封建时代的先王之道，天下就可太平无事。与孔子相反的一派，可以邓析为代表。他是革命思想家，认为封建时代与春秋时代的旧制都已陈腐不堪，必须彻底扫除，代以全新的一套办法，方可解决各国内部的问题与国际之间的纷争。这种说法当然要遭在位者的恨恶，所以他终究被郑国的执政借故杀掉。第三派是消极的隐士。他们认为世事已不可为，不如一了百了，遁世埋名，独善其身，最少还可赚得一心的清净。孔子周游列国时，遇到不少这种的人，如长沮，桀溺，楚狂接舆，晨门，荷蒉，荷蓧丈人等，都属于此种自私自利的思想学派。

春秋末期思想界的矛盾与复杂，预示帝国主义新时代的来临，就是战国时代（公元前四七三至二二一年）。初期百年间，发生了政治社会的大革命。贵族阶级被推翻，国君独裁，最后都正式否认天子的地位，各自称王。战事日愈激烈，全民平等之后，各国都行征兵制。军队的数目扩大，战事的性质愈加残忍，在战场上奖励戮杀，对降卒与俘虏也时常加以不人道的大批屠杀，白起坑赵降卒四十万，是最惨的此种事例。许多古代的文献，有历史价值的建筑，恐怕都毁于此时的大战中。秦国已开始焚毁当政者所不赞同的书籍，别国有否同样的情事，可惜史籍失载。思想曾经极盛一时。杨墨庄孟，诸子百家争鸣当世。中期以下，阴阳五行与神仙的信仰兴起，是文化开始退步的明证。思想趋于派别化，成了后世所谓六家。最后杂家出现，《吕氏春秋》象征先秦思想的总结束。

中国的大一统时代，是秦，西汉，新，与东汉中兴的三百年（公元前二二一年至公元八八年）。外表甚为辉煌，武功极盛，秦皇汉武奠定了二千年来中国疆域的规模，东北吞朝鲜，西北通西域，南达安南，西南并滇。天下太平，民生安乐，文景、宣元、明章之世尤为后世所称道。但征兵的制度到汉武帝时已不能维持，武帝的武功是靠募兵、囚犯兵与外族兵完成的；真正的征兵，反处次要的地位。东汉中兴，对外作战时已到了几乎只有胡兵可用的地位。独立的思想消灭，先秦的思想学术真能明了的人可说无有。泛滥无归的经学训诂是当时学界唯一可能的工作。秦始皇大规模的焚书坑儒，并非文化退步的主因，只是时代作风与文化退步的一种自然表现而已。一种消极的宗教精神大盛，阴阳五行，黄老神仙，宗教化的儒学，与东汉初传入的佛教，是当世的主要精神食粮。

东汉中兴过去之后（公元八九年以下），大汉帝国渐趋破裂，古代文化渐趋灭亡。接踵而起的内乱或边患，羌乱，党锢，黄巾贼，十常侍之乱，董卓之乱，使帝国的机构全部瓦解。三国的群雄割据与西晋的粉饰太平，都不能挽回已去的大势。最后五胡乱华，中原沦陷，中国面对全部覆亡的严重危机！

二、第二周与未来

中国发展到五胡乱华时，若按人类史的通例，可说已到灭亡时期。当时中国也确有灭亡的危险。但中国当亡不亡，经过几百年的酝酿后，竟又创出一个新的文化，可称为第二周的中国文化。

在政治上并无新的进展，大致只能墨守秦汉所定下的规模，但思想文艺上，却各代都有新的活动，并且可与第一周的文化相比。为清楚起见，可列表比较如下：

时代 周期	宗教时代	哲学时代	哲学派别化与 开始退步时代	哲学消灭与 学术化时代	文化破裂时代
第一周	殷商西周 （前一三〇〇至七七一年） 殷墟宗教 周代宗教	春秋时代 （前七七〇至四七三年） 邓析、楚狂、接舆、孔子	战国时代 （前四七三至二二一年） 六家	秦汉与东汉 （前二二一至八八年） 经学训诂	东汉末至五胡乱华 （元八九至三八三年）思想学术并衰，佛教之输入
第二周	南北朝隋唐五代 （元三八三至九六〇年） 佛教之大盛	宋代 （元九六〇至一二七九年） 五子、陆象山	元明 （元一二七九至一五二八年） 程朱派，陆王派	晚明盛清 （元一五二八至一八三九年） 汉学考证	清末以下 （元一八三九以下）思想学术并衰，西洋文化东渐。

表中所列各项，可以自解，无须再加追述。讲到目前，我们这处在第二周末期的当代中国人士，一方面要面对欧美世界的现实，一方面要觉察中国文化的实况，才能明了我们今日所达的阶段与明日可走的途程。我们若能不自矜，也不自馁，平心静气的观察现局，大概对今日的中国以及与世界的关系，可得如下的几种认识：

（一）西洋世界今日正处战国的中间阶段。今日的大战虽然已够惊人，将来的战争恐怕只有更加酷烈，其程度规模与情景必有吾人所不能想象的。

（二）中国文化的第二周诚然是人类历史上的一个奇迹，但现在已发展到末期，它的前途是结束旧的局面，创造新的世界，实现一个第三周的中国文化。过去的文化为何一定都要毁灭，我们不知道。中国为何能够独存，我们也不知道。我们只知其然，而不知其所以然；强为解释，虽不太难，但目前可撇开不谈。若勉强作一个比喻，我们可说文化如花，其他的文化都是草本花，一度开放,即告凋死;中国似为木本花,今年开放,明年可再重开。若善自培植,可以无限的延长生命。第二周的文化虽在人类史上已为例外,但既有第二周,也就可有第三周。

(三)但由实力言今日的世界是一个欧美重心的世界,这是无可否认的事实。所以我们不能完全摆脱欧美的影响与欧美的势力而独创自己满意的新世界与文化。此后日愈残酷的战争中,任何一次中国也无完全处身局外的可能。

(四)但由文化大势言,欧美已至开始下落的时期。目前西洋任何一种思想、主义,或学术的潮流,虽在中国都不免引起波动,但对我们的同化力恐将日渐降低。欧美的实力,在较近的未来我们虽仍不能漠视,但欧美思想信仰对我们的主动力或将日趋薄弱,我们对西洋文化中的一切可不至再似过去的崇拜盲从,而是自动自主的选择学习。然而这绝不是说我们将来可以松懈对于欧美的研究。盲从时可以不深知而不害事,选择学习时却非认真研究与彻底了解不可。我们将来需要更多更通的西洋学艺专家。

若对未来勉强拟定一个比较具体的方案,我们似乎可说:在实力方面,我们必须努力建起一个能够独当一面的军事机构,将来在欧美重心的国际上我们最少可不至完全被动,而能取得动不动由我而不由人的自由。此点如果能够做到,思想学术方面的前途就很可乐观。只要能有相当可靠的势力,政治上可以完全自由,则在国际上自由自主的空气中,相信我们此代与今后几代的中华儿女必能建立第三周的中国文化!

(原载重庆《大公报》"战国"副刊,1942 年 3 月 4 日)

(编者附记:雷海宗所著《历史的形态——文化历程的讨论》和《三种文化体系的形态——埃及、希腊罗马、欧西》和《独具二周的中国文化——形态史学的看法》三篇文章,先后刊载于重庆《大公报·战国副刊》1942 年 2 月 4 日、25 日、3 月 4 日。后三文合并,以《历史的形态与例证》为题转录于林同济、雷海宗合著《文化形态史观》,上海大东书局 1946 年版,第 18—44 页)

总动员的意义

最早提倡总动员的应是商鞅。《商君书·兵守篇》中，为"三军"一词下了一个新的定义："三军：壮男为一军，壮女为一军，男女之老弱者为一军，此之谓三军也。壮男之军，使盛食、厉兵，陈而待敌。壮女之军，使盛食、负垒，陈而待令；客至而作土以为险阻及耕格阱；发梁撤屋，给从从之，不洽而燔之，使客无得以助攻备。老弱之军，使牧牛马羊彘，草木之可食者，收而食之，以获其壮男女之食。"

这段文字，可说是我们今日对日抗战与欧洲第二次大战的一篇绝好描述。壮男上前线作战，无需多言，壮女的责任是在后方坚守。如敌人客攻到后方，壮女就要作土以为险阻，使敌人不能顺利的通过，甚至发梁撤屋，坚阻敌军，若坚阻无效（不恰），就要实行焦土政策（燔），不使一草一木资敌。至于一般的老弱之军，远处最后方，担负接济壮男壮女的责任。如不苛求细节，今日的英国、德国与苏联，与我们自己的战区中，情景可说大抵如此。

这当然是全民总动员，可若只作到此点，在商鞅时或者足取胜。在立体战争与机械战争的今日，却仍大大的不够。过去的战争是平面的，无论如何惨烈，总是有一个比较安全的后方，今日因为飞机作战的关系，前后的分别已不清楚，最远的后方也可由空中受到威胁。平面的战争，只须顾到纵横，是二度空间的战争。立体则又要注意天空，是三度空间的战争，但相对论的物理学与天文学，又有所谓四度空间的说法，以时间为第四度。若细细思索，今日的战争已不只是三度，是立体的，也是时间关系非常重要的四度战争。战争所用的机械日益复杂，非预先早为准备，一旦武器残缺而单凭血气，在过去有时可以取胜，在今日却是自杀之道。只看前方，今日的战术是闪电战；但闪电战的实施，却靠多年的与大规模的装备，血肉之躯，是不能抵挡闪电战的。充足的军备，要以相当的程度的技术能力与工业发展为基础。在今日欧美的多数国家，工业与技术都不成问题，所成问题的是精神与心理。英法在武器上的落后，到底应由政府或由人民负责。今日已无需多辩。战前英法当政的人，无论是由诚恳的和平信仰，或是由于自私的别有用心，都去实行浅见的绥靖政策，而不知尽量的充实军备，当然要负很大的误国之责。但一般人民的苟安心理与松懈精神，也不能摆脱罪名。人民有意无意间都要求供给日用品的轻工业照常维持，重工业与军事工业只有被牺牲了。这是一个精神的或心理的问题，也可说是一个第四度空间的时间问题。因为不知精神时刻紧张的重要的法国竟尔亡国；英国吃了大亏。我们常讲"国家总动员"或"全民总动员"的口号，这并不是一个空的口号，并且也不只是战争所常用的口号，不只作战时没有前方后方的分别，并且可说根本就无平时与战时的分别，一个民族必须不断的警觉，平时也要在心理上日日备战，在军工厂中日夜制造，必须安不忘危，处平时如战时——总而言之，必须时时刻刻的精神总动员，方能立足于天地间。

（原载昆明《中央日报》1942 年 5 月 4 日第 4 版）

中国古代制度

（前十三世纪至前八世纪）

殷商西周是中国历史上的封建时代，封建时代有它的各种特殊制度。殷商之初萌芽的许多规范，到西周逐渐发展完成，其中大部仍保留到春秋时代，虽然到春秋时代纯粹的封建制度已不存在。因史料缺乏，本文虽以商周为主，但也时常列举春秋时代的情形以为佐证。战国时代关于西周以上的传述，虽不免理想化之嫌，亦斟酌引用。因篇幅的关系，本文暂以社会制度为限。政治组织与经济制度从略。

（一）士庶之分

封建时代的权利阶级称士或士族。士受封土或爵禄，称贵。所以贵人是士族阶级中积极参加政治的一部分。贵是政治的名词，士是社会的名词。若撇开政治地位不谈，由天子以至一般士子，大家都是士，甚至可说都是平等的。仪礼士，礼讲的最透彻："天子之元子，犹士也，天下无生而贵者也。"但只有士才可贵可贱，平民永远是贱的。士都有贵的机会，最少可说都有贵的资格。

两级的名称很多。士，庶；君子，小人；百姓黎民，是几种比较普通的对举名称。此外平民又称民，庶人，群黎，野人。权利阶级又可连称士君子，另外一个可与小人对称而不很通用的名词就是大人。（注一）

两个阶级的生活方式多有不同。士族有个人生活与家庭生活，行动比较自由。庶人只有集团生活，家庭生活不甚发达，个人生活几乎完全无有。多数的庶人是农民，是代士族耕田的佃奴。他们虽非士族的奴隶，但可说是田地的附属品，不能随意的离乡背井。佃奴居于里中，生活的各方面都由士族支配。最后还有一个异点，士族生活的方式用礼，一切都有固定的礼法；但是礼不下庶人，庶人只有俗，就是自古传下来的风俗习惯。"俗气"，"粗俗"，"俗而不堪"或"俗不可耐"——凡后世这一类的鄙贬名词，都是由封建时代贵礼贱俗的心理引伸而出的。

士族与平民，除了大的生活方式不同外，日常的饮食起居也有种种分别。士族之家的一切器皿都由铜制，烹调用鼎，食前击钟，所以士族又称钟鸣鼎食之家（注二）。至于庶民，当然不能用贵重的铜器，也更谈不到击钟的排场，他们一切日用的器具以陶器为主。不只食具不同，食品也大异。士族时常吃肉，所以又称肉食者。（注三）六畜中的牛羊豕犬鸡，都供肉食。马太贵重，打仗时用以挽车，马肉吃的较少。庶人日常没有肉吃，只吃蔬菜粗粮。（注四）近水的人民或者吃鱼的机会较多，不似旱地人民的终年素食。凡此一切，不见得完全是经济能力的问题，法律恐怕也有规定的士庶生活标准。

食之外，衣也不同。士族衣帛，庶民衣麻织的布。帛衣并且还加有许多文饰，所以有"文错之服"或"文绣之服"的名称。（注五）平民只穿单纯的麻布衣服，所以"布衣"就又是平民的代名词。（注六）士族只有守丧时才穿麻，以示哀戚。

士庶的居室也有分别。士族居宫。封建时代的宫并不专指王侯的住处而言，所有士族阶级的居宅都称宫。宫由木石建造，雕梁画栋的彩饰增加建筑的壮丽。宫分前后两部。后部称室或内室，是寝所。前部称庭，庭中有堂，乃治事与行礼之地。宫又复称为宫室或宫廷，就是由士族居宅的划分制度而来。连最小的士子也有他的属下，最少他的子弟族人有时要到堂前来朝见。所以庭堂与内室之分，是大小士族的住处所必有的。至于庶人的居宅，不能称宫，只是茅土的居室，称茸屋。与茸屋相对的，宫室的顶上多铺瓦，所以又称瓦屋。（注七）

（二）庶民

（1）农工商贾

　　庶民分析言之，又称"农商工贾"。（注八）工与商贾占庶人中的一小部分，多数的庶人都是农夫。除了佃奴的庶人之外，完全不自由的奴隶大概自古就有。但奴隶的数目并不很多，名称也不固定。皂隶，臣仆，都是奴隶的称呼。有时"臣"也为奴隶的专称。特别指明奴隶中包括男女两性时，也用"臣妾"一词。（注九）

　　封建制度之下，士族为社会的主干，农民为社会的基础，工商阶级的地位最少在理论上是无足轻重的，工商的人数一定也很少。并且所谓工商，在观念上当然不同，实际上工人就是商人，商人就是工人。纯以贩卖为业的商贾当初恐怕没有或极少，这种人大概到封建末期或春秋初期方才出现或渐多。

　　工人的法律地位如何，无从考知。每个里中有几个农村生活所必需的工匠，如木工石工之类。竹工陶工不见得每里都有，铜工玉工一类的高等工匠恐怕只限于重要的城邑。农里的工人，在法律上大概也是佃奴，但因职业的关系生活比较自由。在王侯大夫的首邑中，工人数目相当的多，种类也必齐全。并且大贵族手下似乎都有专养的技工，以应宫中或领域中的需要。另外也有的工人不专属于某宫或某人。这两种工人，无论在法律上是否佃奴，但因事实的关系，生活一定很自由，较比狭小农里的工人还要自由。他们很自然的有完全变成自由人的趋势。他们的工艺品，除供贵族主人应用外，不免用合法的或法外的方法以另一部分变卖谋利，于是无形之间他们就成为商人，或兼工商的人。农里中的工人，在较小的范围内，也必有同样的发展。如此进取，财力渐厚，一部的商人必用财赂设法购买个人的自由。所以在封建制度之下，平民中最早取得自由独立的地位的就是商人。最初的商人都是由工人出身，但财力雄厚之后，有人就与工艺脱离关系，变成十足的商贾。这种发展大概到封建末期已经成熟。
（注十）

（2）集团生活（注十一）

城邑中工商人的生活已不可考。农里中农民的生活，我们还知大略。至于
里中的工人，数目很小，生活必浸化与农民的生活中。农民的生活是集团式的，
无个人的生活，家族生活也不发达。士族除祭一般的神祇外，又祭祖，可说是
个人或家族的宗教。平民连祖先都不能祭祀，因为他们的祖先死后，魂魄立即
消散，祭也无益。一般的神祇也专由士族去祷祝。平民惟一的宗教礼节也是集
团的，就是祭祀里社。但连这个农村的土地神，恐怕也是由里君代全里祭祷，
平民个人不能直接与社神来往。

平民的生活分为两季，伏藏季与活动季，颇与自然界的冷血动物及高等动
物中的熊相似。伏藏季较短，约四个月或五个月，活动季七八个月。按《礼记·月
令篇》，到季秋之月，夏历九月，"乃命有司曰：寒气总至，民力不堪，其皆入
室。"但九月末有司传达命令，实际执行须到十月。据《豳风七月篇》，"十月蟋
蟀入我床下，穹窒熏鼠，塞向瑾户。嗟我妇子，曰为改岁，入此室处。"

由孟冬十月到次年仲春二月，农民都蛰居里中，不能随意外出。男子无事
可作，赢得一个长期的休息。妇女比较勤劳，终日忙纺织的工作。各里都有里
君，里士，或里宰，管理蛰伏中的全里人民。此人可能就是里的直接主人，但
大多的里君是较高贵族所委的代管人。

里的构造，大致为方形，与城邑一样。中央有里君的宫室与宗庙，是全里
中最重要最显著的建筑。另外一个比较重要的建筑，就是里社。里社普通都设
在南门内，正与后世各城镇以及乡村的土地庙一样。春秋二季，社中有隆重的
祭祀两次。春祭是在仲春二月农作开始的时期举行，有祷祝祈福的意思，秋祭
或在孟秋七月新谷登场或在季秋九月农作结束的时期举行，有感谢神赐的意思。
祭祀时平民或可参加，但主祭的是里君。（注十二）

君宫与里社是瓦石木料的建筑，比较坚固。此外都是农室，茅草泥土的葺
屋，正如后世农村的情形。

到仲春二月农民出里，往田亩中居住，从事农作。从二月直到九月底或十
月初，农民大概不能自由回里，在井田中临时建筑庐舍居住，就是《小雅信南
山篇》中的所谓"中田有庐。"《豳风七月篇》中对此也有叙述：

> 三之日于耜。四之日举趾，同我妇子，馌彼南亩。

"三之日"就是同时的国历三月，等于农民通用的夏历正月，"四之日"就是仲春二月。正月修理耒耜田器，二月即往井田去工作了。

农作开始的时候，也是庶民青年男女开始相会，举行初步的婚姻的时候。平民的婚姻也是集团式的。

（3）庶人婚姻

士族有礼，平民有俗。"婚礼"是士族阶级中的现象，平民的俗中只有"奔"。各国中，甚至比较大的采域中，都有一个媒氏，是当政者所派专司平民婚姻的专员（注十三）。仲春之月，农民开始工作时，媒氏也下令"会男女"。男女十五岁为成名，成名者至此都可自由"奔"于田间，歌舞唱和，自由相会。《诗经国风》中的许多情诗，无论当初是平民的恋歌而由士族润色采纳，或本是士族所作的情诗而由平民摹仿取用，或者两种情形都有——无论如何，平民男女相会时所唱的歌词大致与国风相同，是无可置疑的。

奔会也有一定的规则。一男一女歌会的事大概很少，普通都是男女分为两队，距离相当的远，有时中间甚至隔一河流，如《郑风溱洧篇》所讲的情形。两队随唱随行，最后遇于水的中流或地的中线。歌时大概是女队先唱。《郑风萚兮篇》，女叫男先唱以便应和，但实际是女的先唱：

> 萚兮萚兮，风其吹汝。叔兮伯兮，倡予和汝！
> 萚兮萚兮，风其漂汝。叔兮伯兮，倡予要汝！

正式的唱和尚未开始，《萚兮篇》一类的诗词只能算为前奏曲，所以只称对方为"叔兮伯兮"，就是弟弟哥哥的意思，不似开始唱和后的屡用包含爱憎意义的称呼。

男队导唱的歌，总是很客气，对女方表示景慕的意思，有如《陈风东门之池篇》：

> 东门之池，可以沤麻；彼美淑姬，可与晤歌。
> 东门之池，可以沤纻；彼美淑姬，可与晤语。
> 东门之池，可以沤菅；彼美淑姬，可与晤言。

打趣骂俏，欲捉先放，是女子的权利。所以《郑风山有扶苏篇》：

> 山有扶苏，隰有荷华。不见子都，乃见狂且！
> 山有桥松，隰有游龙。不见子充，乃见狡童！

女子既然骂男子为"狂且"，为"狡童"，与标准男子的子都或子充相差太远，男儿也就不能过度示弱。于是一反先前的态度，如《郑风出其东门篇》：

> 出其东门，有女如云；虽则如云，匪我思存。缟衣綦巾，聊乐我员。
> 出其闉阇，有女如荼；虽则如荼，匪我思且。缟衣茹虑，聊可与娱。

女的美尽管美，男的偏偏不睬，这是女子所最怕而又莫可奈何的事。像这一类的反复调侃一定很多。男的坚持太久之后，女的就又不免娇怨，如《郑风狡童篇》：

> 彼狡童兮，不与我言兮。维子之故，使我不能餐兮。
> 彼狡童兮，不与我食兮。维子之故，使我不能息兮。

男女两队除对歌调情外，有时还以物相投而取乐，随投随唱，如《卫风木瓜篇》：

> 投我以木瓜，报之以琼琚。匪报也，永以为好也。
> 投我以木桃，报之以琼瑶。匪报也，永以为好也。
> 投我以木李，报之以琼玖。匪报也，永以为好也。

互相唱和经过相当时间后，两队即要相会于中流或中道。但女队此时仍要表现无可无不可的淡漠情趣，以示身价。《郑风褰裳篇》：

> 子惠思我，褰裳涉溱。子不我思，岂无他人？狂童之狂也且！
> 子惠思我，褰裳涉洧。子不我思，岂无他士？狂童之狂也且！

两队相遇时要表示互相满意，合唱喜歌，如《郑风野有蔓草篇》：

> 野有蔓草，零露漙兮；有美一人，清扬婉兮；邂逅相遇，适我愿兮。
> 野有蔓草，零露瀼瀼；有美一人，婉如清扬；邂逅相遇，与子偕臧。

两队相遇之后，歌词大概很多。至此每人都要找寻对象，不是片时可以成功的事。最后到晚间，大概多数已得了心上的可人，队形陆续解散，一对一对的可自由寻地相会。两人相会，也要唱歌。《唐风绸缪篇》就是这种唱和之词：

女："绸缪束薪，三星在天。今夕何夕，见此良人！"

男："子兮子兮，如此良人何！"

女："绸缪束刍，三星在隅。今夕何夕，见此邂逅！"

男："子兮子兮，如此邂逅何！"

女："绸缪束楚，三星在户。今夕何夕，见此粲者。"

男："子兮子兮，如此粲者何！"

有家室的成年人都在田间耕耘，青年人大概也时常要协助农作，并不是每日歌舞逍遥。但农作的七八个月之间，尤其春季的两月中，是未婚男女的奔期，农事不忙时，相会的机会很多，并且很自由。当时贞操的观念限于成家立业的人，无牵挂的青年男女是不受限制的。这几乎是所有初民社会的公同现象。季秋九月之后，农民回里伏藏，奔期也就结束，青年男女各归己家。但此时女子中必有一部已经怀孕，凡怀孕的大概都要认定自己的对方，于此时归于夫家，明年两人即不能再参加奔会。未孕的女子与未婚的男子明年仍奔如故。但男子三十而娶女子二十而嫁是最后的期限。达到期限时，男女都算十足的成年，必须婚娶立家。实际多数的男女，大概早在期限到达之前就已成家了。

这种奔会的平民婚俗，大概到战国时代士族与庶民的界线混淆之后才消灭。至此全体人民，不分士庶，才都行古代士族的婚礼。同时农民一年两季的节奏生活，也就无形废止了。

（4）大蜡（注十四）

孟冬十月农民回里。但在回里之前或方回里之后，天下各地的农民同时举行一次大规模的宗教欢会，称大蜡或八蜡。这是唯一平民可以直接参加的半宗教的仪式，一切其他的宗教事业都操在士族手中。大蜡是一年工作结束后的大庆祝，又包含感恩的意义，感谢一切对农事有贡献的神、人以及物质。上由天子，下至庶人，都参加大蜡的庆祝。大蜡祭祀八种神，所以又称八蜡：

先啬——乃是最高的农神，是八蜡之首，大概就是农神。

司啬——乃是次于先啬的农神，大概就是田祖或后稷。

农——乃是农夫抽象化的人格。

邮表畷——乃是田畯居住的亭舍。大概就代表督耕的田畯。天子以下的较大田主，都派有田畯到井田上督耕。

猫虎——猫与虎形状相同，所以并为一类。猫食田鼠，虎食田豕，都是为农民除害的。

坊——乃是蓄水与防水的堤岸，对农事甚为重要，所以堤岸也人格化为坊而受人礼拜。

水庸——乃是受水与泄水的沟洫，也人格化为水庸之神。

昆虫——昆虫中有害虫，但也有益虫，这个道理农人大概发现的很早。大蜡中所祭的当然是益虫。

八种神都由农民穿上绘形的衣服去装扮，载歌载舞。城中如此，乡中如此，天下各地无不如此。所以八蜡是一个人人参加举国若狂的大欢会。由《礼记杂记下篇》所记载一段子贡观蜡的故事，可见出狂欢的情形，也可见直到春秋末期各地仍然举行大蜡：

> 子贡观于蜡，孔子曰："赐也乐乎？"
>
> 对曰："一国之人皆若狂，赐未知其乐也。"
>
> 子曰："百日之蜡，一日之泽，非尔所知也。张而不弛，文武弗能也！弛而不张，文武弗为也。一张一弛，文武之道也。"

从这段故事可以看出子贡的学究气太重，孔子到底是一个心地宽宏体贴入微的真正哲人。孔子一段话是八蜡的最透彻的解释。农民的生活过于单调紧张，但张而不弛，不只对农民为太忍，并且是有危险性的。所以聪明的封建贵族一年一度给农民这个尽量放弛的机会。

这个放弛的蜡期，是平民终年之间惟一肉食的十日。据《豳风七月篇》：

"九月肃霜，十月涤场，朋酒斯飨，曰杀羔羊。跻彼公堂，称彼兕觥，'万寿无疆！'"

大蜡的期间平民可以吃肉，当然也饮酒，各地的里君也与人民同乐，农民都相约到里君宫廷的堂前，举杯祝寿。这是里君与农民惟一欢聚一堂的时会。

总观大蜡时的情景，与后世的新年相同。新年在古代似乎倒平淡无奇。大蜡结束后，农民就又蛰伏于里中，不再随意外出。并且按古代的信仰，天地万物也都到了收束休息的时期，所以蜡祭的祝词说：

"土反其宅，水归其壑，昆虫毋作，草木归其泽！"

（三）士族

士族的一部，因职守或财产的关系，散居于各地，但城邑是士族的聚居之地。除士族外，城中居住的是工商阶级。城邑是政治与工商业的中心，士商集中其间是很自然的事。此外大概也有一些农夫，负责经营城外的田地，但城中农民的数目一定有日渐减少的趋势。

（1）阶级理论

凡有团结力的团体，对于自己存在所以然的道理都有一套面面俱到的理论。殷周的士族是一个遍天下而超国界的大阶级集团，当然对于自己有一种理想的看法。这种自赞自解的阶级理论，不会与实情完全相符，正如今日一个团体成立时所发的宣言不会完全合乎实情一样。但在研究一个团体时，先明了它对自己的看法，最少可作为实情对比的一个根据。

士族有姓，是一个重要的阶级标识，所以士族又称百姓。殷周时代的姓有多少，不可详知，但传到后代的与一百之数相差甚远，"百姓"是夸大的满数，实际并没有一百个不同的姓。

士族有神祖，姓就是神祖所赐。神祖是天神，帝，上帝。帝有时游行人间，能感童女生子。这个半神半人的儿子就由神父立为一姓，在人世间开辟惊人的事业。所以每姓最早的人祖，半人半神的祖，都是有母而无父的，因为父是天神。夏人姓姒，最早半人半神的祖是鲧，鲧母的名无考，受颛顼帝的感动而生鲧，由帝父赐姓姒。奇怪的是毫无神话的姒姓人物，最著名的都是女子，一为文王的妃太姒，一为幽王所宠的褒姒。商人姓子，祖名契，又名商，又称商均或叔均，契母有娀氏简狄受帝喾的感应而生子。周人姓姬，祖名弃，又称后稷，后稷母姜嫄履帝足迹而生子。感姜嫄的帝本来大概是黄帝，因为黄帝姓姬是古籍中一致的说法。后来周欲灭商，此时帝喾已成天下的上帝，周人于是也就承认喾为自己的帝，那就是说，为自己元祖的神父。齐人姓姜，祖名四岳或泰岳，是炎帝的儿子。秦人姓嬴，祖伯益，伯益的神父为少昊。中原南部与江汉之北有许多部族姓偃，以皋陶为始祖，神祖失传。鲁国内有附庸小国称颛臾，姓风，祖名失传，祖的神父为伏羲。楚人姓芈，祖名失传，祖的神父为高阳。陈人姓妫或姚，祖名失传，祖的神父为舜，舜似乎是由喾分化而出的帝。一时或者很重要的祁姓，祖名失传，祖的神父为尧。任姓无考，只知文王母姓任，故称太任。己姓在历史上最著名的人物也是女子，就是纣王的妃妲己。此外尚有妘、曼、姮、姞、曹、隗、祈、熊、漆、怀、弋、庸、允、酉、滕、箴、荀、偪、儇、依、董、彭、秃、斟、庆、归、御、嵬，约三十种情况不明的姓。此外因未出名人，未立事业，或失败太早而完全失传的姓或者也有，但无论如何古姓决不到百数，可考的姓约在四十上下。古姓若到一百，就必不称"百姓"而扩大为"千姓"或"万姓"了。

士族的始祖有德。因为始祖是神子，所以有由神秉赋的特别神力，德。因为有德，所以能担负特别的重责。始祖生后，他的神父于赐姓时必封给他土地或分派他专职，在人世间独当一面；他因为承受父德，所以能任此类的艰巨。并且为表示德的传授，始祖得直接祭祀神父。

士族承继祖德。祖德由神而来，后世的子子孙孙也都传授这种神德。"同姓则同德"，子子孙孙都继承祖姓，表示承受祖德。子孙也与始祖一样，得受封土或爵位，并得祭祀神祖与始祖以及此后历代的祖先。（注十五）

（2）姓氏

以上是士族对于自己的理想看法。现在我们试再来研求士族的实际情形，互相对照。无论最初的时候，一姓是否曾经保有公共的土地，到封建时代，姓与土地职责已脱离关系，没有一寸领土或一个地位是属于全姓的。每姓中只少数人有封土或爵位职业，多数的人只是平常的士族而已。换言之，姓不是一个政治单位，只是一个宗教单位。同姓的人都直接的或间接的祭祀公同的始祖。同姓的男女不得联婚；除宗教性的禁忌外，古人并相信同姓联婚必定生殖不蕃。所以买妾而不知来历，必卜筮以决吉凶，唯恐无意间买了同姓的女子。

姓的历史来源，不能详考，但大体尚可推知，人类社会大多都经过一个所谓母权时代或女性中心时代，新石器时代的中国社会大概会具此种形态。女性中心时代，男子嫁给女子，并非女子嫁给男子。婚后，男子到女家居住，算为女家的人。一个女性血团必有标帜，或者本来就称此标帜为姓。到了石器末期的金石并用时期，女性中心渐渐转变为男性中心。无论当初名称如何，至此每个母族团体就成为一姓；本是女性为主体，至此就成为男子支配的家族了。这种母权的痕迹，到后代仍未全消。古姓从"女"的字特别多，如妀、姬、姜、嬴、妫、姚、妘、姞。商人所姓的子，也有女性，因为在春秋以上称女子为子似乎较称男子尤为普遍。"姓"字本身也从"女"旁。凡此都是姓由母权时代传下的痕迹。

殷周时代，严格讲来，一姓只包括同祖的男子，女子不计在内。女子出嫁，随从夫姓，原来的姓至此只作为自己的名号。所以齐女嫁给鲁国之后，就称齐姜；周代王女下嫁异姓的诸侯之后，就称王姬。这是社会已完全发展到男性中心时代的自然情形。

姓只为宗教标帜，与政治无关。士族男子在政治上活动时的标帜是氏，而不是姓。氏又可称族、家或支。氏为姓的一支，由姓分出，或由另外一氏分出。氏普通都是由王或诸侯创立，一人受土，就以土为氏。鲁国的诸侯就是鲁氏；晋侯封毕万于魏，毕氏从此就改称魏氏。封建时代许多官位是世官，一个士族子弟得了官爵，就自立一氏，称为官族。例如司徒、司马、司空、宰、原都是官名，但同时也都是族名。以土为氏与以官为氏在一般士族中是最普遍的族名来源。另外还有以字为氏的制度，限于王侯的子孙。王的儿子除将来继统的太子外，都称王子，王子的儿子称王孙。诸侯的儿子，除太子外，都称公子，公子的儿子称公孙。"王子"，"王孙"，"公子"，"公孙"就算为各本人的氏，但这是临时的办法，因为王侯的子与孙实际还都是在位王侯家内的子弟，仍非独立的氏族。王孙或公孙的儿子，嫡长一支的儿子，就要自立一氏，普通是用祖父、当初的王子或公子的字为氏名。如果祖父字子展，他的孙辈以下就称展氏。这些宗室所立的族，往往也各有土地或官爵，但除非他们的封土或地位特别重要，他们普通总是行以字为氏的制度。

以上三种都是正常的氏族制度。此外还有近乎绰号或因便利而产生的氏。如某氏或某氏的一支，居住在西门以内，就改称西门氏；若住在东门之外，就称东郭氏。（注十六）

凡是士族子弟，只要由于努力或幸运的结果得到封土或世官，就当然自成一氏，他的子孙此后就是同氏或同族。日后若再出来一个能独当一面的人，他就又自立一族。所以氏或族才是政治的与社会的单位，是具体的集团。相形之下，姓几乎可说是一称抽象的观念而已。姓平常不用，士族男子在政治上或社会上活动，只用氏、名、字三种。例如孔子氏孔，名丘，字仲尼，这三者是常用的。至于孔子是殷商的后代所以姓子的话，在孔子一生中也不见有几次提到的机会。在战国以上的古籍中，只有《礼记檀弓上篇》后人附会的孔子临死的故事，与《左传》昭公七年大概也出附会的孟僖子称赞孔子的故事，提到孔子是殷商的后代，但姓子的话也未点破。可见除祭祖与婚姻外，姓是如何的不重要了。

姓的数目不过四十，氏的数目几可多到无限。所有的大小地名与大小官名都有成为氏名的可能。因各国官名多相同，所以各国间同氏而无血统关系的例甚多。地名亦时有相同，所以因地为氏的氏名也有重复的。王子或公子的字相同或相类的例亦不必少，所以以字为氏的各族也不免常有名同而实异的现象。两人先后同居一官或同封一地的事也必难免，所以一国之内也可有两个或两个以上同氏而异统的家族。由此我们可以想象，相同的与不相同的氏多至万千，非牒谱世系专家不能把系统理清！

最初立氏的人就是一族之长，此后嫡长系历世相传，都作族长，有承受爵禄与产业的特殊权利。全族的老少男女都须听他的命令。族长的名平时不甚应用，族长就以族名为名，如鲁国季孙氏历代的族长普通就称季孙氏。对于每个族人，族长的地位高于父母。儿童初生，由族长决定抚养与否，最少族长对此可参意见。男女的婚姻，父母亦须征求族长的同意。子弟长成，若要朝见君上，须由族长引见。族人若受君上的赏资，或猎得禽兽，或得了任何意外的好处，都须取一部献于族长，或全部送到族长面前，由他任留一部。族人犯法，族长得自行审理，无须经过法庭。子弟移殖他乡，三世之内，娶妻生子必告旧乡族长，死亦必须讣告。封建时代，天下既甚分化，各国也非一统，每个氏族无形间都成了半独立的小国家，族长就是专制的国君。族长对于族人的势力，远超过天子对于天下，诸侯对于列国，或卿大夫家臣对于自己领域的统治力量。

战国以下，士族阶级推翻，姓也无形消灭，此后就只有氏。到汉代连一代通人都有不知姓氏的原来分别的，一般社会更是氏姓混称。（注十七）但实际古姓早已被人遗忘，秦汉以下所谓的姓都是古来的氏。

（3）婚姻（注十八）

关于士族的生活，我们知道的比平民生活详细多多。我们可由婚姻、生子、教育、成年礼、出任五方面来观察士族阶级的日常生活。

婚姻是"上以事宗庙，下以继后世"的大礼，所以甚为复杂繁重。婚礼共分六部，称为六礼：纳采、问名、纳吉、纳征、请期、亲迎。除最后的亲迎外，前五礼都由媒奔走代劳。如《豳风伐柯篇》所言："伐柯如何？匪斧不克，取妻如何？匪媒不得。"媒是男家所请出的媒人，总是亲友中的长者，大概与女家也相识。士族婚姻的媒人与平民相会前下令的媒氏官完全无关。

纳采与问名同时而行。媒人持雁往女家求婚，称为纳采。问名，除问女名外，又问女生的年月日，与后日的问八字性质相同。女家若不肯以女名见告，当然统是拒绝的意思，求婚的事就此完结。否则媒人回至男家，根据问名的结果占卜吉凶，大概是男女二人的名与生辰合同卜决，于后日的合八字意义一样。结果如凶，婚事只得搁浅。如果吉，媒人再往女家宣告结果，称为纳吉。纳征又称纳币，媒人代男家纳币帛，正式定婚，有如后世所谓过定。请期是向女家征问婚期，实际男家先定日期，为客气起见媒人却转问女家。女家谦辞，然后媒人将预定的日期转告，所以请期又称告期。若无特别的不便，女家当然接受男家所定的日期。告期之后，媒人的责任算是尽了。

亲迎是快婿自己的事。亲迎总是在黄昏，古代就称婚礼为"昏"。这或者是新石器时代掠婚的遗迹，因为掠夺女子，黑夜看不清楚，白天怕遭女族的强烈抵抗，黄昏是乘其不备，而顺利掠女的理想时间！婿驾车亲往岳家迎妇，拜岳之后，出门御妇车三周，为亲自接女回家的象征。然后婿乘车先回，在门外等候。女车到门，婿揖女下车进门。到寝门，婿再揖女入寝。入寝之后，夫妇对筵合卺：二人同食一牲、同饮一瓠，表示合体之义。食用陶器，饮用瓠器，也是石器时代遗下的礼式。筵饮之后，男代女解开头上的缨带，大礼于是告成。

次晨，妇拜见舅姑。如舅姑已死，三月后到宗庙礼拜，称为庙见。

平民大概都是一夫一妻。士族正妻也只一人，但此外还有庶妻。天子诸侯一娶九女，除正后或正夫人外，尚有同姓的八个女子从嫁，称媵。媵大多为妹，少数为侄；因妹占多数，所以又称娣。或谓天子一娶十二女，但这或者都是法制的标准，实际恐怕可多可少。卿大夫一娶三女，一孺人二媵。普通的士子一娶二女，一妻一媵。除正式娶的女子外，士族阶级可以无限制的买妾。所以除非是男子自己有问题，事宗庙继后世的儿子是不会缺乏的。

媵与正妻同姓，但不可同族。这不知是由于何种信仰而来的一种禁忌。一个男子最多可娶两个同族的女子。所以诸侯娶夫人，从嫁者多半是正夫人同姓的他国女子。（注十九）

男子祭祖，只有正妻能助祭；娣侄无此资格，婢妾更不必说了。

（4）生子

士族之家，儿女众多。正妻、媵、妾各有子女，家庭情形是相当复杂的。嫡庶的制度，殷代或者还不十分注重，但到周代，子女的地位是随生母而分上下的。正妻的长子称元子或冢子，王侯的元子又称太子或世子。凡属士族阶级，由天子以至最微的士人，土地名分都全由冢子承继，所有的弟兄都要听他一人的支配。正妻所生的幼子，称嫡子。媵妾所生，泛称庶子。

封建社会男性中心的意味特别浓厚，由儿童初生，男女间的待遇就处处不同。生男，挂桑弧于门左；生女，挂帨巾于门右，各自表示将来的事业志趣。出生三日，婴儿独居一室，不得乳哺。男儿卧床，手中弄璋，就是出仕时所用的圭璋。女儿卧地，手中弄瓦，就是成年后所用的纺轴。初生的婴儿，手中持物的能力甚大，古人已明此理，三日后，婴儿离室，由母乳养。抱出时，若是男儿，就有人用悬于门左的桑弓射放六箭，射天地四方，表示男儿的志在上下四方。若是女儿，就不射箭，因为她成年后也不过是执巾在家中拂拭而已！（注二十）

婴儿的命运，接或弃，出生三日后方能决定。实践的优生学是一切初民所同有的。上等阶级尤其如此。权利阶级的子弟将来都是武士，先天的弱者不能胜任，与其勉强抚养成人，还不如及早弃置荒野，听其自死。女子也同样的分别去留。神话中后稷生而被弃的故事，就是由此而来。（注二十一）最普通的去取标准，是听婴儿的哭声；若声音洪亮，就留养，否则弃置。若不能决时，就占卜以定吉凶接弃。此间当然也不免掺和许多迷信的成分。如与父同日生，不利于父；五月五日生，不利于父母。孪生还不相干，一胎三婴就非弃不可。声音宏亮固然好，但不可粗嘶有如豺狼，狼声的儿童当弃。理论虽然如此，实际恐怕弃的甚少，多数的婴儿都被留养。封建时代人口稀少，士族是权利阶级，士族的子弟生活不至过于困难，在封建的初期与中期恐怕尤其如此。既无经济的压迫，纯由优生立场的弃婴现象必不致于普遍。并且士族都愿族大人多，以壮声势。所以只要略有考虑的余地，婴儿总是被族人接收的。

接弃的权柄不完全操于父母，族长的意见也须尊重。若决定弃置，大概第三天就立刻执行。若决定接收，在第三天或另外占卜选择的一天，须行接礼。到期，族长或祖父或父亲正式承认接收，大概是怀抱一下。如果是王侯大夫之家，妻妾众多，就要由诸母中选定三人保养婴儿，他人无事不得往室中惊动。

初生三月，婴儿无名，这大概是因历来的经验，知道初生的一两月内儿童死亡率甚高的原故。三月不死，夭折的机会就大大减少。所以在三月之末就择日行命名礼。命名之前先剪发，但要留一块不剪。若发多，男婴梳角，就是小辫；女婴梳羁，就是绕发而成的圆髻。角与羁大概都在颈后。若发少，就只留一块短发，男左女右。这是儿童的头饰，一直到成年以前不变。理发之后，正妻抱子到堂前正式见父或祖父，父祖执子右手，正式赐名。儿名列入族谱，写明"某年某月某日生"，至此婴儿才算是家族的一分子。起名时选用文字很自由。但臣子为君父避讳的制度在封建时代已经流行，所以当时认为起名要避免过于通用的文字，以免臣子将来讳不胜讳。如日月干支、国名、山川、官名之类，都以不用为宜。名大半用一个字，用两个字的是例外。

(5) 教育（注二十二）

教育由家中开始，十岁之前是家庭教育的时期。子能自食，就教他用右手。

能言，就先教以答应的文辞，男子答"唯"，女子答"俞"，不可相混。六岁，儿童要学数目与四方的名称。七岁以后，要学简单的礼仪。九岁，要学月日朔望干支的制度。十岁，家庭教育完成，士族的男子都出外就傅。

士族聚居的大小城邑中都有学校，士族子弟多数都有入学的机会。教育的课目为六艺：礼、乐、射、御、书、数。六艺分级学习。十岁，初入学，先习书数，就是识字与算学。此外又习幼仪。十三岁，习乐。音乐包括三点：奏乐、诵诗、跳舞。音乐在宗教上与政治上用途甚广，八音的乐器凡是士族子弟多数都能弹奏，最少能够鉴赏。诗三百篇的编辑虽是春秋时代的事，但殷周盛期必已有公认的标准诗品，可诵可歌。乐舞，歌舞是历来就相连的名词，舞与乐歌关系甚为密切。儿童初学的舞是最简单的一种，称为勺舞。十五岁男儿成童，开始受射御的武教，以备将来出战。同时又学习复杂的跳舞，就是象舞。男子二十为成年，行冠礼，许多士子的教育至此大概就告结束。但若愿继续求学，成年后才是真正学礼的时候，幼仪是礼的初步，只是日常的应对进退的仪式。隆重的礼节，有如婚姻、丧礼、军礼、燕飨礼、射礼之类，非常复杂，但若要在政治上活动，这些繁礼的知识是绝对必需的。殷代或者对礼不太重视，周灭殷后，礼就成了政治生活中的一个极要元素。并且这些繁礼与当时整个的政治社会制度有关，学礼时就附带学习各种的法则制度，广义的"礼"并且也有法制的含义。

女子的教育限于家庭之内。十岁之前，男女教育相同。十岁之后，女子就要学习纺织的女红。祭祀时，女子旁观，以备将来出嫁后助祭。女子十五成年，行加笄之礼。

（6）成年礼（注二十三）

在初民社会，男女到相当的年龄，都行一种成年的典礼，在高等社会也有仍保留此礼的。今日世界上多数的国家认二十一岁为成年，成为完全独立的负责人格，就是这种古风的痕迹。在中国的封建士族中，祖德的观念甚深。士族子弟，生来就秉受最初神祖所遗下的神德，但这种德须到成年时才发育成熟，这个"成德"必须隆重的表演一下。

男子的成年礼称为冠礼，由父兄从尊亲至友中聘请一人为宾，代为行礼。礼期也要选择，以仲春二月最为通用。二十岁之前：男子无冠，头饰仍是幼小时的发辫。行冠礼时，由宾正式加冠，事前头发大概都梳到顶，成为髻形，有如后世道士的装束。同时服装也要改变，脱去童服，换上成年的衣裳。冠有三种：便冠称缁布冠，见君的礼冠称皮弁，最隆重的祭冠称爵弁，每种各有相配的衣服。所以加冠要加三次，每次各有祝词。行礼时，父母与全族的男子都到庭中来参加。由第一次加服的祝词，可看出冠礼的意义：

> 令月吉日，始加元服。弃尔幼志，顺尔成德。寿考惟祺，介尔景福。

加冠之后，宾再赐字。子生三月后命名，此后二十年间也只有名。成年后到社会上活动，或在政治上谋发展，自己仍称名，君上也可呼名，但他人不敢如此，而只呼字。字是士族所必需的。宾命字时也有祝词：

> "礼仪既备，令月吉日，昭告尔字。爰字孔嘉，髦士攸宜。宜之于假，永受保之，曰伯某甫。"仲叔季，唯其所当。

"甫"或"父"是男子的美称，字下都可加"甫"字以示尊敬。至今见面问人"台甫"，就是由此而来。字上按兄弟的次序加"伯仲叔季"四字之一，"伯"与"孟"可以通用。普通伯或孟，仲，季都只有一个。但弟兄若超过四人，由三弟以下就都称叔，最幼小的再称季。所以一个人的字，实际虽然只有一个字，但称呼时可有三个字。西周时代最明显的例就是宣王手下的樊侯，字"仲山甫"，整个历史上最著名的例就是孔子的"仲尼父"。"父"或"甫"都是别人呼用，自己决不如此的狂妄。但"伯仲叔季"的行次文字，为清楚起见，自己也常应用。有时正字与"甫"都不用，亲友只呼某人为"伯、仲、叔、季"，就如后日的称呼"老大""老二""老三""老四"。例如周太王三子，历史上称太伯、仲雍、季历。"仲雍""季历"是全字，长兄自己或他的子孙既未作王，也未封侯，全字失传，当时大概就称"太伯"，历史上也就只留下这个"老大"。与仲山父同时，以孝友见称的张仲，也是同样的例。春秋时代晋卿赵氏的族长普通都称赵孟，就是赵老大的意思。

以上所讲的都是通例，例外当然也有。字有时用两个字，别人尊称起来，就不免要用四个字。如西周末的晋文侯名仇，字义和；若呼他的字，就要称"伯义和父"。也有时不用"伯仲叔季"，正字前只加一个"子"字。如孔子弟子中以及春秋时代的人物中，此类的例不胜枚举。但子路又称"季路"，可见"子"不过是"伯仲叔季"的代用词。这大概是到春秋时代才盛行的一种风气。

字不是随意选择的，字与名之间总有意义相连的关系；普通是互相解释，间或是意义相反。孔子名丘，鲁国有一座小山叫尼丘，所以孔子加冠时就以"仲尼"为字。春秋时代晋国有名的乐师名师旷，字子野，联系也极明显。名字意义相反的例较少。春秋楚灵王时一位楚公子名黑肱，字子皙，"皙"字解释为"明"或"白"，与"黑"正相反。与子产同时的郑国一位公孙名公孙黑，也字子皙。这是两个比较明显的例。

周人最初就有字，最早的周王、太王，称亶父，大概就是字。殷末的王子武庚，字禄父，所以殷末已有字的制度，似无问题。成汤名履，"汤"或者是字。夏代亡国之君名履癸，又称桀，"桀"似乎是字。关于这些渺茫的传说，虽然难言究竟，但夏商之际就已名字两用，并非不可能的事。

男子加冠受字之后，就算成人，礼成后就去正式拜见母姑兄弟以及本地有声望的人，大家都要向他答拜还礼，因为他的德已成熟，算为一个十足的人格，可与一切其他的成人分庭抗礼。拜见时，有声望的前辈于新冠的人都有一番赞美或勉励的话。（注二十四）

女子十五岁算为成年，成年时也把头发束起，发上插笄，所以女子成年成为及笄，成年礼称为加笄。加笄的仪式不详，大概是在内室由母姑诸姊行礼。（注二十五）

男冠女笄之后，就可婚嫁。男子娶的期限十年，女子嫁的期限五年，所谓"男子三十而娶，女子二十而嫁"，就是嫁娶的极限。

（7）出仕

男子成年之后，除娶妻外，又可出仕；政治生活是多数士族子弟的志趣。冢子承继家业，可无需特别努力，他的兄弟就非自谋出路不可。在殷代与殷周之际，有才的子弟用武之地甚多，创立功业甚至受封为侯伯也非太难的事。局面比较稳定之后，这种机会当然日愈稀少。大族的子弟大概总可在国君手下或一个卿大夫的封域内谋得位置，但这条出路恐怕也是愈来愈狭。

不得已而求其次的办法，就是投到一个公子或重臣的门下为"徒"或"从者"。为徒须要"策名委质"。策名就是将自己的名氏写在竹简上，递呈所要投靠的人，有如后日的门生帖。委质是将一个猎获的死物交上为质，表示"贰乃辟"，若有二心就如此物一样的该死。从此策名者就是臣，特称为徒或从者，君对他有保护赡养的责任。同时，他对封君要绝对服从，不计利害，就是所谓"君命无二"。徒的命运当然随君升降。君若意外的发迹，徒也就附骥尾而飞黄腾达。君若失败，徒就要随从逃亡，甚至从死。最少在理论上，从封君是要绝对拥护事奉的，终身无有二心。（注二十六）

毫无办法的士子，既无家业，又无出路，族长就要负责维持他的生活。这种情形在当初大概不多，后来士族人口繁殖，无告的士子恐怕也日愈增加。最后封建社会破裂，这一定是很重要的一个因素。

（注一）关于士庶的各种名称，大多没有问题。"百姓"一词或有人未感到它是阶级的专称。尧典中先举"百姓"，后举"黎民"。《国语》卷十八楚语下"子期祀平王"段下，"百姓"与"兆民"对举。

（注二）《史记》卷一二九《货殖列传》，有"钟鸣鼎食"之说。

（注三）"肉食者"之说，见《左传》庄公十年春。

（注四）《国语》卷十八《楚语》下"子期祀平王"段下："庶人食菜，祀以鱼。上下有序，民则不慢。"《盐铁论》卷六《散不足》第廿九："古者庶人粝食藜藿，非乡饮酒腰腊祭祀无酒肉。"此段文字略有误会，乡饮酒是各地士族阶级的聚会，与平民无关。

（注五）《国语》卷十四《晋语》八"秦后子来仕，其车千乘"段下，讲到"交错之服"。

（注六）《盐铁论》卷六《散不足》第廿九："古者庶人耋老而后衣丝，其余则麻枲而已，故命曰布衣。"

（注七）《尔雅释宫》讲到宫室的制度。考工记"匠人为沟洫"段下，有"茨屋"与"瓦屋"之说。

（注八）《左传》宣公十二年夏，有"商农工贾"之词。《国语》卷一《周语》上："庶人工商各守其业，以共其上。"所谓"庶人"就是农夫，"上"当然就是士。

（注九）《尚书费誓篇》："臣妾逋逃，"就指逃逸的奴婢而言。此外古籍中提到"臣妾"处尚多。

（注十）商人的发展难考。但据春秋时代商人的情形，可以上推西周。《左传》僖公三十三年郑商弦高的故事，及昭公十六年郑商与变环与双环的故事，都证明春秋时代已有活动于国际间的商人。

（注十一）《豳风七月篇》是描写农民生活的绝好诗品，可与《礼记·月令篇》参读。

（注十二）社祭，参考《礼记》祭法及郊特牲二篇，《白虎通义》社稷。

（注十三）周礼，地官媒氏。

（注十四）《礼记》郊特牲。

（注十五）《大雅》生民篇、商颂玄鸟篇及长发，讲子姓与姬姓由天帝而生的故事。《潜夫论》五德志，是关于古姓神源说最有系统的一篇叙述。《国语》卷十晋语四，有司空季子讲到古姓的一长篇谈话。《国语》卷十六郑语，有史伯封于西周末年毕姓的一个鸟瞰铺述。

（注十六）《潜夫论》志氏姓，对于古代氏姓的资料搜集甚详，《左传》有一个以字为氏的例，隐公八年。

（注十七）《史记》秦以上的几篇本纪赞中，司马迁写了许多"姓某氏"的文句，讲到春秋以上而如此说法，可谓不词。

（注十八）《礼记》昏义，仪礼士昏礼。大雅韩弈篇，内有二章是诗人对于王侯大婚的铺张叙述。《礼记》内则篇，对于士族生活的各方面都有解述甚详。

（注十九）《国语》卷一周语上，共王减密的故事，清楚的讲到娶女不可同族。

（注二十）《小雅》斯干篇

（注二十一）《小雅》生民篇

（注二十二）《礼记》学记篇，是用战国时代儒家的教育理论去推敲殷周时代教育情形的一篇文字。

（注二十三）《礼记》冠义。《仪礼》士冠礼。

（注二十四）《国语》卷十二晋语六，讲到赵文子冠后拜见前辈与各前辈的训词。

（注二十五）女笄时似亦赐字，但其制不详，女字的用途恐也不广。见王国维《观堂集林》卷三文字说。

（注二十六）《左传》僖公二十三年，狐突讲到策名委质的道理。

（原载昆明《人文科学学报》第 1 卷第 1 期，1942 年 6 月）

近代战争中的人力与武器

（上）

人力与武器，精神与物质，士气与装备，何者较为重要，这是古今兵家所常讨论的问题。在今日的科学战争之下，这个问题尤其为一般人所关心。注重精神的，称对方的意见为"唯武器论"注重武器的又称反对方面为空谈之士，赤手空拳或步枪机枪何能抵御飞机大炮？

两种意见都有极端的提倡者。杜黑主义认为武器至上，尤其空军至上，相信大量的飞机可以单独致胜，彻底的歼灭对方。另一种推崇武器的说法，可以戴高乐在一九三四年发表的"未来的陆军"一书为代表，主张法国废征兵，改采用彻底机械化的职业兵制，以十万人为准，相信十万精兵虽未必能横行欧洲，但最少可以保卫法国。比较保守的军人，仍重视人力，尤其是步兵。但出乎一般意料的，是在各方面都最不保守的苏联，也有同样的看法。一九四一年一月苏联参谋部所主办的红星报中有一篇论文，特别提出今日战争中步兵地位的重要，认步兵为其他兵种取胜的必需条件。炮队，坦克，飞机的行动，都须以步兵的目标为指针，因为只有步兵能到对方的堡垒或工事中击败敌人。

两种说法各有道理。若不走极端，可说都是正确的。极端的唯武器论，只有在殖民地战争中才可实残少数赋有近代武器装备的兵士，歼灭武器落后或毫无近代武器可言的乌合之众。这是典型的殖民地战争。杜黑主义在意大利征服阿比西尼亚时，算是证实。但今日世界上多数的大国，尤其是欧美各国，文化程度，机械技能，与经济力量大致相等，杜黑主义是没有实现的可能的。在此种情形下，胜败之数要决定于武器发明的速度，武器制造的优劣，与武器数量的多寡。戴高乐的学说也是一偏之论。一般认为纳粹建军，完全抄袭戴氏书中的方案，可法国不听他的建议，以致亡国——这个看法只有一半是对的。德国采取戴氏彻底机械化的主张，但并没有废除征兵制，所征的兵反而多于法国。一九四〇年时，法国动员五百万人，德国动员加倍，达千万人。可见在武器日精的今日，人力，人的数量，仍有它的重要地位。至于红星报的论调，也只是站在某一立场说理，并非无条件的唯人力论或唯精神论。武器或许厉害，但一个地方的攻取与占领，最后必须步兵。没有步兵，其他的兵种最多只能扰乱对方，破坏对方，而不能攻占对方。红军实际是非常注重武器与装备的，并且，许多方面是新战术的先驱，例如在德军之先，红军已注重机械化与降落伞队的战法。红星报的说法应当与此类现象参看，而不可断章取义。

实际今日的战争既需数量充足与技能高超的人力，又需数量充足与品质优良的武器，两者缺一不可，工业落后的国家，难在今日立足。人口太少的小国，在今日更难生存于天地间。在大规模的陆战中，只有苏德之战双方都呈显此种两者兼备的情形。所以至今为止，苏德之战可说是叫我们认识近代战争真相的唯一例证。一般讲来，苏联的空军，坦克，与大炮，在质量上并不劣于纳粹。在数量上有时超过纳粹，只在作战的经验上德国略占上风。远在一九三六年德国早已知道苏联的武器可与自己相比。英法方面实际对此也非不知，只是保守成性的军事首领故意的闭目不视而已。去年夏秋之际，纳粹在东线的胜利，大半由于战事初起时德国以全力进攻，而苏联措手不及，一时动员的人数与物力少于德国。但苏联所以没有一败涂地的，就是以往内根本上它的武器在数量上与质量上都可与纳粹一拼。德国闪击苏联，其规模的庞大，与来势的凶猛，在人类历史上是空前的。去年夏季希特勒用在东线的军队，超过一年以前战败法比荷卢的军队，约有一倍之多。在第一次大战时，德国用于东线的尚未超过全部军力的三分之一，并且只有一九一五年大进攻的一次曾经用过三分之一的兵力。在一九一四年战事初起时，德国用以攻俄的只是全力的八分之一。但一九四一年夏间纳粹把他机械化部队与空军的大部分都拿到东线去使用。苏联屹不溃败，真是一种惊人的奇迹。一直到去年，可说只有苏联的参谋部真正明了纳粹的战法并且肯及时准备抵抗的策略。闪电战是一种预先清楚设计的战法。要冲破对方的某一防线，需要多少坦克，多少飞机，多少大炮，多少机械化的步兵，这些兵力要采用何种战术，方能达到目的——凡此一切都需预先确定，然后才进攻。法国失败，由战术言，就是因为它对德国这一套全不了解，当然也毫不预防。苏联的参谋人员熟知德国的把戏，纳粹所计算的，他们也都计算到，并且进一步的计算抵抗之道，同时他们又有充足的人力与武器叫他们能够尽量的抵御。闪电战是一种突破包围，与歼灭的战术，在西线这个战术步步顺利，但在东线纳粹始终没有得过一次大规模包围歼灭的机会。在无力反攻的局面下，对于纳粹式闪击战的唯一防御与击破的方法，就是在充足武器与足够人力的先决条件下去实行深纵的防御战术。单层或三两层的防线是无济于事的，一经突破，全线当都被包围，成了袋中之鼠。防线必须一层又一层的向后延伸，使全部防线免于被整个突破的可能。敌人每突破一线或两线，两翼与后面就缩紧迎击，如法炮制的使突入的敌人成了袋中鼠，早日将他消灭。法国的失败，其他一切不计外，在前方的主因就是因为在任何一点都只有稀薄的两三道防线，如此的应付闪击战，是十稳的自杀之道。苏联明了此理，对此早有布置，深纵的防线，由波罗的海到黑海，由苏波旧境到莫斯科的外围，是没有间断的，所以才能达到消耗纳粹精锐的目的。近代战术的布置与近代武器的构造，有许多可以沟通之处。军舰与坦克是进攻的利器，但同时也要装有厚甲，免为对方射穿。深纵的防御术与此同理，在今后的战争中，单线的防御是不可想象的，正如薄甲的坦克车或主力舰是不可想象的一样。

（下）

闪电战的一个必要条件就是"快"，时间一长，就不成其为闪电战了。七十年来速战速决是德国战术的一贯作风。普法战争，色当决战的胜利是在作战的第四日至八日，这已是具体而微的闪电战。第一次大战时，德国在战场初创俄军的坦恩堡之役是在战争的第二十五日。第一马恩之役，德国几乎取得最后胜利的第一大决战，是在战事过后的第三十二日。此次的大战，纳粹灭波兰，不过半月，灭法国，也不过一月。但去夏攻苏，不只未得速胜，并且根本没有得过一次歼灭大量苏军的机会。这对纳粹是一种莫大的打击。闪电战取胜的机缘只有一次，此机一过，不能再来，以后就只有去作无限期的正面决战，这是纳粹所最畏忌的局面。所以不论将来的发展如何，纳粹在东线算是失败了。

去夏的苏德之战是人力武器大致相等的一种决斗。今夏希特勒发动新的攻势，最少暂时颇为成功。利比亚已经全部攻取，塞巴斯托巴尔港也已陷落。对于塞港方面，德国除集中坦克大炮外，几乎全部第一线的空军都调来使用。而自己后方的要地反倒任英国屡用千架以上的飞机去轰炸。这是不顾一切，人力武器大量集中围攻致胜的一个显例。至于北非沙漠的战事，真相至今不明，连丘吉尔在本月二日国会下院的应辩中也自承不知："六月十三日以前，战事尚在相持阶段。然至六月十三日战局乃发生变化。当二十五日上午吾人约有坦克三百辆，迫至黄昏时分，除轻型之司徒华式坦克车外，仅余坦克七十辆。吾人对于敌军则不克予以相当之损失。全对于该日战事何以失败，并无所悉。余仅能以事实向诸君报告。"内中人如邱氏者既然不知，吾等局外人当然更感渺茫。但由三年来欧战的经验来看，此次的关键必在武器。本可与敌人相持的英军，一日之间而庞大的坦克队几被歼灭，这一定是德国有了意外锐利的平射炮，是英国的坦克车完全失效。我们如此说法，当然只是凭空的推断。但除非将来事实证明英国将领方面有不可想象的错误，或士兵方面有更难想象的疏忽，德国使用新的法宝，是惟一可能的推断。假定此种推断是正确的，埃及的战局若要在短时间挽回，只有依靠优势的空军，因为地面上的缺点是一时无法补救的，大量的新式坦克车绝非一口气可以吹来。大量的劣等武器，正如大量的血肉之躯一样，徒供无谓的牺牲而已。去年双方的武器不相上下，今年德国在利于机械战的沙漠中似乎先走了一步，英国眼前只有吃一个大亏。

由以上种种的推敲，关于人力武器的关系，我们似乎可得一种尝试的结论：武器非常重要，但武器不能代替人力，武器愈多，所需的人力也愈多，武器愈精，所需的人力也愈要智巧机警。若要偏于一面，由表面上看，似乎武器应当偏重，但若追根究底，人力仍然重于武器。武器而无人用，是死物，甚至徒然资敌。武器是人力表现的工具，甚至可说武器是人力的一部，武器就是人力。人力与武器的关系是有机的，并非机械的，人力与武器是一种力量的两端。武器的发明，靠科学的程度整个文化的活动。武器的创造，靠工业化的水准与技巧的发展，武器的运用，靠一般国民达到的机械知识与整个社会中的机械意识。完全或大部靠外来的武器，只可作为一时的权宜之策，绝非长治久安的百年大计。一个民族必须能自己发明，能自己制造，能自己运用各种新式的武器，才算是真有武器的民族，也可说是才算有人力的民族。

（原载昆明《中央日报》1942 年 7 月 10 日第 3 版，7 月 11 日第 3 版）

战后世界与战后中国

对于战后的世界我们当然有种种的希望，但热心不可过度，以免将来事与愿违，失望而不能自拔。长期大战所自然产生的心理疲乏，使人对将来容易发生许多的幻想，有意无意间常将自己不切实际的希望或他人另有作用的宣传认为把稳的真实，因而看事太易，毫无根据的乐观心理支配一切。除眼前的一时快意外，此种心理全无是处，并且可以发生严重的后果。第一次大战时的各种口号，如"为民主的战争"，"消弭战争的战争"之类，当时何尝没有博得整个人类的热烈信仰，但事后证明须要大打折扣，后来一部分的发展甚至与这些口号完全相反。抗战中的中国，尤其在太平洋大战初起的时候，许多人不免认为最后的胜利即将到来，到来后一切皆有办法，无往而不顺利。胜利当然是绝对必需的条件，但胜利后问题正多，今日所难想象的许多困难一定会不断的发生。一时的热情过去之后，最近大家多已感到将来问题的多而复杂，因而消极与失望的心情又时常流露。这正是当初过度热心所引起的反应。我们若由一开始就保持合理的希望，当可免除此种自寻烦恼的心理起伏。我们试先推敲一下战后世界的可能局面，然后再看中国在此局面中可有何种合理的希望与实现希望的方策。

战后世界的第一个大前题〔提〕，就是国际联合组织的问题。罗斯福总统所创的"联合国家"一词，已被所有同盟国的人士所采用，大家无不感到此词的意味深长，可见一种超国家的世界组织是多数人所企望的目标。但战后若真要实现一个笼罩所有反侵略国甚至也包括战败而改辙的轴心各国在内的国际组织，事实上是一个非常艰巨的工作。大国各有自己的传统，各有自己的最高国策，传统国策间的矛盾，在非常危急之秋可以暂缓谈起，危机一过，旧日的摩擦与恩怨必会重新抬头。在过去任何一次大战后的和平会议席上，当初并肩作战的同盟国没有不尔诈我虞，各为私利而争斗的，对于盟国的愤激有时可以超过对于当初敌国的仇恨。我们当然希望此次战后可免过去的覆辙，但至今为止，我们并未见到人性根本改变的迹象。欧美的盟国，以英美苏为最强，三国之间，除美苏过去尚无太严重的矛盾外，英苏之间与英美之间历来都有根本利益的冲突，若谓将来这些问题都可消弭于无形，恐怕是令人难以置信的。

从前的英俄与今日的英苏之间，问题非常复杂。一九一七年以前，英国嫌俄国太专制，俄国嫌英国太民主；今日英国又嫌苏俄太激烈，苏俄又嫌英国太保守。总而言之，两方在心理上与精神上始终没有互相信赖的基础。主义制度的差异大半只是互争的口实，两方即或有一天在名义上能互相同化，相猜相争的现象仍不会消灭。黑海，巴尔干，以及整个的近东与中东，历来都是两国的角逐之场，将来这些问题也必仍是两国关系的阻碍。对于此种情形，最少英国方面并不讳言。前任英国驻苏大使，现任英国掌玺大臣的克利浦斯爵士，近来的发言非常率直，公开地承认两国间仍多猜忌。他虽不肯指出具体症结的所在，但我们由伊朗问题的解决迟缓，很可看出两国关系彻底改善的困难，伊朗问题发生，英苏合同进兵，已是半年以前的事。半年以来消息沉寂，直到最近英苏与伊朗间的合作条约才正式成立。我们很可想见，半年来两强之间必有不少的来往折冲，其内情恐怕非至战后无从知悉。

英美之间的问题，与英苏性质不同，在任何情形下英美大概也不致再正式地以兵戎相见。但这并不是说两国间的问题简单易决，更不是说两国将来可以完全合作无间。例如在一九一四年以前，英国的海军甲天下，有所谓"两强标准"的海军政策，那就是说，英国海军的吨位最少要与世间任何其他两国的总吨位相等。一九一七年美国参战后，海军骤强。到一九一八年英美胜利后，美国的海军已与英国并驾齐驱。战后英国屡向美国示意，希望美国减裁海军，认为一片大陆的美国并无与海洋帝国的英国在海上势均力敌的理由。但美国始终不肯接受英国的明言或暗示，照旧维持与英国同等的海军。第一次大战后两国间的紧张空气，根本都由此而来。最后在一九二二年华盛顿会议席上，英国才总算接受了既成事实，定了英美日三国海军的五五三比率，这等于正式承认美国的海军与英国相等，"两强标准"至此已降格为"一强标准"了。现在第二次大战又起，美国的海军有超乎英国之上的趋势，战后美国的海上实力将要强于英国，恐怕是无可置疑的。英国在海上是否肯屈居人下，连"一强标准"也肯虚心地放弃，大值注意，将来这种局面很可能会引起英美间的心理隔阂，最少可以影响国际联合组织的顺利进行。再如南美一向是英美资本的争胜之场，近年来美国的势力日强，将来除非英国愿意退出南美的场面，两国间必不免仍有明争暗斗的举动。美苏之间，明显的利益冲突尚不甚大，但思想与精神的矛盾也正与英苏相同。美国对于宗教信仰自由的特别注意，苏联为得英美的接济，对于宗教的压力已经减轻。但这是否永久的政策，今日尚难断定。战后的苏联若又恢复当初的反宗教政策，绝不是美苏合作的一种助力！

上列种种的基本矛盾，可使我们知道，战后的国际联合组织，无论短期间的或名义上的是如何的美满，最后的发展必有严重的困难。全世界可能会有一个暂时的整个组织，欧美三强都可以参加。但长久的与实际的组织，必有三分天下之势，英国与大英帝国，美国与新大陆，苏联。英美之间的可能问题，大致尚为简单，美苏之间大概也不致有太严重的纠纷。但英苏之间，除传统的竞争外，必会发生欧洲大陆控制权的争夺。可能苏联占有东欧，英国占有西欧，说定各不相扰。但除东西的界线根本难划外，苏联占东，鞑靼尼尔海峡与苏彝士运河就都直接或间接的成了问题，英国决难安心。并且德国到底属东或属西，其问题之复杂今日尚难想象。纳粹战败之后，德国内部必起革命，那个革命究竟是取英美的民主方式或苏联的共产方式，仍在未定之天，但这种革命的方式就必成为三强间的竞争焦点。第一次大战后，英美视当初盟国而后来革命的俄国为仇敌，进兵干涉，已是怪事。此次战后，英美一方或苏俄一方会不会因德国革命的方式转而视它为友而与它并肩对抗当初盟国的另外一方，这虽好似想入非非，但却是极可能的一种发展。发展的过程若过度的不幸，整个国际的公同组织就会连暂时的与表面的实现都不能达到。战后国际间的空气，比第一次战后还要紧张，并非不可能的事，虽然真能自主国家的数目远少于一九一八年以后的世界。

战后的中国，必须在此种变幻莫测的世界中，谋求自处之道。将来的世局，比过去还要严酷，所以第一前题〔提〕，我们必须认清现实，决不可有一点的自欺自娱。我们首先须要明了的，就是中国并非强国。抗战前我们的自卑心理特别发达，事事感到不如他人，而外国的事物则无不美满。抗战后，尤其近来因太平洋战局的临时失利而许多外国的发言人对我们大赞大捧后，我们又有一种与前相反的自高心理发生。无理的自卑当然不妥，但缺乏根据的自高更要不得，两者都是精神不健全的表现。"四强"一词，使许多人听了得意忘形。外人先如此说，我们自己也就又惊又喜的拿来引用。我们在今日的情形下当然要以君子待人，相信外人如此说法并无不可明言的作用，但我们若认真起来，将来必吃大亏；即早猛省，还可免贻后悔。我们除地大人多外，其他一切强国的条件都极端的缺乏。轻重的工业与军事的工业，纯粹的科学与实用的科学，专门知识的造诣与一般知识的水准，专门的人才与一般的人才，凡此种种，我们无不落伍到可怜的程度，质既未达世界的标准，量更相差甚远。我们只能利用抗战的机会与战后的局面，使这些必需的条件赶快具备，不久的未来真能既不自愧又不招侮的列于强国之林。别人硬说我们是"四强"之一，当然有他们的苦衷。今日与将来的和平会议中，我们不妨善用此种苦衷，但无论在朝与在野的人士，心中却万不可真的如此自信。

第二点我们要切实认清的，就是"国家至上，民族至上"的道理。这在今日好似已成老生常谈，但实际不只许多甘心自外于国族的人不明此理，连自认为无愧于国家民族的人也往往未能彻底地认识国族的真谛。一切所谓世界主义、国际主义或阶级利益等等，当初虽或是少数理想家的真言，但今日已都成为国际钩心斗角中的虚伪口号。我们最多能把这些认为久远未来的一种渺茫希望，决不可作为今日国策的起发点。热血的青年容易接受动听的口号，对此尤不可不慎。希特勒被打倒之后，可有更大的混世魔王出现。日本被肃清后，还会有比日本尤为可怕的侵略国家在。千万年后的黄金世界，尽管如何的使人向往，目前的现实是立国于今世必须成为一个坚强的战斗体。只有真正的强国才有资格去谈大同，那不过是阔人的奢侈品而已。弱国而谈国际主义，弱国而真信大同，是十稳的自取灭亡之道。中国二千年来的大一统局面，使一般人都无外交的经验与外交的认识。春秋战国的外交传统，后人已经忘记，连读书人也根本不能了解。今日欧美的外交技术，我们也尚未彻底地学习，所以多数人极易为别人的外交辞令或主义宣传所骗，被人利用而放弃国族立场的人不必说，连忠于国家民族的人也常于无意间被人欺骗而不自知。我们一个最大的毛病是对内老练而对外幼稚。大一统的帝国，与近代化的国家不同，并无严密的组织，一切的公事多不认真。我们习惯于此种情形，所以对于一切人物皆知其在"作官"作戏，对一切言论皆知其为官样文章，甚至对于真的人物与诚的言论也不肯相信。此种世情，连一个比较成熟的中学生有时也能明了。但对外人的言谈举动，即或是一个老于事故的人也时常去不折不扣的接受，也就无怪许多青年死心塌地地去受外人利用了。我们对外似乎不妨提出一个口号，就是"先小人而后君子"。正式的外交也好，国民的外交也好，都切忌弄假成真，辞令与事实必须分辨清楚。我们虽不妨希望各国将来都能改变过去的作风，却必须提防他们不改，只能假定他们将来还是一仍旧贯，一切必须及早预防。对于任何的甜言蜜语必须加以研究，研究的原则就是言语愈发甜蜜就必愈发可疑。我们若拿对内的聪明转而对外，就无大误了。国事与私事不同，宁可诬枉好人，也不可自作好人而入别人的圈套，以致国家吃亏。抗战后我们虽有自高心理的表现，但百年来的自卑心理仍未能全部剔除，对外人过度相信的心理，连正式负责的人士也仍有时刻预防的必要。今日要如此，将来和平会议席上尤其要如此。殷鉴不远，就在一九一九年的巴黎和会！

以上两点彻底的认清之后，将来建国的方案就容易决定了。根本的问题，当然是力的问题。实力的建设，是根本的条件，其他都是枝叶。军备必须充实，且必须近代化。重工业与国防工业必须能独立。我们此次抗战可靠外来的接济，下次对外作战时也可能就无外援。靠人不如靠己，根本的国防尤其如此。在陆地上我们有现成的强大陆军，但战后必须设法赶快的高度机械化。我们万不可因此次能以低劣的武器抵抗日本，就以为将来仍会第二次再有如此的便宜局面发生，我们此次诚然可说是精神战胜物质，但精神祇挡物质，有它一定的限度，超此限度，任何热度的精神也不过是徒供毫无代价的壮烈牺牲而已。日本在列强中是机械化强度最低的国家，我们此次抗战的盛旺精神，加以地形的便利，可说正足抵住此种低度机械化的日本军队。我们的精神若略动摇，当然要失败。但日本机械化的程度若略高一点，恐怕我们也就早吃大亏。英美在太平洋战事中的失利，主因就是所能移用的飞机大炮与坦克车太少，进攻当然不能，连退守也往往谈不到，大多时只有投降或被歼灭了。法国的战败与屈服，失败主义与精神颓靡当然要负很大的责任，但法国武器的落后也是一个战败的重要因素。对于一九四○年夏的法德之战，今日虽仍不能作一个最后的判断，但许多目击其事的人都承认，法国一部的将官与大部的士兵仍然保有传统的英勇，仍肯为国牺牲。但法国的飞机与坦克车少得可怜，简直无从与德军接触。戴高乐远在一九三四年就大声疾呼，劝法国军部彻底地采用机械化政策。法国不听，戴氏的计划徒供纳粹去作参考，六年后拿出来在法国作一次大规模的试验！法国的军人若不过度的保守，若肯及时采用戴高乐的计划，一九四○年的法国尽管精神腐败，也未必就会不到两月而战败亡国。即或不能攻入德境，最少也可抵住德军的进攻。我们当然希望人类不再打大战，但中国将来若再打仗，对方一定是高度机械化的国家。国防可以久备而不用，却不可片时没有充足的国防。我们若不急速的发展重工业与国防工业，将来只有白白地去作英烈的牺牲，为异族的后世诗人留下一段悲壮史诗的资料而已。

陆空军虽然重要，仅有陆空军是不够的。历史上的中国虽为大陆国家但今后的中国必须兼顾海洋，否则就只有永作他人所封闭的内地国。无海军而成强国，是不可能的事。我们当初只要有仅足防卫海岸的小海军，此次抗战的局面就必大不相同，很可能日本根本就不敢起隙。海军的建设，代价既大，时间又长，是建军中最艰巨的工作。我们应当极力设法使日本德义的海军作为我们战后所得赔偿的一部分。此点达到，决非易事，根本能否达到，或能达到如何的程度，都要看今后我们对于联合作战的贡献，战事结束时中国军队摆布的形势，与和会席上我们外交家的手腕了。但这只是一时之计，将来我们必须认真地自造海军。制造军舰，尤其是主力舰，只有高度工业化的国家才能胜任。谈到"力"的建设，由始至终都离不开工业化。一个工业落后的国家，在今日的世界绝无立足之地。

物力的开发与地域有密切的关系，所谓工业化并非漫无计划的全国各地的平均发展，重工业与国防工业尤其要注意所在地的安全性。在去年十二月太平洋大战爆发后，后方许多离乡背井四五年的人士，都兴奋地猜想还乡的时日，以为日本不久失败，大家就都可回到平津京沪汉粤各地的安乐家乡。或者亲戚骨肉仍在故乡，或者田产家园远在重围；即或亲友已都来后方而乡里亦无财产可言的人士，梦寐之中也无不憧憬多年不见的风光景色。这都是人情之常，不只可原，并且可敬。但此外恐怕或多或少还不免另有一种心情，就是回乡享福的心理。除少数在后方曾发国难财的人之外，一般人流离失所，受尽了物价高涨与衣食艰难之苦，回想战前故乡的优裕生活，难怪令人神往。这一种心理，虽也很自然，却就不很可原可敬了，除非我们愿意中国将来仍似战前的醉生梦死，把多年艰苦抗战所得的结果全部付之流水，否则我们这一代的青年与壮年就绝不能再存享受战前清福之念。一切可以节省的物力，将来都要用之建国，而建国的初步要着重于重工业与国防工业。两者都不产生日常的直接消费品。正如第一次五年计划时的苏联一样，在偏重国防业与重工业的阶段，社会的生活必然痛苦，因为一切的制造品都是武器或制造其他物品的工具，而非直供享受的货品。我们中国，无论原料与人才，都极感缺乏，所以这种建设必定较苏联尤为困苦，大家对于生活享受的牺牲非达到人性所能忍受的最高点不可。抗战时期，政府因有种种顾忌，只得听任许多人去投机，去无谓的享乐，但大规模的建国时期，政府无需再如此的客气，物资的统制必较今日为彻底。不只国内的制造要偏重国防与机器，国外的输入也要特别严格的限制，不必需的奢侈品绝对禁止，国内所缺必需品的输入也要减到最低的限度。谈到此点，就又回到我们上面所讲大家急于还乡的一事。战前各种的建设都集中沿江沿海一带，因而不被破坏即供资敌，我们将来的建设要引此为戒。重工业与国防工业是国力的根本，特别要设置在比较安全的地带。在立体战争的今日，无论国防如何的充实，沿江沿海或太近邻国的地带也不安全。由整个国际的局面来看，建设大西南，在战时是一种口号，在战后却必须彻底的实现。我们将来一切基本建设，当以黔滇川康各省为中心。直接的国防建设，如炮垒、防线、交通路线之类，当然要特别注重江海一带，这是国防第一线的必需条件。但基本的国防建设，只能有一小部分设在这些地方，作为急需的接济站，主要的长久的供给来源，必须设在大西南。战时迁来后方的技工，将来不只不当减少，并且必须设法大量地加多。我们一面要用种种优待的方法鼓励原有的技工留在西南，一面要用速成训练与初级工业学校急速的训练大批的技工与中下级的工业干部。可供我们建设的时限，并不太长，我们必须抓住机会，尽量利用。大家且莫急于还乡，若把西南掉头不顾，且防一二十年后再仓皇地到此来逃难！

任何的建设都不能离开学术。西南既是工业建设的中心，也就当有几个全国性的最高学府，作为人才的产生地。平津京沪汉粤的局面，将来必须恢复，并且也正因这些地带以后仍是国防前线，有历史有贡献的几个原有大学仍须迁回，以支撑国防前线的局面，正如"九一八"后平津各校的支撑中原残局一样。但一部的人才，甚至少数并无必须迁回理由的学校，不妨仍留在西南，例如构成西南联合大学的北大、清华、南开三校，因为各自的历史与北方需要的关系，将来仍须回到平津，但西南联大却不妨照旧的存在，作为西南学术建设的一个中心。四川的许多学校，也可斟酌各校的历史与原来地的需要，决定去留。学校的去留或新校的添设，与人才有重大的关系。如联大三校，原有的师资已感不够，更何能分留一部与西南联大？即以多数大学而论，一系只有一两人支持场面，并非太例外的现象，因需要迫切而对大学教师的资格不事苛求，更是公开的秘密。症结所在，当然是人才的根本缺乏。但过去人才产生政策的漫无计划或计划错误，对此也要负很大一部的责任。近代化所需要的各种人才，在过去与今日大致是由留学政策产生，清末民初的留学，失之漫无计划，滥送学生，不问程度与准备，也不干涉各自所习的学科。抗战前几年的政策又失之目光浅短，急求近功，专送实科工科的学生，送时又不得其法，以致实用的人才未见增加，而文法与纯粹科学的人才已经大闹恐慌。我们若以世界学术的标准为标准，国内现有的人才恐怕还不够维持五个象样的大学。但这并不是说我们就要因噎废食，停办高等教育，我们必须在不得已的情势下，另想办法。从长计议的留学政策即当划定，人才应该平均的发展，若有所偏，宁可略偏于纯粹学术方面。技术的人才，无论是工农各科的教师或工厂农场的技师，暂时不妨多聘客卿。只要管理之权在我，技术人才多用外人，并无大碍。苏联在工业化的过程中，就是采用此种政策的，其成功可由对德抗战看出。大学文理法科的基本人才，却非以自己的人为主不可，因为这是与国家民族的整个文化政策与文化行动有关的。但在万不获已时，也可聘请少数的欧美专家来协助。聘用客卿与留学政策，当然都是一时的权宜之计。但建国专业的完成，最快也需一二十年的功夫，在此期间我们必须不断地请外人协助或到外国学习。完善的计划与认真的实行，可使此种不经济的办法收到较高的效果。

假定建国的事业能够顺利地进行，在进行中，尤其在将近完成时，我们对外须有审置周详的最高国策。此事微妙，在全世战火正炽的今日不便多说。但大体言之，我们的国策必须注重两方面，一南一北，东四省是我们天然资源的宝地，是工业化所必不可少的地带。工业的重心虽在西南，东北也须有第一线的工业建设。机械化的陆军与空军的建设，须特别注重此地。东北无论在过去与现在，国际关系都非常复杂，在将来也不会简单，我们必须计划周密，方能保障此地不再成为国际角逐中的牺牲品。国策的第二个方向就是南洋。南洋非我所有，我们没有直接的政治计划。但泰越与南洋群岛是闽粤人的第二故乡，在海外华侨的一千万人中，南洋约占七百万，南洋过去的开发与今日的维持多是华侨的功劳。在许多商埠的人口中，华侨或占绝对的多数，或操经济的实权。例如在新加坡，华侨占人口的百分之七十四，在西贡占百分之二十七，在海防占百分之二十四，在巴达维亚占百分之十七，泰京曼谷的华侨，据官方的统计为百分之三十二，但许多自认为华侨的，泰方硬说他们是泰人。实际华侨约占百分之九十。最近南太平洋战局的失利，因为华侨的关系，中国比英美荷兰尤为关心。并且由久远的立场来看，中国二千年来历史的主流就是向南的发展。南北朝以下的正史中汗牛充栋的记载，可说大多没有搔到痒处，皇帝的起居注，大臣的言行录，制度文物的技术问题，几乎都全不相干。先秦的中国是黄河流域，淮水流域，与长江北岸的中国，长江以南仍是不甚重要的边地。自秦汉向南拓土后，六朝时代是江南之地完全中国化的时期。隋唐时代闽粤之地才变成中国不可分的一部。云南到明代才与中国合为一体。而由明代起，中国又开始向南洋开拓，大规模开拓的一个最大功臣就是一个云南人，三宝太监郑和。以二千年来的自然趋势而论，南洋与中国的关系可说是有必然性的。我们将来要建设海军，除一般的作用外，主要的着眼处就是南洋。东北与南洋，中国必须永久把稳，方有光明的前途。

（原载《当代评论》第 2 卷第 5 期，1942 年 7 月 24 日）

埃及战争

今夏六七月间，是同盟国一个最危急的时期，也可能是最后一次的险境。纳粹的夏季攻势相当的成功，苏联黑海舰队所依的第一大港塞巴斯托巴尔陷落。英国屡用千架以上的飞机去轰炸德国，也不能挽救苏联前线所受的挫折。同时较东线尤为吃紧的就是北非前线。两年来的北非战局，虽然反复无定，但大体是英国多占或少占利比亚土地的问题，英国所依为根据地的埃及，除一二不重要的边垒外，始终未受轴心的蹂躏。但本年六月情况大变，英国所面对的已不是可怜的义大利军，而是可畏的德意志军，战局骤然逆转。据丘吉尔事后向国会的报告："六月十三日以前，战事尚在相持阶段，然至六月十三日战局乃发生变化。当二十五日上午吾人约有坦克三百辆，迫至黄昏时分，除轻型之司徒华式坦克车外，仅余坦克七十辆。吾人对于敌军则不克予以相当之损失。余对于该日战事何以失败，并无所悉，余仅能以事实向诸君报告。"四个月以后的邱氏是否对内情仍无所悉，只有到战后方能断定。无论是因盟军调度有误，或德军出奇致胜，但当时结果的严重是令人心悸的。北非重镇的多布鲁克已于六月二十日失陷，守军大部被俘，再经过二十五日的大败，盟军的颓势几至不可收拾。埃边已不可守，二十六日盟军退守埃境以内佛卡与梅尔萨玛特鲁之间的阵地。二十八日梅城又撤守，七月一日两军在亚历山大港以西七十英里的艾尔阿拉敏交战。这正是塞巴斯托巴尔危殆的时会，四日塞港陷落，同时全世界的同盟国人士又都为亚历山大港担忧。亚港如再陷落，德军就可经苏彝士运河，囊括巴力斯坦，叙利亚，伊拉克，伊朗等地，一方面北向与欧洲东线的德军夹攻高加索，一方面东征，甚至与日军会师伊朗或印度。当时解救这个危机的有两点：一是德军交通线的困难，一是英国空军比较占有优势。沙漠行军有它的特别困难，最困难的莫如饮水的接济。德军愈向前进，各种接济的问题愈发严重。同时，英国因在空中握有优势，又可阻挠德军后方的补给线。至七月八日，战局已渐澄清，德军对艾尔阿拉敏区已无力全部攻取。十一日再战，但对战局无大影响。此后三个多月的时间，两军即对峙于艾尔阿拉敏一线。这是最近埃及大战再起时的前线态势。

交通的困难与空军的劣势是三个月来北非德军统帅隆美尔所不能解决的问题。反之，英国则能利用海空两面的优势去补充埃及的盟军，以备反攻。德军对此并非不觉，也极力补充人力物力，近来对马尔太岛的不断袭击，就是因为它是义大利北非间交通线上的一个最大障碍。经过三个月的酝酿，英国的准备已经成熟，在大英帝国地位与声望仅次于邱吉尔的南非首相史末资氏，于十月二十一日向英国国会发出反攻的呼声："同盟国发动大举攻势之期即将届临，盟国战略之守势局面现已结束，战争最后阶段，即攻势之时期，业已成熟。"史氏当然不肯说明最初反攻的地点，但两天之后，十月二十三日，英国第八军偕同友军，包括自治领军，战斗法国军，希腊军，即在强大空军的掩护下，开始在埃及进攻，德军阵线被突破。十一月五日，轴心军开始溃退。德国有名的非洲军团司令索玛将军被俘，于隆美尔返德期间暂代司令职务的史德姆将军遭击毙。义大利方面则有亲王二人阵亡，师团长史各蒂将军被俘。轴心飞机在空中损失的有三百架，在地面炸毁的也有三百架。德义军被俘的，截至六日止，已有两万，七日又有义军四万人弃械投降。此外尚有战利品坦克三百五十辆，大炮四百尊，及车辆数千。至七日，盟军的步兵已越过佛卡（在艾尔阿拉敏以西六十五英里），向梅尔萨玛特鲁（在佛卡以西四十五英里）推进中。空军不断的向西追逐轰炸，使德军不得片刻的休息。现在的战局又呈显波兰之战与法兰西之战的征象，握有空中绝对优势的一方可在天空毫无阻碍的飞行，无足量空军掩护的一方就只有在地面毫无停息的飞跑，所不同的是今日飞跑的不是盟军，而是德军！德军因感逃回利比亚的困难，原有佛卡及梅尔萨玛特鲁之间沿海岸后撤的企图。但海空的优势都操盟军手中，此举未能实现。

此次的胜利与前不同。以前的对手是不值一击的义大利，而此次是强劲的德意志军。这证明盟军的胜利是有把握的胜利，英国中东军总司令亚历山大将军与第八军军长蒙哥玛利将军的功绩，不致再像前两年几次北非胜利的昙花一现。此次胜利的影响甚大。埃境的德军肃清之后，轴心对于苏彝士运河的威胁就可彻底解除。七日，美军在法属非洲登陆，至此埃及的战事已与盟军登陆的行动打成一片，战事的范围与意义更加扩大。关于盟军登陆，本期本刊已另有专文评述，此处不赘。七日以后的一周中，英军已于十二日追入利比亚境，十三日占领巴第亚与多布鲁克，仍系多港的南非俘军四千人因得恢复自由。十五日，又进占德尔那。至十五日止，轴心军在埃及与利比亚死伤与被俘的已达七万五千人，而义大利的将星又纷纷地降落，被生俘的已有九座之多。昔兰尼加境内，只余班加西一港尚在轴心手中，大概不日可下。今后几周内，只是盟军东西夹攻第黎波利坦尼亚与突尼西亚的问题了。

（原载《当代评论》第 3 卷第 2 期，1942 年 11 月 22 日）

法属非洲

——西方的第二战场

十一月七日，美军在英国空军的协助下，由大西洋及地中海向法属非洲的摩洛哥与阿尔及利亚大举进攻，酝酿将近一年之久的第二战场居然出现了。第一批军队自直布罗陀出发，共有舰只七十余艘，其中计有航空母舰四艘，战斗舰四艘，巡洋舰与驱逐舰十七艘，运输舰二十余艘，此外为各种的辅助舰。至于此次登陆所用的全部舰队，共有八百五十艘之多，其中有三百五十艘为军舰，五百艘为运输舰与辅助舰。这是前所未闻的参加登陆战役的庞大舰队。同时尚有空运部队与降落伞队由英国直航北非，全程一千五百英里，也开了空运部队航程的新纪录。

八日维琪即正式与美国断绝国交，贝当并以元首地位，下令法军自卫。这都是题中应有的文章，我们无需追问是出于自动，或由于轴心的压迫，或两种成分兼有。无论如何，这与大局的发展，是无什关系的。美国国务卿赫尔所谓"对于维琪是否与美国绝交事，认为不足重视"，真是一语破的。时至今日，维琪无论对盟国，或对轴心，都已无足轻重。

盟军在法属摩洛哥与阿尔及利亚沿岸的各港一齐登陆，登陆的情形大致顺利，陆地上的阻碍尤其微不足道。所以摩洛哥的重要港口莫卡多尔，卡萨布兰卡，都相继被占领。阿尔及利亚的港口阿兰，阿尔及尔，布基，腓力普维尔，波那，也都落入盟军之手。至十一日，陆上的战事已经停止。至十四日为止，只有距离义大利海军根据地太近的突尼西亚的港口突尼斯与比塞大，因盟军不便过度冒危由海上直接进攻，尚在盟军与轴心军的战夺中。据十四日的消息，突尼斯与比塞大两地的法军已开始对德国由海空两路运来的军队作战，事实上北非的法国陆军已又回到盟军的阵营中了。

法国的陆军向无仇视英美的传统，目前也无仇视英美的理由。据欧洲战场美军司令兼北非盟军总司令艾森豪尔将军事后的说明，远在数月之前，于盟军副总司令克拉克将军之领导下，就有英美的军官团潜入北非去活动，与法方的领袖多人举行谈判，当时即已商定将来合作的方案。盟军登陆后所遭抵抗的微弱，除法国军根本同情盟军外，英美军官团的冒险与会商也不无关系。并且吉罗将军又到北非，对于法军与英美的合作也必曾增助不少。吉罗为人机警到难以置信的程度，于一九四〇年被德国俘虏后，不久竟然逃回法国，虽有维琪人士的监视，他现在不知如何又逃到北非。这个妙人在法军中声望显著，必可如戴高乐一样的号召法军，与盟军加紧合作。

海军的情形大不相同，法国海军一向有反英美，尤其仇英的传统。法国海军对于强大的英国海军不免忌妒，由忌而恨，所以法国的海军人士对于英国多少都有一点仇视的心理。达尔朗就是此种态度的象征，达氏的仇英是一向著名的。一九四〇年六月法国向纳粹屈服的时候，陆军当然无从逃脱，但法国的全部海军大可开往英国或北非，继续抵抗，当时英国也极力呼吁法国的海军如此行动。果真如此，今日的北非登陆就无需要，法兰西的民族地位也不致降落到连荷比诸小国都不如的地步。但海军总司令达尔朗不肯下此命令，法国的舰只，除极少数的小船舰外，也没有自动投奔英国的。不仅如此，并且二年以来达尔朗更换了不少的海军将官，凡有倾向盟国嫌疑的都被免职，代以极端仇英的分子，所以目前法国海军中的仇英空气只有较从前还要浓厚。认清此点之后，我们就可明白为何北非的法国陆军只作一种象征的抵抗，而法国的海军反倒拿出对德作战时所未有的勇气了。九日，在卡萨布兰卡的海战中，法国三万五千吨的主力舰约翰巴特号被击中焚烧，驱逐舰一艘被击沉，若非法国的抵抗过度的认真，损失绝不会如此之重。此次抵抗的对象幸而还是美国，若是英国，法国海军的勇气更不知要如何的焕发了！

法国残余的海军，除亚历山大港与法属西印度群岛中的两个小舰队，被英美监视不能移动外，主力都集中于法国自由区南岸的土伦港。德国因对维琪政权已无特别的需要，由十一日起开始占领南部的自由区。自此法国连名义上的自由也已丧失。希特勒认为人尽可欺，居然声明此后维琪政府可在法国全境自由行使政权，不再受有限制！至此土伦港的海军也已处在轴心的控制之下。土伦的海军计有战斗巡洋舰二艘，旧式的战斗舰一艘，一万吨左右的重巡洋舰四艘，轻巡洋舰三艘，一万吨的航空母舰一艘，驱逐舰二十五艘，潜水艇二十六艘，水上飞机供运舰一艘，力量相当的雄厚。亚历山大港的法国舰队，计有新式的万吨巡洋舰四艘，较旧的二万二千吨主力舰一艘，驱逐舰三艘，潜水艇一艘。亚港的法国舰队，英国若欲接收，当非难事，但英美恐怕不愿用此武力达此目的，法国的海军军人是否肯自动的再助英国向轴心作战，也成疑问。关于强大的土伦舰队，德国仍在设法牢笼，所以在十二日法国全境已被占领时，希特勒特别宣传土伦港除外，表示对法国的海军仍然毫不干涉。虽然有各种法国海军已经开出，或投奔英美，或向英美作战的矛盾传说，看来都不可靠，原在土伦的舰队仍然泊在土伦。法国的海军军人至今仍然执迷不悟，是使对于法兰西民族最表同情的人也有感头痛的。海军上将达尔朗九日在阿尔及尔被美军俘虏，但至十一日达尔朗又恢复自由，并且声明此后与英美合作，十二日他并由阿尔及尔向土伦的法国舰队广播，命令它即驰北非，与盟军会合。在没有其他的证据前，我们只能认为达尔朗是过不惮改的君子，此次的转变完全出于至诚。但比较近情的解释恐怕另有所在。据达氏自称，他于十一日奉贝当之命，为北非法国海陆空军总司令。这正是德国占领法国自由区的一天，很可能这是老将贝当最后的一道自发命令。贝当绝不可与赖伐尔之流同日而语，他是一心爱护法国的。他认为现在已经又到法兰西重新加入战团的时会，所以就用最后的一口自由之气命令达尔朗与英美合作。军人服从第一，达氏正好顺水推舟，在北非与英美联合，十一日北非法军全部停止抵抗的命令就是达尔朗发的。但他过去所种的恶根，现在已产生必然的恶果。据十四日北非盟国海军界透露出消息，北非法国一部舰只的投向盟军，"非对同盟国有所爱好，而系由于彼等对于轴心特别憎恶"。这种消息，话里有话，可见北非归向盟国的法国海军，其态度并不率直坦白，使盟国的海军人士感到非常不快。至于土伦的舰队，既然迄无动静，此后再想移动，恐怕已无机会了。德国虽声明不占土伦，但对法舰必由空中时刻监视，除非是投降轴心，法舰再要驰出港外已是不可能的了。

此次英美的进攻北非，布置非常周密，所以一切都能按照计划，顺利进行。在进攻之前，英美在事实上已经成立盟军总司令部，以欧洲战场美军总司令艾森豪尔为英美军总司令，美将克拉克为副总司令。此种指挥的统一，到战事开始后才正式公布，对轴心的精神是一种莫大的打击，因为轴心前此所专有的一种便利就有指挥统一，同时又认为盟军必不能统一。现在又与上次大战的末尾一样，盟军也已指挥统一，德国安能不感到惊慌？此次进兵的顺利，必与指挥统一是有重大关系的。

军国大计往往必须绝对保守秘密，但因现代国际间的钩心斗角，情报网有如天罗地网，任何秘密都不易保守。战前我们时常听到各国军舰或飞机的秘密图样被人盗去，也可见今日侦探术的发达了。一种保守秘密的方法，就是故意使假情报泄漏，引敌人走入错路，而于假情报所造成的局面的掩护下，去进行自己的真正工作。此次北非的进军，就是采用此种办法。据罗斯福事后的发言，计划的酝酿远在一年之前珍珠港事件发生的时候。最后选定北非登陆的地点，是本年五月间的事，七月，计划才有眉目。大概英美军官团潜入北非活动，就在此时或略后，八月底方才决定进攻的大概日期。这正是英国在利比亚战场失利，退入埃及之后的两个月。若无利比亚的挫折，很可能北非的进军要提早几个月。邱吉尔当时的发言中，曾经暗示原有反攻的计划。法属欧洲的登陆必须与埃及利比亚的战事相配合，所以在战略上须待埃及方面准备充分，开始进攻，并已得到相当可观的胜利之后，才能乘轴心惊慌失措之际开辟新战场，使轴心不暇迎接。必须如此，方有彻底肃清整个北非的把握。日期决定后，英美才开始泄漏虚伪情报，把轴心的注意力引到达喀尔。整个的酝酿期间，轴心必不免微有所闻，所不确知的就是目的地，为导轴心与轴心的附庸走入迷途，英美就利用两年来达喀尔的惹人注意，作出要攻达喀尔的姿态。达喀尔是法属西非的要港，是非洲极西的一个重要据点。新大陆东北部的大岛格林兰的最远的东岸，东达西经十一度（按哥林尼其子午线），但非洲最远的西岸（包括达喀尔在内），尚在此线以西，若以西经十一度为界，此界以西的非洲海岸约达一千英里之长。这也可见达喀尔与新大陆是如何的接近了。达喀尔距离新大陆最近的地点，就是巴西东岸的那塔尔，相隔只有一八六〇英里，较地中海的东西之线（由赛德港至直布罗陀）的二二二〇英里尚短三六〇英里。所以德国若能占有达喀尔，用为侵略新大陆的起点，是非常便利的。

但这一套话却不能反过来讲，新大陆方面的力量若要向旧大陆发展，达喀尔并不是理想的进攻对象。巴西若要占据法属西非，当然可以取此路线，但这不成为一个实际政治的问题。美国若要以法属非洲为踏脚石而进攻欧陆，却绝不可以达喀尔为起点。第一，达喀尔北距直布罗陀，海程有一九〇〇至二〇〇〇英里之遥，较距巴西东岸尤远。若经陆地，由达港至地中海南岸，交通更慢更难。第二，纽约至直布罗陀的海程也不过三五〇〇英里，与到达喀尔的航程约略相等。与其先攻达喀尔，再向北多走几近二千英里的冤枉路，何不直攻直布罗陀对面的摩洛哥？第三，英国南岸距直布罗陀，空中的直线只有一千五百英里，海程也远较达喀尔至直布罗陀为近，美国绝无舍近求远的道理。

然而美国确曾作出将攻达喀尔的姿态。这正是将计就计，利用二年以来美国报章杂志以及政府许多发言人几乎每日必谈的达喀尔问题，因为谈了既久且多，所以极易引导全世的注意力集中此点。又因为注意力太专，反倒容易忽略它在东对西与西对东的关系上的大不相同。轴心一向以骗人为事，此次居然也上了美国的圈套。十月五日，维琪政府大概最少一部在轴心的督促下，公开的承认已派潜艇多艘驶往达喀尔。英美为要坐实即将进攻达喀尔的印象，在十月中旬派有庞大的护航队在达喀尔的海出现，但在将近达港时又南航，在来比里亚的首都门罗维亚登陆。来比里亚是西非的独立小国，但实际上等于美国的保护国，首都门罗维亚北距达喀尔仅有七百英里的航程。当时巴黎及玛德里的报纸，受柏林及罗马的暗示，坚称盟军以来比里亚为根据地而进攻达喀尔，已迫在眉睫。维琪方面也认为这是对于法属西非的一种威胁，于是十月十九日达尔朗奉命往非洲巡视。同日，达喀尔方面，一因增防军队到达彼的人口激增，一因防备战事的即将发生，当局警告妇孺及早撤退。二十二日达尔朗抵达港，鼓励军民抵抗任何的侵略行动。事后维琪声称已在达喀尔建设巨大的新防御要塞，使成法属西非的第一要塞。二十四日达尔朗北上，抵摩洛哥视察，并与各将领会商防务。此后，一直进到十一月，达尔朗就在摩洛哥与阿尔及利亚一带布置，因为英美攻达喀尔之后，很自然地要北转进攻法属北非。

以上的一切，都是英美布置迷阵后所引起的维琪行动。一直到实际登陆的前一天，真的消息才略为泄露，泄露的人不是英美，而是轴心附庸的西班牙。十一月六日，玛德里传出西班牙通讯社的消息，谓英美军在直布罗陀举行登陆的演习，又谓英当局已下令直布罗陀港口所有小船搁置岸上，洗刷船底。这显然是准备有所动作的征兆。次日美军在英军的协助下就大举在摩洛哥与阿尔及利亚登陆了。

第二战场的困难不在开辟，而在开辟之后的难以为继。纳粹的实力已经大减，但尚未减到不能集中一地猛攻的程度，苏德的前线的激战很足证实此点。年来盟国的人士都谈"欧洲第二战场"，好似认定第二战场的在欧陆开辟为当然的。关于开辟的地点，揣测不一，有人说法国西岸，有人说法国北岸，有人说挪威，此外尚有其他的推想。由罗斯福事后的谈话中，可知他与邱吉尔也确曾考虑过欧洲登陆计划，但在欧陆所有可能登陆的地点，都有一个共同的缺点，就是开辟容易，维持困难。纳粹在欧洲海港任何地点的实力虽都有限，但各地都在纳粹有效的控制之下，盟军登陆之后，德国就可从各方调集援军，短期间登陆成功的盟军就有被驱逐下海或被全部歼灭的危险。这种危险是盟军所不能冒的，兵员物质的损失事小，对世界人心的打击事大，盟军是不能登陆失败的。在此种情形下，唯一可以登陆，结果与欧洲登陆相等而又不致冒失败的危险的地带，就是非洲的西北角，此地仍属维琪政府，轴心的势力虽已渗入，但因维琪仍然保有可观的海军，纳粹不敢进逼太甚，所以法国非洲的属地大体尚在法人的治下。法人中诚然有一部的腐化分子和赖伐尔之流，诚心要与纳粹合作，但他们终究是少数，希望多数的法人真向英美作战，是不可能的。所以英美向非洲进兵，即或没有事先的了解，法人一定也只作一种象征的抵抗。同时，因有地中海的隔绝，海上势弱的轴心又不能很快地运输有效的援军，所以整个西北非洲的落入盟军之手，一定是非常顺利的事。最近埃及战事的大捷，是促成西北非洲军事发动的充足机缘，东西夹攻，整个的北非就可都落盟军之手。迨北非的准备充足之后，盟军再向法国南岸，或义大利，或巴尔干半岛进攻，即或临时受有小的挫折，因有非洲的大成功在先，心理上的影响也不致像直攻欧陆而失败的那样恶劣，所以从任何方面言，英美的择定非洲为第二战场的起点，是再合理不过的措置。

至此我们方可明白英美两年以来苦心羁縻维琪的道理。维琪本身不值一顾，是任何人都可见到的。但它虽不能成事，却大可坏事，英美都不敢过度的伤它。美国与它始终维持国交，英国与它的国交虽不能继续维持，但对他始终是藕断丝连。维琪的组成分子甚为复杂，英美若惹他太甚，反动与妥协的分子就要占上风，维琪就有完全投降德国的可能，舰队即或不肯交与纳粹，纳粹对法属非洲的控制力增强是很可能的。这将使英美由非洲开辟第二战场的计划无从实现，最少要增加实现的困难。我们并不是说在二年前法国屈服，英国朝不保夕，美国尚未参战的时候，英美两国就已存心将来在法属非洲登陆。我们只是说，英美从始就看到羁縻维琪是在法国已经服屈之后的劣势下防止纳粹在法国殖民地取得不劳而获的胜利的唯一可能的方策。北非登陆，是后来才由这个大前题〔提〕中推演出来的作战方针。英美此种最高政略的秘密保持得很好，连要人如威尔基者也不知道，所以他最近聘问英苏与我国，返美之后的发言中仍然公开地批评美国继续承认"邪恶而不健全之维琪政府"的政策。

在非洲开辟第二战场，对于苏联所受压力的减轻，是否与在欧陆直接进攻相等，这在今日是许多人关心的问题，德国想短期间运大军往非洲去堵截，是不可能的事。海空的优势都在盟军手中，最近德义在埃及的大败，证明轴心对于北非的接济是毫无把握的。德国在欧陆的军队既然不能大批的运往非洲，那它是否仍照旧地留在东线去进攻苏联？却又不然。现在德国必须加紧的守护几乎整个的欧洲海岸，以防英美由非洲进攻，或由非洲与英国夹攻。东线的军队必须撤退一部，并且是相当大的一部。这就等于英美往苏联前线运送几十师的援军。日来德军在东线的继续猛攻，乃是以攻为守以进为退的策略，不会有大结果，不久的未来很可能要吃大亏。史达林于十三日答复美联社驻莫斯科的记者时，曾明白的承认北非之战对苏的有利，可见盟军战略的正当了。

北非的战事虽然尚未结束，但最近将来的结果，除苏联前线必渐松弛外，尚有几点可以看出。（一）盟军大概即将肃清整个北非的轴心势力，突尼西亚与利比亚的盟军可能会师。果然如此，整个的地中海即在盟军的控制之下，义大利的海军等于无形被困。突尼西亚距离西西利最近的地方只有七十五英里，而两年来屹立不动的马尔太岛距离义大利本部的南角只有六十英里，整个的义大利都在盟国空军的威胁之下，连南部的海岸，虽有防备，也将不免遭受空袭的打击。（二）盟国对于南斯拉夫与希腊的轴心势力可以时常由空中予以打击，而对两国的抗德势力则可予以秘密的甚至公开的援助。（三）大西洋岸摩洛哥的海岸可成为盟国反潜艇的根据地，减少大西洋中轴心潜艇对于运输的威胁。（四）地中海畅通之后，英美对于中东远东的接济就可不必再四个月一次的去绕好望角。这就等于转瞬之间增加了几倍的运输轮只，其影响之大，可使全世界的战局改观。（五）日本与德国会师中东的梦想从此根绝，日本对印度的进攻也不致再去尝试。（六）至今仍守中立的国家，如土耳其，或内心倾向轴心的国家，如西班牙，此后最少将放弃加入轴心集团的心思，甚至会联合盟国作战。（七）最后，还有一种心理的影响，深值注意。此次北非的进军是盟国在西方初次的陆上大捷，并且是由盟国主动的胜利，对于欧洲占领区的民心是一种莫大的鼓励，对于德义的军心民气则是一种莫大的打击。惯于接受败仗消息的义大利军民，必会因非洲帝国的即将全部丧失而更加消沉，德国民众对于一向夸口的纳粹领袖必将开始真正的丧失信心。用兵之道，攻心为上。法国的屈服，心被攻破是一个很重要的原因。现在恐怕是德国民心开始破裂的时候了。

虽然如此，我们却不可过度的乐观。今日乐观的心理是很自然的，因为这是盟国第一次在陆地上大规模的采取主动，并且是非常成功的。乐观的心理并不限于中国，英美的人士也同有此感。所以美国陆长史汀生于十三日接待记者时特别指明德义两国尚有军队五百师，日本有八十五师，而美国须至明年年底方能训练完成足量的军队，与轴心的庞大军队在同等的条件下正面对抗。南非总理史末资将军也预示战事须至一九四四年方能结束。盟国空中的优势日愈显著，当然可能提早胜利。但我们不可心存侥幸，须以呆板的事实为根据，认定前面仍有相当长期的恶战。只有如此的时刻警惕，胜利方有或早实现的可能。

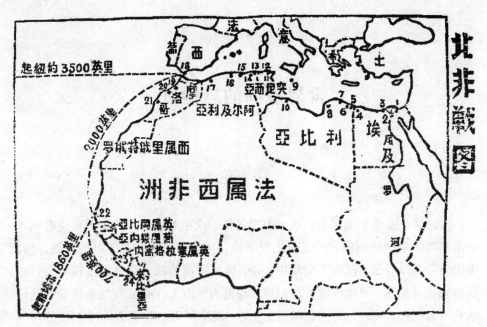

一、赛德港 二、开罗 三、亚历山大 四、索罗姆 五、巴第亚 六、多布鲁克 七、德尔那 八、班加西 九、马尔太岛 十、第黎波利 十一、突尼斯 十二、比赛大港 十三、波那 十四、腓力普罗尔 十五、布基 十六、阿尔及尔 十七、阿兰达喀尔 十八、直布罗陀 十九、拉巴 二十、卡萨布兰卡 二十一、莫卡多尔 二十二、达喀尔 二十三、自由城 二十四、门罗维亚

（原载《当代评论》第 3 卷第 2 期，1942 年 11 月 22 日）

世界战局的总检讨

序　论

　　雷海宗：由整个战局言，而不偏重任何一个战场，战争的关键可说有两点：一是军需品生产的问题，一是海上交通线与运输线的维持与控制的问题。同盟国因分散全球各地，武力不能集中使用，所以所需的武力远要超过轴心与日本。武力如果只相等，同盟国绝不能制胜，盟国的军需工业必须发展到轴心的几倍，胜利方有把握。同时，又因盟国遍于全球六大洲，互相联系是一个切要的问题。唯一的联系就是海运。轴心与日本若能用潜水艇、袭击舰，与轰炸机，将盟国海上的交通线完全破坏，使盟国不能互相声援，美国就将等于退出战团，英国也不能再照顾非洲与中东，远东的战场陷于完全孤立。在此种情形下，战事就等于结束。苏联与英美失去联络，外援枯竭，就有被纳粹击败的危险，整个的欧洲大陆就成了希特勒的天下。同样的，远东与西太平洋就要成为日本的天下。英国就要朝不保夕，不战败也要饿死。美国就只有孤立西半球，等待轴心五年或十年后的大举进攻。我们想象这个噩梦，是使我们明了海上交通重要的最好方法。情形既然如此，我们对于军需生产与海上交通的两个问题可作一个概括的说明。

　　欧战初起时，德国的坦克飞机与大炮，超过英法两国总量之合，产量也远超英法。在一切其他的关系之上，这是法国屈服，英国几乎败亡的基本原因。一九四〇年夏秋之际的危机，今日大家多已忘记，真实的消息至今也尚未完全发表，但大概的情形现在已可加以说明。法国屈服，英国由敦克尔克撤退，全部的武器都丢在大陆。英国因武器太少，重武器当初几乎已全部运往法国。大陆撤守，英国本部就整个空虚，坦克车只余几十辆，德国若能冲过海峡，英国就将毫无自卫的力量可言。当时解救英国的，是量少而质精的空军，当年八九十三个月间，德国由空中大事闪击英国。英国空军极力拦击，一日打下几十架德机是常事，有时可打下一二百架。最后德国因损失太重，不愿再继续牺牲，忽然停止进袭，岂知这就救了英国？德国的损失诚然重大，但渺小的英国空军在比例上的损失较德尤为严重。在十月初德国停止进袭的时候，英国的好飞机与好飞行员已经消耗殆尽，德国如再继续一两星期的空中闪击，英国就将没有丝毫的招架之力。到那时德国就可冲过海峡，占领陆上毫无抵抗能力的英国本土。幸而这个危险的秘密当时能够严密的保持，英国在千钧一发之际竟得免于亡国的惨痛。我们都还记得邱吉尔在事后颂赞皇家空军人员的名句："自古至今，向来没有如许多的人，对于如许少的人，欠如许大的债。"我们当时听来，以为不过是巧言动人的泛泛称赞，现在我们才知道那是实有所指的由衷之言。若非几百个熟练的飞行员，驾驶着仅有的少数战斗机，勇敢牺牲，四千万的不列颠人民就都要成为纳粹的奴隶！这正如上次大战时一样，当时德国潜艇肆威，有一个时期英国只剩有两星期的食粮，也就在那个紧要关头德国的海底攻势和缓下去，不然英国因全国饥荒就非屈服不可。这是交通线的维持问题，但交通线的维持要靠船只，船只在战时也是主要武器的一种，所以也可说是一个武器的问题。

在太平洋战争爆发的时候，情形又与欧战初起时相仿佛。英美的海空实力虽大于日本，但能在远东使用的却远小于日本。当时英美若计划较为周密，虽或可延缓各根据地的丧失，但因实力太相悬殊，最后的结果恐怕是一样的。

关于军需生产的情形，今日已大有进步。盟国的生产，以英美为主，美国尤其重要，美国自称为"民主国的兵工厂"并非过言。参战一年以后的美国，所制造的坦克车三万二千辆，两倍于轴心，大炮亦为两倍，飞机的产量四万九千架，已达轴心的两倍半。若将轻重各种武器总合而言，今日美国的产量约与所有轴心国家的产量相等。若将英国与其他盟国也合计在内，盟国的产量与轴心的产量为二与一之比。所可注意的一点，就是轴心与日本的制造能力现在恐怕已达顶点，盟国因空军渐强，时常大规模的轰炸欧陆各地，轴心的产量将来很有降低的可能。但盟国，尤其美国的生产能力正在开始之中，今年的纪录已很可观，明年必有更惊人的表现。但至目前为止，盟国可用的全部机械，尚不足与轴心及日本正面决战。据美国国务卿赫尔最近的声言，德义两国尚有军队五百师，日本尚有八十五师，这将近六百师的军队，大部是配有新式装备的，总的人数在一千万以上，原来没有准备的盟国，想短期间能对付这个大军，诚非易事。最近美国的计划，要在明年一年之内将陆军增至七百五十万；全部都要配有新式的装备，当是不言而喻的。为要达此目的，生产当然仍须大量的增加。同时，这个大军留在新大陆无用，必须运到欧洲，非洲，与远东各地，这就又是交通运输的问题了。即或没有敌人的阻挠，把这个庞大的军队，连同全副的装备，运到远近不同与方向不一的海外，也非小可之事。过去一年内，美国运往海外各战场作战的部队，人数达一百万，这个数目虽不算小，但距离足以取胜的目标尚远。所以赫尔最近明白的说，美国最早须至明年年底方有训练完成的足量军队，能与轴心的大军在同等的条件下正面对抗。同时南非总理史末资将军也预示战争非至一九四四年没有结束的希望。

关于海上交通的维持，困难亦甚重大，直到一年前太平洋大战爆发时，英美两国的造船效能，仍抵不过德国在大西洋的潜艇战破坏的程度。所以邱吉尔曾称"大西洋之战"为整个战争的总关键，义即在此。此种局势如不能改进，盟国就非败不可。幸而珍珠港事件曾经给予美国莫大的刺激，军事工业与造船工业突飞猛进，由去年十二月七日到今年十二月七日的一年间，美国造船的吨数为八百万，较被敌人在海上击沉的还多，这是交通线能继续维持的可靠保障。又如最近一年中，英美两国援助苏联的武器，有飞机三千架以上，坦克车四千辆，汽车三万辆，此外尚有货品八十万吨。这一切都须经过轴心海底海面与天空的阻击，始能运达东欧。在此种阻力下，运输量居然如此巨大，可见英美对于海上的控制已有相当的把握。

以上所举武器与运输的两个问题，与各战场都有关系，但对远东战场的印度与中国关系特别密切。中印两国所需的武器军火，很大一部要靠英美的接济，飞机与重武器全部来自英美，远东以及中东最自然的接济路线是由英国本部经地中海而达中东的第一要港赛德，距离只有三千七百英里。但自义大利参战，法国屈服后，地中海的交通线过度危险，等于切断，此后英国就只有航绕南非洲的好望角而达印度洋与红海。由此路而达赛德港，有一万三千英里，达地中海航线的三倍以上，一只船往返一次须要四个月的时间。中东战事二年来的根本困难就在此点。由英国经过地中海而达最近的印度港口孟买，只有六千五百英里，若经南非而达孟买，就有一万两千英里，约有两倍。突尼西亚与第黎波利坦尼亚的轴心势力如能肃清，地中海就可全部畅通，远东战场的局面就必大为改观。

以上所论，是与全球战局有关的两种事实。若个别探讨，可分为西太平洋及东亚大陆的远东战场，与西非北非及欧洲大陆的欧非战场。关于远东战场，近来世人所注意的问题有三：（一）日本有否再度进攻的计划？如有此种计划，其进攻的目标当为何处？（二）同盟国何时方能反攻？开始反攻的地点何在？（三）最后苏联是否将要加入远东战争？关于欧非战场，大家时常思索的问题有二：（一）北非的局面最近是否可以肃清？肃清后下一步的动作如何？（二）苏德前线之前瞻。最后关于整个战局，东西各盟国人士无不特别关心的，尚有一个问题，就是东西两大战场，何者可以先见和平？或东西战事可以同时结束？孰先孰后，其最后影响有何不同？

对以上各问题，或其他与战局有关的任何问题，现在请各位专家发挥宏论。

总　结

雷海宗：各位专家的意见，可以归结如下。关于远东战场的第一个问题，即日本有否再度进攻的计划，有两种看法：（一）最近日本在西南太平洋直奔新赫布里底斯群岛，群岛的位置在新基内亚的东南，较新基内亚或所罗门群岛尤便于切断美澳间的联系线。这可能是日本新动作的方向。（二）日本今日在远东的局势利于防守，而短期间无需再去进攻。美国若想攻击日本，无论北由阿留申群岛，或中间由中太平洋，都甚困难。若由西南太平洋进攻，也有接济艰难与根据地缺乏的严重问题。反之，日本的地位，暂时可说是牢不可破，大可不必再冒重大的损失去发动新的攻势。近日滇缅边界的波动，大概也是属于防御性的。至于许多人常常谈到的打通粤汉线以防海上运输被盟国切断的一点，恐怕也不致实现。打通东亚大陆运输线，需要极大的实力，日本暂时是不愿如此冒险的。况且海上的运输线，目前尚可维持，大陆上的孔道并非绝对的必需。

对于远东战场的第二个问题，就是盟国反攻的问题，有下列的六种意见：（一）所罗门群岛与新基内亚方面的战事甚为重要。日本无论是要维持西南太平洋的既得权益，或继续发展，都必须守此两地。同时，盟国若要在太平洋反攻，两地也是非常重要的立足点。最近两地的战事，可说是盟国反攻的发端。（二）盟国在远东反攻，必由海上开始，因为苏联短期间尚无加入远东战团的可能，中国则因武器缺乏，暂难大规模的进攻。所以惟一的可能，就是英美来自海上的反攻。同时，南洋一带也是日本占领区较弱的一环，因为该地一向为殖民地，并无军需工业，天然资源虽甚丰富，日本却不能如意的利用，军需工业不是一蹴可就的。它在南洋所需的武器与军火，仍须由日本本部运来，交通线颇长，危险亦相当的大。日本极想占领澳洲，这是一个重要的原因。澳洲的工业已有相当的基础，日本若能占领，立可加以利用。反之，英美若要反攻，澳洲也是必不可少的起点。可惜珍珠港事件给予美国的损失太大，土伦港的法国海军又一部沦入敌手，加重了英美海军在地中海与大西洋所负的任务，所以西南太平洋方面的反攻，一时尚难谈起。（三）与上面的意见性质相近的一种看法，认为英美暂时在海上不易反攻，因而两国所能用于太平洋的海军力量大部须要用于太平洋既广又长的航线的维持，难以再作进一步的打算。据报载，美国最近方才补足珍珠港所受的损失，而日本的海军则始终并未遭受同等严重的打击，主力尤其并未受损，美国所能用于太平洋的舰队，一时尚难与日本的主力舰队一较雌雄。况且美国若要进攻，日本就处在以逸待劳的优越地位，美国是不能贸然从事的。再者，普通认为可以进攻日本的主要根据地夏威夷群岛，实际距离日本甚远，中间的岛屿又大部已陷敌手，进攻殊非易事。美国若要反攻，以距离言，阿拉斯加的阿留申群岛比较便利。但阿拉斯加人口稀少，原来也无准备，由美国经由加拿大而达阿境的公路，最近方才筑成。短期间美国在此地也只能防守，进攻还是未来的事。由阿境反攻，尚有天时的困难，冬季的气候过于不利，根本不能有所举动。况且阿留申群岛的一部已被日本占领，这也是将来反攻时的一种阻碍。最后关于美国在海上进攻，还有一个大的危险，将来虽未必实现，但我们却不能闭目不视。美国的主要舰队在大西洋，主要的军事工业也在大西洋岸，若攻日本，舰队与大部的军需品皆须经过巴拿马运河而运往太平洋。巴拿马运河本身就是一个大的弱点，大的船舰通过时须开水闸；虽然如此，今日三万五千吨的主力舰若要通过，已经不易，美国最新式的战斗舰吨位四万五千，通过将更感困难。水闸本甚脆弱，易被敌人袭击破坏，一经破坏，在相当长的时期内整个运河就等于堵塞。况运河的西面，太平洋方面，并无罗列的岛屿，可作前哨，更增加敌人偷袭的机会。这一切都是我们谈到美国由海上反攻日本的问题时，所不能不深切注意的。（四）论到大陆上的反攻，将来当然终会实现，实现时当然必由中国。一位专家认为中国沦陷区的日本守军，大部为伪军，将来我们反攻时不会真正的抵抗，在我们的准备成熟时，胜利的反攻是有绝对把握的。（五）但另一种意见认为在我们反攻之前，军事与政治仍需要重大的改进，反攻方有把握。政治的改进尤其重要，因为只有政治改进才能增加中国在和会中的发言地位。（六）最后一种看法，认为无论为反攻，或为和会时的地位，经济的改进与各种的经济条件也是非常重要的。

关于远东战场的第三个问题，就是苏联最后是否加入战团，有三种看法：（一）目前无此可能。在纳粹进攻苏联后，日本不由西伯利亚夹攻，就是因为它不愿德国在欧洲过度的成功。在去年冬季苏联危急时，日本不北进而南进，这是它第二次放弃攻苏的良机，将来能否再有新的机会，殊难断言。德国攻苏，去年与今年已两次失败，胜利的希望已经消灭，日本再想攻苏恐怕已不可能。

（二）与以上略为不同的意见，认为欧洲战事如先结束，苏联为防后患起见，可能不待对方动手，而先自行进攻日本。（三）苏联或想收复南库页岛，如此则非参加远东战事不可。

对于欧非战场的第一个问题，北非战局的问题，有三种意见：（一）目前轴心所守的三大据点的突尼斯，比塞大，第黎波利，都距离西伯利岛甚近，易于接济，英美虽已占有北非的大部，但接济上颇感困难，所以北非的全部肃清仍须相当的时日。十一月间盟国在北非由闪击而得的非常胜利，不能再出现于突尼西亚第黎波利坦尼亚。（二）北非的战事诚然关系重大。轴心与日本的战略本有两点：一是各个击破，一是会师印度。所谓各个击破，是指英、美、中、苏四大盟国而言，尤其着重中苏两国。纳粹如能击败苏联，日本如能击败中国，英美就根本不能再谈反攻，侵略集团的计划就等于成功。所谓会师印度，是将中苏与英美完全隔开，以便于各个击破策略的实现。但侵略集团的两个战略都已失败，同盟国现在已据有由北非至中东而达印度的一块大地，这可说是同盟国的战略区，只要能把稳守住，将来总有办法。同盟国占领北非，对欧洲言，能控制整个地中海，南欧的全部海岸线皆成为可以反攻的目标。纳粹占领法国自由区，就是为要充实南欧的防御；同样的，突尼西亚之战，在轴心也是属于防御性的。再进一步而言，北非的胜利对于全球的战局也有重大的影响。因为北非至印度间的一线是中苏与英美之间的一个大战略区，将来大规模的反攻都要以此区为枢纽。（三）最后一种意见，叫大家再回想到德苏协定的重要性。德国因顾到苏联的关系，才迟迟的占领巴尔干，始终未强经土耳其而占中东与北非。这是此次大战的大关键。若于战事的初期非洲就被轴心攻取，盟国即将完全丧反攻的机会。

关于西方战场的第二个问题，就是苏联前线的问题，一位专家特别提出讨论（注），指出苏军处境的困难。对于所谓德国大军被围的一种说法，我们不能过度的乐观。史达林哥勒与窝瓦河与顿河之间的湾曲地，东面为苏军的势力，当无问题。但西北方面，仍在史城的近郊作战。史城的中线，所谓正面，距离河岸五十英里，目前作战的地带尚未达河岸，大概距城不过二三十英里。史城西南面的局势较好，战场约在距城七十至九十英里的地带。总观全局，我们不能说史城之围已经全部解除，更不能说纳粹大军已在苏军的包围中。今后的发展仍然深值得注意。

最后的一个问题，就是东西两大战场何者先结束的问题，有四种意见提出：（一）战争是整个的，将来要同时结束。（二）英美因处势不利，由运用方面言，海上的实力较差，所以欧战先结束的可能性较大。届时日本在占领区必定已作相当的开发，准备更加充足，英美进攻，损失必大，但这是无可奈何的事。（三）先纳粹，后日本，已是英美既定的策略，不会变更的。但英国绝不放弃印度与远东的权益，美国对远东历来也富于感情与理想，欧战结束后，两国必全力解决日本。（四）东西战事的结束，孰先孰后，乃是太平洋战事未起时的问题，此后这个问题已是双方的，不是盟国一方所能完全决定。大战的如何结束，要看今后全部战局的如何发展。

      *   *   *   *   *   *   *

以上各位专家的意见，都特别指出盟国的困难情形与目前仍有的缺点，可以纠正许多错觉的看法与盲目的乐观，但这绝非对于战事没有把握的意思。轴心与日本的情形，我们虽非完全隔膜，但所知到底不清，实际上它们的困难恐怕比盟国还要加重不知若干倍。盟国今日最少在一方面已处于明显的优势，即是空军。只有空军，虽不能决定一切，但若在双方海陆的力量约略相等的局面下，占有空中绝对优势的一方，就很有取得早期胜利的可能。我们只是不愿心存侥幸，以免懈怠，所以对于空军的情势并未特别提出，一切的推断都根据比较呆板的海军陆军与地势的情形。第一次大战时，同盟国并未想到一九一八年十一月可以获胜，当初已经建有庞大的空军，准备在一九一九年大举轰炸德国。但在这批武器未得使用时，德国即已投降，盟国现正准备之中的大军，一旦完成，定可取胜，但也未尝没有未及使用时而最后的胜利即已来临的可能。此种可以幸得而不可强求的结局若果实现，当然再好不过，但我们一切的打算与计划却必须建在它不能实现的基础之上！

（注）本刊第五期有朱庆永先生《半年来苏德战事的回顾》一文，与此有关，可供读者参考。

（附言——本期本刊附有大型《全球战争海上交通图》一副，由印刷所及各书店代售。）

（原载《当代评论》第 3 卷第 7 期，1942 年 12 月 27 日）

平等的治外法权与不平等的治外法权

我们近来谈到治外法权的废除，无意中容易忽略一点，就是治外法权本有两类。一是正常的，国际互惠的治外法权，这种治外法权并未为新约所废，并且根本也不能废。一是反常的，单方受签的治外法权，这才是我们最近与英美签订新约时所废的外侨特权。

不平等的治外法权，是过去百年外交史上所积成的反常制度，又称领事裁判权。与此有连带关系而性质并不完全相同的，尚有（一）关税协定，已于民国十八年废除。此次新约中只特别明定中国无再继续任用英人为海关总税务司的责任。（二）内河航行权；（三）内地驻兵权；（四）租界权。以上三种特权，一概取消，只有九龙新界租借地的问题，尚留待将来谈判。新约既已成立，此后外人通商居住就不再限于几个固定的通商口岸，全国各地在理论上都可华洋杂处，这是我们取得国际平等地位后所要负的一种新的责任。

不平等条约既已废除，就成了历史上的陈迹，脱离了眼前政治的范围，我们似乎当对他作一番比较深入的探讨与认识。过去我们认定不平等条约是欧美各国侵略中国的象征。这个看法是十分正确的，但并不是全部的真理。除了十九世纪西方的帝国主义精神外，不平等条约还有两个其他的来源：一是我们自己的愚昧无知，一是历史的自然发展。在鸦片战争之前，中国的官庭就已一向不肯受理外侨的民刑案件，不只容许，并且要求外人自理自解。这是因为当时的人不明国际的情势，不知这是自动放弃主权的行动。江宁条约以及此后各条约中的规定，不过是把此种传统的办法正式化而已。我们今日的外交当然已远较百年前为高明，但回想从前因糊涂而误大事的情形，可使我们今日的国人在庆祝之余多加警惕，内政糊涂，已很危险；外交糊涂，危险更不堪言。将来中国既然在国际上自由平等，就尤其不能糊涂。以前欧美各国拿中国当殖民地看待，中国在外交上闹出许多笑话，还不碍事。今后若再如此，就是自甘暴弃，已取得的平等地位就有在事实上再度丧失的危险。

糊涂并不是清廷丧权的唯一原因。在人类过去的历史上，外侨自理民刑案件可说是常例，近世欧美各国严格清楚的法权观念是古来多数民族所没有的。各民族法律不同，习惯不同，所以各国多任外侨仍自奉行自己的法律习惯。并且权利与义务是相关联的。各国如要外侨奉行居留国的法律，就也应当容许他们享受居留国的公民权利，这在过去是多数民族所不乐为的。例如九世纪时的回教大食帝国就已给予欧西的侨商许多的自治权利。当时欧西各国在文化上与实力上都远逊于大食，这绝非欧西侵略主义的表现，而是大食帝国的自动政策。此后欧西人到回教的世界经商居留，都以此为例。土耳其帝国承袭了此种传统，于十六世纪以下在他的大帝国境内，也给予欧西侨商以同样的权利。十九世纪时美国也援例在土耳其帝国取得特权。第一次大战后，新土耳其兴起，在一九二三年的洛桑条约中才勉强列强放弃这种不合今日国际政情的制度。

中国历来与外族交通，也采取同样的政策。唐代中国南方沿海的各口岸都有阿拉伯、波斯、印度、南洋各国的外商杂居，到宋代中外关系更密，商埠中多划番坊，由外商居住，有如十九世纪的租界。每坊设一番长，由侨商中负有资望者充任，负责管理番坊内一切事务，非有特殊问题发生，中国官庭概不过问。这种态度与政策一直传到满清时代，很自然的就产生了不平等条约中治外法权的条款。

以上所讲的是单方面的治外法权，已为此次新约所废。此外还有一种双方互惠的治外法权，是国际法与国际惯例一向所承认，也是今日世界各国仍然遵行的办法。这是国人今后所当留意的一点，不要误认在中国境内治外法权已经完成绝迹，有的治外法权是列国并立局面下所永远不能取消的。第一，友邦的政治元首（帝王，总统，或政府主席）若来中国游历或访问，他与他的眷属随员就都享有治外法权。他即或匿名来访，也同样的不受中国法律的约束。这里所谓"匿名"，当然并非绝对的，若真是无人知道他为友邦的元首，这事实上当然无从享受特权。但如果一位帝王到友邦游历时，为方便起见，自称为"某某亲王"或"某某公爵"，他仍照样的不必奉行所在国的法律。除他个人与随从人员的特权地位外，他们所携带的行李财产也不能由所在国检查或征税。但此种特权也有例外。友邦的元首若到所在国的法庭中告诉，甘愿自为原告，法庭就按法受理。二，在任何情形下，友邦元首都可自动的放弃治外法权的权利，特别声明服从所在国法庭的处理。三，如果他的财产在旁人手中时发生法律的纠纷，而此旁人又为法庭所可处理的人，法庭可依法受理。四，如果他在居留国中保有不动产，此项不动产不能享受治外法权。

代表友邦元首或政府的大使公使，以及使臣的眷属与馆员，也享有治外法权。他们携入居留国境内的货物，如完全为自己消费，可免纳关税与其他一切的税赋。他们仍算居留本国，若生子女，子女仍保有祖国的国籍。大使馆或公使馆的区域，也享有治外法权，居留国的警察或任何官吏人民不能随意入内。使臣与馆员免纳居留国一切法定的国家税赋，但除非双方先有谅解，地方税仍须缴纳。例如英美大使无需向国民政府纳所得税，但假定每个重庆市民对于重庆市府都有缴纳一种或几种税的责任，在法理上英美大使与馆员也当照缴。如重庆市规定每户纳税时，使馆就也当算为一户而纳税。地方税完全以居留为准，不问国籍与特权。但此种地方税普通也都由双方互惠免纳。此外使臣或使馆若在居留国保有与使命或个人消费无关的财产，无论为动产或不动产，此项产业仍受所在国的法律处理。

第三种享有治外法权的人就是友邦的军队。军队为国家主权的维护者，在任何情形下不能受外人的裁判。所以军队开进友邦的境内后，立即享受治外法权的保护。例如现在中国的美国陆空军，有美国的宪兵管束。同样的，中国现留印度的军队，也不受印度政府的管理。

一国的海军，得友邦同意而开入它的领海或港口时，也享有特权，理由与陆军相同。船上的人员与财产，一概不受所在国的处理。但海军事实上不会带宪兵到友邦，所以海员如在友邦登陆，在陆上时仍受友邦的约束。海员的治外法权只有他本人身在船上时方才有效。这种原来限于海军的特权，今日的国际习惯已推及于一切国有的船只，包括货轮与载客轮在内。官船好似国家的一块流动领土，生在船上的儿童就当然取得船只所有国的国籍。最近流亡英国的波兰政府，引用海军享有治外法权的国际惯例，在留英的波兰船舰上设有邮局，并且印发波兰邮票，专备船上使用。这也是别开生面的治外法权的特例。

以上所谓治外法权，除军队不分民刑事件外，普通是指民事问题而言。民事问题在事实上是随时可以发生的。刑事问题，比较复杂。在事实上一国的元首或使臣在友邦触犯刑法，几乎是不可想象的事。当然他们的汽车可能不按警章开驰，这种细小的事件普通只有置而不问。因为真正刑事的实例太多，所以固定的办法尚付缺如。一般的法理意见，认为友邦的元首或使臣对于刑事是要负责的。居留国若认使臣或馆员有阴谋不轨或破坏治安的嫌疑时，可以派警入馆搜查与拘捕，事实上，此种事件发生后，当然立刻就变成两国间的外交案件，最后交涉解决，并不经过普通的法庭，但连这种情形的可能性也不太大，普通各国对于友邦的使臣因为刑事或任何其他的关系不满意时，都是要求派遣国的政府把他召回而已，在理论上，元首触犯刑法，居留国也可拘捕，但事实上这可说是不会发生的事。

使馆界因享有治外法权，所以在国际习惯上，内乱时或其他情形下的政治犯可以逃入使馆避难，居留国的官庭不能勉强使馆交出，也不当入内捉捕，但在任何情形下，使节也不能收容普通的刑事犯，由此点言，使馆的地位与邻国相同，邻国可以收容政治犯，但对潜入的刑事犯有协助捉捕的责任。

最后有一点可以提出的，就是领事的地位，最近新约所废的治外法权，实是领事裁判权，所以此点更值得我们特别注意，按国际习惯，领事只是商务官，并非外交人员，所以领事，领馆，以及所有的馆员都要受居留国的约束。过去欧美的侨民遇事要受他们本国领事的裁判，领事于是取得政治上的地位，无形中也成为外交人员。这是过去的反常现象。今后各国在中国的领事，也与中国派往欧美的领事一样，只是纯粹的商务官。但在事实上各国对于友邦的领事也非正式的与以特殊的待遇。前些年有几个未上轨道的小国派往美国各地的领事，时常做出不甚光明的事，当场被美国的警察拘捕。但在证明为某某国领事后，警察总是立即开释。在习惯上各国对于友邦的领事，都取此种态度。但这只是国际关系上的客气优礼，并非国际法上的正式规定。在民事问题上，领事要完全服从居留国的法律。遇到刑事问题，若微不足道，友邦普通都是置而不问，若较严重，就要求派遣国调回。

日前新约所废的领事裁判权，是所有外国侨民所享受的一种不正常的治外法权。此后各国的侨民，包括领事本人在内，都要受我国官庭的管理。但平时的友邦使臣，间或来访的友邦元首，特别情形下来游的友邦军队或海军，在中国仍享有正常的治外法权。这种特权是互惠的，我们的使臣、元首或陆海军在外国也同样的享受国际法上治外法权的待遇。

（原载《当代评论》第 3 卷第 9 期，1943 年 1 月 31 日）

罗丘会议

罗斯福总统与丘吉尔首相由一月十四日起，在法属西非的卡萨布兰卡港会议十日，与会的尚有英美两国的军事首脑，所商讨的必是盟国的军略大计。会后罗氏于回美的途中拜访巴西总统伐尔加斯氏，并发表联合声明，保护大西洋的安全。同时丘氏往访土耳其总统伊诺努氏，商订英美协助土国充实国防的办法，此外有否其他的谅解，由未来战局的发展必可看出。

罗丘会议中所讨论的，据各方的推测，不出三大问题：（一）设立盟国最高军事会议，以英美中苏为主，主持盟国最高的战略与政略。（二）解决北非的政治纠纷，使法兰西民族能一致对付轴心，不再耗力于无谓的内争。（三）轴心潜艇对于盟国航运威胁的问题。潜艇威胁的解除，是技术的问题，无可多论。轴心的海底攻势近又加强，据美国专家的估计，盟国目前每月船只的损失约达一百万吨，问题相当的严重。损失必须设法减少，各战场的供应方可继续维持。至于法国的问题，似乎并未得到十分满意的解决。吉罗德与戴高乐两氏在英美领袖的拉拢下居然会晤，已很难得，但两人所代表的既成势力并未能合流，将来是否能合作无间，仍是盟国人士所关心的事。

关于军略问题，以统一指挥为主。北非方面，艾森豪尔统率下由西而东的盟军，与亚历山大统率下由东而西的盟军，眼看会师，两军能否统一指挥，是目前的迫切问题。罗丘二人之间，对此问题，恐怕还好商量。但英美两国的军人之间，或者不免略有非恶意的竞争。这个问题甚为微妙，深需罗丘二人运用超绝的政治手腕。相信他们必已商得各方满意的办法。罗丘会议结束后，英美的高级将领又在北非举行补充会议，所讨论的必是如何实施罗丘会议中的决议。至于较大的具体战略问题，如进攻欧陆，大概也会谈到。决议如何，目前无需多加揣测。再进一步，如太平洋战场的问题，看来并未积极的商讨。至于盟国最高军事会议问题，即或曾经谈到，大概也尚未达成熟的阶段。

英美目前好似仍然认为无力东西兼顾，但专就西方的战场而论，英美已有很大的把握。欧洲仅余的两个重要中立国，土耳其与西班牙，一个已经实际投入盟方，西班牙也绝不致再倒向轴心。假定土耳其再肯积极的协助盟国，更可大量的增加英美在欧洲登陆的便利。

最后还有一点值得注意，就是心理上的影响。欧战的前期，希特勒与墨索里尼是天下人士所提心吊胆的注视的，他们两人的一举一动都使各国的神经立刻紧张，他们每一会晤，就使所有盟国的忧国之士寝食不安，一如大祸将临的模样。但时至今日，他们已久无声息，现在是罗丘二人的会晤能使全世盟国无不兴奋，相反的，轴心各国的心情必与两年前盟国人士对于希墨会晤的反应相同。由此点言，罗丘会议有对轴心发动神经战的作用。事后相传，会议中有义大利、西班牙、芬兰、土耳其的代表参加。这种莫须有的传言，最少对于轴心民众的神经是一种打击。会后罗总统并提出德义日必须"无条件投降"的口号，这不只是打击侵略国的民众，对于一批独裁者本人的心理也必发生莫大的影响。近来有人相信希特勒因东欧北非一并挫败，走投无路，或将发动新的和平攻势。这未免过虑。现在只有盟国方面有发动和平攻势与神经战的资格，轴心已经丧失此种地位。本年一月三十日，是纳粹夺得政权的十周年纪念日，理当大吹大擂的庆祝一番，事实上竟无声无息的过去，希特勒懊丧万分，可以想见了。（宗）

（原载《当代评论》第 3 卷第 10 期，1943 年 2 月 7 日）

战后经济问题座谈会上发言及总结

（四）战后中国应有的对外经济政策

雷海宗：关于战后我国对外经济政策，我认为我国必须首先决定对英美的态度。战后的英美，最少在经济方面要操世界的霸权，是很明显的。英美若各行其是，它们的经济力已够强大；此次战争的经验已使它们决定将来合作，这个力量更可惊人。去年二月，两个定了一个条约，都是关于战时与战后的经济问题。其中最要紧的一条，声明两国将来在经济上免除一切恶意的竞争，尽可能的增进善意的合作。关税以及其他足以妨碍国际经济的自然发展的，都要从长计议。具体的办法虽尚未拟订，但英美人士都将此约解释为战后盎格罗撒克游牧民族彻底经济合作政策的起发点。在战前英美两国战经占有全世界国际贸易的四分之一以上，将来日本以及欧陆各国衰退后，两国最少恐怕要占世界贸易的一半。苏联、南美、中国在经济上未见得能与英美平分天下。约中公开声明，欢迎其他国家参加此种经济的合作。将来各国无论决定与英美合作，或与英美对立，英美将占世界贸易一半以上的一点，是绝对不能忽略的。中国在经济上究竟是自谋出路，或加入英美的集团，这在建国方针中是必须预先考虑决定的问题。

（六）总结

中国如要成为一个现代国家，必须于抗战之后继之以建国。抗战胜利，可以使中国得一机会（我们可以假定至少有二十年）努力建成一个现代国家。但这个机会转瞬即逝，我们必要善于利用，并迅速利用，然后中国才能真正地自由、独立、强盛，然后中国才能与世界各国共同担负世界永久和平与人类自由解放的责任。

建国的事业千头万绪，如要迅速完成，必须认清本末先后，集中力量于根本的和首要的工作。现代国家的最低必备条件，对外要能保障国家生存和抵抗外来侵略，对内要能维持社会安宁和全国统一。我们认为建国的工作应集中于这两点上。从经济的立场，要使中国能具备这两个条件，应从速完成工业革命、交通革命和社会革命。换句话说，工业化、交通建设和民生主义，应列为战后经济建设的目标。

为着达到这三项目标，在经济制度方面绝不宜采取放任主义。同时我国的政治情况、经济环境和国际局势又不允许我们采取苏联方式的计划经济。我们认为战后中国应采取一种"有计划的干涉主义"，一方面对经济建设拟有一定的计划，而另一方面在实施计划时只用干涉主义的方式而不用全面管制的方式。

战后经济计划的拟订，目前应即由中央设计机构聘请专家着手进行。此项计划必须基础于可靠地调查与估计，其时限最好为四年至五年。现在政府虽应对战后二十年的经济建设大体决定其纲要，但目前只能就战后第一个五年计划详细拟订其细节。在战争期间，并应有一个战后第一五年计划的准备工作（包括调查研究人才训练等）的计划。战后工作乃战时工作的连续，我们是不应坐待战争结束后才开始经济建设的。

用干涉主义的方式去实施经济计划，当从发展国营事业和干涉私人经济两点着手。凡锁钥事业如交通事业、矿业、冶炼工业、机器制造业、电器工业、汽车制造业、飞机制造业、造船业、兵工业、动力及燃料工业、基本化学工业，都应用国营方式，迅速依照计划予以发展。要使国营企业能负担这重大的使命，所有国营事业应采公司组织，彻底商业化与合理化，此外并应采取健全的人事制度。其他事业可由私人经营，但政府应加以管理与干涉，一方面使民营事业能与国营事业配合起来，一方面使民间的生产能力能集中于有用的生产事业如粮食生产、原料生产、食品工业、衣着工业、建筑工业、轻化学工业、印刷业等。在干涉私人事业，应特别注意加强同业公会的组织，和用管制度投资、金融控制及租税制度等间接但有效的办法。

战后的生产政策应以工业化为前提，无论工业矿业或农业均应尽力采取机械生产，用机械力来代替人力与畜力。工矿生产，应集中力量于前段所列举的工矿事业；农业生产，除用改良技术和发展水利的方法去增加食量生产外，其中心工作，当在改种原料品及其他可以提高单位农田的经济价值的经济作物。无论工业或农业，都应注重发展输出物品的生产，使我国能有大量的物品输出以换取工业化过程中所急需的生产工具及交通器材。对出口商品，应规定产品标准，厉行商品检验制度，以提高国际的信用。所有生产都应该互相配合起来，并符合于工业化的目标。我们认为过去关于国防生产与民生生产的论争是不重要的。我们应该重视国防生产，乃是不容争辩的。不过这并不是说应该完全不顾民生，即使在经济建设的初期，政府还是应该使人民生活能够维持一合理的水准。到了经济建设的后期，工业化已到了相当的高度时，则不只国防问题得到解决，人民生活水准，也必因而提高的。当然，对于国防和民生都没有关系的生产，政府是应该用限制投资、增加租税及其他干涉工具去限减其生产的。

生产的区位，应采取"在分散中求集中"的原则。中国因面积广阔，战后生产建设可分区进行。只要交通建设能与分区计划配合起来，则分区的办法是可行的。战后中国应建立七个生产区，即（一）东北区、（二）华北区、（三）西北区（新疆）、（四）华东区、（五）华中区、（六）华南区及（七）西南区。在每一区域中，工矿区位应依照经济的原则，集中发展。

交通与水利建设，应与生产建设配合起来。战后政府应即兴筑铁路上之经济主要干线，及发展内河航运与沿海航运。水利工作，为中国历代政府重要工作之一，在战争结束后尤应加倍努力进行。对于治导河流的工作，应注重祛除水患及兼顾灌溉航运及水力发电。

根据各种因素的情形而定。目前中国人力资源的缺点在质而不在量，因此在战后的最初二十年间，我国的人口政策应注重质的改进，而不应注重量的增加。关于改善人口品质问题，有人侧重遗传学说，主张奖励优生；有人侧重社会环境，主张提倡普及教育运动来提高国民的知识，民族健康运动来改善国民的体格，并实行社会革命来使所有国民都有平等发展的机会。站在工业化本身说，人力的最大问题是技术人员的缺乏。我们主张中国应于战后二十年内训练一千万个初中以上及职业学校以上毕业的人才，做新式生产的干部。

中国自然资源并不完备。铁藏的不足，是中国自然资源的最大缺点。此外橡皮铜铅锌及若干其他物质，部分只能仰给国外。但我们不能因此就放弃了工业化的企图。只要我们有决心，只要我们能努力，则原料的贫乏决不能阻碍我国工业化工作的进行的。

工业化最大的问题是资本问题。战后中国工业建设和交通建设都需要大量的资本。我们认为筹措工业化所需的资本是应采用"发展国家资本"及"控制私人资本"两原则。在发展国家资本方面，应特别注重国营事业的盈余和国家租税的收入。国营事业如能商业化，是应该能有盈余的。此项盈利，在建设初期不会很大，但在建设的进程中将会因国营事业之发展而日益增多。国家租税的收入，至少在建设初期应该是国家资本的主要来源。在控制私人资本方面，应从增加国民储蓄及管制私人资本用途两点入手。我们主张成立一中央实业银行并完成全国金融网来吸收人民消费有余的资金。此外在城市方面可用强迫提存及强迫储蓄的办法来增加民间的资本，在乡村方面可实行减租政策使剩余资本离开农村而走到工业。这样地双管齐下，国民的储蓄不难大为增加。这些民间资本，其使用应由政府加以管理。我们认为政府对一切公司和工厂的成立，应采用执照制度，同时公司工厂资本的增减，亦应事先得到政府的批准。

人力、物资和资本的不足，都可以设法自友邦得到帮助。我们如要迅速完成工业化的大业，自不能不借助于国际的人力物力。不过我们的根本态度，在将来的建国和在过去的抗战一样，应本于"尽其在我"的古训，保持"有诸己而后求诸人"的精神，无论国际局势如何变迁，无论友邦的助力是大是小，我们自己必以全力去完成建国的大业。我们相信，将来美英苏是会给我国以助力的。那么我国应极力欢迎外国技术人才的指导和欢迎外国资本的输入。只要外国愿意在不损害我国主权的条件下贷款给我国去从事工业革命和交通革命，则无论采取什么方式——特许外人举办某项事业、外人在华设厂、中外合办工厂，在外国出售股票债券、生产工具租借、商品借款或其他方式——都是利多害少的。

在战争初结束时，各国都要复员，我国应利用各国复员的机会去帮助工业化的工作。对于中国的军队复员，我们主张把军队有计划地分配于各生产部门，特别是新式工业，使工业建设和交通建设能够得到一批有训练有组织和有纪律的工人。对于外国的工业复员，我们主张向外国交涉，请他们把战时所建立而平时用不着的一部分机器厂、汽车厂、飞机厂、造船厂、兵工厂、化学工厂……让给中国，做中国工业建设的起点。同时为着赔偿日本在沦陷区对我国工业及经济的无理破坏与侵占，我国战后应自日本搬取我国工业化所急需的机器原料及交通器材。

战后我国对外既有许多方面需要外国的帮忙，所以对外经济政策应以不伤害友邦 感情为原则。我们认为中国战后的外交处处应有远大高尚的眼光，应采严正坦白的态度。凡对人类福利及世界和平有益的，我国应极力拥护。凡对我国生存有关的权利，我国应坦白力争。第一、中国应切实遵守其所签订的大西洋宪章、中美租借协定及中美中英平等新约。第二、中国在原则上应声明反对帝国主义、反对侵略主义、反对殖民地制度及反对任何民族不平等的主张，并郑重声明中国的目的只在求本身的自立自强，将来必不于自强之后走上帝国主义的途径。第三、中国应及早明白提出中国对美英苏等国所希望得到的帮助及所希望取得的权利。这种希望主要包括中国能借用英美资本来完成工业化的大业，中国在出售商品，赎买机器原料交通器材，及聘请技术人员时能享有贸易自由及平等的待遇，中国人民在南洋等地带能自由移民与经商。

在对外商业政策方面，我国战后既不应采取十九世纪方式的自由主义，亦不宜用高度关税、输入定额、贸易统制、外汇统制、清算协定……等过分阻碍商品流通及违反平等待遇原则的方法来保护新兴的工业。在这里我们还是主张采取有计划的干涉主义。干涉的工具，可以侧重于租税制度（特别是消费税）和生产奖助制度。只要这两种制度运用得宜，则在"门户开放"之下仍可给予中国生产以适当的保护。

货币整理和价格调整的工作，无论站在对内立场或对外立场说，在战争结束后都应从速进行。原有的法币因战时通货膨胀的关系单位实值已变得太低，最好能发行一种新的法币可以采取美汇本位，其汇率我们建议定为每新币一元折合美金一角。为着便利外资及外国机器工具的输入，战后我国新币应维持一稳定的汇兑率。新币发行后，原有的法币应按战争结束时之对美购买力平价计算其与新币的比价，兑换新币使用。沦陷区现在流通的伪钞及日本军用手票，应全部不准使用，或由政府以伪币十元（或更多）折合原有法币一元的汇率于战后三个月内收回伪币向日本清算。在采用新货币单位时，应同时对债务关系、公务员教师军士待遇及其他价格关系，有一根本的调整，使这些问题能够得到合理的解决。

财政政策，应在战后经济占有特别重要的地位。财政工具（特别是租税）是一种极有力的干涉主义工具；我国战后既应用干涉主义的方式去实施经济计划，则对财政政策自应予以重视。我们认为战后的财政措施，应遵守下列几个要点：（一）增加租税收入来平衡国家的预算；（二）运用财产税及其他直接税来筹措战后经济建设所需的资本；（三）利用国内消费税、生产奖励金及其他财政工具来控制生产；（四）利用所得税、消费税来控制消费；（五）征收由富裕阶级负担的租税来平均国家的财富。

战后中国得经济建设，应不限于工业建设与交通建设，政府并应根据民生主义的原则，平均地权、节制节本、改善劳动阶级的生活、保障全体国民的生存权利，并使财富分配能够符合于社会正义。

经济建设，是一种很艰巨的工作，必须全国上下集中力量，用革命的手段来进行，然后才有成功的希望。

（原载昆明《当代评论》第3卷第15、16期合刊，1943年3月）

欧洲战后人的问题

欧洲的黄金时代已经过去，经过此次大战的摧残，物质破坏的可怕撇开不讲，人的戕害是欧洲文明无可补救的致命伤。正如俗语所谓："留得青山在，何愁无柴烧？"现在欧洲的青山都已渐成穷山，将来必定无柴可烧。历史文化，一切以人为本，而此次欧战是亘古未有的大规模的与有系统的毁灭才能之士与有志之士的战争。此次战俘的数目的庞大，是从前所不能想象的，法国屈服之后，被德国俘虏的军队有二百万人之多。法国不过是四千万人口的一个国家，每二十人中就有一人作俘虏。若只计男子，每十人中就有一个俘虏。若再只计壮丁，大概每三四个人中就有一个丧失自由。平均大概每两家就有一人在纳粹的集中营中苦挨岁月。这些俘虏始终未释。三年来纳粹又时常在法国自由募工或强迫征工。但无论为募为征，一到德国之后就与俘虏无大差异，回国的可能甚为有限。此种人的数目无从估计，但也不会太小。在所有的占领国中，纳粹对于法国还算比较客气，在其他各国几乎都是毫无忌惮的强迫征工。无论是俘虏或是征工，所过的都是一种奴隶的生活，饮食又少又坏，只足勉强维持生命，十九世纪欧洲人所自豪的自由气息对这些人已经成了不可想象的幻梦。一个人的身体与精神，所能忍受的摧残是有限的。这些战俘与征工，不只身体的健康难以再恢复，精神的变态恐怕也是终身的重担。战后的欧洲，由人方面言，到底要呈显一种怎样的情景，是今日所难预测的。

以上的情形若只限于战俘与征工，欧洲的前途仍可不致是完全黑暗的。但一般未被俘或被征的人民，所度的也是极不正常的生活。最普通的现象就是饥饿，除德国的多数人民与各国内极少数的高级国贼外，整个的欧洲几乎可说没有一人能够吃饱，即或勉强吃饱，营养资料也非常缺乏。据最近比较可靠的消息，法国今日施行食粮分配制，每人各有一张食粮分配证。但因无人能饱，家人父子间的天然情绪都已消灭，各人都把分配证时时刻刻随身携带，不敢放在家中，唯恐家人盗用。法国如此，别国也必同然。有的地方情形，比法国还要恶劣，希腊的人民大批饿死，雅典城内连老鼠都已吃尽。欧洲的儿童，由挪威到希腊，大多都已不会玩耍，营养不足，环境反常，普通只是在家中发呆或在街上晒太阳，儿童的天真活泼只在世外桃源的瑞士与瑞典还可见到。如此彻底的戕贼，即或战争能短期内结束，即或战事结束后一般状态能很快的恢复正常，恐怕也是永远不能完全补偿的。

我们以上所讲的——大半限于身体的条件与物质的关系。较此尤为严重的，是心理的变态发展。外国秘密警察的时刻压迫，并且往往是不可闻见而永远围绕左右的惨酷压迫，使每一个人，无论男女老幼，都有精神失常的征象。野蛮的人质制度与无辜者的时遭杀戮，一方面使一般人终日提心吊胆，一方面又使每人的心中愤怒仇恨。"恨"是戕人性毁人格的最大强力，全体人民度过多年的恨的生活，他们的性格恐怕永远不能再返回本来面目，并且此种恨的心理并不限于被占领国的人民，德国人民最少也同样的忌恨邻国的人。我们都知道被害的人恨恶害人的人。但害人的人同时也更深的恨恶被害的人。因为害人的人自知理屈，但又不能承认，唯一精神自卫的方法就是制造种种的理由证明被害的人的低劣、可恶与可恨。被害的人有时可以宽恕害人的人，害人的人很少能够宽恕被害的人的，道理就在此点，所以人格堕落的并不限于被占领国，德国人退步的程度只有更深。如此充满怨恨之气的欧洲大陆，安能希望它再恢复十九世纪与二十世纪初期的高度雍荣？

身心的退步还不是欧洲堕落的惟一方面。欧洲的人口也要大为减少。法国的人口多年来就在逐渐减少，二百万壮丁的长期为虏，当然更使人口的生殖率显著的降低。别国的人口近年来或不增加，或只小有增加。但连小有增加的现象也是假的，并不是人口生殖率的增加，乃是科学卫生所产生的死亡率的降低与老年人的特别加多。实际上除苏联与东欧少数的地方外，欧洲各国的人口都早已趋于减少。经过此次的大流血之后，减少的征象当然只有更加明显。

人口若只有量的减少，问题还不大严重。但此次大战是人类有史以来规模最大一次的反淘汰作用。在高度机械化的战争之下，无论陆上，空中，或海里，都必须中上等与上等资质的人去作战与牺牲，平庸的人根本没有参加近代战争的资格。在杀人的武器日新月异的今日，各国人民的精华都迅速的被剔除淘汰。同时，纳粹在所征服的各国也专门戕杀才人志士，只留庸人去作奴隶。战后的欧洲人虽不能说都是庸人，但整个人口的品质水准要较战前降低，恐怕是无可置疑的。

人口问题的另一方面，就是男女两性的比例问题，战时大批牺牲的当然是男子，女子因战而死的是极少的例外。所以战后男女的比例必定失去平衡。假定到战事结束时，男子有一千万人牺牲，那就等于说，此后二三十年间，要有一千万个女子没有作母亲的机会。由人口增加的立场讲，这一千万个女子也等于死去。并且一般看来，男子不娶才智高于自己的女子，所以在婚姻自由而女子特别过剩的社会中，被男子所遗弃的女子大概是才力较高的要占多数。这也与战时男子的牺牲一样，是一种反淘汰的作用，是使整个人口品质退步的一种作用。并且这是明知其如此而莫可奈何的一种悲剧。一夫一妻制在欧洲根深蒂固，绝无打破的可能。女子无论如何的过剩，也只有听它去过剩。这是最惨的一种爱莫能助。并且节制生育的风气已经积重难返，才智愈高的人，无论男女，愈不肯生养儿女。此种趋势，战后也看不出会有改变的可能，整个的人口只有任它去量上减少与质上退步。今日文化的各种机构与技术，复杂万分，需要许多的高等人才来运用。战后的欧洲，此种人才必感缺乏，以后也难希望完全补充，机构必渐脱节，技术必渐后退，整个的西欧与中欧各国，在不太远的将来恐怕都要成为西班牙一类的破落国家。

在西方的各国中，英美苏三国可以部分的免脱上面所讲的厄运。美国始终不是战场，连轰炸的威胁都不感受，地大人多，最后人口因战事而消耗的也不会比例太大。英国的处境不似美国的优越，但除空袭外也始终未成战场，死伤的人数虽然可观，但不致像欧陆各国的严重。然而英美两国近年来都有人口减少的趋势，战后也无改变潮流的希望。至于苏联，人口最密工厂最多的部分沦为战区，前方士兵的死伤与后方人民的被敌戕害都非常严重，这是它处境不及英美的地方。但反之，苏联的人口是一向趋于积极的增加的，无论战时的损失如何重大，苏联的人口必定很快的补充满足，这是它胜过英美的地方。西方的世界，将来是英美苏的世界。目前北美合众国与不列颠联合王国两国的人口之合，约略与苏联的人口相等。但英美的人口似乎已达不再增加的阶段。苏联的人口仍呈有加无已的趋势。反之，英美的财力，物力，与技术的能力，又远超过苏联。这种相对相反的情形，是我们将来观察世局时所须时刻牢记的基本事实。

（原载《当代评论》第 3 卷第 24 期，1943 年 10 月 16 日）

大地战略

　　传统的兵书特别着重陆地上的战略。例如中国自古以来的兵书，所讲的完全为陆地上作战的道理。欧洲与地中海世界自古以来的民族，大都是海陆并重，但正式的兵书中普通也只讲陆战，没有人彻底的研究海军与海战。知道十九世纪，先由美国海军界开创，后又很快的传到欧洲各国，才有海军、海权与海战的理论出现。根据这个说法，海权普通可以决定国家的命运，陆军、政治、经济各方面无不深受海权的影响。海权的重要并不专在作战的海战，而特别在乎战时的封锁威力。一个海军国与一个陆军国作战，或一个大海军国与一个小海军国作战，有海军或海军强大的国家可以把无海军或海军弱小的国完全封锁。他自己可以尽量吸收世界各地的资源，又可以按战略的需要自由的运输军队。缺乏海军的国，相形之下，必致一筹莫展。拿破仑虽然横行欧陆，每战必胜，但因不能制海，最后仍被海上霸主的英国战败，根本的原因就在此点。一个大海军国，除了本土之外，必须在世界冲要的地点占有海军根据地，以便自由通行。一个海军国，专就海权方面而言，无需在海外保有广大的殖民地。例如大英帝国海权的基础并不在海外许多面积广大的自治领，而在直布罗陀，马耳他岛，苏彝士运河与赛德港，亚丁，新加坡等小的据点。同样的，美国的海权，除本国的海港外，最要紧的生命点就是巴拿马，珍珠港，中途岛，威克岛，马尼剌等地。

　　以上的一套理论，由十九世纪末一直到第一次大战时，是兵家所奉为金科玉律的。但最近二三十年来有一种新的理论出现，称为大地政治。大地政治，从一方面言，就是政治地理。所不同的，是政治地理是抽象学术的研究。大地政治以国际政治与实际行动为目的，学理不过是达到目的的工具。大地政治在各国都有人研究，但彻底钻研的是德国人。德国引起第二次世界大战就是根据这种新的理论。大地政治看旧大陆的亚细亚，欧罗巴，与阿非利加三块大地为一个大洲，大洲分为三层或四层。中央称为中土。中土之外，一个大半月形，东与南为亚细亚边地，西为欧罗巴边地与北非洲（北非洲可算为欧罗巴边[地]

的一部分）。边地之外，一个更大的半月形，分为二层。第一层为边岛，西为英伦边岛，东为日本边岛，都在大洲的边缘。再外一层为外岛，西为南北美洲，东为澳大利亚。所谓中土，西由苏联境内的窝瓦河盆底，向东包括西伯利亚的大部，以及蒙古，新疆，陕西，甘肃，阿富汗，俾鲁支，伊朗等地。这块中土大体为平原，乌拉山横贯其中，但也并不甚高，不足为交通的阻碍。中土多为沙漠或荒凉的地带。过去的人类于文化都集中于边地，中土无人注意。但过去历史上征服高等文化民族的游牧民族都来自中土，向东征服中国或印度，向西征服欧洲或非洲的开化民族。但过去因受交通的限制，这种危险总是例外的。然而自十九世纪铁路火车发达之后，尤其到二十世纪飞机发达之后，中土的重要性大大的提高。中土此后已成为一个积极的行动单位。但至今中土仍然没有一个可以自由向外发展的力量。反之东欧的强大力量却可征服，最少可以控制中土。据大地政治家的看法，东欧的统治者可以征服中土，中土的统治者可以征服大洲，大洲的统治者可以征服世界。征服中土控制欧罗巴边地与亚细亚边地大部的国家，一方面有大力建设庞大的海军，使英美等以小据点为基础的海军国望尘莫及，一方面可从陆地的后方夺取旧式的海军根据地。新加坡就是被日本由陆地袭取的，这正是大地政治家所认为当然的发展。

上面所谓东欧的控制者，当然旧式德国。所以纳粹德国认为征服世界的第一步就是要设法征服或控制中土。中土的大部分都是苏联的领土，所以德国必须用军事征服或用外交控制苏联，因为苏联实力强大，不可力取，但可以外交取胜。待十年二十年后，苏联已经完全在德国的掌握之中，再向西攻取欧罗巴边地，就是整个的西欧与北非，西欧与北非克服后，边岛的英伦就可过海占领。最后亚细亚边地与东方边岛的日本也无大困难而攻取。待大洲与边岛完全到手之后，外岛的新大陆与澳洲已无能为（力），政略占领不过是时间的问题而已。

这个大地占领，希特勒只采用了第一点，就是联络苏联。一九三九年八月的苏德协定就是这个战略的初步实施。但希特勒性急，不能等待十年或二十年，他认为苏联已经到手，于是就贸然进攻西欧。结果到一九四〇年夏，西欧是全部攻取了。但不列颠之战完全失败，边岛的英伦不能攻取。这似乎是证实了大地政治家的推论，须下十年二十年的工夫，完全控制中土之后，方可西征。

西征虽只部分的成功，但已经足使苏联惊慌失措，不再像一年前的那样肯与纳粹合作。西有英伦海峡不能通过，东有把握中土的苏联一天比一天的不可靠，至此希特勒必须两途中选择一途，或东征苏联或冒死过海峡征服英国。一年之后，一九四一年的夏天他最后采取了东征的策略。东征若能迅速的成功，也未尝不可补救过去的错误。但事实证明大地政治家的估计是正确的，苏联已非帝俄，不能很快的用武力征服。至此德国遂又陷于东西两线作战的地位，失败已无可避免了。希特勒当初若完全依照大地政治家的理论去作战，是否可以成功，当然无人敢说。十年二十年间可能的发展与变化甚多，未必不将他们的理论完全推翻。但希特勒未能履行大地政治的办法，因而走到今日的必败步地，大概是可以承认的。

虽然如此，我们绝不是说大地政治野心家的说法一定是正确的。专由大处讲，大地政治论有两个缺点，一是轻视空军，一是轻视新大陆。

纳粹虽在战事初期握有空中的绝对优势，但对空军仍不能算为十分的认识清楚。若果认识清楚就不致轻视美洲为外岛了。因为由空中看，美洲距欧洲极近，绝不能称为外岛。这就牵涉到第二点了，就是大地政治家的轻视美洲，尤其美国。美国是二十世纪世界上威力最大的国家。绝不能以"外岛"一词把他轻描淡写的抹煞。

我们为要明了旧大陆与新大陆距离的密切，不能看普通以赤道为中心的地图。我们必须找一张以北极为中心的地图去看一看，最好是去研究一格地球仪。我们立刻就可发现，所谓欧亚大陆与北美大陆，在北极圈的内外连在一起。由美洲与亚洲的关系言，北美的阿拉斯加与苏联的东北国境，隔海可以互相望见（这种关系在普通的地图上已可看出）。由美洲与欧洲的关系言，革陵兰岛与冰岛是欧美两洲间极便利的航空线。所以阿拉斯加可说是美亚之间的桥梁，革陵兰与冰岛可说是美欧之间的桥梁。旧大陆的力量若果控制两个桥梁，就可由空中威胁北美洲所有的重要地点。反之，美洲的力量如果控制两个桥梁，就可威胁旧大陆多数的重要地点。我们都知道阿拉斯加是美国的领土，革陵兰与冰岛的控制权也暂时转到美国的手中。同时美国又是生产力最大的国家，所以美国今日在全球战局中所居的中心地位，并非出于偶然，乃是地理形势与生产力量所造成的当然结果。在今日已不能专谈大地政治，大地政治仍有它的道理与重要性，但大地政治外我们还须注意天空政治，方能彻底了解今日的整个战局。同盟国由天空政治的立场言，是处于绝对的优势的。这在盟国必胜的许多原因中，不失为一个重要的原因。

（原载《当代评论》第 3 卷第 23 期，1943 年 8 月 20 日）

循环之理

周年纪念，是小至个人，大至机关团体，再大至国家民族，都要举行的，一年一度是人类生活中最普通的周期。周期的观念，讲到最后，就是循环的道理。一年一次，好似机械，其实并不机械，寒来暑往的一年四季是人类在未开化时就已注意到的自然界的奇特循环现象。随着季节的周回，草木也一生一死，古人甚至将此观念普遍化，认为整个的天地都随季节而生死。在推而广之，就成了一整套的哲理，认为宇宙万象无不按照循环起伏的原则演化不已。古来传下的易经一书，由殷代纯宗教的卜辞开始，降至卜辞的系统化而成了仍为追求吉凶的《周易》卦辞爻辞，再降而成为纯哲理的所谓十翼，追根究底，不过是出发于循环之理，"易"就是循环。同样的情势，永远产生同样的局面，这是预卜吉凶的信仰根据。《系辞传》对此发挥的最为透彻："易与天地准，固能弥纶天地之道。仰以观于天文，俯以察于地理，是故知幽明之故，原始反终，故知生死之说；精气为物，游魂为变，是故知鬼神之情状。"宗教部分富于迷信，哲理部分富于附会的易经，三千年来不知为多少学人哲士所醉心，就是因为它的主题是这个循环消息的真理。

天下事无循环不已的信仰，并不限于中国，古今所有开化的民族无不对此感到兴趣。但过去信仰此说的人，所凭的都是直觉的观感，偶然的经验，与随便的推论，无人作过有系统的探求，近些年来许多学者感到循环之理有彻底研究的必要，大家由不同的方向推敲，所得的结论出乎意外的互相吻合，并与天文学地质学所公认的道理完全相符。大致的结果可分为五方面叙述：

第一，自然现象的循环。四季，昼夜，月圆月亏，潮起潮落等等是自然界最明显最表面的变化，连野人与幼童也可看出，无需多赘。天变似属偶然，其实也有规律。雨量的多少遵循一定的曲线，美国许多区域的雨量每二十三年，由大雨至大旱，循环一次。有一位科学家在一九三九年就根据此理而预断一九四二年美国许多地方要有水灾。我们都知道去年美国果然雨大河决，为患不小。此外根据古树的年轮，我们可以看出水旱循环的自古已然，并非近世的特殊现象。太阳黑点，或多或少，约十一年轮回一周。黑点愈多，地面气温愈为低降。但地面由太阳发受的热气，在十一年的大周内又有三个小周，每小周约四十一个月。再往远处讲，地球上曾有过几次冰川时代，大地酷冷，生物多数死去。冰川过后，大地回暖，生物繁衍。我们今日的人类与文化，就是最后的一个冰川期之后的产物。将来是否再有冰川由北极冲下，毁灭人类与人类的一切文化建设？

第二，动物的繁衍也有节奏。加拿大的一种山猫与鲑鱼，每九零三分之二年间经过一度繁殖与稀少的周期。热带森林中的象，每六十二年特利繁庶一次。美国老鼠的周期为四年，每到美国总统的大选之年，老鼠世界必闹瘟疫，鼠类大批的死去。

第三，人身以及许多与人身有关的事也有循环。据美国宾斯斐尼亚大学某心理学家十五年的研究结果，人类心理中不知其然而然的与兴奋烦闷的周期有两种，长的一种每九星期轮转一次，短的一种只有两星期，每个人都属于两者之一。北温带人类的体重，一年之内也有起伏，阳历九月最重，二月最轻。生辰的月份有影响一人前途的趋势。二三两月生的人夭折的机会较少。学人哲士多生在二三四月的三个月内，艺术家多生在十月或十一月，大事业的经理人士多生在十月至一月的四个月内。各种传染病的流行也有波动。肺炎与恶性感冒每三年严重一次，白喉每六年或七年一度厉害。在印度孟买地方，鼠疫每一年零四天必猖獗一阵。

第四，人类经济生活的节奏，是连最保守的经济学家也不否认的。多数的商业部门都是每四十一个月盛衰轮转一次，这正与太阳气温射至地面的小循环完全相合，关系的道理何在，无人知晓。较大的商业周期为九年，最大的为五十四年。英国的麦价可以追溯到八百年前，八百年来几乎都是每五十四年涨落一次。据说，世界各地的商业虽为战争所扰，目下仍正在上涨的期间，一直可维持到一九四七年。过此时限，商业就要凋零，到一九五一年将达到不景气的低点。

第五，历史文化是人类最复杂最难捉摸的产物，但也不能逃出循环规律的控制。中国自古以来就有"五百年必有王者兴"或"五百年而圣人出"的信仰，孟子特别提倡此说。"圣人"或"王者"都是太理想化的名词，我们可以不必拘泥，只解为五百年而历史发生大变就可以了。就中国历史而论，渺茫的太古不管，南北朝以下的停滞阶段不论，由殷商至五胡之乱，五百年一大变的线索的确可以看出。盘庚迁殷，是中国历史上第一件可以确定的大事。也是真正封建时代的开始，事在纪元前一三〇〇年，由此至平王东迁为封建时代，前后五百三十年。平王东迁，进入列国，事在七七〇年。由春秋而战国，最后秦始皇于二二一年统一天下，前后五百五十年。秦汉的帝国由创立而极盛，而守成，而转衰，进到魏晋而达末世，最后由纪元三〇四年起而被五胡冲破，前后五百二十五年。这种五百年的长大节奏，是偶然，还是必然？

中国的例并不特殊，其他文化凡年代较为清楚的也都如此。希腊罗马文化的封建时代历史上称为王制时代，由纪元前一二〇〇年左右到六五〇年左右共五百五十年。纪元前六五〇年以下，地中海世界进入列国，到纪元前一〇〇年左右整个的地中海沿岸组成一个大一统的罗马帝国，前后又是五百五十年。罗马帝国也是由盛而衰，最后到纪元四一年罗马城被日耳曼人攻破，真正罗马帝国至此已经消灭，前后五百一十年。

今日的欧西文化，封建时代可由神圣罗马帝国囗后正式成立的纪元九六二年算起，一五〇〇年左右结束，前后约五百四十年。一五〇〇年以后，欧西进入列国，一直到今天。过去其他的文化，似乎此后都需五百五十年的发展始能成立大一统的局面，但欧西的列国时代至今方才经过了四百五十年，似此欧西的局面必须再酝酿一百年方能真正统一。然乎？否乎？可惜这不是今日在世的任何人所可得见或否证的。

近年美国堪萨斯大学某教授，排比过去历史上各方面的事实，，归纳类较，最后的结论认为历史的循环最小的周期为四十五年，再大的加倍为九十年，最大的周期为五百一十年。这最后的一种似乎与孟子的五百年而有王者兴的说法不谋而合。据这位教授的推算，西方文化目前正在走下坡路，到一九六〇年左右将要堕到黑暗的深渊。但其后文化再兴，到二〇〇〇年左右黄金时代又要出现。按我们上面的推算，进入列国五百五十年而后大一统成立，欧美似乎当到二〇五〇年左右方能实现太平。那位教授的推算，其详不得而知，他的所谓二〇〇〇本是约数，我们的二〇五〇也是约数，可能这两者是由不同方向推得的同一件事。如果欧美大帝国在二〇二五年出现，两说就都证实了。

上列的种种循环轮转，都介乎可解与不可解之间。一般所喜引用的因果律决不能解释此种现象。宇宙人生的任何最后问题，都不是理性与因果所能说明的，我们最多只能知其当然，不能知其所以然。据天文学的说法，整个的宇宙是一个大的圆体，各部分都时时刻刻在循着圆形或椭圆形的轨道旋转，周而复始，永无已时。一切的星球都不能逃出此理，我们人类所居的一个渺小行星，当然更无另辟一格的可能。人类以至一切的生物，究竟由何而来，性质到底如何，结局如何，生与不生的界线何在，由不生中如何有生，生如何又变为不生——凡此一切恐怕都是我们永远不能解答的问题。但一个道理我们或可以推想而知：整个的宇宙以及宇宙的各部既然都在旋转不已，我们这些细微的寄生之物恐怕也只有随着旋转，不仅是物质的或机械的跟着地理转动，并且一切的生长与发育也都是遵照循环之理的。若用一个比喻，宇宙好似大海，我们只是大海上的浪花。浪花尽管千奇万幻，却绝无独立自由可言。大海时刻流动，浪花也随着流动，只有把浪花看为大海本身的一部，浪花才能说是有自由。古今许多的诗人，包括西方的华兹华斯与东方的泰戈尔，都称宇宙为"永恒的寂静"，大概就是此义，宇宙万象循环不已，而宇宙本身永远仍然故我。所以就整个宇宙言，可说是寂静的，一切循环轮转都等于不存在。我由周年纪念而谈到宇宙最后的道理，似乎是离题太远。但这也可说是宇宙一体的明证。任何的事物，都与一切其他的事物互相关联，如果追根究底，任何一件小事一个小物都可引起我们到至大无外的太空六合。宗教家对于整个宇宙虔诚的接受，艺术家用慧眼看自然而与天地混一，都是参透了宇宙为一之理的至人。宇宙为一，可有种种不同的看法。最概括的唯理看法大概就是易经上所讲的"原始反终"之道。

（原载《生活导报周年纪念文集》，1943 年 11 月）

四强宣言的历史背景

莫斯科会议后的四强宣言，发表已久，国内与国外关心时局的人士已经多所论列，对于目前与未来的可能发展大家也已详细研讨，无需多赘。但关于四强宣言的背景，尤其较远的历史背景，似乎尚无人顾到。然而真正的意义恐怕只有历史背景才能指明。为清楚起见，四强的关系可分三层来谈，就是英美、英美苏与全体四强。

英美的合作今日已是不言而喻的事，假定无其他大国，在英美之间就绝无合作宣言的需要。我们都知道在卡萨布兰卡会议时，邱吉尔首相向罗斯福总统建议，两国正式订约，言明待美国帮助英国战败德国后，英国必出全力在太平洋帮助美国击溃日本。罗总统拒绝此议，不是因为他不信任英国，而是因为他无保留的信任英国，认为英国的诺言，尤其对于美国的诺言，是与条约相等的。这是不堪惹人注意，而意义非常重大的一件事。世局无论如何变化，英美绝不会处在对立的两个阵营。在许多问题上它们尽可常有纷争，并且因为它们关系太密，感情太深，所以他们往往可以毫无忌惮的激烈争吵。但它们永远不会真正对立。国际有事情，它们必并肩而立。这算是过去八十年间国际上最大的事实，今后也将是支配世界的最大力量。凡是不怕现实的人对此必须时刻牢记。英美历史同，制度同，语言文字同，过去因十三州革命而产生的恶感今日早已消灭，两方并且都看当初为主义为立场的多年内战为盎格罗萨克逊民族的无上光荣，华盛顿今日不只是美国的国父，也是英国人所诚心崇拜的英雄。因为过去的背景与今日的国情相同，他们认为两国的前途也完全一致，在太平时期和平相处，在非常时期并肩作战，是两国所公认的不言而喻的真理。

英美与苏联间，问题绝不似英美之间的单纯。问题的困难不在东欧，不在巴尔干，不在中东，不在印度，不在中亚，也不在任何的具体地方；并且问题的症结也不在主义的不同或民族血统的分别。这一切都是表面现象或不相干的事。真正的问题是文化问题。英美所接受的是中古以下西欧的文化传统，英美并且是这个传统的产儿，它们与其他的西欧各产儿不同的，是它们是一对孪生子。苏联的前身俄罗斯所接受的是中古时代东欧拜占庭帝国的文化传统，拜占庭与罗马虽同奉基督教，但它们的根本精神大不相同，发展到十六七世纪时，西欧方在开始大盛，东方的系统已呈衰老之象。但到十七世纪末期东方出了一个怪杰，彼得大帝，他决意要全盘西化，使东方可与西方在政治上在文化上并驾齐驱。他的事业相当的成功，政治的机构大体上抄袭了当时西欧盛行的君主专制，文化上也极力的摹仿西欧，尤其法国。但表面的机构易学，根本的文化是不能随意改变的。由大彼得到列宁的二百年间，俄罗斯是欧洲国际舞台上的重要一员，但我们若分析俄国与西欧的文学，哲学，与政治思想，就可看出它们互相之间始终不能真正接近。西方各国对俄又疑又畏，又不明了；俄国对西方无论如何的学习，始终对西方文化也不能彻底的接受，甚至也可说不能真正的了解。一九一七年俄国发生共产革命，共产主义来自西欧，似乎又是接受了西方的一套新的理论，并且此次不是像彼得大帝时的接受西方的现成制度，而是把西方仅谈谈而已的理论认真的付诸实施。但西方人始终未想把共产主义认真实行，以致在过去二百年间东西的互不了解之上又加上了一层障碍。结果是二十四年的时间，由一九一七至一九四一年，苏俄被西欧摈诸国际范围之外，其中虽有短期的合作，不久也完全失败。这不是任何人的错误，既不是西方资本主义者固执，也不是东方共产主义者乖张，而是历史与文化根本不同的当然结果。一九四一年纳粹攻苏，情势逼得英美与苏联密切合作，公同的危机使两方极力互相迁就，希望能够互相了解。本年五月苏联正式解散了东西之间表面上最大障碍的第三国际，这可说是东方极力迁就西方的一种表现。十月英美要人移樽就教，到莫斯科开会，也算是对于苏联的一种善意的表示。会议在苏军捷报频闻声中很快的并且非常顺利的结束，可见英美对于苏联的立场与主张，必会极力的设法了解与接受。此后四方的层面，专就国际的形态讲，可说又恢复到第一次大战以前的情形，俄国已又完全返回国际的圆桌，与其他强国共同主持天下大事。这当然是好现象。但虽在战时我们仍不妨承认历史的事实，东西两方文化的根本不同仍然存在，盎格罗萨克逊民族与俄罗斯民族之间的问题绝不会像前者内部的问题那样简单。

至于中国的名列四强宣言，意义就又不同。中国过去为列强的侵略对象，至今也仍是尚未开发的国家，虽有六年半的抗战伟绩，也不易为人所重视，这是所有关心国事的人所不可忘记的。除抗战的贡献外，国际情势也是使我们列于四强之林的重要原因。但国际情势随时可变，真要立脚仍是靠自己的真正本领与切实力量。我们的历史文化既与英美不同，也与苏联迥异，所以我们对两方都有苏联对英美所遇到的根本困难，这是无可避免的，也不必强求避免。但力若相当，此种根本困难不至影响我们四强之一的地位，否则一朝有变，我们就可骤然跌倒，又返回到过去的弱国之林。我们对于四强宣言要抱一则以喜一则以惧的态度，并且惧的成分须多于喜的成分，才有保持既得地位于永久的希望。（宗）

（原载《当代评论》第四卷第一期，1943 年 12 月 1 日）

全球战争二周年

自从一九四一年十二月上旬日本偷袭珍珠港，原来东西并立的战场混而为一，产生了人类有史以来的第一次名副其实的全球大战。全球战争可以分为三期。第一期由珍珠港事件，至一九四二年的五六月间，这可看为中国过去四年半抗战与过去两年零三个月欧战的继续，大体上是侵略国一帆风顺，同盟国逐步失利与退守的阶段。第二期为一九四二年五六月间至今日的发展，是同盟国在个战场采取零星而有计划的进攻的时期。第三期为今后的阶段，为便利期间，可看莫斯科会议于四强宣言为二三两期的分界线。现在同盟国已有结束战争的全盘计划，眼看就要见诸实施，到德国与日本无条件投降为止。

我们可把战争分为四个战场，太平洋、北非与地中海、苏德、中国与远东，分别讨论。

（一）退守阶段

一九四二年十二月日本不宣而战，由多日前向东开出的航空母舰上起飞一百五十架至三百架的飞机，向珍珠港偷袭，英美在太平洋及远东的所有属土与据点也同时遭受攻击。美国海军在珍珠港所受的损失非常严重，计沉没主力舰一艘；重伤主力舰四艘，驱逐舰三艘，其他军舰二艘；轻伤主力舰三艘，巡洋舰三艘，其他军舰二艘。在偷袭的时候，港内的军舰共有八十六艘，计主力舰八，巡洋舰七，驱逐舰二十八，潜艇五，其他三十八。偷袭的结果，全部主力舰或沉没，或重伤，或轻伤，暂时全部丧失战斗力。仅次于主力舰的巡洋舰，七只中也有三只受伤。此外并有飞机一百七十七架被毁。当时的情势的确危险万分，日本的冒险家胆量如果再大一点，就可将珍珠港占领，使美国在太平洋中完全无立足之地。

十二月八日，日本进攻马来亚，两日后即炸沉英国两只主力舰。在最初的五个月间，日本的闪击非常成功，菲律宾，马来亚（包括以不可破闻名的新加坡港），荷属东印度，英属东印度的大部，香港，都先后沦陷。所罗门群岛与新几内亚也有日军登陆。澳大利亚岌岌堪危，日本的空军常由西南太平洋的占领岛屿上向澳洲进袭。最后，去年六月初日本又进军北太平洋的阿留申群岛，占领了吉斯卡与阿图。

北非战场，自从义大利在一九四〇年六月宣战后，就呈显一个打拉锯战的状态，此退彼进，此进彼退。日本进攻英美后，德军也开入非洲增援义军。德军东进，到去年六月而情势骤然逆转，六月二十日北非重镇的多布鲁克失守，到七月一日英军已退到艾尔阿拉敏，距离亚历山大港只有七十英里。亚港如再陷落，德军就可经苏彝士运河而囊括整个的近东与中东，这个危险与半年前日本几乎占领珍珠港的危险可谓同等严重，如果实现，盟国的局势就将难以挽回。

在苏德战场，纳粹一九四二年的夏季攻势也收效甚大，克里米亚半岛不守，苏联黑海舰队所依托的第一大港塞巴斯托巴尔也于七月四日陷落。德国攻入高加索，占领油田区的计划，似有成功的可能。若果如此，北非的纳粹若再通过苏彝士运河，两路的德军就可在西亚的原野上会师；转而向东，并可威胁印度。

中国与远东的战场也同样的失利。越南早已屈服，泰国也在太平洋战事爆发后而投降日本。日军进入缅甸，切断滇缅路。一因准备不充，二因人事未尽，到去年四月大势已去。五月，日本由缅甸进军云南境，另一枝则作出进攻印度的姿势。

（二）小攻阶段

盟军第一次的伟大成功，是在太平洋战区。去年五月上旬，珊瑚海上美日之间发生第一次较为重要的海空接触，日本丧失船舰十只，计航空母舰一，重巡洋舰一，轻巡洋舰一，驱逐舰二，炮艇四，供给舰一，此外尚重创敌舰六只，其中航空母舰一只可能亦以沉没。美国方面只损失船舰三只。六月四日，日本海空军又向中途岛进攻，大战三日后，日本又败，损失军舰七只，外有其他军舰多只，包括非主力舰两三艘，受重伤。美国的损失为三艘。经过这两次实验后，日本已知美国海军的厉害，美国也开始有了反攻的把握。八月美军进攻所罗门群岛南部瓜达堪纳尔岛，岛上有日本建筑将成的大飞机场，被美军完整攻取。瓜岛地势冲要，盟军占领后，可以逐渐向北夺取全部的所罗门，向西攻占新不列颠岛与岛上的拉布尔港，拉布尔是西南太平洋的日本最大海空根据地。日本坚守瓜岛，两方相持，到十一月而发生自第一次大战英德之间的日德兰战役以来的最大海战。大战自十三日至十五日在瓜岛的海外连续三天，日本海军大败，计损失主力舰一，重巡洋舰一，轻巡洋舰二，驱逐舰五，运输舰八，葬身鱼腹的日军估计为三万人，此外受伤的军舰尚有七只。美国的损失只为轻巡洋舰二，驱逐舰六。日本屡次战败，知道瓜岛不能再守，到本年一月底将岛上残余的陆军全部撤退。

同时美澳联军在新几内亚岛上向日军反攻，以便解除日军对于澳洲的威胁。本年三月上旬日本的一个大运输舰队，共二十二只，于开往新几内亚的途中，在俾斯麦海被盟国的空军全部炸沉。日军自此不敢再用船舰接济新几内亚的军队，只用小艇与土人的木船偷运给养。八月六日，日军占领下的空军基地蒙达被美军攻取，盟军的轰炸基地因而前进二百英里。九月四日，盟军又在新几内亚之雷区登陆，雷区为新岛北岸日本两大基地萨拉摩与威瓦克之间的最大据点。十六日雷区全入盟军之手，三天前萨拉摩已被收复。十月二日美澳联军又占领芬斯哈芬港。新岛的肃清虽仍需时日，但岛上的重要据点大部已落盟军手。

在新几内亚战事的猛烈进行中，盟军并未放松所罗门群岛。日军难抵盟军的压迫，于本年十月上旬由群岛中部的科隆班加拉岛撤退。所岛战事的直接目的，是在打击日本在西南太平洋上的最大基地新不列颠岛上的拉布尔港。十月十三日盟军大规模空袭拉港。炸毁击落敌机一百七十七架，代表该港日空军实力的十分之六，日轮一百二十一艘悉数沉没，包括驱逐舰三只。盟机出征者一百架，仅损失五架，为空前的空战大捷。此后盟军并屡次由空中进袭，每次日军无不损失惨重，可见日本空军的劣势已达严重的阶段。十月二十六日，盟军又在所罗门北部的宝（宾）库岛登陆，二十八日在附近的蔡苏尔岛登陆，十一月一日在北所罗门日本最后大据点布肯维尔岛登陆。待所罗门群岛全下之后，盟军就可进攻新不列颠了。

在北太平洋，美国海陆联军于本年五月十一日在阿图岛登陆，到月底阿图完全占领，日本守军全部覆灭，吉斯卡的日军与日本本部的联系遂被切断。至此日本第一次改变过去一兵一弹也要死守的顽强作风，吉斯卡的驻军利用北太平洋的深厚雾层偷偷撤退，八月十五日美加联军进占该岛时，已不见日人的踪影。阿留申群岛全部克服，日本对阿拉斯加以及加拿大的威胁解除；反之，美国此后可以计划由阿留申而进袭日本本土。

在北非方面，德军自去年七月一日到达艾尔阿拉敏之后，四个月间不能再向前进。十月二十三日，英国第八军偕同友军开始反攻，十一月五日轴心军溃退，名将阵亡或被俘，空军大批被毁。英军很快的进入利比亚境，苏彝士运河四个月来所受的威胁完全解除。

当德军西退的时节，正是盟军在西北非登陆的时机。自十一月七日起，盟军呼应第八军的胜利，发动东西夹击的钳形攻势。英美的三军联合在法属北非与西非登陆，登陆所用的船舰共八百五十艘，大小运输轮五百，各级军舰三百五十，是人类有史来最大规模的登陆战。一星期后，全部的法属北非与西非都已占领，只有突尼西亚仍在轴心的手中。突地在义大利海军的监视之下，英美不能顺利的登陆，由陆地东进又遇到交通困难的问题。机会一纵即逝，轴心不久已有防备，结果是又经过半年的恶战，到本年五月七日盟军才占领了突尼西亚首府突尼斯与要港比塞大。此后一星期内，轴心军全部投降，统帅阿尼姆也被俘。此役的战俘将近三十万，将领十六人，战利品甚多，大炮即有千尊。北非的大捷，使盟国控制整个的地中海南岸，自从三年前义大利参战后就中断的地中海航线，至此又可畅通，四个月始能来往一次的好望角航线不必再绕，船只吨位大为节省，盟国的运输量突然增加。

六月中旬盟军攻占突北的义属三小岛后，七月九日英美加联军在西西里岛登陆。岛上义军抵抗甚微，德军也未能发挥威力。七月二十五日墨素里尼被迫辞职。八月十七日西岛的战役胜利结束。

九月三日盟军攻入义大利本土的南端。当日义大利的巴多格里奥政府已经投降，但为盟军的便利，投降的消息到八日方才宣布。不只陆军投降，义大利相当强大的海军，除少数被德人劫持的舰只外，全都归到盟方，世界海军的均势骤然改观，地中海成了盟国的内湖，英国的一部海军，也可放心大胆的东开印度洋，远东的战局也面目一新。义军退出战争后，德军大批开入义国半岛，进驻罗马，并劫墨素里尼而在北义建设傀儡的共和法西斯政府。盟军向北推进，十月一日进占南义的大港那不勒斯。同时，南义的空军最大基地福查以及附近的十三个机场也落入盟手。此后盟国空军不只可以控制全义的天空，并可进而威胁南德与巴尔干的所有轴心重地。十月十三日义大利向德国宣战，盟国承认它为共同交战国，不久义军也可参加向北驱除纳粹的行动。

德国在东线的一九四二年夏季攻势，最大的成就是克里米亚半岛的占领。但这并不是德国最大的目的，纳粹一心一意想要攻取的是史达林哥勒。九月中旬，德军进入史城。德军的计划原想三个星期攻下史城，不意夏季转入秋季，又进入冬季，德军已经深入城内，德人认为苏军按理早当后退，无奈苏军不守常理，死不肯退。英美在北非登陆后，苏联由史城的几个坚守据点也开始发动反攻。由十一月中旬一直恶战到本年一月底，三十万健儿的德国第六军完全消灭。一月三十一日，保罗元帅不顾元帅之尊，也亲自投降。二月二日最后的小股德军也被解决，史城完全收复。三十万人的大军大部消灭，被俘的只有九万人，其中包括将军二十四人，其他的军官二千五百人。这是十九世纪德国统一以来德国陆军向所未有的大失败。

窝瓦河上的名城收复后，二月十四日红军又攻下高加索门户的罗斯托夫。此后战事渐趋沉寂。入夏以后，德国又发动新的攻势，但与往年不同的，是夏季攻势一无所得，并且不久就宾主易位，东线的战争便成苏联的夏季攻势。七月上旬苏军开始反攻，八月四日收复纳粹占据两年有半的东战场中线大据点奥勒尔，次日又克复比尔哥罗德，二十三日卡尔科夫收复，九月二十五日斯摩棱斯克城攻下。斯城自一九四一年夏德国攻苏初步胜利后就是希特勒在东线的大本营，由军事上言斯城的收复是苏联本年夏季攻势发动后的最大收获。十月初苏军已进底聂伯河东岸，七日渡河而西，十一月一日收复克里米亚半岛门户的勃累科普，半岛上德军的退路遂被切断。十一月六日收复乌克兰的首府基辅，至此聂伯河西岸的苏军阵地可谓已经稳定，纳粹坚守西岸的原定计划已被打破。苏联夏秋之间四个月反攻的结果，收复失土二十五万方英里，在芬兰岛黑海全长一千二百英里的战线上苏军全面进展，进展的深度在一百八十至二百七十英里间，解放的居民区三万八千[人]，其中较大的城镇有一百二十处。

中国与远东的战场，自缅甸撤守后，滇缅边境始终无大变化。本年八月中下旬间，罗斯福总统与邱吉尔首相在魁北克召开英美两国军政要人的会议，中国外长宋子文氏亦参与一部会商，会中决议设立东南亚洲盟军司令部，委英国突击队总司令蒙巴顿氏为新战区总司令。蒙氏为海陆空三军联合作战的专家，过去曾计划对于欧洲沿岸的多次突袭，对北非及西西里的登陆都有贡献，此次受任新职，显然的是要叫他利用他的丰富经验。不久义大利投降，海军转入盟方，英国的海军一部都可以开入印度洋，远东的局面大为好转。蒙巴顿十月十六日由印飞渝，晋谒蒋主席，谈商四日，二十日飞返印度。据事后宣布，中英美三国间已商定在远东对付日本的作战计划。

（三）总攻阶段

莫斯科会议的出乎一般意料的顺利，与十一月二日四强宣言的发表，不只是重大无比的政略胜利，也是联合国家总反攻即将开始的预示。主要的盟国间现在已无政略与军略的不同见解，盟国的实力也已积养到可以大用的地步，小攻阶段的收获也已达到直接威胁西方德国与东方日本重要外围的程度，全球各站场总反攻的时机显然的已经成熟了。如何反攻，是最高的军事秘密，局内人当然不说，局外人也不必妄事揣测，但对于反攻时的局势我们不妨推测一二。

太平洋战场以海战及辅助海战的空战为主。美国海军的主力早已集中此地，远较日本为强大，美国海军的辅助空军，有飞机一万八千架，也大都在太平洋。海空作战，美澳联军都已占得优势。盟军已等于公开声明，下一步的进攻目标为新不列颠岛。岛上的大港拉布尔为西南太平洋的锁钥，为日本在该区活动的神经中枢，拉港一经攻下，西南太平洋就等于解决，再下一步就可进攻荷属东印度或其他较大的目标，不再似过去一年余以来的对于许多小岛的逐一跳袭了。在最近未来的战事中，纯就战略言，日本已被它的作战传统注定要失败。日本的海军向来受制于陆军。英美的海军有独立性，作战时以消灭对方舰队为目的，帮助陆军作战只是次要的使命。日本自变法以来，历次的对外作战中，海军无不处第二位，整个的战略以陆战为转移，战略的计划也由不明海理的陆军军人决定。此次日本对英美作战，也非例外。日本偷袭珍珠港时，如果肯让海军自由作战，进一步冒险，就当同时开出全部或大部的作战舰队，偷袭成功后，逼迫美国的海军出来交锋，一决雌雄。若果如此，当时美国在珍珠港的舰队代表美国海军的一半，就极有全军覆没的可能，日本就可一鼓而下夏威夷，英美最少在这一世代之内就将没有战败日本的希望。但陆军不容海军如此放手去作，惟恐海军有失，不能再护送陆军向世界各处冒险。一年以来美国逐步压迫，在西南太平洋夺取岛屿，按理日本当由开始时，就拿出较大的海军力量制止，使盟军没有翻身的机会。但这又是陆军所忌。时至今日，日本惟一避免战败的机会已过，美国的海军已全部修复，新的军舰也有增加，日本海军此后即或在西南太平洋冒险决战，也绝无胜利的把握。事既如此，陆军更不会让海军在新不列颠死守。如天夺其魄，使日本海军冒死出来在西南太平洋决战，东方的战事就有早于西方而结束的可能，西南太平洋的结局已可完全看清，今日仍不可知的就是拉布尔一攻取后下一步的发展。

地中海战场与苏德战场渐有混而为一的趋势。英美与苏联两方所同意的第二战场必在莫斯科会议中商定，第二战场一经开辟，欧洲方面的两个场就必很快的混为一个战场。过去英美似乎认为第二战场当在地中海北岸（义大利不计）选择适当地点开辟。苏联则认为义大利以外的地中海地带它自己可负全责，英美惟恐西欧登陆，人力物力都要消耗太大。苏联并不反对英美消耗实力，因为苏联自己的消耗已经过重了。这种矛盾的见解，现在都已调协，西方的三强必可通力合作而向德国总攻。总攻的方式如何，我们不必妄测。史末资元帅在莫斯科会议之前，曾声称第二战场将于明春开辟。这到底是烟幕，是疑阵，或是使敌人莫可奈何的实言？

东南亚洲与中国战区是过去一年比较沉寂的地带。反攻缅甸的呼声近来很高。若要反攻缅甸，最少在开始的阶段海空军要重于陆军。英国在印度洋的海军必须先能控制孟加拉湾，控制该湾必须先夺回安达曼群岛。这绝非军事的秘密，而是最简单的军事常识。因为此事过于明显，可能盟国不如此作，而另作别图。究竟如何，当与欧洲局面的明朗化同时出现。

假定一切都能按照计划进行，明年当为全球战争的决定年，可能战事在明年结束，最少可在西方结束。史末资元帅在一年以前就曾判断大战要在一九四四年结束。当时的局面尚不清楚，我们今日大体上可以同意史氏的看法。

十一月八日·昆明。

（原载《当代评论》第 4 卷第 1 期，1943 年 12 月 1 日）

法国解放委员会与法兰西前途

经过半年的来往折冲，法兰西民族解放委员会方于今夏在北非成立，由吉罗德与戴高乐二氏同为主席。但至十一月十日阿尔及尔的消息，忽谓吉罗德已辞去主席职务，此后由戴高乐独任主席，吉氏将专任法军总司令。当日晚间，戴高乐招待记者，显然的事前授意记者询问："如吉罗德不誓绝维琪，是否能继续担任法军总司令之职？"戴乐答称："法国之伟大领袖，均不应与维琪有任何联系……全体法人，尤其是法国军队及其领袖，均受制于委会……委会而外，任何方面之命令均属无效。"又有人询戴氏战后是否接受总统之职，戴氏只作模棱两可的答复。并由上列一段消息，可见吉罗德已被排挤，戴高乐有惟我独尊之概，并且颇有战后求取法国最高政治地位的野心。

但吉罗德并不是一个可以随意摈弃的人。吉氏以辞去总司令职务相要挟，勉强解委会对于肃军问题让步，不能以倾向法西斯或维琪政府为名而强迫大批将领去职。吉罗德在法军中颇孚众望，除吉氏外恐无第二人能调动法国的多数军人，解委会只得让步，至十五日吉氏方才打消辞意。据谓吉氏被解除主席之议，吉氏个人事前全无所悉，乃临时被迫承认。戴高乐似乎所为太过，结果只得又后退一大步。但至十八日解委会又决议扩大"肃清委员会"的权限，似此戴吉之争尚未解决，未来的发展深值关心法国前途的人的注意。

吉戴两人间的问题，可分立场的与个人的两方面。由立场言，戴高乐比较急进，吉罗德比较保守。法国的军人倾向于保守，一部分并且属于保王党，根本反对第三共和国。在一九四〇年法国屈服的许多原因中，军人的反对民主共和国与倾向纳粹主义，也是一个很重要的原因。吉罗德、贝当、魏刚一群军事首要大体都采此种态度。吉罗德唯一超群的特点，是他极力主张反德，始终认德意志为法兰西的世仇，法国绝不能由亲德政策中求出路。所以他虽在法国屈服前被俘，后来居然设法逃脱，待英美在北非登陆时他又到北非加入同盟军向纳粹军作战。他在法军中声望甚高，在达尔朗被刺之后，他是唯一能够号召法国多数高级将领与中级军人的首领。他与这些人政见本来一致，这些人经过两年半的惨痛教训后，也知道与纳粹妥协而求出路为幻想，所以他们在抗德一点上也与吉罗德意见相同，达氏死后吉氏继为北非的军政首领是很自然的。假定战后的法国能听这一批军人自由安排，第三共和国绝不能恢复，即或旧王朝不立刻复辟，一种修改的法西斯主义也会成为法国的政治经济纲领。

但这并不是说戴高乐代表不折不扣的民主主义。他虽不属于正统的保王党，但他也是军人出身，左右的要人也多为军人，在法国军人中找一个死心蹋地的民主主义者，几乎是不可想象的事。他年事较轻，资格较浅，在法国屈服前不久仍是上校，属于中级军人，保守主义的色彩不似老军人的浓厚，在口头上服膺民主主义还不致如鲠在喉的不能说出。战后的法国如让戴氏的一党自由摆布，最少暂时是要恢复第三共和国的，但最后的结局如何仍在未定之天，能否与吉氏一党的作风有多大的分别，恐怕不是任何人所敢肯定答复的。

吉戴两人之间如果只有立场的不同，问题就将简单许多，主义崇拜者也就可以各随所好而放心大胆的扬此抑彼，但个人的成分又非常复杂，使任何客观考量的人都有无所适从之感。一九三九年欧战爆发时，吉罗德已是上将，戴高乐只是上校，到一九四〇年春季雷诺的短命内阁，才擢升戴氏为准将，他今日仍只是准将。在古今中外官阶观念森严的军队中，戴氏绝无与吉氏并肩而立的资格。同时，戴氏在法军中一向被认为捣乱分子，在战前他著作了《未来的陆军》一本书，毫不客气的批评法国的军事当局与作战策略，更增加了一些老将领对于这个年幼无知的青年军人的厌恶。他提倡机械化的小陆军主义，反对法国一贯的以步兵为主的大陆军主义。他这种主张，不能说全无见地，一部的主张并且被纳粹采纳。他的机械化的主张在今日公认为正确的，但他的机械化之后，就只需人数甚少的一个军队的主张，已为此次大战证明为完全错误。但无论如何，他如果只平心静气的发表主张，他的人缘还不致于高度的恶化。但书中的口气逼人太甚，使多数的军事首要读后感到难堪。例如书中有一段说：

> 一个天降大任的人物的深沉孤特与自足，使他只在非常时期才为人所重视。虽然与他接触时，使人不得已而承认他的超绝性，因而对他发生敬仰，但他总不为人所喜，并且他不屑于把他的大才用于平时登进所需的逢迎阴谋与虚伪。所以除非他意志坚决，百折不回，他一定被环境所软化或腐化。

他这一套话并不是无的放矢，与全书的论调合观，他一方面是在痛骂法国军队中的一批老前辈，一方面又在说明他自己是一个特殊的天才，一个上天将降大任的人物。一个自认为有才的人，不妨有此抱负，但大可不必半公开的如此自我夸耀。认清此点之后，我们就可明白为何戴高乐虽然抓住机会发动自由法国运动，但无论是投到他的旗下的法人，或与他合作的英美军政要人，都感到与他共事的困难。单就他与吉罗德的关系而言，在半年的来往折冲期间，吉氏的让步远较戴氏的为多，最后吉氏不顾官阶的界线，与他同为解放委员会的主席，但仍不能满足戴氏的要求，仍要用政治的手腕强迫吉氏辞职，此种作风在平时已不足为训，在国家命脉不绝如缕的今日更是使亲者痛仇者快的行动。就私人论，我们并不说吉罗德是完人，但就他那比较谦让比较妥协的行动言，他可说是有略高一等的政治风度。

假定吉戴之争只是两人之间的问题，或只是解放委员会的问题，我们就无需多加研究。但实际此事一方面影响法兰西的整个前途，一方面牵涉到盟军在欧陆大规模作战时的利害，所以凡属同盟国的人士对此不能漠不关心。先就法国本身言，一九四〇年的屈服证明法国内部情形的复杂万分，将来只有一批谨慎周到的领袖才有重导法国于常轨的希望，凡一意孤行或政争气味太浓的个人或派别都只有增加复国后法兰西的复杂性，这是我们站在同盟国的立场而为法国担心的。法国将来如不能稳定，整个的欧洲就极少稳定的机会。这是使我们更加深一层忧虑的可能发展。

再就同盟国将来在欧陆的作战前途言，法兰西当然是同盟国要解放的一个重要对象。但因解放委员会既不是逃亡海外的旧政府，又不是合法产生的新政府，而法国的情形又不可思议的复杂，所以主要同盟国虽都已承认解委会，但都是有条件的承认。承认照会措词最概括的是苏联的照会，但也没有正式承认该会为法国的合法政府，以免将来盟军真在法国登陆时引起无谓的内部纷纠。戴氏对此一概漠视，近来屡次公开表示该会也就等于戴氏自己是法国的主权政府，将来盟军一在法国登陆，该会就当然进入法国，毫无问题的统治法国。这个立场是没有一个同盟国的政府肯接受的。将来登陆时可能因此而发生无穷的误会与困难。

以上的话或过于直率，但我们唯一的希望是法国能积极增助盟军的作战，并能在战后恢复它的旧日欧洲文化重心的地位。要达到这两个目的，今日法国各首领的行动作风是有莫大的关系的。（宗）

（原载《当代评论》第 4 卷第 3 期，1943 年 12 月 21 日）

苏捷协定与波兰前途

去年十二月十三日，苏捷互助条约在莫斯科签字，约中除规定战时互助及战后合作外，有特别可以注意的三点：（一）明白指出防止德国的东侵政策为主要的目的；（二）对方互相约定不参加任何方式的反对缔约国一方之国际结合；（三）欢迎与苏联或与捷克接界的第三国加入协定。第一点是针对过去一千年德意志民族东进冲动的历史而发，俄捷两族都曾受过东侵政策的影响，一九三八至一九三九年间纳粹的侵灭捷克，与一九四一年六月纳粹的攻苏，不过是最新的例证，自中古以来德人几乎无时或忘向东的发展，苏捷破除外交惯例，在条约中将假想敌的国名提出，是有千年以上的痛苦经验为背景的。

关于第二点，我们可说那是苏联外交上的莫大胜利。年来英美方面与中东欧各国在伦敦的流亡政府方面，颇有人主张组织密切的小国结合，以防德国再起。苏联对此不能放心，认为暗中有反苏最少是防苏的作用，始终反对此种计划的实现。捷克处在中东欧的中央，若无捷克参加，所谓小国结合是无从谈起的。现在互助条约中既然根本禁止捷克参加此种结合，苏联在西界将来就可以高枕无忧了。并且小国与大国同盟，小国当然就等于成了大国的从属，将来若有其他的小国加入，也就同样的成为苏联的从属，任何可能的西来威胁，无论是来自德国的，或来自再西的方面的，苏联已都预先防止了。

最有趣的是第三点，所谓欢迎第三国参加，显然的是指波兰而言，伦敦的捷克政府方面并曾公开的邀请波兰签字加入。苏波两国目前断绝国交，断交的表面原因无论双方是如何说法，真正的原因当然是疆界问题。一九三九年九月苏联与纳粹夹攻波兰，瓜分波兰，苏联所分得的占波兰旧土的二分之一以上。一九四一年纳粹攻苏后，七月底两国在伦敦签订条约，声明两年前的瓜分协定无效。但战局好转后，波兰颇疑苏联有推翻前约的意图，苏联的抓住机会而宣布断交，不只更增加了波兰的疑虑，并且使世界各国都不免疑神疑鬼。现在苏联又造出外交上的既成事实，要叫波兰接受。波兰如果不问清楚而签字入盟，就等于低首下心的投归苏联，若要求苏联明白宣布断交事件并未取消一九四一年七月条约的效力，恐怕苏联未必就肯答应，流亡的捷克恐怕也无居中担保的力量。波兰如果拒绝参加，就等于与苏捷处在对立的地位，也绝非国家前途之福。此事究竟如何解决，殊难逆料。波兰流亡政府日来正在苦心焦思的谋求出路，何去何从，最近的将来或可分晓。

苏波两国都是我们的盟国，我们对此事不愿有左右袒的表示。但我们愿由盟友的立场向双方提出几句逆耳之言，希望能对问题的解决有所贡献。就苏联言，苏联既然否认纳粹的一切侵略，似乎也当否认自己与纳粹所共同发动的侵略，在法理上这是难以驳覆的原则。但就道义言，苏联所占的波兰旧土上的人民大多为白俄罗斯人与乌克兰人，按理当归血统与文化较为接近的苏联。然而错综万状的欧洲大陆之上，民族界限的一笔旧账是永远算不清楚的，大国当有大国的风度，苏联的断然绝交与绝交后的对波压迫，似乎在风度上有欠斟酌。力，诚然是国际关系上的最后条件，但人类的正义感似乎也不像有些人所想的那样全无价值。

就波兰言，波兰将来也有根本改变作风的必要。波兰是欧洲历史上有名的既不能强又不能弱的民族。十八世纪末的惨遭瓜分，主因是在邻国都已统一时而波兰人终日自相捣乱，始终不能统一。第一次大战复国后，波兰在全欧洲是以虐待境内少数民族著称的。国力虚弱，却以大国自居，有一次竟然拒绝捷克的合作提议，理由是强大的波兰只与大国往来，不屑与小如捷克者交亲！追随纳粹承认满洲伪国，也是以弱国而玩权力政治的一种怪剧。一九四一年夏季，伦敦的波兰流亡政府的议会成立后的初次会议中，所讨论的就是复国后如何对付国内犹太人的问题，多数的建议都是抄袭希特勒的排犹主义的，以致惹得最讲地主之谊的英国人也公开的提出抗议。凡此种种，恐怕都会劳五百年后的历史考据家证明为不可相信的记载之误或恶意谣言，今日的人也需要不可抗拒的证据才敢置信，未来的波兰如不彻底改变作风，东部国境即或恢复，恐怕只有增加民族的嚣张之气，国际有变时，一定会产生较第二次大战时尤惨的遭遇。

波兰问题，是第二次欧战的导火线。将来波兰仍是苏联与西方强国之间的一个交汇点，波兰问题的能否解决，如何解决，关系欧洲的和平甚大，欧洲的和平当然也牵动全世界的和平，为未来的和平着想，我们极力希望苏波双方能互相容忍而求妥协。（宗）

（原载《当代评论》第 4 卷第 5 期，1944 年 1 月 11 日）

德舰沙恩霍斯特号沉没

十二月二十六日，德国排水量二万六千吨的主力舰沙恩霍斯特号在挪威以北的北角被英国舰队击沉。此事关系重大，可分两方面讨论。第一，纳粹海军经受此次教训后，对于英美接济苏联的北线，由英国至摩尔曼斯克的航线，将不敢再轻易阻挠，此后苏联取得供应品必更容易，可使苏德战场的局面益趋好转。第二，德国海军此后恐怕将不再冒险出动。德海军自俾斯麦号被击沉后，两年半以来总未冲到大海作战，一经出战，又受重创，将来必又恢复深居简出的政策，在内港埋伏不动。据盟方所知，德国今日尚有大主力舰一艘，特比兹号，四万五千吨，前已受伤，尚未修复，暂时不能出战，沙恩霍斯特号的姊妹舰一艘，哥奈森诺号，二万六千吨，前曾受伤，是否已经修复，尚不可知。此外德国尚余较重的军舰只有袖珍战斗舰一只，一万吨，重巡洋舰一只，一万吨，大航空母舰一只，再次就只是轻巡洋舰与驱逐舰了。一万吨以上的军舰太少的一个海军，根本不能与重军舰较多的一个海军作战，因为火力射程差别的关系，使无重舰或重舰太少的舰队没有射到对方舰队的能力，而对方舰队则可毫无阻碍的发射重弹。自俾斯麦号沉没后，德国海军本已难再对英作战，现在重舰又丧一只，将来唯一可作的事，恐怕只有用轻舰乘虚扰乱而已。

最后，有一点可以注意的，就是我们中国一般人以至多数报纸对此事的太不注意。英国不必说，美国各报都以此事为第一等的重大新闻，大字登载，多方评论。这在海上民族的盎格罗萨克逊人可说是当然的。中国自古以来是大陆的国家，对海洋的重要不能了解。我们今日抗战的痛苦局面，可说完全来自海路的整个断绝，但虽至今日，全世海军平衡上的重大变动还不能打动一般的人心，也可见历史传统的积重难返了。中国变成大海军国，不是短期所能实现。海军的建设较陆军空军都困难多多。苏联经过多年的整军之后，只在陆空方面大有成就，海上的力量仍微不足道。近代式的海军在俄国已有二百年的历史，尚且如此，中国海上建军的困难更可想而知了。但中国如不图强则已，如果想要名实相符的独立，最少要有足以自卫的海军。我们是一个温水海线特别长的国家，海门大开，如无最低限度的可用的海军，就等于没有国防。要建海军，今日虽然不是开始的时候，但应当是准备的时候，一个重要的心理准备就是一般社会对于海战的注意与研究。今日七海之上无不常有大小的战役，正是我们研究海军与海战的难得机会，望国人不要错过良机！（宗）

（原载《当代评论》第 4 卷第 7 期，1944 年 2 月 1 日）

苏联采用新国歌

去年除夕午夜钟鸣的时节，莫斯科广播电台首度演奏苏维埃社会主义联邦共和国的新国歌，以代替旧日的国际曲。这首法国社会主义者所创的劳工阶级的革命诗歌，定为第一个社会主义国家的国歌二十六年之后，忽然废弃，也可算为小小的一件划时代的事。可惜消息简略，详情无从得知，新国歌似乎是由几个人所合同写成，是苏联曾经一度特别提倡的集体创作新作风的一个显例。

国际曲的历史很容易叫我们联想到马赛曲。这个法国革命狂潮所产生的动人歌曲，直到革命结束后，仍是法国的国歌。虽然时过境迁，马赛曲的煽动性并未消减，所以在整个的十九世纪中都不免为保守人士所痛恨。在十九与二十世纪之交，马赛曲，仍是俄罗斯帝国中许多革命派别所乐唱的革命曲，与国际曲同为激烈党人所欢迎。所以在帝俄时期始终禁止人民奏唱马赛曲。进入二十世纪后，德国野心日大，东邻的俄罗斯与西邻的法兰西都感受威胁，二邻很自然的趋于合作。某次在俄国国境内两国交亲的正式场合中，俄皇亲自命乐师奏马赛曲，者虽是外交酬酢上的当然节目，但因出自俄皇的亲命，帝国中所有的觉醒分子都受了很大的冲动，也可见该曲感人力量之大了。在人类一切的创造中，动人最深的恐怕是音乐。西谚有一句话："你若让我写作一个民族的诗歌，我就不再介意何人写定它的法律。"法律本身是死的，诗歌是代表民族精神的活的现象。中国古代有采风献诗的制度，直到后代音乐的创造与欣赏一并衰退之后，有心人仍认童谣或民谣为治乱消息的朕兆，就是此理。帝俄的禁马赛曲，苏俄的废国际曲，都是重视音乐的力量于音乐的意义的表现，并非为政者一时高兴的乱命。

国际曲在世界各国的国歌中的特点，就是它不是严格的一国之歌，而是以苏联为中心的全世界共产主义运动的革命歌，歌的含意是鼓吹世界革命，歌的立场也是国际性的，而非国家民族性的，现在苏联既已决定彻底放弃国际主义，第三国际既然也已解散，若仍保留一个富有国际思想的国歌，未免太不相称。所以新国歌的写定，可说是当然的发展。这可表示苏联将来的国策与行动必要

更富于民族主义的色彩，所以连仅余的一点国际主义象征也要废除。（宗）

（原载《当代评论》第四卷第八期，1944 年 2 月 11 日）

战后的苏联

对于苏联我们须要有一个基本的认识，就是他与欧美任何其他的一国都大不相同，他是自成天下的。由此点言，他正与中国一样。中国本是自成一个世界的，最近一百年来才被强有力的欧美拉入西方的国际局面之内，成为许多列国中的一员。俄罗斯当初也是欧西以外的一个独立文化系统，二百年前才半自动的半被迫的吸收西化，改组内部，加入欧西列国的政治旋涡。对欧美略作研究的人，都感到俄罗斯人与其他欧美人在风味上的不同，根本的原因就在此点。我们若极端的讲，甚至可说如果世界上没有任何其他的民族或文化与它纠缠，对苏俄将是最称心如意的事，正如在根本上我们中国也可说有此心情一样。

但事实上，欧西文化所创的列国局面是今日世界的最大前题〔提〕，无论高等文化的民族如中国或苏俄，或未开化的民族如中非或许多岛屿上的弱小民族，都须自动的或被动的在这个局面中谋求出路。专就苏俄言，它在复杂的国际中有一个别国所没有的困难，就是国界线太长，邻国太多。欧洲方面的邻国有芬兰，波兰，罗马尼亚。亚洲方面的邻国有土耳其，伊朗，阿富汗，中国，日本（在库页岛）。一国而有八个大小的邻国，这在今日的世界上是最高的纪录。所以苏俄时常有受人包围之感。此次战前它常说资本主义国家要向它阴谋围攻，除一部的宣传作用外，根本的原因就在这种特殊的地理形势，它的被包围说最少在主观上大体是诚恳的，并不完全是口是心非的宣传词令。况且它在文化上又自成体系，与他人完全互谅互解，不免困难，当然使它更容易发生八面埋伏之感了。

认清此点之后，我们对于苏俄过去的外交政策就不难明了了。此次战前对于集体安全最热心的，莫过于苏联。与大小的邻国都设法订立互不侵犯条约，由近处言，这是为的谋求内部建设的机会，但较远的道理是苏联整个地理形势使它自然的拥护集体安全制，理想的集体安全不能成立时，它就采取普遍的睦邻政策，以便建设以自己为中心的一个小规模的集体安全体系。

但专凭条约的睦邻，往往不可信赖，再进一步的安定边境办法是设法使邻国在精神上与自己相通。帝俄特别欢迎君主专制的邻国，第一次大战后的苏俄向世界各国，尤其接壤的邻国宣传共产主义，除了抽象的主义信仰外，主要的原因还是自求安全的政策。主义制度完全相同的邻国，容易成为善意的邻国，是很明显的道理。国境太长，不能每寸每尺设防，精神的防线是最经济最可靠的防线。

但主义制度的宣传，无论是君主专制或共产主义，都不见得能一帆风顺的成功，不得已时只有进而求更直接一层的安全保障，就是在界外的邻壤之上成立缓冲地带。帝俄在波斯北部，在中国的新疆，外蒙，东三省，都有此种企图，第一次大战后此种政策也未能全部改变。这种在邻国领土上建立缓冲地带的策略，虽在古今的历史上是常见的事，但帝俄与苏俄对此特别注重，因为它是自成天下的文化统系。中国过去二千年间每当盛强时都在国境的边缘设立许多朝贡的藩属，性质正与此相类。

此外苏俄在地势上又有一个特点，使它时常想在国境以外谋求发展，就是它总感到自己没有好的出路。自帝俄时代起，这个横贯欧亚的北方国家就是世界上疆域最广的第一大国，但它没有一个四季开放的良港，这更增加它的受人包围被人封锁的感觉。在西方它久想冲出黑海，最好是占有全世界有名良港的君士坦丁堡。在东方，帝俄的侵入东三省，除求缓冲求安全的政策外，另一个重要目的就是开发辽东半岛，打通常年不冻的旅顺大连。但帝俄追求温水港的计划，在东西两方都未成功，苏俄成立之后一时也无暇旧事重提，但温水港的缺乏仍是今后的苏俄所不会完全忘记的一种痛苦。

过去的俄罗斯既如上述，今后的苏俄又将如何？地理环境，历史传统，与文化特征是任何民族的一切行为的最后推动力与决定力。苏俄在此种力量下，使它不期然而然的第一想要推行集体安全制或普遍的睦邻政策，其次就要推行主义宣传的自卫政策，再其次就要在邻国设缓冲区了。最后一种政策又与追求温水港的欲望时常打成一片。战后苏联的对外国策，大体仍难逃出上列的几种范围。由莫斯科与德黑兰两次会议的顺利结束，由近来苏俄对英美的日愈接近，可见今后的苏联所希望的仍是普遍的睦邻，最好是名称其实的集体安全能够实现。在飞机世界的今日，"邻国"一词的意义已经扩大，扩大到全世界各国都是邻国的地步。在所要睦的邻国中，苏俄当然特别注意富强的英美两国，希望与两国长期交亲，合作建立集体安全。况且苏俄此次作战，人力物力的损失超过世间任何其他的一国。只有中国的损失可与它相比，但中国是尚未真正开发的国家，而苏俄所损失的是三次五年计划的成果的大部。它此后需要长期的休养生息，以便重新建设。在建设的过程中，在许多方面不免需要英美的协助，这更增加它交睦盎格罗萨克逊民族的愿望。所以我们可以断定，第二次大战后的苏联的利益，是与其他各国的利益完全一致的。大家都需要和平，都需要养息，最近未来的世界没有呈显不安景象的理由，普遍全世的集体安全制是应当不难成立的。

但惟一理性动物的人类，往往也是最不讲理性的，有十足的理由实现的局面，人类未见得就让它实现。我们不可一厢情愿，不快的可能我们也须勇敢的加以研究。集体安全制如果不能顺利的建立，任何一国，无论大小，当然都无好处。我们现在是谈苏联，所以也就专由此点推敲苏联的可能局面。集体安全如不能建立，或建立不久而又破坏，苏联必将被迫再去采取中策或下策，就是主义的宣传与缓冲区的追求，因为那是它惟一的自保之计。苏联尽管损失惨重，但它在物力与技术能力方面仍不失为与英美鼎足而三的大强国，它的向背是可以举足轻重的，它虽在国力大耗之后，仍是有自行其是的资格的。我们常用"地大，物博，人多"一词形容一个大国，但由十足近代化的立场讲，只有美苏两国是能符合此种形容词的。美国不论，我们试看苏联是如何的大，博，多。

苏联的领土占全球陆地的六分之一，与整个月球的面积相等。由东至西，太阳需要十一小时穿过苏联的国境，中国与美国都只有四个时区，苏联若再多一个时区，它的领土就绕地球半周了。由北至南，北起北极，南达半热带的印度北界不远的地方。这一大块地面并且是一个整个的大平原，除不甚高的乌拉山外，只在边地才有山脉，内地全是一望无际的原野。苏联不只是实际的大，地大的印象也只有在苏联的大原上才能彻底的获得的。这个实际大而印象更大的现象，使苏联每个公民锐敏的感到小我的渺小与大我的重要，俄人的一向勇于牺牲，尤其此次抗德战争中所发挥的不可想象的全民视死如归的精神，是苏俄的大地所给的神秘力量。

苏俄的可能富源，在今日的世界恐怕是占第一位的。二十年前美国还是世界最富的国家，但经过最近二十年勘查的结果，证明苏俄可与美国相比，在许多方面并且超过美国。除乌克兰农田的肥厚不计外，苏联煤矿的蓄藏量占全世界的百分之二十一，铁矿占百分之二十，森林占百分之三十三，在今日世界最宝贵的油矿方面苏俄占全世界藏量的百分之五十五，达美国的三倍。这大半都是过去二十年的发现，将来可能还可勘出新的矿址。这些富源，大部尚未开发，所以今日苏联的实力尚还在美国之下。但由苏联过去二十年进步的速率看，它的赶上美国恐怕并不是太远的事情。

物须有人利用，物力与人力是分不开的。苏联最近的人口为一万九千三百万，较英国本部与北美合众国人口之合尚多一千万。这当然不能与中国的四万万五千万相比，但人口多不见得就等于力量大，在今日的世界人与物的适当配合才是真正的力量。帝俄时代的人口尽管多，但仍未成为强大的力量。今日情形大不相同，苏联国境之内，新的工厂与新的工业城市有如幻术的由地出生，并且工厂多属最新式的，可与英美德高度工业化的国家相比。工人的训练也非常见效，对机器已能了解，能运用自如，制造与利用都能达到最高的标准，此次战争中的表现是此种全新发展的明证。二十年前的帝俄乃是世界上一个有名落伍的老大帝国。此次战事初起，连最同情苏联的友邦人士都替它担心，就是由于大多数人不能想象此种惊人的进步，因而很诚恳的低估苏联的力量。纳粹当然也犯了这个毛病，否则就不致冒险东侵了。今日苏联工业化的程度，仅次于英美德三国，就工业化的规模言，它只次于美国一国，因地大物博，在规模上已经超过英德两国。

此次大战无意中并使苏联工业的发展采取一个新的方向，就是西伯利亚的大事开发。为求躲避纳粹的初期攻势，许多的工厂东迁，昨日的旷野，成为今日的工业城市。垦田，开矿，开河渠，修铁路，都是最近两年在西伯利亚特别显著的新发展。由工业化方面讲，一九四一年的苏联仍是一个欧洲的国家，但今日它已是横贯欧亚的大工业国了。此次战后苏联不只是欧洲的大强，它在亚洲的地位也较前更加提高。

以如此的一个强大力量，而由种种方面表示要尽力谋求国际合作与集体安全，解散第三国际，屡次表示与英国二十年同盟条约的诚意履行，在莫斯科会议中使一向对苏联不能十分谅解的赫尔国务卿转变为艾登外相同样亲苏的要人——也无怪英美两国，无论政府或舆论，都表示要与苏联力求合作，维持未来世界的和平了。中国一向就有和平的传统与大同的理想，苏联以及英美最近的发展正与我们的传统理想相合，这当然可使我们战后对于世局的应付容易多多。但我们是地大人多而物不甚博并且仍未开发的国家，所以由近代的立场讲，仍是一个力小的国家，将来对于世界各国，尤其对于近邻的苏联，必须轻重得体的善于自处，尽可能的与它合同实现普遍的集体安全制，使它不再感到有采取中策下策的必要。这是中国的自保之策，也是中国对于世界和平的最大可能贡献。

（原载《当代评论》第 4 卷第 8 期，1944 年 2 月 11 日）

阿根廷与轴心绝交

一月二十四日美国国务院正式宣布不承认玻利维亚的新政权。自去年十二月二十日玻国的政变发生后，各方消息都说新政权是由反对同盟国目标的破坏集团所鼓动成立的。除美国外，巴西，乌鲁圭，古巴，委内瑞拉，哥斯达黎加，也同时发表类似的声明，其他的美洲各国或已表示不承认，或根本没有表示，也等于消极的不承认，各国并多已召回驻玻京的使节。此外英国政府也宣布不承认玻国的新政权。在新大陆的二十个共和国中，只有阿根廷仍与玻利维亚持正常的外交关系。

紧接此事发生之后，一月二十六日阿根廷政府就正式宣布与轴心断绝关系，在政府的公报中对轴心间谍的活动叙述颇多，主要的责任诿诸德国，只附带的提及日本。最后公报中并声明维持美洲的团结为阿根廷外交政策的基础，当日阿政府并下令拘捕间谍。事后英美政府的反响，都表示满意。尤堪注意的是英国负责人的批评，指明英国曾以情报供给阿政府，使阿政府得以进行调查轴心的阴谋工作，而导致阿国采取断交的措置。这恐怕是英国的客气辞令，英美两国近来必曾向阿政府发出有力的暗示，请它改变政策，供给情报只是暗示中的附带物而已，如果说阿政府对于轴心各国多年来半公开的阴谋活动完全不觉，须待外国供给情报方才醒悟，阿政府中人大概还不致昏聩到如此的程度。阿国多年来是以倾向轴心著称的。轴心间谍与特务人员遍国活动无阻。亲纳粹的报纸替轴心甘作义务的宣传，阿政府中由最高当局以下满是亲法西与反民主的分子。所以美国官方于满意的表示中，附有具体的表现，方能认为阿国已真正改变政策。

美国的保留态度似乎并非过虑。至今为止，阿国尚未驱逐轴心间谍出境，尚未明显的限制亲纳粹的报纸的活动，更未消灭政府中亲法西反民主的分子。我们所听到的是阿政府于一月二十九日已开始逮捕反对分子，罪名为散布现政府即将解体的谣言，政府中一部分的官员也在此罪名下被捕下狱，消息不甚清楚，但被捕的显然是反政府的分子，而非亲轴心的分子，因为政府负责人一向是亲轴心的。看情形，大概是政府宣布断交后，政府中与一般社会上倾向民主的人士过度的兴奋，因而遭忌被捕。阿国外交上的最后向背，至今仍在未定之天。

阿国的问题相当复杂。它的倾向法西，倒无足怪。按血统言，阿国人多数为西班牙种，少数为义大利种，近年来追随西义两国的政治潮流，可说是很自然的事。并且拉丁美洲各国一向是富于政变的国家，发动政变的总是军阀，军阀政治当然是独裁政治。由此点言，拉丁美洲可说是曾开风气之先，于墨索里尼与希特勒尚未出生前，这些新大陆的拉丁国家已在实行法西斯主义。但在所有的拉丁美洲各国中，阿根廷有一个特点，就是它深中了一种半自大半自卑的心理的毒，使它外交异常的困难。阿根廷在南美是一个温带的大国，除较小的智利外，阿国也可说是惟一的纯温带的南美大国，所以它一向以拉丁美洲的领袖国自居，对美国的门罗主义与美国主持下的泛美洲运动都非常不高兴。这是在所有其他美洲各国，无论为真民主的或实际独裁的，都正式加入联合国或最少与联合国合作时，惟独阿根廷一国始终与轴心亲善，使轴心的特务工作仍得在新大陆自由活动的根本原因。它认为追随其他美洲各国而与英美合作，就等于向美国低头，这在力小心大的阿根廷是不肯为的。

前不久的玻利维亚革命，由一开始时就可看出与阿根廷有关，如果只是轴心直接负责，美国就可公开指明，无需含混其辞的说是出自"反同盟国的集团"的鼓动。一月三十一日，于阿根廷被迫与轴心绝交而绝交又不痛快彻底之后，美国果然宣布玻利维亚的革命要由阿根廷政府、西班牙驻玻公使与纳粹特务人员负责。阿根廷历来也有一套帝国主义政策，在政治与经济各方面要向邻近的小国发展，北边的玻利维亚，东北的巴拉圭，东边的乌鲁圭三个小国，都被阿根廷视为正当的侵略对象。玻利维亚与巴拉圭为内陆国家，没有通海之路，并且国小人少，玻国人口只有三百万，巴国仅仅一百万，尤其易受人口一千三百万的南美最大海军国的阿根廷的控制。阿根廷的阴谋推翻玻国亲英美的政权，另建亲德亲阿的新政权，不过是对于弱邻最近的一种侵略行动而已。英美对于阿国的亲轴心政策本已早感不耐，现在它竟进一步的在国外惹祸，积极防〔妨〕害英美，所为未免太甚，并且也有点不自量力，迫使英美不再客气，暗施压力，结果阿根廷只有出于宣布与轴心断交的一途。此事最后的发展如何，尚不可知。但目前英美在石油运输上的封锁西班牙，可以显示英美在军力外可用的武器尚多，阿国如不名副其实的与德国断绝来往，不久的将来恐怕只有自讨没趣！（宗）

（原载昆明《当代评论》第 4 卷第 10 期，1944 年 3 月 1 日）

世界往那里去

自英美苏三巨头黑海会议决定于4月25日在旧金山召开第一次联合国会议后，世界人士又泛起和平的希望。去年敦巴顿橡树会议长久无新发展不克在关心世局者的心中投下一道暗影，现在和平问题又被三巨头会议提出而且决定了会议的日期，我们得承认这是一个划时代的决定。

重建国际和平，是为任何国家所追求的理想，即侵略国的人民也一样的需要，世界经过这一次空前浩劫，谁不愿意在呻吟刚定后得到一个喘息的机会！但国际和平机构能否顺利建立，建立了以及能否永久维持，这更为大多数人所关心，这是一个大问题，是不是可以成功，得在历史上看，因为从现实来看现实，不会得到正确的答案，但我们不必翻几千年以前，就在一百年内已经可以找到了。这一百年来曾经发生过两次与现在一样的事件，一次在拿破仑败后，一次便是1914年开始的第一次世界大战。拿翁雄心一世，怀统制欧洲的野心，东征西伐，欧洲地图被他卷了一大半，若不是为英国打败，他做欧洲盟主的野心，几乎被达到了，欧洲经过这次的蹂躏后，倡说和平甚炽，于维也纳会议后，又组织四国同盟，这个同盟标明了两次使命，一是防止法国再强大，一是维护欧洲永久和平。可是结果怎样呢？法国不久又强大起来了，欧洲各国为了内政及国界问题无时不在发纠纷和战争。

第二便是有名的1918年的"巴黎和会"。这个和会是第一次世界大战的产物，它是标明两个使命，防止德国再强大起来，和维护世界和平。前者的收获是加给德国若干枷锁，把他的领土割得五零四散；后者的收获便是成立"国际联盟"。这的确似乎是一个和平机构，但不久德国又强大起来了，世界大战又爆发了，而且比第一次大战更为猛烈！

现在第二次大战，虽然胜负之局已定，但双方正血战方酣，不知何日了结！爱好和平的贤明人士又在筹组国际和平机构了，这个新机构不久就要产生，我们应以预卜家的希望还是与1815年及1919年的两次会议一样，防止德国再强大和用于维护世界和平，它的成果自然会比前两次进步和伟大，影响国际实际的局势！

世界的强国现在号称四国——中美英苏，但若中国除外实际只是三个，即英美与苏联，最近出现一个新名词"大西洋集团"，包括南北美西欧，与英帝国，它在文化上和历史上是一个体系。他们内部近几年来未发生过战争，它是一个世界上工业最发达的集团，也是世界上海军最强大的集团；另外一个就是俄罗斯集团，包括东欧和苏联，这个集团在文化上是尊崇希腊教，它与"大西洋集团"不同，工业不如前者的发达，海军也不强，只建设了强大的陆军。此外虽尚有中国集团、印度集团，回教集团等等，但都不够条件，大体上都直接或者间接拥护"大西洋集团"的控制或者影响之下，所以今日世界只有两大势力。

4月25日召开的旧金山会议是世界第三次的和平会议，它的希望也是要建立世界永久和平，但能不能达成，我们不能蹴下判语，这次战争太猛烈了，时间太久了，人死得太多了，世界的资源亏损得太厉害了，这场战争的惨剧是亘古未闻未有的，人类太疲倦了，世界需要休息，国家需要安静，短期间孳种是不会再临人间，但世界的战争就可以从此消灭下去吗？那却难说。历史上没有列国的局面不发生战争的，尤其是拥有大军队的国家要发动战争，军队为战争而设，战争因军队而起，这在历史上没有例外，要世界不发生战争，除非完全没有军队——尤其是陆军。但今天的局势怎样呢？英美本来是世界上强大的海军国家，海军普遍是没有侵略性的，而是保护自己的国防，但最近他们已经表示战后要维持全国皆兵的征兵制度，而且在公开的研究战争，制造新的武器，苏联则一向保有强大的陆军，全国皆兵和建立陆军。历史告诉我们，那是不利于和平的。

还有一个使战争根本不易避免的问题是，自工业革命以来，失业的问题随着工业进步而严重，失业是工业国家的死对头，这个问题自从有机器生产以来无一日不在酝酿着，也自有机器生产以来无一日得到过合理的解决。在资本主义国家也好，社会主义国家也好，它始终是一个最令人烦恼的问题，只不过表现得高低度的不同而已。一般人认为在社会主义的国家里，这问题压根儿没有，这实在是一个错误的看法，只不过失业方式的表现不同而已。失业是工业的死对头，没有办法解决，若是有方法解决的话，那只有唯一的方法——战争，战争确是医治失业的妙药，它把失业的人赶到战场上去，赶到军火工厂里去，赶到战争有关的机构里去，战争是拼命的要人，而且不嫌人多的，可是我们想想战争的结果得到什么？那无疑的就是更严重的失业，试看吧，战争停止了，千百万的军队从战场归来，千百个军火工厂倒闭，军人和工人他们将到哪里去呢？还不是走上"失业"的路途上啊！战争医治失业，失业制造战争，相生相长，循环不息，这个恶性循环如不能解除，国际和平的前途实难令人放心。

旧金山会议，4月25日一定召开，它讨论的主题一定是怎样维持和平，也一定有一个和平的机构的组织——世界和平机构，它的收获怎样，我们不能逆料，但和平始终为人类所追求！

（原载昆明《青年之友》1945年第1卷第1期）

历史过去的释义

历史学研究的对象，普遍称为"过去"。对于过去，无论我们详知或略晓，普通的感觉总以为过去本身是简单的，只是从前曾经发生的种种事物而已。但实际问题并不像一般人，甚至许多历史学家，所想象的那样简单。我们若细加推敲，追问从前发生的一切究竟如何，问题立刻就来了。并且是愈钻研，发现问题愈多。太复杂的问题不必讲。专就根本的名词言，我们用"过去"或"历史"一词时，实际就有两种不同的意义，而用时又往往把两义混用而不自觉。这种不自觉的混淆，是许多误会的来源。

过去有二，一为绝对的，一为相对的，把过去的事实看为某时某地曾经发生的独特事实，而不问它与再远的过去或再后来的未来的关系，把它看为超然而独立的既成事实，那个过去是固定的，是已定的，是一成不变的，是万古如此的，是绝对不可挽回的。例如长平之战，秦败赵，白起坑杀赵国降卒四十万；汉武帝征服南越，设置郡县；唐太宗威震四方，称天可汗——凡此种种都已过去，就已经过去的方面言，是永不会再改变分毫的：已经如何，就是如何，任凭后人的如何赞成或如何反对，也不能再把这些事实取消，修改，或增删。但这种绝对的过去观，是完全抽象的纯理智看法。当为一种哲学的见解则可，作为一种文学的慨叹对象也可，然而这却不是普通历史学的历史知识。史学的过去是相对的，是瞻前顾后的。一件事对于已往的关系，对于未来的影响，在当时的地位，对今日所仍有的意义，都必须研究清楚，那件事实才是真正的历史知识，才成为历史学的事实，才有意义，才是活的。但一谈到活的意义，与此时此地此人此景有生动关系的意义，问题就复杂了。没有任何一种事实能有百世不变的意义。此代认为第一等重要的事，彼代认为无足轻重。此地认为可赞的事，彼地认为可憾。此人认为平淡的事，彼人认为意味深长。我们生于现在，创造未来，这是人所共晓的，一般人所不注意的，是我们也创造过去，每一个时代所认识的过去，都是那一时代的需要、希望、信仰、成见、环境、情绪等所烘托而出的。以上种种，没有两个时代完全相同，所以同一的过去，也没有两个时代对它的看法完全相同。我们试以孔子为例，而引申此论。

孔子之为孔子，已经过去，万古不变，但这个绝对的孔子，我们永远不能知道。不只文献漏载的孔子生活事实或日常琐事，我们无法求知，专就文献可征的孔子嘉言懿行而论，某一嘉言，某一懿行，孔子说时作时的心情、原因、背景与目的，我们大部也永不能知。历史上所谓"知"的孔子，是后世对于上面所讲"不可知"的孔子的主观认知。例如在孔子死后百年左右，在《论语》一书的编纂时期，我们可以看出再传以及三四传的儒家弟子把孔子看为圣人，看为诲人不倦的大师，看为不得志的大才，看为中国传统与正统文化的提倡者。凡此一切，有多少是合乎百年前孔子在世时的实情的，我们不必追问。所可注意的，是《论语》一书中所表出的这个孔子，正是战国初期政治社会开始大乱时主张保守以求安定的儒家的理想。他们是都希望借着复古以安定社会的，所以也就描写出一个好古博古的大师与圣人。再进一百年，到了战国晚期，如以《荀子》一书中的孔子为代表，孔子已作为鲁国的摄相，七日而诛少正卯，威风十足，是《论语》中所不见的。孔子又为鲁司寇，断案的方法奇特，为一般人所不能了解。鲁君向孔子问难，有时问的不得体，孔子竟然不答，其傲气之高，不可向迩，这几件事无论或多或少的有否根据，我们可看为战国中期以下百家争鸣，群士争助，各思谋得一官半职的热中之士所特别标榜的故事，这个孔子已远不如《论语》中的孔子的超然，其分别就在战国初期的儒家尚不似战国中期以下儒家的争求仕进，而急求仕进也正是战国中期以下诸子百家的公同特征。

再进一步，到了汉代，孔子又一变，成为素王，成为代后世定治平大法的未卜先知的神人，成为黑帝之子，有人母而无人父，成为微言大义的《春秋》作者。这是汉代，列国之局变为大一统后，一般士子为新时代的需要而造出的一个孔子。这个孔子比起前两个孔子，显然的距离事实更远了，但却是合乎当时要求的一个孔子。汉代为此后二千年创立大一统的规模，一部也就靠当时的这种孔子观。至于其中的神秘部分，如黑帝之子以及相关的许多鬼话，那是与大题无关而却十足表现汉代宗教精神复盛的现象。也正因为这一部分与大题无关，所以进入东汉后，这一部分渐渐为人放弃，此后只注意孔子为后世立法，为生民未有的超绝圣人的一套理论。此后二千年中国的政治社会无大变化，大体维持汉代所建的局面，所以二千年间的孔子观，也未再变，除神秘部分减轻外，孔子始终是汉代儒家所创的孔子。

今日中国的社会以及整个的环境却在大变之中，为二千年所未有之局，各方都流动不定，所以对孔子的看法也无奇不有。由最保守甚至近乎汉代素王的陈旧看法，到五四时期打倒孔家店口号下的孔子万恶观，无不应有尽有。由对于孔子看法的如此混乱也正表出中国整个文化的仍在动荡之中。若欲对孔子再有大体一致的看法，那必须等到中国文化已大体又有定型之后。此日的到临，恐怕仍然遥远。以上历代孔子观的一段追述，只是略举一例而已。今日我们对于过去的种种，都有黑白相差很远的估价，也正如对孔子的看法有天壤之分一样。

有人或因此而要对历史学发生疑问：是否历史学根本为主观的，为不可靠的，为这派事实的。由一方面看，也未尝不可如此说。但由另一方面看以上的相对过去观，也不过是说历史学是活的，是人生的一部，我们对于过去的了解，也是我们今日生活不可分的一部。其实何止民族的历史如此，个人的历史又何尝不如此。我们每个人已往的经验，经验本身一成不变，一去永不复反，不只在客观上任何的经验不能重演一遍，就是在主观上我们也不能把任何已过的经验在心中不折不扣的重度一遍。时过境迁，过去的情绪、感触、思想、好恶等等都已消灭或变质，今日又有不同的情绪及其他种种。用今日的不同人格，去追忆过去的另一种情景，其意味远非过去的意味，其中不知有多少增减，修改，与有意无意的新解释。这正与我们对于身外大历史的时刻改观，如出一辙。例如一人在中小学读书，在当时不过是从父兄之命，按照社会的习惯，当然入学。入学之后，求学一方面为求知，一方面为好胜的表现，希望在成绩上出人头地。中学毕业后进入大学，对中学时代就要看成为大学的预备时期，对于当初的亲命与竞胜现象渐渐不免忘记，最少渐不注意。大学毕业，如社会服务，对中学的看法又将一变；在中学曾交了三两个挚友，中学时期同学间的喜怒哀乐与悲欢离合，中学教师的循循善诱或无理督导，中学校舍的一花一木，上课时的庄严，放假时的轻松——凡此种种，将为中年人所时常忆起。总之，中学时期只是一个富于可以追忆的温暖经验的时期，其求知求学或准备升学的方面，已成为勉强尚未忘记的单薄感觉。再进一步，一人到了晚年，退休之后，想起了中学时代，大概只是充满了可笑的追忆而大体模糊不清的一篇印象，只是人生过程的一个必需阶段，谈不到特别浓厚的意味。这三种不同的中学时代观，何种是合乎事实的？若绝对的讲，恐怕都不合乎事实，最少不合乎全部的事实。但就三个不同时期的需求与情绪讲，各在当时都是合乎事实的。民族的历史也正是如此，绝对的真实永难求得，即或求得也无意义。有意义的过去，真正的历史知识，是因时而异、因地而异的对于过去的活动认识。这个认识当然是主观的，它的价值也就主观。

生而为人，不能脱离主观。如果历史有客观的意义，那个意义不是人类所能了解的。宗教家的上帝，哲学家的天理，文学家的造物，可以刹那间而纵观过去，俯视现在，而明察未来，一眼而见全体，能明了历史的整个意义与绝对意义。有这个超然的观点来看，过去与未来浑然一体，根本没有先后久暂之分：千年如一日，一日如千年；天地初开与天地毁灭为一时一事。但这只是人类理智推到尽头，认为当有之理，而不是人类心灵所能具体把握的实在。此种绝对的实在，是上帝所独知的秘密。只要仍为人，他对未来只能摸索，对于现在只能猜测，对于过去只能就他对于现在的看法与对于未来的希望而给他一个主观的意义。

（原载昆明《中央日报》1946 年 1 月 13 日）

欧美民族主义的前途

一九一四年间，甚至一九三九年间，任何人若说欧洲各国的民族主义有消灭的一日，必要见笑大方。有人在两次大战中间的二十年间，在随便的谈话或学术的讨论时，确曾提到此种可能，没有一次不被旁人视为神经过敏或故作奇论。第二次大战以来的欧洲突变，或者可使看民族主义有绝对永恒性的人，略为修改意见。有起必有落，有生必有死，今日欧洲的任何民族都没有千年以上的历史，短的甚至只有三百年，如荷兰或比利时之类。如此短暂的现象，而定要认为万古不变，岂非太不认识历史？过去且不讲，专看我们中国，先秦时代的齐、楚、秦、晋、燕、鲁、宋、吴诸民族，而今安在哉？若说当时的民族观念，不似今日西洋各国的那样强烈，那只是数典忘祖之谈，春秋战国的民族主义绝不下于今天的欧美各国。因为文字的一致，语言分别的较少，先秦各国的民族主义在表现上或者不若欧洲各国的狂热，但最少也与古希腊半岛各国间的尔我之别同样的清楚，由任何方面言，都是人类历史上可备一格的民族主义现象。

宇宙间的一切，包括人生，包括人生一部的政治，是有节奏的，生死起伏是必然的。中国古语所谓"日中则移，月满则亏，物盛则衰，天之常数也"。看似老生常谈，却实含有至理。这种古语并非只是观察自然现象而得的结论，乃是深察一切事理之后所得的彻悟。明眼人在第一次大战后，就可断定欧美的民族主义已到了盛极转衰的时会。民族主义自十五六世纪成立，到十九世纪已成为弥漫全欧的热潮，已独立的大小民族集团当心满意足，未独立的无不以独立为最高的要求。果然，经过一九一四至一九一八年的大战后，可说一切被压迫受限制的弱小民族都被解放，达到政治独立的目标。至此民族主义已登峰造极，上无可上，只有走下坡路，有如今日大家所共见的情形。

至于专就民族主义讲，为何必须衰退，其事谈来话长，我们只能简略的述说一二。封建时代尚无民族观念，只有阶级观念，不必多论。十五六世纪以下，各国由国王统一，国王成了国家的象征，所以才有"朕即国家"的名句。此时封建的贵族仍未消灭，但他们只能在国王统一之下维持地位。政治上活动的，仍以贵族为主，他们自视为国家的"人民"，也只有他们是"人民"，别人都不算数。这是最早的国家主义或民族主义的形态，是以贵族为中心的。此时中等阶级，商人与知识分子，已经兴起，也要参与政治，进入"人民"的圈内，但普通即或不遭贵族拒绝，也被贵族视为第二等公民。到十八世纪末与十九世纪初，法国大革命爆发，推翻贵族，中等阶级开始占了上风，成为不折不扣的公民，贵族或完全消灭，或也随着中等阶级作公民。农民，工人，以及其他的人，在心理上也都追随中等阶级，成为公民。至此可说是一国之内所有的人都是平等的公民，国家思想与爱国精神发展到鼎盛的阶段。一百年后，到第一次大战，而民族主义在民族自决的口号下征服全欧。但民族自决喊遍全世的声浪，实际就是民族主义丧钟的第一声。第二次大战已证明民族国家不能再照旧维持下去，今日的民族自决呼声，已是尾声，世人在心坎深处，已不再对它发生浓厚的兴趣。在十九世纪，每一个独立国都有自己的对外政策，政策也能多少得到他国的尊重。然而时至今日除了极少数的大国外，一般的国家根本谈不到独立的外交政策。试看欧洲大陆，除苏联外，是否尚有一国能说仍有政策？连法国恐怕都已没有此种资格。再如拉丁美洲各国，也同样的没有政策可言，阿根廷想要自己独当一面，但也只是想想而已，在世界上并不发生任何实效。一般的国家只有追随某一个大国，若对某一个大国不满，也没有自由改变方针的可能，最多只能转而追随另外一个大国，但多数国家连这种选择的自由也不能享受，地理或经济决定它们只能依附限定的某一大国。国际情势既然如此，民族主义岂不只是理论，民族自决岂已成清谈？

以上是专就国际实力中心已经限于少数力点而言，但若谓多数国家不能维持真正的独立自由，是由于大国的太少与太强，那也只是真理的一面。另外还有一面，也很重要，但容易被人忽略：就是民族主义的衰退，是因各民族内部先有腐烂趋势；并不限于小国，大国也受同样的影响，不过靠实力尚可勉强维持旧观而已。我们若作价值的判断，可说这是民族堕落的现象，若只就事论事，不计善恶，可说这是一般人民心理变化的表现，这种心理变化，是都市生活的自然结果。在整个人类史上，不分古今，不分地域，文化都是兴于城市，最后都是毁于都市。封建时代贵族已有聚于城市的趋势，政治活动与文化潮流也都以城市为主。国家由国王统一之后，贵族与一部的中等阶级在城市度政治的生活，作文化的活动。这些城市都是自然长成，所占面积不大，人口也不太多，大家可以互相认识，城市仍是一个有机体。但到大革命爆发，全体人民都成平等的公民之后，少数的城市，或旧有，或新建，急遽的扩大面积，大量的吸收四乡的人口。大而无当之后，市民互相认识已不可能，时势所趋，连同屋同院的人也可共住一年或多年而始终不交一言。经济权有集中的趋势，使得大多数市民没有恒产，没有恒业，因而也没有恒心。传统宗教的势力至此大衰，知识的发达使得多数人没有宗教信仰，但同时也没有任何其他可以支配人格的基本主张，脑无所不知而心漫无归宿。一人生在熙熙攘攘的都市之内，前后左右满是人类，但仍觉得有如处身沙漠，寂寞至极，都市人民的追求各形各色的狂欢，正是内心空虚与苦闷的表现。空虚与苦闷，使得人渐渐对一切都丧失真正的把握与兴趣，生活压迫与多年习惯虽使他们克尽厥职，但一遇到非常的变故，往往就难以站稳。第二次大战期间第五纵队的遍满全欧，与内奸充斥各国，直接的是民族主义的末路，间接的而尤其重要的是人心无主的明证。此种大的趋势，是无从挽回的，若再遇到大不景气或新的大战，我们就必可见到民族主义与整个十九世纪局面的烟消云散。曾经热心于国家思想一百年的人民，现在已感到厌倦，无论物质条件如何，精神条件已不足继续维持旧局。

西洋文化今日已发展到一个大的歧路口，民族主义的没落只是歧路口上一种彷徨的表现。与此相关的，公民渐渐完全变成群众，是最严重的新现象。自主的是公民，由人摆布的是群众，摆布的现象一旦普遍之后，历史的趋势就到了难以逆料的时候，我们只能说："自今以后，任何事都可发生。"所怕的是发生的"任何事"不只是仍有旧理想的人所深恶痛绝，也是摆布群众的人所始料不及。今后的欧美是一个变幻莫测的欧美，较第一次大战后尤怪的怪事恐将连续不断的发生，凡仍有冷眼观察能力的人，必可得到丰富观察机会！

（原载《中央日报》，1946 年 2 月 12 日，《现代》第 7 期）

时代的悲哀

今日的世界正处在一个大的动乱时代，到处都是问题，每一个问题又好似都没有妥善的解决方策，以致人心普遍的不安，被一种莫可名状的忧郁心理所笼罩，一若非常的大祸随时就要临头的模样。但我们若随便找一个警觉性锐敏的人去问，今日世界的问题究竟何在，他恐怕又将无辞以对。若问一百个人非要答案不可，很可能要得一百种不同的说法。若说今日的问题，是社会不公道，诚然无人否认。但过去较今日尤不公道的时代尚多，当时似乎并无今日的普遍的失望。若说是经济的不景气，生活有困难，这也是人有同感的。但就经济上讲，过去的时代很少能与今日比拟，今日经济问题的严重性并不超过历史上多数的时代，恐怕多数人的生活还远优于前代，但过去的人并无今日的不满与悲观。若说是政治不合理，那也是任何人都可接受的说法，但政治的完全合理，一向只在理想世界存在，并不属于实际的世界，而从前生在实际世界的人类并不如我们这样的总有不可终日之感

"哀莫大于心空"

根本的问题究竟何在？或者无人愿意武断的作答。但我们为备一说，不妨认为今日世界最大最根本的问题就是缺乏信仰，"哀莫大于心死"，似可改为"哀莫大于心空"。今日的人心，普遍的空虚无主，所谓对政治、对社会、对经济、对一切的不满与反抗，主要的都由空虚而来。我们为清楚起见，若极端的讲一切不满的表示，一切反抗的行动，一切清楚的或不清楚的，说得出的或说不出的欲望，可说都是借口，都是内心烦恼状态下向外找发泄对象的一种活动。一般人所喊的、所作的、所追求的，并不代表他们内心中真正的要求。所以他们表面所悬的目标即或达到，他们仍是不会满足，恐怕还要找其他的发泄对象，以便排出他们心中的无穷闷气。

基督教维系不了人生

我们以上的话，并非专论中国，也非特指欧美而言，这种时代症是有世界性的，中西各国都不能免。先讲西洋，过去支配欧美的人心的是基督教。任何痛苦，任何混乱的时代，人心中都有基督教的信仰作为生活的指针，最困难时也不致完全无望。心安理得，身外的一切问题都比较的容易应付。即或应付不了，也不致有漂泊无主之感。这种局面一直维持到十九世纪。十九世纪是最后的有信仰的时代，大体上讲，十九世纪是浪漫主义的时代。对于三四百年前盛行的、法国革命才完全推翻的封建制度，与封建制度下的宗教神秘，社会状态，人生理想，欧美的人类发生最后一次的回忆与无限温情的向往。对于封建时代的历史，欧美人士是到十九世纪才彻底研究的；对于封建时代的文化，欧美人士是到十九世纪才真正鉴赏的。十九世纪的人不一定都信宗教，然而都有宗教的精神，靠着宗教传统所赐予的余力，一般人对世界仍然乐观，对宇宙仍有希望，对人生仍认为是有无限的前途，半宗教的半科学的无限进步论可说是十九世纪的中心信仰。所以有人称十九世纪为"希望的世纪"，能说清楚的人或者很少，但每个人对于未来都怀有无穷的希望。这个心理的乐园，及今思之，已是梦境。点破这个幻梦的就是二十世纪初期的第一次世界大战。第一次大战的欧美人类，都渐渐感到十九世纪只是一种回光返照，是末世前夕的一种盛世追忆。这种感觉，到第二次大战的今日更为普遍，普遍到无人认为值得多谈的程度。今日欧美的人心是没有希望的，没有信仰的，没有前途的，只有对于身外的一切乱事抨击，以求得一种临时的虚伪安慰。这种安慰有如鸦片所给的安慰，没有真正满足之时，并且恶瘾愈来愈深，终极的前途是整个的毁灭。

中国的家族主义也失了效用

中国的历史背景与文化传统虽与欧美不同，但因受了强有力的西洋的一百年的动荡，我们今日已经不由自主，在大潮流上无法逃脱欧美的影响，欧美的精神空虚，在中国也同样的出现。中国原来也有宗教，就是家族主义或家族的崇拜。所谓拜祖，并非拜祖，而是拜祖先所象征的过去现在与未来的整个家族，就是"拜子孙"也无不可。周代的铜器上，多刻有"子子孙孙永宝用"一类的字句，这是家族主义最清楚的表现。讲孝道，讲三年丧，讲繁复丧服制度，这都是以家族为中心的宗教行为。个人之前有无穷世代的祖先，个人之后有无穷世代的子孙，个人只是个无穷之间的小点，个人的使命不是自己的发展，而是维持无穷的长线于不坠；有助于维持此线的个人发展，才是有意义有价值的发展。人生不能专为自己，必须有大于自己的理想目标，作为自己追求的最高目的。这是古今一切宗教的共同点。中国自四千年前文化初开起，就选择了家族生命与家族发展为人生的最高目标，四千年间并无根本的变化。佛教本是一种反家族的或非家族的宗教，但传入中国后，就很快的中国化，轮回因果变家族盛衰的一种解释与保障，超脱七世父母的盂兰盆会在一般的意识中是佛教的最大典礼。至于与家族无关的佛学奥义，那是少数人的研究题目，并非一般人的信仰对象。这是家族主义根深蒂固的明证，把一种反家族的外来信仰也变成维持家族的一种助力。

但这种局面今日已经过去，或将要过去或已微弱不堪，不能再作为满足人心的一种精神力量。过去一个中国人的全部需要，全部欲望，全部的精神要求，都在家族的园地内得到满足。成年后，就结婚，生理的最大需要已无问题。娶妻后就生子，自己上下衔接，自然感到成为无穷世代中的一环，精神已有寄托，无须再有更抽象更超然的理想或信仰。娶妻生子后若有新的发展，也不过是作一番光宗耀祖扬名于后世的以家族为中心的事业；否则只在家门之内安分度日，身体精神两方面已都可没有空虚之感。但今日情势大变，成年后不一定娶妻，娶妻后不一定生子，即或娶妻生子，因为家族的环境已改，也不能再满足一个人的全部精神需要。凡是一个中年人以上的青年，总有空虚之感。仅打个人的小算盘的终属少数，多数人都要把自我扩大，追求超然的理想。而可悲的就是旧的理想已不适用，西洋也不能给我们一个完全满意的新的理想，许多青年只有左右彷徨，无所适从。

俄罗斯民族的新生力量

西洋的发展如彼，中国的发展又如此，按理今日是到了宗教复兴或新宗教创立的时会。但最少在目前，所有旧的宗教都无复兴的生力，新的宗教也无创立的征兆，人心最大需要无从满足，这是今日全世界各地莫可名状的动乱的根本原因。心地空虚的人，对于外界的一切都会感到厌弃。但饥者不择食，渴者不择饮，饥渴至极的今日人心必要寻找一个止痛救苦的力量。逢巧今日世界上有一个富有信仰力量的民族，有创造新宗教的潜力，自然成为许多人的向往之路。这就是俄罗斯民族。

撇开至今没有前途的非洲的许多民族不谈，俄罗斯人是今日世界文化发展上最年轻的民族。中国、印度、回教世界、西欧北美，就文化的过程言，都已到了早期的或晚期的成年时代。唯一尚未成年的，距离成年尚远的就是俄罗斯。年轻的民族是必有宗教的，无论为自创或外来，宗教必是民族的最大支持力与支配力。俄罗斯民族没有自创宗教，它的宗教是由拜占庭帝国接受的希腊教。不幸自大彼得受西化实行变法之后，希腊教日愈腐败，成为政治的可耻工具，引起有心人的深刻反感。十八世纪以下的俄罗斯文豪无不秉有深刻的宗教精神，但同时多数人都厌弃正统的希腊教会。这是一极不幸的矛盾。矛盾的最后结果就是一九一七年的布尔塞维克的革命。在精神上讲，布尔塞维克是一个宗教运动，是一个浑厚的原始民族创造新宗教与新文化的革命运动，但它所打的一个重要的旗号却是一种强烈的反宗教主义。一个根本上属于宗教性的运动而喊出反宗教的口号，岂不是最可悲的一种矛盾？这个矛盾完全是希腊教的罪恶所造成。一个宗教运动而唾弃宗教，它就只有把信仰的目标转移到政治社会经济制度之上，以实现没有阶级的社会，以实现此世的乐园，为宗教的信仰与宗教的目的。然而实际的政治总是一种妥协的勾当，永远难满人意，把实际政治作为理想与信仰，是注定失望的。神秘的基督教回教及其他类似宗教不必说，连中国的宗族宗教，把信仰的对象也寄托在已死的很容易理想化的祖先身上，以及未生的更容易理想化的子孙身上，所以家族主义也不失为鼓励人心的一种活力。但实际的政治与此不同，眼前所见的都是古今政治场所的不美现实，在这种情形下而要人长久维持宗教热诚，显然的大非易事。

布尔塞维克主义何以轰动世界

而我们现在所要谈的不是俄罗斯，而是俄罗斯所影响的外面世界。无论如何的不满人意，一九一七年的革命显然是适合俄罗斯民族的一部分要求的解放了民族一部分的潜力，使他能在一种奇特的政治性宗教之下发挥出宗教的努力精神与奋斗精神。宗教性尤其显著的，就是它的宣传精神与同化能力，在人类历史上这是新宗教所独有特征。第三国际存在也好，废除也好，布尔塞维克主义的向外传播是一样的。逢巧今日世人之望宗教，有如大旱之望云霓，所以俄罗斯民族的向外宣传特别顺利。真正讲来，许多人所接受的，主要的不是任何的政治经济理想，而是这种理想背后的宗教精神与宗教安慰。所以对于一个已信的人，他人若想用辩理的方法来证明它政治理想的错误或不妥，那是最愚不过的企图，因为整个事情根本不是理性的问题，而是信仰的问题，用辩理去推翻信仰，是向来没有成功之望的。今日世界各国，正式加入共产党的人都属少数，往往是极少数，但接近共产主义的所谓左倾思想或左倾心理，今日却相当普遍。青年人尤其多受此种影响。一个人在二十岁左右，是最需要信仰的时候，在旧信仰都已失效的今日，各国的青年很自然的就群趋于这唯一的新信仰。今日许多青年的醉心于苏联的一切，为苏联而忘身忘家，忘国家民族，都可由此中得到解释。这是一种宗教现象，一种不可理喻的而最自然不过的人类行为。

但悲哀也由此而来

但时代的悲哀也由此而来。把信仰寄托在实际政治上，总是非常危险的。在短暂的狂热时期，可以只求理想，不问实际，闭眼而不看实际，看见而仍否认实际。但很少人有长久维持这种超绝狂热的本领。迟早要有一天，信徒们要了解政治终是政治，不只在策略上不择手段，在目标上也往往要违背本心，要倒行逆施。愈是诚恳的人愈易感到失望，失望的程度也必愈深。凡是与青年接触较多，并以同情的态度观察青年的人，心中都有一种不可磨灭的痛苦印象：就是热烈几年之后的一些青年面孔，一种任何的物质打击所不能产生的面孔。双目无神，面部全无表情，象征精神之几乎全部死去。并且这种青年都是最有希望的青年，神经最敏，理想最高，热情最奔放。一般的青年可于失望后摒弃一切信仰，专心从事个人的事业，不再过问难以捉摸的问题。他们当然也有痛苦，但痛苦是暂时的，是有止境的。少数特别诚恳的青年，却不能忍受失望的打击。深的创痕终生不能治疗。他们为生活的驱使，或能机械的从事一种事业，但他们永不能再有自发的振作。"哀莫大于心死"一词，可以改变意义而应用到这种青年身上，他的心已因不堪摧残而死去，他们已成了行尸走肉，不是可耻的，而是可怜的、最值得同情的行尸走肉。这种人各国都有，并且不在少数。这是二十世纪的时代悲哀。尤其可悲的，就是这种时代悲哀短期还看不出解脱的迹象，使人对整个局面发生最痛苦的爱莫能助之感。我们只能相信人类文化尚未发展到尽头，只能希望人类的自寻烦恼仅是一时的现象，只能认定人类的创造力量还有新发展的可能；在黑暗中的短期摸索之后，不久可以发现一片光明的无限前程。

（原载《智慧》第 4 期，1946 年 6 月 14 日）

举世瞩目的阿拉伯民族

近东的新火药库！大英帝国的生命线，苏联最注视的地带，美国也表示关心，这世界两大势力的角逐场！这夹在亚欧非三大洲之间的大阿拉伯区域，是列强虎视眈眈的一方肥肉！

提到阿拉伯，我们所想到的，大概就是亚洲西南角的一个大半岛：东临波斯湾与阿拉伯海，南为印度洋，西边是红海，红海的对岸，就是非洲，只在北面，是亚洲西部靠近地中海的陆地。专看地图和仅就地理的名称讲，的确这就是阿拉伯，但我们若扩大眼光，看民族、看文化，阿拉伯的范围就远大于阿拉伯半岛，土耳其以外的整个亚洲西部，整个的非洲北部，都是阿拉伯民族的聚居地，这些地方的文化与生活方式，都属于同一的阿拉伯类型。

若追溯到一千三百年前，阿拉伯民族与阿拉伯文化，仍只限于阿拉伯半岛的范围。但自默罕穆德创立伊斯兰教以后，情势大变，阿拉伯的地位立即提高。并且从此阿拉伯开始积极的影响人类文化与人类历史；直到今日，无论在政治上，在经济上或在文化上，阿拉伯仍然占据一个非常重要的地位。我们若要了解今日世界的局面，对于阿拉伯的明了，是一个必需的条件。

把孔雀当作上帝代理人的伊拉克居民、

伊斯兰教，我们中国的通俗用语，又称回教。回教成立后，一方面代表一种政治势力，一方面代表一个新兴的文化力量，创教后的一百年间，就发展到整个的西亚与北非，在公元六三二年至七三二年的一百年间，阿拉伯先后征服了叙利亚、巴力斯坦、埃及以及整个的北非洲。此外，阿拉伯的势力，极东到了印度西北部与中央亚细亚，极西到了西班牙与法国南部。这个发展并不是纯粹的军事征服，而是民族的与文化的向外扩张，半岛的阿拉伯人大批的向外移殖；同时各征服地的人民，在宗教信仰上，在生活习惯上，在语言文字上，也很快的，并且大多是自动的阿拉伯化。今日西亚、北非的大阿拉伯局面，就是公元六三二年至七三二年间的扩展运动与同化运动所造成的。我们现在请把这个大的阿拉伯世界分区略为说明。

巴勒斯坦犹太人

先讲阿拉伯半岛本身。半岛的大部为沙特阿拉伯，也就是普通所谓阿拉伯国。阿拉伯国由两个区域组成，当初是两个分立的国家，一为汉志，一为内志。内志就是半岛东北与半岛中央的地方，大部为沙漠。汉志就是半岛西南的红海东岸的地方。汉志境内有回教的两大圣地：一为麦加，是回教至圣默罕穆德的诞生地，又是天方所在的地方；一为麦地那，是创教的地方，又是至圣陵墓的所在。汉志的第三个大城市是叶达，靠近麦加，是红海上的最大商埠，又是外国的使馆所在的地方。麦加是汉志的首都，但是按照回教的习惯，非回教徒不得进入麦加圣城，所以欧美各基督教国家所派的公使或大使，都驻在靠近首都的叶达城。

沙特阿拉伯之外，半岛上还有三个比较重要的半独立地带，一是叶门，在半岛的西南角，名义上为独立国，实际在沙特阿拉伯的控制之下。另一个是库卫特，在半岛的东北角，是英国的势力范围。第三个为欧曼，在半岛的东南角，也是英国的势力范围。

半岛之外，今日在亚洲，还有三个重要的阿拉伯区域，就是伊拉克、巴力斯坦、叙利亚。伊拉克在阿拉伯东北，是古代的巴比伦，但在今日的世界上，我们已找不到一个巴比伦人，今日的伊拉克人都是阿拉伯人，与半岛上的阿拉伯人完全一样，在第一次大战后，伊拉克为英国的委任统治地，今日伊拉克已是独立国。

在沙漠中長大的敘利亞女孩子

巴力斯坦在半岛之北，是古代的犹太国，今日世界各地许多的犹太人仍认为那是他们的家乡，但实际上一千三百年来，巴力斯坦是一个阿拉伯地带，连少数信犹太教的犹太人，所说的也是阿拉伯语。第一次大战后，巴力斯坦成为英国的委任统治地，世界各地的犹太人大批的迁入巴力斯坦，他们并且恢复了古犹太语，所以今日在巴力斯坦，官方承认三种正式语言，就是阿拉伯语、犹太语、英语。犹太人虽然大批移殖，阿拉伯人仍占巴力斯坦人口的大多数。

叙利亚在巴力斯坦以北，在第一次大战后，成为法国的委任统治地，后来划为两国，叙利亚与利巴嫩。在第二次大战期间，叙黎两国都发动独立运动，法国也表示承认。今日这两国已是两个独立的阿拉伯国家。

北非洲的阿拉伯区域，由东而西，为埃及，利比亚，突尼西亚，尔阿基利亚，摩洛哥。普通讲到埃及，就想到金字塔，与金字塔所代表的六千年前的古老文化。其实"埃及"两个字，今日已完全是地理的与政治的名字，表示地图上的一个地方与国际上的一个国家，但并不代表一个完全独立的民族与文化。今日所谓埃及人，都是阿拉伯人，在生活的各方面，都与半岛上的阿拉伯人毫无分别，埃及语言及埃及文字，今日只是少数专家所研究的古语与古文，今日埃及地方所说的是阿拉伯语，所写得是阿拉伯文，连少数信基督教而以古埃及人的嫡系子孙自居的人，也只会说阿拉伯语，除宗教不同外，在生活的各方面，都与阿拉伯人完全一致。

繼織名聞全球的地毯的埃及織工　　　　利比亞的特産——椶櫚

利比亚在战前是义大利的殖民地，将来如何支配，美英苏三强，仍在折冲之中。这次我国代表极力主张利比亚应该独立。突尼西亚与阿尔基利亚两地，是法国的殖民地，摩洛哥分两部，南部属于法国，北部属于西班牙，这四个地方的人也都是阿拉伯人，大多数也都信仰回教。

北非面临地中海，西亚就是地中海的东岸，北非西亚之间夹有红海，这是自古以来的兵家所必争之地，今日这是大英帝国的生命线，又是苏联所注视的地带，美国也对这个地方表示关心，除了地势外，西亚又是油矿特别丰富的地方，所以列强更加注意了，无论讲军事或讲经济，这个夹在亚、欧、非三大洲之间的大阿拉伯区域，在今日联合后的世界上，都要占不可忽视的位置。（昆明台播）

（原载《广播周报》第 3 期，1946 年 9 月 16 日）

和平与太平

我们今天常讲"国际和平"，过去中国总说"天下太平"。这两个名词不能互换使用，如果说"国际太平"或"天下和平"，那在文字上与观念上是不通的。"和平"是一个相对的名词，相对的观念。和平有两个假定：假定有列国，假定有战争，和平只是列国两次战争间的中间时期。既有列国，必有国际政治、国交与外交。有国际政治，必有利益冲突，利益冲突迟早必要引起战争。战争是列国世界必不可免的现象，几乎可说是自然的现象。

"太平"是一个绝对的名词，绝对的观念。太平也有两个假定：假定世界统一，假定没有战争。过去中国称实际所知的世界为"天下"，在主观上"天下"就是整个的世界，所谓天下太平在主观上就是全世界的稳定安静，并且在理论上这个局面是永久的，战乱只是临时的与意外的变态现象。天下既已一家，当然没有国际战争；失调时可以发生内乱，但那只能说是美中的不足，不能影响"美"之根本为美。

人类历史，就大的政治轮廓言，只有两种类型，就是列国世界与大一统世界。先秦的中国，罗马独霸以前的地中海世界，今日的欧美，是我们知道较为清楚的三个列国时代。罗马帝国与秦汉以下的中国是两个有名的大一统世界。列国时代，战争为正常，和平只是旧战争后的休息时期与新战争前的准备时期。大一统时代，太平为正常，战乱只是脱离正轨的短期现象。今日的世界，实际包括整个地球的世界，是一个以欧美为中心的世界。欧美仍在列国，它把世界也组成一个大的列国；连当初自成大一统的中国，今日也不过是欧美列国中的一员。列国没有太平，没有太平的观念，所以也没有太平的名词，今日在欧美的各种文字中找不出一个相当于中文"太平"的名词。但第二次大战后的欧美人类，似乎已开始有大一统的模糊感觉，可能不久要有与"太平"意义相同的名词出现。但这是后话，暂且不必多加揣测，我们仍然继续讨论比较抽象的道理。

和平与太平，除了根本的性质不同外，时间上也有很大的差异。和平时期总是甚短，太平时期却可以很长。和平很少能够维持五十年的；两次大战之间，最多不过五十年，五十年间并且一定有几次小的战争，十年的完全和平在列国世界是不可得见的。就欧美言，过去每一个世纪间都有两次大战，如三十年战争（一六一八至一六四八年），西班牙王位承继战争（一七〇一至一七一三年），七年战争（一七五六至一七六三年），拿破仑战争（一七九九至一八一五年），统一战争（一八六一至一八七一年），第一次大战（一九一四至一九一八年）。进入二十世纪后，大战的步调加紧，一九三九年第二次大战爆发，距离第一次大战的结束仅有二十一年，现在似乎是已有二十五年大战一次的趋势，将来是否更加急促，也很难说。至于太平，其长可抵和平的许多倍。西汉盛期二百年，其间大体是安定的。唐初有百年以上的太平，满清的太平也超过百年。这是列国时代所绝不可得的现象。今后的欧美除非是意想不到的根本变质，在大一统未能实现前，必难免周期性的为战魔所困扰。

战争的必然性，来自利益的冲突，是人所共知的。此点无需多谈，学历史的人不必说，生在此时此世的每个人，每日所见所闻的，都是国与国间的摩擦与冲突，只要留心每日的新闻，对于国际利益冲突的道理就可看得清清楚楚。我们只推敲一下由和平进入战争的具体方式。

把和平世界引入战争旋涡的，就是均势制度。列国并立，没有一个安全，连最强的国家也不能有绝对的安全感。安全既有问题，各国自然求友；求友的自然结果，为国际间两大壁垒的对立。至此，友邦的事也成了自己的事，自己的事当然也是友邦的事。自己的事已够复杂，再兼管友邦的事，所以国际两大壁垒之间的空气总是紧张的，双方都时时刻刻准备兵戎相见。"武装和平"的一个名词非常恰当，那是列国和平的绝妙形容。和平是外表，武装是实际，迟早必有一个问题使两大壁垒火并。所谓国际均势，总不能"均"，因不均而不安，因不安而必战。就理性讲，这是愚不可及的事，因为战后还是不均，但就人性言，这是自然不过的事，因为各方都有侥幸之心。

虽然如此，每经一次大战，必有一个或长或短的追求和平的阶段，热心人士奔走号呼，希望战争能够绝迹，和平能够永久。连为政的人，无论是出于信仰，或出于投机，往往也口口声声的拥护和平。今日的事，距离太近，关系太亲切，我们撇开不谈，上溯第一次大战，我们的观察或者比较的容易超然。当时各国组织国际联盟，以消弭战争永保和平相号召。在具体的步骤方面，限制军备，主张裁兵，最后到一九二八年各国并签订巴黎非战公约，正式声明放弃战争，永不再用战争为国策的工具。但没有人对于这一套真正放心，表面的文章尽管去作，秘密外交与均势主义活动仍旧。由法国发动，组织包围德国的集团，要使德国永世不得翻身。一九二〇年，国联方才成立，法国就联比利时，希望西线安全；一九二一年以后，又联东欧的新兴小国，在东方包围德国。法国的集团引起义大利的反集团，一九二七年联匈牙利，七年后又联奥地利。到一九三四年，这就引起再反集团，就是希、土、罗、南四国签订的巴尔干公约。日愈复杂的国际政治，给了德国一个乘机再起的便利，不久就形成联德与反德的两大壁垒，五六年后就引起第二次大战。在历史的透视中，和平运动只是一种插曲，是战后人力疲乏的临时反应。临时的疲倦一过，新战争的酝酿又起，不出几年，就又来一次大放血。

　　未来的事我们不愿多加揣测，但有一点应当提出的，就是大国的数目今日极少，已少到不能再少的程度。今日能够单独作战的只有美苏两国，连英国都已丧失此种资格。若以往事为例，我们可以指明，在中国大一统实现的前夕，只剩了秦楚两大强国；在地中海世界的列国末期，只剩了罗马与迦太基一决雌雄。如此看来，以欧美为中心的今日世界，也已发展到列国时代的最后阶段。下一个阶段是否新的大一统与新的太平？谁敢肯定？谁敢否定？

（原载《观察》第 1 卷第 9 期，1946 年 10 月 26 日）

东北问题的历史背景

（雷海宗先生讲　木金笔记）

诸位也有些是历史系的同学，也许有些不是；但我相信并希望大家都知道，当年日本人曾作过的宣传说："东北与中国历史的关系，开始发生于满清入关之际。"是多么的幼稚和无稽。现在我先从过去中国的历史关系说起。

史载商末曾有箕子逃至朝鲜为王，这虽不一定可靠，亦不一定无稽；那时所谓朝鲜或者不完全是今日的朝鲜半岛，大概才是半岛的一部及东北的南部。自完全可靠的记载讲，中国与东北的关系约起于纪元前三世纪初，其时战国时代的燕国用大将秦□，向东北拓展，征服辽东（就是辽宁省的大部）。三世纪末，秦统一中国，燕亡国之君，还曾在东辽维持政权二年。此后二千年来，东北从未与中国断绝，关系尤其是文化与民族始终是一体的。三国时期起中原大乱，历数百年，东北有外族入侵。唐时东北属中国，宋时东北为辽金所占。但元明两代东北仍属中国的领土，以后满人统治，曾编占当地人口大多数的汉人为汉军旗，不要抹煞事实，将来再作幼稚荒谬的野心宣传。

最早东北发生问题，乃起于俄人向东发展；一方面欲向东方寻求经济上的利益，一方面欲在太平洋上找一安全的出海口。一七〇〇年左右，遂与清廷发生了接触，其时东北比现在的广大得多。依尼布楚界，北自黑龙江支流格林必齐河，沿外兴安岭以至于海，岭南属中国，岭北属俄国。

今日俄国的阿穆尔省与东海滨省，当日全是中国的版图，其时中俄边境虽时时发生小规模摩擦，但以是时俄国方有事于波兰，无东顾之力，俄商也只在谋利，故曾无大战，此种局面约维持了一百五十年之久。

清咸丰间，英法联军进攻北京，又直中国内有太平天国之乱，俄国反乘机欲在东方找出路，乃屡向清廷要求定界；清廷既屈于实力，又未能事先预防，终于一八五八年订立瑷珲条约，以黑龙江为界，白白的送掉数十万方里的土地。然而俄人还不满足，一八六〇年清与英法讲和，俄以调人自居功劳，更向清廷要索缔结送俄巨利之北京条约。俄人又未费一兵一卒拱手而得乌苏里江以东十九万三千万方哩的土地，这地带包括北满全部海岸，而海参崴就是这地带的重要海港。同时又约定俄国可自由在黑龙、乌苏里、松花三江航行，这就是第一次东北问题所发生的严重结果。

日本兴起，图向大陆发展，甲午之役清廷大败。一八九五年中日订马关条约，允高丽独立，并割辽东半岛与日，俄人对此大感焦灼；因辽东为日所占，彼之东洋海口将尽为所扼也。遂邀德法，出而干涉，共迫日本退还辽东。是时三国各有用心，法国因刚挫于普法之战，图对俄表示好感；德国则欲引俄专注于东方，日本因实力不强，只得允诺，清廷对此甚感激俄人，俄人复假谓，本欲出兵相助，惜以交通不便，俄军未到而中日战争就完了，为预防日人再侵中国而能给与及时之援助计，乃要求修筑中东铁路与南满铁路；李鸿章提议由中国自防，俄不允，不久铁路由俄人筑成，旅顺大连及附近地区与海面也以防日为借口一并租占。

一八九九年俄在辽东半岛设关东省，与俄本国地方行政机关无殊；一九○○年庚子之乱，八国联军，攻入北京，俄人更进兵东北，说是为了保侨护路，并宣称一俟满洲秩序恢复，俄国即行撤兵，断无占领满洲之意。一九○一年清与各国议和，东北俄军独不撤退，清廷与之交涉总是搪塞，拖延了一年多还无结果；且更充实力，图长居久占。英日嫉之，英欲以外交压力使俄退兵，不果。一九○二年英日缔盟，中国舆论日趋激烈，尤以京师大学堂主张最力，教授上书政府建议中国加入英日同盟。俄国见国际形势不利稍感恐慌，乃改变态度，诱称愿与中国商量，订分三期（以半年为一期）撤兵。但终不切实履行，且屡次提出新要求；越一年，局面缓和，中国加入英日同盟之机会已去；而日本则因私立关系，在一九○四年对俄宣战。两国战于中国之境内，中国反倒宣布局外中立，真是历史上的滑稽插曲。日俄之战，俄虽失败，但因日本势力并不及俄国，亦不敢要求太苛；一九○五年，美出调停，两国订立朴次茅斯条约。以其中第五、六条规定：俄将长春旅顺间铁路及其支线以及旅顺大连之租借权等，无条件让与日本。自此日俄等于平分了东北，也自此有了所谓南北满之称，此约订定后，才通知中国，迫中国承认之。自此直迄"九一八"局面大体不变。

第一次世界大战俄国革命党高唱反对帝国主义，宣称放弃帝俄时代一切在外权益，但实际并未兑现，在华虽放弃治外权外，在北满始终维持旧势力。一九三二年，伪满洲国成立，日本压迫苏联退出北满。一九三四年，苏将中东路及沿路权益，廉价出卖。自此东北全部属日，直维持至第二次世界大战终了。

"九一八"直接引起中国抗战，间接引起第二次世界大战。国际间咸认为在战后将全部东北归还中国，是没有问题的。我们中国每个人，更以为应当且必然如此。国际上在一九四三年开罗宣言中，明白规定了这一点，并无人提出异议。但一九四四年却有人唱出新的调子来了，一九四四年在苏联有一本叫做"旅顺"的小说出版，以日俄战争为题材，称是役为"爱国战争"，说那是"祖国"之战，"旅顺是我们的"。此长七百页的小说，译成各种文字，在舆论的奖励之下，毫无限制的风行全苏。在当时，在苏联就是印一本小册子，也要受到许多审查与纸张消费的限制，那是在战争紧张的时期啊！而对此何独竟毫无限制，这究竟是什么意图？显然的是因为过去将近三十年叫得响亮的反侵略口号，已经使苏联人民在意识里有些相信了。而欲作与这口号正相反的事之前，必先对这些人有所交代，而预作心理上的布置，以使他们在有一天看到他们的政府作出侵略的行为来时，不致太感惊奇。

一九四五年苏联又作了外交上的准备，一月三巨头（罗邱史），在克里米亚举行会议，二月十一日签订了雅尔达秘密协定，规定在击败日本之后，把过去一切帝俄在东北的帝国主义利益，完全收回。无论英美当时作何看法，但毕竟是拿他人的东西，毫不顾惜的允许了这个要求。

八月十四日，中苏协定签订了。官方现在虽然总说否认那个秘密协定，然而实质上中苏盟约至少等于抄袭那个秘密协定，而且有以过之。因为蜜月中的所谓外蒙古现状，应该是指一九二四年中苏条约中规定的："外蒙古为中国领土之一部分"，则所谓外蒙现状，并不是如此"独立"的，中苏盟约公布，只是许多人互相谈起来，都感觉迷惑而不了解，中国苦战八年，惨重的牺牲，是为了什么？而今所谓得到胜利了，却还又是这么不明不白的，再作有损主权的牺牲。但总以为这是最后的牺牲了，也就无可奈何地忍痛不言。但是请看看今日事实的严重性，并非任何宣传所可蔽掩的。今日苏联在东北的举动，何异于庚子以后的情形？这次又是不肯撤兵，若有撤兵的一天的话，也必等到它一认为满意或时机已成熟了之后，才会撤兵的！中苏协定，签订不过半年，就已成了废纸。

不必说，我以中国人的立场来讲这个问题，就是只站在人类一分子的立场，我也觉得，目前东北问题的危机，并不止对中国是灾难，就是对全世界甚至苏联自己也并没有什么好处。日本有眼光的人当年有句话说："这些少壮军人进占东北，简直是使日本吞下了一颗炸弹。"今天这话应验了。这颗炸弹粉碎了整个野心的日本帝国。

凡是一个人，谁敢再想象或是希望再来一次世界大战。在这原子能的时代，战争是会毁灭一切人类文明的，而在第三次世界大战结束以后，是不是还可能有人类余存？即是有，恐怕也是要陷入半开化的洪荒时代去了。而在今天，只有东北最可能引起再一次世界大战！

我们不希望而且应该绝对阻止任何国家，再把东北从中国抢夺过去，或意图在东北攫取过分的权益。同时，东北只有完全在中国手里，才是世界的和平的保障。因为自世界的眼光看来，东北在军事上，在经济上，实在太关重要了，如被强权所占有，必将引起其他强国的争夺，因而促成第三次世界大战的爆发！

（原载：《再创》第 2 期，1946 年）

妇女·女权

自一九一〇年各国妇女界代表在丹麦京城举行妇女大会，争取平等权利，并议定国际妇女运动纪念日之后，每年今日（三月八日），都为各国的前进妇女所热烈庆祝的节日。在当时，妇女运动尚未赢得传统社会的普遍同情，许多人仍然诚恳的相信，男女应当有别，认为两性能力不同，所以职责不同，因而与职责相关联的权利也不同。妇女运动者则认为这完全是男子压迫女子的自私自利说法，若在政治经济教育各方面给女子同等的机会与平等的权利，事实当可证明女子的能力与成就并不亚于男子。两种对立的说法都是理论，把理论付诸事实的考验的，是第一次大战。第一次大战也是第一次的全民战争，只靠男子动员还不够，至少一部分的女子也须动员，才能应付战争的需要。女子除了未曾手执武器直接参加战斗外，前方后方的一切工作，过去普通认为完全或主要的属于男子的工作，在人手缺乏的战时，女子都取代男子的地位，并且大体都能胜任愉快。事实最为雄辩，过去太严格的男女有别的说法，至此已经不攻自破，同时各国对于妇女的战时贡献，也都无不感激。在事实的证明与感激的督促之下，欧美各国在第一次大战后就都正式的承认了女权，除参政权的开放外，过去未实行或实行而不彻底的经济权与教育权也都给予妇女。惟一的重要例外是法国，法国妇女是到第二次大战后之一九四五年才获得参政权的。今日欧美各国，无论事实上如何，在法律上与机会上，两性是有同等的权利的。

至于中国，五十年来我们是一向在极力的追随近代潮流的，女权运动在清末已经开始，到"五四"以后很快的就为舆论所接受，认为已经不成问题。在抗战之前，这种公认的见解已经形成法律的明文，法条中清楚规定，男女经济平等，女子也享有财产继承权。在家庭中夫妻平等，组成家庭的婚姻也法定为男女个个都有自由。政治平等的制度更为清楚，在一切的选举，被选举，与政府任命方面，都不再有男女之分。最后，还有教育的平等，所有男子禁地的一般学校，由幼稚园到大学，都开放门禁，女子都可自由入学。若有不平等的话，现在是对男子不平等，今日只有不收男生的女校，而没有不收女生的男校，当初的男校都已成为男女兼收的混合学校。所以讲法理，讲制度，我们中国女权方面是最进步的；今日世界尚有落在中国之后的国家，没有走在中国之前的国家。

但中国有一特点：就是这种进步的女权现状是妇女并未大争而就由国家立法规定的，其中也未经过像欧美各国妇女在第一次大战期间的事实考验。历史上的任何权利，都是由奋斗争来，或是由工作赢来，得来太易的权利往往是不知如何行使的。抗战前我们的制度尽管完善，然而乡妇对此不感兴趣，并且根本不知何谓女权，连城市中比较有知识的妇女，真能利用法定的女权的，也只是极小的少数。这种法律与事实脱节的现象，部分的已由八年的抗战加以补救。抗战之在中国，有如第一次大战之在欧美，对于妇女是一个考验，并且两次都是成功的考验。一向与男子并肩操作的乡妇，可以不论。城市的妇女，在抗战之前，愈与近代潮流接近，愈有成为有闲阶级的危险；虽或不是多数，但相当大的少数的中上阶级的城市妇女，往往只知享受近代妇女的权利，而未知善尽近代公民、主妇或职业者的义务。这或者是我们过度追随潮流与女权得来太易的结果。但这个一时的特殊现象，已都为八年抗战所打破，战前城市的中上家庭，大多成了最受经济压迫的家庭，过去有闲的贵妇都变成有忙的主妇，原来仆婢的责任都由主妇一人承当，有的主妇在管家育子之余，还在外担任半时甚至全时的职业，以给家用。因中国整个机构的不灵，在与战事直接有关方面虽未能动员女子，但一般城市妇女在后方维持社会的无形贡献，是此次抗战史上应当大书特书的一笔功劳账，战前立法的女权条文，中国的妇女已用八年的泪与汗证明为她们分所应得；假定战前没有此类条文，战后的今日也非加定这些条文不可。同时我们也相信，过去不知利用女权立法的妇女，在锻炼成熟的今后，也必能尽量利用。

最后还有一点值得提出，请大家注意的，就是在女权已为普世所公认的今日，所有的人，包括当初最激烈的妇女运动领袖在内，渐渐都知道过去的女权运动难免有矫枉过正之处。过去好似是凡属男子所作之事，每一个进步的女子也非去作不可。我们若把这话反过来讲，说凡属女子所作之事，每一个进步的男子也非去作不可，我们立刻就可看出那是如何的感情用事的见解。在机会平等之下，不分男女，每人各凭才力，各尽职分——这可说是今日文明世界的公认原则。在这个大原则下，许多旧的观念仍未陈旧。例如"贤妻良母"，本是新妇女所最不要听的名词，但在今日女权运动最成功的两大强国，代表资本主义的美国与代表社会主义的苏联，都不约而同的推崇贤妻良母，苏联对于儿女众多管家优良的妇女，并有正式的奖励。真正讲来，人类文化的需要贤妻良母，也正如需要贤夫良父；作一个贤妻良母的困难，也不亚于作一个贤夫良父。歪曲的贤妻良母作不得，正常的贤妻良母是每个女子的责任，正如正常的贤夫良父是每个男子的责任一样。因生理的关系，贤妻良母可以成为专业，贤夫良父不必成为专业。这也不是说每个女子非专于贤良不可，一切皆可听机会、才力与兴趣的支配，不可懈怠，也不必强求。能够如此，恐怕是妇女运动的极境。

我们只闻有妇女节，而未闻有男子节，可见妇女节应当是一时的现象，而非永久的现象。妇女运动的终极目的，应当是不再需要妇女节。我们上面所讲妇女运动的极境，在任何国都尚未完全实现；一旦那个境界成为事实，我们每年三月八日将无需再努力于女权运动。愿国际妇女界谋求那一天的早日到临！

（原载《观察》第 2 卷第 2 期，1947 年 3 月 8 日）

理想与现实：政治兴趣浓厚时代的两个世界

五月下旬，国际间有两段消息，我们中国多数的报纸似乎都未登载。这两段消息，代表今日世界问题的阴阳两面，深值注意。我们简单叙述如下，作为本文的引言。

第一段消息来自旧金山，据谓华来士于五月二十三日提出弭止战争的一个计划，内容包括四点：（一）军事部分——包括一个可实行的世界性的原子能管制办法，军略地区的国际化，杀人武器的解除，及整个世界法西斯主义的最后肃清；（二）按照联合国宪章的原则，消弭希腊与中国的内战；（三）使不自由的人得到自由，使流离失所的人有家可归，增助世界性的人权法案的完成，最后希望能达到世界法律系统的目的；（四）经济部分——利用美国资源，在联合国的管理之下，推行一个全世界重建的十年计划。

第二段消息来自华盛顿：关于美国东大西洋及地中海舰队司令康纳利将军对于伊朗与土耳其两国首都的访问，路透社驻华府的采访主任兰金氏于五月二十五日发表显有所本的评述。据兰氏的报导，华府的官方人士相信，根据康纳利将军所采得的资料，美国对于希腊、土耳其以及中东油区的美国生命线，可以拟定一个全新的军略计划，包括三点：（一）美国实际已等于与希腊、土耳其两国订立同盟条约，只要苏联的扩张政策一日不变，美国对此区域的责任也不会改变；（二）中东区域为美国在战争时间所必需的石油来源，所以在任何情形下，也不能容它落在苏联的势力圈内；（三）国务院与军政部意见一致，认为鞑靼尼尔海峡为危险的焦点，该峡一旦遭受威胁，美国将不惜以武力抵抗。

上面两段消息的强烈对照，是再清楚不过的。华来士所发表的一套仁至义尽的建议，有一点可以注意，就是从头至尾所讲的都是"应当"如何，对于利害的关系撇开不谈，或只附带的论及。第二段消息与此相反，出发点是利害与力量，只讲实际"究是"如何，根本不问"应当"或"不应当"。本文的目的，不是要评判两种观点的孰是孰非，因为这个是非根本是无从评判的。我们叙述上面两段消息，目的只在举例，这两件事恰巧代表古今一切国际关系的两面：

一面是人类的希望，一面是人世的现实。要明了国际关系的实况，必须两者兼顾，同时又须认清两者之间的界线，若把两者混为一谈，对于国际政治，以及一切政治，就永无了解的希望。

理想与现实，是人生的两种境界，有的人注重现实，有的人倾向理想，两种人所处的实际是两个世界，在政治兴趣特别浓厚的今日，两个世界的分野格外的显得清楚。少数人想要同时住在两个世界，在理论上虽非绝不可能，在事实上可说是不可能的。宗教与哲学，以及各种高超的主义，都属于理想的世界。一切事业的经营，就事业而论事业，都是现实的。但人生最现实的，莫过政治：离开现实，根本无政治可言。就对内而言，政治，即或是历史上或今日最上乘的政治，也不过是勉强调和大多数人之间的兴趣矛盾与利益冲突；如能使矛盾不太严重，使冲突不表面化，就已是政治尽善尽美的境界。等而下之，就不必问了。就对外而言，只要有列国的局面存在，国际的政治必为尔虞我诈互相排挤的世界，诈虞排挤的最后结果总是战争，若极端的讲，甚至可说玉帛相将的和平时期只不过是两段战争期间的休战状态而已；和平为疲乏后的修养，战争才是正常的状态。

撇开专为现实辩护的冒牌思想不谈，一切理想，无论为哲学的或宗教的，都不问现实如何，而要否定现实，化现实，超现实，打破眼前丑恶的世界，实现合人心意的世界。如中国先秦的道家，如今日西洋的自由主义者，不问事实，认定人性至善至美，因被难以解释清楚的人生种种所蒙蔽而变为丑恶，只要去蔽还真，理想就可以实现，哲人的企望就可称为庸人的实在。理想家如只提倡理想，不积极的企求实现理想，还不致多逢烦恼。最可怜的是比较高尚的热中人士，抱有理想，同时又坚要用理想改变现实。先秦的儒墨两家都属此类，结果当然是整个的失败。墨家最后完全消灭。儒家到大一统的汉代为人主所利用，但至此早非孔孟荀之旧矣。今日西洋化的世界，又逢新的列国之世，滔滔者天下皆是，热中的新儒新墨多至不可胜数，最后的命运恐怕也不会大异于先秦的儒墨。若暂且不论救国救民甚至救世的大题目，专言个人的态度，我们究当何以自处？最重要的，恐怕是每人都要先有自知之明，指导自己是属于理想类型，或现实类型，是宗教家哲学家的质料，或事业家政治家的质料。历史上虽有两质兼备的人，但那是例外又例外的，普通的所谓才智之士都有一偏。一般来讲，理想不能渗入事业的领域，最多不过有时可作事业的护符与工具。事业的目的是成功，理想的目的是至善。普通的成功与至善无关，一切的至善都难成功。哲学与宗教为心灵上的永恒境界，不受现实的支配，就本质言，谈不到成功或失败。现实的力量可以迫害哲学家或宗教家，耶稣与苏格拉底都是牺牲于现实强力之下的理想家，但现实对于理想本身却无力伤害，耶稣的教义与苏氏的哲理至今仍为世人所推研不绝。但反过来讲，两位圣哲的主义，就主义本身言，从古至今向未影响现实的发展，现实既未因之改善，也未因之更为丑恶。政治的对内争夺与对外欺诈，古今相同，绝无二致。战争的频繁，今日与二千年前无异。人性的难测，今与古同。所不同的，是知道耶稣或苏格拉底的政治家，有时可多有一些响亮的名词供他们利用而已。

理想家与现实家所处的是两个世界。两个世界永远对立。理想家视现实家为不可救药，现实家视理想家为愚不可及，两者发生真正的接触或联系，可说是不可能的。有的哲学家可以提出"现实的就是理想的，理想的就是现实的"一类口号，这只能说是莫可奈何的自慰自娱。又有的哲学家想象乌托邦，或置于远方，如培根的"新大西洋国"；或置于远古，如先秦诸子的种种托古思想；或悬诸未来，如韦尔斯的"彗星的时代"。这是聊自慰娱的另一种类型。此种思想最发达的，莫过中国，我们早先在先秦时代就把这种说法人格化，提倡"内圣外王之道"。并且古往今来，不知有多少自以为"圣"的文人以此自评，虽然那仅是可怜的自欺；又不知有多少已经为"王"的当局以此自命，虽然那仅是夸大狂的表现。降至今日，中国虽然处处落后，只有在这一点上我们既可超迈前代，又可媲美西洋：我们今日所最不缺乏的人才，就是利用西洋新名词而提倡各形各类内圣外王之道的理论家。由此点言，中国文化可称为人类历史上思路最不清楚的一个文化。

既然如此，是否我们就可下一个人类无希望无前途的结论？却又不然。今日人类之所以异于一切其他动物或已经消灭的各种远古人类的，就是因为它有理想；除了现存的人类外，一切的有生之物都只有现实。理想与现实的冲突矛盾，就是人类历史人类文化的最大主题。最后的结果尽管是毫无结果，这种冲突矛盾的过程却正是历史文化的意义。将来人类的发展是否可以更上一层楼，不停滞在好似毫无结果的矛盾中？我们最少不妨如此希望。在此日未达到前，事业者只有发展事业，理想家只有发挥理想。只要不违本性，不强求己所不能，一个人或追理想，或求现实，都可以成为推动历史的力量，在个人都是成功，如果违背本性而强求自己所不能，在个人为可悲的失败，在历史为可惜的浪费。苏格拉底的智慧的结晶，仍值得我们记取服膺："知道你自己！"

（原载《独立时论集》第一集，独立时论出版社，1947 年 6 月版）

航空时代、北极中心与世界大势

近年来一般人喜欢谈原子能时代，原子能占有了人类想象力的全部领域，使许多人忘记了有史以来一个重大的道理：就是交通路线与交通方法对于政治关系与文化形势的决定性。今日诚然已进入原子能时代，但最少与此同样重要的，是今日也是航空时代。飞机虽然已有四十四年的历史，虽然在两次大战中都是重要的作战武器，虽然已成为平时的一种重要交通工具，但人类的想象力对于飞机似乎仍然不能完全了解。为适合航空时代的现实，我们许多的日常观念都须改变，否则我们在精神上只能说是十九世纪的遗民，不能算为名实相称的二十世纪中期的人类。

第一，是交通观念的革命，人类自有史以来，陆地上的交通要受高山、森林、沙漠、沼泽的阻碍。海上的交通阻碍较少，但一望无际的海洋本身就是使人望洋兴叹的一种困难。并且无论是水上行船或陆地行车，交通都不能脱离地面。但现在人类已能凌云升空，过去地面上的一切阻碍都已不复存在，因为我们今日是在太空的大气中翱翔。过去交通限于地，现在交通是起于地而行于天，天地已成为一体。所以近来有人画图表示此种情形，先画一个小圆形代表地球，外边再画一个大圆形，称为天球，天洋，或天空世界，就是飞机所遨游自如的世界。人类今日已不再被困于平面的地面，而是名副其实的生存于立体的天地间。

第二，方位的观念，今日也要改变。前此所谓东、西、南、北的方位，在事实上我们虽不详细推研，但在理论上是我们站在地球上的某一点，面向北极：面前为北，背后为南，右手为东，左手为西。我们总是假定北极为我们永远不会亲身到达的一个标准点。普通的地图也都以赤道为中心而将地球画为平面，于是一个点的北极也成为与赤道同长而并行的一道线。因为这个道理难以说通，所以多数的平面世界图总是不把南北极画出。但今日新的地图多以北极为中心。因为地球上陆地的大部，尤其在人口、经济、政治与文化上最重要的几块陆地，亚洲、欧洲与北美洲，都环绕在北极的周围（在人口上，北半球占全世界的百分之九十以上），所以北极中心的北半球图就可表出世界要地的绝大部分。至此方位就发生问题了。我们现在需要假定我们时时刻刻是站在北极之上。北极是地球的顶点，无左无右，无东无西，本身为北，为绝对的北，此外并无其他的北，由此向外观看，任何方面都是南方。只有一方，等于无方。前此相对论只在天文学上影响空间的观念，人类对于圆面的地球仍可当作平面使用。今日航空发达后，圆面不能再当作平面，非认真为圆面不可。地理学上的空间观念因此也发生革命。走路最怕迷失方向，现在我们可说是根本丧失了方向！讲到最后，方位当然只是一种人为的概念，与宇宙的实际无关。但因为四方的观念是文化初开以来的一种意识，在人心中已经根深蒂固，一旦这种观念不再与实际生活的情形完全相合，一般人不免发生迷惑之感。我们必须运用想象力，克服这种迷惑的感觉，在精神上才能说是生活在航空时代的世界。

最后，第三个发生革命的就是距离的观念。前此以里计的路程，今后要以时刻计。世界上远距离的交通，所需的时间，最初须以年计，十六七世纪以下仍须以月计，到十九世纪已可以星期计。进入廿世纪，普通可以日计，时至今日，"日"已是太大的一个计时单位。第二次大战以来，世界多数重要据点间的距离，只以钟头计就够了。在过去，交通的时间以年计，以月计，以星期计，或以日计的时候，两点间的里程仍为人所注意。但今日情形大变，里程的观念在人类意识中已日趋淡薄，惯于旅行的人已不再问由甲地至乙地里程若干，而只问需时若干。在一百个知道由北平到南京需要几小时的人中，不见得有一个人能说出两地距离为多少里。这也正如天文学上讲星球间的距离，普通不讲里数而讲光年一样。光的速度每秒钟为一八六三〇〇英里，它一年所走的路程，若以里计，绝非人类心灵所能体会。只有讲光年，才能使这种远至不可思议的距离在人心中发生些微的作用。因为飞机航率迅速，距离的计算采用时刻，也是同样的道理。量布用尺，量行程用里，量航程用时刻，这是当然的递进的理。就交通言，世界已经急遽的缩小，可说已缩小到过去一州一县的程度。我们今日已可更亲切的体会到，地球只是太空中至小至微的一粟。

归纳上面所讲已经发生或最少应当发生的三种观念上的革命，我们可以得到一个结论：就是今日的世界，是一个以北极为中心，各点之间距离甚近，交通迅速便利的一个渺小世界。明乎此理，我们就很容易了解，北极圈的内外近来为何成为少数大国注视的焦点了。事有凑巧，今日世界最强的两个大国，美国与苏联，经北极圈而相望。美苏间的空间距离，远较任何地图上所画的关系为近。加拿大与美国密不可分，等于一个单位，在战时两国已经联防，战后的今日联防的办法不只并未取消，并且更为加强，在最后的国际关系上，美加已与一国无异，美加与苏联，北疆都远伸入北极圈内。双方若能合作，合作的地理条件非常便利；若不能合作，如此近的距离是一个莫大的危险。双方距离最近的地方，在阿拉斯加。经白零海峡，美国的阿拉斯加与苏联的西伯利亚，仅有五十英里的一水之隔。这是就双方的大陆而言。若看两方海岸之外的海岛，距离最近的美岛与苏岛，相隔仅有二英里半！在第二次大战期间，阿拉斯加是美国武器援苏的最大最重要的空运中间站。战后的今日，美国许多的论者，称阿拉斯加为美国的第一道防线，并非出于偶然。

在双方自己的领土之外，北极圈上的土地而成为问题的，尚有冰岛、哥林兰岛与斯比兹卑尔根群岛。冰岛是欧洲与北美之间的中间站，是北大西洋的中心点，在第二次大战期间是美国接济英国的一个重要据点。哥林兰与冰岛的功用相似，不过地位不像冰岛的适中而已。现在美国的武力已从两岛全部或大部的退出。但就利益与文化传统言，两地仍然倾向美国。冰岛为独立国，哥林兰属于久已接近英美的丹麦。

斯比兹卑尔根群岛属于挪威，在第一次大战后由国际条约规定为不设防地带，最近苏联向挪威要求在该地取得设防的权利，英美提出抗议，挪威经过一番考虑后，最后于本年二月十五日在国会秘密会议中决定拒绝苏联的要求。国际间一有风云，斯比兹卑尔根群岛是值得注视的一个地方。过去列强所争夺的是苏彝士与新加坡一类的海上据点，新时代的苏彝士与新加坡大多集中在北极圈上。国际间若不能实现永久的和平，这块一向宁静的冰天雪地世界终有一天要成为全球上最不宁静的所在！

（原载《独立时论》第一集，独立时论出版社 1947 年 6 月）

印度还政问题

去年三月，英国首相艾德礼宣布，英国已决定界予印度在英帝国内或英帝国外的完全独立地位，在当时，各国的论者对于这个宣告多不知如何判断，因为由于习惯的关系，一般人不容易想象英国能够放弃印度。今年二月二十日，艾氏作了进一步的声明，允诺于明年六月以前，将政权归还印度，至此，世界舆论开始承认，英国是真要由印度撤出，不再似过去的玩弄虚玄。第二次大战后的英国，在人力上与财力上都已大不如昔，对于世界各地的负担，非作有计划的收缩不可。印度是英国对外的最大负担，在力不能胜的今日，必须赶快设法摆脱。现在的问题已不是英国愿不愿早日由印度退出，而是印度能不能早日负起政治的重担。经过三个月的磋商，印度的各政团、各民族、各宗教之间，仍不能发现一个大家同意的政治基础。由许多方面讲，印度问题的复杂，远超过今日世界任何其他国家的问题。撇开次要的关系不谈，印度问题的基本困难有二：一是政团，一是藩邦。

印度的主要政团为国民大会党与回教联盟。在全印的人口中，印度教徒占百分之七十，回教徒占百分之二十强，其他的政团尚多，但在人口数量上都不重要，国民大会党原为印度教徒的组织，近年来已开始吸收回教分子与其他的分子，但印度教徒仍占多数。回教联盟为纯粹回教徒的组织。国民大会党一向所宣布的目的为独立而统一的印度，希望自由之后的印度只有一个以国大党为中心的中央政府。回教联盟认为若果如此，回教徒将永为治于人的少数，所以主张实现独立而二分的印度，提出"巴基斯坦"的口号，就是"清真国"的意思。回教徒密集印度西北部及少数其他的地方，将来此地组织一个回教的印度国。其余的大部土地可由国大党去组织一个印度教的印度国。印回的对立已够严重，两教之外尚有一个人口虽少而却不可忽视的力量，就是锡克教徒。锡克教为四百年前受回教影响的印度教徒所创的新印度教。就政治意义言，锡克教的重要性在乎它的尚武精神。今日印度军队中，大多数为回教徒与锡克教徒。锡克教的人口六百万，只占全印人口的百分之一点五。他们多数聚居印度中北部，尤其集中于旁遮普省，与回教徒杂居。在英国入主全印之前，此地曾有一个强大的锡克国，统治当地的回教徒与印度教徒。所以在回教联盟提出"巴基斯坦"的口号后，锡克教又喊"卡利斯坦"，就是"锡克国"的意思。

在宗教民族的问题之外，印度又有一个政治区分的问题，地图上的一个印度，在政治上分为两部。一部为英属印度，分为十一行省，占全印土地的十六分之九，人口的五分之四，由总督直接统治。其余十六分之七的土地，五分之一的人口，属于藩邦区域，错综于行省之间。大小的藩邦数目将近六百，大的与一省相埒，小的在普通的地图上根本不能看见。每邦有世袭的君主，都与英国有直接的条约关系，除外交全由英国主持外，在内政上各邦所受的干涉不一，少数大邦内政几乎完全自主。小邦的自主程度较差。这些由印度混乱割据时代所遗下的藩君，虽在理论上也赞成印度独立，但无论对国大党或回教联盟都取比较超然的态度，对于与英国的关系也不急于割断，英国也不便于强迫藩邦追随英属印度境内的政治潮流。

以上是印度局势的大概轮廓。这个势力交错的印度，费了三个月的时间，找不出一个接受英国宣言的具体方案。最后于本年五月中下旬之间，印度总督蒙巴顿勋爵飞往英伦，与英国政府会商还政的计划。月底飞返印度，六月三日蒙氏向全印宣布英国的最后决定。第一，英国承认印回对立的事实，准备给予印度斯坦与巴基斯坦两个单位以自治领的地位，并且自本年八月起，政权就要开始移交，至迟于明年六月要完成移交的手续。锡克教徒因为人口太少，不能自成一单位，他们大部要归印度斯坦，但因界线无法划清的关系，仍有一百万锡克人不得不划入巴基斯坦的领域之内。第二，在英属印度分治而取得自治领的地位之后，英国也就放弃藩邦的宗主权，每个藩邦都可自由选择，或加入两个印度国之一，或完全独立。英国不准备把自治领的地位给予任何藩邦。

就事实与影响两方面分析上面的计划，有五点值得注意。一，印度斯坦的人口约二万万，占全印人口之半。此外尚有藩邦的人口八千五百万人，被围绕在印度斯坦的疆界之内。巴基斯坦的人口约六千万，外又包括藩邦的人口八百万。二，全印农业与工业的财富，大部集中于印度斯坦。印度的三大都市，孟买，马德拉斯，以及今日全印首都的新德里，都包在印度斯坦的域内。巴基斯坦在经济地位上较差。但全印的苎麻与石油都属于清真国。三，巴基斯坦在地理上分裂为东西二部，西部以旁遮普为中心，东部以东孟加剌为中心。四，印度斯坦境内少数民族的锡克人特别尚武，占绝对多数的印度教徒必须谨慎应付，方不至引起意外的困难。五，小的藩邦，尤其完全被两大之一所围绕的小藩邦，事实上没有选择的自由，将来只有加入两大之一。但大的藩邦，不见得愿意在政治上自我牺牲，少数大的藩邦已经表示要宣布独立。回教联盟的领袖真纳氏对此尚可接受，但国大党领袖尼赫鲁却坚决表示反对，并向全世宣布，任何国如果承认藩邦的独立，印度将视为不友好的行为。此事究竟如何发展，尚难逆料。

在以上这五种关系之外，特别值得注意的一件事，就是印度斯坦与巴基斯坦在正式取得自治领的地位之后，究竟要长期的或永久的留于不列颠联合国的组织中，或将很快的行使自治领所有的最高选择权，决定脱离不列颠而完全独立，如果脱离的话，也有两种可能：一是两个印度都独立，一是只有一国与不列颠断绝关系。此事如何决定，就过去言，将为英国统治印度成功失败的最大考验，就未来言，将深刻的影响世界的安宁。因为新的印度在最近的未来不会太强，如果留在不列颠的体系之内，外力恐怕不敢轻易渗入；如果完全独立，即或内部的和平能够维持，也难免成为国际阴谋的一个重要对象，在已经混乱的世界上又将加添一个混乱的因素。

（原载《独立时论》第一集，独立时论出版社，1947 年 6 月版）

美军设国防部

统一海陆空三军，设立国防部的法案，于七月二十四日与二十五日先后由美国国会参议院与众议院通过，二十六日即经杜鲁门总统签署，完成立法的手续，同时并任命原海军部长福莱斯特尔为首任国防部长，酝酿将近两年的国防部之议至此遂成为事实。按照议案条款的规定，原有的海军陆军两部取消，设立统一武装部队的国防部长，代替原有的海陆两部长为唯一掌军的阁员，统辖美国全部的国防机构。国防部下设立海陆空军三署，地位相等，每署设署长一人，没有阁员地位。

除了三署之外，在国防部之内或与国防部有关的，尚有五个永久性的机构：（1）国家安全委员会，包括总统，国务卿，国防部长，海陆空三署署长，及国家安全资源局局长，为国防的最高机构。安全委员会中的军事人员与一部高级的军事人员又组成参谋首长联席会议，为安全委员会的最高军事顾问团体。（2）国家安全资源局，负责民用工业及军事动员的协调问题，以及平时与战时协力动员的设计事宜。（3）中央情报局，向安全委员会报道消息，使政府充分获悉外国的军事动态。（4）军火局，通盘筹划海陆空军三署及军事各部门的军火采购事宜。（5）研究发明局，统辖一切与军事有关的科学研究问题。这个新法案的条款非常完备周密，代表美国军政机构上的一个重大变革。

海陆空三军指挥的分立或统一，本是第二次大战结束以来美国国会、海陆空军各首脑以及舆论界激辩最多的一个问题。按美国原来的政府组织，与国防有关的为军政部与海军部。军政部历史最早，在美国宪法公布的一七八九年就由国会通过成立，总理一切军政事宜，海陆都包括在内。九年之后，一七九八年，国会又议决成立海军部，军政部的名称仍旧，但实际已成为陆军部。进入二十世纪，飞机出现，并且很快的就成为作战的武器，于是海陆两部都设立附属的航空队。其中陆军航空队的行动比较自由，海军航空队大体上受纯海军人员的支配。因海陆两部已有了一百年以上的历史与传统，对于空军始终认为只有辅助作用，否认空军能与海陆两军并列，所以直至第二次大战结束时，在美国整个的政治机构中并没有一个独立的航空部。至于海陆两军之间，以及两军的两个航空队之间，虽当然保持联系，但因系统的复杂与人事的关系，脱节之处在所难免。这在平时已非理想的办法，一到战时就可招致不必需的摩擦、损失与危险。在统制较易集中的极权国家，如过去的德国与日本，已感到军政各部之间的调协大非易事，在美国一个比较自由的民主国家，这种困难很自然的更加严重。在一切速度都不太高的过去，此种情形或者尚无大害。但今日已是闪电战、立体战与原子战的新时代，一切旧的办法都须重新估价，所有固执的成见都须彻底排除。近年以来，客观论者的意见渐趋一致，对于两点已无异议：一，军事各部的行政与指挥应当调协统一；二，空军当与海陆两军处于平等的地位。杜鲁门总统也同意此种看法，远在一年半以前，于一九四五年十二月十九日，他就以咨文一件送达国会，主张成立国防部，统一军事指挥。杜氏在咨文中强调说明，必须海陆军部合并为国防部，并继续维持充分的兵力，方能使未来可能从事侵略的国家深信美国有永久履行国际义务的决心。杜氏并警告国会，第三次大战的爆发，将较最近结束的全球战争更为突然，侵略者并且必将一开始就直接攻击美国，使可能性无穷的美国根本没有在组织上及军事合作上从事试验的机会。美国一旦在措手不及之下失败，整个的世界就必都为侵略者与野心家所征服。所以此次美国绝不可再像第一次大战后那样的彻底解甲与一心一意的坐享太平。除警告外，杜氏在咨文中并拟出成立国防部的具体计划，请国会讨论，斟酌采纳。国会，海陆两部，以及一般舆论界，以咨文为根据，在过去的一年半之间，往返探讨辩论，最后的结论是拥护杜鲁门的建议的。所以国会两院最近通过的议案，大体上等于全部接受杜氏咨文中所提出的各项具体办法。

除了国防部本身，统一三军，不必多论外，在与国防部有关的五个永久性机构中，四个都与统一联系直接有关：就是国家安全委员会，高高在上，总领一切；国家安全资源局，统一一切的军事设计；中央情报局，可以免除重要情报在军事各部门间不能顺利而迅速的传达的现象；军火局，可以避免过去各部门间竞购军火、军用品与军用材料的恶习。过去美国军事各部之间各行其是的作风，有时几乎令人难以置信。在过去的制度之下，联系的工作分两方面：一为海陆两军的联系，一为军部与政府的联系。两军之间有时已可失去联络，国务院又须与两个军部分别维持联系，在这个复杂的三角关系之下，可能的误会与脱节之处非常之多。例如珍珠港偷袭时美国的束手挨打，原因虽然很多，其中一个重要的原因就是当地的海军与陆军之间，华府的海部与陆部之间，两部与国务院之间，联络都多少欠佳，否则绝无一个大的舰队骤然间被敌人全部沉伤的可能。实际美国当时有的方面已经预知日本的计划，美国本有充足的时间可以预防，但这个重大的消息竟然无法及时而有效的传达给珍珠港上实际负责的防守人员。这岂不是较小说尤为奇怪的怪事！此后美军在世界各地作战，虽未再犯珍珠港的严重错误，但小失联络的例仍然时常发生。这个教训已为美国人所深切领受，所以全国上下主张军事统一，使纯军事的范围内不再有脱节的现象，同时也使军部与政府间的联系得以一元化，把误会的可能性减到最低的限度。

与国防部有关的第五个永久性的机构，研究发明局，自然的使我们联想到火箭炮，雷达，原子弹，宇宙光，生物学战，以及其他封神榜式的战争武器与战争方法。今后如果再有国际大战，大军的价值不免要打折扣，在纯军事方面决定胜负的将为科学武器的多寡与优劣。所以战后的美国，以及其他强国，无不尽力从事军事科学的研究。

以上是我们不计是非，不谈好恶，纯粹就事论事，对于美国最近军政改革计划的一个简单介绍与分析。其实何只美国，所有的强国无不正在各尽所能，各就所需，采取同类的布置与准备。这是值得忙于高论的热心人士，在倡导永久和平之余，抽暇一加留意的一个国际现象。

（原载《独立时论》第一集，独立时论出版社，1947 年 6 月版）

伊朗问题

一度紧张而突趋沉寂的伊朗问题，经过将近一年的外弛内张之后，最近又开始引人注意。据九月廿七日安哥拉方面的消息，伊朗似乎即将被列入杜鲁门抑止中东共产主义的援助计划范围之内。美国国会武装部队委员会委员十六人已经抵达伊京德黑兰，并与伊朗首相举行会谈。另一被称为赴伊军事代表团的组织，也同时抵德黑兰。在苏联方面，据真理报的报导，说伊国北部邻近苏境的亚塞尔拜然省已开始大规模逮捕亲苏分子。并谓此种行动乃出于伊朗宪兵队美国顾问的指使。此外九月二十八日，在伊朗国会中，因一部议员反对苏伊石油协定的批准，会场秩序陷于混乱，协定最后能否批准，尚不可知。伊朗显然的又要成为美苏斗法的一个场所。

缘于一九四一年纳粹攻苏后，一方面为防止纳粹在伊的阴谋，一方面为开辟英美接济苏联的一条通道，当年八九月间英苏协议进兵伊朗，苏军在北，英军在南。一九四二年一月，两强与伊朗签约，声明承认伊朗的独立与领土完整，两强在战事结束后六个月，全部撤兵。一九四五年九月二日，日本正式签降，是全球战争结束的日期，所以若讲条约与法理，一九四六年三月二日为外军撤离伊境的最后限期。美国在伊原无驻军，正式参战后，曾有少数负责运输对苏接济品的军队进驻，在日本投降后不久就全部撤退。英国的驻军，在战事结束后的半年中陆续离去，到去年三月二日按约撤尽。至于苏联军队，直到英军撤净时，仍维持七万人的庞大驻防数目。所以苏联在当时是显然的居于优势。但英美两国，尤其美国，不甘示弱。这是伊朗问题，在过去一年半以来一弛一张的根本原因。

伊朗北临外高加索与里海，南临印度，自十九世纪以来就是英俄两国所注目而视的地带。除了这种陆地上介乎两大的地位外，伊朗并且面临波斯湾，遥望红海与苏彝士运河，其位置的重要，不容列强不表示关切。所以进到二十世纪后，英俄两大帝国相约划定势力范围，除留中部为缓冲外，伊朗的北境归俄，南境归英。一九一七年俄国发生革命后，代起的苏联一时无力跳上国际政争的舞台，同时又有民族自决的潮流风靡全世，于是在两次大战的中间期内，英国也由伊朗退出，容它又成为一个十足独立的国家。但地理位置的影响，是无从逃避的，所以第二次大战爆发后，英苏又南北入占。航空时代的今日，过去列强争夺的许多军略焦点虽已丧失重要性，但地中海与外围的中东区域仍是一个必争的军略地带。英国虽已开始衰落，但同文同种的美国已经继起，凡冲要地区而英国无力维持的，美国无不出来维持到底。所以过去英俄争夺的伊朗，今日已成为美苏竞胜的舞台。

地理的位置已足使伊朗不得安生而有余，不幸它的地面之下又有二十世纪至宝的大量石油。"小人无罪，怀璧其罪"，小国也是一样，石油的宝藏使伊朗欲求与此无争也绝不可得。在面积相等的区域中，伊朗的油产在世界是最丰的。不计面积，以国为单位，伊朗也处第四位。今日产油最丰的国家中，美国第一，苏联第二，委内瑞拉第三，伊朗第四。伊朗的油权大部属于英国。一九〇一年一个英国人在伊境西南发现油矿，取得开采权，至今英国控制下的英伊石油公司握有伊境油业的霸权。后来美国的勘查家在东境发现油矿，于一九三七年也取得让予权。近年来大家渐知北境也有油可采，近邻的苏联认为这是责无旁贷的事，所以乘着进军北境之便而向伊朗提出要求。远在一九四四年冬，苏联已开始向伊朗交涉。伊朗在当初并未断然的拒绝，只称不能在外军压境时谈判让与的问题。苏联不听，继续要求。伊朗为表示坚决，于一九四四年十二月六日由首相向国会建议，禁止任何内阁阁员，部长，或代理部长与外国官方或非官方谈判石油让予权问题或签订石油协定，违者处三年至八年有期徒刑，剥夺公权终身。这种严峻的法案，当时虽有少数议员反对，终究多数通过。至此谈判之门已闭，于是苏联方面传出消息，谓伊朗北境已经发生反德黑兰当局的运动。但当时大战尚未结束，所谓反当局运动云云，制造一种空气则可，若认真作去，究竟仍非其时。又过了将近一年，大战已经全部结束，到一九四五年十一月，在苏军占领下的亚塞尔拜然省果真起了革命，要求地方自治，领导自治运动的是旧日的伊朗共产党，至此已一变而成民主党。德黑兰政府派兵北上平乱，为苏联驻军所阻，但同时苏联又声明绝对不干涉伊朗的内政。英美在起初并未公开的表示态度，整个的问题陷于僵局。

条约所订最后外军撤退期限的一九四六年三月二日之后，英国首先向苏联提出抗议性的询问，三月七日美国又向苏联提出措词相当严厉的照会，要求苏军撤离伊朗国境。对于英美的照会，苏联不肯致答。同时，亚塞尔拜然省在自治的名义下，已等于脱离伊朗而独立。三月十九日，伊朗向联合国安全理事会申诉，请求解决苏伊之间的纠纷。苏联先要求安理会对于伊朗的申诉不予受理；失败后，又不肯出席会议，以示反抗。进入四月，虽有联合国的声援，伊朗决定暂时承认眼前的事实，与苏联签订协定，主要的条款有三：（一）在北境组织一个苏伊石油公司，苏联占有股票百分之五十一，伊朗保有百分之四十九；（二）二十五年后，两国平分公司股票；（三）德黑兰政府同意考虑亚塞尔拜然省的自治地位，并应许与该省自治运动领袖开始谈判。至此苏军陆续撤离，苏伊问题好似已经解决。

但德黑兰政府与亚省自治领袖的谈判始终无成，到去年五月中旬完全决裂。同时，美国明白表示，不认为苏伊问题已得到合理的解决。在此种情形下，伊朗内部谈判一经决裂，德黑兰与亚省就进入战争状态。自此时战时和，到今年春，亚省的自治运动已被扑灭，德黑兰的政府已又统一全国。此中有美国的协助，是显然的，苏联只有默认失败。至于去年所定的石油协定，始终尚未由伊朗国会正式批准，此事看来已经希望甚微，正如在希腊与土耳其一样，美国已占了上风。今后若有变化或新的发展，必须由苏联方面发动。只要有机会，苏联也必发动无疑。

在过去，国际间勉强维持均衡时，小国尚可在两大之间缓冲，苟且求生。在均势已破，两强尖锐对立的今日，凡不幸处于军略地带的弱小国家，都将不再有丝毫的独立自主可言。两年来成为篮球，被人夺来夺去的伊朗，清楚的证实此理。

（原载《独立时论》第一集，独立时论出版社，1947 年 6 月版）

两次大战后的世界人心

由日本投降正式算起，第二次世界大战结束已经整整两年，短短的两年期间，世局真是千变万化，对于线索太多，情节太繁的变化，人心颇有应接不暇之感，猛然想起，好似已经过了半世。惯于此种紧张局面的人，往往不易想象另外一种局势。其实，太远的不必说，近如第一次世界大战后的九年，情形并不如此，最少并不完全如此，两相比较，使我们对于今日可以更亲切的感觉，更深刻的认识，更显著的明了眼前人世的悲剧性。

在第一次大战的晚期，美国威尔逊总统提出十四原则的呼声；认民族自决为天经地义，认民主制度为政治发展的当然目标，认为此后可以免除战争，人类可以永久的安居乐业，在无限的进步之下，达到美满的人生。当一九一八年十一月十一日德国投降时，以上一套的观念可说是普世人心的公同信仰，这种信仰是和平来临时期的精神背景。在这种精神背景之下，许多民族国家在欧洲出现：奥地利，匈牙利，捷克斯拉夫，南斯拉夫，波兰，芬兰，拉脱维亚，爱斯脱尼亚，立陶宛，土耳其等国，先后都在民族自决的大原则下成立，并且这些国家，最少在名义上都是以英美或法国为标准的新兴民主国家，多数国家也努力的去作民主的试验。当时一般都认为，民族国家与民主制度是万古不变的永恒真理，丝毫没有可以置疑的，短期间即或不能实现，不久的未来必定全部实现无疑。

以上是理想的一面，此外还有现实的一面，就是列强的争夺土地。在欧洲内部，国界的纠纷非常之多，义大利与南斯拉夫的复杂国界问题是一个特别尖锐化的例证。欧洲以外的战败国殖民地，也成了列强争夺的对象。最后用委任统治的方式，列强把德国与土耳其的殖民地全部瓜分，除美国因特殊原因在那一次未肯参加此种分赃行为外，亚洲、非洲与太平洋的战败国属地，都由英国、法国与日本，分别据为己有。列强的争夺土地，未尝没有使许多人失望，但大体上一般人都认为这是旧习惯与旧观念所造成的一时不美现象，整个的前途仍是乐观的，不满人意的一切很快的必可全部克服。

一九一九年一月的巴黎和会，是在这种乐观的心情下召开的，会中虽发生了许多关于土地与其他问题的争执，但到当年六月，凡尔赛条约成立，条约中并包括建立国际联盟的一点。一般的人，包括威尔逊总统在内，都认为只要国际联盟一旦成立，就可解决一切的问题，小国可不再受压迫，大国不敢再去横行，即或大同世界不能一蹴即至，最少一个合作的国际社会可以很快的成为事实。这种热情的看法，前后维持了十二年之久，到一九三一年日本侵占东北而国联束手无策，才开始动摇了世界人心对于国联的信念。

以上是第一次大战方才结束后的世界态势与人心形态，足供与今日比较处甚多。今日也有它的精神背景，就是英美所签订的大西洋宪章与罗斯福总统所宣布的四大自由，若讲理想，这些只有较比十四原则还要崇高，它们包括十四原则而又超过十四原则，所不同的是人心的反应。不必等今天，早在德日两国都未签降的两年以前，多数的人已对大西洋宪章及四大自由发生淡漠之感，民族主义已不像从前那样受人崇拜，至于自由、民主等等，更成了宣传的借口与口号，真正爱惜自由民主的人已在开始减少，许多人已根本不知自由民主为何物，他们所喊的自由实际等于奴役，他们所倡的民主实际就是独裁。第一次大战后的根本精神是"爱"，今日的根本精神是"恨"。第一次大战后的人，每喊一种口号，无论客观条件如何，最少在主观上是诚恳的，今日一切的口号都仅是口号而已，是达到某种目的的策略，在本身上绝谈不到丝毫的诚恳。

态度的不同，可以使人对于同样的事实发生完全不同的反应。两次大战后，国际间都有争夺土地的表现，有欧洲内部，像义大利与南斯拉夫的疆界之争，今日仍与一九一八年后无异。对于殖民地，对于弱小国家，大家也正在钩心斗角，明争暗夺，但二十七八年前的此类现象，世界并不认为值得特别挂在心头，今日却把这一切都认为是前途黑暗的明证。较此尤为严重的，是对德与日的和会至今不能召开，并肩作战的胜利各国之间的矛盾日愈加深，这是第一次大战后所没有的反常现象。所幸代替国际联盟的联合国机构在战争结束前就已准备成立。但世界人心对它始终没有像二十七八年前人类对国联的那种热烈的期待。大家好似在做戏，是在作不得不作的文章，今日很少人相信联合国机构能达到联合国宪章中所标榜的目的。国联在成立前，人心对它有热情的希望，在成立后，人类曾拥护它到十二年之久。至于联合国，在未成立以前已不能打动人心，在成立后的今日，许多人对它几乎已经忘记，必须看到新闻纸上的报导，方才记起联合国的存在。第一次大战后的世界是根本乐观的，今日的世界是根本悲观的。

对于今日的普遍悲观，可有两种解释，一好一坏。坏的解释，认为人世已经绝望，没有信仰，没有前途，眼睁睁的走向毁灭之路，第一次大战后还能有二十一年的和平，今日的世界好似时时刻刻都在准备毁灭一切的第三次大战的到来。与此相反，也可有一种好的解释，认为上一代的人心完全是幻想所支配，不肯面对现实，所以才有幼稚的乐观情绪。但幻想的结果必是失望与打击，侵略主义的兴起与第二次大战的爆发未始不是幻想所造成的恶果。今日人心已经老练，能够把握现实，不怕面对现实，自古以来，现实总是难满人意的，所以今日的人心才如此的悲观。这未必不是健全的现象，承认现实之后，才有控制现实的希望。好似随时可以爆发的第三次大战，终久可以避免也未可知。我们希望，这种好的解释是比较接近事实的！

（原载《独立时论》第一集，独立时论出版社，1947 年 6 月版）

近代化中的脑与心

近百年来我们谈维新，谈变法，谈西化，谈新文化，谈科学救国等等，有意无意间可说都是一种使中国成为一个近代的国家的企图,对于近代化的方案，容或还有许多不同的看法，但对近代化的目标，今日已无人否认。然而我们一向对于近代化中人的因素，似乎只是偏重脑，而忽略心；偏重近代文化的认识，忽略近代人格的造就。传统的心理学，认为人格有三方面：思想，感情，意志。由常识的立场来看，这仍不失为一种便利的人格分析法。思想虽然重要，但一个人格的特殊点，往往在乎情感与意志。受了外物的刺激，情感被冲动，因而发动意志，表现为行为。在这全部的过程中，思想不过是情感与意志的工具而已。我们判断一个人，说他好或坏，善或恶，和气或粗暴，慷慨或吝啬等等，这都是关于情感与意志的评判，与思想并不相涉。我们即或说一个人头脑不清，实际也不专指他的思想混乱而言，乃是说他对于情感的冲动与意志的运用不能善自驾驭，因而行为失常。并且按最时髦的心理学的说法，认为我们的思想大半只是情感与意志的辩护者，我们作一件事，往往只是高兴如此，并没有充足的理由，所举的一切理由都是意志决定之后，甚至事成之后，自圆其说的辩解而已。可见无论按传统的说法，或按最新的学说，人格的要点都不在思想，而在情感与意志。

要中国近代化必须中国人近代化,空由西洋各国搬运许多制度名物的架格，绝不足以谈近代化。例如近些年来，谈民主或立宪的人很多，许多专家能把欧美各国一切的民主理论，宪法发展，政党组织，立法程序，说得清清楚楚，如数家珍。但他们一旦从政，把这一切很快的就忘得干干净净，举止行动无意间又返回到中国传统政治的旧轨。他们即或不从政，在一般日常的生活与行为上，往往也不能发挥民主的或守法的精神，旧日士大夫的许多恶习大半仍不能去掉。此种矛盾的现象，原因何在？就是因为连多数所谓专家也只是脑中充满了一堆专门术语与抽象知识，他们的心，他们人格的最深处，情感与意志，并没有近代化。

又如生活须有规律，精神应该振作，这是每个近代国民都当具备的习惯。这个道理大家都能明白，国中人少数得有机会到欧美去留学或服务的人，也都亲眼见过一个比较规律振作的社会，他们自己或者也会无形间度过几年规律振作的生活。但回国之后，这一切也渐都忘记，饮食起居并无定节，在职服务并不振作。职务机关的刻板工作应付过了之后，剩余的时间大多不能用于自修与晋修，上焉者平白虚度，下焉者则在戏院赌桌消耗了大好的光阴，把大有可为的才学弃置荒废，丝毫不知顾惜。虽然不是所有的人，一闲起来，就手足无措，但如此类型的人物绝非例外。原因也很简单：他们对于规律振作只有抽象的认识，但规律振作的精神一向并未渗入他们的人格深处。

又如自重与互信，是近代复杂社会的必需条件。人人自重，分内的事无需别人督催而自动去作，非分的事不去投机妄作。同时大家都能互相信赖，相信别人都能自重，自己也当然自重。许多国人所崇拜的民主国家，此种精神特别发达，民主精神所以能浸入这些国家的政治社会的，也就是因为多数的国民都能自重互信。否则人人都投机取巧，相互猜忌，各人大半的精力都费在互相的防备与明争暗斗上，各种的努力都相互抵消，更有何近代化或民主可言？这个道理，我们何尝不明白？但明白自明白，却不能见诸实行。学校的团体较小，各分子的程度较齐，应当是发挥自重互信精神的最好环境。撇开一言难尽的中小学不论，专讲最高学府的大学，在有的学府中，考场往往是一个令人痛心的场所。一二十人的小班大致还无问题，百人左右或再大的班上，夹带与各种作弊的现象是时常发生的。一部分人既不能自重，互信的风气何从产生？比较单纯的学校中尚且如此，我们何能希望复杂的社会中能养起自重互信的精神？在真正近代化的国家中，考试作弊虽非绝无，但的确是例外的现象。考试时教师不监堂，是很平常的事；因为学生自重，师生间能够互信，同学间也能互信。美国某校有一名教授，双目失明，但他的班上多年之间向无考试作弊的事发生。这不只是自重的问题，并且也牵涉到侠义的问题，教授失明，是弱者，若在他的班上作弊，就是欺侮弱者，是不侠义的行为，是不自重的极端例证。所以连在其他健目教授的班上或可作弊的人，到这位盲师的班上也绝不肯作弊。一般学生的此种态度，与思想毫无关系，完全是情感与意志的根本问题。

类此的例，可以继续列举，多至无限。但举一反三，大家都可体会。从政的人，各种的专业人员，大学学生，都是政治社会的领导者或候补领导者，对于近代化的理论都有相当清楚的认识，但表现在具体的行为上的，仍多是传统的一切。这并不一定是可令人悲观的现象。文化的惰性，传统的魔力，并非一朝一夕所能打破的。所谓近代精神的种种，中国在春秋战国列国并立互争的时代，大半都有。荀子在《强国篇》讲到秦国的情形说："入其境，观其风俗，其百姓朴，其声乐不流污，其服不挑，甚畏有司而顺，古之民也。及都邑官府，其百吏肃然，莫不恭俭敦敬，忠信而不，古之吏也。入其国，观其士大夫，出于其门，入于公门，出于公门，入其家门，无有私事也；不比周，不朋党，偶然莫不明通而公也，古之士大夫也。观其朝廷，其闲听决百事不留，恬然如无治者，古之朝也。"我们若把上面这一串"古"字改读为"近代化"，仍照样的通顺！并且此种"近代化"的情形，不会是秦国所独有，列国莫不如此，最多也不过有一些程度上的分别。秦汉大一统以下，中国的社会日趋沉寂，政治日趋消极，战国以上"近代化"的精神已没有维持的绝对必要。二千年来，近代化的各种道理，如诚意正心修身齐家治国平天下，如仁义礼智信，如礼义廉耻，虽仍谈的很热闹，但大半都成了文章资料与口头禅，实际一离开家族的范围，就几乎完全是尔诈我虞敷衍了事的世界。我们在此种僵化的世界度了二千年的生活，今日忽然又被卷入与春秋战国相似的一个新的近代化世界，一统独尊之下的传统办法当然全不适用。但根深蒂固的陈旧风习，一时又不能全部改变，各种使人不满意的现象自然发生。此种缺憾的补救，并无捷径可循。思想与知识，可靠教育来充实。情感与意志，虽也可受教育的影响，但教育的影响究属有限，最少也是很慢的。抽象的知识，可以灌输；人格的转变，须靠潜移默化。灌输可以速成，移化不能性急。大家若能自觉，认识自己情感上与意志上的弱点，这种移化的过程或者可以稍微缩短，十足近代化的中国就可比较早日的实现。

（原载《北平时报》1947 年 7 月 13 日）

春秋时代的政治与社会

传统中国所谓帝王专制的政治制度与所谓士农工商的四民社会，实际成立于战国时代。不过当时的列国局面，使专制好似并不专制，使社会好似仍无定型，经过了秦与西汉二百年的大一统之局，战国时代已经成熟的一切才完全表面化，呈显一般所公认的传统中国文化的政治社会形态。在此之前，穿过春秋时代，有殷商西周五六百年的封建时代。封建时代有两个大的阶级。权利阶级称士或士族。士受封土或爵禄，称贵。所以贵人是士族阶级中积极参加政治的一部分。贵是政治的名词，士是社会的名词。若撇开政治地位不谈，由天子以至一般士子，大家都是士，甚至可说都是平等的。仪礼士冠礼讲的最透彻："天子之元子，犹士也，天下无生而贵者也。"但只有士才可贵可贱，平民永是贱的。士都有贵的机会，最少可说都有贵的资格。与士族相对的平民阶级，称庶人，黎民，或黎庶，分而言之，又称"农商工贾"。[①]工与商贾占庶人中的一小部分，多数的庶人都是农夫。农夫都是佃奴，附属于田地，不能自由离开，须世代的为士族农耕，士族也不能随意的剥夺他们的农耕的权利。

介乎这个阶级严明的封建时代与阶级不明的传统中国之间的，有春秋时代。就政治社会制度的根本上言，春秋时代是中国文化发展上一个大的过渡时代。此时士族仍为政治社会的重心，政治仍操在士族之手。但士族至此已失去西周

---

① 《左传》宣公十二年夏，有"商农工贾"之词。《国语》卷一《周语》上："庶人工商各守其业，以共其上。"所谓"庶人"就是农夫，"上"当然是士。

以上自立自主的地位，列国内部已经统一，现在士族是在国君的笼罩之下当政。士族阶级的发展，由礼制方面言，达到成熟的阶段，"君子"的观念发展完成，成为一种富有内容的理想。但同时士族阶级的衰微也由春秋时代开始。宗法制度是士族社会的基础，至此渐趋破坏。平民也渐兴起，平民有的起而为"士"，士族也有的降为平民。工商业兴盛，平民中出了一些资本雄厚的商人，即或未能干政，在社会上已成了不可忽视的一种新兴势力。最晚到春秋末期，平民中已有人出来议政，而特权的士族不敢随意干涉或禁止。

（一）世卿

世卿的制度，就是少数士族之家世世代代为大贵族并操国政的制度，在封建时代就已成立。例如王畿之内自周初就有周公召公，世传不绝；春秋初年齐国即有高氏，也是西周时传下的世卿之家。世卿之家的子弟得为高官，但并非必为高官或每个子弟都为高官。西周时代"世官"的制度恐怕非常流行，父为司徒，子子孙孙往往袭职。郑桓公为王室的司徒，子武公袭职，后来又升卿士。武公子庄公又为卿士。这个西周末东周初的例，大概可以代表西周时代一般的情形。[①]春秋时代，国君统一列国，不愿士族享受"世官"的权利。齐桓公在葵丘之会的盟书中规定"士无世官"，禁止官位的当然世袭"官事无摄"，不准大世族之家兼职揽权，"取士必得"，就是封官必须"得"人，"得"的标准当然操在国君之手。[②]前此士族，尤其世卿之家，可以把持全国的政治，现在国君大致统一全国，国君靠世卿与一般士族帮助他维持国运，世卿与士族由国君得官得权。但现在官位的支配权操在国君之手，不再似封建时代官位的当然世袭或多数世袭。到春秋时代只有世卿子弟才能为高官的制度，是西周时代世官制度的仅余的痕迹。

世卿的制度各国不同。晋国自献公屠杀公族后，世卿中没有近亲的公族，远族的姬姓也只有韩魏二氏，其他的世卿似乎都是异姓。但晋国地势多山，利于割据，所以世卿特别发达，势力也特别的大。鲁国最为保守，宗法制度盛行，所以世卿都是公族。在春秋时，出于桓公的三家，所谓三桓，地位特别重要，其中季孙氏尤强。其他的鲁国世卿也都是公族出身。楚国也重用公族与公子，但有罪必诛，权势不似鲁国三桓的强大。其他各国大概都不出以上三类，或为

---

① 郑伯世为王官，见《国语·郑语》，《左传》隐公三年。
② 葵丘之会，见《左传》僖公九年，盟词见《孟子》卷十二《告子下》。

三者的斟酌损益之制。只秦国的情形无考。春秋时代秦与中原的关系，最少在文化上仍然不深，所以《国语》《左传》以中原为重心的作品对秦国的内情都少提到。[①]

春秋时代政治已甚繁复，官位甚多。一般的士族子弟只能占有政治上的次要地位与下层地位。较高的地位多由世卿之家的子弟包揽。执政的首相之位，尤非普通士族所能企望，春秋各国的首相都是由公子或世卿担任。

（二）君子观念

"君子"为士族阶级男子的尊称，本是纯阶级的名词。但在封建时代恐怕就已有许多伦理的与理想的意义渐渐渗入其中。进到春秋，理想的君子观念发展到极点，有许多士族子弟也极力想要达到理想的标准。周代传下的六艺教育仍旧，但至此这只能说是士族子弟最起码的训练。六艺之外，此时又添了各种比较高深与专门的科目，最少一部士族子弟是要学习的。一种流行的课目是春秋，就是本国的历史，是各国史官所修的官史。第二种新的科目称"世"，就是天下各国的通史，也为士族子弟所习。两种历史，除供给史实的知识外，又有以过去的事实作为劝诫的作用。三，"诗"是古代与当时诗品的选集，选本甚多，最后才标准化为传到后世的三百篇。政治活动与外教折冲常须赋诗，所赋的都是古诗，所以诗教是政治教育的一种必修科目。四，"令"是国家的官法时令，国语周语中提到夏令，先王之令，周之秩官，都属此类，性质近乎宪法与法律的研究。五，"语"是古人的名言嘉句，战国时代传到后世的国语仍有此种意味，等于一种实行的伦理学。六，"故志"或"前志"是私人的作品，是半历史半哲学的文字，所讲的是政治思想与政治哲学。《左传》《国语》中所屡次引到的史佚之志属于此类。七，"训典"是尚书类，乃天子诸侯或卿士的正式训词或记事的档案，或后人附会的此种作品，传到后世的尚书中有尧典，佚书中有伊训与高宗之训，古代所传的三坟五典大概都属此类。[②]

以上这一切的科目，王侯的子弟或世卿的子弟都有专请的师傅在家教授。另外，学校的内容大概也渐充实，除六艺外，最少这些新科目中的一部分成为多数学校的教课，凡士族子弟想要成为理想的君子的，都可入学受教。

教育的目的是训练理想的君子，君子的人格，据当时的一种说法，应当合

---

① 世卿制度的记载，散见《左传》《国语》二书。顾栋高《春秋大事表》中分析颇为精到。
②《国语》卷十七《楚语上》"楚王使士亹傅太子箴"一节，讲到士族教育的高深科目。

乎下列的十二条标准：

一　　忠——"明施舍以导之忠"。

二　　信——"明久长以导之信"。

三　　义——"明度量以导之义"。

四　　礼——"明等级以导之礼"。

五　　孝——"明恭俭以导之孝"。

六　　事——"明敬戒以导之事"。

七　　仁——"明慈爱以导之仁"。

八　　文——"明昭利以导之文"。

九　　武——"明除害以导之武"。

十　　罚——"明精意以导之罚"。

十一　赏——"明正德以导之赏"。

十二　临——"明齐肃以导之临"。①

君子的人格在理论上应当完善无缺，所以郤縠因"悦礼乐而敦诗书"而得将中军，就是作晋国的首相。②由左传国语中所记载的许多故事，我们可与上列十二条理想的标准对照，知道春秋时代君子人格具体表现的大概。例如君子当知识丰富，一事不知也是君子之耻。第二，"士可杀，不可辱"。士大夫有罪，多自杀，不待国君或国法的制裁。如果自认有罪，君虽不加责备，君子也往往自罚或自戮。君子受辱必报，但如受君上的诬枉，义不得报，就自杀以示抗议。第三，忠于君命，从一而终，也是君子行为的一个标准。己受君命，必须将使命完成，否则死于君命。此外对朋友，对他人，也要言而有信。第四，君子勇而不鲁，粗野的蛮勇是可鄙的；君子绝不畏死，但也不似野人的横冲直撞。第五，君子善于辞令，在国内，尤其在国外，须能应对如流，不辱君国。第六，君子绝不自矜，一个人尽可文武全才，但不骄傲，也不在不适宜的场合显示本领。第七、君子必须有礼。古诗中所谓"人而无礼，胡不遄死？"可代表理想君子的最高行为标准。其他即或皆合标准，如果没有礼法作为陪衬，一切皆属枉然。君子的一言一行，一举一动，必须处处合节，方是春秋时人所佩服的标准男子。

---

① 《国语》卷十七《楚语上》。

② 《左传》僖公二十七年。

（三）士族之渐衰

历史上向来没有能够维持永久的权利阶级。撇开一切其他的问题不谈，生物学上的自然趋势就是无可飞渡的难关。权利阶级生活优裕，人口增加率必定高于社会平均的标准。最后多数的士族子弟必定也无土地，也无官位，实际与庶人无异。粥少僧多，争夺必烈，失败者往往降为庶人，甚至堕为奴隶。春秋时代此种例证甚多。据《左传》，襄公二十七年齐国的庆封灭崔氏，"尽俘其家"，世卿之家的士女一旦都堕为奴婢。昭公三年，追述晋国的情形："栾，郤，胥，原，狐，续，庆，伯，降在皂隶。"据《国语·晋语九》，晋国的范与中行二氏失败后，族人逃往齐国，降为平民。昭公三十三年，"三后之姓，于今为庶。"所谓夏商周三代的子孙到春秋时代也多已成为庶人。

到春秋时代，连未降级的士族子弟也多有贫贱不堪，非刻苦求禄不可的。《左传》宣公二年，追述赵宣子田猎时遇到灵辄的故事，讲到灵辄在外求学三年，自己几乎饿死，同时也不知母亲是否仍然在堂。这种贫苦的士子，在当时恐怕并不是例外的。

在士族趋于衰微的春秋时代，士族所依赖的宗法制度与大家族制度也渐渐不能维持。大家族制度是士族阶级与封建社会的基础，主要的象征有二：一为婚礼与严明的嫡庶分别，一为三年丧与丧服制度。这些制度本身无大关系，但它们是大家族与封建社会的维系绳索，一经松解后，整个的封建机构与士族团体就随着倾倒了。齐桓公召聚葵丘之会，盟约中明载混乱嫡庶的禁条："无易树子，无以妾为妻。"[①]前不久周惠王曾想废太子而立庶子，葵丘的约条虽直接对此而发，但春秋时代废嫡立庶或以妾为妻的事相当普遍。这也是士族阶级中纷争日多混乱日堪的一种表现。三年丧的制度，据《孟子》的记载，保守的鲁国就早已不行此礼。[②]孟子虽未明言三年丧由何时废弃，但由春秋末年孔子的极力提倡，正可看出三年丧早已不为一般人所遵守。天下通行而毫无问题的事，是不需任何人提倡的。"三年丧"一词是只就守丧的极期而言，族中每死一人，少数人守丧三年，其他按血统远近，守丧九月、五月、三月不等。封建的基础在家族，庞大家族的基础在礼制，最足表示礼制精神的就是远近分明的三年丧制。三年丧的废弃，象征整个封建社会的趋于破裂。

---

① 《孟子》卷十二《告子下》。
② 《孟子》卷五《滕文公上》。

（四）平民之渐兴

士族之衰与平民之兴是一种变化的两方面。春秋时代，少数庶人升为士族；平民出身的工商阶级势力渐大，由侧面开始参政；士庶趋于不分之后，士庶的生活标准与生活方式也渐混淆。这三种发展，都象征庶民的开始得势。

管仲变法的齐国是最早允许平民的子弟进入士伍的。[①]管仲规定，凡农家出身的优秀分子皆可为"士"。"士"在当时有两种含义：一是"兵"，一是"特权阶级"，两者是一而二、二而一的。封建时代只有特权阶级能当兵，所以"士"字既可解为"特权阶级"，也可解为"兵"。正式进入国家军队的人，无论出身如何，当然就成为特权阶级。齐国以外的情形无考，但大概有同样的发展。然而在春秋末期之前，此种情形恐怕仍属例外，各国的士族仍多为殷周时代传下的旧族，世卿阶级没有例外的全为旧族。

工商业在封建晚期必已开始发达。平王东迁，西周之地的商人有的随迁，许多都随郑武公到东方建设新的郑国。[②]进到春秋，商业愈盛，最少中原一带，尤其郑国，有少数富商活动的范围已遍天下。僖公三十二年，秦师袭郑，适逢郑商弦高奚施二人将往周畿经商，路遇秦师，遂矫郑君的命劳师。一面奚施回国告警，一面由弦高冒充使臣。能够摆出使臣的架子，随从的人必多，商业的规模相当的大。犒师时，辞令得体，举止自然，使秦人不能看出破绽，证明商人的知识程度甚高，对士族的礼制也甚熟习。此外，弦高奚施的行为并可证明商人已有爱国的思想，对于国事的热心已不是士族所专有。[③]

《左传》成公三年，追述晋卿荀䓨在楚的故事。荀䓨在楚为战俘，一个郑国的商人暗中谋将荀䓨救回晋国，事未成熟而楚已将荀䓨释归。后来郑商到晋活动，荀䓨把他当恩人看待。但郑商不肯无功受禄，赶快离晋往齐。此事证明国际商人的活动并不限于两国之间，此商由郑而楚，由楚而晋，最后由晋而齐，已经走遍当时天下的大半。同时我们又可看出，商人也有士族的道义观念，并不专以利为事，无功不愿受赏。

---

① 《国语·齐语》。

② 《左传》昭公十六年，子产说："昔我先君桓公与商人皆出自周，庸次比耦，以艾杀此地，斩之蓬蒿藜藋，而共处之，世有盟誓，以相信也。"

③ 秦袭郑的故事，见《左传》僖公三十二年及《吕氏春秋》卷十六《先识览》第四悔过篇。《吕氏春秋》的记载较详。

商贾的地位并且受有国家的保障。昭公十六年，晋卿韩宣子聘郑，要强向一个郑商购买宝环，郑商不欲出卖，宣子请郑国的执政子产代为设法，子产不肯，并说明郑国的政府自从随平王东迁之后就与商人立有誓约，政府绝不向商人强制购买。

大商贾并不限于郑国，晋国首都所在的绛也有富商，"能金玉其车，文错其服，能行诸侯之贿"，可以富埒王侯。[①]其他各国也必有同样的富商大贾。但这些人尽管阔绰，却"无寻尺之禄"，在政治上仍无地位，春秋时代的政治大体仍操在士族之手。

平民在法律上虽无政权，但于社会上的地位提高后，很自然的也要干政。孔子曾经愤慨的说："天下有道，则庶人不议。"可见最晚到春秋末期庶人议政的已经很多。[②]但此种风气的开始，恐怕早在孔子之前。并且议政的当然不限于平民。据《左传》的记载，郑国的人常到乡校谈论国事，似乎是士庶都有。此段记载，在襄公三十一年，其时孔子方十岁，可见议政的现象来源甚远。据《左传》的语气，乡校议政并非方才发生的事，而是已有相当时期的历史的一种风气。

平民中一部富庶之后，封建时代士庶之间日常生活的贵贱之分必定难以维持。衣服文绣，每日肉食，是士族的特权。布衣素食，是平民的本分。但富商大贾在生活习惯上要摹仿士族，是很自然的事，国家虽想禁止，也难生效。子产主持郑国，规定"上下有服"，衣裳的制度要恢复旧日的上下之分。郑国的人当初对此极力反对，后来子产的政策虽然相当的成功，但这种成功恐怕也是暂时的。[③]饮食为各人家中的私事，更难管理，所以子产根本未曾规定。

一部平民的生活豪侈，同时许多士族之家的生活反倒趋于寒酸。季文子历相二君，为鲁上卿，衣食节俭，"无衣帛之妾，无食粟之马"。有人劝他不必如此自苦，文子说："吾亦愿之。然吾观国人，其父兄之食粗而衣恶者犹多矣，吾是以不敢。"所谓"国人"，就是鲁国首都曲阜城中的人。首都中的人虽不见得都是士族，但士族必甚多。并且平民当然"食粗衣恶"，不足为奇，季文子所谓衣食甚苦的父兄必指鲁国士族中的贫苦长老而言。[④]

---

① 《国语·晋语八》。
② 《论语·季氏篇》。
③ 《左传》襄公三十年。
④ 《国语·鲁语上》。

（五）大革命的开始

春秋时代已不是纯粹的封建时代，但封建的士族阶级仍然存在。上面所举的各种社会变化，象征半封建的春秋制度到后来也不能维持。彻底的革命是春秋末战国初的事，上列的变化是大革命将要来临的征兆。

春秋时代工商阶级势力日大，到末期政治社会渐趋混乱，各派竞争时必不免有人援引工商为同党，工商阶级也自动的想乘机参政。此种经过，可惜记载简略，只关于周室的王子朝之乱有较易捉摸的痕迹。周景王（公元前五四四年至五二〇年）崩，太子猛立，为悼王，不久又崩，弟匄立，为敬王（五一九年至四七六年）。王子朝争位作乱，同党的人除近族的子弟外，尚有旧日因故丧失职位的失意百工。王室本来养有许多工人，在法律上为佃奴，此种工人繁衍之后，有人不免失业，成了现成的捣乱分子。百工的势力甚大，人数必定很多，可能也有未失业的百工加入，所以王党也极力拉拢，与他们定盟，强求他们背叛子朝。不久百工又反复，仍与子朝同乱。五一八年晋遣使到王城问明周乱的曲直，召聚民众大会，请公意表决。看当时的情形，所召的不只士族，平民百工也在内。民众大会拥护敬王，盟主的晋国于是也决定承认敬王。到五一六年晋败王子朝，乱平。但王城中子朝的余党仍多，须靠诸侯派兵戍守，敬王方能安于其位。五〇九年晋率诸侯重修规模较小或已残破的成周，请敬王迁都，诸侯的戍卒始得归国。①

子朝之乱，因记载不详，意义不甚清楚，但平民参加春秋末期的内乱，则是无可置疑的事。四七〇年卫乱，也有匠人参加，许多工匠没有兵器，以斫木所用的刀当为兵器。一般平民，尤其是工商人，参加各国的内乱，在春秋末战国初大概是很普遍的事。可惜关于这个时期，前后一百年间，史料非常缺乏，不知多少惊天动地的故事千古湮没，不知多少轰轰烈烈的人物名氏无存。我们所知道的，只是最后的结果：到历史的局面又比较清楚的时候，以血统为标准的士族阶级已不存在，天下各国的人民在法律上都已是平等的国民。若再有高下的分别，那只是职业的不同与身份的差异了。在根本上，这已就是我们后日所熟知的士农工商的所谓四民社会。

政治与社会相辅而行，社会既变，政治必变。春秋时代，各国的国君虽然

---

① 敬王与王子朝争位之乱，见《左传》昭公二十二年至定公元年。

统一境内，大权虽已在握，但因一切的行政必须经由士族出身的官吏之手，政府的高位必须由世卿之家的子弟占有，士族与世卿对于君权有形无形间是一个很大的牵制力量，春秋时代的诸侯绝不是专制独裁的国君。士族推翻，四民的社会成立，全民平等之后，"平等"的含意或者很多，但在实际政治上的一个重大含意就是全民在国君前一律平等，平等的受国君的统治。战国时代各国的国君，是中国历史上最早的专制独裁的国君。秦始皇帝统一天下后的种种设施，并无新奇，在根本上是战国时代已经成熟的现成制度。

（原载清华大学《社会科学》第 4 卷第 1 期，1947 年 10 月）

史实、现实与意义

历史学特别注重事实，某年某地曾发生一个重要战役，二百年前的某政治家曾在某种情形下作了某一种决议，这都是历史的事实。再如群众暴动，宗教家的牺牲与宣传，哲学家的辩理，文学家的创造，科学家的发现与发明，也是史实。我们在史书中读到这种所谓史实，普通就自信已经"知道"这些事实，"知道"历史。但一般人所谓"知道"究竟能否称为"真知"？例如《史记·秦本纪》中记载秦穆公薨，"从死者一百七十七人"，这件事实看似很简单，然而我们心中如果只有一百七十七个人为秦穆公殉葬的一个数目的观念与凄惨的情景，那不能说是真正"知道"这件事，当时的人对此事的看法绝不如此简单。我们必须深切了解古代对于死后的全部信仰，此种信仰如何必然的产生了殉葬的惨酷办法，再由《诗经·秦风·黄鸟篇》中想象殉葬时的图影，并把这一幅图影在想象中放在当时整个的宗教环境之中，然后这段史实才算在我们心中发生"意义"，不仅是表面的"知道"而已；不再是抽象的印象，而成了具体的活的景象。

不只过去的史实如此，目前的现实也同一理。我们每日在报纸上所见到的消息，即或是从头至尾逐字阅读，也未见得我们就真正了解前一天世界各地所发生的一切大事。例如据十月中旬伦敦消息，恐怖分子曾企图谋杀英国外相贝文，一般情绪颇为震动，警探出发，严加戒备。消息简单，没有任何说明，我们的第一个印象，恐怕很容易认为这是英国政治上的一个不合理的波动。笔者不敢说这个看法一定不正确，但英国虽已大不如昔，然而英国的政治尚未发展到以暗杀为手段的程度。所以我们可以假定，想要暗杀贝文的不是反对他的政策的英国人。既不是英国人，唯一可能采此下策对付贝文的恐怕是犹太人。这个推论如果正确，只有犹太人要暗杀贝文的一个模糊印象，仍不能说是明了这段消息。我们必须认识有史以来犹太民族所独有的宗教狂热与百折不回的精神，认识巴力斯坦为三大宗教的公同圣地的根本事实，认识中东地带在近代史上的军略地位，认识第一次大战时期英国由于种种原因所发动的犹太移民政策，认识大英帝国今日非收缩不可的重大苦衷——把这种种认识综合为一之后并将那个综合认识放在今日世界大局的适当位置中，然后我们才能说是明白了这段简单消息的真正意义。

无论谈往事，或讲近事，必须那件"事"经过我们的"心"的观察与消化，外物与内心发生一种活的联系，甚至可说外物须变成内心的一部，与我们人格发生不可分的关系，然后外物在我们心中才有意义，无意义的机械"知道"不能称为真知。由此点言，一切的历史知识与现实认识都是主观的。事实的判断与辨别可以客观，事实的了解与认识必须主观，并且非主观不能算为彻底明了。既然如此，只有抽象的知识是不够的，一个人必须情感发达，想象活跃，经验丰富，方能明了过去与现在。论情感，一个人如果生性冷酷淡薄，除了维持生活最低限度的努力外，全无野心，他可以读破万卷书，仍然不能了解拿破仑的横行，或希特勒的蛮干，也不能认识一些南北极探险家的事业。他对这些可以肤浅的"知道"，但这些在他心中不能发生意义，他根本不能感觉这些究竟是如何的一回事。严格的说，只有我们自己曾经有过的经验，我们才能了解。一个没有经验与拿破仑相同的事业的人，不能了解拿破仑。但如果如此，世间将不能有一个历史家或政论家。由这个严格的观点着想，必须一个亲自经验过人类一切可能的经验的人，方能明了历史或论断世事。但这显然是不可能的，一个人无论能力如何高，机会如何好，也不能把人间一切可能的经验都一一尝试。补救这种不得已的缺憾的，是想象力。我们不是拿破仑，也没有作过近似拿破仑的事，但多数人都有自己的野心、志向与奋斗精神；举一反三，对于拿翁的心情我们应当可以想象得到。我们不出家，也不想出家，但每个人在一生之中总有一次或几次或长或短的时期对人生感觉厌烦，恨不得摆脱一切，一了百了。我们若凭想象力使这种心境重现于自己的心目中，对于释迦牟尼的人格与行为就不难发生同情的了解。许多人没有上阵打仗的经验，但任何人一生之中，尤其幼年，都有过打架的机会，最少见过别人打架，也见过团体竞赛与儿童或真或假的群斗。若运用想象力，我们不难由此而意会过去历史上的战事情景。

但一个人的经验终究有限，不只许多具体的经验我们没有，连类似的经验我们也往往没有。例如一般的中国人大概很难想象一个海战的情景，因为大多数的中国人根本就一生没有见到海洋或搭乘海船的机会，安能想象海战？读书的最大用处也就在此。一个人可以未曾见海，但如果有想象力，可从他人描写海洋与海战的书中使自己的心里浮出一幅海洋图与海战景。一个人亲自经验一切事，是不可能的；但一个人广事涉猎，由他人的经验之谈中想象人生的一切经验，是不太难的。读书当然是作任何学问的必需途径，但要明了历史或观察世局的人尤非多多读书不可，不只数量多，种类也要多。必须无书不读，方能无事不解。否则对于往事与现实的知识容易成为心中的模糊印象，不能成为自己人格化一的亲切意义。自己人格中完全无有的事，外界发生此类事实，我们也不能了解。历史与时事的彻底认识，可说是一个人自己人格的一种内发的发展。人格的贫富不一，相差可以很多大。所以有的人可以明了自己民族全部的历史，并进而与整个人类的发展精神连贯，在想象与意识中自己为这一切的一部，也可说这一切成为自己人格的一部。这是最高的历史警觉。然而这始终是理想，没有人能够完全达到，但在知识流通的今日，我们可以把它变为一个追求的目标。反之，有人正如陶渊明由另外的立场所推崇的桃花源人士，不知古，不知今，不知眼前之外尚有世界，他们的宇宙限于现今与此地的一点，对于古往今来的一切全无意识。此种人遍世皆是，未受教育的人当然属于此类，已受教育而过度专一的人，专到本门之外一无所知也一无兴趣的程度的人，也与此相差不多。往古来今的一切，只是每个人的心理乾坤，每人的心中各有乾坤，乾坤的大小就要看心胸的广狭了。

（原载《北平时报》1947 年 10 月 19 日第一版）

自强运动的回顾与展望

过去百年的历史，是中国的一部自强史，自强失败史，与失败再图自强史。在内乱不已，全国焦心的今日，对过去百年的温习，或者是纠正错觉，供给透视力，加强我们对于前途的信念一最好办法。近一世纪的发展，约略可以分为六个阶段。由鸦片战争到英法联军，中国大体上仍闭关自守，仍以天朝自居，不肯承认有向外人学习的需要。这是近百年发展的第一阶段，仍呈显千年以来停滞不动的状态。

一八六〇年英法联军之后，中国初次感到非向西洋学习不可，但学习的以坚甲利兵为限。认为在一切其他方面，就是后日（所）谓"精神文明"方面，中国当然是领袖万国的，只有欧美向中国学，绝无中国反学欧美的道理。这是第二阶段。

一八九四年的甲午之战，证明此种办法之下的甲也不坚，兵也不利，海陆两败，国家濒于灭亡。这是图强后，初次失败。失败后有识之士认为中国须要变法，除坚甲利兵外还须学习西洋的政治、经济与一般学术，政治制度尤其须与西洋合流。于是一八九八年康有为上书请求变法，光绪皇帝竟然很热心的实行了一百天的新政。但新政无根，等于纸上谈兵，不久，慈禧太后听政，倒行逆施，最后于一九〇〇年并要用杀尽洋人的拳匪办法来达到救国的目的。结果是八国联军入京，与丧权辱国的《辛丑条约》的签订，这是图强后的二度失败。庚子失败后，辛丑下诏变法。此后几年间，停科举，兴学校，准备立宪，但始终未脱表面文章的旧套，最后一无所成，满清的帝祚也不可保。这可说是三度的失败。这种一而再再而三的失败，是自强发展史的第三阶段。

清廷变法而不彻底，且无诚意，是辛亥革命爆发并且很快成功的一个重要原因。当时大家认为清廷的腐败昏聩与帝制的不合潮流是中国富强的惟一阻碍，只要逐清室，建共和，天下就从此永庆升平。不料民智未开，经验缺乏，一切的旧心理与旧习惯丝毫未改，结果是袁世凯假借共和而私图帝制。袁世凯失败，而他手下的北洋军阀从此就打了毫无意义的十年内战。这是图强后的四度失败，也可说是图强史的第四阶段。

政治革命的收效，未能如热心人士所预期，知识青年尤为失败，失望之余发动了新文化运动，认为表面的政治改革不够，须有文化上的彻底更新，中国方有前途。大家在对文化过度热心之下，一时认为政治是根本污浊不堪的，绝对不可染指。当初颇为健全的文化运动，后来不免成为泛滥无归的清谈与门户之见的主义之争。苏联革命初期的宣传不（也）加深了清谈的成分与门户的界线。这可说是图强运动的五度失败，也是图强史的第五阶段。

一九二六年国民革命军北伐，图强的事业又返到无从避免的政治、军事的路上，一时全国振奋，达到前此任何一次图强运动所未有的程度。国民革命可说是辛亥革命与新文化运动的合体，是牵动文化各部门与社会各阶层而以政治为手段的革命运动。这是百年来近代化过程的第六阶段与最后阶段。困难仍然甚大，弱点仍然甚多，但所走的已是不偏不倚的正路，照此方向走去，富强的目的必可达到。若问证据何在，证据就在日本的阻挠与破坏。辛亥革命，日本未加反对。讨袁运动，日本暗中协助，因为最少在主观上日本认为这都是使中国增加混乱的举动。日本近代立国的一大原则，就是与中国势不两立，对于中国的任何正轨运动必千方百计的加以破坏。所以北伐之初，日本就于十六、十七两年间两度出兵山东，不使革命军顺利北上。待阻挠无效，张作霖又不肯坚守北京后，日本就制造皇姑屯事件，炸死北遁的张大帅，希望造成东三省的混乱分裂，以便借口出兵。不意东北不仅未乱，并且很快的易帜，表示服从国民政府。至此日本知道中国新的革命运动不是小施诡计所能破坏，非大下毒手不可。于是暗中准备了三年，乘著（着）世界的大不景气与长江的空前水灾之际而发动"九一八"事件，进占了东北全境，制造满洲伪国。中国国力未充，抵抗无从，五六年间日本于是制造察北、冀东的伪政权，强迫冀察自治，强占交通枢纽的丰台，提出较"二十一条"尤为毒辣的广田三原则，想由外交的压迫而沦中国为附庸。国府尽可能的艰苦应付，同时也作万一的准备，决定于退无可退是而赌国命与敌周旋。征兵制度的初试，空军的开始兴建，铁路的加修，公路的布满全国，法币推行，都是使中国近代化的条件加强加深的措施。当时国内热血有余而冷思不足的人对政府颇多误会，恨不得马上对日宣战。但日本却视察甚清，也恨不得中国能像热血人士所希望的而认真开战，以便短期间彻底解决中国。正在此时，西安事变发生，当时全国上下对于政府的竭诚拥护，与事件顺利解决后举国的欢欣若狂，使日本忧惧愤恨，因为它在此以前尚不肯相信中国在精神上已经如此的统一。日本至此才下了最大的决心，决定早日制造使中国忍无可忍的事件，逼使中国非于准时全面作战不可，所以半年后而（有）

卢沟桥边的炮火引起"地无分南北，人无分老幼"的全国全民抗战。当时日本声称要三个月间灭亡中国，日本人做梦也未想到东亚大陆旷古未有的大战要继续八年之久，更想不到最后屈服的不是中国，而是日本自己。日本如此贸然间的赌国命而发动全面侵略，就是因为北伐后中国的真正开始走上正轨；中国抗战的能不于三月内失败，国家民族不至灭亡，就是靠的建都南京后短短几年间的艰苦建设与努力准备。这是大战之后，物质损失惨重，精神疲乏过甚，内乱外患，相交煎迫之下，我们对于抗战的背景与意义所当切实把握的认识。

日本现在已倒，已成了他人的囊中玩物，但中国的苦难并未过去。"弱国无罪，图强其罪"，日本非打倒中国不可，就是因为我们敢于认真、图强。日本制造南京伪府，就是因为当初的南京政府已成为中国发挥实力的有机重心。八年的大战已把这个重心拖得疲乏不堪，但重心、地位仍然维持，仍有恢复抗战前甚至超过抗战前的坚强地位的可能。大战的消耗与战后的混乱，使我们自己往往忘记这种可能，漠视这种可能，但外人并未忘记，绝不漠视。他们看的非常清楚，绝不让这个可致中国于强大的政府得有致中国于强大机会。战后自然发生的混乱与人心不满，正好是他人的浑水摸鱼之资。正如日本从前的专为中国制造分裂，今日不仅是武装的政党，也不仅是热中〔衷〕的文人与失意的政客，即或是伊哑学舌的小卒，外人也无不奉为至宝，无不公开的鼓励或暗中的提携。日本在"王道""吊民伐罪""同文同种""共存共荣""膺惩某政权""讨伐某军"的种种美名之下，所作的是如何的一套把戏，无人不知，无人不晓。但我们如果以为这一套把戏已是陈迹，就大错特错了。今日已经换了一串新的美名，更好听，更动人，外面的糖衣更厚，内里的毒素更烈，中外报纸上每日满是这些名词，只可惜战后过度疲敝与充满怨望的人心不能识破真正机关。过去日夜暗算中国的，只有一个笨伯的日本。今日暗算中国的既不是笨伯，也不只一个：蛮横的其蛮横远较日本彻底，狡诈的其狡诈远较日本可怕。他们尽管互相戒备，但在中国却是难兄难弟，同一的目的是暗算中国，即或不能把实力的政权拉垮，也要把它拉弯，使中国永远不能挺立于天地之间。

我们仍在图强的第六阶段中，八年的大战并没有这个阶段打断。然而战后的今日，可怕的外力，在各种的内应之下，正在企图这个阶段，要使此次的图强运动与前几次同样的失败，要完成日本所未完成的毒辣阴谋。今日我们已临千钧一发的关头，为生为死，只在国人的一年之转！

（原载《北方杂志》第 11 期，1947 年）

大学之使命

（雷海宗讲　奉弼世记）

不仅现在在大学读书的人，几乎所有的人，都有一个共同的态度，那就是说把入大学视为是当然的事，在习惯上，很少有人去研究大学的目的或使命。本人（雷先生自称）在作大学生的时候亦曾忽略这个问题，不过这种忽略是错误的，我们虽然不能在一个最短时间获得一个理想的答案，但至少我们该去研究它，推断它。

大学的使命是什么？我有我的一个想法，一个根据。我的想法与根据是以我从前作大学生的经验作背景的。

在谈大学之使命之前，我们必须对"大学"这个名词有个充分的了解与认识。

近代大学之历史很短，人类自开化以来，各时代都有与高等教育有关系的办法与制度。这些办法与制度中所产生的机构，我们可以勉强称它为大学，但是这个大学与今日的大学是大相径庭，西风东渐之后，中国才有了今日的大学，那本是近年的事。

翻开历史，距今二千五百年以前的春秋时代，已经有人开始私人讲学的方法，孔子、墨子是其代表。此外还有很多讲学馆，战国时代齐国之"稷下"就是广泛的讲学馆。这个讲学馆虽然是官办，但是讲学却甚自由，去听讲的人也很自由，其规定的办法也很随便。讲学者来到之后，没有一定讲学的日期，讲两个月亦可，讲两年也可，绝对没有派系观念，对于某种学术的探讨可以赞成，也可以反驳。据历史上记载，当时稷下听讲者常有千人之众。但这个稷下虽具有大学的风格，却未系统化、具体化。后来汉朝有太学，到了宋朝有书院，这些学校已具有大学的规模。

在西洋，希腊罗马时代也是注重私人讲学，雅典城中有苏格拉底、亚里斯多德、柏拉图三大学者经常在讲学。他们三人死后，他们的弟子继续这种工作，而成为系统化，于是完成了近代大学的雏形。

今日的大学制度是从十一世纪的欧洲演变而来，在当时是为了特殊的需要，差不多各等大学都是教会所办，目的是训练一批传教士，与近日的训练团、训练班等相似。之后，欧洲有新的哲学，所谓书院哲学 Scholasticism 产生，风气为之一变，在起初教会常常去反对，但是他们自己有系统、有思想，许多青年都对于新思想发生了兴趣，旧的学校已经不能满足他们，因此，才有簇新的大学出现。后来教会也只有承认，同时也常常拿出一部分钱去办大学。十一世纪到十八世纪，大学就在这个情形下维持着，但很少有私人出资办大学，差不多都是半官立的大学。十九世纪初叶，许多豪富、资本家才开始捐款设立大学，有的在政府注册，有的根本不注册。私立大学在欧洲很普遍，在美国更形发达，著名的哥伦比亚大学就是私立大学之一。

从整个人类史去看，这种大学机构，究竟它有什么使命，我们可以分成两方面去看，一个是知识方面，一个是人的方面。自知识学术方面言：

一、历代积累知识之保存。

知识是无穷的，无止境的，没有一个人，或一个时代能了解可能了解的知识，文化越进步，知识越广泛，今日世界上所有的知识，绝非一二人可能全部吸收，因此，大学的使命就是去接受、去保存这些知识，只靠个人努力是难以达此目的，要使学问系统化，为了保存要使其制度化！保存知识的方法有：

1. 集合各种专门人材，每人都有其专长，集合在一起可以互相研讨、鼓励，作更进一步的研究，这是属于人的结合。

2. 搜集各种知识学问的图书，一则帮助人参考，再则帮助人备忘，这就是大学中图书馆的重要。在古希腊时代，亚里斯多德曾被人誉为活的百科全书，然而在今日就是这种情形已不可能，但是每个学者[只]至少要是一部百科全书的一章，一页。大学的教授应当常常和图书馆的书籍紧密合作。

二、新知识的发现

如果一个大学只能保存过去的学问，那还不够，因为那样就不会有进步。中国的汉代以后，过于缺乏创造的精神，因此，两千年来，中国文化几陷入了停顿。大学的使命是对于过去要保存，对于目前、对于将来要有新的发现。

1. 对于新的事实去研究，对于新的道理要积极去发现，不管是社会科学，抑自然科学。

2. 对于旧的学说要加以新的解释与观察，因而可发现出从前所不知道的知识。以前的东西我们不能说是错误，但是如果在今天给它一个新的研究与解释，我们可以知道的更彻底。因为这个缘故，大学中有许多设备，理工科有实验室，文法科有研究室，我们充分地去利用这些设备，不但可以保存旧的，而且可以帮助我们有新的发现。

三、旧知识与新发现之传授与传扩。

专能保存与发现仍嫌不足，要能够传授与传播。大学中有教授，其传授的对象是学生，但只是大学生才有被授的权利，在精神上未免自私，因此还要传播出去，无论是旧的学问与新的理论。

1. 尽量地出版专门著作与刊物与通俗的著作及刊物。

2. 有系统的演讲与广播。

这两项办法因为中国的大学受物质条件的限制，不能完全作到，但是，我们希望将来能好起来。

以上所述各点完全是大学在学术方面的使命。其次再谈对人的使命，换言之，在大学中，对人的训练其最高目的是什么？

大学教育该把每个人训练成功一个"全人"，或者说一个"通人"。在大学中我们常常注意到训练专家，专家在近代文化中是必要的，因为近代知识太广泛，没有人能将所有的知识完全吸收，每个人只能有专门的某一部分学问，但是我们要更进一步，该力求成为"全人"或"通人"，那就是说一个专家除了要有专门的学识外，还该有高尚的人格与更广泛的学问。以前有人曾误解"通人"的意义，他们以为"通人"是样样精通，而又样样稀松，其实这种解释是错误的。知识是一个整体，知识是对于整个人生宇宙的认识，然而为了方便起见，可以分工合作，每人去担当研究一部分的工作，这是个必然而不得已的必然现象。在理想中，十个专家可把一个学问分成十份，每人去研究一份，既精通之后，十个人再互相集合一起彼此讲述，如此，一个人非但有了一种专门学识，同时又可以了解其他各部门的学问。今天的一般专家最容易犯的一个毛病就是变成"偏家"！原因就是他们了解的不全、不通。如果有了高尚人格的涵养，有了渊博的学问的话，就不至于陷入了偏见。只有通人才有一个辽阔的眼光，今天的许多专家一讲他专门以外的话，就陷入了离题太远的毛病，而且常常闹出许多笑话。作"通人"并非一个简单的事，虽然没有一个大学是能自豪地说能把每一个学生都训练成通人，但每个人在大学中必须要养成一个"通人"的习惯与基础,亦即在自己的专门学识外能养成一个对所有学问都发生兴趣的习惯。多读外系的书,多与外系教授学生相处,这样就不难成为一个"全人"、一个"通人"。

我们应该还有一个良好的性格,与道德的训练,最基本的就是我们要有一个谦和的性格。人人都不能否认,求学问的人一定要谦和,但今天一般求学的人最大的毛病就是不谦和。中国古代有所谓"文人相轻",西方也有一句俗语所谓"知识的骄傲"(Intellectual Pride),这些话都是证明了一般做学问人太容易高傲、不谦和,尤其是知识太偏的人容易有这个毛病,如果变成"通人"则不至如此。知识学术上作"通人"之后,再加上谦虚的人格则可作"全人"。"全人"可以继续进步,否则不会有进步,因为"不谦和"阻止了你!

(原载《北方杂志》第 2 卷第 7 期,1947 年)

论保守秘密

（中央社南京七月十一日电）参政会驻委会若干机密新闻之泄漏问题，经彭革陈参政员于十一日该会第二次会议中提出后，已引起全体与会参政员之极大注意，咸以为政府各机关首长每次被邀出席驻委员会之报告，均系将各该机关已经办理或即将办理之事提出详细报告，内容方面多少带有机密性质，仅作参考，非供发表者。今若干新闻竟然泄漏，此不惟影响驻会委员会之信誉，使今后各政府首长出席报告时有所顾忌，不能畅所欲言，且泄漏者本身在道义上法律上均负有责任。尤其驻会委员会第一次会议时外长王世杰之报告，曾一再请求不能外传，但结果仍有数外报刊出，且与王外长之原报告不无出入，增加外交上之困难殊多。故各参政员对此新闻之泄漏，均主张查究。

上面一段消息似乎并未引起一般社会的注意，公布之后也不再有下文，究竟是否曾经查究，查究的经过如何，结果如何，处理的方法如何，都不得而知。我们希望这一切都是秘密，并且此次秘密保守的非常彻底，所以报纸上未再见到片文只字。我们对此问题不想多谈，只愿就保守秘密的整个问题，作一番探讨。

保守秘密是事业成功的一个必需条件。当然多数的事件都是例行事务或人生常事，可以随意告人；但有许多事情，无论是关于个人的，或是关于团体的，正在进行之中，在成败未定的歧路，最忌局外人的干涉，或不相干的人的无谓帮忙，或好事者的泄露消息。保守秘密本是难事。人性好谈是非，好向他人显示自己的先知先觉。所以你若有一个秘密不愿人知，无论是关于自己的，关于他人的，关于事业的，关于团体的，惟一保持的方法就是不向任何第二人传达。你也许感觉一个秘密太大，心中容不下，非向熟人说一声不可；岂知你所转告的人也同样的感觉心中发痒，非另找全盘托出的对象不可。当然你与你的友人事先都曾郑重嘱咐，向对方说明，事关重大，绝对不可告人。如此一传十，十传百，每次都是"不可告人"，结果几天之内所有可能知道的人都已知道。从前有一个故事，一个女子得了一个秘密，事前曾发重誓，应许不告他人。她从此就忘寝废食，心中苦不堪言。最后她想了一个办法，在地下掘了一个小洞，口贴洞口，向小洞中吐出心中的隐事。结果，隐事被小草的根听见，转口告小虫，小虫又传给小鸟，小鸟飞到树上，向天空宣传，不久就传遍全世了。这个故事一方面说明秘密的难守，一方面又好似是说女子特别喜欢泄漏隐事。其实在守秘密的本领上，未见得有男女之分；就中国目前的情形而论，男女两性似乎同样缺乏死守秘密的毅力。

外国人批评中国有一句话："中国没有秘密。"事实证明这句话并非过苛的批评。例如在八年的抗战时期，军事领袖的行踪在报纸上普通是只字不提的，但由多数关心国事的人的经验而言，对于此种消息每次无不有人做义务的传播。有一次，笔者亲自听见有人在公共场合中，站在主席的地位，说出军事领袖的秘密行踪。又有一次，军事领袖在某地作短期的居留，有时变换住所，但变换住所的消息当日即传遍全城。军事的机密是最忌泄漏的，但从这一点上看来，连负保守军事机密责任的人都缺乏包藏秘密的涵养。西文有"公开的秘密"一词，似可形容中国的一切所谓秘密。在抗战时期，国人时常惊讶，敌人对于我们的情形为何知道的非常清楚；其实我们所当惊讶的，是我们如何竟然仍有敌人所不知道的秘密！在当时我们有许多国民义务的供给敌谍情报而不自知，这是一种如何令人啼笑皆非的现象！

在一九四〇年的不列颠之战时，邱吉尔首相与英国政府要人的所在地，是全国最大的秘密，始终没有丝毫泄漏。一九四二年冬季罗斯福总统暗中视察美国各地的军工厂，每到一厂，工人无不惊讶，因为事前绝不知总统正在私访。我们与英美人民的不同，方面很多，这恐怕是很重要的一点。

守秘密的能力，并无特殊的秘诀，只有死守而已。父母妻子儿女，至亲好友，私事无不可谈的人，所谈的要有界限。当守秘密的事，要绝对破除私情，一字不可说出。此外绝无任何其他的妥协办法。秘密一经转告第二人，就等于已向全世界宣布。历史上有多少大事的成败，系于一人的真正守口如瓶或守口有如破瓶！

尤有进者，"秘密"的定义，也为许多人所不了解。并非朋友或上司向你特别说明为不可告人的事，才为秘密。凡你自己的事业或职务范围内的一切公事，除不相干的例行事务外，都是你的秘密，不可轻易说出，说出就是渎职。凡是你所知道关于朋友的私事，也都是你的秘密，若转告他人，就是卖友。当然你如果对于某人的意见特别尊重，对于某事相信他有协助的能力，向他说明原委，如果你认为事业不致因此受累，那就不能算为泄漏秘密。否则家中谈家事，友处谈友情，或谈公之天下的大事，你自己事业上的秘密或朋友的私事绝对不可引作谈话的资料。

律师、医生、银行家三种人的职业秘密，是西洋人所特别注意的，也是泄漏非常之少的。但在中国总听到律师、医生或银行家，以他们当事人的私事，病人的隐疾，或顾客的存款，作为茶余酒后谈话资料的事，并不是太特殊的例外。谈者津津有味，听者也不以为怪。这些人有的是留学生，专学或者都学得很好，但专学范围内的职业道德，却没有学来，无意间仍为我们"没有秘密"的传统所支配。凡略负一点责任的人，大概都有时遇到比自己年岁较青，或地位较低，或感情较浓的人述说苦衷或困难，时候总是恳切的请求代为保守秘密。这正是证明在我们社会中秘密的难守。按理由这些人谈话的内容与态度看来，对方当然就不会、最少不应当转告他人，何须特别的叮嘱？

鉴别人格的强弱，标准当然很多。但一般将来，凡是能守事业秘密、朋友秘密或国家秘密的人，都是人格较强的人，不致被一件小事就把心冲破。反之，凡是人格无主，可左可右，随波逐流的凡人凡士，必是对于任何的秘密，抢先作第一个向外宣扬的人。

（原载《世纪评论》第 2 卷第 8 期，1947 年）

《周论》发刊词

在刊物已经很多的今日，又出一个新的刊物，似乎当有充分的理由向社会说明。今日的中国，今日的世界，都处在政治兴趣特别浓厚的时代，刊物的众多也就是由于此种兴趣。政治兴趣使人热烈，使人动感情，使人把热烈的感情当思想看待。感情是需要的，感情是重要的，但感情不能代替思想。我们承认政治兴趣的正当与必需，我们也要时常谈到中国的与外国的，理论的与实际的，美好的与丑恶的各种政治问题。同时我们也要谈其他的问题，政治无论如何重要，政治仅是整个文化的一部而非全部。并且我们无论是谈政治，或谈人生的其他方面，希望都能采取科学的方法，保有客观的态度，维持冷静的精神。主观与热烈可以表现于行为，不能表现于思想。主观热烈而表现于思想，思想就成了信仰。我们不反对信仰，但信仰不可当作思想。信仰也是思想的一个研讨的对象。正如中古的欧洲一样，今日的世界似乎又走入一个新的信仰时代。我们愿意请求社会，不必强要我们追随信仰的潮流。追随潮流的人已经够多，似乎不妨有少数人从旁向大家报告一下，究竟潮是如何流法，前途有无阻碍，有无困难，有无危险。因为我们愿尽这样一个从旁报告的责任，所以希望社会不必要叫我们像潮流中人的那样热烈的肯定与热烈的否定。我们不是不敢肯定或否定，而是不愿轻易肯定或否定。民主，自由，平等，前进……谁不欢迎？谁不希望？独裁，奴役，不平，反动……谁不反对？谁不诅咒？但是无论好的名词，或坏的名词都已被人用烂，都已在潮流中撞破，今日几乎已经无人知道这些名词究竟还余有多少意义。滥用名词的结果，坏的名词使人无动于衷，好的名词使人发生反感，所有的名词都有变成笑柄的危险。这是如何令人惋惜，如何令人悲叹的一种意外发展。这些名词，以及同类的或有关的名词，我们仍然要用。但是我们用时，是要分析概念，研究问题，不是要把名词本身作为目的。我们的武器是思想，是概念，不是名词，不是口号。在一切名词都已变成口号的今日，千篇一律的话我们不愿再说一遍。我们只以科学、客观、冷静自勉，尚祈国人时予指教是幸！

（原载北平《周论》创刊号，1948 年 1 月 16 日）

政治的学习

民主政治是今日政治的主流，每一个人对于民主政治都当设法有比较切实的认识。我们都知道，在大国中，英美是两个民主国家。另外，在欧洲大陆，有几个较小的国家，或多或少的也已经实现民主政治。我们现在，根据这几个已有历史根底，并且今日仍把民主政治维持不坠的国家的实际情势，对于实际民主政治的特色，试作一个概括的叙述与说明。

第一，先讲民主政治与人民程度的关系。要实行民主，人民知识的水准必须相当的高，并且相当的整齐。知识较高与整齐，不一定就能实现民主，维新之后的日本是一个很显明的例证。但人民若知识程度太低或太高低不齐，民主政治就难以谈起。我们无论研究过去的历史，或观察今日的世界，都能发现人民程度高而政治仍然专制的例，却不能发现人民程度低而政治真正民主的例。在人民程度低的情形下，政治若名为民主，即或不完全是空有其表，也必很不彻底。这或者是许多人所不愿听的话。但事实终是事实，我们愿听与否，并不能修改事实。谈到民主政治，这是第一点我们须要认识的。

但所谓知识，并非专指识字而言。读书识字当然必需，但全体人民都能识字，只是一个起码的条件，并不是一个充足的条件。在宣传已经成为专门技术的今日，我们很可想象，一个人因为识字，反倒更容易接受违反事实或歪曲事实的宣传，太天真的看一切白纸黑字的宣传品为千真万确的事实。一个文盲，反倒没有这种危险。我们并不是反对识字，而只是说，识字还不够，在识字之外，一般人民必须有切实的知识，有自由判断的能力，有辨别是非的训练。必须如此，一个人才算是一个民主国家的公民；否则即或一切的外表与名义都是民主的，那个国家的实际情形也必与民主政治毫不相干。

第二，可讲民主政治与人民修养的关系。知识是理智的问题，可以学习。修养是作人态度与整个人格的问题，不是由书本中可以学来的，必须由日常的处世为人与实际经验中练习得来。比起知识，这是一个不可捉摸的条件。也正因如此，它比知识或者还要重要。在过去与今日，有许多知识程度相当高的民族而不能实行民主政治，根本的原因或者就是修养有缺。简言之，民主政治所需要的人格修养，就是心地开阔，互相容忍，每个人都能尊重他人不同的意见与主张。凡是以自己为绝对的是，看别人为绝对的非的人，他即或终日民主不离口实际却是一个极权主义者，与古今的专制帝王及各形各色的独裁者是同类的人。此种人只在自己势力小的时候才讲民主，一旦得势，极权的原形立刻毕露。我们所谓容忍别人，并不是说对于自己的主张缺乏信心，而是说每个人都当承认政治问题以及一切人世问题的复杂性，任何人都必有所偏，都只能认识真理的一面，没有人能认识全面。这是民主政治的根本态度，无此态度的民族必不能实行民主政治。我们应当自问，中国民族是否有此态度。若有，当然很好。若没有，由今日起，就必须好好的练习，好好的互相勉励。

第三，可讲民主政治的方法。民主的方法就是妥协，在互相让步下求一切问题的解决。这与上面所讲的容忍态度，密切相关。因为态度容忍，所以在方法上力求妥协。西方有一句名言说："政治为实现可能的事的一种艺术。"这句话深堪玩味，特别可以作为民主政治的注脚。既然对于任何重大问题都难求各方意见的完全一致，而重大问题又非解决不可，最合理的想法就是在互相妥协，互相让步下求解决。在讨论的进行中，各方都不妨尽所欲言，但同时也要大大方方的接受异己之见的可以采纳之点。只有如此，一个问题才能面面顾到，最后的方案才是在客观上最合理的方案，而不是在主观上满足任何一偏之见的方案。坚持己见，是不可能的。调和异见，是可能的。为这种可能的事求得最合理最满意的办法，就是最高的政治艺术。

以上是由抽象的原则方面来讲民主政治的方法。具体的讲，实现民主的妥协政治，要靠代议制度。人民不能每人直接参政，必须有代议制，议会就是民主政治具体实施的场所。议会政治是一种政党政治，正常的情形是一党代表人民在朝主政，其他各党代替人民在野监政。两者缺一不可，缺一就不是民主。在朝主政固非容易，在野监政也不是一件很易胜任的事。在一个民主国家，从事政治的人不只能够主政，并且也要练习真能代替人民监政。

第四，讲到民主政治的根本性质。民主政治是一种变的政治，变而不乱的政治；换言之，就是一种和平革命的政治。按宪法，美国每四年大选一次，英国每五年大选一次；论者常说，美国每四年，英国每五年，要经过一次不流血的革命。因为每次大选，各政党各自提出政纲，向人民说明，请人民选择，人民多数所拥护的一党就上台执行自己的政纲。历史上所谓革命，不过是对现状不满的人用武力推翻现状，另成立一种新的现状。这在没有民主方式的国家，在积久不满之后，是不可避免的。在民主国家，经常的给人民一种改变现状的机会，所以民主国家是时常在变的。但是变而不乱，是用和平的、合法的方式，按部就班的去改变。这恐怕是民主政治最可宝贵的地方。

我们都要民主，但要民主并非就可以民主，民主政治并不是呼之即来的。"要民主"只是"可以民主"的初步，前面的路途还远得很。但行远自迩，我们只要虚心学习，终有达到目的的一天。今年是我们的行宪年，也就是我们开始学习民主之年，以上根据西方少数民主国家长期的经验，略述民主政治的特点，谨与国人共勉！

（原载《周论》创刊号，1948 年 1 月 16 日）

如此世界·如何中国

世界大小六十余国，撇开法理与表面的名义不谈，专就实际而论，可以分为三类，就是强国，自保之国，与殖民地。强国为"力"的中心，其力的自然趋势为向外发展。殖民地为强国之"力"的发展对象，在法理上已成殖民地的区域不必说，连许多名义上仍有独立主权的国家实际也属于此类。自保之国介乎二者之间，其力勉强足以自保，不致成为他人的殖民地，同时也不能向外发展，不能自有殖民地。以上是就事理而言。具体的逐国推敲，任何一国都不是注定的要永久属于三类中的一类。强国可因内在的销蚀或外来的打击而成为自保之国，甚至降为殖民地。自保之国如果努力不辍而又善于利用机会，也可成为强国；相反的，当然也有堕为殖民地的可能。殖民地要改变自己的地位，比较困难，但如一方面奋斗不懈，一方面紧抓机会，有时也可跃为自保之国。各国间此种地位的蜕变与升降，就是国际政治的主题。由此立场去观察，是我们明了世界与认识中国的最简便的方法。

为更透彻的了解战后的今日世界，我们必须对于战前的世界先认识清楚。战前的强国或可称强国的有七个，就是所谓侵略主义的德义日三国与所谓爱好和平的英美苏法四国。其中法国的强国地位颇为勉强，法国实际上已成为介乎强国与自保国之间的一个灰色国家。德义两国合称轴心，有如连环，可以合观。德国在当时把握全部的中欧，西向威胁法国，东向威胁苏联。意大利于德国的支持之下，在欧洲向近东发展，占有阿尔巴尼亚，威胁希腊；在地中海与英法争衡，经地中海而达非洲，攫夺或威胁英法的殖民地或势力范围。中东也在轴心的侵略计划中，但直到欧战爆发的一九三九年，德义的力量尚未能有效的进入中东。

日本有大陆与海洋两方的侵略政策。在大陆上日本一面威胁苏联而未能得手，一面伸入中国，强占东北，分化内蒙，压迫华北。在海洋上日本一面向南洋扩充，一面在太平洋与美国抗衡。苏联此时大体仅能自保，东西两面受日德的威胁，时刻自危；但对中国则始终不肯放松，外蒙完全席卷以去，新疆也在掌握之中，只有多年垂涎的所谓北满不得不忍痛让与日本。

在西方，名为强国的法兰西岌岌堪危，东境受德国的包围，南境有义大利窥伺，海外虽有帝国，北非各地义大利时思染指，越南已被日本认为当然的侵略对象。英国仍是真正的强国，在大西洋上与美国维持平衡；地中海的大部属于英国，近东巴尔干为英国的防线；经地中海，出印度洋，控制中东遥领印度。在过去，英国的势力经印度洋而达中国，但到第二次大战之前英国在中国的势力已大减色。

新大陆的美国，除稳制拉丁美洲外，在大西洋上保有西半的一部势力，在太平洋上与日本对立，东太平洋可以控制，西太平洋的优势属于日本。至于对中国，美国虽自四十年前就已积极注意，但任何可能的发展都因日本的拦阻而归于停顿。

战前的中国，在过去百年已是列强的公同殖民地，列强也始终不容中国彻底改变殖民地的地位。但自民国十五年北伐之后，中国极力的想要发展为自保之国，英国在中国的原有势力一部退出，美国最少在表面上势力仍不甚大，只有苏日两国对中国不肯表示死心。苏联为大局所限，当时的活动限于外蒙与新疆，日本则倾全力以对付整个的中国。列强对中国都无善意，但最忌中国脱离殖民地地位的则为日本，它自认为与中国势不两立，对于任何可致中国于完全独立自主的运动它必千方百计的阻挠破坏。国民革命军的北伐正是这样的一个运动，所以日本不惜于十六十七年间两度出兵山东，不使革命军顺利北上。迨阻挠证明为无效，三年后而"九一八"事变爆发，又过六年而中国被迫发动全面抗战。中日间的大战可说是不可避免的，日本坚要中国永为殖民地，中国决心要进为自保的国家，最后只有用战争来决定中国命运的路线。

日本与德义的无限扩展政策，引起了中国八年、欧洲六年、太平洋四年的第二次大战。这次全球战争是国际局势的一大革命，战争结束之后，德义日三大强国等于消灭，或可说都已成为殖民地。三国都很少有再起的机会，德国今日的东西分裂可能成为永久的局面；义大利的实力消耗过重，除地势的冲要外，义大利已是一个无足轻重的国家。日本今日名为由盟国合同占领，实际乃由美国单独占领，此种一国独占之局即或非为永久，也必为长期无疑。日本将来可以作为工具，再主动的兴起为强国的可能甚难想象，连成为自保之国的机会也微乎其微。

战前的重要国家，在今日仍值得注意的，为美、苏、英、法与中国，恰巧就是联合国安全理事会中的五个常任理事国。法国的地位已经明朗化，战前尚可保持强国的空名，今日法国只能说是一个自保之国，并且连自保的地位也有随时丧失的可能。共党一旦得势，法国即将消灭，或成为国际战场，或成为国际性的内战场所。反之，如果戴高乐一类的人上台，法国就必积极企图恢复强国的地位，最少要摆出十足的强国架子，结果东西两大对法国将都不表欢迎，如果处理不善，可能会有内乱发生，以致连今日的地位也不能保。

战后的英国，与法国所差无几。它优于法国的有两点：一，它没有严重的共产党问题，因而无论局面如何发展，它内部的统一性不致发生动摇；二，它有永远可靠的美国援助，美国最少要支持英国的自保地位，如可能时，它也希望大英帝国不要全部清算，而是在美唱英随之下维持一个笼罩全世的盎格罗萨克逊帝国。英美之间可以时常发生误会，但在根本政策上两国总是互视为兄弟之邦，这是今日与今后国际政治中的一个基本事实。也就是因为这个基本事实，英国好像仍是一个"力的中心"的强国。然而英国因元气消耗太甚，纵有美国的支持，也无力再维持太阳不落的大帝国，多数重要的地带英国或撤退，如印度半岛，或请美国全部或一部接防，如地中海与中东。大西洋更不必说，在欧战初期的一九四一年英国就已全部的转让与美国了。

苏联与美国为第二次大战中的孪生骄子，所谓盟国胜利云云，仅是一句空话，胜利的只有美苏两国。其他参战各国的流血流汗，劳民伤财，为谁辛苦为谁忙？就结果言，显然的都是为美国与苏联。各国都只有损失而无收获，或收获微不足道。美苏两国虽然也有损失，但收获之大不知要超过损失多少倍。战后的美国，除照旧控制整个的拉丁美洲外，接收了不列颠帝国的大部，接收了日本帝国的大部，包括日本本部在内，接收了纳粹帝国的一部，此外并无形间承袭了法国与荷兰的南洋帝国。整个的大西洋，整个的地中海，整个的近东与中东，都是美国的天下，太平洋与南洋也是清一色的美国世界。战后的苏联，接收了纳粹帝国的大部，就是东欧与中欧，只把西欧留给美国；又接收了日本帝国的一部，就是中国的东北与太平洋边缘的南库页岛与千岛群岛。此外苏联想要进入地中海，插足近东与中东，但都为美国所阻。在最后还有一个全新的地带成为美苏的争夺对象，就是北极圈内外的冰天雪地世界。因为飞机要走近路，因为世界的陆地，资源，与人口集中北半球，因为恰巧苏联与美国（包括加拿大）在北极边上对立，所以北半球中心的北极地带就成了地中海与近东中东以外两强所最注意的争夺焦点。美国除自己领土的阿拉斯加外，在战时已捷足先登，进入哥林兰岛与冰岛。苏联方面，只有自己少数的岛屿可用，但重要性都远在美国所控各地之下。所以无论是在近东中东，或是北极圈上，苏联都是居于劣势的；只有在欧洲大陆，苏联稍稍占优势。

在英法仅能自保，美苏到处对立的今日世界，中国居于何种地位？中国与朝鲜，一向不可分，今日仍然如此；就世界性军略政略言，我们可视朝鲜为中国的一部。自日本投降以来，苏联除在外蒙与新疆势力仍旧且加强其控制力外，并代日本而进入东北与朝鲜北部。法理如何，表面如何，名义如何，全不相干；今日东北的大部与北纬三十八度以北的朝鲜全在苏联的控制之下。至于美国方面，既已握有太平洋，既已占有日本，又安能不进一步而迈上东亚大陆？朝鲜南部的有形进占不必说，今日整个中国的美国关系，也只能说是无所逃避的执拗事实。过去因有日本，美国无从具体的触及中国，所以只能与中国发生抽象的道义之交。因为这种道义之交曾有四五十年的历史，也就是说，因为今日每一个中国人或美国人都是在此种道义之交的空气中生长成人，所以在心理上多视此种空气为当然。然而此一时也，彼一时也，个人的希望，尤其弱者的希望，安能影响实际的国际政治？今日诚然已经没有像日本那样彰明较著的非制中国死命不可的侵略国，但同时也绝无人会善意的赞助推进中国自强自保的运动。我们最多只能希望，在我们自求上进时，没有再像日本那样的外力出来蛮横干涉。求人不如求己，在个人已经如此，在国家尤其如此。被日本中途打断的建国运动，我们若要继续完成，只有依靠自力。"自力更生"并非空的口号，而是我们求生的唯一途径。

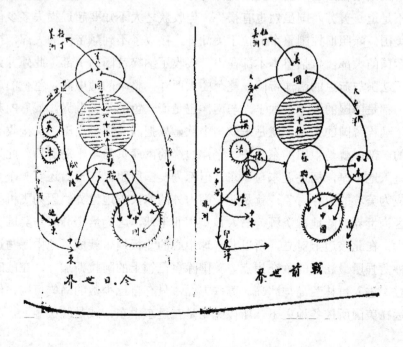

有人或者要问，我们若认真图强，安知没有第二个日本暗中干涉，安知没有第二个日本已在干涉？此事诚然无人敢武断的作答。但在以北极为中心的航空时代，中国占有一便宜，就是中国过度偏南，也就是说，中国的地位偏僻。今日强国所虎视眈眈的地带都在北纬四十度以北；只有中东，虽大部在四十度以南，但因与近东及地中海密不可分，仍为大国所不肯放松。至于中国，除东北外，可说都在北纬四十度之南，所以别人对我们本可漠视；而别人不肯漠视，就是因为中国太大，惟恐中国真正统一强盛后不易对付。但我们只要真肯努力，同时又多抓外来的机会，别人对我们或者可以勉强放过，对于我们的图强运动不再暗中破坏，使我们能够成为一个足以自保的国家。世界如果不幸再有大战，中国惟一聪明的态度就是绝不参战，地位偏僻的中国本也无需参战，但这要假定中国的全部或大部已经统一安定；否则我们必将听人宰割，随人作战，最后无论孰胜孰败，中国都将消耗殆尽，濒于死亡。国际局面一张一弛，随时可以完全破裂，我们中国谋求自保的机会恐怕甚为短暂，只有全国人士痛下决心，紧抓机会，发展自力，方能应付未来的大难，中国才有永远自保的希望。

（注——附插图"战前世界"及"今日世界"，可与本文互相解释）

（原载《周论》创刊号，1948 年 1 月 16 日）

对港九，望英伦！

九龙城问题近日的严重化，使中国全国人民惊讶惶惑，不知在世界各地久已勇于退却的英国，为何单独在中国如此的急于猛进。就拆屋本身而言，那直接牵涉到对于过去条约文字解释的问题，可说是一个文字与文法的问题，最多也不过是一个法理的问题，自有专家经由外交的途径去应付，我们不欲多谈，谈来也无大补于实际。最近的拆屋事件，不过是已经不幸的整个港九问题的一个更为不幸的表现，整个问题若不谋求合理的解决，拆屋问题即或完全满意的予以处理，问题主要的症结仍旧，随时可以引起有碍两国邦交的不幸事件。在第二次大战期间许多令人不快的回忆中，一个最不必需的不快回忆，及今想来，恐怕是一九四三年一月中英签订平等新约时英国的拒绝交还九龙租借地与退还香港征服地。在当时，英国政府或者仍如邱吉尔首相的想法，决意不肯"清算大英帝国"。但今日事实如何？我们时刻南望港九，同时我们也不禁的由港九再向外望，愿意以这一块"皇家殖民地"为起发点，看一看太阳不落的帝国的今日轮廓。我们颇感奇异的，就是由港九外望，在最远的水平线上也已看不到许多触人眼目的帝国痕迹！

由香港所在的南海西望，第一个引人注意的地带就是英国曾经统治六十年的缅甸，已在一个月以前由英国承认为独立国。再向西望，就是帝国皇冠上最大宝珠的印度，也已由英国容许组为两个自治领，有随时脱离帝国而独立的完全自由。再西为伊朗，帝国权益的大部似乎已让予美国。由伊朗而阿拉伯半岛，半岛上也已布满北美巨人的势力。再西就进入地中海，无论是在海上，或在海岸，如希腊、土耳其、巴力斯坦等地，英国都已全部或大部撤退，而由北美合众国接收防务。出地中海而达大西洋，就到了英伦本部，本部的经济防线似乎也已由大西洋对岸的国家接收，否则不列颠联合王国就有因贫血而致死的危险。总括以上所述，我们可以说一个自顾不暇的英国，由本部而达中国南海海岸，处处收缩，处处撤退，大话曾经说在前面，决不清算的大英帝国，今日所余尚待清算的地方已经无几！兴念及此，使我们百思不得其解的，就是为何单单在遥远的港九地方，不只毫无准备清算的表示，并且态度专横，政策积极，一若又返回到一百年前的鸦片战争时代。"鸦片战争"是英国人所最不愿听的名词，所以在英国人所写的书上都美其名为"第一次中国战争"。其实中国人何尝喜欢富于恶劣联想的"鸦片战争"？无奈一个无从视而不见的"香港皇家殖民地"，使中国人欲忘记"鸦片战争"而不可得。中国人总不能忘记，在日本人之先而对中国推行鸦片政策的是英国，最早强迫中国接受不平等条约的待遇的是英国，在整个十九世纪领导列强向中国施行压迫的是英国。对于这一切的痛苦回忆，既已经过第二次大战期间的两国并肩作战，凡属中国人，无不愿一笔勾销，另起新页。但英国人对此似乎并无同感，中国人自己所愿忘记的，英国人好像非要他们时刻想起不可。我们所愿知道的，就是英国最近如此的小题大做，声势逼人，究竟所为何事？是否要借此向中国表示："莫妄想收回港九！"果真如此，请问保留港九有何用处，是否认为"高等华人"为人世间不可或缺的宝物，非留此培养此种宝物的一个最后地点不可？是否用意更为深远，认为中国今日混乱分裂的程度仍不够彻底，或仍无持久的把握，非在中国的卧榻之旁保有长久容纳制造分裂分子的一个实验室不可？

今日的英国如果仍是战前的英国，我们对于以上的种种疑问就可毫无犹豫的予以肯定的答复，并且感情上无论如何愤慨，理智上仍可承认那只是强权政治的自然表现，就无政府的国际社会而言，那也就不足为奇。但今日的英国显然的已大非十年前的英国，帝国大部已经清算不必说，战前在中国所尚保有的地位，在作战期间，不知是出于默契，或由于不可告人的秘密条约，似乎也都全部或大部拱手让人。所以我所极愿明了的，就是在英国种种的对外表现上，究竟还有多大成分可说是代表自己的独立国格；在九龙城拆屋时，所推行的究竟是否自己的政策。中国不竞，招此外侮，何敢怨天尤人？假定仍是太阳不落的帝国推行自我立场的传统政策，混乱分裂的中国又有何话可说？但是——如果是一个已无自由意志的破落帝国，迫不获已而代人受过，岂不大可哀怜！

（原载《周论》第 1 卷第 2 期，1948 年 1 月 23 日）

裁员之议必须从长考虑

最近政务会议通过裁员减政办法，决定于半年内就中央及各省市机关现有人员裁汰四分之一。据谓行政院已经拟具裁汰冗员计划，通令所属办理。这个消息传出之后，各方的反应都不甚佳，特别可以注意的，就是一月十九日监察院的全体监委座谈会，与会监委几乎一致的反对，认为裁员必将节外生枝，招致失业的严重社会问题，最后决定上书国府，请对裁员措施从长考虑。

此时而有此议，令人发生突如其来之感，并使我们不禁回想到两年半以前宋子文氏主行政院时的裁员计划。那是三十四年七月，抗战尚未结束，但大家都感到日本的屈服已不在远，政府也在赶作胜利后建国的准备，当时抱负甚大人望尚高的宋氏提出一面裁员一面养才的政策，据他向参政会的报告，说："过去政府已将所属机构加以裁减调整，今后还是需要调整。制度固然要调整，人事也必需要调整……讲到人事，我可以说我们目前已经感到有能力的人为数太少。抗战胜利，失土恢复，国家大规模建设的时候，人才将要感觉到极端的缺乏。我们要以全副力量招罗各项有能力的人才，来共负建国的责任。"宋氏在当时最少还能说出上面一套道理，但真要实行时还是不通，新的人才未养，原有的人才也未罗致，所谓冗员也未能裁掉许多，少数裁掉的员额不久就又补满，并且在效率上添补的人员往往比被裁的人员还要降低。纷扰一场，一无所得，最后证明为自寻烦恼。此次旧议重提，结果是否能较上次为佳，使我们极感怀疑。以我们中国人事关系的复杂情形而论，大批裁员岂是轻而易举的事？结果若是干员被裁，冗员留用，又将谁负其咎？在以善于"作官"见称的中国，我们相信以上的疑问并非过虑，而是真值得我们虚心考虑的一个严重问题。

并且我们还可进一步讲，裁员的根本技术问题即或能够解决，即或真是冗员被裁，干员留用，此事仍不可作，在今日绝不可作。无用的机关与闲散的冗员不当听其虚糜国帑，本是天经地义，在理论上谁又能够反对？但理之可通者，在势往往绝不可为，升平之世有时已经如此，非常时期更是常有此种情形发生。把成千成百的人员裁退了事，生死置诸不顾，这对于大多数既无恒产又无积储而有仰事俯蓄之责的中年人员，岂能说是公平？这些人或者是千不该万不该，当初不该读书。但他们读书是为求上进，是社会风气使然，并且由小学以至大学，多数的学校都是各级的政府所设，一直到现在，法令与舆论还都是鼓励人入学读书。但我们至今仍没有值得注意的近代工业与近代商业，没有可观的社会事业，所以今日学校出身的人仍与过去科举出身的人一样，很大的部分都要进入仕途，因为根本没有其他途径。此事应否发生，能否叫它不发生，在今日都无从谈起。事实已是如此，我们只有就事论事。任何个人，任何企业机关，都可说自己没有责任为任何人解决职业问题，但政府却不能如此说。政府不是私人，绝不能打小算盘。今日世界各国的政府，无论是资本主义的也好，是社会主义的也好，是主义不明的也好，但有一个公同点，就是都承认全国人民的就业是政府的一个重要责任。一个人失业而政府爱莫能助，那是另一回事，但今日世界绝没有一个自己故意制造失业现象的政府。他国若有裁员的事发生，必对转业已有相当的准备，绝无不顾一切而贸然裁员的，因为一个被裁而无着落的人，除非他是天生安贫乐道的圣贤，必定满腹牢骚，并把他的不满心情影射到全社会，形成一种严重的不安力量。中国过去历史上的多次所谓乱世，其致乱的原因或者不仅一端，但很重要的一端就是人才没有出路，第一等的人才没有出路，问题当然严重，普普通通的中下级人才没有出路，也同样的使社会不得安宁。以中国今日的情势而论，不仅已经就业的人不可裁汰，尚未就业的人也当予以比较合理的安插。或者有人要说，"安插"本身就是不合理的。此言甚是！但若不安插，整个的局面就将更不合理！我们只有两害相权而取其轻。

以上所言，当然只是一时的治标之计，大事建设才是根本的办法，稍有头脑的人绝没有把勉强"安插"作为国家长治久安的大计的。但中国今日所需要的是力求安定，勉强安定之后才谈得到建设国家的百年大计。如果政府自己也去制造不安的因缘，国家的治平又将俟之何年何月？监察院座谈会的意见，的确是老成谋国，望当政者能够虚心采纳，对于裁员问题从长考虑。

（原载北平《周论》第 1 卷第 3 期，1948 年 1 月 30 日）

国际谣言中的中国

近两个星期以来有很多消息都是谣言，到后来有的谣言成为事实，有的还未证实，其中最早的谣言是说，美国和苏联在德国的柏林秘密谈判，这消息在苏联是无法证实的，可是后来美国承认在柏林确曾举行一次会议，谈了德国的问题，也谈到了其他的问题。接着在中国传出一个消息说：苏联出来调停中国的战事。有的说美国大使重新促使两方恢复和谈，甚至有的报纸还登载出双方和谈的条件，外国报纸也这样记载着。并且说美苏正在华府谈判美苏间所有的问题，其中关于中国的是美国允许苏联在北韩及中国的东北自由活动，而其交换条件却是要求苏联在欧洲的让步，但是双方究竟让步到什么程度就不可而知了。最重要的，要算四天前美国国务院的记者招待会上的消息了，这会是由马歇尔主持。新闻记者问他美苏曾否在华盛顿谈中国问题，但马歇尔则回答：美国和苏联并没有在柏林谈关于中国的问题。这固然是所答非所问。但是美苏在柏林没有谈中国的问题，在华盛顿和别处是否谈到这个问题呢？便值得怀疑了。我们并不是神经过敏，将来的新发展如何，以后自会知道的。

我们今天所要谈的，并不是谣言能否实现或谣言的性质如何。今天要谈的主要点却是为什么会有这种谣言的发生？我们可以说这谣言的发生是非常自然的。自从四外长会议破裂以后，双方都在进行着宣传攻势即是所谓"冷战"也就是用文字或用口头攻击对方，尤其是最近几个月来，双方的冷战越来越激烈。本来大战刚刚结束不久，双方都在要求休息，然而，事实上却是大战刚刚结束冷战接着就来了，现在双方既然不能立刻打起来，因而都觉得不妨安定一时，休息一下，到打时再打。所以说这样的谣言，不久之后，可能在产生的，不管他的发展和他的性质如何。因为双方都感到"冷战"的无聊，所以要妥协，那怕仅仅是口头的，表面上的朋友，因为要妥协，所以谣言就跟着出来。

可是在过去不久的谣言中，为什么有中国呢？在中国的立场看来是很不公平的，好像双方都可以随便的谈中国的问题，好像是中国的问题是可以由他们来决定的。为什么有这现象的发生呢？是中国人非常奇怪的问题，但是我们却可以从这谣言中认识了中国的国际地位。抗战时期，胜利以后，我们可以常常听到人说，或看到报纸杂志上的记载说：中国的国际地位很重要，以为中国足以左右整个的世界现势，所以哪一方面都不能不重视中国，甚至有人替美国着想，说美国一定欲使中国成为一个统一而民主的国家，在亚洲建立一个安定势力和商业市场。为苏联着想的人也说：苏联一定使中国成其友邦，在政策上和他站在一面。这种说法，未免把中国估计的太高了。在世界如此的局势下，所谓重要不重要，是和他的强弱有着绝对关系的。假如中国是强国，别国自然不能轻视你，同时也不敢轻视你。但是，假如你是弱国就不同了，弱国重要与否全看强国的政策如何来决定，要看他的地理情势和经济资源及商业的地位重要与否而来决定的。假如是一个战略地带或是资源丰富的地方，纵然是弱国，也很重要的。反过来说，一个弱国不论其大小如何，假若他不是重要战略地带，他的军事价值就不重要。从资源及商业方面讲来也是如此，假如不是一个重要资源的丰富出产地及特产品的出产地或不能做为强国的重要市场的话，那自然在资源及商业方面就不重要了。现在为了讲述方便起见，让我们先从商业资源来分析，最后再说到军事。

一　商业方面

美苏都是工业化的国家。工业化的国家是不会把中国看成一个重要的市场的。中国人往往把中国估计太高了，认为中国是世界上重要的市场。实际上，中国的商业地位是极其不重要的。中国一直到现在还停滞在农业社会的阶段，工业化的程度非常低。抗战以前的一些工业，也都未能运用，所以现在的中国的工业化的程度，比抗战以前还要低得许多。然而现在的市场，唯有工业化的国家才配充当的。纯粹的农业社会的国家根本没有能力去购买工业产品，因为他的生产力太小，他所生产的物资根本不能和工业的产品交换的。假如到乡村去，可以清楚的看到这个现象，农民们谁有能力去购买外国货呢？

我们知道：加拿大是美国的最大的市场，他仅有一千多万的人口，和我们比较，不知相差几许，而他消费的美国产品，不知高出中国多少倍。英国人口不过是四千多万，而其消费美国物资，数目更无从计算。同样的，美国也是如此，他每年中也不知消费了多少外国物资。

如此说来，现在的中国既不能成为一个市场。却只可说，将来的中国是一个有可能性的市场，而这可能性却是远得很的。所以中国在强国的政策里的商业地位是绝对不重要的，外国人虽然说中国是一个市场，但也只是一个可能性的市场而已。

二 资源方面

中国人对于自己资源方面的误会比较更多，我们常听到中国人说中国"地大物博"的说法。中国地大是真，物博却不见得准确。况且"地大"和"物博"这两方面的关系，并不是连带的必然的。也就是说：地大物并不一定博，物博地也不一定大。中国就是如此，同时，中国并没有一种资源，是中国独有而外国绝无的，也没有一种资源是外国必须取诸于中国的，不论是在平时或是在战时。中国的大量产品就是食粮，可是因为人口太多，所出产的食粮尚不足自己消费，而且尚需加拿大、美国、澳洲、暹罗、缅甸、安南等地的农产品的接济。其次的要算煤铁了。煤和铁虽然比诸一般小国的产量高，但是，却还远不如美苏两国，而且中国的产量并不能被他们重视。也就是说：他们绝不肯为中国的煤、铁资源而在国际外交上下功夫。讲到近世最重要的东西，要算石油了，因为不论在平时或是在战时石油是总不可或缺的，尤其是在工业化的国家，然而中国却没有。近东所以被重视，而成为美苏角逐地带的原因，除军事外资源是极重要的因素。原因是因为他出产石油，而且是世界上石油出产量最丰富的地带。所以美英两国对之恭恭敬敬而不敢开罪，苏联的势力虽然还没有建立起来，但也是极力攒〔钻〕营，从事拉拢。中国既然没有这些条件，而且是弱国，所以我们对国际情势里的中国，不应只看到今后中国的资源如何发展，而自觉重要；却应当清楚的知道，外国人对中国的资源如何看法。

三 军事方面

最后讲到军事方面：中国人把中国看成了重要的战略地带，这完全是吃了历史的亏。在十年前，外国人只要考虑到国际军事的问题，就不能忘掉中国。那完全是因为日本。日本和中国的关系是非常密切的——这所谓"密切"不是说必须友善，而正是说：可以是最密切的朋友，也可能是死对头——然而今天没有一个强大的日本了。过去，日本为要增加他的国力，而要征服中国，进而帮助他征服南洋，所以他建立了强大的海军，而对岸的美国也有控制太平洋的打算，因此而成了死对头。他们为了在太平洋上争霸，所以不能不在中国建立陆地的基础，因而中国成了战略地带，所以，中国的军事价值就提高了。然而，今天的局势和十年前不同了。由于强大日本的不存在，如今的中国并不能被看作国际上必争的战略地带了。但是人类是不容易在短短的一个时期内忘掉旧的观念的，中国人把中国在战略上看得太重要，便是这种旧观念的影像。

今天的局势和十年前不同了。世界上只有两个强国在对立，那就是美国与苏联，战后的英法等国，都不能在世界上有独立的政策的，他只不过是跟着别人走而已。他们的所谓独立的政策，也仅不过是选择的自由而已。或是与美国配合，或是与苏联配合。世界上只有两个强国在对立，这是人类历史上从来没有过的事情。

再看美国与苏联这两个国家，都在北半球，今天已没有人分地球为东半球和西半球了，而都在说南半球和北半球。南半球多为海，北半多为陆地，南半球人口少资源也有限，在将来的作战计划上并不重要，世界上最重要的三个大洲，亚，欧，北美，可以说都在北半球，世界上的重要国家也都在北半球。世界上所有的重要资源和世界上人口的百分之九十五也都在北半球。北半球也可以分成两部，如果拿北纬四○度作为界限的话，则苏联几乎完全在北纬四○度以北，美国的重要资源也完全在北纬四○度以北，英国法国也都在北纬四○度以北。可是中国不然了，中国是北半球南部的地方，中国在北纬四○度以北的只有东北和华北的一部分。所以说：如果有战争，这战争也一定在四○度以北，所以中国绝不是他们的战场。但是如果他们不费力，而有中国人愿意替他们打的话，他们当然是极力欢迎的，假如他们战争而中国中立的话，他们也必不如何重视，据我们大略的估计，未来两个主要的战略地带距离中国都是很远的。一个是在几乎没有人烟的北极的上空，一个是地中海、中东、近东一带。从地图上可以看得出，美苏两国之最近的距离就是经过北极上空。如果有长距离的武器时，都可以直接攻击对方，如果双方武器相差不多，如果双方的飞机性能相差不多的话，则北极就将是一个极重要的战略地带了。在今冬，巴尔干半岛；非洲东北部，中东，这些靠近地中海的地带，有一部分是在北纬四○度以北的，有一部分是在北纬四○度以南的。这地方为什么重要呢？

从苏联讲，他的产业精华是在西部，也就是在欧洲部分，不论从人口从资源，从产业或从其他各方面来看，都表现出乌拉山以西比较更重要，虽然在这次大战以来苏联尽量用人力开发东方，然而有的情形，你无论如何开发别处，也减不了他原来的重要性，例如乌克兰的农业，和外高加索的石油等，就是明例。

在这里，可以看出黑海的重要性，黑海和地中海是一体的，黑海仅不过是地中海的一部分，但是两海交通必须经过土耳其所有的鞑靼尼尔海峡。控制海峡就可以控制整个的黑海，也就是苏联最重要的生命的边疆，所以几十年来苏联对土耳其不放心的原因也就在此。加以今天，虽然巴尔干的一部分，已成了苏联的势力圈，可是最重要的却莫如希腊，现在英美共同控制之下，谁有希腊，谁就可以控制东部地中海，进而控制近东一带重要的地区。苏联虽然用各种人为的办法，来改变这些，例如很多的新兴工场都设在北方和东方，但是无论如何，工场总不能和资源的生产地距离太远，因为太远时，运输就会发生问题。铁路在战时是最靠不住的东西，因为他很容易被破坏，如果运输工具真被破坏，工场自然就无用了。虽然苏联建设时谁也不知道的事实，但是从今天的局面看来，如美苏开战，土耳其和希腊是非常重要，也是最危险的地方。

从美国方面讲来（英国在政策上可以说是美国的附属国），他如愿意维持其地位，则西欧大陆是非常重要的。西欧和美国，文化是相同的，美国和世界各地讲感情的也只有此地，在别处——包括中国在内——都是讲利害的。所以中国的一部分人对美国犯着单想〔相〕思是绝对错误的。苏联如果利用东欧为基地而向西冲的时候，美国就可利用西欧大陆为其根据地，因为他是和苏联距离最近的根据地。同时，那地人口严密，资源亦丰富，所以美国看为最重要的，要算西欧和英国了。

反观中国，假使中国开辟了战场同时也假定美国战胜了，但是，胜利以后又怎样呢？能够继续的占领西伯利亚吗？反之若苏联战胜了，他又怎能隔水进攻美国呢？所以中国地位不如希腊、土耳其、近东各国。

四　结论

所以我们说：谣言中的"中国为美苏交换条件的牺牲品是可能的事情"，也就是说"美国很有可能牺牲中国来交换西欧的安定"。因为苏联即或把在中国的势力全部撤出去，虽然不能说她不受影响，但是却绝不重要。同样美国在中国的势力全部撤出去，也不会因而发生重大的作用的。这当然不是说中国在国际上毫无价值，如果白白的得到手，当然是最欢迎的，这里的意思是说两方都不肯费很大的代价来夺取他。

在中国唯有在东北——是北纬四〇度以北的地方——苏联还看得比较重要些。而在美国看来，中国的任何地区都可以为讨价还价中的牺牲品。所以我们说：强国自然是重要的，而弱国的重要与否却全要看强国间的政策如何而来决定。过去雅尔达会议中，牺牲了中国，今后更可能把中国牺牲了换取美苏间片刻的安定。今天的美国，不仅可以牺牲中国人中的反美人士，也可以牺牲中国人中的拥护美国分子。同样的，苏联也可以牺牲中国人中反苏的人士也可以牺牲半[①]国人中拥护他的人士的。

最后，我们所要说的还是老生常谈，中国的事情还得靠自己在未来的战争，中国的地位既然并不重要，可以说是非常幸运的。因为双方都不把中国看得重要，所以才有自求安定的可能。我们如果能安定，将来最低限度能和英国一样重要的，或可能过之。现在所以美苏两国还对中国不放手的原因，所以还向中国进取的原因，不过是预备作将来讨价还价的余地而已。唯其如此，所以我们更必须抓住机会，自强不息。假如真有第三次大战的话，我们一定要在大战之前整理一个局面来，到那时如果我们能不参战（一方面是无需乎我们参战，一方面是中国没有能力参战），则很可能建设起我们的力量来，而不再为人所左右。假如中国内部有人替苏联打，有人替美国打，无论将来美苏哪个得到胜利，结果必将中国打完无疑，苏联打胜了，中国将是苏联统制下的中国，美国打胜了，中国将是美国控制下的中国，中国人是不会得到丝毫的好处的。在这国际谣言纷传中，我们中国人要提高警觉才对。（正论讲演会第五次讲稿——虞大宁记录）

（原载《正论》第 3 期，1948 年 2 月 1 日）

---

① 原文为"半"，应为"中"。编者注。

论美国在巴拿马受挫

去年年底，巴拿马议会的一致投票否决美国继续租用运河区以外军事基地的协定，在紧张复杂有如目前的国际社会，是一件重大的消息，足以影响美国在拉丁美洲的威望，足以影响美国对于东西两洋的控制力量，甚至也足以影响美国在全世界的地位。巴拿马是南北美洲之间的一个细而小的国家，国土是一个小的斜条，北为加勒比海，是大西洋的一部，南为巴拿马湾，是太平洋的一部。这个小国，讲到小，小得可怜：面积不过三万三千方哩，人口仅六十五万，只与较大国家一个中等都市的人口相等。国小且贫，没有陆军，没有海军，也更谈不到空军。这样一个渺小的国家而遭美国垂青，而被全世注意，就是因为连贯大西太平两洋的运河穿过它的国境。运河长约五十哩，是美国海军在两洋之间调动自如的必经咽喉。如无巴拿马运河，美国海军调动就须航绕南美洲，一旦有事，这将是缓不济急的一种航行半个地球的大迂回。美国今日之能东制欧洲，西控亚洲，一个重要的原因就是东西枢纽巴拿马运河的紧紧在握。在长距离轰炸机与原子弹的今日，巴拿马议会最近的否决案，是使这个紧握的局面松散化的一种行动，所以特别值得我们注意。

美国之控制运河区，至今已有四十五年的历史。巴拿马原为哥伦比亚国的一省，在一九〇三年忽然发生革命，十日之后美国就承认了这一省为独立国。对于这个革命，美国显然是预知的，实际恐怕还不仅是预知。正式承认后的五日，一九〇三年十一月十八日，美国就与巴拿马订约，主要条款有三：（一）巴拿马准许美国开凿运河。远在一八七八年就有一个法国公司作此计划，但未能成功，至此美国收买了这个法国公司的权益，自开运河。（二）划定运河区，在运河南北各五哩，包括海中的岛屿，永久租让予美国。（三）美国对巴拿马付有报偿，当时一次交付美金一千万元，此后每年付租金二十五万元，但规定由签约后九年开始交付。自此运河区实际成为美国领土的一部，整个巴拿马与美国的关系也密不可分，在事实上巴拿马的独立主权也就多少要受这种"密不可分"的关系的影响。

一九〇四年五月，美国军队开始进驻运河区，同时运河开凿的工程也积极进行，其间华工的贡献颇大，许多华工也就死于热带的黄热病之下。一九一四年八月十五日，运河开放，但工程尚未结束，正式开放是一九二〇年七月十二日的事。运河开成之后，美国在新大陆以及在全世界的地位，立刻大为提高。到一九三六年，美国又与巴拿马订立新约，把年租提高为四十三万元，并规定由一九三四年二月二十六日算起。巴拿马小，弱，贫，直接的由租金，间接的由运河区所引起的繁荣，在经济上受有实惠，也是无可否认的。

在飞机尚未成为重要武器时，宽有十哩的运河区就可以保护运河而有余。第二次大战爆发后，空军的重要性突飞猛进，美国感到运河有遭受侵略国突袭的危险。于是在一九四一年两国又签订了临时协定，美国在运河区以外的十哩范围之内，建设驻防十四处军事基地，包括最大轰炸机可以使用的一个空军站。这个临时协定，到本年一月十六日满期，但美国感到在普世处于武装和平的今日状态下，运河区以外的基地仍有继续保持的需要，于是在去年又与巴拿马政府商订延长十四基地使用期限的协定。不意这个已经商订并且已经签署的新协定，于十二月二十二日在巴拿马议会中被全体议员一致投票否决。这是百余年来美国在新大陆所向未遇到过的外交失败，令人不胜惊异。美国最少在目前并无方法可想，只有强示镇静，并开始自我用即将满期的基地撤兵，据最后的消息，至一月十八日为止，十二个基地已经撤净，其余两地也在准备撤退中。如无意外的新发展，美国在巴拿马的地位又将恢复旧观，被局限于原有的十哩之宽的地带。

大制小，强控弱，本是国际间的常事，但控制的方法可以不同。在人类实际的经验上，控制之道似乎可分三类。第一类完全用霸道，像过去日本与德国所为，最为直截了当，当然也最招人反感。第二类为权谋与霸道兼用的办法，像最近两年来在东欧各小国所见到的情形，其可怕远在纯粹的霸道之上。第三类为以正常外交为主，以小施权谋为辅的缓和办法，可以取人家国于不知不觉之中，往往使被取者于觉悟时已无能为，这是国际政术的最上乘，也是最难运用成功的。必须轻重得宜，处处谨慎，方能有成；偶一疏忽，就要受挫，甚至前功尽弃，自陷于啼笑皆非的境地。美国在过去百余年来，三种方法都曾用过。例如对于墨西哥，就曾屡次采取霸道的政策。再如在摆布哥伦比亚国的巴拿马省独立时，所使用的就是霸道与权谋兼施的策略。但最少在最近二三十年以来，美国所标榜的是正常的外交，对于前两类办法已经表示摈弃。直到第二次大战时期为止，美国这种政策推行非常顺利，像广土众民有如中国的而对美国一致表示好感，没有丝毫怀疑，这可说是史无前例的外交成功！但大战以后，情形突变。在不久之前，暹罗发生政变，把美国所苦心经营自以为十足把稳的一个局面，轻描淡写的一笔勾削〔销〕，使华府除消极的不承认新政权外，一筹莫展。这个挫折已够严重，然而东亚大陆也已够混乱，暹罗的稳握与否在目前关系已不甚大。最近在巴拿马所受的挫折，却无疑的是心腹之患，暂时无论如何的强作笑颜，最近的未来非谋求解决之道不可。在国际情势微妙有如今日的情形下，若在巴拿马制造革命，像一九〇三年所为，危险性未免太大，当不致出此下策。据巴拿马某要人的谈话，此次巴国议会的一致否决新约，是因为美国在最近交涉时，态度言词过度进取，引起巴人的反感。若果如此，美国的痛快撤兵，可能是以退为进，希望借此消除巴人的疑惧，使巴人回心转意，这一个短的时期之后，再考虑与美国重开谈判。此外，华府方面又发出要在尼加拉瓜或中美其他地方另辟运河的消息，使巴人感到遭受财政经济损失的可能，也是颇为巧妙的一种攻心之法。另开运河，在过去时常有人谈到，在理论上也甚有可能。但那是旷日持久的办法，不能应付顷刻万变的国际现状，外围扩大的巴拿马运河仍是美国所最希望的。近在去年年尾，美国政府尚向国会建议，核准二十亿的巨款为巴拿马运河的改善经费，使运河可以不怕原子弹的轰炸，可见美国绝不会轻易放弃巴拿马而另辟运河。此事究将如何发展，可以影响世界整个的局面，值得我们时刻的予以注意。

（原载《益世报》，1948 年 2 月 3 日）

悼甘地，悲人世！

印度圣雄，举世同钦，生时即被人奉为救主的甘地，在七十八岁的高龄，竟饮弹而死于自己的人之手，这是叫凡属人性未泯的人震悼悲痛，哑口无言的人世奇变。在甘地自己，可以说是求仁得仁，一生为崇高的理想奔走，早将生死置诸度外，在祖国已经解放的今日而与世长辞，更可坦然瞑目。他虽是在仓促间遇狙而殁，但在临终的刹那仍能以手抚额，行印度礼，表示对于凶手的宽宥饶恕，这是十字架上为杀己的人祈祷祝福的最高表现，也是甘地人格深处平静似海，绝无丝毫假借的无上证明。此种人格，在古今中外都是不世出的奇迹，在任何时代都是人类的至宝，印度自己竟有人敢于下手，竟有人忍心下手把他伤害至死，此事的可悲，可痛，与可鄙，不是人类语言所能形容。我们很难想象，今日世界任何其他伟人的死能像甘地的死这样能打动人类的心弦。其他的伟人所代表的，或是暴力，或是强权，或是恨毒，或是阴谋，只有甘地是代表爱力，代表理性，代表温暖的。在举世都被恨，被力，被险诈的恶势力所笼罩，在人心感到深受恶的压迫以致不能喘息的今日，甘地的死更使我们感到损失的重大。耶稣宽释杀害他的人时曾说："他们不知道他们所作的是甚么。"这句话正可引用于刺杀甘地的人，这个凶手完全不了解，整个的世界是如何的需要甘地，至于印度自己的急需甘地，那更是不言而喻了。

印度解放而不能统一，是因为自己固有的弱点，尤其是因为固有的弱点，曾在长的时期被旧日的统治者尽量利用。印度之能获解放，很大部分是甘地之功，但今日的分裂却不是甘地之过，他人把阋墙的局面，万分巧妙的布置成熟之后，方才冠冕堂皇的宣布撤退，这是凡属印度人所当不难认识的。对于这种悲剧，惟一可能予以补救的就是甘地。旧日的恶果太深，甘地能否为力，都很成问题。但甘地一死，尤其如此的惨死，此事希望更为渺茫。这是所有善意的企望于印度的人，不禁为之同声一哭的。

甘地所代表的若只限于印度，我们的伤悼之情尚易自持。但甘地的理想是有世界性的。旧日的侵略势力不过代表强权，只能说是国际政治中不可避免的罪恶。今日的侵略势力是强权而又超过强权，并非不可避免的罪恶，而根本的出发点就是罪恶的。旧日实际的表现无论如何，在企望上仍是由爱力出发。今日压抑人心的恶势力，根本以恶为荣，以恨为无上的哲学，世界各国都已有了皈依这种唯恨主义的信徒。这是人类有史以来所未见的变局。人本由兽演化而出，向上的追求是使他超兽成人的推动力。人类过去无论如何罪恶，但最少尚有善恶是非的分辨能力，绝无像今日之以恶为荣的。为抵御这种人心恶化的趋势，不是仅靠法律与实力所能胜任的，最需要的是不计利害，不畏强暴，人格为爱力所充满有如甘地的一类的圣者。然而旷观全世，今日尚有几个能够号召人心的圣者？是否尚能找到一个感人之力如此之深的圣者？

甘地的死，当为举世所同悲，但世间却有很重要的例外。凡是皈依恨的哲学的人，不论生在天南地北，无不视甘地为最大的仇敌，是较一般所谓实力者尤为可怕的仇敌，他们对于甘地的死，无论口头如何表示，心中无不欢欣庆幸，认为妨碍他们活动的一个最大阻力已经去掉。然而哲人的榜样，力量是不可捉摸的；甘地虽死，也正因甘地如此的死，我们相信闻风兴起的人必可遍世皆是，甘地的精神反倒更可永世长存！

（原载《周论》第 1 卷 4 期，1948 年 2 月 6 日）

侵略定义

何谓侵略？过去的侵略现象，今后是否仍可发生？如果再有侵略，其方式是否会自出心裁，与往昔迥然不同？自出心裁的侵略方式,今日是否已经出现？今日是否可能，为侵略一词下一个有实用价值的定义？这一连串的问题，在真正强国已经减为两个的目前世界，恐怕是所有其他国家的人都急欲知道的，积弱混乱有如中国的一个国家对这些尤其关心。

侵略问题本甚简单，一般的侵略者或是明目张胆的向邻国用兵，或是制造非常幼稚的出兵口实，并不希望别人真正相信那些口实，实际也无人相信，大家只是公认制造口实为出兵前应当有的文章而已。侵略变成一种复杂的行动，口实使人不知为口实，或知为口实而无法点破，是第一次大战以后的新现象。始作俑者是日本，一九三一年的"九一八"事变，是第一次新式的侵略行为。日本偷偷的自炸铁路，强指为中国地方当局所为，以此为借口而进占沈阳。此后侵略行为扩大，又宣称为剿匪。最后炸路剿匪的话都不再谈，简直了当的强占全部东北，制造满洲伪国。此后六年间，日本对中国不断侵略，所用的口实也日愈离奇。最后到一九三七年七月七日，日本在根本没有驻兵权利的宛平城外作军事演习，并制造借口，说日兵一人入城失踪，引起炮轰宛平城的所谓卢沟桥事件。双方来往磋商后，日兵失踪的事也不再讲，日军乘机攻占平津，引起喋血八年的中日大战。

以上是日本的作风。德国的作风类似而不尽同。一九三八年春，希特勒要求奥地利政府准许在德国控制之下的奥国纳粹党人进入内阁，奥国的政府无形中成为傀儡，政府中的纳粹党人主张奥国并入德国，摇旗呐喊的纳粹走卒在各地煽动捣乱，不久德军开入奥境，吞并奥国。同年夏秋之际，德国又利用捷克斯拉夫境内少数德国血统的人的民族自决口号，占有捷克的国防要地。至此捷克门户洞开，次年春纳粹于是毫无借口的吞并整个捷国。一九三九年纳粹又以波兰境内少数德人受压迫为辞，向波国采取高压政策。波兰虽表示情愿让步，也不生效，第二次欧洲大战于是爆发。

　　归纳上面的侵略经过，侵略者的入手方法似可分为四类：（一）利用或根本假造一个微不足道的事件，如炸路或兵士失踪之类，以此为敲门砖而攻占邻国的土地，待深入成功，事件扩大后，对当初的借口就不再谈起，只以已经扩大的事件为解决的对象。（二）以邻国的情况危及自己的秩序、安全或利益为辞而发动侵略，如日本在东北的所谓剿匪以免危及南满铁路的利益之类，待真正的目的达到后，把当初的说辞也就很方便的搁置一边。（三）以弱小邻国的人民乐意与自己合并而被自私或愚顽的政府阻止为辞，而进占邻国，如德国的并奥之类。此事从头至尾为纳粹以武力为后盾而玩弄虚玄。（四）以民族自决的大题目为借口，鼓动邻国的少数民族要求"返回祖国"，再进一步而把邻国全部吞并，如纳粹的并捷攻波之类。民族自决本为崇高的理想，近年来竟被野心家用为侵略之资，这恐怕是过去许多为民族自决而奋斗的志士仁人所未梦想得到的一种发展。

　　以上种种，都是最近过去的新发展，近在十年前，那都是令人谈虎色变的奇异现象。但今日看来，那都是如何简单，如何天真，几乎可说是如何可笑的举动！我们很难相信，今后的野心家会再采取上面那一套办法去夺人家国。日本可怕，德国可怕，但它们无论如何可怕，那种可怕是可以捉摸的。它们都要流血，并且都是亲自出头露面，去流他人的血。今日的侵略者，不再攻人，而只攻心，利用邻国现成的弱点，制造社会的混乱，制造政治的纠纷，如可能时，也制造军事的对立，使邻国不成国家，以便任意操纵，最后最好是半自愿的傀儡政权出现，使邻国名存实亡。如机会便利，侵略者也可亲自采取直接行动，但主要的还是幕后活动，以宣传为武器而攻取邻国的人心，使邻国的人心对内分崩离析，对外崇拜备至，国不成国，随时可亡。今日世间的多数国家，或多或少都在遭受此种最难抵抗的威胁。今日世界的普遍不安，最少一部分是这种莫可名状的威胁所造成的。

　　如果勉强具体的讲，这种攻心术的新式侵略，主要的方法是搅乱是非，颠倒是非，歪曲事实，伪造事实，凡是足以增进邻国人民自信心的事实必极力掩盖，使人把它忘记，凡是足以激动怨望心理的事实必极力宣扬，使人终日忙于互相指摘，结果是互相抵消，永不成事。以今日的中国为例，我们以积弱之国而向第一等强国抗战八年的无上光荣，今日已无人谈起；而无人否认的各种弱点，一向就有的弱点，今日占满了全体国民的全部心灵，使一般人除了间或胡乱发泄一场外，根本丧失任何真正振作的能力。凡此一切，当然都有中国自己内在的种种因缘，但是若无侵略者从中利用，中国的人心绝不会像今日这样一面偏激有如脱缰之马，一面绝望有如丧家之犬。我们惟一的安慰，就是与我们同病相怜的国家遍世皆是！攻心的侵略方式在今日已是普遍全世的现象，很少国家能得幸免。过去在国际联盟，还有许多人想要为"侵略"一词下一个清楚的定义，那正足证明侵略仍是奇特的现象。今日侵略普遍到一个程度，使人不知如何解释，因为一般人都在受外力侵略而不自知，欲下定义，殊不可能。如果原子弹是一个随时可以毁灭整个人类血肉之躯的一种恶力，攻心侵略术今日已在开始毁灭人类的心灵，今日普世人心的恶化是史无前例的，除非侵略者彻底反悔，或被侵略者彻底觉醒，我们很难想象人类能有若何值得向往的前途！

（原载《周论》第 1 卷第 4 期，1948 年 2 月 6 日）

宣传与国策

——由美国新闻处在华宣传说起

日前行政院新闻局某负责人，在一个半公开的，非正式的场合中，提到美国新闻处在中国所散布的美国报纸对中国的评论，认为其中专门强调对中国不利的言论，而把对中国有利的言论忽略或冲淡。此事为耳目众多的美国大使馆所知，馆中的发言人作了一个简单的说明，其主要的一点谓新闻处的资料乃由美国国务院编订发出，新闻处只负在华传播之责，对其内容不负任何责任。这个说明非常诚恳，所讲的也完全是事实。美国新闻处是美国国务院的一个附属机关，当然全由国务院支配，对此我们无话可说。至于国务院愿意一般中国人对于美国舆论得到何种的印象，因而无形间影响一般中国人对于自己的国家与自己的政府的态度与看法，那当然是以美国的国策为出发点，新闻资料既不会毫无计划的乱发，也不会毫无选择的实发，在"乱发"与"实发"之间一定有一个预定的标准。标准何在，那是美国国务院的一个秘密，我们不愿乱加猜测，我们只就一般所知，谈一谈宣传的道理，看一看美国宣传的技术。

在理论上，宣传可以有两极端。一种宣传可把事实，全部事实，不夹杂任何虚伪成分的事实，和盘托出，希望收得"事实胜于雄辩"的效果。另一种宣传可以完全相反，把事实全部掩盖或全部曲解，发表的全为谎言或真伪夹杂而等于谎言的歪理。这两极端的宣传方法实际都不可能，前一种等于理想的教育，不能望之于政治生活，更不能望之于尔诈我虞的国际政治。后一种过度幼稚，以为人尽可欺，势必完全失败。林肯曾说过一句名言："你可短期间蒙蔽所有的人，你也可永久的蒙蔽一部的人，但是你不能永久的蒙蔽所有的人。"对于宣传有穷，这是最佳的说明。过去的日本与德国，宣传技术低劣，曲解与谎言太多，虽未达到第二极端的程度，但相差已不甚远，在德日最后失败的种种原因中，这恐怕也是一个值得注意的原因。今日世界各地的极权国家，也热心于此种拙劣的宣传，然而其虚伪洞若观火，除了成见太深或甘心受骗的人以外，无人对它重视。美国的宣传绝不属于此类，所以收效宏大，所以值得我们细心研究，彻底了解，多方防备。

以上面所提的"事实，全部事实，不夹杂的事实"为标准，美国的宣传一方面可说是事实相当的多，一方面可说谎言几乎没有，夹杂的情形间或有，但也不多见，关键所在就是它并非"全部事实"，这也是它的最可怕处。因为它没有谎言，因为它很少夹杂，所以你很难具体的指出它的破绽或抓住它的弱点；逐条逐句的推敲，可说都是"事实"，你又有何话可说？已有成见的人不必讲，连知识较高而又自以为客观的人，心中若不多转几道弯，又安能逃避对于美国宣传整个吞下的命运？然而我们若稍加思索，就不难明了，在事实的领域之内，你知道的事实固然重要，你不知道的事实可能同样重要，甚至更为重要。在某种情形之下，对于某一重大问题，你如果长期的只知道一方面的事实，而不知道另一方面的事实，你对于整个问题不知不觉间就要发生错觉，制造这种错觉的是"事实"，但在功用上这些"事实"与"谎言"无异。一堵一面白色一面黑色的墙，你如果永远站在黑的一面而断定整个的墙为黑色，岂不是判断错误？若依此错误的判断而采取行动，岂不会引起更大的错误？

美国新闻处在中国所推行的当然是美国的国策，它万无替中国推行国策之理。它的好恶当然是美国的好恶，它所希望的是这些也成为一般中国人的好恶。至于它的希望能否实现，那就要看一般中国人如何了。我们如果在国力衰弱之外，再加上心力衰弱，自无主见，以他人之心为心，又何能多怪他人？反之，如果根本的自我立场坚定不移，外来的巧语又奈我何？在宣传的技术日愈精妙的今日，必须发展高度的警觉，才不愧为一个现代的国民！

（原载《周论》第 1 卷第 5 期，1948 年 2 月 13 日）

美国贷款，海关入超，与食粮增产

在美国将拨巨款援助中国的消息引起全国注视的期间，尚有两种消息，不为一般人所注意：一为我国国际收支的大失平衡，一为政府的食粮增产计划。三者合观，可以看出中国问题的一面，并且是比较基本的、相当严重的一面。

美国贷款的数目，据谓为美金五亿七千万元。贷款的用途，据谓供给货物，如小麦、汽油、大米，将占重要的地位。我们中国自产汽油极为有限，美国供给汽油不足为奇。但以一个尚未工业化，几乎纯粹以农立国的中国，非需要美国大量的米麦不可，乍看之下，好似难解。实际此种情形并不自今日始，最少已有五十年的历史，民国以来并且日趋严重。据本月八日上海讯，中国国民经济研究所所长张肖梅氏发表谈话，谓自民国元年至二十五年间，我们的入超美元二十九亿弱，赖华侨汇款回国抵偿的十五亿强，其余靠金银出口抵偿。抗战以来，自二十六年至三十六年，贸易入超共约三十四亿美元，当时华侨汇款收入仅八亿元，金银出口一亿五千万元，所余超过二十五亿元的数目全赖外债偿付。并且这个长期大量的入超，所代表的以不生产的消耗品为主。张氏未再进一步分析，所谓消耗品究属何类。我们根据其他方面的统计，知道在抗战前数字比较清楚可靠的几年中，我们入超最多时一年可达国币八亿，其中二亿为米麦。一个只有农业可凭的国家而有如此之大的食粮入超，岂不可怪？但实际讲来，道理也很简单。任何人只要到农村随便去走一遭，立刻就可明白。普通一个八口之家不过有田二三十亩，若到五十亩就算富户了。终年劳苦所得，在好的年景也不过勉强能免饥寒，略有水旱，生活就无着落。这还是就小康之家而论，多数的小农连这种局面都不能维持。大地主的兼并对此要负一部的责任，是无问题的。但以今日土地与人口的比例而论，即或把所有的田都平均分配，仍不能叫所有的农家都成为小康。这当然绝不是说"耕者有其田"的理想可以弃置不顾，而只是说"耕者有其田"在今日并不能彻底解决问题。土地与人口的比例可以略有伸缩性，但这个伸缩性是有限度的，超过限度后就无可伸缩。耕田绝对不足时，无论如何分配，仍是不足；不公平当然不足，公平还是不足。

这正是我们中国今日所处的困境。抗战以前沿海沿江的人多靠外国米麦维生，今日仍然如此，每年的粮产根本不够养活所有的人民。除非食粮能够大量的增产，多数的国人将永难免除在饥饿线上旋转的命运。

本月八日上海方面另一消息，谓行政院已经拨款国币二百亿，作为推进食粮增产之需，具体的办法是灌溉，改良种籽，采用新式农具等等。政院并且悬的甚高，希望本年就能达到食粮自给自足的境地。利用各种的科学方法，我们的农产诚然还可增加。但为使此种增加发生效用，必须有一个根本的假定，就是人口不随着农业的扩展而急剧的增加。把青海省开发成第二个江苏，如果人口也与江苏同样的稠密，全国整个的问题仍与今天一样，绝不因青海开发而食粮的问题可以解决。五个人吃五石米，与十个人吃十石米，是同一件事，数字的大小并不能掩盖食粮过缺的根本事实。人口的压力在历代都是致乱的根本原因，今日我们又正在遭受人口过剩的惨剧中。目前的人口要它减少，一时或者谈不到，但我们最少要设法叫它不再增加，否则一切都将无从谈起，国家的安定也将永不可期。美国全国的面积与中国约略相等，已垦田地的面积超过中国，但人口只抵中国的三分之一，这在美国所以富强甲天下的种种因素中，是相当重要的一个因素。美国的人口若与中国相等，即或其他的因素一概仍旧，美国对外的国力恐怕立刻就要减少一半，或者还不只一半。一个把全部生产品消耗净尽的国家，是不会有多少力量表现于外的。美国今日能够供给我们大量的米麦，就是因为它比我们少三万万只食口！

（原载北平《周论》第 1 卷第 6 期，1948 年 2 月 20 日）

国际谣言与自我检讨

美苏之间的宣传战，数月以来日趋尖锐，最近好似已有非决裂不可之势。然而在剑拔弩张的当中，忽然传出双方代表在柏林举行秘密会议，研讨德国、欧洲以及其他问题的消息。在一度缄默之后，华府方面已经正式承认曾有此种会议。目前又有更进一步的消息，谓美苏刻下正在华盛顿会谈，并且美方已准备允许苏联在韩国北部及中国东北自由活动，交换条件为苏联在欧洲让步。这种进一步的消息，尚未为任何负责方面所证实，然而已经引起各方的注意，在中国已经引起不少的惊异。此讯确否，须待事实证明，我们此时不愿乱加猜测；但即令是无稽的谣言，所引起的问题已经很多，并很重要，这正是我们这个富于被人宰割资格的国家提高警觉，自我检讨，并放弃一切错误与幻想的良好时机。

首先，对于国际"冷战"的根本性质，我们须有较为深刻的认识。虚张声势，买空卖空，讨价还价，虚虚实实，以进为退，以退为进，凡此都属国际政治中万变不离其宗的惯技。在时机未到，局面尚未成熟时，声色最厉的表演往往就是和颜悦色的前奏，在一九三九年八月，在德苏之间互骂之声始终未息的当中，而两国的互不侵犯协定出现。我们如果认为此事可怪，此类可怪的事在人类史上不知有多少，只怪我们自己多怪！我们并不是说德苏协定有任何的必然性，在当时欧战本有两种可能的爆发方式，一为德苏战争，一为德对英法的战争，最后何者实现，人的因素关系颇大。我们所要指明的，就是任何方式成为事实，都不足为奇。今日美苏之间的关系，已发展到一个三岔路口：或继续冷战，或谋求妥协，或干脆的兵戎相见。第三种的可能性不大，真正的选择恐怕是限于前两种之间。冷战自去年外长会议失败之后，日愈激烈，今日已发展到难以忍受的程度，所以只要能够求得勉强可以满意的方式，双方恐怕都乐于享受心安一时的幸福，根本问题即或不能解决，也留待日后再说，现在大家实在过度疲倦了，若有万一可能，都希望能得到一个休息的机会。物质的疲乏已够严重，长期大战与战后紧张局面所产生的精神疲乏尤其难以忍受。所以美苏间的妥协究将采取何种方式虽难断定，但短期妥协的可能性是相当大的。如果妥协不成，冷战就要更加激烈，不久恐怕会作新的妥协的尝试。国际政治中此种虚实变幻的根本道理，凡属现代人都当了解，作为一个中国人尤其须要了解。

假定美苏妥协，将采何种方式，无人敢作武断。但我们所须研究的，就是在妥协尚未成为事实的今日，国际间为何会发生中国将要成为妥协过程中的牺牲品的流言。美苏相形之下，美强于苏，所以任何妥协的方式，若要实现，必须美方特别乐于接受。最近的流言如有根据，虽与苏联的根本国策并不相违，但主要的还是代表美国的政策。美国在中国究是实行何种政策？积极方面，说来话长，我们暂不必谈。消极方面，简单一句话，美国根本轻视中国，中国在美国的世界政策与整个算盘中根本不占重要的地位。每个国家在主观上都自认为重要，那是很自然的，也未可厚非，但那只能作为自我的抱负与自勉的动力，若漠视事实而一味的自往情深，就要陷于莫大的错误。只有强国的重要性是内在的，弱国的重要性是外来的。一个弱国只有在强国的算盘上占有地位时，才能算为重要。无论过去的情形如何，今日的中国根本无此地位。日常耳闻目睹，不知有多少人由各种不同的立场认中国为美苏所日夜焦虑的地带，并有人断定，甚至希望，第三次大战将由中国问题引起，在中国境内爆发。不必说此种希望的罪大恶极，它所代表的判断是一种与事实完全不符的判断。假定中国对苏联重要，它早可多费一点力气，把中国赤化的范围扩大。假定中国对美国重要，它早可大显身手，把中国握得更紧。正因中国在美国对苏的算盘上，在苏联对美的算盘上，都无地位，所以两强在中国都只肯拣现成的便宜，绝不肯多下本钱。今日的世界是一个北半球的世界，并且是北半球北部的世界。中国是一个北半球南部的国家，地势偏僻，并非必争之地。美国所不能放弃的是英伦，是西欧，是地中海；苏联所不能放弃的是铁幕之后的东欧。两国所争持不已的地带是希腊，土耳其，伊朗，与整个的中东。美苏互相监视，互相防备的区域，是杳无人烟的北冰洋。在这些区域，双方的既得地位，绝不考虑放弃。至于中国，在两强的政略与战略上本是处在次要又次要的地位，所以正好是讨价还价的对象，正好是踢来踢去的足球。雅尔达密约并不奇怪，新的雅尔达密约随时可以成立。雅尔达密约还有人来征求中国形式上的同意，今后若有新的雅尔达，可能连这样的一点客气都不再有！

抗战胜利以来，环顾国内，亲美的人不可胜数，亲苏的人更是遍地皆是，所不得见的就是亲华的人士！大家一方面争先恐后的媚外，一方面惟恐不逮的仇内，我们两三年来的自侮自毁已经打破人类历史上的纪录，我们又有何面目去指摘外人的任意宰割？

（原载《周论》第 1 卷第 7 期，1948 年 2 月 27 日）

捷克已矣!

凡有政治感觉的人，早知道要有此一天，但许多人或者没有想到这一天来到的如此之快。在整个的东欧，捷克斯拉夫本是惟一的民主国家。捷克的人民，知识程度在东欧是高的，并且最为整齐，工业也特别发达，精神与物质的条件使捷克在第一次大战后成为沙漠中的绿洲，在民主其名而极权其实的东欧世界，捷克是一个可与大国如英美小国如瑞士的媲美的国家。但在强权横行的世界，政治的清明，人民的康乐，政府与人民的融洽，都不能作为小国的保障，在一九三八与一九三九两年间，纳粹德国先是蚕食，后是鲸吞，竟将这个举世钦佩的小国奴役灭亡。无数的志士仁人，对纳粹前仆后继的反抗，最后到一九四五年德国失败时，捷克不仅国土光复，并且开明的民主的政治也随着恢复，捷克仍是东欧沙漠中的一个绿洲。

旧的极权主义虽倒，新的极权主义因利乘便，反倒更盛，东欧各小国都很快的被苏联的极权主义冲没。捷克境内虽也有共产党，但信仰民主爱惜自由的人仍占多数，捷克仍然保有名实相符的民主制度。但欧洲的大局已变，被地理位置所限的捷克非尽可能的与苏联妥协不可。在内政上，它步武英国，尽量的用和平方式施行社会主义，但同时仍保留个人言论思想的自由，希望苏联看在社会主义的面上，不要仇视捷克人民所珍惜的自由；至于在外交方面，三年以来，无论如何的违背本心，捷克始终毫无保留的向苏联看齐，在联合国各种会议中没有一次不追随苏联去投票，在一切的外交措施上无不事先问明莫斯科的意旨。小国事奉大国，到此地步，按理应当没有问题了。但国际势力支部的捷克共产党绝不如此想法，在布置成熟之后，共产党籍的内政部长与无党无派而受共党控制的国防部长发表声明！说"受国外反动派指使的捷克国内的反动党派要发动叛变"，以此为借口而压迫政府内各民主党派的阁员辞职，并利用群众大会的威胁，强迫总统接受此项辞呈，至二月二十五日新内阁已经组成，虽非清一色的共党内阁，却是完全在共党控制之下的内阁。至此东欧最后一个尚有自由气息的地带，也成为警察国，在"英美间谍"的罪名下，倾向自由的分子正在大批的被捕入狱。首都布拉格的青年学生，不畏强暴，举行抗议游行，遭警察开枪射伤。今后除钦命的歌功颂德或公式排外的游行，捷克境内恐怕将不会再有游行。回想捷克三年以来的委曲求全而仍不免亡国惨痛的悲剧，使我们不禁记起战国时代政论家对于秦国的评语。

"秦之欲并天下而王之也，不与古同。事之虽如子之事父，犹将亡之也。行虽如伯夷，犹将亡之也。行虽如桀纣，犹将亡之也。虽善事之无益也，不可以为存，适足以自令亟亡也。然则山东非能纵亲，合而相坚如一者，必皆亡矣！"

捷克已矣，候补的捷克不知有多少，希望自己的国家成为捷克的人更不知有多少！

（原载北平《周论》第 1 卷第 8 期，1948 年 3 月 5 日）

马歇尔外交词令的通俗诠释

一种流行的看法，认为马歇尔出身军人，不懂政治，不懂外交，所以在对外政策上，尤其在对华政策上，表现处处矛盾，结果整个失败。这未免过度小看了这位美国大多数人所拥戴的风云人物，过度暴露了我们自己政治认识的幼稚天真。至于说军人就当然不懂政治外交，那更是漠视过去与今日的许多明显事实了。马氏的老于政治，善于外交，巧于外交词令，在美国有史以来的历届国务卿中，恐怕是首屈一指的。专就词令而言，他的发言往往微妙到一个程度，能把许多严重的问题轻描淡写的搪开，能把许多不可告人的难言之隐说成平淡无奇的老生常谈。如此老练的一位能手，竟有人说他不懂政治，不知马氏自己听了，心中是好气，还是好笑。

二月二十日，美国众议院外交委员会开始审查援华计划，马歇尔列席报告，会中向马氏及他的属员提出质询，达两个小时半之久。此次马氏的种种答复，其巧妙，其曲折，其玄奥，恐怕已打破他自己过去的一切纪录。编者不敢自许为解人，不敢说对马氏的谈话全部明了，只能就力之所及，把深奥的词令，予以人尽可解的通俗诠释，供利害攸关的中国朝野人士参考。

> 据该日华府电讯：众院中一般意见皆认为马氏之援华计划不足以应付中国之紧急局势，因此种局势之百分之七十至八十系属于军事性者。但马氏则称：以太倾向于军事方面之观点观察中国之局势，未免不当，因其中尚杂有相当重量之政治成分。对于向中国提出改革方案是否太早抑或嫌晚事，马氏不欲发表意见，仅称：在若干具体事项方面即提出基本办法，则嫌太早。渠坚称：美国曾向中国提出建议，但未被采纳实施，除非此种建议已经实施，则纵欲提出任何基本办法，亦属徒然。

上面绕来绕去的一大段话，意义甚为简单，就是中国政府必须就范，对于主权的观念必须大量的放宽尺度，修正冲淡，按照美方的意旨用人行政，才能算为满意，军事局面才值得考虑。过去各种的要求，都未为中国政府所接受，今日若提出，恐怕仍是不接受，所以仍"嫌太早"，必须听任军事局面更进一步恶化时，政治性的要求才有被接受的可能，到那时"根本办法"自然会再提出。

马氏又为渠任国共两党调人时，渠之禁运军火政策辩护，因渠欲令美国能保持其中立地位也。有人质询曰：然则自禁运令解除后，中国仍迟迟不能获得军火，则又何故？马氏称：此乃因中国之手续有误，效率不够之故，其责任固不能完全由美国负之也。

中国政府当初太强，有一鼓而致胜的危险，那万万要不得，所以必须借着调停之便，一方面使政府不能取得军火，一方面听任对方扩充实力，待双方势力比较平衡时，一切都容易摆布。为防止政府恢复优势的地位，调停结束后，仍不能让军火畅运，必须把运输的手续作得万分复杂，把运输的便利全部封锁，使洽运军火者有如进入迷魂阵，有进无出。你自己走不出，怨得谁来？

某委员询以魏德迈使华报告究已如何时，马氏答曰：余不能将此项报告公布。

魏德迈氏使华时，显然的对于国务院的训令有所误会，或被良心驱使而不得不违背训令，以致他的报告不能作为实施预定政策的借口，所以不可公布。

渠又称：美国在欧洲之利益，较在中国者所受之威胁更大。

这一句倒是直言无隐，先欧后亚，重视欧洲，轻视中国，是美国根本的国策。（见本刊第七期社论）

询以美国对华政策，是否在阻遏共产主义；系军事性者，或系经济性者，抑系两者兼顾。马氏则答曰：美国所欲见者，乃其政府形式与美国表示同情之一安定的中国。

以上显然的所答非所问。不得当的答案中所说的，仍与开始时所讲的一样，中国政府必须就范，以美国之意旨为意旨。但由另外一方面讲，这个答案也可说非常恰当，美国在世界所有其他各处无不反共，中国却是另一回事。如无共党，将更难使中国就范，在中国又安能反共？然而此点又绝对不能明言，所以对"阻碍共产主义"一问只有不答。至于所问对华政策系属军事性或经济性，在马氏看来是不值一答：为达到政治的目的，经济军事都可用，也都可不用。随机应变，运用在于一心。何一委员，竟发此问，头脑岂不过度简单？

又一委员大声曰：中国已失却其东北领土矣！马氏则答曰：尚未也！但渠同意近来之军情报告，即中国东北之局势殊属不佳。又询以此次提出之计划，是否有助于中国东北之局势。马氏至此乃顾而言他，并坚称：此项计划将使中国有能力购买军事供应品。

几个大据点尚在政府手中，在理论上东北当然尚未丧失，但马氏绝不考虑协助中国挽回东北的局势。无东北尚不就范，有东北岂不更将难制？中国如有余钱，自可到美国购买军火，收复东北，至于"手续"有无困难，那当然是中国的"责任"。

会中之唯一女委员道格拉斯夫人，要求马氏列出中国政府所应予采取之若干重要步骤。马氏对此拒作正面答复，但渠称：最基本者，即中国政府须有一不限于少数党派之基础，勿染上腐败作风；中国政府尚须积极确实考虑其农民之土地问题；在军事方面，中国无干练之领袖人才，且须维持其士气。

此问未免逼人太甚。在计划中，对于中国的要求，本是一步紧跟一步的，安能预先一气说出？但既已不厌其烦的说中国政府万分不是，只有举出具体的几点。现有的政权必须扩大基础，容纳反对党。一党政府变为三党政府后，仍然不足，因为尚有其他党派。现有的党派即或都纳入政府，自然会有聪明人出来组织新党，除非四万万人都进入政府，中国政府永不能算为"民主"。腐败作风的问题也是一样，中国必须一个贪官都没有的时候，才能被考虑为可以大量贷款。至于其他能以无限制的获得贷款的国家是否没有贪官，甚至美国是否没有贪官，那当然是不相干的问题，中国安能与其他国相比？至于农民的土地问题，中国政府为何不去看看"根本不是共产党的农村改革者"？为何不去"斗争"？为何不去"清算"？果真如此作时，美方当然保留改变批评方式的自由。在军事方面，必须如史迪威将军的建议，将军权全部交出，只有如此方能有干练的军事人才出现。至于士气，更是罪无可逭：美式装备之后诚然是常无美式弹药接济，但精神应当胜过物质，中国的士气应当能够继续维持。

至此众议员周以德即质询马氏曰：国务院是否已考虑为中国拟订一项供给白银以稳定其通货之计划？马氏答称：对此曾予以研究，但未作决定。

任何足致中国于安定的计划，当然都不在考虑之列，最多能予以研究，但没有例外的总是发现愈研究愈复杂，永远得不到结论。

马氏前曾言苏联之援助中共，官方未获证据，周以德二十日对于马氏此言予以驳斥，称：美国亦无确实证据可证明中共并未获得苏联之支持。周氏称：中共刻获有军用物资与大炮之供应，现有之步枪犹较今年一月以前多五十万枝。马氏同意周以德之见解，即中国现政府设竟崩溃，则除中共外，别无其他党派可起而控制中国。但马氏坚称：共党可得控制者仅为华北与东北，并可将长江以北地区化为波兰第二。

证据的种类本来甚多，只有少数的证据是无从否认的。多数的证据，你愿意接受时，就是证据，你不愿接受时，就不是证据。马氏在此方面似乎"不愿"的心理甚为发达。周以德氏所指出，现政府如不能保，继起的必为共党政权的一点，马氏无从否认，但同时他也早已成竹在胸，绝不叫长江以南赤化。中国本不重要，东北华北即或丧失，也无大损于美国。然而偏安江南的中国却是一个引人入胜的局面，因为到那一天，必定是贫，弱，狼狈不堪，必然可以就范。

周以德氏又质问马歇尔，雅尔达会议如何任苏联势力进入中国东北，致使中国损失如许资源与工业，并使美国卷入今日的糟局。马氏对此似有准备，并出一简短之文件，摘要宣读之，坚称美国此举对于东北与中国政府并无坏意。

马氏诚可钦佩，他知道最不堪的、最可耻的雅尔达密约恐将不免有人提出，提出后又非常难答，所以预先就准备好一种书面的说明，机械的诵读总比羞答答的顺口解释容易得多。所谓对中国"并无坏意"云云，真是语妙天下，令人有叹观止之感。将来如有新的雅尔达出现，凡属中国人都须切记：任何方面对中国都无恶意，无论如何作法，都是为的中国的好处！

（原载北平《周论》第 1 卷第 8 期，1948 年 3 月 5 日）

号角响了，
曾受美国教育的自由分子赶快看齐！

本月十日，美国国务卿马歇尔在答复记者询问时，称："美国对华政策，仍为企求该国能有一更广大基础的政府。杜鲁门总统曾于一九四五年十二月十八日声明此点，根据此项声明，所有党派应共谋解决其异见。自该时期以还，美方未再发表对华政策。"但马氏又补充一句说："共党目前既已公开向政府叛变，美国未便指定条件，应由中国政府予以处理。"马氏的词句大体仍是不厌其烦的弹了已经两年的旧调，只是关于所谓扩大政府基础时究竟是否仍如两年前所坚持的包含共党在内的一点，含混其词，令人莫测高深，但给人的印象，最少是没有否认此点。这恐怕是中国所有关心时事的人，无论属于何党何派，或无党无派，都很乐于闻知的，因为这最少叫我们知道美国的政策两年以来并未改变，各方都可依此自作打算。

然而出乎意外的，次日杜鲁门总统发表谈话，说："美国政策绝非坚持中国政府包含共产党人在内，并且也从未希望共产党参加中国政府或其他任何政府。"杜氏并进一步，坚称马歇尔从未建议将共产党包含于扩大后的中国政府。这真使我们惶惑了，自己与自己的第一把助手，所曾屡次郑重申说的事，一旦竟可推得一干二净，我们只能说这是"贵人多健忘"了，同时，国务院也发表了一篇正式声明，解释国务卿前一天的发言，既未像总统的干脆否认前言，也未说出一句明白话，兜了许多圈子之后，我们仍是不知声明的用意何在。我们不禁的要怀疑，美国这两位最要的要人是否事先商定故意制造一串的谜，使别人永不得猜透！

但在一点上，杜氏的发言无谜可猜，清楚极了。他说："中国共产党与自由分子两名称之间具有若干混淆。共产党员为相信自上级经由极权政府治理国家的人，但中国颇多自由分子，其中许多人曾在美国受教育，吾人希望此辈人士能包括在中国政府扩大的基础中。"好了，心坎的话已经说出来了，美国教育的无穷妙用当无人再有丝毫的怀疑了。过去也曾有外人号召中国的自由分子奋起，许多难得天真的人居然相信那是出于个人的热心，与任何方面用意深远的政策无关。现在机关点破，幕已揭开，凡属曾受美国教育的自由分子当可毫无保留的自拍自庆：我生何幸，而为自由分子，并且还是受过美国教育的自由分子，前途头头是道，处处光明，好不开心煞人也！祖国如此不竞，山河如此残破，尚有何可留恋？把它当作一只破鞋丢掉算了。花旗招展，景象万千，令人如何能不一心向往？过去有人曾走日本路线，有人曾走德国路线，有人曾走苏联路线，及今想来，那都是如何的可怜？那安能抵上美国路线的万一？有的是钱，有的是势，有的是民主，有的是自由，有的是四者合而为一的靠山，何物中国政权，还不是马到擒来！识时务者为俊杰，花旗为记的号角已在响了，凡有抱负的人赶快看齐罢！

不过有一点，忽然想起，不能不提请注意。今日中国政府中，岂乏受过美国教育的分子？但说来也奇怪，只要一进入政府马上就丧失"自由分子"的资格，立刻就染上"反动"，"贪污"，"无能"甚至"法西斯"的嫌疑。为保有"自由分子"的清名，为维持吹号角者的恩宠，自由分子最好是永远站在局外，从旁多说风凉话，在相抵相销上多下功夫。那才不辜负彼方千辛万苦所施的自由教育，那才合乎施政者不可告人的最高要求！

（原载《周论》第 1 卷第 10 期，1948 年 3 月 19 日）

对国民大会献言

  首届国民大会的第一次会议即将召开，此次会议的主要任务为选举总统副总统，成立新的政府，此外是否能有其他的重要表现，事前尚很难说。但国事紧急，世局逼人，国人多有惶惶不可终日之感，首届的国大必须认真的有所作为，方能收拾人心，扭转大局。大选无论如何重要，只是一时的作为，国大的长久责任与根本责任是代表全体人民襄赞政府，督促政府，批评政府，指摘政府。襄赞有它的地位，督促也属必需，但作为人民的喉舌，批评政府的错误，指摘政府的弱点，在一切有关国家的事务上知无不言，言无不尽，那才是人民所付托于国大的核心使命。在过去，因为没有代表人民监督政府的正式机关，在许多重大问题上政府往往考虑不周，动作或失之操切，或失之迟缓，铸成大错而不自知，或虽知而已难补救，国家民族不知吃了多少不必需的大亏。此种现象，今后不能再容发生；若再发生，政府中人固然不能逃责，国大代表也将无从辞咎。我们谨就观感所及，举出两端，献与国大诸公，供作今后监督政府的参考。

  第一、明是非。是非不明，今日已达极点，这恐怕是人心萎靡不振的最根本的原因。"官吏贪污，政治无能，"这已是喊的人喊疲，听的人听疲的呼声。凡属头脑清醒的人，都知道此种呼声，无论是出诸国内，或来自国外，尤其是来自国外时，往往是别有作用；任何人都知道，多数的官吏是清白自守的，是努力从公的，绝无贪污或无能的嫌疑。但我们必须承认，贪污与无能是确有其事，并且程度相当严重，严重到叫一般国人难再忍受的地步。别有作用的渲染，我们仅可指明攻击，但自我批评，自我检讨，自我改革，在今日已是刻不容缓的要图。在抗战时期，还有一二地位较高，靠山较硬的贪官遭受严峻的处分；胜利以来，这已成了不可想象的事。发国难财的人，尚有的在国法前丧生，但何曾听到一个声势赫赫的发复员财的人受过国法的制裁？日本人所留给我们可以作为工业化的基础的一个工厂网，已在复员大员的接收之下烟消云散，连许多私人的财产也连带遭殃，公私搅在一起，大量的流入接收者的私囊，至今没有下落。这是就接收中的"贪污"而言，尤其令人愤慨的是接收中的"无能"：敌人所建设的一个整个体系，接收者把它割裂支离，未入贪污者的腰包的部分也被一批愚不可及的无能者破坏殆尽。想到百年良机的平白错过，能不令人痛哭而长叹息！对于这些可怜的无能者，或者不便苛责，但最少今后不当再委以重任。至于那些贪污者，于情于法，都在不赦之列，不仅对于本人要尽法以绳，连当初推荐他们或任用他们的人也当连带负责。政府在过去纵容姑息，国大如果称职，如果尽责，如果对国人真有交代，就必须彻底澄清，不顾情面，不畏权贵，尽可能的向大头下手，必须责成新的政府严惩贪污，小来头的人可以从宽发落，大来头的人必须不惜当为"杀一警〔儆〕百"的对象。制度的更革，新政的创立，都很好，但都缓不济急；若欲挽回人心，非重治贪污不可。好话已经说尽，任何的好话今后也已听不入耳，只有不打折扣的行动能使丧失反应的人心再度振奋。物穷则变，今日已到非变不可的时候，任何近乎作文章的变都不会再发生效力，要变就必须脚踏实地的变。必须如此，埋没已久的是非才能重见天日，国家大势才能真有转机。这是国民大会所须坚持不放的第一要义。

第二、知独立。上面所讲的是对内的问题，现在要谈一谈对外的根本立场。我们弱，我们穷，又加上十年来不停的对外作战与内部战乱，使我们有心无力，在许多方面对国际强有力者不能不低头。但低头与作尾巴不同，作尾巴是受制于人的表示，低头是待机而动的态度；前者是被动的，后者是主动的。一心一意要毁灭我们民族与文化的国际势力，我们当然要誓死反抗。但千方百计要抓我们就范的国际势力，我们也不能就认为恩人。大势所迫，我们在国际上或者不能不站在一边，但这并非我们就可死在所站的一边之谓！一个国家尽管贫弱，但立国的最低立场却不能放弃；有的侮辱，有的压迫，是在任何情形下也不能接受的。例如雅尔达秘密协定，本是强有力者所唱的双簧，压迫我们非跟着去唱不可。但试想，在全球战争尚未结束，德日两大强敌仍然拼死作战的当中，以盟国自居的国家是否能用武力强迫我们接受条件，政府诸公，尤其直接负责外交的几位要人，究是受了何种的麻醉，而轻易接受这种使十四年的抗日完全丧失意义的国际阴谋？压力如果太大，我们为何不敢把秘密公诸全世？在当时各盟国的，尤其英美两国的舆论，绝无承认此种最可耻的卖友行动的可能，也绝无因此而容许他们的政府背弃中国的可能。其实何需真正宣布秘密？我们只要微露此意，英美就非马上打退堂鼓不可。即或退一步想，我们接受如此重大的牺牲，究竟从慷他人之慨者的口中与手中获得如何的确切保障？及今看来，我们是一点保障也未要求，只是仁至义尽的为"盟友"牺牲，请问这是出于何经何典的外交！

一个国际阴谋的教训还不够清楚，继之而来的第二个国际阴谋我们又囫囵吞枣的一口咽下。主要的代表国际阴谋，仅是附带的代表国内阴谋的政治协商会议，我们竟又不能察觉，把别人的甜言蜜语当作肺腑之谈，把别人的黄金钓饵当作真可到口的养生补品。而实际所收获的，是人心分裂，军心涣散，混乱是非的宣传弥漫全国，不要国家的武力乘机坐大。等到混乱、分裂与对立的局面已经发展到最适当的地步时，渔翁把金饵收得影信无踪，准备反身报命。但渔翁善于作戏，在反身之前，仍然对着你的脸把你痛骂一顿，口头所骂的是"顽固"，"反动"，心里所骂的是"可怜"，"蠢货"；面部的表情是失败的愤怒，内心的情境是胜利后的微笑。然而国内有几人已经看出愤怒背后所藏的微笑，一年以来日愈显明的发展是否仍然不足使外交当局认识这个世间最可怕的微笑？

可能真是仍不认识，一直到如今，我们的尾巴主义仍然是神气十足。例如对于几个月前发生政变的暹罗，我们第一所要考虑的应当是寄人篱下的华侨的利益与安全，只要事实证明新的政权稳定，我们就该不问别人如何，自己率先对它承认。此种对己有利，对人无损的行动，我们为何竟不敢作？为何必须等到最近，别人已决定承认之后，我们才敢表示承认新政权？连在这一点小事上，我们都无独立自主的立场，请问我们是否已经决定以身作则，自动的放弃主权，以求大同世界的早日实现？国无实力，办外交本是最难最苦的差事，头脑冷静的人无不对我们这个贫弱国家的外交当局深表同情。但实际的困难是一事，因气馁而自己制造的困难另是一事。如果更进一步，纯因认识不清而举措失当，误国之罪实属难辞。外交人员必须早日摆脱"好好先生"的作风，此种作风在私人的关系上已经不足为训，在尔诈我虞的国际社会更是万要不得的懦弱表现。中国是独立国，无论如何弱，事实上无论如何的受牵制，但内心的独立精神却必不可放弃。这是国民大会今后所当督促政府，尽可能的保持于不坠的第二要义。

对内铲除贪污，对外保持独立，这是今日全国国民最低的两条要求，也是全国国民所赋予国民大会的双重使命！

（原载《周论》第 1 卷 12 期，1948 年 4 月 2 日）

望农林部早日起行

——谈拟议中防沙南侵的长城林带

最近农林部鉴于蒙古新疆大沙漠的逐渐南侵，为保证西北各省，不使变为沙漠的世界，已经规划沿着大沙漠的东南边缘，即辽宁、热河、察哈尔、绥远、陕西、甘肃、宁夏、青海八省的北部，连造长达一万二千里，宽达十里的防沙长城林带一条。计划中的林带分东西两段，东段因大局不定，暂时不能进行，现已决定先从西段作起，并已简派阎寿乔氏为甘肃段防沙林总场场长，阎氏于二月二十八日飞抵兰州，正在准备开始工作。

在烽火漫天的今日，国人恐怕很少注意到这段消息，然而此事若果实现，其重要性将远在引人注目的许多大字标题的事件之上。今日一谈起西北各省，在一般人心目中所引起的是一幅雨量缺乏生产萎缩的半沙漠景象，无意中好似承认这是天然景象，非人力所可奈何。大地之上是否有超乎人力所可挽回的变化，使沙漠一步一步的向南移动，是地学家尚不敢遽下断语的一个问题。专就中国西北各省的情形而论，今日的枯干景象是最近一千年间的一种发展，并且人为的因素对于此种发展最少要负大部的责任。关中之地，由西周以至隋唐，前后两千年间，为中国的政治重心所在，文化的地位虽有时较差，但大体也可与中原媲美。"沃野千里"是战国盛唐间对于关中的一致考语，古代西北的政治文化地位绝不是建于半沙漠状态的基础之上的。中国最早的高等文化虽然起于中原，不久姬周发祥西北，代殷商而控制天下。周衰东迁，秦人占有西周旧地，最后吞并六国，统一宇内。嬴秦西汉的大一统帝国，始终建都西北，以制东达朝鲜南近赤道的复杂局面。东汉迁都中原，自始即不振作，漠视西北，种下日后五胡乱华的祸根。胡蹄南下，中国大乱，南北分裂，长达三百年之久，最后再度统一天下的仍是建都长安的隋朝。隋虽短命，继起唐朝仍是一个重心在西北的势力，维持中国，前后又是三个世纪。由周兴到唐亡，长逾二千年，中国可说始终是一个实力在西北的中国，即或没有历史明文的记载，我们也可毫无犹豫的推断，当时的西北绝不是今日的西北。

西北的没落，始自五代，五个小朝廷都是中原的朝廷。北宋建都开封，元明满清建都燕京，无论是内地汉人自建的朝代，或游牧边民入主中国的朝代，无人再肯严重的考虑建都西北。这绝非出于偶然，万无偶然的现象而前后延续千年之理。其实西北的贫弱，到唐的晚期已经开始，当时东北的所谓河北三镇日愈盛强，势力凌驾朝廷之上，这与其说是东北盛强，不如说是西北没落，东北并未较从前强了许多，只是西北大不如前而已。西北如何竟致此种地步？简单一句话，是吃了我们自古以来"靠天吃饭"的文化作风的大亏。华北原野，向非森林地带，但沿山依河之地，洪荒时代的林木甚为可观，可以影响气候，可以调剂雨量，可以防止洪水，可以使农民有比较可靠的丰富收获。然而对于国脉民命所寄托的些微林木，人民不知爱惜，国家不知培养，自然在长期间所生成的树木，人力在短期间毫无计划的砍伐殆尽。早在二千二百年前，孟子在谈人性善恶时，已经附带的注意到此种现象，并曾发生无限的慨叹：

> 午山之木尝美矣，以其郊于大国也，斧斤伐之，可以为美乎？是其日夜之所息，雨露之所润，非无萌蘖之生焉，牛羊又从而牧之，是以若彼濯濯也。人见其濯濯也，以为未尝有材焉，此岂山之性也哉？

好一句"此岂山之性也哉"！孟子并非一天到晚专谈仁义的空想家，他对于自然环境甚为注意，并且观察的相当清楚。他所讲的是山林较多的齐鲁境内的情形，齐鲁尚且如此，林木较少的地带可想而知。内地的山成为童山，其恶劣的后果尚不明显，靠近沙漠的西北之地，山木一尽，等于是邀请流沙南移。想到我们历来的只知砍伐，不知培养，使我们不尽惊讶，西北的政治重心地位何以竟能维持到唐朝，它早就该枯缩到今日的境地了！今日西北的山上岂只无树，有的山上连草也已不再生长。夏秋之间把草割掉，冬季无草可割，贫民挖掘草根，以应目前急需，春雨一来，将山面的一层薄土冲没以去，山石外露，此山从此就注定的万古要作童山了！我们几千年来，如此无情的虐待自然，今日国家的贫困景况，安能说不是罪有应得？今日而谈防沙造林，已嫌太晚。但无论如何的晚，远比始终不作为强，惟愿农林部坐言之后，赶快认真的起行。东北边一时无从着手，只有暂缓，实际东北边的造林需要也不似西北边的迫切，西北边必须及早抢救。我们不能希望西北短期间恢复古代"沃野千里"的形势，但最少与日俱增的沙漠化的趋势可以阻止，阻止成功之后，可再徐图挽救恢复之道。

无情的砍伐林木，本是一个全国性的悲剧，西北的情形只不过最为严重而已。以富饶温湿见称的江南之地，也往往是同样的遍山无木。据本月八日南京消息，农林部已经拟定首都造林六百万株的计划，并已开始实施，把全市分为四区，第一区青龙山，第二区幕府山，第三区八卦洲及七里洲，第四区其他宜于植林的各荒山。每区每日用难民二百人，以工代赈，限本月底种植完成。在近水楼台的首都，此事当可按照计划实现无疑。但我们深望在观瞻所系的首都与迫不及待的西北以外，农林部要尽可能的拟定实施一个全国造林的计划。不必说北方与江南，连地近热带的云南，除边荒的区域外，也已感到林荒。例如昆明区，有所谓前山后山之说，据当地父老言，当他们青年时，较近的前山仍是昆明区木炭供应的来源，然而今日前山大部已平，木炭主要的不得不靠后山接济。在全国各省中开发最晚的云南，已呈此种景象，能不令人惊心？一般人往往视农林部为闲散机关，其实大谬不然。"农"的部分不必说，"林"的部分可作的事不知有多少，那里谈到闲散？

烽火漫天的当中而谈造林，有人或要认为不切实际，岂知这正是最实际的问题。"安不忘危"的一句成语，反过来讲，也同样的正确，我们处在目前的乱世，也当有"危不忘安"的抱负。战乱的消息无论如何的强人注意，与民族长久生命密切攸关的问题仍是重要的问题。过度注视近在目前的形像，可使人发生错觉，大小轻重的观念因而丧失平衡。今日人心的苦闷，最少一部分是由于被眼前的一切塞满所致。如能忘我忘身，高瞻远瞩，自然可以恢复透视力，不致再为近眼的一切所局限。从前歌德每遇环境过度混乱时，就故意的勉强自己去研究一个抽象的科学问题或一个不相干的历史问题。这并非逃避现实，而正是追求现实，因为只有不动感情不关意念的超然问题，能使人透视清晰，认识现实。歌德绝无逃避现实的嫌疑，他如此作法，使他对于现实的了解力高于常人，因而控制现实。国家民族虽非个人可比，根本的道理仍然相同。我们如果少作以个人利害为出发点的自怜自叹，多作为国家为后世的长远打算，不仅国家民族大受其益，连我们自己也可收到头脑清醒心地坦然的报酬。

（原载《周论》第 1 卷第 10 期，1948 年 3 月 19 日）

本能、理智与民族生命

——中国与英国民族性的比较

本文题目中所讲的本能与理智，并非心理学上的严格术语，只是人类常识上的传统名词。本能是根本上不成套的，只是不知其然而然的感觉；但力量甚大，人类大部的行为，尤其利害攸关的重要行为，几乎整个由本能决定。

本文所要谈的不是个人，而是民族。民族之间，有的理智发达，有的本能发达。一般来讲，理智发达本能退化是衰弱的民族；理智无论如何而本能强劲的是生气勃勃的民族。今日世界本能最强的民族是英国。"国家之上，民族至上"在别国或多或少的总有口号的成分，英国人根本不讲此类的话，因为那是每个英国人的感觉，可说是每个英国人的人格的一部。英国人是以多出怪人著称的，各种各类的怪人都有，只有一种非常少见，就是为一种任何的理论而牺牲国家利益的自圆其说到底的怪人。人世间任何狂言谬论，英国都可有人信仰，在那时也可热烈的讨论。但一到紧急关头，一切理论都可放弃，只有国家的利益不能丝毫损害。外国人时常骂英国人为伪君子，为口是心非的人，就是因为这个道理。其实这是冤枉。今日世间能把人格分为水泄不通的两间独立密室，一面为本能，一面为理智的，只有英国人，别的民族总不能使两者全不相混。第二次大战以前几百年间英国在世界上的主宰地位，就由此而来。

在英国，国会议员言论完全自由，在国会中的发言绝对不受任何的制裁或限制；投票也是完全自由的，并不受党纪的绝对控制。但在英国历史上不顾大局而滥用此种地位的例几乎无有，例如在大战晚期，英国进兵希腊，推行英国传统的近东政策，到一九四四年年尾希腊内战爆发，英国迫不得已而出面干涉。此事在国会中引起大的风波，议员中对政府表示不满的甚多，所根据的是"民族自决"，"民族"，"自由"，"公道"等等一套一套的理论，但到最后表决时，就近处言，这些议员不愿在作战时期与政府为难，就远处言，他们都在心房深处感到国家长久利益的重要，于是有的人不顾前言而投赞成票，有的人为求在形式上不违前言，或退席，或弃权，让赞成政府政策的人获得绝对多数的胜利。

这一类的事，在第二次大战期间屡见不鲜，在几百年来的英国历史上也是常事。三百五十年前，欧洲宗教竞争正盛的时候，罗马教领袖国的西班牙开无敌舰攻英，英国民族中的少数人信罗马教，但绝不为西班牙所代表的国际主义所诱惑，都无条件的为祖国作战。连英国海军高级将领中也有罗马教徒，但一般英国人对他们仍表示信任，他们自己也绝不自外，毫无为理论而牺牲国家的心思。所以英国人的本能胜过理智，并不自最近始，三四百年前已经如是。

我们可以想象任何国家战败亡国，而不能想象英国被外来的强力击灭。我们并非说这一定是不可能，而是说不能想象那将是如何的一种景象。一九四○年纳粹灭法兰西，威胁英国，当时的首相丘吉尔曾在演说中有一段名言：“我们将在海滩抵抗，我们将在田间抵抗，我们将在市街抵抗，我们将在山丛抵抗，我们永不屈服！”这不是空话是代表英国民族的，这是英国全民的感觉，在抵抗绝对无效而全民仍将赤手空拳战斗到底的，我们只能想想英国，英国人是生存本能最强的民族，可说英国人是最爱国的。但英国人的爱国超过一般所谓爱国，所以典型的英国人向来不讲爱国，正如普通的人类很少提到自己的呼吸、走路或睡眠一样。那是人格的当然部分，又何必谈？又有何可谈？

英国今日一般人的生活，较战事未了时尚苦，但人民并不怨望，甘心忍受一切，以求把握国家的前途。英国因战时的消耗过重，若以常理而论，英国当与法国一样的实际成为三四等的国家。英国今日之能维持美苏两大之外唯一的二等强国的地位，纯粹是因为求生的本能使它肯于拼命苦撑，在人类历史上这是没有前例的一种求生本能的表现。相反的，今日时间本能最为衰弱，衰弱到几乎消灭的程度的，就是中国。这并不是说中国理智发达，我们的理智并不发达。但所可惊心的，是稍有理智的人就本能更差，其本能在人格中的地位尚不及一般无识的乡民。除英国外，大概为理论而牺牲国家根本利益的人各国都有，有的多有的少，最多的恐怕是中国。许多在西洋本有内容，有具体含义的说法，移到中国后，就都变质，成了纯粹理论，既与过去的历史无关，也于近日的现实无涉，而许多人竟可为此而牺牲一切，牺牲自己不算，并要牺牲国家。我们自与欧美接触以来，就犯这个毛病，病根至今未除。这种行径，在别国人看起来大概都很难了解，最感大惑不解的恐怕是英国人，因为英国人不能想象这是如何的一种心情。

理智是本能的工具，不是本能的主人。推动历史，支配社会，控制人生的是本能，绝对不是理智，理想家如果认此为可憾，那也是莫可奈何的。事实是如此，慨叹无济于事。理智不怕发达，只怕喧宾夺主。只要本能始终居在主位，理智是愈发达愈好的。但一旦本能退化，弱化，无论理智如何，民族的生命就将危殆。理智与本能的调和，大非易事。英国是世界上唯一理智程度甚高而本能不为理智所掩的民族，始终没有为理论所误的危险。这种一个本能为主的民族可因外力太强而得横死，而不会自毙。凡是无外力摧残而有覆亡危险的，一定是本能先死的民族。这是凡欲明了历史，认识现在，展望未来的忧国忧时之士所须时刻不忘的真理。（摘自独立时论）

（原载《现实文摘》第二卷第三期，1948 年 3 月 27 日）

对参政会致意

　　国民大会行将召开，十年来非由民选而仍能代表民意的参政会，决定于三月二十七日在首都励志社举行惜别会，由驻会委员会招待各界，说明该会的创设，并宣布该会的结束。另外，在前一日，三月二十六日，行政院院长张群决定邀请参政会主席团及全体驻会委员，就最近国内国外的情势，作一有系统的报告，政府各要员也都将出席，向这个支持抗战的民意机关表示敬意。

　　在抗战史上，以至在近百年来的全部政治发展史上，参政会自有它的不可磨灭的地位。它向政府转达民意，襄助抗战的贡献不必说，它的真正重要处在乎它的实质的代表性。参政员都是全国各界的负有众望的领导人物。他们的领导地位是靠资历，才能，与实际的贡献，并不靠政治的活动。其中许多人根本没有政治兴趣，在当时肯于出席会议，完全是由于对外作战时期的国民责任感；若用选举的方式，这些人是很难被选的，恐怕很多人根本就不会出来竞选。他们并不要问政，他们只求发展自己的事业或学业。也正因如此，当责任感使他们参政时，他们也最能一心为国，他们没有为自己的政治前途设想的需要。因此他们很少为私利而说对自己有利或不说对自己不利的话。正因他们不靠人民的投票，他们说话反倒多一层自由，他们只说心之所安就是了，不必考虑人民的接受与否或赞成与否。他们的发言代表他们的知识与信仰，不受外力的影响。其实，民选的议员本也当如此，选民为他们的投票，主要的是看中他们的人格，并非一定仅是接受了他们任何的具体见解。这是代议制的最大长处。议员不仅是代表选民，他也当领导选民，开导选民，使选民对于一切政治问题兴趣日浓，认识愈清——必须如此，议员才算尽了他的最高的责任。

　　然而参政会终是一时的权宜之计，为求民主，为学习民主，我们愿意放弃圈选的或指派的参政会，而试验一下由人民直接选举的国民大会。我们谨望国大代表不要因依靠选票而令自己的言行受有牵制，能够公而忘私，不仅是代表人民，并且也能领导人民。我们并愿乘此机会，向富于美满联想，即将宣告结束的参政会，深致钦佩之意！

（原载北平《周论》第 1 卷第 12 期，1948 年 4 月 2 日）

副总统问题

——一个历史的探讨

我们很可想象，副总统的选举，在国民大会的议程中将是引起最热烈的兴趣的一项，如果人心不是像今日这样的疲乏，那也将成为全国所最注意的问题。宪法中关于副总统的条文，大体上是以美国的宪法为参考，副总统并无实权，也几乎无事可作，副总统惟一可能的实际重要性，就是当总统不能执行职权时可以升任总统。但此种情形究是例外，所以美国每次大选前，对于总统候选人的人选，大家还知道审慎考虑，副总统候选人的人选，往往被一般人认为无足轻重，当选的时常是很平庸的人，若有一个真正的人物获选，那只能说是偶然的运气。所以在美国宪法施行的一百六十年来，很少副总统在新的大选中被选为总统。此种情形为利为弊，我们可不必谈，因为在习惯上讲情面，谈威望，重人事的中国，上届副总统就是下届总统候选人的可能性是相当大的。假定此种推论不误，我们若欲找先例作为参考，在近代历史上却无例可援，我们必须远溯到二千年前，去到罗马帝国的发展中寻找比较研究的资料。

在历史书上，普通把罗马史分为共和国与帝国两大段落，实际在所谓帝国时代罗马就宪法上讲仍是共和国，所谓皇帝始终算是选举的。此点甚为重要，不可忽略，在研究中国目前的情形时，尤其须要特别强调。到西元前一百年左右，罗马已经成为地中海上最大的势力。多数的国家都已被罗马征服，其余名义上仍然独立的各国实际也都成了罗马的势力范围。罗马帝国至此可说已经成立。但传统的政治制度只适于城邦的范围，不能维持一个庞大的帝国。况且帝国的疆域仍然在继续扩张，武人的势力因而日大，代替旧制的帝国政制是此后六七十年间无形之中建设起来的。在当初，元老院是罗马城与罗马帝国的最高政治机关，凡仍然在职与已经去职的重要官员都是元老。所以名义上元老的权柄虽然有限，实际上大权都操在他们手里。公民会议仍然存在，但罗马没有代议制，罗马公民遍天下，公民会议到会的实际却只有罗马城内与附近的人民。这些人大半没有固定的职业与财产，对一切既不满意又不负责，所以极易受人操纵利用。元老阶级以及对现状满意的人至此都联合一起，称为贵族阵线。城内一般流动的公民，资本家，少数的贵族，与其他一切对现状不满意的人也联合一起，称为平民阵线，在两个阵线的纠纷之下，就产生了新的帝国政制。六七十年间，屡有武人出来利用传统的共和制度去创新的制度，就是以个人为中心的帝国制度。最后个人政制发展成熟，凯撒在共和国的外表下成了地中海世界的实际的皇帝。但少数的理想主义者对于旧日的一切不能忘情，最后把凯撒与凯撒的制度推翻。

正如用复兴六国的名义把秦推翻之后，列国分立的局面并未恢复，凯撒失败后，传统的制度并无挽回的可能，结果只有多付一次大乱的代价而已。最后到西元前三〇年，屋大维制服群雄，稳握天下，可以为所欲为。但他秉性谨慎，对凯撒以及凯撒以前各人的命运时刻未忘。所以共和制度虽已推倒，他决定继续维持共和的一切外表，他自己只在宪法上取得几种特权与特殊名号，使他得以执行新局面下的职权。在当时的情形之下，此种旧瓶装新酒的办法最为恰当，惟一的缺点就是承继问题的虚悬。因为在理论上罗马仍为共和国，一切地位与权柄都创自元老院或公民会议，所以继承人也当由两机关决定。但实权早已转移，屋大维为避免将来再起内乱，认为非事先暗中指定承继人不可。最后他决定以他的义子为嗣，使他也享受各种特权，使全帝国都知道他是屋大维心目中的承继人，无人对此提出异议，义子后来安然即位。从此这就成了惯例，指定承继人的办法后来被公认为当然的办法。

古今异势，二千年前罗马的制度不必定能适用于今日。但若把表面的名词与理论剥开，政治的根本运用古今并无很大的变化。例如在今日的美国，共和宪法的运用是公认为圆满的。但我们若咬文嚼字，可以说美国的大选根本违宪，因为若按宪法的条文作字面解释，选民可以选举任何人为总统或副总统，而实际则为少数政党会议提名，提名时又为党中少数人决定，决定后在事实上一般选民就非接受不可。并且再进一步，副总统候选人往往由总统候选人指定，政党中主事的人也莫可奈何，这等于说总统可凭己意选择他自己可能的承继人，颇似古代罗马帝国的办法。总之，我们若专注意文字的表面，古今之间，各国之间，分别甚大；但我们若对每个问题都推敲文字背后的实际运用，就可发现"人同此心，心同此理"，古今中外的分别微乎其微；一个制度的成功与否，往往是由制度以外的各种条件决定，就制度而谈制度，真可说一切都是无可无不可。这在今日我们这个迷信制度，迷信条文，迷信悦耳名词的时代，或者是值得多予考虑的道理。专就本题而论，最聪明的办法似乎是尽量利用宪法中关于副总统的条文，以谋求政治局面的稳定。君主时代，太子袭位，是政治稳定的保障。现在时代虽变，稳定仍属必要，我们若在行宪之始，就在实际办法上认定副总统为将来总统的自然候选人，以此为据而决定总统的人选，虽不能解决全部问题，但只要将来能有其他条件配合，这或者是最有效的一个稳定政治的方法。

（原载北平《周论》第 1 卷第 12 期，1948 年 4 月 2 日）

认识美国对日政策的一贯性

近来美国扶持日本的政策日愈显著，美国似将不问其他主要对日作战国家的态度如何，而自行负责赐予日本正常的承平地位，把签订和约的手续根本免除。日本公民将要获得出国旅行的权利，赔偿的要求将要大打折扣，日本并将获得美国大量的信用贷款。美国显然的是要将日本建为西太平洋的一个经济堡垒与军事重镇，用以控制北亚、东亚与东南亚的大陆。在中国，许多人对此发生突如其来之感，有的人在日常谈话中或在报章文字中甚至专门给自己拆台，专门为他人开脱，说美国如此作为，是因为中国太不争气，不能成为美国的坚强有力的友邦，美国迫不获已才去扶持日本。作此说的人如果诚恳，其理智大有问题；如不诚恳，其用心真不堪问。我们必须头脑清醒，须知美国的扶持日本是在日本未败以前就已决定的政策，正如近年来在中国的一切举措是抗战未了前就已决定的政策一样。例如前耶鲁大学教授斯皮克曼氏，一向对于广土众民的中国不能完全放心，在珍珠港偷袭之后，仍然主张日本并不可怕，只要把它战败就够了，至于中国的富强则是令人不能不担心的发展，美国最少不能扶持此种可能的发展。我们如果认为这是斯氏个人或少数人的怪论，那就又错了。我们只要详读斯氏一类人的文字，再细心观察近年来的实际措施，其吻合处使人不能不感到惊奇。

专就战事未了时而论，我们或者还记得在一九四四年十二月罗斯福总统任命格鲁为副国务卿时所引起的舆论界的波澜。格鲁为职业外交家，在战前任驻东京大使十年，经外交人员交换返国后，不久即继中国通霍恩贝克氏为国务院远东司司长。格氏著有《东京归来》一书，报告大使任中的经验，全书的结论中有一段话，颇惹美国以及国际许多读者的注意：

你想，假如我不知道日本人除去是强而有力的军人外，还具有其他良好的品质时，我还会以全副力量，经年累月的奋斗，以防止战争么？我希望美日两民族间，不要有仇恨的传统；不管日美间的友谊如何淡薄，我总以为它是值得保存的传统。

上引的一句话，其他相类的字句，以及全书各部中所流露的对于日本的热烈同情，使战时美国相当自由的舆论对于格氏的出任副国务卿颇表惶惑，认为在日本尚未战败前，美国就已在布置如何使日本复兴。在当时虽也有人看为这是过虑，但即今想来，来龙去脉，都很清楚明白。初期入占时对于日本的严峻作风，是必不可少的节目，是题中当有的文章，最近一年以来日愈显著的扶持，姑息，与爱惜，才代表真正的政策。他人对于中国的种种表现，何者是作戏，何者是当真，我们也当如是观。

最近美国当局的对华政策，正在遭受国会的批评与修正。当局要拖，国会要援助。当局要推行新政策，国会认为五十年来的中美友谊弥足珍惜，不可让结果难测的政治权谋把此种友谊毁灭。这两种根本不能相容的政策，今日正在并行的实施，但如此矛盾的现象是难以持久的，不太远的未来一方面必占上风。我们自己究当如何应付，以度难关，也不似许多人所想的那样简单。我们努力向上，则遭人忌；我们上人圈套，终日互相抵销，则遭轻蔑。只有政府当局下大决心，彻底改革；只有全国上下痛自觉醒，公而忘私，才有挽回悲运的希望！

（原载《周论》第 1 卷 13 期，1948 年 4 月 9 日）

銮披汶最后出面矣！

战后三年来以多变见称的暹罗，本月六日军人集团又发动政变，要求二月二十五日甫告成立的乃宽亚拜横内阁辞职。次日，摄政会议只有接受内阁的辞呈，据谓最高军政首长銮披汶即将受命组织新政府，无论他个人是否正式出面组阁，今后暹罗的又将成为銮披汶全权控制的局面，似已无可置疑。我们由此不能不想到三月上旬中国与英美对于暹罗现状的正式承认，恐怕要对日前的政变负直接的责任。为赢得各国的承认，銮披汶过去还可勉强躲在背后活动；现在目的已达，毋须再多客气，干脆自己出面主政算了！

我们还都记得，去年十一月九日銮氏指挥下的暴动分子曾发动一次政变，把美国一手扶持的政府推翻，成立了暹罗本位的新政权，但銮氏个人只司军政，政府则让他人担任名义。美国在当时颇有手足无措之感，只能消极的不承认新局面，迟了四个月之后，无计可施，才违心的予以承认。承认之后，銮披汶更是有恃无恐，才发动了最近这个进一步的政变。

美国的扶持暹罗与豢养暹罗，也曾煞费苦心。岸外的日本与陆上的暹罗，本是美国早已预定为控制东亚大陆的两大据点。日本可以不论（见本刊上期社论），暹罗在战时原为日本的同盟国，积极的协助日本作战，并曾正式向英美宣战。英国也曾按照惯例向暹罗宣战。但美国深谋远虑，不肯宣战，而在暗中作有巧妙的布置。日本投降后，暹罗宣布当初的宣战书无效。在世人惊讶惶惑，不知此事当作何解时，华府竟然表示接受暹罗的宣告，不把暹罗当战败国看待，在美国的调度之下暹罗于是成立了如人心愿的新政府。当初主政的銮披汶，至此以战犯的身份被禁家中，然而牵延到一九四六年三月，法庭竟然宣布"战犯"为不合宪法的罪名，把銮氏无条件开释。此事必曾预先征得华府的同意，华府的想法大概是认为此公身败名裂，已无能为，乐得作个人情。这真所谓智者千虑必有一失，在西太平洋与东亚大陆的错综复杂的整个布置中，只有这一着没有能够把稳。一九四六年六月，为华府所信任的暹王在宫中被来源不明的枪弹射杀，一个仍在瑞士读书的王弟遥继王位，另外成立了摄政会议代王行政。此后又表面安静了一年有余，到去年十一月政变爆发，銮披汶所支配多年的军人集团又成了政府的后台，銮氏自己则为后台的后台。美国一筹莫展，只有又把不承认主义抬出；我们中国不甘落后，也马上表示服膺不承认主义！至于我们那几百万寄人篱下的侨胞只有让他们去听人摆布了。

銮披汶虽把世界的首强赢了一着，但不被承认终是不妥。銮氏是惯于作戏的，于是表示由政变而产生的政府属于过渡性，在本年一月底举行普选，到二月而乃宽亚拜横的合法政府成立。进入三月美国认为颜面已经保全，可以下台，于是决定承认暹罗的新政府。我们的外交当局至此也发现了暹罗政府的合法，正式宣布予以承认。大家的表演既窘且丑，从头至尾惟一暗中好笑的恐怕只有銮披汶。现在銮氏已把最后与最高的手段拿出，看看你们这一帮两强三强四强的国家如何：若再说不承认罢，恐怕自己也将难以为情；若不声不响的继续承认罢，大家从此就只有乖乖的了！

别人的事不用我们操心，别人自有他们的打算。我们只是情不自已的为暹罗的三百万华侨呼冤。他们的被牺牲，究竟是所为何事？尽管我们今日在国际的地位已经很低，但我们若在去年就率先承认无可挽回的事实，一方面强有力者莫奈我何，一方面也可为华侨要求较为有利的待遇。现在我们如此毫无抉择的追随人后，在暹罗人的眼中当然把我们又看低了一层，华侨也就当然随着更深入一层地狱。如此外交，叹观止矣！

（原载北平《周论》第 1 卷第 14 期，1948 年 4 月 16 日）

北平的学潮

四月上中旬的北平学潮，先是学生罢课，讲师助教罢教，职员罢公，工警罢工，后是外来的力量突击校内的员生，最后是教授罢教，许多院校陷于停顿的状态，整个的发展真可谓一步紧似一步，一段比一段严重。教授罢教，不只在上轨道的国家是未闻的事，即在三十年来始终不得安定的中国也是极其少见的现象，学潮而演变为教授罢教，其严重性已非寻常可比，各级政府当局必须痛自反省，审慎处理，无比严重的事态方有解决的希望。各校教授会决定罢教时所发的宣言，虽是发于学校遭袭之后，说理仍然透彻明了，措词仍然锻炼公正，不让感情遮掩理智，这是使社会人士不能不深表钦佩与同情的。我们认为各宣言中所表示的态度，可代表一般社会的态度，北京大学与师范学院为直接被袭的学校，所以两校教授会所发的宣言特别恳切，使人特别容易发生共鸣之感。北大教授会于简单的叙述事态之后，声明态度与立场：

同人等处此情势，殊感教学工作时在威胁之中，难以进行。十二日北大教授全体会议，对目前之情势，及将来之发展，详加检讨，决定自即日起罢教七日，对连日暴行之发生，与高等教育之受摧残，表示严重抗议，要求政府惩罚凶手，并严令地方当局保证此后不再有类似事件发生。同人等献身教育，绝不愿青年学子荒废学业；但教育需要安定与自由，学府之地位必须尊重。师生既无保障，校舍时受袭击，同人自难安心教学。宪警无故包围学校，武装暴徒于深夜戒严时间，捣毁学校，制造血案，地方治安当局纵非主使，亦难辞纵容之咎。各校同人一再苦心劝导学生，学生亦一再接受劝导，然暴行与血案迭出不穷，势非刺激学潮，到达摧残教育之目的不可，用心何在，实非同人所能了解，自不能不要求政府予以解答。罢教决非同人所愿，然为情势所迫，不得不暂时忍痛出此，以维学府之尊严，并争取安全之保障，与讲学之自由。希望全国教育界及其他各界人士予以支援，共图挽救。特此宣言！

师范学院教授会先后三次发表宣言，大意与以上相同，其第三次与北大宣言同于十二日发出，除缕述事实外，并特别强调，态度完全是为人师长的态度，用心完全是维护教育的用心：

> 国家设置学府之谓何，而可寇雠鱼肉视之耶？本会对政府之要求，已详第一二两次宣言，区区愚见，乃就事论事。本院为国立学校，院长办理不善，教部可以撤换；同人教导无方，院长可以解聘；学生在校不守校规，学校可以开除学籍；出校逾闲荡检，自有司法制裁。私拘暗审，于理何居？夫学生有其合法学籍，同人忝为师长，营救保护，义不容辞。且祸出无名，人谁不畏？捕逮私行，纪纲何在？同人不敏，既已献身教育，自应保护学府，爱护青年，为国家留一线之命脉。惩凶赔偿之请，保障将来之呼，特为此耳。计虑虽远，用心甚纯，诚恐传言失实，特此郑重声明！

把以上两篇宣言合观，可以明了各校教授的根本立场。他们的地位，他们的责任感，他们的是非之心，使他们自然的要采取此种立场。当局只要认清此点，一切的困难就都可迎刃而解了。

此次整个事态的发展，归根究底，是因为政党没有退出学校；近年以来，学校中的政治气氛过度浓厚。政治的斗争，是容易激动感情，容易引起越轨的行动的。此次学校内部的情形，似乎已超过学校当局所能控制的范围，学校以外的情形似乎也超过地方当局所能控制的范围，内外相激相荡，最后竟引起各校内部惟一没有政治意味的教授会宣布罢教，无论由学校的立场，由地方的立场，或由国家的立场来讲，这都是最不幸，最可痛心的发展，最感痛心的无疑的就是各位教授。我们希望今后大家共体时艰，不要再任意发泄感情，引起难以控制的事态，教育幸甚，国家幸甚！

四月十六日。

（原载北平《周论》第 1 卷第 15 期，1948 年 4 月 23 日）

所望于新政府者

国民大会闭幕后，一进五月，继依宪产生的首届立法院成立之后，蒋大总统与即可选出的副总统将于五月五日正式就职，各院部也将按照宪法的规定顺序成立，年近不惑的中华民国至此将要第一次有遵依宪法条文而出生的一个政府。对于宪法，对于国大，对于新政府，过去与今日都有不少的怀疑、阻挠与破坏。但就全国而论，多数人所采取的可说是一种善意观望的态度。他们因过去叫他们失望的事太多，此次也不敢多存奢望，所以只有观望，但他们仍是希望此次一切真能兑现，使三十余年始终找不到正确方向的中国最后能走入康庄大道。若果如此，善意的观望将要很快的变成热烈的拥护，连少数怀疑、阻挠与破坏的人也可能要改变态度。反之，此次如果仍是敷衍门面，少数人不必说，连多数根本善意的人也将发生可怕的反感，国家的前途真将不堪设想。所以今后几个月内实际的表现如何，所关极大，我们愿指出下列四点，提请行宪政府注意。

第一，政治人事须要刷新。过去二十年来，政府机构的变换不能算少；但变来变去，在台上的始终是原班人马，这是令人深感不解的一点。政府也与任何机构一样，必须新陈代谢，方能发生活力。今日政府中，有的人或因年事太高，或因用脑过度，已不适于再负独当一面的责任。为适应事实，新的政府不妨多设咨议、元老、高等顾问一类的员额，卑礼厚禄，以待老成；至于须要用心，须要动手的工作，则当尽可能的交与新进之士，以振人心，以增效率。所谓任用新进，必须采取唯才主义，少凭援引，少靠情面，少顾任何的私人关系。必须如此，全国的耳目才能为之一新，善意观望的人才能相信新的政府是认真的要有所作为。

第二，财政经济方面，必须大刀阔斧的作去，并且愈早愈好，不能再犹豫，不能再拖延。二十一日国民大会第十四次大会中曾通过二百六十七位代表所提"限期实行耕者有其田，立即开征累进财产税，争取民心，提高士气，充裕国库，改善经济"的一案，并送政府限于六个月内筹划实行；同时又通过有关征借豪门资本，征收豪富特捐的提案，建议政府限于三个月内制定办法，切实执行。国大这两个提案，是最足代表人心的要求的，若能认真实行，目前严重的局势可说已解除了大半。

第三，在外交方面，须要确立独立自主的立场。国民大会曾通过关于对苏外交与对日和约的提案，送请政府办理。国大的议案甚为恰当，只是尚嫌不够。我们在整个外交上，须有积极自主的立场，不能毫无抉择的追随他人。在外交上过度的客气，不只不能招人怜惜，反而适足招人轻侮，所得的结果与所企望的正正相反。我们弱则弱矣，但在法理上尚未成为任何外国的殖民地，我们自己不可先存殖民地的心理。过去百年的不幸发展，造成普遍全国的殖民地心理；但在政府机构中，一向是外交部门最受此种心理的支配，因此不知吃了多少不必需的大亏。国与国交，岂是私人的社交可比？私人之间，事事都好商量；国与国间，事事都要认真，锱铢必较，不可稍存客气，更万不可因弱而气馁。既往不咎，外交当局今后绝不容再因气馁而误国。

第四，在根本心理上，政府须要恢复自信。四五年来国内的，尤其国际的，有计划的宣传攻势居然成功，政府中人往往对于自己，对于国家，也已丧失信心。这是最严重、最可怕的一种精神现象。人有人格，国有国格，政府既然代表国家，遇到任何问题，都当有坚定不移的最后立场。不可轻率从事，但也绝不左瞻右顾，表示畏缩。过去几年，在许多表现上举棋不定，因循敷衍，政府根本不成一个政府，又何怪国内国际一致的侮蔑与轻视？自侮者当然要招人侮。现在新政府即将成立，在根本心理上必须彻底觉醒。遇事审慎考虑，周详计划，考虑计划之后，就要不必顾虑多端，只在事实证明当初计划错误时再虚心接受批评。此种虚心，并非示弱，正是自信力的表示，绝不致因此招侮；若将错就错，一错到底，反倒要招致反感了。惟自信者能够虚心，惟虚心者能够自信，望政府今后能两者配合得宜，挽回彷徨无主的人心，挽回危机四伏的国家命运！

（原载《周论》第 1 卷 16 期，1948 年 4 月 30 日）

义大利大选结果的重要

四月十八日义大利的大选，决定了义国仍由基督教民主党执政，仍然属于西欧集团，在美苏对立的世界大局下仍然属于美国的阵营。义国大选是最近一个月来举世注意的一件大事，各方面的情形与各种可能的发展以及一切的后果，已都为论者所注意。但有一点，并且是很重要的一点，似乎被人忽略，就是选举结果对于世界和战的影响。此次的选举是富于爆炸性的，尽管无人愿意发动第三次大战，但如果在大选中由共产党支配的人民阵线竟尔获胜，恐怕世界和平的维持就颇有问题了。今日美苏两国固然是都在作"冷战"，尚不想把冷战变为"热战"，但两方都有必不能放弃的军略地带，此种地带若真受威胁，恐怕就将不惜一战。义大利对美国，就是一个此种地带。年前美国曾经公开宣布，鞑靼尼尔海峡是美国所不能放弃的防线，若遭外力威胁，将不惜出于一战。此次对于义大利，它并未作如此露骨的表示，那是因为它无法如此表示，它岂能说：你如投共党的票，我将不惜一战？那岂不是等于哀的美敦书？联合国主要支持者的美国安能出此？所以它在当初只能说，义大利大选中如果共党获胜，将不能再得到美国的任何援助与接济。此话想来，非常好笑：所有共党占优势的欧洲国家不是都已根本拒绝美国的援助么？别人根本不要，又何需你说不给？美国的发言人当然并不如此幼稚，他那话里有话，真正有关系的人听了之后自会明了的。不必说义大利人，连苏联也清清楚楚的知道，美国若失义大利，恐将不惜一战，除非苏联此时也不惜一战，它心中并未见得真希望义共在选举中获胜。所以此次大选的前夕，美国除在外交上发动攻势，如提议的港还义，如建议准许义国加入联合国之类，并大规模的向义大利运粮食，运物资，用实物来表示友情。至于苏联，除拒绝美国对义的一切外交声援外，只作了一些口头的宣传，没有丝毫实惠的表示。这并非苏联无此能力，而是它此次不愿如此去作。连在外交问题上，苏联也未尝不可采取比较和缓或模棱两可的立场；而事实上它竟如此干脆的伤害大多数义人的感情，那正是它并不热心于义共获胜的表示。实际主义的苏联，若不如此作为，我们反倒要感到奇怪了。

地中海一向是大英帝国的生命线，帝俄也好，苏联也好，都不能让它进入地中海。第二次大战后的今日，美国已经接收了大英帝国，也接收了它的全部政策，只不过作了一些时过境迁的改动而已。地中海，整个的地中海，今日是美国所必不能放弃的，年前关于鞑靼尼尔海峡的发言，已再清楚不过的证明此点；它不惜一切牺牲而帮助希腊平定内乱，也是同样的道理。但假如义大利竟落于共党之手，也就是说，落于苏联之手，土耳其与希腊的防线尚有何意义？既已声明不惜为土耳其的安全而出诸一战，既已为希腊的安全而实际参战，又安能不为义大利的突变而出面作战？并且义大利如经真正自由合法的选举手续而成为赤化地带，其严重性将远在今日土希两国的局面之上。土国只是可能受苏联的威胁，实际整个的土耳其仍属于美国的势力圈，希腊只是有赤色的叛军，它的合法政府仍然站在美国一边。但人民阵线如在义大利当政，控制中地中海的大半岛就将全部成为苏联的控制区，土希以及东地中海就将等于丧失，西地中海无险可守；并且更进一步，法国共党很可能如样泡〔炮〕制，出而秉政，整个的欧洲大陆就都要变色，英伦就将成为朝不保夕的孤岛。试想，美国安能容许此种可能的发展成为事实，安能不及早出诸一战？这个道理，苏联的当局认识的非常清楚，如无危险性，当然希望此种发展实现。但危险性实在太大了！无论美国今日是否已经完成作战的准备，苏联的尚无此种准备，是客观观察者的一致意见，所以苏联在目前只肯作"冷战"，只想不战而胜，遇到真有引起"热战"的问题时，只要对方表示坚决，它就无不表示凡事都可商量，月来在柏林所演的笑剧已明显的证实此点。所以我们可以下一个似非而是的结论：对于义大利大选的结果，不仅美国满意，苏联也是非常满意的！

（原载北平《周论》第 1 卷第 16 期，1948 年 4 月 30 日）

五四献言

民国八年五月四日，北京大学及其他首都各校的学生三千余人所举行的游行示威，就动机与结果言，有双重的意义：一为爱国运动，一为新文化运动。时间虽已过了二十九年，我们今日纪念五四，不仅是例行故事的纪念，就那双重的关系讲，五四仍有活的意义，仍大有纪念的价值。

爱国运动的五四，是由外交的刺激所引起。在第一次大战期间，日本乘着国际的空隙，向中国提出二十一条，并强迫自顾不暇的协约国承认它得以继承德国在山东的一切权利。在战事结束后的巴黎和会中，中国虽以战胜国之一的资格出席，但发现强国之间的秘密协定是支配国际的最大力量，战胜战败的关系反居次要，我们的代表虽然力争，仍不能改变山东问题的强权政治条款。当时普遍全国的忧郁愤慨之情，我们这有过类似经验的第二次大战后的一代国人，应当不难想象与了解。但空的忧愤无济于事，代表全国把忧愤之情发泄为有效的行动的，是当时政治中心兼文化中心所在地的青年学子。他们本于爱国的纯诚，无需任何人鼓励或领导，完全自动的聚有三千人之众，到总统府请愿，并到英美法义各公使馆，表示国民的真正意见。首都的学生登高一呼，全国各界群起响应，上海学界首先继北京后而罢课，全埠的商界并联合罢市，无组织与无从用行动表示态度的一般人民，也无不对学生完全同情。宣传的技术，当时尚未发达；谣言的制造，也尚未成为群众运动的工具。学生所得的普遍同情，是完全自发的。也正因如此，所以效力特别大，到六月十一日，政府只得顺从舆情，罢免亲日的曹章陆三人，巴黎和会的中国代表，在国民的督促与援助之下，也得以拒绝在和约上签字。这是国民外交成功的显著例证；无论今日或千秋之下，只要是一个中国人，必都承认这是学生运动的一大功绩。

专就爱国的意义言，五四运动已是不朽。但以五四为机缘，引起对于旧思想旧传统的重新估价，对于新思想新潮流的热烈介绍，这就是所谓新文化运动。少数人虽然在言语上或行动上不免走极端，但运动的主流是正当的与健全的，在蔡子民，胡适之，及其他各位大师的领导之下，智识青年用最开明的态度研究一切，批评一切，考量一切，希望对一切都能得到合理的与应合时代的新标准与新结论。当时对于一切学术文化问题都运用科学精神，也就是不顾一切的求真精神。在全部中国历史上，能以大无畏的精神求真的，除了先秦诸子外，恐怕只有五四时期的少数有名学人与一群无名学子，及今思之，仍令人不胜其向往之情。来中国讲学的英国哲学家罗素，在以友人的态度对中国作种种的逆耳批评之后，曾毫无保留的承认，当时中国学术界的自由探讨精神，虽在以自由自豪的欧美各国也不多见。这在当时的确并非过誉，摈弃一切成见而惟真理是求的态度，的确普遍于整个的学术界。中国之能有今日，一部要靠新文化运动。对于今日的文化现状，我们无人满意，但我们开始追随世界潮流，还是来自五四以后一批学人的勇于介绍与勤于研讨。我们今日仍然落伍，但已知道落伍之处何在；在五四之前我们只是感觉自己落伍，而不知究竟如何的落伍。这种民族的与文化的自知之明，是五四运动的另一大的功绩。

今日追忆既往，纪念五四，同时也当展望未来，发扬光大五四的精神与五四的事业。爱国运动是弱国的现象，强国无需公开的表示爱国，爱国就包含在国民的日常工作中。二十九年后的中国，仍是弱国；第二次大战后的中国，在许多方面也颇似第一次大战后的中国，仍在秘密协定、阴谋破坏与花样不断翻新的强权政治之下委曲求全。时代不同，爱国表现的方式或也无需尽同，但凡属国民，今日必有民国八年五月四日青年学子的心情，方能无愧于衷。讲到文化运动，五四时期的热烈情绪当然没有永久保持的可能，但我们都当承认，文化运动尚未结束，文化运动的使命尚未完成，我们今日仍需珍视自由探讨的精神，虚心学习。五四之后，是我们彻底近代化运动的开端，今日全国公认的建国需要，就是学理的新文化运动的具体化的表现。文化的巨流，曲折甚多，外相时变，但内里的线索是恒久的。我们纪念五四，须认清它的恒久部分，各尽所能，完成五四一代留给我们的重大使命。

（原载《周论》第 1 卷第 17 期，1948 年 5 月 7 日）

真是

——教育究为何来？

当今之世，恐怕是人类有史以来教育最盛的时代，教育已成了专学，今日已有"教育学"一科，这是前所未闻的现象。以全世而论，学校的众多，学校制度的完备，学生数目的庞大，都是过去的人类所不能想象的。教育发达一至于此，按理所谓教育也者应当没有太大的问题。但实际则正相反，许多好学深思的人对于近代教育确在发生极大地怀疑。所有的人似乎都在忙于教育，教育别人，教育自己，却很少有人多想一想，在根本上，教育究竟是为何事？

一个最普遍，一般人甚至认为当然的说法，就是教育是为的服务社会，造福人群，增进学术，发扬文化等等。很多人即或不清清楚楚的如此说，心里也很容易如此想。所可注意的，就是这一套服务，造福，增进，发扬，都是对外的，而不是对内的，都是对别人如何如何，而不问对自己如何如何。好似是你为我服务，我为你服务，我们为第三者服务，第三者又为我们服务——如此这般，就是教育与人生的最高目的。若说一句笑话：与其如此服务来，服务去，何不各自为自己服务，岂不简直了当，最后的结果岂不也是一样？这是笑话，却又不是笑话。自己与别人是一样的人，为何自己必须向别人服务，而无需向自己服务？并且我们所容易忘记的，就是服务价值的高低，服务目的的正确与否，当然与服务者有非常密切的关系。一个人如果把自己未弄清爽，而侈谈服务他人，其价值与正确性也就大可怀疑了。我们如果说服务他人是对于自己缺陷的一种掩盖作用，或者未免过度刻薄；但我们最少可以说，一心一意要向外表现，结果必至把自己忘掉。这正如古人所说，搬家而把太太忘掉的人并不算最善忘的人，最善忘的是把自己忘掉的人。一般人都知道漠视别人是不对的，但很少人知道漠视自己也是不对的，并且是更不对的。人生如果能谈到目的，目的就是要作人，要尽可能的作一个完人，一个情感意志与理智完全协调的人，而在这三者之中理智是最不重要的，一个人格的品第与味道，主要的在情感的陶冶与意志的锻炼，比较起来，理智倒是可多可少，可高可低的。然而今日的教育，几乎纯粹是理智的教育，并且连所谓理智，也还不一定是经过哲学的溶化的一以贯之的理智，而是支离破碎，专为达到某一种具体目的的技术知识。今人往往以为工农各科的实用之学为技术的训练，这是只知表面而不知内里的看法，实际今日的教育，连文法各科的所谓纯理之学也早已成了技术的训练。文学与哲学应当是距离实用最远的了，然而在今日的学校中把文学哲学也当作专门技术去传授，与陶炼性情修养人格无大关系。教者自视为传授知识的技师，学者视学校为知识的传授所；教者不认为在传授知识外尚有其他责任，学者不知道在接受知识外尚有其他要求，这才是真正的教育破产，相形之下，设备简陋程度低落等等反倒是次要的问题了。比我们富饶，比我们安定的国家的学校，设备整齐，程度高超，但也与我们的学校有同样的根本缺陷，教育的病症是有世界性的，并不限于中国。

前些年教育当局提倡教师同时也作导师，这虽是少数人一时的心血来潮，却无意中抓到教育的中心问题，只可惜各方都无准备，导师云者也只是具文而已。从前的书院，知识的讲述与人格的熏陶打成一片，并且是认真的教学相长，大家相处如家人父子，在知识与性情两方面都可以互相勉励。今日聚数百人以至数千人于一校，不必说教师不识学生，学生不识教师也已成为常事，连教师之间也可互不认识，如此教育，除了专门知识的传授外，一切的大道理又何从谈起？如此教育，在承平之世已是大可忧虑，在长期对外作战而继以剧烈政争的内乱的今日，又何怪一般青年的不是彷徨无主，就是有如马之脱缰，奔放而无止境？长期的战乱，使他们往往未得享受正常安定的家庭生活，至于学校，就制度与办法言，又是冷酷如冰的知识传授所，青年时期自然的热情无所寄托，无从发泄，就只有紧抓普世流行的"服务社会，造福人群"的似是而非的那一套，使他们勉强可以忘记自己人格深处的彷徨与空虚。所以目前青年的奔放，可说是一种逃避作用，不是逃避外物，而是逃避自己。正如万籁俱寂的原野可以成为最可怕的景象，空洞寞寂的内心一定成为最大的恐怖，必须远逃，必须外奔，才能免除此种莫可奈何的恐怖。明乎此理，一个中年人即或遇到一个最典型的不可以理喻的青年，也当对他表同情的，因为他是最需要同情的，并且他之所以如此，中年人最少也要负一部的责任。专就教育的领域讲，一部的中年人，教师，没有在技术知识以外再给他们更重要与更基本的教育，另一部的中年人，有实际政治目的的人，乘虚而入的夺占了他们的一棵空心。实际政治者不择手段，自古已然，于今为甚，但古今中外一致的要选择手段的教育事业者却急需反省，从事教育而未能尽得教育者的全部责任，那是最对不起自己的一件事。教者的只知传授知识，对于青年的空虚与务外是难以辞咎的。至于有的教者，因自己失职而致青年脱缰之后，竟反转过来而虚心的"向青年学习"，这如果是诚恳，实在叫人啼笑皆非，如果不诚恳，真令人欲哭无泪了。

前人谈教育，有"为己之学"与"为人之学"的说法，认为"为人之学"，专为取媚于人的学术，若用时下的名词，就是"服务社会，造福人群"的技术训练，是要不得的。一个人当求"为己之学"，根本上必须自己站得住，才能谈到其他的问题，一切"其他的问题"都只是"自己站得住"之后的附带发展，可有可无。如果有机会，局面许可，一个"为己之学"的人也可从事于服务与造福的工作，绝不亚于"为人之学"的专家。反之，如果身外根本无法可想，他心中也自有乾坤，自有外力不能摇撼的境界。至于专门"为人"的人，一旦没有"为人"的机会，立刻就要迷惑丧志。所以此种人不能无事可作，本来无事，他必须找事，本无问题，他必须制造问题，别人不需他帮助，他非帮助不可。所以"为己"的人看似自私，其实是最体贴他人的人，他人若不欢迎，他绝不勉强他人接受他的教诲或他的服务；专门"为人"的人看似舍己，其实是最自私的人，他的服务根本不是为他人，而是为自己，为解除他自己内心空虚的痛苦，至于他的服务对他人是否真有好处，他根本不问，他人欢迎与否，更是不值得考虑的问题了！

本刊上期出"青年苦闷问题专号"，由"青年自述"各篇中，可看出今日青年苦闷情形的普遍与严重；本期首篇专论又谈到教育的根本问题，与青年苦闷的可能一部来自教育的失调。若要根本改革教育制度，进而使教育接近理想，恐非短期间所能办到。若要青年自反自省，那也是可能性甚少的。惟一的希望恐怕还在教师，教师如在学制许可的范围内，自励自勉，不视技术的传授为全部的责任，进而自任青年的导师，为人为己恐怕都是大有裨益的！

（原载北平《周论》第 1 卷第 18 期，1948 年 5 月 14 日）

谨防学潮的另一种变质

最近天津南开大学发生了最不幸的学潮。平津距离，虽然近在咫尺，我们承认关于事件的曲折我们还不完全清楚，大概的轮廓似无问题：学校当局为减少男生对于女生宿舍的穿行，决定叫男生走旁门，学生贴标语抗议，学校派职员去撕标语，学生与奉命撕标语的人发生争执，学校开除负责的学生，学生要求学校收回成命，并以无限期罢课相威胁，暂时则以"总请假"代替罢课，以待发展。直至五月十三日，事态仍在僵持中。

我们希望上面简单的叙述无大错误，即或与事实略有出入，也无关系，因为我们并不是要就事论事，我们是要因事论理。根本的事实无人否认：此次是一个有历史有地位的高等学府的学生，由于学校当局所采取的职务上的措施，而与学校当局对立，以罢课为要挟，以总请假为手段，要求学校当局收回成命。五四运动的纪念日方才过去，使我们不禁想到五四事件后学生运动的发展。当时政治性的学生运动本由山东问题所引起，以山东问题为中心的排日运动前后延续了两年，每有关于山东问题不利的消息传出，或中日之间每发生新的问题，如九年十月的珲春事件之类，学生总都有所表示。十年秋，华盛顿会议召开，山东问题已有解决的途径，至此政治性的学生运动可说已到了应该结束的时候。但任何运动都是易发难收，本是为国为民的学生运动，迨目标已达之后，外面不再有自然的目标，于是转而内向，学生运动开始公开的或暗地的对准学校射击。或对学校行政表示不满，或对某一教师表示反对，要求不遂，不惜罢课示威，有时甚至公然聚众，以暴力驱逐当局或教师。至于某一当局或某一教师是否有被反对的理由，那是另一问题；根本的问题，是此风一起，学校就不成其为学校，坏的学校不必说，好的学校也有根本动摇的危险。中国的社会虽无组织，对于大事的观察却相当清楚。前两年的学生运动，一般人都忽略它间或难免的越轨表现，而专注意它爱国纯诚的中心事实，大体上都是对学生同情的。但对于民国十年以后借名罢课动辄示威的学生界，社会开始侧目而视，富于讥讽成分的"丘九"一词即于此时造出，证明社会视学生为仅次于北洋职业兵的可怕集团。日后学生运动的无以为继，也可由此中得到解释。

前事不忘，后事之师。历史诚然是往往趋向于重演，但重演并不是绝对必需的。抗战胜利以来的学生运动，在性质上与五四以后的学生运动大不相同，一对外，一对内，绝不能同日而语，但就消极方面讲，其不以学校本身为对象，则两者完全一致。前一代的学生运动，因爱国的目的已达，而转身向校门之内射击。此次的学生运动，是否要因门外的阻力太大，也转身向校门之内瞄准？兴念及此，使人不禁悲从中来，不知尚有何话可说。学校为教育机关，没有武力，也绝不会假借任何方式使用武力，所以若对学校发动聚众要挟的策略，学校当然没有好的对策。在此种要挟之下，只有两种可能的结果。一是学校当局屈服，承认遇到重大问题时须唯学生之命是听，至此学生诚然可以快意于一时，所容易忘记的就是自身所寄托的学校，从此要身价一落千丈。求学的人，从前讲究择师，今日讲究择校，一个青年既然列籍某校，总是以列籍该校为荣的。我们不能想象从前一个读书人会追随一个师道扫地的业师，不知今日的读书人为何不惜把自己的学校打落为一个校道扫地的学校！反之，如果学校当局不畏要挟，不肯屈服，而学生自认为颜面攸关，不能下台，此种僵持的局面一经成立，学校最后只有关门。这当然不是任何人所希望实现的结果；若竟不幸而实现，最吃亏的还是学生自己。所以学生"成功"也好，"失败"也好，都是自己吃亏，高等学府的青年而考虑如此不周，能不令人痛心？

胜利以来的学生运动，当初多少还有企求改革的意味，后来一扭而成为推翻现状的运动。这种变质是非好坏，与本题无关，可以不论。多数的青年，尤其学生青年，苦闷万端，凡略有想象力的人，即或是对于变成政争武器的学潮深恶痛绝的人，也对一般青年无不深表同情。但如果青年非重演历史不可，使学生运动再度变质，成为校门之内的打倒推翻运动，重演的历史的必定是全部重演，其中的一部就是丧尽各方面的一切同情，与自身所寄托的学校的彻底毁灭。恶劣的趋势方才开始，悬崖勒马，尚不为晚，望青年深思。

（原载北平《周论》第 1 卷第 19 期，1948 年 5 月 21 日）

论老

　　敬老为所有文明社会的一种美德，有的社会甚至敬到迷信的程度。例如中国传统社会的一种称赞青年之词为"少年老成"，似乎是看"老"为少年人的最高理想。但有时也不免感到老的缺点，于是又有"老当益壮"或"人老心不老"一类视少壮为老年的理想的话。再进一步，有时甚至感到老的讨厌，造出"依老卖老"的讥词与"老而不死"的咒语。敬老虽是中国伦理中的有力教条，由讥词与咒语看来，对于老似乎又不能全无怀疑。

　　敬老的原意，并非因其老，而是因一人未老之前的成就与贡献。生而为人，应当自视为赋有天职，为农为商，读书劳作，都无关系，但在青壮时期必须努力去尽自己的本分。年老之后，把自己的岗位让给后来的人，把自己的经验教给后来的人。此种老人当然可敬。最早用"老而不死"一句话骂人的孔子，批评原壤，说他"幼而不逊悌，长而无述焉，老而不死，是为贼"，意思正与我们上面所讲的相同。一人终身无成，早就该死，到老而仍不死，怪不得连圣人都忍不住"以杖叩其胫"了！后世的中国不明此理，无条件的认为老的本身可敬，就大失敬老的原意了。正因如此，所以在中国社会"依老卖老"的现象特别发达。西方人年已五十，仍自视为壮年，认为一生的重要事业方才开始。但在中国有许多年方半百甚至刚过四十的人就以老自居，这是极不健全的现象。方过中年，即倚老卖老，唠叨小器，有如七八十岁的老太婆，这是一种令人感到最可惋惜的现象。况且人一自认为老，就必停止进步。在今日训练复杂，往往须到而立之年方为准备成熟的时期，未及五十就不再长进，这无论对个人或对社会都是一种极不经济的事。

　　当老而老，乃是人生过程中莫可奈何的发展，只得听其自然。身体衰老之迟早，在乎营养，卫生，与遗传。遗传部分属于先天，已生为人，天工已定，无法可想，可以不论。至于营养与卫生，对于太坏的遗传虽无补益，但对于多数人最少可补一部天工之不足。为克尽天职起见，每个人都当于可能范围内善自珍摄。这不只是对于自己的责任，也是对于社会对于文化的责任。但最严重的老并非身老，而是心老。身心相互为用，身老则心老，心老也使身老。免除心神早衰之道或者很多，最重要的恐怕是使生活有一个积极性与建设性的目的。例如每人的职业大概都有谋生的意义存乎其中，但我们如果能只视谋生为肉体凡胎的一种不得已的附带条件，主要的精神都贯注在事业上，对事业保有浓厚的兴趣与坚强的毅力，如此我们就可不轻易的为物质环境所左右，在任何情形下都能勇往直前，对于自己的知识与技能时时刻刻力求进步。一个人若能如此，即或身体虚弱，大概也可免除早老，最少不致年未六十就老态毕露；身体如果生来强健，恐怕维持高度工作效率到古稀之年也不太难。

太平时代，许多人处尊养优，还不显得易老。非常时期，生活困难，环境变态，心神紧张，凡太平时代未作充分准备或未能对于事业本身发生热情的人，到此时都老得非常的快，有的人可以行年四十即有准备就木的神情。我们处在列国竞争的今日，撇开其他的问题不谈，只此早老的一点就足以使中国永远落伍而有余。西方一个人工作到六十是常事，到七十仍能有积极的贡献也不是特别例外。中国一个人普通只能工作到五十，五十以后即或仍然每日经过工作的形式，也往往不能再有真正的成就。有的人甚至年未五十就已停止活动。假定一个人的重要工作由三十岁开始，一个西方人一生工作三十年或四十年，我们往往工作二十年，两个人才抵他们一个人。并且今日复杂时代的高级人才，非到四十以后，甚至五十左右，不能完全成熟，最大最精的成就就时常须待五十左右方才开始。而我们很多的人刚到此时就已衰老，这是如何大的损失！

不肯早老的决心，必须青年时期就要立定，方能有效。深望现在的青年能够明了我们国民的弱点，由今日起，对于"老"的道里要彻底的认识。旧日所谓"少壮不努力，老大徒伤悲"，看似老生常谈，确是至理名言。青年不再，转瞬就成过去，最重要的是紧抓这个短暂的宝贵时光，尽量利用机会，充实自己，追实学，求真知，要深切的觉悟，青年时期活力充沛，热情四溢，无意间容易自认为永远没有老的一天，好似前面学习的机会与时光还多的很。凡过度如此任情奔放的人，往往发生错觉，误以生理上的热情为可靠的活力，以热情下的自信为人格的支柱，因而轻易放弃与热情不大发生联系的真知实学；一纵即逝的少壮年华一过，立刻发现自己人格的空虚。而这个发现正是老的开始，这就是最痛苦的早老现象。少年时期，的确需要"老成"一点；正因热情有余，反倒更需克制热情，多用理智，以防二三十年以后早老的悲哀！

（原载北平《周论》第 1 卷第 19 期，1948 年 5 月 21 日）

美苏交换照会，冷战又一回合！

最近美苏之间的交换照会，是国际现局中一件大事。此事由美国发动，五月四日美国驻莫斯科大使史密斯将军以备忘录形式致书苏联外长莫洛托夫，说明美国政府的根本立场。全文甚长，值得关心国际政治的人细心追研，其中有的话极关重要，例如论及苏联对美认识的问题时，说：

"我国政府对于苏联政府对美国现行政策究已获致何种结论，并无概念。惟曾注意一点，即苏联报纸对我国态度之叙述，系属歪曲错误而且达危险之程度。苏联政府人员本身是否相信此种歪曲说法，或相信至若干程度，我国政府无法加以估计。职是之故，本人希望就我国政府认为极端重要之若干点加以说明，俾在此时不致发生误会。"

以上一段话并无若何深奥处，似乎就是此次发文的真正动机。苏联内部的舆论，全由政府控制，外国任何的意见，无论是外国政府的或外国人民的，不经过苏联政府的同意，根本不可能达到苏联人民的耳目，同时苏联政府当然很容易对于在它统治之下的人民的心中造出对于外国的任何印象。纯就对内的控制言，这当然是非常便利的，但问题就是，一种印象造成之后，不易马上改变，即或其印象与事实不符，政府也须假定它合于事实，在非采取行动不可时，也只得以此为出发点。所以世界各国比较客观的论者，常常认为苏联政府人员居然相信原备自国人民所独享的宣传，这恐怕是不正确的，苏联负责的人并不如此天真，他们对于世局认识的相当清楚，不会自欺一至于此。实际上他们往往是不得不如此。因为他们曾使他们的人民相信其他各国都充满了弱点，只有苏联无比的健全与不可抵御的强盛，遇到非表示态度不可或非采取行动不可时，苏联政府人员就只有作出目空一切的表现，否则对于一往情深的人民实在无法交代。也正因情形如此，美国才决定要通过苏联政府而达到苏联人民，使苏联人民明了美国国内的实际情势与美国政府的真正政策：

"美国政府在国际问题方面之政策，在最近几月与几星期中已明白加以说明，此项政策获得美国人民中极大多数之支持，并将继续予以有力与坚决的执行。苟他国人士臆测美国国内问题之种种考虑，诸如未来之选举等，将在任何方面削弱美国支持其认为准确之行为之决心者，将属严重错误。同样，我国政府深知各地之共产党组织迄在散布宣传，认为即将到来之美国经济危机，不久可造成美国政策激烈变更。经济恐慌，无论如何不致影响吾人基本生产能力，亦不能影响决定吾人外交政策基本国策之观念。"

这一段话恐怕是全文的重心所在。以为今年的大选可以影响美国的对外基本国策的人，遍世皆是，此点倒不能由苏联人民专美。我们可说一句极端的话，即或是华莱士当选为美国总统，他也绝对不能改变美国的国策；任何人如果认为人的因素可以改变一个近代大国的国策，那只能说是可怜的幼稚，是对于近代世界根本缺乏认识的表现。此种幼稚的见解在我们中国特别流行，今后急需纠正。至于所谓经济危机即将到来并将迫使美国改变政策的一种说法，也是今日最时髦的一套八股。美国是否会有新的经济危机发生，或何时发生，的确无人敢作任何武断的答复。但假定经济危机果然发生，美国却一定会改变政策，只恐怕改变的方向要与八股专家所希望的完全相反；经济危机如果发生，美国不只不会在国际舞台上打退堂鼓，并且还会表现得更为积极，甚至马上引起战争亦所不惜！史密斯氏实际已等于如此说了，他所谓经济恐慌"不致影响吾人基本生产能力"一点，其"基本生产能力"若解为"军事及与军事有关的生产能力"，恐怕并无大误。过去因为总有其他强国打头阵，使美国没有骤然遭受攻击的危险，所以美国在国际的表现上时常显得懈怠。此种情形已经完全成为过去，近两三年来美国政府与人民的言行与态度，已再清楚不过的指明美国已有不计一切而维持世界首强地位的决心，此种地位若遭威胁，就必不惜一战。这个道理，深值凭着主观的希望判断世局的人多加消化！

最后，史氏说明："就美国言之，充分讨论并解决异见之门户，始终洞开。"莫洛托夫在复文中，除为苏联的政策反复辩护外，特别抓住这一点，声明随时愿与美国进行谈判，解决两国之间的一切问题，其意似乎是要由美苏两强交谈的方式来决定世界的命运。但此点马上被美国拒绝，马歇尔说明美国不能与苏联谈判有关他国利益的问题，此类问题须经由联合国机构或其他已有的国际性机构予以处理。在外交折冲上以惯于取胜著称的苏联外交界，此次恐怕只有承认输了一着，因为此次给人的印象，是苏联要用强权政治的方式与美国谈判如何支配世界甚至瓜分世界，而美国却显得仁至义尽，表示对于一切国际机构的尊敬与重视。过去曾视马歇尔为军人不懂外交的人，若需要反证，此次是最好的反证了；在国际冷战中而能轻描淡写的制胜苏联的人，其外交本领非同小可，也难怪中国以及世界各地的苏联同路人多抓住马氏不肯谈判这一点而大施挞伐！

专就中国而论，其实我们哪有资格作左右袒？冷静的研究，以求明了复杂万分的国际政局，是我们惟一可以作又值得作的事，认识清楚而犹恐于国无补，以积弱之国而于外国发生问题时还乱是此非彼，岂不显得太可怜相！在两年来的冷战中，美苏互有胜负，苏联占上风时较多于美国。此次美国占了便宜，仅此而已，其他全不相干！

（原载北平《周论》第 1 卷第 19 期，1948 年 5 月 21 日）

史地公民

专就历史一科的范围讲，本国史与外国史须分别讨论。现在一般的中学本国史课本，都嫌过繁琐，无论对于某一时代或某一问题，往往都抓不住重心所在，使学生实难感到兴趣。例如每朝的官制，税制，及其他形式化的制度，似乎都是教科书作者所不厌其详的列举的，其实这些多是不相干的事，若认真研究，其中问题甚多，与整齐制度的表格相差不知几千万里，那应当是非常专门的问题。所以除了为明了某一时代所必需的一部分，往往是极小的一部分，小到有时可以完全漠视的程度，对于这一类纯粹钞书的成套材料，中学课本不当录入。再如人名、地名、掌故等等，都以多加酌量为宜。例如讲到南北朝隋唐的佛教，一般课本总要把所谓十三宗的名称，开创之祖，印度远祖，初起时，中盛时，后衰时，一条一条的列举，而对于佛教的真正意义，在历史上的地位，却并未说出清楚的道理。教科书给人们的印象，是作者特别喜欢把成套的东西述说一遍或制出表格，至于这些东西对于中学生是否有兴趣，是否能为他们所了解，甚至其本身除"掌故"的价值外是否尚有其他价值，都常为一般作者所忽略。这实在是中年人所加于中学生所不必需的痛苦。

尤其荒唐的是许多课本中通篇累牍的注解。随便举一个例子：一种课本在三页大字的一章之后，列出满满一页的小字注解，其中引证或提到的有诗经正义、郑笺、韩诗、孟子、日知录、左传、礼记王制篇、周礼、白虎通、公羊传、论语、汉书刑法志、战国策、俞正燮癸巳类稿、晋书刑法志、二十二史札记。这要把中学生吓倒，是没有问题的，恐怕连许多教师也不免看得眼花缭乱。惟恐出来一个淘气的学生问起来，自己将无以应付。这不仅是对中学生开玩笑，简直是与中学教师过不去了！中学课本决无成为专著的可能，又何苦如此费力不讨好？这并非某一课本作者的不妥作风，所有的作者几乎都是如此的。

上面所讲的缺点，外国史课本大致都能免除。所谓外国史，主要的就是西洋史，早已由西洋学者清出一个条理，我们的作者有现成的路线可循，根本不会在体裁上，结构上，或去取上，作出过度离格的事。所缺的是了解力，能抄书而无大误的作者已不易得，其他更不必说了。至今尚未见有一本由中国立场所写的西洋史课本。事实一方面常嫌太多，另一方面又嫌太少。太多，是因为许多事只对西洋人有意义或有兴趣，如较小的职役，二三等的历史角色之类。太少，是因为许多事对西洋人是不言而喻的，对于我们就成了生硬的难知的事理了。例如在中古与近代初期的历史上，基督教的地位非常重要，若不讲清楚，许多发展就无从了解。再如近代史上的政党制度，对于一个西洋学生是他日常生活的一部，对于一个中国学生就成了极其玄奥的事。一般的课本作者往往没有充足的想象力，使他们真是为中国学生写西洋史，而不是照抄作为西洋学生用的西洋史。这种情形，只有希望在彻底明了西洋历史与西洋文化的人多起来之后，慢慢的改正。

关于地理学，优良的中学课本还比较容易找到。地理学是今日已经整理清楚的一门学问，不像历史学，尤其不像中国历史，性质与范围的那样含混。中学地理一课的困难，恐怕在教师。很少的大学有地理学系，有地理学系的，其学生的数目也不甚多，所以今日在中学教地理的人往往不是专习此科的人，勉强应付，当然难以引起学生的兴趣。

由于以上所讲的情形，中学生难以对于史地之学，尤其对于史地的大道理，多所认识。事实上，因年岁的关系，中学生对于史地，特别对于历史，本难有透彻的了解，理想的教法恐怕是当以讲述既有意义又有趣味的故事为主，此外只叫学生知道一些最基本的事实就够了，无需多所苛求。大学入学考试，恐怕是以出测验题为宜，测验学生对于必需的基本事实的知识。若出普通的问答题，学生不免要说出一点解释，发挥一点道理，但所说出的与所发挥的往往是既非正确也非错误，而是不着边际或大而无当，极难评价或给分。若出测验题，这种困难可以避免。即或出问答题，所需的答案也当是简短清楚的，不要给考生一个长江大河的作文章的机会。

至于公民一课，几乎所有的人，中学生，中学教师，与大学出题的人，都对它发生莫可奈何之感。"公民"恐怕是中学生所最感头痛的课，作一个标准的公民若靠一般的公民教科书，那把稳要叫所有的学生将来都成了最要不得的公民！的确不是笑话；连大学中各科社会科学的教授也多公开的承认，他们不能了解公民教科书中所讲的是些甚么。其中大部既与实际的情形全不相干，绝谈不到是动人心弦的理想，只能说是堆砌起来一套一套的抽象名词，勉强最需活的食粮的学童生吞这些不可消化的砂粒，只能说是对于学生的一种精神虐待。此课若不取消，就必须彻底修改内容与改变办法。在目前情形下，为符合功令，既非考公民一门不可，各校恐怕仅有在考试总分中尽量减少它所占的地位，方能使根本不合理的一件事略微合理化！

（原载北平《周论》第 1 卷第 20 期，1948 年 5 月 28 日）

弱国外交与外交人才

真理不会害人，真理即或给人痛苦，那痛苦也是暂时的，最后的结果总归有益。十足的谬论也不会害人，因为任何人一见就知其为谬论，不致被它所诱惑。害人最甚的就是半真半假的冒牌真理，因为它容易使人认半真为全真，引人走入歧途，始终不悟。"弱国无外交"的成语，是有名的一条真伪参半的论断。

此语的反面就是"强国的外交必无阻碍，更无失败"。正反两面都与史实绝不相符。所谓弱国无外交，只是弱国人士的愤慨之辞，因为弱国若想在国际上大出风头，事事称心，当然是不可能的。但弱国若要维持自由与独立，却大有赖于外交手腕的灵活运用。反之，强国若一味的逞强，不讲求正常的外交，平时必不顺利，连武力取得的权益也未必能如意的把握。无论强国弱国，在一般的外交事务上，成功与失败大半要看外交人员的本领。有的外交，为任何人所不能办通。例如你若无故去向地位力量相等的邻邦要求割地，你的外交无论如何高明，也难以发生效力。反之，许多的例行公事，任何人都能办通。但这种公事，一个使馆馆员或外部录事即可胜任，并非真正的外交案件。介乎不可能的事与不相干的事之间，却有许多可办须办的事，事的成败就全在人为了。例如你要接洽借款，要请友邦作一种对你有利的投资，要为你的侨民取得额外的便利或权利，要想友邦作你与第三者交涉时的声援……诸如此类无可无不可的事项，友邦的肯否协助，一个大的关键就是你的外交部与驻外使馆负责人的人格，资望，与本领。本可成功事，即或是强国，也可因外交人员的平庸而失败。本无把握的事，即或是弱国，也可因外交人员的超绝而收得效果。本可白白奉送的人情，也可因外交人员的不为友邦欢迎，而须经过种种的故意刁难之后，方才极不痛快的到手。

国与国之间的关系虽然复杂，但道理也同人与人之间的关系相类。一个人在社会上活动的成功与失败，或成就的大小，主要的当然是靠他的真正本领；但除非是入山修道，任何人也不能关起门来独自活动，一切的活动都直接或间接的与他人有关，并且需要他人的协助，最少需要他人的合作。一个本领有限的人，若对人应付得宜，也可收到中人以上的成就。一个本领超绝的人，若处世接物，到处见罪于人，也必左右碰壁，一事无成。国际之间的交往，何尝不是如此？两国间所发生的问题，大半可东可西，可左可右。实际到底为东为西，为左为右，双方外交家折冲时所运用的才能与手法是最大的决定因素。例如中国于民国成立之初，多年根本无外交政策可言，外交上的人才既然缺乏，所有的少数人才也无施展的机会与自由。先是对列强一味的谄媚，徒遭国际的轻视与玩弄。后来又一贯的倨傲，误认虚张声势为盛强，结果是四面树敌，在国际上陷于完全孤立无援之境而不自知。日本敢于发动九一八的袭击，这虽不是惟一的原因，却是很重要的一个原因。当时中国诚然是一个积弱之国，容易招侮。但日本的野心早可看出，田中奏折的秘密早已公开，若非对于外交的过于幼稚，也就早该设法防患于未然。若果在国际上多下功夫，后来的国难虽未必能全部避免，最少其发生时的严重性可因外交上的实际声援而减轻，恐怕是无可置疑的。

这一切都早已成为过去，不必追求责由谁负。今日以后的事，局面与前不同。今日国际上只剩了美苏两个强国，局势更显得紧张，从中应付更为困难。要想运用外交，必须在外交事务上有相当多的可用之才。过去我们向不注意外交人才的培植。自清末以来，我们的教育政策就以英文为第一外国语，按理我们最少对于英美两国应当不致感到困难。但若平心静气的考量一下，今日国内到底有几人可称为真正的"英国通"或"美国通"而无愧？对于英美尚且如此，对于他国更不必说了。派往某国的使节，对那国的文字，文学，哲学，历史，宗教，艺术，风俗，习惯，以致偏见与成见，尤其是偏见与成见，要能彻底的认识，最少要有认真学习的资格与能力方能胜任。使臣对于驻在国必须能够同情。心怀敌意的使臣，或秦人视越人式的使臣，或对驻在国文化的各方面根本没有了解能力的使臣，必定失败。外交上虽间或不免欺诈，但使臣若存心根本不正，却极少成功的希望。这也是人事上的一种奇特的矛盾。前些年法国驻英的一位大使，在他的使任期内，曾对英国中古史上的一个小题目下过功夫，最后写出一本至今被英人认为有学术价值的作品。这位大使非常成功，他的成功并不在那本著作的本身，而在那本著作所表现的态度。他是诚恳的要参透英国民族的精神的。一个使臣即或无此能力，最少也要有此志向和襟度，方有尽量完成使命的把握。

使臣必须具备上列的条件，才能对上中下三等人都可谈话，谈话而不隔膜，不外行，不贻笑大方。使臣必须如此，方能在驻在国交友。交友是使臣成功的一个必要条件。使臣对于驻在国的真正舆论必须详细明了。但真正的舆论，时常因忌讳，客气，故意的不客气，或其他的关系，而在报纸上不能见到。驻在国的朋友可以补救这个缺陷。使臣的消息来源必须丰富，除了秘密来源外，驻在国友人的谈话往往是意外消息的重要泉源。

欧美各国派驻中国的使节，多数不能达到此种标准。但我们却不能因此而认为也可照办。今日的国际政治与世界文化是以欧美为重心的，欧美外交人员昧于我们的情势，也要吃亏，但不致吃大亏。我们若昧于欧美的情势，在平时就不免要吃大亏，在非常时期就有招致意外祸患的危险。此种欧美为重心的局面，在我们今日所能照顾得到的未来是不会改变的。这是历史发展的结果，莫可奈何，我们只有认清事实，承认事实。

最后还有一点心理的关系可以注意的，就是驻在国对于派遣国的看法，最少在政府人员与舆论界领袖方面，往往是以派遣国使臣的人格为标准。一人的一举一动，可辱国体，一言一行可为国家增光的，只有驻外的使臣。所以使臣的人选，应当特别注意人才主义。强国已当如此，不强的国更加如此。

（原载北平《周论》第 1 卷第 21 期，1948 年 6 月 4 日）

再认识美国的对日政策

美国扶持日本的政策日愈显著，最近美国军部竟宣布了一个日本五年经济计划，把日本的军事工业重建，并大量的削减日本应该付与各战胜国家的赔偿。此种计划公布后，引起所有参加太平洋战争国家的不满，在中国所引起的反应尤为强烈，全国舆论一致的予以抨击；政府并已电令驻华府的顾维钧大使，向美国当局严重洽谈，希望美方取消这种扶持近在咫尺的中国敌人的计划。

远在两月之前，在美国扶日政策开始表面化时，本刊即曾提请国人注意（见本刊第十三期社论：认识美国对日政策的一贯性）。美国扶日，绝非偶然，其决策也不自今日始，而是远在日本未败之先就已划定的政策；美国初期入占时的严峻作风，大部是在作戏，最近的表现才真正的出诸本心。这是最根本的一点，我们必须抓住此点，才能算是认识美国对日的政策。最近半年来，美国的负责人士，无论是在日本的或在美国的，都在不断的说日本已经民主化，这正是为今日方始表面化的政策预作布置。我们如果以为美国人天真，过度的相信日本人，那就是我们自己太天真了。我们万不可因果倒置；美国并非因为相信日本已经民主化而决定推行扶日政策，乃是因为预先决定扶持日本才不厌其烦的说日本已经民主化。这正如在其他地方，决定拿出颜色给人看时，必说他们不够民主一样。"欲加之罪，何患无辞？"若改为"欲加之惠，何患无辞？"也同样的通顺，两者可说是同一道理的阴阳两面。美国人民中一部的个人，对于美国国境之外的地方是否民主，或者认真的关心，但美国政府对此可说是丝毫无动于衷，政府所考虑的是利害，不是理论。其实这是当然如此，任何政府的对外政策都是如此决定，只有在政治上最不成熟的中国人才始终固执的否认这个道理。这是我们中国人今日的最可怜处，使人痛心疾首而莫可奈何的。

美国的扶日政策，当然不是对中国而发，美国绝未把破烂有如今日的中国看在眼里。在美苏到处对立的今日世界，这是对苏政策的一部，是任人皆知的。但其附带的结果，却严重的影响中国；赔偿削减，理应得偿最多的中国当然最为吃亏；恢复日本的生产能力，当然威胁中国的工业。凡属中国人，对于如此不利于中国的美国政策，自然要表示反对，并督促政府向美国严重交涉，抵抗日本最久，牺牲最大，在东亚大陆对所有盟邦贡献最多的中国也可毫无愧怍的向任何人或任何国提出有关日本的主张。国家尽管残破，在利害攸关的根本问题上，仍须有挺身而出的勇气与决心。由此点言，最近全国各地对美国扶日问题的密切注意与热烈讨论，可说是应当令人兴奋的现象。

但有一点，心所谓危，不敢不言。多数同胞的一心为国，是丝毫无可置疑的。但使我们不能不感到奇异的，就是此次热烈反对美国推行不利中国的对日政策的人士中，有一小部分是在苏联拆洗东北工业设备凌虐东北男女同胞时从旁喝彩的人物。只要是不利于中国的行为，来自美国也好，来自苏联也好，中国人都当光明正大的表示反对。既是中国人，就当然采取中国的立场。美苏两国都很够强大，无需不争气的中国人去凑热闹。美苏之间的冷战诚然有趣，但可怜如中国的只有资格远远观阵，绝无资格加入战团。如因美国扶日政策不利于中国而表示反对，并督促政府尽力提出交涉，那是凡有中国血统的人所可作并且当作的事；但是如果以此为借口而对外人效劳，甚至作为对内政争的工具，我们不愿相信任何仍然自认为中国人的人会如此的自暴自弃！

（原载北平《周论》第 1 卷第 21 期，1948 年 6 月 4 日）

巴力斯坦的无上惨剧，英美合演的无比双簧！

自五月十四日午夜，英国正式结束巴力斯坦的委任统治权后，巴境之内的发展甚为惊人，列强之间的表现尤其使人感到头昏目眩。英国撤出后，犹太人立即宣布成立以色列，十分钟后杜鲁门总统即发表声明，对于新政府作事实上的承认。承认之速，不仅打破过去历史上的一切记录，在相当长的时期之内恐怕也可毫无问题的保持最速纪录的地位。普通认为美国政府一方面要得国内犹太种人民的欢心，一方面要抢在苏联之先承认以色列国。这两种解释都是对的。在大选之年，在朝的民主党自然的要利用一切机会去赢得任何部分选民的欢心。苏联措手不及，迟至十七日才承认新国，心中只有自认输了一著。

较承认的速度尤为引人注意的，就是英国的坚不承认新国。岂仅是不承认，并且是积极的帮助阿拉伯民族各国去破坏立足未稳的犹太民族国家。英国一退，巴境之内立刻大战爆发。犹太人想要紧抓良机，扩充领土；阿拉伯人，外约但，叙利亚，黎巴嫩，埃及，伊拉克各阿拉伯民族国家的军队，纷纷的开入巴境之内，向犹太人进攻，在各国背后，尤其在外约但之后，有英国的军官、军械与鼓励。美国想要叫联合国出面干涉，也为英国所阻。美国一部舆论与少数议员，并认为美国应当调查英国是否在把美援转入阿人之手，如调查属实，美国即可考虑减少援助的数量。但这也仅是说说而已，国务院对于英国则无清楚的表示。然而美国却已宣布可以考虑利用第二次大战期间的租借方式去大量的援助以色列国。事态若非如此悲惨，这真将令人不禁为之发笑。试思英国援助阿人的物资是否来自美国的一点，又何需去调查？若无美国的援助，英国根本就要有冻馁之虞，又安有余力去帮助阿人？所谓英国助阿云云，岂不是等于美国助阿？但同时美国既已对犹太人给予精神的鼓励（十分钟后承认新国），又说可以考虑物质的援助，这岂不正如圣经上所说："不要叫你的左手知道你的右手是在作甚么？"此外再看较为次要而仍极可注意的发展：渺小如黎巴嫩的，竟敢从海船上扣押大批犹太种的美国人，而美国仅作了外交上例行故事的抗议；埃及与叙利亚宣布封锁巴力斯坦的海岸，美国一方面声明否认此种封锁，一方面又说没有美国船开往圣地海岸，而同时却又放出风声，说或可考虑向圣地运输军火。天哪！这是在玩弄一套甚么把戏？

表面的现象过度复杂过度矛盾时，我们必须紧握背后的一点或几点根本道理，方不致为外象所迷惑。第一，英美的根本政策决不矛盾，今日的英国离开美国就不能生存，所以在大事上无不唯美国之命是听；在关系重大的中东而英国竟与美国对抗，那简直是绝无此理的事。第二，美国在巴力斯坦真是有苦说不出：中东是世界上最重要的军略地带，又是世界上最丰富的产油区域，对于控制中东的阿拉伯人美国绝不敢过度开罪；但困难的是自己国内又有数目相当大财权尤其大的犹太种国民，在平时已不能漠视，在大选之年又安能不谋求他们的欢心？既然如此，对于已经逼到眼前的巴力斯坦问题，两个盎格罗萨克逊国家只有约好各站一边，英国袒阿，可以保障中东的继续控制，美国袒犹，可以顾到本年的大选。第三，美苏的根本对立，虽然普遍全世，最剧烈的对立却在中东。美有中东，可以随时威胁苏联的腹地；苏有中东，就将等于控制整个的地中海以至整个的欧洲。这是美国所绝不能容的。过去二三十年的犹太复国运动，使犹太人与巴力斯坦占多数的阿拉伯人不断发生摩擦，但英国大体还能应付。第二次大战后，情形突变。苏联利用东欧各国未被纳粹杀掉的残余犹太人，把他们彻底赤化成粉色化之后，暗中送入巴力斯坦，渗入复国运动的阵营中替苏联工作。至此，英国也就等于是美国，对巴力斯坦感到难于控制，中东的铁环有在巴境被苏联冲破的危险。这个危险非同小可，是英美所必须设法克服的。

明白以上三点根本的道里之后，数月来以巴力斯坦问题为中心的纵横捭阖，就不难了解了。英国宣布准备退出巴力斯坦，美国在联合国中提议在巴境内划出阿犹两国，这已可保证阿犹之间要成立无可调协的对立状态。对立的状态与对立的心理已经制造成熟之后，美国在联合国中又提议取消分国的计划。阿拉伯人从此得到鼓励，历来狂热的犹太人则于气愤之余更积极的准备成立民族国家。最后英国撤退，犹太人宣布成立以色列国，美国立刻承认，犹太人从此又得了鼓励，更可勇往直前。但一向自信一向尚武的阿拉伯绝不会因此气馁，只有因激怒而更积极，何况尚有英国从中给予物质上与精神上的安慰？这就自然造成今日犹太教、基督教、伊斯兰教，三大宗教公同圣地的巴力斯坦的无限悲惨的大流血。

英美最后的目的究竟何在？这真令人不忍言者。巴力斯坦境内六十万左右的犹太人，受了少数赤化分子的激动之后，已成了英美治下中东世界的一个大患，非彻底铲除不可。应付大选年的需要，只不过是偶然的巧合，真正的作用较此远大多多。我们不可忘记，专就巴力斯坦境内而言，阿拉伯人就两倍于犹太人，至于在整个的中东，阿拉伯人的数目在三千五百万以上。今日的局势继续发展下去，不出数月，巴境的犹人除了国亡人灭外，又何能有其他的下场？除非中东成了清一色的状态，英美又何从防止苏联势力的侵入？苏联既不惜使犹太复国运动变质，英美又何惜彻底毁灭复国运动？在强权政治的你争我夺之下，区区六十万犹人的生命又何足爱惜？可能数目相等的阿人的生命又何足挂齿？

　　若要明了今日世界的根本悲剧，最好看巴力斯坦。弱小者，不动则不甘心，一动则成为强大者的工具与牺牲品，往往至死而不自知。一天到晚作梦与狂喊的人，只消看巴力斯坦一眼，就可认识今日世界的真面目，就可获得大书中与小册中都谈不到的真智慧！

　　　　　　　　　（原载北平《周论》第 1 卷第 21 期，1948 年 6 月 4 日）

永恒的青年问题

青年问题，在今日是有世界性的。今日的人类，生逢大乱之世，一个人除非是得天独厚，修养独到，无论是年方二十或已逾半百，多多少少都难免有无所适从之苦。青年因为比较敏感，其痛苦或者更为明显，但中年人与老年人何尝没有苦闷？中国特别穷，特别弱，特别乱，所以人心的苦闷也特别普遍，但这绝非别国都是安乐乡之谓；世界各国，包括极少数生活大致安定的国家在内，无不深为苦魔所忧。这个问题太大，大至不可向迩，令人无从谈起。我们试把范围缩小，忘记今日的世界，也忘记今日的中国，只抽象的推研苦闷问题，尤其是青年苦闷问题，追求其中永恒道理的所在，或可使我们对于整个问题能够获得一个比较透彻的认识。

人性的一个根本的道理，而容易为人所忽略的，就是十五岁以下的童年与三十岁以上的成年，都是完整无缺的，最少是可以完整无缺的平和境界。十五岁以前，许多麻烦问题还没有发生；三十岁以后，多数麻烦问题都已经解决。只有当中这一段，急迫的问题纷至沓来，本来宁静的心灵四面八方的遭受冲击，其满心的苦闷之情，为儿童所不能想象，为成年所容易忘记，永恒的青年问题就由此发生。孔子所谓"吾十有五而志于学，三十而立"，是参透人性的至理名言，深值细细的慢慢的咀嚼。幼小时期，受家庭的保护，受父母教师的指导，物质的环境与意识的境界都有人为儿童安排停当，儿童也多能居之不疑，世界是有规律的，是没有根本问题的。但到十五岁左右，童期将尽，初次发现复杂的世界，过去以为没有问题的地方现在处处是问题，求知欲至此特别浓厚，这是真正开始"志于学"的时期。宇宙人生，国家社会，个人在宇宙在群体中所占的地位，种种类此的大事，至此都成了终日在心中盘旋的问题。为解答这些问题，青年需要信仰，需要归宿，需要心灵有所寄托。随着时代、机会与个人秉性的不同，青年或者发现宗教，或者归依主义，或者专心于服务，或者沉湎于爱情，或者读书以至于成癖，或者穷思以至于发狂。表现的方式尽管不同，其求归宿的心理则完全一致。此时如有良师益友的鼓励，或有开明父母的指导，再逢比较正常的生活环境，那是莫大的幸运，苦闷的心情可以减轻，走入歧途的危险可以免除。如不幸而没有父母师友的合理协助，再加生活环境的严重压迫，青年而欲养成完整无缺的心灵境界，其困难实不可估计。两代之间容易发生误会，就是因为这个道理。"三十立"，成年人已经"立"稳，一切问题已经解决，未能真正解决的问题，因为时过境迁，也往往可以不了了之的置于脑后。如此立稳的成年，除非是想象力特别发达，对于终日东倒西歪的青年很难发生同情。至于想叫狂放的青年同情于平和的成年，那当然是妄想，青年既是青年，就根本无此能力。这种世代的对立，古往今来不知会造出多少家庭骨肉之间的悲剧。即或是最稳定的太平盛世，此种悲剧也不能完全避免；若遇到大乱之世，除了扩大多倍的根本困难问题不计外，各型各类的巧言令色人物必然乘机兴起为苦闷彷徨的青年制造许多不必需的苦闷彷徨，使世代轻微对立的正常现象变成世代严重敌对的反常现象。这正是今日世界所处的状态，我们中国不过是在此种状态的世界中占据一个最惹人注意的地位而已。

本刊月前出"青年苦闷问题"专号之后，陆续收到几篇文稿，或直接分析专号中的资料，或以专号为起发点而另外立论，都证明一般社会对于青年问题的注意与关心。我们把这几篇文字汇合发表，作为"青年专号"的检讨，并申论青年问题的永恒性如右，希望作父母的，作师长的，以及各部门的主管人士，都能提高警觉，设法缓和这个责无旁贷的严重问题。

（原载北平《周论》第 1 卷第 22 期，1948 年 6 月 11 日）

反美扶日运动与司徒大使发言

关于美国对日政策，本刊三个月来已屡有所论列，现在没有若何新的意见，所以对于问题本身不拟再讲甚么话。不过最近两三星期以来，先由京沪发起，后又传到平津，有所谓反美扶日的一种学生运动出现。不知是否因为天气太热，各方面似乎都表现的火气很盛，该斟酌处未多斟酌。学生反政府，本属司空见惯，但前此向未如此彰明较著的反美，这恐怕是有欠斟酌。美国当局，上自总统，下至使领馆中的打字员，一向对于中国的学生以及一般智识分子本是企望甚高推崇备至的。此次则先由美国驻上海的总领事发表了多数中国报纸未肯登载的一篇演讲，未登载的原因可能是因为全篇演辞太不像外交家的讲话。不久司徒雷登大使又发表了长达二千言的书面声明，除反复申辩美国绝不使日本再有威胁中国的能力外，并警告此种学生运动可能要招致不幸的后果。当记者询问所谓不幸的后果如何解释时，大使答称："将有碍援华"。同时大使又直率说明，认为中国政府对于此次学生运动不负任何指使之责。这不知是否暗示中国政府，若压制此次学生运动，美国将不视为"独裁的"或"不民主的"行动。因为近至五月二十四日，美国新闻处仍在有系统的向中国传播美国报纸上批评中国政府压迫学运的言论，其中介绍美国全国知名的某大报的社论，说："国民党官员之行动，似乎以为压制评论即可加强政府，足以克服共党，尤其注意威吓各大学中自由分子。此事对于美国人，至为重要，盖全中国民主理想之主要支持者在于各大学。诚然，各大学中确有少数共党分子在内，但中国大多数教授与学生均热烈赞成自由，诚实政府，及民主主义，一如美国之情形。国民党若果继续攻击中国各大学，即反对援华之美国人将愈见增多，殆无疑义。"

对于最后这一段社评，我们倒是感到非常熟习，因为这是最近四五年来，尤其胜利后的三年以来，美国新闻处所不厌其烦的向我们耳中灌输的论调，识字的中国人几乎都能背诵。美国是中国学生与中国智识分子的朋友，中国学生智识分子是美国的朋友，这在一般人早已认为是天经地义。海可枯，石可烂，此理绝不能改。公同的敌人，只有一个，就是这个不成器的政府。但最近或因天热，或因其他仍不清楚的道理，敌友的界限，亲疏的关系，似乎有些混淆不清。我们以息事宁人为怀，奉劝各方冷静考虑，不要因小失大，不要轻易断绝源远流长的友好关系。学生运动而带有反美的意味，由来已久，又何庸大惊小怪？从前本只注意其远者大者，对于一些细节并不计较，今日大可不必因反美成分稍见浓厚而改变态度。自学潮以昆明为中心时起，凡是接受反政府的大前题〔提〕的人士，自称为各党各派也好，自称为社会贤达也好，自称为自由分子也好，自称为民主斗士也好，美国原能兼收并蓄，无不爱惜；他们即或在言论上，甚至在行动上，对苏联不免柔情，对美国小开玩笑，也无伤大雅。好在如来佛法力无边，任你跳来跳去，总也跳不出那一只手掌心。你说你反美，并无损美于分毫；你心里亲苏，对苏并无甚大补益。至于大家心照不宣的反政府的一点，却有无穷的奥妙处；看在这一点的面上，一切小的反美逆流都可宽恕，何况那还可有掩护真相的作用呢？最近的反美扶日运动，诚然是有在美苏的冷战中为苏联助威之嫌，但它更大更根本的目的岂不仍是万变不离其宗的反政府么？大的前题〔提〕既然始终未变，多年朋友，又何必忽然恶声相向呢？

上海的总领事，恕我们孤陋寡闻，我们不敢冒充认识，对于他的发言我们也不敢置一词。至于生在中国，以中国的友人自豪的司徒大使，略有知识的中国人无人不知，对于他的书面谈话我们就确实的深感费解了。大使不是曾经不只一次的号召中国智识阶级中的民主分子奋起么？难道中国的大学生不就是几年以来美国的当局与舆论所拥护扶持的自由分子与民主人士么？试思自昆明时期起，无论那一次学潮发生，不是有人加油加醋之后，把一面倒的消息长篇大论的打回美国？迨在美国制成一面倒的舆论之后，不是总有人不辞劳瘁的把消息再打回中国，在中国造出更为一面倒的舆论么？如此相激相荡，来回几转，不是把本已可怜的公同敌人打到永世不得翻身的境地么？如此顺利，如此成功的联合阵线，最近究有何种新的发展叫它发生裂痕呢？难道是怕中共从中取利么？然而使中共最少成为与公同敌人势均力敌的一个实力，本是大家最高的一种默契，中共得利又有何妨呢？左思右想，对于几年来被捧上天的民主分子，何以忽然又被骂得一钱不值，我们不怕承认自己糊涂，无论如何我们也不得其解。

在总领事与大使的分别发言中，有一个公同点，就是都作了一种美援可能受妨害的威胁。美援之来，本属不易，若非国会中肯说话的人太多，美援云云，正不可知！是否有人在寻找借口，减少美援或根本取消美援？或以此为威胁而使已经不得翻身者更为柔顺？若果如此，我们一开头所谓怕大家因天热而考虑不周，甚至发愿息事宁人，希望大家照旧的言归于好，就都成了幼稚可怜的自讨没趣了。联合阵线仍是联合阵线，不过是临时换上一个"矛盾的统一"的形式而已！

（原载北平《周论》第 1 卷第 23 期，1948 年 6 月 18 日）

出路问题

——过去与现在

在纯农业社会的传统中国，所谓太平盛世，都是人口比较少，生活比较容易维持的时代。并且在这种所谓太平盛世，不仅整个的人口少，人口中的人才也少。按中国的惯习，人才惟一的出路就是作官。在人才少的治世，每个人都可得到安插；少数不能安插的人在家作乡绅，在生活普遍安定之下，也可不致感到太无聊赖，况且随时尚有一官半职的希望。但太平日久之后，随着人口的增加，读书人也增加，有出身的人也增加，想作官的人也增加，求官而不得的人也当然增加。至此人口的密度也总是已经高到一般人求温饱而不可得的时候，所以人口压力最大时也就是读书人中失意分子日愈加多的时候。秀才造反，诚然是三年不成，但秀才若与别人联合起来造反，其力之大却不可轻视。历代的乱事，发起的虽非读书人，但事后谋划而使乱事扩大的都是读书人。民国初期的军阀内战，每次都有读书人从中挑拨，这是人所尽知的一个近例，其他较远或更近的例可以毋须列举。人才没有出路，在过去必定造成大乱。历史中若有教训可寻，这是再清楚不过的一个教训。

今日的中国如何？人才是否过剩？由近代国家的标准讲，我们的人才显而易见的仍然贫乏的可怜。但所可惜的就是我们至今仍未成为一个近代化的国家，由中国现有的条件讲，我们社会中求官或求其他职位而不得的人，实在是太多了。在一个近代化的国家，作官，作公务人员，只是读书人许多出路中的一种，作官以外的出路还多的很。但在中国，作公务人员仍是一般读书人最宽最大的一条途径。若有其他的途径，都是又狭又小，能容的人极为有限。就根本上讲，政治社会的近代化是惟一的解决办法。至于目前的救急办法，讲起来似乎很不中听，其实这是无从逃避的结论：就是各公务机关对于各项人才应当尽量的予以吸收。讲裁员，讲减政，这是任何人都可讲出一大套无懈可击的道理来的。但这些大道理无补于实际，只有增加社会的不安。半年前政府曾有裁员之议，当时本刊即曾指明其必不可作（见第三期社论），幸而试行后逢到困难，政府未曾严格的执行裁员的计划。各级政府一方面维持一个相当庞大的教育体系，每年送出大批的毕业生，另一方面对于这些毕业生又不设法积极的予以安插，这岂不是最不可解的一种矛盾现象？与其如此，何不少办学校，少收学生？人才既已造成，就不能再听其自生自灭；听其自然，必定招致大祸。每年暑期，必有大批的青年出离校门，奔走前程。盼望政府各机关，社会各部门，都能给予他们最大限度的同情的考虑。这是助人，也正是自助；这是为个人，也正是为国家。

（原载北平《周论》第 1 卷 24 期，1948 年 6 月 25 日）

立法院泄漏机密案

目前在中原战事正紧的当口，发生了立法委员向外泄漏军政当局秘密报告的严重事件。此事本身已够可怪，事件发生后竟又引起争辩，会内会外居然都有人为此事辩解，尤为奇怪。而立法院内部调查研究，至今仍无具体的结果，更是怪中之怪，使人不免怀疑，我们中国人究竟有否资格搞任何的政治，除了小奸小坏的政治把戏外，我们是否没有丝毫的政治能力与政治见解。此事无论发生在世界任何其他国家，是非马上判明，负责者马上会被指出，即或立院，国法，或舆论都不肯或不便过度严厉，负责者也早当有发于自尊心的自裁与自处，最低的限度也当光明正大的向立院道歉，向国人谢罪，最好是早日自动引退，表示多少还有一点丈夫气。

会内会外为此事辩解的人，多引"民主"为词，认为把任何消息公之于世，是民主政治下的一种当然权利。此时而也乞灵于民主八股，使人不禁为民主政治抱冤，不禁为中国的民主政治提心吊胆。假定这就是我们比较有知识的人所了解的民主政治，干脆一句话，我们最少在五十年内还没有资格谈民主。今日时髦的说法，认为有英美的民主与苏联的民主之分。我们姑且接受这种说法，不知一般民主策士在此所谈的为英美的民主抑为苏联的民主？若以英美为护符，我们还能记得，在前不久英国一位阁员因泄漏还不如最近事件严重的一种秘密而立刻辞职以谢国人。当时在国会内与国会外谈此事的人并不太多，但凡了解英国民族性的人都知道，一般英国人并不特别看泄漏机密事件为那位阁员个人的羞耻，而认为那是全民族的羞耻，许多人不讲话，不是因为无话可讲，而是不忍得讲，或痛心得有话不能讲出。至于美国，最近没有发生类似的问题，但我们只要留心阅报，当看到美国国会或国会某委员会开秘密会议的消息，却很久没有听说有秘密消息泄之于外的事发生。若要自由，就必须自尊，任何自由都有其必然的限度，凭着每个人主观高兴的自由，不是自由，而是糟乱一团的自取灭亡之道。

有些惟恐落伍的人，或者认为英美已经落伍，不足取法，苏联才是民主的西天乐园。若果如此，以苏联为词而任意泄漏国家秘密的人将更找不到地缝可钻。关于苏联，有的方面或有置辩的余地，最少在一点上是没有问题的：苏联在全世界是秘密最多的国家，许多在别国所认为不相干的事，在苏联也成了国家的秘密。我们不敢说在苏联没有泄漏国家机密的人，但我们都知道那种人将遭到何种命运：最少他们是没有机会采取任何方式替自己辩解的！

自清末维新以来，我们是一贯的追随时髦，惟恐不逮，可惜的就是所追随的总是成了八股文章。坚甲利兵是八股，声光化电是八股，变法维新是八股，革命是八股，科学是八股。现在这一切都已全部的或大部的丧失了时髦性，民主又成了至高无上的八股正宗，今日任何人无论要作任何事，只要牵扯到"民主"身上，好似马上就可逢到"太公在此，百无禁忌"的顺境！今人往往以为迷信是宗教的特产，其实大谬不然，人事的任何方面都可发生迷信，今日世间最时髦、最普遍、最可怕的迷信，都是政治的迷信，而中迷信之毒最深的就是我们这个不可救药的八股民族。

只要是一个国家，无论大小强弱，对内或对外，都免不了要有短时期或长时期不能向外宣播的秘密。世界若有大同的一天，是否政治性的秘密就可消灭，今日尚无从谈起。即或果真如此，大同的幸福也是不能预支的。

凡对未来预支的，必定损害现在，并且延缓未来的来临，甚至根本把未来的路打断。国内似乎也颇有人认为政治秘密是国际局面下的权谋现象，应当为"民主人士"所唾弃，这些人所容易忘记的就是他们仍生在国际斗争的时代，空言未可知的未来，是无补于自己，无补于国家，也无补于任何能满人意的未来的！

（原载北平《周论》第 2 卷第 1 期，1948 年 7 月 16 日）

南斯拉夫事件

在多事之秋的今日世界，一般人每日阅报时虽都早已惯于接受各种惊人的消息，但最近南斯拉夫事件所显示的东欧铁幕的裂痕，仍使许多人发生意想不到的感觉：一向歌颂铁幕者恐怕绝未想到铁幕会如此的不够坚实，一向怀疑铁幕者恐怕也未想到铁幕会有如此迅速的被揭开的一天。对于此事的内幕与意义，我们不敢玩弄虚玄，摆出获得任何特殊消息的模样，我们所知道的也就是大家在报纸上都已读到的，所以我们也没有什么惊人的判断，只能根据人所共知的过去历史与最近实况，为这个好似突如其来的事情寻求合理的解释。

第一，巴尔干半岛是民族主义最发达的地方，最近百余年来欧洲最严重的一个不安地带就是巴尔干，而这种严重状态的最大推动力就是巴尔干大小各国热烈无比的民族主义。苏联前身的帝俄，过去对此也曾有过不少贡献，或以大斯拉夫主义为护符，或以大希腊教为借口，极力的火上浇油，公开协助或暗中鼓励巴尔干各民族反抗奥匈帝国与土耳其帝国。在这种长期反抗外力的过程中，民族思想几乎成了每个巴尔干人的第二天性，非任何花言巧语所能抹煞，非任何强力政策所能压制。你说它是落伍的思想也好，你说它是布尔乔亚的偏见也好，你给它起一百种恶名也无不可，但那一切都是理论，理论是无法取消事实的存在的。关于铁幕后的情形，我们即或不折不扣的接受一般职业歌功颂德者的全部描绘，但一点是任何人所无从否认的，就是在苏联半公开的控制之下，巴尔干各国一向所衷心皈依的民族主义是得不到表现的自由的。不必说巴尔干人民的物质生活并未见得能比战前改善许多，即或是真的已与工业化程度最高的西欧北美并驾齐驱，民族主义的横遭压迫迟早必要激起反抗。而在铁幕后的各国中，在许多方面以南斯拉夫最为强大，所以首由南国发生裂痕，是很自然的事情。除非国际特务无比的加强控制力，其他各国何时会发生同类的问题，是慎重的人所不敢担保的。

第二，消息无论如何封锁，仅就常识判断，我们就可知道铁幕后的经济状况与生活情形是大有问题的。第二次大战时期的破坏，纳粹人占后有系统的抢劫，苏联解放军同样有系统的就地征饷与强迫慰劳，苏联技术人员所划定的一面倒的贸易协定——把这种种合并观察，我们若仍然相信巴尔干人民所过的是一种像样的生活，那我们就必须证明每一个巴尔干人都是点豆成金指石为饼的魔术之士！在长期破坏与民生凋敝的情况下，各国都急需重新建设。所可惜的就是建设须有资本，而巴尔干各国最缺乏的就是资本，铁幕后的民主人士又自顾不暇，或有暇而不肯他顾，对于这些自己治下的保护国不肯稍加怜惜。这种弱点当然难以逃避西方大强的紧抓。美国当初宣布帮助欧洲经济复兴的计划，是对全欧而发，并无东西欧之分。在东欧各国的本心，它们何尝不想急于得到美国的援助，以解除燃眉之急的需要。但第一个敢表示接受美援的捷克斯拉夫，就受了克姆林宫的申斥，只得赶快打退堂鼓，其他各国也就当然不敢再有一毫声响。一向使我们大感不解的，就是在根本主义上空前强调经济因素的一个有国际野心的势力，为何在紧要关头竟能如此的漠视经济因素。第一次大战后的苏联，在自己大事建设的期间，并未拒绝万恶的资本主义国家的机器，金钱，或任何其他的资本。今日对于一群同样窘困的小弟弟，自己既不肯伸出援助之手，又不容他们向家门之外想办法，安能望小弟弟们心服？即或是一个最无志气的民族，对此也将感到难以忍受，何况巴尔干各国历来是志气甚大爱国心特别强烈的国家呢？今日铁幕后的各小国，在第二次大战时期得到英美的接济最多，对于英美的工业水准与经济实力认识最清的，就是南斯拉夫，由此点言，南国在铁幕背后首先"发难"，也可说是再自然不过的事。

或者有人要问，我们是否有过度天真的危险，安知整个事件背后没有预先布置停当的双簧，铁幕并没有真正破裂？在阴谋诡计超过前古的今日世界，诚然是无人敢否认这种可能。但此事即或当初有假，假的背后却有千真万真的固执事实，如我们上面所分析。古今许多事情往往弄假成真，此事当初即或是双簧，时势推移，在前面装腔作势的人也有不愿后面的人如何导唱而自出心裁唱出离谱的新剧的可能！

（原载北平《周论》第 2 卷第 1 期，1948 年 7 月 16 日）

僵至无可再僵的柏林局势

由于苏联封锁柏林与德国西区之间的水陆交通所引起的英美法与苏联间的对立状态，愈演愈僵，到七月半前后，局势似乎已僵到无可再僵的程度，双方都已声明了最后的立场，表示丝毫不能让步，使人不禁为之忧虑恐惧。我们且研究一下双方的立场，及其可能招致的后果。

美英法三国，也就等于说是美国，声明绝不因任何压迫而自柏林撤退。这不是一个军事问题，而纯是威望问题。如真有战事，西方势力不仅不能守卫柏林，整个西欧大陆的防守也殊无把握。但在武装和平仍然维持的今天，美国在西欧大陆的地位，除经济援助外，主要的就是靠威望来维持。美国如在苏联压迫下撤出柏林，在欧的威名马上扫地，西德不必说，所有西欧各地的共产党及各形各色的外围分子，游离分子，与投机分子都将联合奋起，捷克事变很可能要在西欧多数的国家内重演，不列颠将成为全世界最可怜的孤岛，文化传统与民族性虽使它没有短期间极权化的可能，但赤一色的欧洲大陆对它将是二十四个小时内一刻不停的一种可怕的压力。北美的巨强将等于退回新大陆，再不折不扣的服膺孤立主义。但以上这一切，都是绝不可想象的发展：与其如此，美国宁可出诸一战。这是由美国方面言，今日危机的所在。

再看看苏联，它能够让步么？有人认为南斯拉夫事件对苏联非常不利，苏联在柏林只有退让，据说连美国负责方面都有人如此看法。对于这种看法我们实在不敢苟同。南斯拉夫事件不仅不会叫苏联软化，并且只有叫它更强硬到底。苏联也有苏联的威望问题。它在铁幕后的地位，并非完全靠共产机构与国际特务来维持，它过去几年成功的记录所积累起来的威望也是它很大的一笔资本。但这笔资本最近被南斯拉夫掏了一个大的漏洞，这是克姆林宫一时所无法补救的一种损失。然而可一不可再，这个已经动摇的威望不能让别人把它再打折扣；反之，今后在任何国际场合中，声音只有喊得更大，颜色只有作得更厉，因此而引起战争，也在所不惜。若不如此，苏联如在柏林示弱，铁幕后继南斯拉夫而起的恐怕将大有人在，时间恐怕还会相当的早。铁幕后只要再有一国携贰，整个的铁幕就等于被撕毁净尽，苏联将被迫退回自己的本土。苏联虽与美国同样的都有过一段孤立的历史，但时至今日，美国固然是孤立不起，苏联尤其的不敢孤立。美国的威望问题，主要是对外的，对内的关系比较轻微，最少没有影响美国根本机构的危险。至于苏联，因为是一个独裁的极权政体，对外的成功是政府维持对内威望的最大武器。民主国家可以对外失利而内部不发生危险，极权国家对外是有进无退的，一退则内部立刻可以发生动摇。果真如此，今日世界各国各形各色有党籍或无党籍的亲苏分子，极大多数也不免要转转念头。这对苏联将是如何不可估计的一种重大损失。所以我们无论如何想，也难以相信苏联会因南斯拉夫的突变而趋于软化的，即或它在当初没有硬到底的决心，今日为时势所迫，也只有硬着头皮甘冒一切危险了。读过中国历史的人大概都记得吴王夫差在黄池会中争霸中原的故事。原来吴与晋在会中争为盟主，相持不下。正在此时，吴国的后方发生了重大的变故，守国的军队被越国打败，首都也被越国攻破占领。当时交通不便，消息不灵，但中原已有人猜疑及此，然而夫差如何？他不只不向晋国退让，并且争盟更烈，不惜以武力为后盾而强迫中原各国承认他为盟主。中原各国被迫承认后，夫差又故示镇静，不立即回国，带着吴国的大军在中原各国举行一次大规模的游行示威，然后才回到残破不堪的吴国，向越王屈辱求和。固然是此一时也，彼一时也，然而人同此心，心同此理，重大事故临头，人的想法总是相差不多的。我们只要一不被过去的繁文琐事所弄昏，二不被今日的花言巧语所蒙蔽，过去的历史对于今日的世局，教训正多。

我们假定接受上面的推论，承认苏联在柏林绝不能退让，而同时美国也不能退让，最后的结局究竟如何？是否非兵戎相见不可？如果双方都决心避免战争，像今日这样装腔作势互作鬼脸的悲喜剧仍可维持一个相当的时期而无大害。但这要假定双方都不再向对方增加刺激。然而据七月十六日的消息，苏联正在制定法规，限制西方国家的柏林空运，似此苏联势非逼出事故不可了。今日军事准备的秘密性非一般人所能想象，我们局外人无法知道双方军力的对比究竟如何。假定苏联认为今日的局面对它比较有利，旷日持久，只有对它更为不利，它在柏林今日可能是要逼着美国或屈服或干脆对打。美国的计划，是否正在待苏联如此作，以便向国内向世界作出一个"被迫应战"的交代，当然无人敢武断的答复。

　　我们希望我们上面的一切推论都是杞人忧天。我们希望，我们愿意相信，华府与克姆林宫中的一二十位要人都是手腕非凡智力过人的超人，能在山穷水尽的当口，为岌岌堪危的人类找出继续活命的坦途。

　　　　　　　（原载北平《周论》第 2 卷第 2 期，1948 年 7 月 23 日）

北大西洋联防在酝酿中

在柏林僵局不能打开的紧张状态下，七月上中旬间西欧五国联盟各国的代表与美国及加拿大的代表在华府开会，商讨对策。据七月中下旬间透露出的消息，北美的美加两国与西欧的五国可能要在北大西洋区域实行联防。消息并不清楚，恐怕也是故意的叫它不清楚，使苏联摸不着头脑。对于这件事，我们可以有或深或浅的许多层次的看法。第一，最浅的与最明显的看法，这是一种姿态，作给苏联看，这仍是两年来冷战中的一个节目。这个看法当然是对的，即或背后还有更深的意义，作姿态给苏联看也是很重要的一个附带作用。此点大概无人否认，不必多论。

第二，一个比较严重的可能看法，就是所谓西欧北美联防是英美在准备作战的表示。柏林问题，的确危险万状，随时有由冷战变为热战的可能。就欧陆的态势言，苏联是占最绝对的优势，战争的危险既然存在，英美就不能不作万一的准备，以免临时措手不及。最近如不幸战事爆发，主要的战场必在西欧与地中海。若再过几年，北极上空将是一个大的战场，但今日双方，尤其苏联，似乎尚无足够的远程轰炸机队使他们能够在那冰天雪地的世界一决雌雄；今日若作战，欧洲大陆的地面，地中海的海面，与这两处的天空的控制权，将是双方争夺的主要对象。美国因远处大西洋的彼岸，所以必须与大西洋此岸的各国预先取得密切的技术上的联系，将来才能应付急变。看到日前美国的轰炸机群又飞到英伦去"练习"与"访问"，使人恍然如置身于三年前纳粹尚未投降时的世界。我们希望这都是我们的神经过敏，我们希望背后的情形并不像表面的情形那样严重。

第三，一个不似上面那样严重，而比上面还要深刻的一个看法，就是北大西洋两岸各国的联防，代表一种历史的自然发展，柏林封锁事件不过是早日促成此种发展的一个契机而已。我们日常所称西洋文化，就是自中古以下在西欧发育生长起来的文化，今日主要代表这个文化的就是大西洋两岸的西欧与北美。在代表另一生活方式的苏联日愈强大所造成的对立局面下，西洋世界很自然的趋向于在最大最富强的美国领导之下走上密切合作以致于实际混一的道路。这不是任何人愿意或不愿意的问题，而是时势所迫的自然发展的问题。但在这个大西洋的世界里，就各部分与美国的关系而言，也有层次深浅的不同。关系最深的就是加拿大，我们如果说加拿大今日等于美国的一部分，并不能算太过火。但我们要慎重，要公平，千万不可搬出帝国主义阴谋侵略的那一套口头禅，世界上有许多地方把侵略之名加给美国而毫不冤枉，加拿大却不是这样的一个地方。美加同文，同种，同环境，大体也同历史，两国间今日的密切合作是本于双方的利益并出于双方的自愿的，美国绝未因强大而对加拿大施以压迫。他们互相之间完全是一家人的心理，许多事情是靠心照不宣的默契去作，根本无需讨论或正式签约。我们都知道，一家人感情无论如何融洽，有时也不免会斗小气，我们若把美加两国有时斗小气的事件过度看重，那将是最可怜的错觉。

与加拿大相近而关系略微疏远一点的就是英国。就大轮廓的同文同种言，英美也是一家。但两国究竟隔着一个大洋，自然环境不同，历史的发展也不尽同。我们若说美加等于一国，我们可说英美无形中已合成了一个二元国家，互相扶持，在大问题上无不合作。我们可看美援：得援最多，条件最客气的就是英国。英国若真有需要，美国只要是可以为力，无不尽量帮忙。凡遇英国海外帝国某一部分不能维持，只要是重要的政略或战略地带，美国无不挺身而出，替英国维持，英国也无不乐意的让美国去替它维持。英美之间有时可以发生问题，但任何问题都好解决，只要一方坚持，对方无不让步。英美之间无论发生何种问题，绝无第三者从中取利的机会。

西欧各国与美国的关系又疏远一层。但对西欧，美国仍肯卖力气，仍有善意的感情。今日美国的援助西欧，保卫西欧，固然是为自己打算的成分相当浓厚，但其中的确有因文化渊源关系所产生的热情。在西欧以外，我们很难想象美国对世界任何地方尚有热情。在所有其他的地方，美国的政策都是以利益为出发点；只有在西欧，除利益外，感情还是影响美国政策的一个因素。

今日在利益与感情的并行推动之下，美国要把大西洋两岸组织成一个可与铁幕后的世界对立的力量。这个组织将要采取何种方式，尚很难预料；但我们可以推论的，就是即或柏林的危险不引起战争，北大西洋各国的联防系统恐怕也是要建设完成的。

（原载《周论》第 1 卷第 3 期，1948 年 7 月 30 日）

由西藏派代表赴美说起

——美国接收大英帝国的又一例证

七月中旬，西藏代表六人到了华盛顿，与美国探讨发展贸易的问题。此事中国政府预先并不知道，其事来得可谓非常突然。假定阿拉斯加或夏威夷于神不知鬼不觉中派代表到莫斯科去谈贸易，不知华府将要发生何种反应。中国政府的反应可怜的很，我们除了由外部向美国正式抗议外，可说是一筹莫展。美国究将如何答复我们的抗议，不得而知，就马歇尔对中国的一贯作风而加以推论，他根本不正式答复，也甚可能；反正前例已经造成，今后"拉萨"在国务院的参考资料中将开始占据不少篇幅，自顾不暇的中国又有什么好办法可想？

不过华府如果认为中国的抗议还值得答复的话，也很容易答复。印度仍在英国治下时，印藏之间不是早已发生不明不白的外交关系么？对于私通英印，中国既然无法可想，私通华府又有何不可？中国又何必如此小题大作，向有一百多年和好传统的友邦提出抗议呢？

第二次大战以来，英伦无力继续维持的大英帝国，已在逐渐的由美国接收。地中海、希腊、土耳其、巴力斯坦、阿拉伯世界、伊朗——这些地方美国已都从英国手中接防过来。但印度，据说是英国已经退出，美国也没有进去，所以中国人总以为今后西藏可在中国的主权下安稳的自谋生理。然而现在事实证明，盎格罗萨克逊民族对于西藏并未忘情。这颇使我们怀疑，所谓退出印度者，其最后的意义究竟何在？今日印度与巴基斯坦间的大体相安，究竟是预计的结果，或意想不到的发展？对以上这些问题，我们本来就不能全无怀疑，最近西藏的突发事件更加挑动了我们怀疑的心情。美国对于大英帝国的接收，似乎是有全面性的：自治领也好，殖民地也好，势力范围也好，只要其地稍有可取，美国直接的或间接的一股脑都接收过来。连西藏尚未被遗忘，世界上可被遗忘的地方也就微乎其微了。试思在大战期间，美国曾替我们把东北卖掉，现在它自己又对西藏打主意；我们很愿意知道，下一步友谊的表示，将在何地演出！

一般中国人，尤其读书人，尤其知识最高的读书人，对美国本是富有幻想的。近几年来美国不知是故意的或无意的，不必需的或不得已的，似乎是专门与这些人开玩笑，使他们欲保留些微的幻想而不可得。这可能仍然是出于善意的。美国一向以曾教育出中国大批的知识分子自豪，现在它或者认为过去所施的教训过度抽象，容易制造幻想，现在决心用最具体而无从误解的事实作为补充教材，使它的学生们接受完整无缺的一套教育！

（原载《周论》第 2 卷第 3 期，1948 年 7 月 30 日）

纽芬兰自动并入加拿大

七月下旬，纽芬兰举行全民投票，决定今后的政府形式。投票的结果，多数主张并入加拿大。月底，加拿大首相金氏表示愿意接受投票的结果，只待纽芬兰派代表来正式申请合并，作为加拿大的第十行省。

纽芬兰一向以英国最老的殖民地自豪。英国有系统的殖民运动由十七世纪开始，惟一的十六世纪的殖民地就是这个北美东岸的大岛。纽芬兰以渔业著称，自十五世纪末被人发现时起，英法两国的渔夫就每年到纽岛外去捕鱼。为捕鱼的便利，北美大陆的对岸之地也被利用，就是拉布拉多海岸。地理上的纽芬兰专指海岛，政治与历史上的纽芬兰又包括这块大海岸。海岸大于海岛一倍以上，岛的面积只四万二千方哩，岸的面积达十一万方哩。但拉布拉多海岸至今仍为尚未开发的山林之区，全部人口只有五千个渔夫。小小的纽芬兰岛上反有三十万人口。

按地理的关系与其他的道理来讲，纽芬兰本已早当加入加拿大的联邦系统。两者壤地相接，种族相同，文化一致，原来都是英国的殖民地。但纽芬兰历来是最忠于英国的殖民地，"最老的英国殖民地"的头衔，纽芬兰人不愿轻易放弃；若与加拿大联合，因地小人少的关系，他们认为自己就等于被加拿大吞并，这是在过去他们总不肯考虑与加拿大合并的根本原因，完全是一种情绪上的原因。在十九世纪后半期，凡英国人或欧洲人较多的英国殖民地，都走上自治的道路。最后到二十世纪初第一次大战时与大战后的几年中，英国正式承认这些地方对内对外的自治权，自治领的制度于是成立。纽芬兰在当时也是六个自治领中的一员，与加拿大、澳大利亚、纽西兰、南非洲、爱尔兰并列。这对纽芬兰人是一种无上的精神安慰，因为他们组成了与加拿大名义地位完全同等的一个政治单位。

然而自行立国，也有它的困难。过去英国对纽芬兰可负一切的最后责任，各种的问题好似都很简单。成为自治领后，除英国海军事实上仍负无形的保护责任外，大小诸事都须自理。最大的问题就是财政。以三十万人而要立国于今日的世界，真是谈何容易？大国的政府诚然比小国的政府开销要大，但只要是一个独立的政府，总有它最低限度的基本开销，大国小国是相差不多的。所以，太小而完全独立，在经济上可说是奢侈过度的一种享受。果然，不出二十年，纽芬兰眼看就要破产。一九三三年，经过一番调查与考虑后，纽芬兰决定自动放弃自治领的地位，请求再作英国的殖民地。在英国，当然是义不容辞，国会只得通过新的法案，接收纽芬兰为殖民地，并应许代付纽芬兰十五年独立期间所积累起来的国债。

自一九三四年以后，纽芬兰原有的议员与责任内阁一并撤销，英国所派的总督又开始执行实际的政权。总督下有一个六人委员会，三人由英国指派，三人由纽方选派。委员会备总督的咨询，总督在事实上也很少独断独行，但在特别情形下他可以自负全责，不去征求委员会的意见，或征询后而不采纳委员会的意见。在第二次大战前的五六年中，纽人对于这个办法相当满意。战事爆发后，纽芬兰内部又有自治运动的酝酿。英国对此绝不阻止，并且乐意从旁推动。所以在一九四四年二月十一日，于国会辩论纽芬兰自治法案时，英国自治领部次官伊凡斯声称："政府正设法探知纽芬兰之民意，以便由彼等自行决定设立何种政府。英政府期望战事一旦结束，即进行商讨纽芬兰自治问题。"

一九四五年大战结束，纽芬兰自治问题成了英纽双方研究讨论的题目，在理论上可能的选择共有三个：再成立自治领，继续作英国的殖民地，合并于加拿大。已经尝试过而不成功的完全独立的自治领制度，很少有人主张恢复。如果贸然再试后而又破产，英国虽或不忍坐视，纽人自己未免要觉得太难为情。所以实际只有两个选择，仍作殖民地，或并于加拿大。一九四六年，在英国的同意之下，纽人选举了一个国民会议，会议的任务就是建议未来政治制度的可能形式，最后请全体选民投票复决。最近举行了全民复决的投票，赞成仍作殖民地与赞成并入加拿大的票几乎相等，两者为四十八与五十二之比，并入加拿大的建议以极小的多数被人民接受。因为两种票数的比例如此之近，加拿大一时破费踌躇，惟恐接受纽芬兰后，那百分之四十八的大少数要造出不少麻烦。最后还是冒险接受了投票的结果，准备承认纽芬兰为第十省，从此纽芬兰可在加拿大联邦中成为一个自治的省区。

关于此次纽芬兰合并于加拿大，还有一个附带的结果，就是更加强美国与加拿大之间的联系。在一九四〇年，法国向纳粹屈服，英国岌岌堪危的时候，美国把五十只驱逐舰转拨给英国的海军，英国把西大西洋的重要海军基地租让给美国，为期九十九年。这可说是美国接收大英帝国第一幕。在转让的基地中，一部就是纽芬兰沿岸的基地。当时纽芬兰仍是殖民地，英国有权转让它的基地，这些基地至今当然仍在美国手中。同时，美国与加拿大自战时一直到今天，在军事计划上全部合作，在武器式样上完全标准化，两国等于一国。然而加拿大虽较弱小，却是完全独立，在双方同意之下，美国可以利用加拿大的据点，但据点仍然属于加拿大，并未转让与美国。现在于加拿大扩充的部分，就是纽芬兰，有美国占有九十九年的基地，美加的军事联系因而更加深一层。美加本已等于一国，今后更像是一国了。

（原载北平《周论》2 卷 5 期，1948 年 8 月 13 日）

国士也作外国间谍么？

最近美国发生了政界要人被指控为苏联间谍的惊人事件。一位自首的共党间谍班特丽女士把她所知道的秘密向美国当局及国会全盘托出，其中最骇人听闻的就是所谓中国通居里氏的被控。居里在大战时期是罗斯福最亲信的一位顾问，曾任行政助理，并曾以总统专使的资格到过中国战时首都的重庆。班特丽对居里提出三项控诉：（一）主持共党间谍组织，此组织之苏联密码名为"即垮"；（二）引进间谍人员担任政府官职；（三）以有关中国事务之情报，供给共党间谍。居里氏已于八月三日及五日两次发表声明，否认班女士的指控。但直到八月五日，国会违反美国利益行动调查委员会尚未召居里氏到会讯问，这不知是由于证据不足，或时机未到，或其他难以猜测的原因。

这不禁使我们回想到两年前加拿大发生的原子弹秘密泄漏案，被牵涉的有国会议员，大学教授，公务员，与社会名流。调查审判的结果，情节最严重的就是一位原子物理学教授梅氏，最后法庭宣判，把他判了法律所许可的最重的十年监禁。美国此次发生的问题，是否也像两年前在加拿大所发生的同样的严重与同样的确实，在未水落石出之前，我们无从判断。为使我们对于人性的健康尚能保留些微的信心，我们希望此事完全出于疑神疑鬼的误会，不像加拿大事件的最后竟被证实。

自人类有史以来，历代都难免有人为金钱、为美人、为私怨、为越轨的野心，或者根本无所谓，只是人格懦弱无主，而出卖自己国家的人，或公开卖国，或暗中作外国的间谍。公开卖国的人最少还有敢作敢当的骨气，只有隐蔽的内奸最为人类文化所不齿。维系文化，维系社会国家的力量虽然很多，但最重要不可缺少的就是"信"。人类相处，在相当广的范围之内必须能够不言而喻的互信。如果我们无论为公为私，日常所接触的人，都不按照我们所信赖的标准行事，我们立刻就要寸步难行，整个社会的机构马上就要停顿。所幸多数人在多数的情形下还能守信，该作的事总是按时作出，人类的团体生活因而得以圆滑进行。但少数人时常向社会失信，多数人也间或向社会失信，需要法律与道德出来制裁。该作的事不作，不该作的事偏作，都要遭受或重或轻的制裁，重如法庭的判罪，轻如友朋间出诸玩笑口吻的风凉话语，都是制裁。然而任何时代，任何社会，总有少数人，有形或无形中是受支配国运与代表国格的。这是全国所推仰，所绝对信任的人物，我们可用中国的一个旧名，称此种人为"国士"。国士在日常琐事上或者与别人同样的有弱点，但就国士之所以为国士的方面言，他应当是绝对可以信赖的，一般社会对他也是绝对信赖的。例如加拿大的教授梅氏，是保有国家最重要的一种秘密的人物，国人与政府当然是相信他的理智与人格都绝无问题，国家所付托给他的秘密他不只不会故意泄漏，即或在强力威逼之下也是不肯吐露的。然而事实证明加拿大的人民与政府都错误了，他们当国士看待的人没有国士的修养与人格。

再如居里氏，他是一个有入阁资格的人物，有一个时期他是罗斯福政府中最红的人之一。像这样的一个人，培养出来大非容易，也绝非偶然，他是经过长期的训练，多方的考验，才达到了为一国元首所依赖为全国人民所敬仰的崇高地位，元首与人民不约而同的都认为他是一个可以托付国命的人，一切的国家大事他可参与，一切的国家秘密他可以过问，全国上下作梦也不会相信他是一个暗中为外国工作的间谍。我们直到现在仍不愿相信居里氏是间谍。但此事是在令人惶惑，不知如何想法。班特丽女士连他的间谍密码都已说出，美国当局与国会必须能够证明班女士完全错误或完全扯谎，居氏的令名才能维持下去。假定居里而竟被证明为外国的间谍，那对于美国的文化将是如何深刻的讽刺！

在第二次大战前苏联屡次的大清党中，在法庭中正式证明苏联的许多党国要人与开国元勋都是与外国勾结的间谍。恐怕几百年后这仍将是历史家所最不能解的人性奇变。现在无独有偶，美加两国先后发生了第一等要人与第一等学人为外国作间谍的案件。我们禁不住的要问："人而无信"一至于此的世界，今后究将靠什么力量去维系？

（原载北平《周论》第 2 卷第 5 期，1948 年 8 月 13 日）

人心向治良机勿失!

自八月十九日总统颁布财政经济紧急处分令，并自二十三日开始兑换金圆券以来，一般人民所表现的真可说是出乎意料的好，这恐怕是对于现状最具善意的人在事先也不敢希望的。试想，假定没有人肯拿金银外币去兑换，只是笨重的大捆法币换出轻便的单张金圆，其对于人心，对于观听，对于国家的整个前途，将发生如何恶劣如何绝望的影响！然而事实上是人民拿出好像是尽其所有的黄金、白银与外币，兑换新的金圆，这是对于政府的信用表示如何的信任，对于国家的前途表示如何的爱惜！一般人民都深切的感到，无论其他因素如何，只是膨胀不已的天文数字的法币，就可使整个国家根本没有前途可言，所以只要政府表示决心，拿出办法，多数人民情愿不计私利而尽量促致新办法的成功。今天尽管尚有许多政治欲望太烈的人，政治幻想太多的人，与在自家门内大玩其纵横捭阖的把戏的人，仍在希望国家混乱的程度加深，一般人民对这些人已经发生厌弃；买空卖空的摆弄，可以激动人心于一时，经过一个相当的时期，必定招致反感。留心观测世道的人都可看出，此种反感已经开始，最近半年以来此种反感的表现日愈明显，恐怕只有一些善于自我催眠的纵横家自己，尚未觉得一般人民对于他们已经如何的厌恶。纵横家愈说前途无望，人民愈要用行动表示对于前途的信任。在一年以前，在人民尚无此种反感的时候，假定政府颁布同样的紧急措施，人民的拥护与合作很可能没有今日这样踊跃。今日的人心，普遍的望治，只要政府拿出任何一种可致治平的具体办法，人民是无不热烈的接受的。这就今日的当局言，是如何难得的良机。然而机会愈良，愈要紧紧把握，良机的条件复杂微妙，稍纵即逝，古语所谓"良机难再"，确为至理名言，今日负责执行紧急措施的高级人员，必须大公无私，任劳任怨，切实完成使命，方有以对殷切望治的人心，方不至成为千古的罪人。

我们以上所谓人民，是指一般人民而言，未把豪门大户包括在内。一般大户的表现如何，我们至今还不知道，必须等到本国人民存放国外的外汇资产的登记结果清清楚楚的发表之后，我们才能判断大户是否也像与任何外国事物无缘的一般人民那样富于爱国心。登记国人在外国的存款，在手续上本有许多不易克服的困难（见本期邵循恪先生专论），所以此项措施的顺利执行，主要的要靠存户个人的爱国心与责任感，否则政府是难以为力的。然而政府只要真下决心，仍然大有可为，只看政府的决心如何了。

自紧急措施令公布之后，举国上下都曾一致的说，此次"只许成功，不许失败"。诚然，此次也只能成功，若再失败，前途真将不堪设想。一般人民已决心尽他们"只许成功"的责任，豪门大户是否也肯尽他们所当尽的"不许失败"的责任？如果不肯，政府是否有在可能范围内强制执行的决心？良机不再，万不可失，愿当道与大户其共勉之！

（原载北平《周论》第 2 卷第 8 期，1948 年 9 月 3 日）

欧洲统一问题

八月下旬，法国政府建议西欧联盟的五国，就是英，法，荷，比，卢，开会讨论全欧各国进一步联合的问题。美国国务院的发言人立刻声明赞助。九月初，西欧十三国的代表二百人在瑞士境内的因特拉肯开欧洲议会联合大会，九月二日提出议案，请付讨论，大意如下：

"我们认为现在时间已经成熟，欧洲各国应当成立一种经济与政治的联合，各国把自己主权的一部转移予一个新的全欧的政权，以便由公同的政治经济行动去调整，计划，与发展公同的资源。"

具体的计划，大致根据北美合众国立国时的办法。联合议会分上下两院：上院议员以国为单位，参加各国不分大小，议员数目相等；下院议员，各国数目不等，其比例与分配方法另定。行政权属于一个联合委员会，委员会自选主席，并向议会两院负责。最高司法机关为最高法院，处理有关条约案件，宪法解释的问题，各国间的纠纷，及与整个联合机构有关的司法问题。各国间的关税全部废除，整个联合机构只有一个公同的对外关税。联合机构并得答应新国加入机构。

在变化太多消息太乱的今日世界，上面一段消息，猛看起来，或不免显得突然。其实我们若静心想一想，就可知道这不过是旧事重提。太远的过去不必说，只在第二次大战期间，最少就曾有过三个相类的计划、说法或企图。在一九四〇年夏，法国战败屈服之后，纳粹认为最后的胜利已无问题，于是提出统一欧洲大陆的计划，西面把英国除外，东面把苏联除外，整个中欧西欧的大陆，在德国的主持之下，要组成一个欧洲联邦。当时苏联仍是纳粹的盟邦，对此未置可否。英国当然不肯示弱，表示最后必可战败纳粹的信心，并假借牛津大学一位教授的口，提出一种半官方的计划，将来打倒纳粹后，要组织一个西欧中欧联合国，包括战败而民主化的德国在内。

一年之后，苏联已因纳粹袭击而参战，美国虽尚未加入战团，但也已在积极援助英苏的方式下等于参战——就在此时，一九四一年九月，同盟国第二届会议在伦敦召开，欧陆各国的代表在会中通过议案，正式"呼吁英美，能于战后对欧洲采取善意的保护制，确保德国不再挑起另一世界大战"。关于这个呼吁，所可注意的，就是另一强大的同盟国，苏联，并非呼吁的对象；字里行间，很容易看出，各小国固然是怕德国再起，但同时更怕莫测高深的苏联；德国若已打倒，尚可设法使它不能再起，胜利国之一的苏联的可能威胁，却只有靠英美来帮助抵挡的。

绝对主权国的观念，在今日的欧洲已经无法维持。过去大国较多，并且大国与小国之间力量的差别并不太大，小国尚可在国际均势制度之下维持真正的独立与主权。今日大国只剩下两个，并且大小之间的分别已不再是程度的不同，而可说是类别的不同，今日小国而仍图维持独当一面的独立，岂不等于白昼作梦？

依小国的本心，当然愿意继续独立自主，但完全自主既不可能，只有两害相权而取其轻。在美苏两大中，美国与中西欧各国在文化上是一脉相通的，在美国的笼罩下组成一个欧洲合众国，精神上尚不感到过度的痛苦。至于俄罗斯文化，其主流来自希腊教，与发祥于罗马教的西欧北美，在根本精神上甚难融合，今日所谓资本主义与社会主义的对立，只不过是此种根本分别的二十世纪式的表现，任何主义就其纯理论的方面言，都是不相干的事。今日的西欧，即或是采纳社会主义，除非是由变相的第三国际标榜的共产主义，苏联不会承认的。反之，苏联即或放弃共产主义而恢复资本主义，除非成为华府的附庸，美国也不会认为满意的。今日的论客，尤其中国的论客，每多拘泥于表面的名相而忽略根本的事实，对于大的变动往往不能获有正确的判断。中西欧在美国监护下联合的运动，方才开始，前途的发展如何尚不可知，但这个运动值得我们密切注意，在注意的过程中并且必须放弃任何一套现成的口头禅，方能正确认识每一步的发展。

（原载《周论》第 2 卷第 9 期，1948 年 9 月 10 日）

读《中国的出路》

九月十日，独立时论社发表了一篇由十六位学者教授署名的文字，题为《中国的出路》，对于国是提出根本的主张。这一篇堪称划时代的文件，特承该社准许本刊转载，本刊除感激外，并衷心的引以为荣。

这篇文章，说理有力，条理清楚，文字简洁，无需本刊再换一套文字把它重述一遍，任何方式的重述，都不会像原文的那样完满恰当，我们只是希望每位读者细心一读原文。

本刊转载这篇文字，固然是因为我们认为它所提出的主张切合国家今日的需要。但同时还有更进一步的原因，就是我们相信这篇文字有很大的教育功用，教导人在发言立论时怎样说话。搅乱是非，颠倒是非，滥用名词，恶名加人，在今日的言论界已变为习惯成自然的现象，使天真诚恳的人处处受骗，使脑筋清楚的人发生厌倦。《中国的出路》一文没有这种时代恶习的丝毫痕迹，读者可以相信，它的每一句话就是那些文字所表现的那一句话，并没有与文字相违或相反的不可告人之隐。其中所说的民主就是民主，就是有此名词以来大家所了解的民主，民主并非独裁，极权，或任何与民主相违的新花样的代名词。其中主张中国为求自存，应当与西方民主国家密切联系。既然如此主张，话就明明白白的如此说，并不像主张中国向极权独裁国家投降的一般论客那样东扭西扭，不说又不肯，说出又不敢，使人根本不知道他们主张的究竟是怎么一回事。只这有话就说，有话敢说，说什么话就是什么话的一点，也就足使这篇文章发生划时代的作用了。

十六位撰者都是为人师或曾为人师的人，他们无意之间对于为师之道也算给了莫大的启示。所谓师道尊严，必须为师者自尊自重，自尊自重的根本道理就是要对得起自己。既然忝为人师，总是自信在学问、经验、修养各方面都有可以教人的；如果乾坤颠倒，为师的认为非投弟子所好，非向弟子学习不可，那又何取乎为师？社会范围甚广，中国地方甚大，可作的事业多的很，又何必从事于有史以来一向清苦的教书事业？十六位人师所发表的这篇文字，其中恐怕没有一句是今日追随时髦惟恐不逮的一些青年所愿意听的话。但就因为这些都是应该说的话，更是弟子们所应该听的话，所以他们就公开坦白的把话说出，任何人任何方面欢迎与否，根本不在计较之内。师道扫地，莫过今日——这是近年来许多人的感觉。现在事实证明，决心维持师道尊严的人正多，使我们对于中国教育的前途，对于中国国家的出路，增加了无限的信心。

（原载北平《周论》第 2 卷第 10 期，1948 年 9 月 17 日）

三个人的死

　　八九月之际，世界上一连串死了三位引人注意的人物。先是莫斯科传出，苏联第一等要人，史达林手下第一等红人之一的日丹诺夫突于八月三十一日病逝。继于九月三日，退位不满三月的捷克前总统贝奈斯氏，于短期的病后，逝世于捷京郊外的别墅。最后，迟至九月五日，方由莫斯科方面传出冯玉祥已在黑海中一只苏联轮上焚毙的消息，而焚毙的日期又有八月三十一日与九月一日两说。本已奇突的消息使人更自然的发生奇异之感。

　　日丹诺夫因为死时仍在盛年（五十一岁），死前又无生病的消息，并且他所主持的国际情报局又因南斯拉夫事件弄得焦头烂额，所以死讯传出后，在国际间会引起不少的怀疑与揣测。但揣测终是揣测，我们不愿对此再推波助澜。我们只要说，即或是一个纯因自然病症而终的日丹诺夫，在年事正强，并且有作史达林继承人的资格下而竟与世长别，他虽死也是不能瞑目的。

　　贝奈斯的抱恨而终，是任何尚有些微人类同情心的人所很易想象的。他本是下了最大的决心，在使自己的国家保持实质的独立的惟一条件下，向苏联向捷共可以作任何的让步，连东方一部的土地都可拱手送人而仍然陪上一个笑脸。但一切都是徒然，他被迫必须献出整个的国家，并且他的挚友与同道的马萨里克也在不明不白的情况下遭到横死。事已至此，为公为私，贝氏继续活下去都已没有意义，继续作总统将等于尸位素餐，甘作傀儡，所以他只有出于辞职一途。并且他不仅是向国人辞职，他也是向生命辞职。因伤心而致死的道理，或者是有些丧失人性的人所不能了解的。但一个理想高，神经敏，责任心重，人格深厚的人，如果他的根本信仰与半生事业都为不可抵御的暴力所粉碎，他的精神生命也会随着粉碎，他的肉体生命也会紧随于后，因小病而死，或根本无病而终的。我们相信，贝奈斯就是这样的一个人。

　　关于冯玉祥，我们只愿站在一个中国人的立场说几句话，因为从政治方面言，他的时代早已过去，今日由政治的立场对于他的死再下判语，未免无聊。但他既是一个中国人，而在外人的治下奇突的死去，凡属中国人，似乎都有权利问几句话。第一，冯氏以何种身份，手持何种护照，搭乘苏轮离开美国？中国驻美大使馆，美国国务院，与苏联驻美大使馆，对于这个问题似乎都有回答的义务。第二，轮上起火的原因与经过究竟如何？一只海轮上耳目众多，按理对此应当不难解答，为何事过将近半月仍然杳无消息？第三，焚死的究竟有多少人，又为何人？三位冯女士中，究是哪一位与父同死，为何连在美国读书的冯公子亦不得知，还须可怜的请通讯社替他打听消息？与冯氏同死的一些所谓"不知名"的人，究为何人？他们既然侥幸与"知名"的冯氏同死，似乎他们的姓名与身份也不妨公布一下。第四，一个焚死的人而仍为他举行火葬，使人情不自已的发生多余之感。在火葬之前，对于焚毙的尸体是否有过详细的检查与报告，作为将来总报告的根据？第五，在整个事件中始终未提一字的冯夫人，九月九日忽然由莫斯科传出卧病莫斯科国家饭店的消息，这又不免令人发生奇突之感。冯夫人究是因焚伤而致病，因沉痛悲哀而致病，或到了莫斯科后才染上了严重的传染病？为何忽然一病，竟病到不准见客的程度？第六，两位幸免于难的冯女士，现在何处，情况如何，为何没有一点消息。

　　以上这个问题，我们也明知不见得有人肯于解答，但心中积郁，不能不照直说出，并提请每个国人站在中国人的立场加以注意。并且生死之际，是人生的大事，这是今日许多人容易忽略的，借此也提醒人们稍一关心！

（原载《周论》第 2 卷第 10 期，1948 年 9 月 17 日）

论中国社会的特质

我们普通所谓传统的中国政治社会，是秦汉时代的产物，先秦的中国与后世大不相同，可以不论。我们一般人所认识的中国，是秦，西汉，新朝，东汉中兴，前后三百年间所建立的一个局面。这个局面一经定型之后，永远不再改变。二千年间只有治乱兴衰，而无政治社会的革命。治乱是人民生活比较内定或比较痛苦的问题，革命是生活方式改变的问题。由秦汉到满清，我们的生活方式始终未变，最治的盛世与最衰的乱世之间，并无根本的分别。大体上讲，一般的人民，俗话所谓"老百姓"，是完全消极的，除了个人或家族的直接生活问题外，对于任何事务都不感到兴趣：他们没有公众利益的观念，对于政治更是不愿过问，在不得已的纳税当差之外，他们只求为政的人少干涉他们，他们对于政府是取一种敬鬼神而远之的态度，无为而治的政府是他们心目中最理想的政府。

但所谓政府，或可能参加政府的，或虽非政府而可能行使治权的，又为何人？二千年来，在一盘散沙的社会中，有两种人是比较有组织的，就是士大夫与帮团。两种人的组织都不严密，但在整个无组织的中国社会，他们些微的组织已足使他们操持一切。两种人相违相抗，相生相成，颇合阴阳消息之理。普通所谓治世，就是士大夫得势的时代，此时帮团消声敛迹，只在秘密中存在。普通所谓乱世，就是帮团比较得势的时代，此时他们由秘密而公开，最少是半公开，与士大夫分庭抗礼，有时士大夫要向他们低头，甚至向他们屈服，也加入帮团的组织，以求保全。

太平治世，皇帝是士大夫的领袖，军政大权都操在皇帝一人之手，士大夫在这个最高威权之下为官治国，维持一个大体安定的大一统局面，皇帝的治权可以稳固，士大夫的社会地位与经济利益可以保障。此时不仅一般老百姓为顺民，连帮团分子也只有作顺民。士大夫在朝为官吏，在野为乡绅，在朝在野都是维持全局的上层阶级。

所谓乱世，都是在帮团分子，或大部在帮团分子领导之下，在各地起兵，在各地割据的时代。由汉代的黄巾之乱，到满清的义和团之乱，多数的大乱都有民间带有宗教性的秘密团体在背后主动。乱象普遍之后，皇帝失去军政的统治大权，各地的官吏与擅自起兵的人都可各自为政，一群土皇帝取代一个大皇帝的地位。在丧失了大皇帝的护符之后，士大夫不能维持过去比较超然独立的地位，必须与各地的割据分子拉拢，身家性命方有保障。同时，大一统的控制力削弱之后，秘密的帮会出头活动，本与他们有关的割据势力不必说，即或是不由帮会出身的小朝廷，多多少少也要与帮会周旋，方能保证地方的稳定。一般的士大夫更无善策，或为割据势力及帮团势力奔走，或积极参加他们的活动，也成为推动大乱的一个力量。不肯如此合流的人，只有闭户读书，或隐遁山林，再不然就只有自杀。

此种一治一乱的循环，原因究竟何在？问题当然极为复杂，但根本的原因或者不外两种：一为人口的过剩，一为人才的过剩。在大家族主义下，中国的人口总是趋向于急剧的增加的。治世都是人口少的时代，土地财富的分配即或不够，但大多数的人总可求得温饱，社会中没有生活恐慌的心理。一般人心地坦然，社会的空气自然是一片祥和。但在所有的男女无不结婚，无不尽量生儿育女的制度下，人口很快的就要达到饱和点，土地财富即或最平均的分配，大家也只能在饥饿线的上下旋转，若略有不均，再加上必不可免的水旱之灾，每年总有些地方总有些人连最低限度的温饱也不可得。至此弱者死于沟壑，强者铤而走险，走险群中当初即或分子单纯，不久必有秘密社会的势力渗入，由无目的的求食运动变为有目的的割据作乱。正统的政府当然看这些人为乱民，有时也可把几批乱民平定。但在人口过剩的根本问题不能解决之前，总是一波未平，一波又起，剿不胜剿，抚不胜抚，非到天下割据，各地混战，相砍相杀几十年以至百年不可。

人口过剩，食口太多，问题已够严重，与此并行的还有一个人才过剩官瘾难偿的同样严重的问题。太平盛世，不只整个的人口少，人口中的人才或以人才自居的人也少。按中国的习惯，人才的出路只有作官，在人才少的治世，每个人都可得到安插，少数不能安插的人在家作乡绅，在生活普遍安定以下，也可不致感到太无聊赖，况且随时尚有一官半职的希望。但太平日久之后，随着人口的增加，读书人也增加，有出身的人也增加，想作官的人也增加，求官而不得的人也当然增加。所以在一般人求温饱而不可得的时候，也是读书人中失意分子日愈加多的时候。秀才造反，诚然是三年不成，但秀才若与别人联合起来造反，其力之大却不可轻视。历代的乱事，发起的虽非读书人，但事后谋划而使乱事扩大的都是读书人。民国初期的军阀内战，每次都有读书人从中挑拨，这是人所尽知的一个近例，其他较远或更近的摸鱼之例，可以毋须列举。人口过剩与人才过剩必定造成大乱，大乱的结果必是人口的大批杀死、饿死与病死。等到人口减到相当的程度之后，减到财富分配即或不均也无饥寒危险的时候，天下就又太平了。二千年来，我们就是在过这种千篇一律的，社会一治一乱，人口一少一多的单调生活。

今日中国是在乱世，这是毋庸讳言的，人口的过剩与人才的过剩都远迈前代。由近代国家的标准讲，我们的人才或仍贫乏的可怜，但由中国现有的条件讲，我们社会中求官而不得的人，实在是太多了。至于我们的人口，是由任何的标准看，都已多到没有办法的程度。所以若按过去二千年的史例衡量，中国今日的混乱可说是再自然不过的一个趋势，过去乱世的角色，今日都已齐全。政府大体仍然代表求治的士大夫的势力。但也如一切乱世，已不能维持单纯的士大夫型。各地有许多的半秘密半公开的组织，也有许多割据或想要割据的离心势力。惟一好似新奇的角色，就是□□□，其实□□□若剥去外来的一些名词与口号，不过是一个半秘密半公开的，带有宗教性的，以饿民为基础的割据势力。它的惟一真正特点，就是依附外力与否认国家民族，这也是它始终不能取得其他秘密团体的信赖与合作的基本原因。由此点言，中国今日的局面可说较过去任何的乱世更为复杂，但根本的形态仍是历来乱世的形态。

今日与过去乱世的最大不同，不是内在的，而是外来的。假定今日我们仍能把大门关起，那我们就必再费几十年以至百年的时间去痛痛快快的砍杀一场，以求传统形式的解决。但我们的大门显然的是关不起，我们今日根本已经没有大门可关，到处都是外力可以长驱直入的通道。外力今日正在直接的或间接的，拙笨的或巧妙的，用敌意的姿态或用友情的姿态，来尽量利用我们的弱点，使我们既不能安定，也不能澈底大乱一场；所谓"求生不能，求死不得"，正是外力玩弄之下的中国的绝好写照。然而事在人为，我们尚未到绝望的时候。人口问题，今日不能用过去黄巢张献忠的方法去解决。但我们若尽量利用近代知识，使农业科学化，在可能范围内发展工业，使财富的分配比较合理，同时最重要的，设法使人口绝对不再增加，我们仍可实现一种小康的局面；必须先有小康，才有回旋余地，容我们策划长治久安的百年大计。但这一切都要假定人才问题同时解决。每当乱世，读书人的捣乱，起哄，与发狂，是中国历史上所独有的现象。遍阅人类史乘，任何其他民族或其他文化的读书人，其乱世的表现都不像中国这样令人痛心疾首而莫可奈何的。自私自利的与热中无耻的一群固然祸国，所谓正人君子，其祸国殃民的罪行往往也不在邪僻小人之下。远事不论，专看今日：今日的读书人集全世美名巧言之大成，而实际在毫无自觉中所作的是义务的替外力分裂中国，搅乱中国，削弱中国的地位——这在全部人类历史上恐怕将成为最不可解的怪谜。

传统的社会已经不能继续维持，中国的文化已经到了非变不可的时候，同时外力的威胁也是前所未见的。我们不能只注意自己的内部，而忽略门外的局势，尤其要防备被外人催眠，以致对全局发生错觉。先求小康，后求大定，是中国社会、国家与文化的惟一出路。对于外来的阴谋，叫我们为任何一种莫须有的大定而放弃可以把握的小康，我们全国人士必须提高警觉，密切堤防！

（原载北平《周论》第 2 卷第 10 期，1948 年 9 月 17 日）

美国也为东南亚担心么？

九月十六日，有一段来自华盛顿的消息，虽甚简短，然而每句每字都甚引人注意：

> 国务院发言人称：东南亚共产主义之急速扩展，美国务院深为关切，并已将此种发展加以研讨，从而拟订对该区域之新政策。美国此项声明，系继英外相贝文十五日公开指责共产党现遵循一种计划，旨欲控制东南亚之后而发表。该发言人称：美国务院早于今年年初，即已密切注意该地共党之发展；渠指出共党在缅甸，马来亚，安南，及印尼之活动，同时此间传闻共党情报局五月间增设支部于曼谷。华盛顿官员谓：甚多事实足以证明东南亚共党之一致步调，系受克里姆林宫之指挥。

我们读了这段消息之后，真是感触万端，不知从何说起。我们不愿多说，只提出两点，免得大家忘记。第一，美国的许多专家与要人，在过去似乎曾经不厌其烦的教导我们说，亚洲的共党，尤其东亚的共党，并非真正的共党，而是"农村改革者"，不仅不该反对，并且应当扶持。这个教条，我们至今尚未忘记。在与共产主义祖国万里接壤的中国，尚且只有农村改革者，克里姆林宫如何竟能迈过如此大的一个中国，而远在东南亚各地制造出许多不折不扣的共产党徒？这是我们无论如何也想不通的一个道理。至今为止，过去否认中国境内有真正共产党的一些专家与要人，尚未发表任何一种新的论调，所以我们只能假定他们仍然坚持从前所下的判断。我们所愿知道的，就是今日说东南亚有真正共产党的人是否仍为旧日的专家要人，或者华府现在已经有了一批新的专家要人？美国一向以曾教育大批的中国知识分子自豪，我们现在仍愿虚心受教，希望对于上面的许多疑问都能得到清楚的教诲。

第二，关于所谓曼谷设有共产党情报局支部一点，假定真有其事，请问此事当由何人负责？有如今日的整个暹罗局势，究竟何以会发生？我们还都能记得，在第二次大战期间，暹罗本是甘心依附日本，帮助日本作战的。大战结束后，不必说中国，连等于华府的外府的英伦也曾主张严厉对付这个日本附庸。然而华府已经培养了一批"民主人士"与"自由分子"（大概是曾受美国教育的罢!），不只中国没有说话余地，连不列颠也被迫承认暹罗并非战败国的奇论，对它从轻发落。华府何尝不是踌躇满志？然而曾几何时，"民主人士"与"自由分子"的傀儡政权竟被一扫而光，依然故我的暹罗又出现于世界？华府心中无论如何不快，然而对于一个非战败国的独立国家的内部政变，又有何法可想？中国不竞，自招外侮，年来暹罗华侨所遭遇的种种，早在意料之中。然而共产党情报局支部的设立，目的显然不是在对付中国。暹罗自己没有丝毫赤化的迹象，事先若无默契，情报局支部安能在曼谷成立？这显然的是对于过去在暹罗境内设立"民主人士"与"自由分子"傀儡政权的大国的一种报复行动。情报局支部虽然设在暹境，暹境之内却平静无事，翻天覆地的都是暹境以外的东南亚各地，此中默契，明眼人一望即知。我们很愿知道，对于这个局面，由将入相的风云人物究能拿出何种的"新政策"？

（原载北平《周论》第 2 卷第 11 期，1948 年 9 月 24 日）

国籍，国籍法与国际婚姻

中国的一位女子，嫁与一位在华的美国军官，军官先自行返国，随后华妻于美国驻华领事馆签证后也起身赴美，六月二十一日抵旧金山，被美国移民局拘留，不得登陆。一拘整整三个月，不得要领，这位女子竟于九月二十一日自缢而死。这是美国公民之妻，有合法签证，而因不得入境以致自杀的一例。

另一消息，在大战时期，苏联女子嫁给在苏英人的约有四十人，嫁给在苏美人的也有若干人。在最初，经过种种麻烦的手续后，有些苏女还准离国，追随自己的丈夫。但近来已不可能，据九月二十四日路透社由莫斯科来讯，这些女子逐渐都去办理离婚手续，了却一番战地姻缘。这是苏联女子嫁与外人，因不得离国而被迫离婚的例。

又一消息，最近天津各报时常出现一种奇异的启事，就是一九四六年取得苏联国籍的白俄人士宣布放弃苏联国籍，仍恢复"无国籍"地位的启事。这些人都是由于最近两年的实际经验，或因得了返苏亲友暗中传出的消息之后而决定采取此种行动的。这是无国籍的人，很方便的取得国籍后，又自动放弃国籍的例。

对于以上这些事件，我们不愿多说，说亦不知从何说起。它们或者只是再一次的证明："人类是故意的与不必需的虐待同类的惟一动物！"

（原载北平《周论》第 2 卷第 12 期，1948 年 10 月 1 日）

气焰何必如此之盛？

——有感于经合总署署长对英国内政的干涉

英国自工党政府上台，决定实施温和的社会主义以来，采取渐进的手段，把重要的生产事业国家化。数年以来，除了极权的共产主义者与极端的自由企业主义外，这本是举世关心的人类幸福的人士所寄与善意的期望与莫大的同情的一种伟大试验；即或将来失败，其失败仍可说是光荣的，因为那是最讲人道最重理性的一种革命企图。近来英国政府正在考虑再前进一大步，把全国的钢铁业国家化。不料经济合作总署署长霍夫曼氏竟用很不客气的语调表示反对英国政府正在考虑中的这个计划，使人诧异，使人震惊，使人一时哑口无言。

据路透社九月十九日由华府发出的消息，新闻记者问霍夫曼氏对英国政府最近计划有何感想时，他说：

"在一个过渡的时期，如果此类的举动引起纷扰，经济合作总署在广泛的原则上是反对的。"

又问："你是否认为此次会引起纷扰？"

答："我认为会的。"

这段对话是颇堪玩味的。以马歇尔援欧计划支配人的身份而做出此种干涉英国内政的表示，这对英国不仅是一种警告，简直是不留地步的恫吓。如果美国政府中另一要人如此发言，我们还可说那只是表示不赞成而已，尚无任何威胁的意义包含在内。现在由霍夫曼氏说话，由一方而言，其意义较国务卿说话尤为严重；那就等于说，英国如不就范，以后援助的款项就将断绝或减少。可怜的英伦，在别人安枕无忧的时候，为替世界抵抗纳粹，已把海外的投资、海洋的商轮，以及其他可令自己挺直腰板的资本全部或大部耗尽，今日的英伦只有眼望着别人支配一切，别人有的是资本，有的是物资，有的是轮只，前此世界第一等强国的英伦现在只有寄食于人，方能活命。事已至此，当初为世界而奋斗而牺牲的功劳，又何庸旧事重提？牺牲了自己的元气而挽救了世界成全了别人的，岂只英国一国？但所有这些傻瓜的国家，都是活该；谁叫你当初如此死心蹋地的挺身而出与牺牲一切呢？现在是别人的天下，你只有俯首帖耳，表示恭顺了。

　　胜利以来，美国人时常批评苏联，说苏联时常为达到不必需的目的而牺牲了第二次世界大战期间人类对它的一致好感。这种批评，恐怕是凡对苏联采取善意态度而未把自己卖给苏联的人都可首肯的。惟一的问题，就是别国人都可如此说，只有美国人似乎没有资格如此说；美国人责人未免太明，责己未免太差。在大战晚期与大战方才结束时，世人固然对于苏联有好感，但其对美国的好感不知要高过对苏好感的多少倍。然而今日如何？这个问题只有让美国人自己去回答。我们只要说一句话：就是美国的牺牲人类好感是最不值得的，最不必需的。过去的强国大国，在经济上或其他利益上都有取于弱国小国，自然的也是不得已的引起对方的反感。但美国得天独厚，无需求取于人；此次欧亚两洲又都有人出来先作人力物力上的重大牺牲，以致最后取得胜利时，美国在人力上的损失，与他国相较，等于没有，在物力上的损失，数量虽大，而也只是他无限天然资源中的九牛之一毛。在如此的情形下，美国又何需像古代或近代的霸主一样，非引起别人的反感不可？自己富庶完整，无求于人，又何必平白无故的牺牲了别人原有的好感？这真是令人百思不得其解的古今怪事。最近英国关于钢铁业所拟的计划，我们不知其详，对它本身不愿妄置可否。但即或其中真有重大的问题，我们也不能了解美国为何采取如此彰明较著的干涉方式而表示反对。是故意的么？那真是不可恕了。是无意的么？那更是不可恕了！

　　我们的国家较英国牺牲尤大，残破尤甚，受人教训更属司空见惯，我们似乎没有资格来替英国人说话。但中国的圣人有言："是可忍，孰不可忍？"西方的圣人也说："他们如果不说话，石头也要说话了。"这实在是凡属人类都当说话的时候了！

（原载北平《周论》第 2 卷第 12 期，1948 年 10 月 1 日）

睡梦已久，可以醒矣！

——国庆期中，本刊再申立场

本刊自问世以来，时常收到读者的来书，对本刊的言论表示赞成，声明反对，或提出讨论。另外也有许多读者，认为本刊立场不明，希望本刊把立场详详细细的述说一遍。在发刊词中，关于立场已有概括的说明。九个月来，承各方指教，自信已寻得更清楚的自己的立场，趁国庆的机缘，愿向国人综合陈述，既以就教，亦以自勉。

第一，本刊绝不追随时髦，绝不迎合任何人任何方面的心理，绝不以意义不明的口号标语作为千古不移的真理。本刊尊重多数，却不崇拜多数，哗众取宠的行径本刊绝不屑为，中外历史上多数人（多数说话的人）把国家引入歧途的例正多。人言固然可畏，后世之言尤为可畏，本刊宁作今日的罪人，绝不作后世的罪人。就消极方面讲，这是本刊的根本立场。

第二，在积极方面，本刊认为自抗战晚期以来，我们全国的人，全国有知识的人，都在不知不觉间作了外国的精神俘虏，无意之间都在替外国工作。中国人的天赋智力并不弱于任何其他民族，只因一向我们是太喜欢以空言为事实的民族，一方面我们又吃了二千年大一统局面的亏，使我们对于今日虚虚实实，诡谲万状的国际社会，根本没有能力应付，别人另有作用的甜言蜜语，我们总是奉为绝对真理，只要别人说出一两句动听的高调，我们马上就可五体投地向那两句符咒焚香礼拜，而不知别人在我们闭眼合十时要把我们托命的脚下实地席卷以去。在日本正盛的时候，中国人都知道北边还有等待机会的另一外力，这个外力今日在中国的势力已远超过十年之前，也是有目共睹的。但有几人见到，在日本之后还有一个外力更深谋远虑的等待机会？过去日本要独吞中国，使日本背后这个较远的力量无机可乘，他只有奉行古今不移的"远交近攻"之道向中国表示了五十年的好感，把我们全国的人，尤其是有知识的人，几乎个个迷醉。今日日本既倒，"远交"的阶段已过，他安有不进到"近攻"的阶段之理？然而此次的"近攻"，其高明与巧妙，简直不可思议，相形之下，日本是三岁小儿还不如。此次是"借刀杀人"，是"以毒攻毒"；崇拜他的人固然为他所用，反对他的人同样为他所用而不自知。日本人愚蠢拙笨，只能叫一批不齿于人类的人出来作汉奸，这些人知道自己已是汉奸，心虚至极。此次被利用的，都是知识高，地位高，人品高，自信力也高的人；他们自己不知道是在被人利用，一般社会也未感到他们是外力的傀儡，所以他们理直气壮，绝不虚心，诚诚恳恳的认别人的手掌心为跳舞的地板。岂只是自由分子，民主人士，各党各派，社会贤达，名流学者，被利用而已？连自以为天之骄子的□□也在同样被人利用而丝毫没有觉悟！□□及其同路人尽可在民主观上是替他们所衷心皈依的一种外力奔走，而客观上却完全是在替他们所满心憎恨的另一外力作傀儡而不自知。

以上的话太过火么？愿国人洗净外力在我们脑筋中所散播的名词罗网，平心静气的观察一下实际的世界大势。环视全宇，西半球不必说，欧洲，地中海，非洲，近东与中东，都已是囊中物，只剩下一只赤熊须待下次世界大战时解决。然而麻烦的很，此外在东亚还有一条黄狗，这条黄狗今日虽很容易解决，但整个局面不容许解决，所以惟一的办法就是不叫这只黄狗吃肥养壮，以免将来解决时太费力气。简单一句话，抗战时期的中国，表现的太好，人心太统一，战力太可观，政府的控制力尤其太大。这一切都必须破坏。所以自抗战时期起，就开始在中国贩卖民主，贩卖自由，整套整套的贩卖名词。事有凑巧，在完全不同的背景与不同的作用之下，□□也在开始作同样的贩卖。两种民主虽然根本水火不相容，然而没有关系，反正八股传统的中华民族所要的就是名词与口号，实义与真价根本是不相干的事。长期抗战打得弱点毕露的一个现状，在外力的巧妙摆弄之下，就成了民主狂潮的进攻目标，抗战时期的万众一心至此一变而为分崩离析的精神状态。然而近代政府的机构，其控制力非前代可比，普遍全国的发言盈庭，并不能真正削弱一个政府，最多不过能使那个政府提心吊胆，不敢放手作事而已。政府代表实力，要真正牵制一个政府，必须靠一个对立的实力派，□□正好可以担任这个角色。所以在全世界都可反共，只有在中国不能反共，因为在伟大的计划中□□是有无穷的妙用的，只有□□能够保障现状的疟疾性可以延长下去，忽冷忽热，不死不活，绝对不能统一。既不能让□□致胜，也不能让政府统一。至今为止，政府仍嫌太强，所以军事的援助绝不能轻易拿来，只能在财政经济上略施小惠，作为打气，使战争能得长久延续。至于□□，在调解之下听它发展，在宣传之下赞他为"农村改革者"，既已培起实力，也达到打气的目的，一拼死活的战斗至此就百稳千稳了。人事布妥之后随时有机会，顺着血气方刚者的自然发展，利用可能的□□活动，在间接又间接的策略之下鼓励学潮，制造反现状的舆论，提拔各种各类的民主斗士，愿每次学潮的主动分子想一想，是否有非共，非苏，非同路人，非中国人的人士，在公开的或暗中的给予你们鼓励？愿名流们想一想，是否在无意中以结交外人为荣的殖民地心理之下，你们就不加思索的接受了外人许多富有作用的的暗示？你们可也知道，战前与战时曾与你们过从甚密的客人，至今你们可能仍当高贵朋友看待的人，正是在暗中划定与推行分裂中国搅乱中国的纵横之士？你们可也知道，别人为中国所泡〔炮〕制的命运，是在第三次大战后不费吹灰之力就可一把抓去的命运？你们可也知道，你们即或主观上自以为是排外，而实际仍然是等于媚外？因为你们的排外于"外"无损，而正巧可以达到"外"的最高目的就是削弱现状，分裂中国。我们多数的知识分子，精神作人俘虏太长太久，习惯成自然，竟以为真理，竟以为光荣，我们不敢说这是绝后，最少在人类历史上这是空前未有的怪局！

时间已经太晚么？回头还望得见岸么？谁知道？但最恶的恶梦，终有醒时。我们这一觉实在睡得太长，这一梦实在作得太可怕；醒来不管是如何的景象，总到了该醒的时候了，愿国人睁开两眼看一看罢！

（原载北平《周论》第 2 卷第 13 期，1948 年 10 月 8 日）

锦州

——古今的重镇

近日战事忽趋紧张，国人对于锦州的情形尤表关切。锦州介于大凌河与小凌河之间，紧靠热河省，自古为交通枢纽与国防重地。今日锦州又是北宁铁路上的一个大站，并有支路由此西入热河，更增高了锦州在交通上与军事上的重要性。东北对沈阳，西方对承德，西南对平津，锦州都有掩护的作用，虽在立体战的今日，锦州的枢纽地位仍与过去无异。

锦州是抗战胜利三年以来报纸上几乎每日见到的一个地名，但或者很少人注意，锦州的重要不自今日始，也不自近世始，锦州一带的关系东北边防与关内局势的，已有二千年以上的历史。远在二千三百年以前，在公元前三世纪，中国仍在列国时代，以今日北平为首都的燕国向东北发展，占有辽水流域，设辽东辽西二郡，为燕国的边防重地，辽西郡就是现在的锦州区域。秦汉大一统四百年间，锦州之地或称辽西，或称右北平，始终为东北重镇。西晋时，中国仍保有此地，改称昌黎。五胡十六国时，慕容氏据此地而兴起。此后南北分裂，北朝对辽水以东之地无力控制，但仍握有辽西的锦州，在混乱分裂的局势下，锦州仍在中国手中。

在长期的分裂之后，隋又统一天下，仍未能渡辽而东。大唐成立，领域辽扩，超越西汉，今锦州之地密迩营州，营州为安禄山发迹之地，禄山一反，而大唐帝国开始破裂。北宋势衰，为惟一主中国而不能把握东北的朝代，锦州之地先后属于辽金，成为边患的一个重要来源。大元帝国，横亘欧亚，锦州深在内地，可以不论。明强于宋，在东北坚守锦州之地。明末，祖大寿献锦州，降满清，关外屏障等于尽撤，清兵从此得以自由南下，山海关虽能威胁满洲，却不能挡住满兵。满清入关后，先在锦州一带置广宁府，后改称锦州府。满清的势力虽远达北地，满清本身虽为发祥于东北的一个力量，却始终视锦州为关内外的枢纽与边防的重镇。

降至民国，国际变幻，日紧一日，凡属略微关心时事的国民，都时常可以直接的感到锦州的重要。"九一八"变起，锦州为中国在东北的最后据点；锦州一撤，东北尽失，而满洲伪国成立。抗战胜利结束，日本无条件投降后，中国返回东北，先收锦州，在国际阴谋的阻挠之下，在起初的数月，中国在东北能够完全控制的重要据点只有锦州。后来向北进展，也是以锦州为起发点。时至今日，风云日紧，当局与国民的注视锦州，可说是二千三百年来一贯态度的最近表现。

（原载北平《周论》第 2 卷第 13 期，1948 年 10 月 8 日）

国际和平展望

　　在名义上推进国际合作的联合国大会于九月下旬召开声中，国际间实际的空气已发展到胜利三年以来所未有的恶劣状态。巴力斯坦，朝鲜，希腊，印度半岛，东南亚，印尼，到处都是不能解决的问题，柏林问题尤其使人感到四面碰壁。苏联出席联大代表团团长维辛斯基氏所谓联合国似乎将要变成"不联合国"一语，恐怕是有任何色彩的人与根本无色彩的人都有同感的。与国际会议中乖戾气氛相配合的，有强国备战的消息。英伦遍国警备，已是传了一月以上的新闻。联大开会之初，伦敦广播又谓美国驻欧洲的舰队已接到有关最近将来任何可能危机的训令。苏联的作风不同，一向不对外宣布它的军事设施与军事计划，但我们可以相信，它必定也在作着万一的准备。这以上可说是代表强权政治的一面。

　　菲律宾代表在联大所作的呼吁，可代表弱小国家与一般人类的希望。他建议各弱小国家联合，成为第三力量，防止强国玩弄强权政治或走向战争，为人类解除战争的恐惧与毁灭的威胁。这位代表的呼吁，无人反对，问题是如何使这种呼吁发生效力。所谓第三力量，是否能够组织成功；即或真能组成，是否能够发生作用；即或发生作用，其作用将为推进和平，或只是添上了第三个作战力量——根据对于今日国际政治的判断，根据对于过去历史教训的认识，以上这些疑问都是自然的要发生的。我们生当今世，对身临其境的局势，因希望，因恐惧，因利益，因成见，往往不易得到清楚的认识。我们若采取超然的眼光，不专看今日，而把过去与现在混为一谈，等量齐观，或者可以不动感情，认识与判断也可比较的切合实际。

　　首先我们要认清的，就是"和平"是一个相对的名词，一个相对的观念，和平有两个假定：假定有列国，假定有战争，和平只是列国两次战争间的中间时期，既有列国，必有国际政治。有国际政治，必有利益冲突，利益冲突迟早必要引起战争。那也就等于说，国际政治一定是强权政治。战争是列国世界必不可免的现象，几乎可说是自然的现象。在列国并立之下，我们甚至可称战争为正常，和平只是旧战争后的休息时期与新战争前的准备时期。

把和平世界引入战争旋涡的，就是均势制度。列国并立，没有一国安全，连最强的国家也不能有绝对的安全感。安全既有问题，各国自然求友；求友的自然结果，为国际间两大壁垒的对立。至此，友邦的事也成了自己的事，自己的事当然也是友邦的事。自己的事已够复杂，再兼管友邦的事，所以国际两大壁垒之间的空气总是紧张的，双方都时时刻刻准备兵戎相见。"武装和平"的一个名词非常恰当，那是列国和平的绝妙形容。和平是外表，武装是实际，迟早必有一个问题使两大壁垒火并。所谓国际均势，总不能"均"，因不均而不安，因不安而必战。就理性讲，这是愚不可及的事，因为战后还是不均。但就人性言，这是自然不过的事，因为各方都有侥幸之心。

虽然如此，每经一次大战，必有一个或长或短的追求和平的阶段，热心人士奔走号呼，希望战争能够绝迹，和平能够永久。连为政的人，无论是出于信仰，或出于投机，往往也口口声声的拥护和平。今日的事，距离太近，关系太亲近，暂且撇开不谈。上溯第一次大战之后，当时各国组织国际联盟，以消弭战争永保和平相号召。在具体的步骤方面，限制军备，主张裁兵，最后到一九二八年各国签订巴黎非战公约，正式声明放弃战争，永不再用战争为国策的工具。但没有人对于这一套真正放心，表面的文章尽管去作，秘密外交与均势主义活动仍旧，由法国发动，组织包围德国的集团，要使德国永世不得翻身。一九二〇年，国联方才成立，法国就联比利时，希望西线安全；一九二一年以后，又联东欧的新兴小国，在东方包围德国。法国的集团引起意大利的反集团，一九二七年联匈牙利，七年后又联奥地利。到一九三四年，这就引起再反集团，就是希、土、罗、南四国签订的巴尔干公约。日愈复杂的国际政治，给了德国一个乘机再起的便利，不久就形成联德与反德的两大壁垒，五六年后就引起第二次大战。在历史的透视中，和平运动只是一种插曲，是战后人力疲乏心理疲乏的临时反应。临时的疲倦一过，新战争的酝酿又起，不出几年，就又来一次大放血。

未来的事，我们不愿多加揣测，但有一点与过去不同而应当提出的，就是大国的数目今日极少，已少到不能再少的程度。今日能够单独作战的只有美苏两国，连大英帝国也只能作配角，其他各国更不必说了。大国只剩下两个，那就等于说，任何即或暂时居中调停或中立缓冲的势力都已不再存在，已经没有任何可以勉强称为"第三力量"的一种力量。两大短兵相接，国际局面当然显得特别紧张。这是今日与过去最大的差异。过去每次大战之后，人心还可作一个或长或短的和平梦，今日心中真正有此梦想的人恐怕举世也找不到几个。今日已经没有人问，和平能否永久维持，今日大家所要知道的只是这个朝不保夕的和平何时破裂。自十七世纪初到二十世纪初的三百年间，西洋世界平均每五十年发生一次普及全欧甚至普及全世的大战。进入二十世纪后，大战的步调加紧，一九三九年第二次大战爆发，距离第一次大战的结束仅仅二十一年的功夫。看目前的情形，今后的步调是否将要更加急促，无人敢肯定或否定。列国局面只要是一日存在，西洋世界，以至受拖累的整个世界，就一日难免为周期性的战魔所困扰。（作者系清华大学历史系教授）

（原载《天津民国日报》1948 年 10 月 11 日）

美众院外委会论中国问题

美国众议院外交委员会小组会,十月四日发表了一篇有关中国问题的报告,内中涉及的问题甚广,本刊暂时不拟作一个全面的探讨,只对其中的两段,因各报登载时颇有意义含混或文字错误处,转为译载,供国人参考,并顺便提出我们心中所发生的疑问。两段的文字如下:

自苏联占领东北以来,中共在内战中的能力显已大见增加,中国本身目下显然无法运用其能力,迅速击败中共而建立非共产之全国秩序。如能稍有军事供应与提供意见,此事可能有成,亦属显而易见。美国在不妨害他方面供应义务之下,恐怕仍能供应中国,因中国所需要的,就一般而言,都是轻便简单的东西,即来复枪而非坦克车,迫击炮弹而非喷射式战斗机。

另一段:

今日世界中唯有美国一国能予中国以领土与政治完整之有效保证。过去半世纪以来,美国并曾声明,中国之完整为美国重要利益之一。在意想中美国为唯一能提供此种保证之强国,而此种保证或可尚能令人相信并非一种帝国主义的控制手段。

因为在美国的政治制度之下,国会不是政府,也不能代表政府,所以我们无法知道某一议员或某一委员会的发言是与美国政府的政策相合,相违,或根本不相干;同时我们也无法知道,立法人员说话时,对于决策的行政人员的决策明了到如何的程度。就上引的第一段而言,所谓中国只需要轻便简单的武器一点,确属实情,同时我们也确知,无论在美国本部,或在太平洋岛屿上,美国保有许多听任生锈腐朽的军用品,而中国的采购员大部时间被卷入一层又一层的官方手续中难得见到一粒子弹,更不必说坦克与飞机了。这一切恐怕是无论赞成美国援华或反对美国援华的人都感到大惑不解的现象,我们倒很希望美国立法机关方面能给我们一个毫不含混的解释。

至于说到美国保证中国领土主权的完整而无帝国主义野心的一点，我们也是愿闻其详的。对于过去半世纪美国在所谓门户开放政策下对于中国完整的保证，撇开细节不谈，我们只知那时最有并吞中国的资格的强国是日本，为防日本并吞中国，门户开放政策确有它的地位，虽然它的地位也并不像有的人所估计的那样高。但今日已经没有一个可以并吞中国的日本，除了苏联对中国念念不忘，政策仍旧外，是否可能尚有他人想要取代日本的地位？口头上说援助中国，说希望中国统一，而实际听任自己不需要的武器烂掉，这难道都是偶然的脱节？脱节而竟脱到三年之久，也未免脱得太长了些！

美国对华政策如何，是美国自己的事，我们不敢过问。我们只希望中国人，站在任何立场的中国人，要设法了解美国的政策，不要经年累月的被人蒙在鼓里而自我催眠的以为是生在光天化日之下！

（原载北平《周论》第 2 卷第 14 期，1948 年 10 月 15 日）

致意大学新同学

本期承清华大学训导长褚士荃教授撰《欢迎新同学》一篇，以他多年来教导青年的经验，以他三年来正式担任训导职务的身份，向本届新入大学的青年作一番最切实的指示与最诚恳的提醒。为特别表示恳切，在行文中褚先生好似专对一校的新同学说话，实际他所讲的都是所有新入大学的青年应当注意的几点道理。

我们如果综合引申褚先生的意思，或者可说他是在苦口婆心的劝导青年珍重自己，爱护团体。珍重自己，看起来好像是最容易的事，实际恐怕是最难完全作到的一件事，在刺激如此之大，环伺的势力如此之多的今日，这更是难上加难的一件事。正如多数的病症是来自我们对于自己的身体不知如何珍重。多数的人格问题也是来自我们对于自己的心灵不知如何珍重。先入为主，本是人之常情，青年时热血沸腾，如果有人善于利用此种弱点而为他先入炫人耳目的一套，他是无力加以抗拒的，往往是囫囵吞枣的全部接受，此后他的心门就严密封闭，不能再接受任何相反甚至略微相异的事物。大学教育的目的，一言以蔽之，就是要叫心门不要关起，在年事正轻学习力正强的宝贵青春时期，要尽可能的了解宇宙之大，体会人生之深，明了学问的永无止境。青年人对于大、深、永，容易感到不耐，转而求取小、浅、短的捷径。任何一个青年如此作，都是他自己与国家社会的损失，一个获有进入大学权利的青年而如此作，那更是如何令人惋惜的事。大学之"大"，所指是它的能够概括学术知识的全部领域。每个人都控制这个全部领域虽是不可能的，但深刻亲切的知道这个全部领域的存在，却是每个"大学人"所当具有的条件，大学教育的最高目的也就是叫每个大学生能够具备这个条件。大学不是要训练技匠，不是要训练党魁，不是要训练政治领袖，不是要训练任何一种具体的人物，而是要训练"完人"。技匠，党魁，政治领袖，或政治社会任何部门的主持人物，大学生将来都可去作，但非大学生也可去作，大学生去作时所不同的就是他应当是以"完人"的资格去作这些，而不是以一偏之士的身份去作这些。在纯粹的学识上过度的"一偏"，已为大学生所不取，如果在见解、态度、修养与涵量上也自拘于一隅，当初的进入大学可说大部等于白费。褚先生提出"古之学者为己，今之学者为人"的古话，反复解释，提出"团结就是力量"的时髦语，反复警戒，可说都是劝告大学青年尊重自己的人格，爱惜自己的远大前途，不要轻易浪费了千万人中只有一人能得的大学教育的机会。

人不可以离群而独居，去充实个人虽是大学教育的最高目的，但总是希望充实后的个人将来能得适当的机会为群所用。然而"群"虽是今日许多人时刻不离口的美名，他们往往只知注意抽象的"群"，而时常忽略此时此地所寄身托命的实际团体。今日在学校不知爱惜公物，就是十年二十年作贪官污吏的条件。今日在学校不守秩序，就是将来作了大人先生时自居于法外的条件。一个青年时不知处处爱护学校的人，成年时独当一面之后，也不会爱护他所服务的机关，更不会真正爱护国家社会。此种人生只能在唇舌上向大而无外的"人群"尽忠尽孝。今日的世界，尤其今日的中国，动人心弦的巧言美名，多至不可胜数，贩卖巧言美名在今日已成了不少人的一种专业，一个当代的青年人无法不与这些巧言美名发生接触。接触无妨，但最需记取的，就是每说一次大话时，立刻本着大话的精神作一件摆在自己鼻子底下的小事。如果发现自己不能作此小事，以后就当绝口不说大话。古人有言："勿以善小而不为，勿以恶小而为之。"学校的世界甚小，根本没有大善大恶的机会。但善恶的大小无关宏旨，重要的是善恶的习惯。一个青年在校读书时若能多行小善，力避小恶，那就是将来行大善，免大恶，真正服务国家与造福人群的最好准备与最高训练。

外报的中国消息

本年双十节目，政府新闻局某负责人发表了一篇呼吁性的文字，向美国各报社的编者，社论撰者，与特稿撰者恳求，希望他们报道有关中国的消息或发表有关中国的论文时，避免揣测与杜撰。不正确的报道，不合理的论断，使美国的民众对于中国发生误会与错觉，战后中国在外交上所遇到的困难，最少一部是来自此种不幸的误会与错觉。

对于美国许多的报纸，我们久有与上列相同的感觉。新闻自由的原则，我们都愿接受，美国也一向以新闻自由自豪。但自由与自制是分不开的；也就是说，自由必须是负责的自由。这一套道理，在美国本是老生常谈，无需我们多说。但这种自我克制的自由，美国报纸似乎只于对内时负责，一到对外时就难免一放而不可收拾了。中国许多情形的不满人意，是中国人自己首先愿意承认的。但中国人对于自己的问题尚能透视，西方人往往以片面为全面，近三四年来报上的中国是整个的漆黑一团，在外国读者心目中所造成的印象是中国已经不可救药，并且一般报纸的口吻不是同情的，而是鄙视的，有时几乎近于敌意的。只就事实的报导言，即或是错误的，我们也可不加介意。但报道时的口吻与态度，却使我们不能不发生疑问：这些报导的目的究竟何在？我们还不能忘记，过去五十年，美国的言论对于中国大体上是同情的，有时甚至是不顾事实而一味的同情，抹煞或掩盖不美的事实而理想化的描写中国与中国人。近几年来与此完全相反的趋势，使我们不期然而然的怀疑，过去的赞誉与今日的诋毁，都是故意的，都是有作用的；如有误会，并非无心的；如有错误，那些错误是有计划的。为达到美国的目的，过去的中国需要鼓励；也是为达到美国的目的，今日的中国需要压迫。然乎，否乎，只有美国少数设计的人自己心里明白！

但再深一层想，我们自己的人也竟甘心作他人的应声虫，以别人的言论为言论，以别人的态度为态度，对自己专门拆台，对自己也发生恶意敌视的自杀心理，我们尚有何面目深责他人？

但有一点可以提请国人注意的，就是最近一年来，尤其最近半年来，美国报纸对华的消息报导与言论口吻，已又有改变，自史迪威事件以来对中国日趋恶意的宣传攻势最近又略转和缓。当然任何人不能幻想过去五十年因有强大的日本而美报中对华的一贯同情与赞誉策略会再出现，但心理攻势今后也仍要有冷热起伏的节奏。今后将是一捉一放，一压一纵，以使我们就范。过去几年压得太紧，今后几年要略加放松。但愿国人放弃童心，今后看外国报纸，要活看，不要死看！

（原载北平《周论》第 2 卷第 15 期，1948 年 10 月 22 日）

学者与仕途

最近行政院院长翁文灏先生在首都对十科学团体联合年会演讲时说:"科学家宁可饿死,也不能去作别的事!"翁先生以学者而作官已到首揆之尊,竟说出这样的话,其惹人注意是很自然的,话中含有无限的感慨与隐痛也是显然的。但我们不愿对个人多所揣测,我们只愿趁此机会谈一谈翁氏所提出的一个根本问题,就是学者入仕的问题。

学而优则仕,甚至学尚未优也要勉强去向仕途钻营,在过去的中国本是常事,也是大家所认为当然的事。这在过去,确也有它不得不如此的道理在。过去一个读书人,除了作官外,的确无事可作。今日一切的社会事业以及其他与政治无关的工作机会,在过去根本不存在,除作官外并无任何事业可言。固然,一个人既然读书明理,尽可关起门来修身养性,但这种过高的理想不能望之于一般的凡士。所以我们站在今日的立场而对过去整个的局面下断语尚无不可,若不顾其他而专指摘"学而优则仕"的现象,则为不负责任与忽略实情的苛论,不可为训。

近代的中国,尤其民国以来的中国,整个的政治社会局面都在发生剧烈的变化,我们的国家虽尚未达到十足现代化的境界,入仕虽然仍是读书人相当重要的一条途径,但我们确已超过非"学而优则仕"不可的阶段。今日一个人如果自信有此能力,又有此机会,同时又有此兴趣,即或是一个学有专长的科学家,仍不妨去作官。翁氏的话似乎是有所为而发,不可视为正常之理;如果把翁氏的话推到尽头,那就等于说把国家大事都给不学无术的人去管,对此恐怕翁氏绝不会首肯。但反过来讲,无此机会,尤其不敢十足自信有此能力的人,大可不必发展此种兴趣,不必转弯抹角的去求官作。今日的时代已非学而优则仕的时代,但过去养成的学而优则仕的心理仍然深入人心,稍有机会即由学场跳入官场的现象未免太多,没有机会而千方百计去钻营的现象尤其令人发生无穷的感慨。翁氏的话,除了可能的个人隐痛外,大概也就是有见于此而发的感慨。默察今日求仕的士群,我们可以发现三种不同的类型。第一种是走直路的,干脆的奔走请托。这些人尚不失为老实人，最值得人同情。第二种是走曲线的，由骂入手，希望骂得对方不能忍受时而一纸官诰送上门来。第三种是直路曲线一齐走的人：先走直路，企望甚高，一旦任命发表而嫌官阶太低时，马上一变而为清高的论客，愤激的名士，前进的导师。此种人远较第二种人高明，第二种人心里明白，知道自己是在走曲线，此种曲直并进的人却很善于自欺，沉重的怨气往往能使他们相信自己真是富于正义感的忧时之士，自己对自己也不承认所"忧"的只是官阶的高低。第一种人可令人同情，第二种人尚可令人原谅，只有第三种人既不能引起同情，也更不能叫人原谅。追根究底，这还是"学而优则仕"的传统观念在作祟，所以在根本道理上我们虽不能完全接受翁院长的说法，但为矫正目前种种可憾的表现，我们仍愿承认翁氏的话是值得有政治兴趣的学人反复咀嚼的。

（原载北平《周论》第 2 卷第 15 期，1948 年 10 月 22 日）

扩大配售问题

近周以来各大都市物资抢购，物资逃避，与黑市猖獗的情形，使政府与一般社会都感到有扩大配售范围的必要。此议在原则上无人反对，在需要上也是势在必行，惟一的问题只是一些技术上的问题。关于技术问题，大家所注意的似乎限于机构、手续等等，而对于一个中国所特有的根本问题尚少有人提起，就以每人或每户配售量多少的问题。这个问题事先若不妥为解决，将来实行时仍不免事与愿违，弊端丛生。

中国因为人口的压力太大，多数人生活水准之低在世界无疑的可以首屈一指。即或按科学所承认的最低营养标准，大多数的市民也是营养缺乏，至于与营养无直接关系的消费，其消费之低，不必说脑满肠肥的美国人根本不能想象，连终日叫苦连天的战后欧洲人恐怕也会发生奇异之感的。反之，集中都市的公务人员，自由职业者，与教师学生，其生活习惯虽不能与美国相较，但与今日的欧洲各国恐怕无甚差别。那也就是说，我们中国这占比较重要地位的少数人（在城市占相当大的少数）的生活水准，较一般市民的生活水准高出多多。将来的配售额若以一般市民的消费为准，则对少数能说话的人无大补益；若以这少数人的消费为准，则多数市民无力享受他们理论上可以享受的权利，势必要他们的权利出卖，此种权利势将发生黑市，成为今日一批投机者新的投机对象。政府假定按照身份，职业，与地位，而发予有等差的配售证，即或遍国皆是的民主专家不出来大声抗议，其事之难作与标准之难定也可想而知。那么此事究以如何规定为妥？

我们只把此事提出，请国人注意。惭愧的很，我们自己一时没有具体的意见可以贡献，极愿听一听各方的高见。

（原载北平《周论》第 2 卷第 15 期，1948 年 10 月 22 日）

联合国纪念日

十月二十四日为联合国宪章实施的三周年纪念日,世界各国皆定此日为"联合国日",以示纪念,我们中国特别表示重视此日,前不久曾由政府明令定为国定纪念日。在人类都希望联合,在外交人员都用外交术语拥护歌颂联合,而实际的世界日趋分裂的今天,国际机构的整个问题的确值得我们放弃不切实际的幻想,撇开混乱是非的术语,心平气和的考虑一番的。回想三年来的种种,对于联合国机构我们大概都可承认下列三点:一,联合国机构,就其计划与组织言,虽非尽善尽美,也总算难得,问题只是这个机构并未按原意而充分加以利用;二,联合国机构似乎缺乏足以制裁侵略或防止战争的实际力量;三,联合国机构似乎已成了美苏两国的争辩场所,别国都成了帮闲的角色,有时甚至连帮闲都谈不到,只能说是两雄相争的一出惊险剧的喝彩的,叫倒好的,或不甚开心的观众。

第一,把联合国看为一个维持国际和平的机构,若由理论上吹毛求疵,其中可以指摘的缺陷恐怕很多,但大体上这个机构不能算坏。并且古今的一切政治机构,无论国内的或国际的,在理论上向无达到至善之境的可能;机构实际是次要的,主要的还是看如何运用。表面上同样的机构,在此地可以运用成功,在彼地可以运用失败。在理论上相当完善的机构可以运用失败,在理论上荒谬不通的机构可以运用成功。无论研究过去的历史,或观察今日的世界,我们都可很清楚的看出上面的道理。无论理论上如何,在事实上可说没有必定成功的制度,也没有必定失败的制度,"事在人为"的一句老生常谈的确含有超乎一般所想象的至理。就政治言,国内政治尚且是一种各方时刻妥协的活动,国际政治更无一方面任何完善的立场占得优势的可能。如果各国的政府,尤其两大强国的政府,决心利用联合国的机构而达到和平的目的,国际和平就必可维持,否则一个天衣无缝的联合国也不过是一只告朔的饩羊而已。

第二,第一次大战后的国际联盟没有自己的武力,而须依赖会员国的军队防止战争,会员国若不肯出力,国联就完全束手无策。第二次大战晚期的各盟国有鉴于此，于是在计划新的联合国机构时决定要成立一个国际武力，在制度上这是胜过旧国联的一点。但我们却又不可忘记，没有武力的旧国联在"九一八"之前也曾解决过许多可以引起战争的国际纠纷，日本侵略中国东北三省的事件发生后，国联的多数会员国仍诚恳的想用正义原则谋求解决，无奈少数强有力的国家另有自己的想法，对事件的解决全不热心，热心而无力的多数会员国只有徒唤奈何。可见少数大国的合作与否，热心与否，是战争与和平的最后决定力。有一个国际武力，当然方便许多，即或无此工具，也未见得和平就不能维持。今日的联合国，在当初计划上虽有武力的设施，然而就是因为强有力的国家不能合作，这个国际武力仍只是计划而已，至今尚未成立，也没有能够成立的迹象。

第三，旧国联无论如何的以大国为转移，但在许多事务上与在各种的会议中，小国仍有它们不可忽视的地位。一方面小国尚有它们理直气壮的自信心，一方面大国对小国也尚有些微的客气，未把小国完全当喽啰看待。今日联合国中的小国却满是一副可怜相，有的甘心作附庸，有的被迫作附庸，有的被利用作附庸而不自知，实际五十几个国家只是干望着两个大国争吵不休而丝毫不能为力。两个大国，一个相信"有钱可使鬼推磨"，赖着自己得天独厚的富庶就可囊括世界，一个相信"人尽可欺"，认为词令与宣传就可诱使天下归心。总之，两大对于小国都采取玩弄的策略，只是玩弄的方式各自不同而已。

在联合国纪念日，按理应当只说歌颂称赞的话，但世界各地，尤其联合国机构的圈子之内，这几日大概都在异口同声的称誉，似乎不妨有人出来，不参与近日清一调的一片赞美声，而说许多人日常对于联合国机构心中常想到而口中未说出的几点疑虑。

（原载北平《周论》第 2 卷 16 期，1948 年 10 月 29 日）

仍是只许成功，不许失败

自两月前财政经济紧急措施令公布时起，政府中人就说此事只许成功，不许失败；社会上同情的论者，甚至有保留而不完全采取敌视态度的论者，也异口同声的说此举只能成功，不能失败。现在新措施实行已经两月，实际的情形虽然各地不同，但任何地方都未达到最高的预期结果，则甚显然。所谓只许成功，不许失败，恐怕向来没有一个略有知识的人认为是币值从此可以长久稳定之谓，企望最高的人也不过是相信物价可以稳定一时，而利用这一时的喘息之机另谋长久之计；在物资缺乏，开销庞大，国家收支不能相抵的情势下，在像我们中国这样乱糟糟的一个自由市场，而求币值长期稳定，不必经济专家就可断定为理所必无。所谓只许成功云云，并非百分之百的成功，只要百分之五十甚至更低的成功，只要恶性通货膨胀的末期现象能够稍微纠正，也就算是成功了。而今日行政与财政当局，仍口口声声的说要维持"九一八"限价，当局如真如此相信，未免不智；如知其不可而仍言不由衷的如此去说，未免不诚；不智不诚，都为当局所不取。当局今日的确已到了采纳众议，从长考虑的时候了。

两月以来，全国各地的专家、准专家与非专家对财经改革所发表的议论，如纂辑起来，恐怕要抵好几大部百科全书的篇幅，其中正论与谬论，持平之论与偏激之论，混淆不清，当局即或愿意虚心的采纳，也将不知从何采起。日前北京大学胡校长在谈话中提出一种建议，主张由远离政场远离投机市场的几个大学的经济学专家，平心静气的把全盘问题从长讨论一番，当局也要虚心的予以采纳。这个建议，确合时需，为国家着想，当局可说非接受不可。今日多数的人仍然抱有"只许成功，不许失败"的热诚，惟望当局不要自闭"只许成功"之门！

（原载北平《周论》第 2 卷第 16 期，1948 年 10 月 29 日）

美国大选

今年为美国的大选年，再过几天，就是美国全国成年公民投票决定谁为此后四年白宫主人的日期。按法，选举日为大选年十一月第一个星期一之后的星期二，所以最早在十一月二日，就是一日为星期一时，最迟在十一月八日，就是一日为星期二时。今年的大选日，逢巧落在最早可能的十一月二日，本期出刊不久，全世当可知道究竟何人已经当选为美国下任的总统。四五个月以来，猜测甚多，我们在此方面无论再说甚么话，一定都是别人已经说过的话，所以我们不准备再作任何猜测，况且结果就要揭晓，也无需作何猜测了。我们只愿提出容易被人忽略的两点，请国人注意。

第一，几个月以来美国两大政党候选人在竞选时的演说中，曾有许多的激烈争辩，互相批评，互相攻击，批评攻击的词句有时缓和，有时异常刺眼；批评的内容有时不甚相干，有时牵动根本的问题；批评的态度有时稳重，有时或者使无此种政治经验的民族不免发生奇异之感。但真的，是两候选人激辩的内容，那不过是政争的当然作风。如果两人互相指摘的话真为不折不扣的事实，那将证明两人都无当选的资格！但美国选民绝不如此天真，我们局外人也不可为表面的文章所骗。须要认识它的重要的，是此种激烈的争辩正是上轨道的民主政治的特征。今日世间有不少民主其名的国家，每三两年发生一次流血的革命，至于刺杀，暴动，与较小规模的政变更是家常便饭。美国每四年一度的激烈政治辩论，就是代替未上轨道国家的暴动与革命的，我们甚至可说美国是每四年发生一次和平的革命。这是美国政治的最大成功。即或是一个对于美国的制度没有同情的人，对于此种风度的表现也仍当是有同情的认识的。

第二，世界各国多认为美国大选的结果对它们有密切的关系。共和党当政，对某国如何如何；民主党当政，对某国又如何如何——这一类的论调是近几月来常常见到的。这种看法虽或者不是全无根据，但并不似一般论者所信的那样重要。凡是一个真正富强的大国，都有它的对外根本国策，并不受政党变换的影响，最多也不过略有作风上的不同，人的目标是不会改变的。美国对外的行为，全视自己国家的需要而定，与政党的起落关系甚微。所以各国若有人对于美国大选的结果非常关切，无论是满怀热望或心怀恐惧，将来实际揭晓时不管是何人当选，倒不妨处之泰然。所谓两党一致的外交确非空话，而是千真万确的事实，美国的对外政策是不会受大选结果的显著影响的。

（原载北平《周论》第 2 卷第 16 期，1948 年 10 月 29 日）

东周秦汉间重农抑商的理论与政策

（一）春秋时代
（二）战国时代
（三）秦汉时代

殷商西周的封建时代，商业的情形无考。在封建时代，农业为社会的基础，当时的商业，范围一定甚狭，势力一定甚微，除西周晚期由封建将转到列国的时候，商业或已开始抬头外，在大部的商周时期商业是不成问题的。进入春秋，商业逐渐发达。到战国时代，商业才有独当一面的地位。秦汉大一统，商业虽盛，但国家的政策与社会的心理都已对商业不利。秦始皇统一天下，似乎就已开始推行重农抑商政策，自此在人心中造成商业为末业的观念。这种观念一直维持了二千年，近世与欧美接触日繁，轻商的传统才发生动摇。春秋战国秦汉间的商业理论与商业政策，是经济方针与社会心理上的一件大事，史料虽然不多，现有的史料已足使我们看出一种发展的道理。

（一）春秋时代

春秋时代，封建制度方才崩溃，商业方才开始重要，当时无论在各国政府的行政设施上，或在一般人的意识中，对工商业与农业一视同仁，并无歧视的痕迹。当然农业仍为社会的经济基础，当时的一个人如果探讨或分析社会的情况，毫无疑问的是要承认农业的重要性远在工商业之上。但那只能说是事实问题，在国家的政策与时人的思想中，工商业似乎并未被认为是应当特别限制或压迫的一种活动。关于行政方面，可以卫文公与晋文公两个国君为例：

> 卫国遭受狄祸，国家临时灭亡。复国后，卫文公"务材，训农，通商，

惠工，敬教，劝学，授方，任能"。①

晋国经过长期的混乱，公子重耳归国即位，就是历史上的晋文公，晋国开始安定富强。文公的设施为"轻关，易道，通商，宽农，懋穑，劝分，省用，足财"。②

以上两段记载，用意都在称赞两君政策的正确，两段中都把工商业与农业并列，看不出有丝毫的轻重之分。由当时人说话中所表现的时代意识，也可举二例：

> 有一次，周室的内史说："庶人工商，各守其业，以供其上。"③又一次，晋国的世卿随会论及楚国时说："商农工贾，不败其业。"④第一段中的"庶人"，就是指农民而言。

两段谈话中，都把农商视为当然的同等重要。然而农人与商人之间有一点分别，须要指明的，就是商人在政治上仍无地位，而农民中少数的优秀子弟则可假借入伍的机会，取得贵族阶级的地位。⑤然而此种办法所影响的，恐怕只是农家子弟中的极少数；就全局而论，农商之间所受的待遇仍可说是相同的。

（二）战国时代

春秋末，战国初，商业开始大盛。特别可以注意的，就是经商的已不仅是平民；士族子弟，甚至曾为高官的人，也可成为最成功的大商贾。前此《左传》《国语》中，每次记载商人的故事，那些商人似乎都是庶民。晋卿荀罃在楚国所遇到的一位郑国商人，自称为"小人"，显然的是平民。⑥此商足迹遍天下，但书中并没有提到他的名氏，出身卑贱的"小人"，在当时的心目中并不感到他的名氏有记载的价值。在春秋末以前，只有两位商人的名氏传于后代，就是弦高与奚施。这是因为他们二人解救了郑国，直接影响了政治。⑦这是一个特殊的例外，由这例外更可清楚的看出通例：凡是经商的，无论是大贾或小贩，都是

---

① 《左传》闵公二年。
② 《国语·晋语四》。
③ 《国语·周语上》。
④ 《左传》宣公十二年。
⑤ 见《社会科学》第四卷第一期拙著《春秋时代政治与社会》一文的第四段："平民之渐兴"。
⑥ 《左传》成公三年。
⑦ 《左传》僖公三十二年；《吕氏春秋》卷十六《先识览第四·悔过篇》。

无名的小人。

春秋战国之交，情形大变。孔门大弟子之一的子贡，在历史的记载中，是第一个士族子弟而经营货殖的人。子贡善于辞令，在孔门四科中列于"言语"之科，《左传》中屡次记载他的应对之辞。在孔子的眼目中他是颜回以下的第一人。①颜回短命，所以后来子贡可说是孔门的首席大弟子，这或者可以解释孔子死后子贡单独守丧六年的逾越礼制的表示。②子贡才气甚盛，不够含蓄，喜欢臧否人物，孔子有时警戒他不要锋芒过露。③如此一个才盛气露，热情爽快的人，对于过度恶劣的环境感到不耐，不肯消极的忍受，而要积极的克服。《论语·先进篇》孔子有对于颜回子贡二人比较评论的一段话：

> 回也其庶乎，屡空。赐不受命，而货殖焉；亿则屡中。

这一段话，短短几句，把两人形容得极为透彻，真可谓知徒莫若师了。孔子一面称赞颜回的庶乎近道，虽然一贫如洗，仍然无动于衷中，一面又指出子贡的不肯乐天知命，安于贫困，而不惜去经商以求物质生活的优裕。但孔子不得不承认，他这位弟子是经商的能手，善于判断行情，"亿则屡中"，所以很少亏折，每每赢致厚利。由这一段话可知孔子生时子贡已开始经营货殖。孔子死后，子贡的商业活动更为发达，最后他竟结驷连骑，聘享诸侯，所至列国之君无不分庭与之抗礼。④可见在春秋战国之交，重财富之风已起，士族子弟已不视货殖为贱业，因货殖起家的人也已为人所尊重，甚至可与人君"分庭抗礼"。

与子贡同时而经商行为晚于子贡的一个人，就是范蠡。⑤据谓范蠡在辅越成功后，告老隐退，化名经商，屡致巨富。范蠡弃官从商的故事是否完全可靠，已难确考，但所可注意的就是在春秋战国之交能有这样的一个故事。再早，此事为不可能的；再晚，此事也就不足为奇。只有在这个当口，此事才有历史的意义。

战国时代，富商大贾遍天下，流动资本成了一个不可漠视的力量。关于化名陶朱公的范蠡，有他以金钱影响楚国的政府，使楚国发布大赦令，以便他自己的儿子出狱免死的故事。此事虽未成功，但非金钱不灵，而为奔走的人拙笨

---

① 《论语·公冶长篇》，孔子问子贡："汝与回也孰愈？"是孔子认为他可与得意的门生颜回相比。
② 《史记·孔子世家》。
③ 《论语·宪问篇》提到子贡"方人"，就是批评人，孔子用讥词警戒他说："赐也贤乎哉！夫我则不暇。"
④ 《史记·货殖列传》。
⑤ 范蠡晚年退隐，化名经商的故事，见《越绝书》及《史记·越王勾践世家》《货殖列传》。

之过。①战国晚期，大贾吕不韦在赵国看到一位留作人质的秦国公子，不禁的喊"奇货可居"，真是十足的商人口吻，语妙千古。他靠着金钱的势力，竟能使这位可怜的公子成为秦国的太子，他自己也借此封侯拜相。这是历史上有名的一笔一本万利的生意。②

也就在商业发达，富商大贾特别活跃的战国期间，重农抑商的理论在思想界出现，思想家开始称农业为"本"，称工商为"末"，"舍本逐末"成了许多思想家所共同攻击的一种趋势，认为国家应该尽量提倡农业，扶持农民，压抑商业，管制商民。③这种重农抑商的说法，最早倡于何人，颇难断定；战国时代各国是否已开始实行重农抑商的政策，也不得知。普通所谓商鞅变法时秦国就已提倡本业管制末作，颇有可疑，司马迁在写商鞅传时，大概是根据《商君书》中的理论而认为商鞅已开始实行此种政策。《商君书》乃后日的法家以商鞅为题目而发挥自己的思想的书，例如其中有名的"农战"一篇，所讲的道理就是韩非子中的所谓"耕战"。就人言，商韩二人相隔百年；就书言，《商君书》较《韩非子》恐怕早不了许多。《商君书》究为何人所撰，今日已无从稽考；为慎重计，我们仅能说，这是战国后半期，在商鞅死后恐怕已经数十年，由一个或几个志同道合的人所写的历史与理论参合的一本书。此时国际的战乱日多，战争的规模日大，农事有时不免荒废，而投机取巧性的商业行为成了战乱环境之下的一种既时髦且易致暴富的途径，成了增加社会的不安与推进财富分配的不均的一种恶势力。所以此时新兴的一派思想家，就是所谓法家，极力的攻击商人，推崇农民，"本末"的名词大概就由他们这一批人所创。在战国时代，我们不敢说一定没有任何一国曾经实行抑制商业的政策，但由战国将近结束时的《韩非子》一书仍极力批评当时各国不知重农抑商的一点看来，似乎这一套理论始终是理论，没有任何一国能够认真的把抽象的理论化为具体的政策。韩非痛切陈辞，说：

> 夫明王治国之政，使其商工游食之民少而名卑，以寡趋本务而外末作。
> 今世近习之请行，则官爵可买；官爵可买，则商工不卑矣。奸财货贾得用
> 于市，则商人不少矣。聚敛倍农，而致尊过耕战之士，则耿介之士寡，而

---

① 《史记·越王勾践世家》。

② 《战国策·秦策》，《史记·吕不韦列传》。

③ 以农为本，以商为末的说法，见《荀子·富国篇》《君道篇》《天论篇》《成相篇》，《韩非子·诡使篇》《八说篇》《五蠹篇》，《吕氏春秋·上农篇》。《吕氏春秋》竟也提倡重农抑商的说法，未免奇怪。但《吕氏春秋》并非吕不韦个人所撰，乃是他一群门客的集体写作，他自己对全书究竟了解到如何的程度，颇成问题。并且他既已位极人臣，也不妨摹拟斯文，不惜忘本！

> 高价之民多矣。①

当时手中持有流动资本的"高价之民"甚多，他们有时甚至可以金钱买得官爵。把这种情形与陶朱公行贿影响国政的事合观，可知资本的作祟在战国时代确已成为一个引起有心人注意的问题。我们不可过度强调此点，资本的势力绝未达到近代欧美的程度，但其发展已使有些人感到不安，则不可否认。法家反对工商业的说法，就是在此种情形下应运而生的。荀子虽属儒家，但接近法家，所以也倡导此说。

（三）秦汉时代

汉代，自汉高帝起，就有管制商人的记载。汉朝草创时的一切，几乎都是抄袭秦朝，这件事也必有所本。可惜秦朝的史料传于后代的太少，我们寻不到关于此点的具体叙述，惟一的痕迹就是始皇二十八年（统一天下后二年）的琅邪台刻石，其中有如下的几句：

> 皇帝之功，勤劳本事；上农除末，黔首是富。②

上引第二句中的"本事"就是第三句中的"农"，第三句中的"末"当然就是商业。秦始皇如何"除末"，不得而知，但汉代的"除末"政策，尚可知其大概如下：

（一）服饰的限制——高帝禁商人衣锦绣，操兵器，乘车骑马。③

（二）商人不得为官，文帝曾有此禁令。④

（三）商人不得名田——商人及家属皆不得有田产，违者没入田货。⑤

（四）市籍——商贾须正式取得市籍，方得经商。⑥市籍的功用有三：便于管理，便于调遣，作为征税的根据。

（五）管理与限制——商人多兼营金融业，称子钱家，也有人专营金融。国

---

① 《韩非子·五蠹篇》。

② 《史记·秦始皇本纪》。

③ 《汉书·高祖纪》八年。

④ 文帝禁商人为官，见《汉书·贡禹传》。《景帝纪》后元二年也提到此令。

⑤ 《汉书·食货志》。

⑥ 《汉书·何武传》。

家似乎以二成为利息的定制。①但息重有达一倍的，政府恐怕是防不胜防。②列侯营子钱，取高利，时常被发现，因而受处分。③

（六）商贾的调遣——汉代名为征兵，但很早征兵就不能维持，时常有强迫调遣的事发生。按制，有七科谪：

（1）吏有罪；

（2）亡命；

（3）赘婿；

（4）贾人；

（5）故有市籍；

（6）父母有市籍；

（7）大父母有市籍。④

按法，在随时可以调遣从军或守边的七种人中，商贾居其四：现有市籍，旧有市籍，上一代有市籍，上两代有市籍，都是被调的资格。汉一统后，人渐视当兵为畏途，国家把这个苦差事特别加在商人身上。

（七）征税的繁重——汉代政府管的事多，所征的税也远较后世为繁重，在这繁重的税制中商人纳税尤多：

（1）市籍租——市籍租是每年缴纳的营业税，税额不详，似乎甚重，例如临淄的市租，一年千金。⑤

（2）算赋加倍——汉代成年人的人丁税称算赋，每人每年一百二十钱，在谷最贱时可到五个钱一石的情形下，这在当时是一般人民最重的一种担负。有市籍的人要加倍缴纳算赋。⑥

（3）缗钱——是汉武帝新添的商业税。⑦一般商人二千钱纳一算，就是一百二十钱，小本营生的"诸作"四千钱纳一算。

（4）算车船——也是武帝的增税。⑧人有车船，每年一算，商贾有车船，二算，正如算赋的加倍。商人本不许乘车，但此禁后渐废弛，最后法令承认事实，

① 《汉书·货殖传》："岁万息二千。"
② 《汉书·食货志》中引晁错语。
③ 《汉书·王子侯表》。
④ 《汉书·武帝纪》太初四年注。
⑤ 《汉书·高五王传》。
⑥ 《汉书·惠帝纪》六年，应劭注引汉律。
⑦ 《汉书·武帝纪》及《食货志》。
⑧ 《汉书·食货志》。

只不过向商人征收较重的车税而已。

法令虽如上定,但自战国以下日趋活跃的商业并不是专靠法令就可压抑的。晁错曾向文帝上书,说:

> 商贾大者积贮倍息,小者坐列贩卖,操其奇赢,日游都市,乘人之急,所卖必倍。故其男不耕耘,女不蚕织,衣必文采,食必粱肉,无农夫之苦,有阡陌之得。因其富厚,交通王侯;力过吏势,以利相倾;千里游敖,冠盖相望;乘坚策肥,履丝曳缟。此商人所以兼并农人,农人所以流亡者也。今法律贱商人,商人已富贵矣;尊农夫,农夫已贫贱矣。①

商业的本质,惟利是图;只要有利,任何阻碍都可克服,国家正式的法令也很少能够真正限制商业的活动。上面晁错的话,诚然是慨乎言之,但思想家的反对与法令的拘限都不能牵制商业的发展。晁错后将近三百年,王符的观察大体仍是如此:

> 今举俗舍本农,趋商贾:牛马车舆,填塞道路;游手为巧,充盈都邑。务本者少,浮食者众。②

汉代无论政府,或读书人的言论,都一致的压抑商业与商人。原因仍与战国时代相同,此外或者还有大一统时代所独有的原因。商人即或不影响政治,不暗中有时操纵政治,专其囤积居奇一项就是一个大的扰乱力量。汉朝初立,因方经过长期战乱的破坏,社会物资匮乏,商人居奇,米到每石万钱,马到每匹黄金百斤。③这是汉朝开国时的情形,所给予新政权的印象当然恶劣。高帝限制商人生活享受的几条法令或者与此不无关系。

此外可能还有一个很重要的原因,就是大一统的皇帝力求社会安定的心理。农业社会凿井而饮,耕田而食,根本不问政治,更谈不到积极去影响政治。此种社会是凝固稳定的。反之,商业社会本质上是流动的,易变的,不仅可以无形中影响政治,有时甚或要有意的操纵政治。这在专制大一统的皇帝看来,当然是要不得的,拥护皇帝制度的士大夫也认为这是要不得的,所以两汉四百年间文人一致的诅咒商业,政府一致的压抑商业。武帝虽曾短期间用一些经商出身的人为官,但那只是他在财政需要浩繁时利用一批商人的经验与才能,并不

---

① 《汉书·食货志》。
② 王符《潜夫论·浮侈篇》。全篇所描写的,都是商业,投机,与社会的奢侈习惯。
③ 《史记·平准书》。

代表政策的转变。[1]

汉代的政策，最后可说是成功的。汉代商业始终发达，重农抑商的政策，既不能解除一般农民的痛苦，也不能压倒商业的活动，政策的成功是心理的，不是实际的。重农抑商，自此成了深入人心的一种看法。一个自尊自重的士大夫之家宁可与一个"清白"的小农之家联婚，而不肯与富商大贾论婚。钱仍有通神的力量，富商大贾有时可以勾结官府；但一个富埒王侯的商人仍是衷心的以得接近斯文为荣，一个穷措大的士子也感到接近商人为耻。以子贡范蠡资格的人而经商，在汉以下为不可想象。"世业耕读"或"耕读之家"是荣誉的称谓，但绝无人以经商炫耀于人。由两汉到满清，两千年间，此种心理没有再变，形成此种心理的就是汉代重农抑商的理论与政策。

（原载《社会科学》第 5 卷第 1 期，1948 年 10 月）

---

[1] 《汉书·食货志》。

令人麻痹的国际局势

国际间的局势，日紧一日，最近已紧到令人不能捉摸的地步。若在过去，不必紧到今天的样子，就早已开火了。封锁，突破封锁，折冲，反复折冲，而始终没有解决迹象的柏林问题，被提到联合国大会去讨论后，最近竟引得史达林总理大发雷霆，不仅是指斥英美法三国，并且是痛骂居中调停的六个国家，史氏可说是等于作出颜色，给整个的联合国机构看看。苏联一向是以言行紧相呼应著称的，现在全国第一要人声色俱厉的话已经说出，我们实在恐惧，会有何种分量相当的行为就要出现。

史氏的发言是十月二十八日的事情，次日在巴黎忙于开会的马歇尔就秘密的飞到伦敦，所为何事，不肯告人，但恐怕不会与史氏的谈话全无关系。同一天，十月二十九日，美国陆军部长罗耀氏在华府宣布，美国将于十一月五日作一项高级人员之改组，俾以武装部队置于一"具有和平或战争作用之地位"。改组的目的，据称是在于紧急状态突然发生时，可立刻采取必要行动。这俨然是准备随时开火的口吻！

冷战持续不断，已经两年，所谓冷战，是一种刺激战，两方互相施行刺激，附带的也刺激世界各国与普世人类。但任何性质的刺激，如果过度延长以致成了习惯，刺激性就必须日愈加重，否则就要丧失刺激的作用。但另外一面，人心接受刺激的能力似乎是有一定的限度的，超过限度之后，人心就要麻痹，无论如何强烈的刺激也将不发生作用。两大自己如何，我们不得而知，不敢妄测，但我们这些处在两大之外的人的确渐有麻痹之感。若在十年前，国际局势不必恶劣到今日的程度，大家早就认真的进入热战了。最低限度，像最近数月两方代表在会议中的那种毫无含蓄的互相指摘，或两方要人时常发表的不留地步的谈话，在过去必已早就引起断绝国交的不幸状态了。现在国交仍然维持，而双方的发言或行动却与过去正在作战的两个敌国无何分别，这如何能叫人不感到困惑？我们何幸而生于今日，心中如此的时刻不得安宁；我们何幸而生于今日，眼中能看到如此的一出好戏！

（原载北平《周论》第 2 卷第 17 期，1948 年 11 月 5 日）

蒲立德又要来华调查

美国国会对外经济合作联合委员会主席勃里奇氏，最近决定派遣一向主张援华的蒲立德氏，以该会顾问的资格，于十一月九日由美动身，再来中国调查各方面的局势。凡仍记得浦氏上次来华情形的人，大概都能逆料，蒲氏再度的奉命调查，必将在信赖美援人士的心中引起许多幻想，也必将在反对美援人士的心中引起许多恶感，正反两面大概都将在言词上甚至行动上有不少的表示。本刊以美援问题为起发点，已屡次论到美国的对华政策，惟一的目的就是希望每一个中国人都能头脑冷静的站在中国人的立场去了解整个的美国对华政策，希望惯于幻想的人少作幻想，幻想是无济于事的，希望惯于愤怒的人减少愤怒，愤怒也是同样的无济于事的，幻想与愤怒并且都同样的会发生一个最恶劣的影响，就是削弱理智的活动能力。

本刊关于美国的对华政策所谈已经够多，现在不拟再有所赘述。但因不愿再见国人消费许多冤枉精神，我们只用最简单的几句话说出根本的道理。"分而治之"是大对小，强对弱，从古至今不移之理。"治"是目的，绝不会有所改变。"分"是手段，运用之妙，在乎一心，时常可以有所变化。如果"分"的程度还未达到强大者所需要的地步，他仍会用种种方法使"分"的程度加深的。如果"分"的程度已足，他可暂时不再有所策动。如果因策动过度，或因意外的发展，而"分"的程度已超过最恰当的标准，强大者会施展神通，使"分"的程度减轻。任何可能的行动，都是以强大者的利益为出发点，弱者的喜，忧，愤，或任何的表示，都不足以影响强大者的政策。他不要援助时，你全国向他磕头，他仍是不睬。他要援助时，你全国向他指骂，他仍会把援助品送上门来的。就今日的情形而言，"治"的目标当然不会改变，但"分"的运用可能已到稍改作风的时候。但我们如果认识，一切可能的改变都仅是作风的改变，而不是目标的改变，我们对于任何的改变就不必喜，不必忧，不必怒，不必动任何的感情。一个自己不争气的人没有资格喜，一个自己没有办法的人没有资格忧，一个自无主见而对他人的动作乱发脾气的人，简直是可怜。中国弱不要紧，穷不要紧，乱也不要紧，但中国人对于自己的国家总当保有最低限度的自尊心，任何以他人之喜怒而决定自己的立场的行为，都是要不得的！不知自尊而求别人尊重，那是人世所必无之理。

大选时如果共和党获胜，蒲立德氏将是两三位可能被派为驻华大使的人物中之一位。到那时，我们大概可以不再听到外国大使号召驻在国自由分子奋起的奇异呼声；但我们如果仍是不能叫人相信我们是一个有自尊心的民族，谁都难保将来不会有另种方式的奇异现象发生，令人同样的有啼笑皆非之感。

最后一句话：盼望大家多一番经验，长一番见识，任何方面千万都不要再演上次那些令人欲哭无泪的怪剧！

（原载北平《周论》第 2 卷第 17 期，1948 年 11 月 5 日）

可注意的美国未来发展

无论在美国国内，或在世界各国，美国大选的结果都使许多人感到惊异。这种惊异，是由于美国内部的报纸，杂志，广播电台，民意测验机关，都异口同声的预测杜鲁门一定失败，杜威一定入主白宫。美国以外的人很自然的相信如此一致的推测，必有其确定不移的根据。现在事实推翻了一切的预测，不仅杜鲁门个人获胜，国会上下两院的选举与各州州长的选举中，民主党也都占上风，今后几年的美国几将成为清一色的民主党天下，这如何能不令心理上没有准备的许多外国人士感到惶惑？

但我们如果不太善忘，还能记得，当一九四四年罗斯福四度竞选的时候，美国的言论机关与民意测验机关也曾预料，罗氏与杜威二人竞选相差的距离甚近，因之最后的结果或须迟至数日或数周之后方能揭晓，当时仍然散布全世的军人投票可能要发生决定的作用，票数的计算因之更将稽延。然而事实完全出乎意料，罗斯福竟以压倒的优势立即获胜，海外军队的投票成了不必考虑的一个因素。此次又发生了同类的情形，一连两次发生如此重大的判断上的错误，我们只能有两种可能的结论：或仅是判断的错误，或是有意的宣传攻势。如为纯粹的判断错误，那将证明美国言论机关的愚昧与无能，没有资格代表人民或代表任何方面。如为有所作为的故意错误，那将证明多数的美国重要言论机关必定是只代表一方面的利益，在教育发达知识程度较高的一个国家而报纸错误无能，很难令人置信。惟一可能的结论，就是言论机关是有所为的在替一方面宣传。民主共和两党虽都不能与资本绝缘，但大体上说，共和党比较接近雄厚的资本势力，民主党尚能比较的注意到劳工以及一般人民的利益。十六年来实行新政的民主党，其新政无论已经如何的冲淡，但仍为资本势力所憎恶，仍为劳工势力及普通民众所拥护。前后四年间，大部操在资本势力手中的言论机关，一连两次故意的，最少是半有意半无意的，对美国全国发动宣传攻势：第一次因罗斯福的号召力大，不敢说他一定要失败，而说他要与对方胜负难分；此次对人格比较平庸的杜鲁门则可不留余地的说他落选无疑。两次都是希望选民接受暗示，不必把票投给一个不定能够成功的候选人，甚至是一个注定要失败的候选人。但此计两次都未得售，证明宣传的作用是有限度的。

以上的推论如果正确，美国内部未来的可能发展颇值得我们一加研究。共和党背后的支持者对于两次的失败可以甘心，可以不甘心。若果甘心，共和党就要改组，甚或变质，变到不再是第二大党的程度，或者虽仍勉居第二位而长久不得执政，只能安于主要反对党的地位。果然如此，民主党就可能旧话重提的再大规模施行新政，有似今日英国工党政府的实行温和渐进的社会主义。过去一百年来，英美两国的政治发展，在根本上大致相同，只是美国往往略慢一步，所以五年十年之后的美国呈显今日英国的政治景象，是有可能的。反之，如果背后主持人不甘心，共和党可能要发生另一种变质，变为更极端，更"死硬"，甚至要采取较宣传攻势尤为激烈的手段，以求达到目的。若真有那一天，其情景将难以想象，最少美国将不再是今日的美国，连今日不能尽满人意的民主制度恐怕也将难以维持，无论表面的名义如何，实质上或将不免染上一些极权的色彩，已够黑暗的世局将更加深一层黑暗。然乎，否乎？只有待未来证明。我们希望我们的推断完全是错误的！

（原载北平《周论》第 2 卷第 18 期，1948 年 11 月 12 日）

美国大选后的世界

自本年六月间美国两大政党召开党员代表大会，推定总统及副总统候选人，前后五个月的功夫，各国人士对于美国大选进展的注意，对其可能结果的关心，有时几乎超过各自对于本国内政的注意与关心。十一月二三两日间，世间只要是有收音机的人，恐怕无不收听美国大选票数积累的消息。及至三日下午（美国时间）杜鲁门竞选胜利的消息最后证实后，恐怕全世每一个对时事有兴趣的人都不能完全无动于衷：有的忧，有的喜，有的称庆，有的暗骂，也几乎没有一个不感到惊讶。五个月来，举世似乎已不约而同的认为民主党一定下台，共和党在清闲了十六年之后一定可以回掌白宫。现在事实竟推翻了所有人的预测，对于把希望与计划建设在预测结果之上的人，安能不是一个大的打击？对于盼望杜鲁门留任而认为杜氏不幸已经无望的人，安能不是一个强烈的兴奋剂？美国为祸为福的力量如此之大，举世的关心也就很易了解；至于世人对此的喜怒好恶之情的表现，却大部有自寻烦恼之嫌，不可不辩。

例如无论杜威本人或国会中的共和党议员，都有比较明显的不满于苏联的表示；反之，当权的民主党则大体对于苏联尚知小心应付，于是惟恐天下不乱的人就希望杜威当选，以便第三次大战早日爆发，恐惧战争的人也就自然的希望杜威失败。实际上一个上轨道的强大国家，其战争与和平的政策是决定于国家的利益，已有的实力，军部的计划，国际的情报诸因素，何人何党主持国政反倒是次要又次要的事。并且一党竞选时无论表示求战或表示望和，都不足为凭。在三十二年前的一九一六年，欧洲第一次大战爆发已经两年，威尔逊在二度竞选中的一个主要口号就是"美国继续处于战团之外"。但竞选获胜后，立即暗中布置参战，次年春也就正式向德国宣战。这是过去口中望和而实际求战的一例。反之，我们也可以想象，如果条件没有成熟，一个满口火药气味的政党，在登台之后也可为事实所迫而成为和平的爱护者。世界和战的前途，固然无人敢过度武断的作任何预测；但最少有一点却可肯定的，就是和战的可能是与杜鲁门或杜威当政没有多大关系的，世界各国好战的分子与反战的分子将来都需要修改他们的想法。

再如对西欧，对希腊，对巴力斯坦等地的政策，都已根据美国利益的考虑而推行了已经三年，即或新党上台，也不会多有更张。反之，如果局势改变，需要重作考虑，即或是旧党继续主政，它也是要改变政策的。我们并不否认"人"的因素，但我们必须指明，一个国家愈上轨道，其政策的推行，尤其对外政策的推行，愈与"人"的因素无关。只有在一个完全脱离正轨的国家，"人"的因素才能决定一切！

在关心美国大选的各国中，恐怕以我们中国最为认真：希望杜威当选的人，好似认为杜威只要当选，中国马上就头头是道；恐惧杜威当选的人，好似相信杜威一旦当选，立刻就要使中国发生翻天覆地的变化。这都未免过度天真，过度可怜；一百年的国际训练，仍未能叫我们比较有知识的人，甚至是决定国策的人，认识国际政治的基本道理。此次我们天真的态度与尤其天真的行为的表现，只有更加深别人对我们的轻蔑与鄙视，过去对于我们的玩弄已难忍受，今后恐怕更将呼挥随意，予取予求，求再受过去尚有分寸的玩弄而不可得！

但人一日未死，总可学习；国一日未亡，也应当可以学习。盼望大家今后多少要打起一点自立自主与自尊自重的精神，在国际间学习作人。

（原载北平《周论》第 2 卷第 18 期，1948 年 11 月 12 日）

只可内逃不许外逃

数周以来，国内战事紧急，人心浮动，"逃难"心理于是又发泄得淋漓尽致。平津的人逃往京沪；京沪的人西逃川滇，南逃港粤，东逃台湾。奇怪的是，京沪竟也有人逃来平津，都市竟也有人逃往小城乡镇。这在我们这个惯于逃难的国家中，本是屡见不鲜的现象。庚子年间，华北各省拳乱猖獗，稀奇古怪的谣言随风生长，于是乡人逃城，城人逃乡，甲村逃入乙村，乙村逃入甲所。二十六年七月，卢沟桥事变发生，和战仍未决定时，故都中颇多东城的人逃往西城，西城的人逃往东城。以上种种，都是心神无主的人的自然表现。时至今日，国境之内大规模的战事已有十一年之久，人情紧张，人心疲弊，稍有刺激，反常的行为一定出现，在国事如此离轨，民生如此艰困的情形下，我们又何忍对于东逃西逃去的无谓举动加以深责？凡属有心人，对此只有惋惜，只能悲悯，心中有话也不愿说出。我们只望一度惊扰之后，大家要稍自省察，明了自己所要逃避的往往不是外来的危险，而是内在的空虚。根本空虚，逃到天涯海角，仍是空虚，仍是找不到归宿。事尚可为，又何需逃？事已不可为，逃又何异？真的为工作而迁地为良，勉强尚有可说；若在未至不可为时而只顾个人的逃命，此命的价值也就难言了！

但讲到最后，最可惋惜的奔逃，只要是限于国境之内，仍可令人同情，最不可恕的，就是一些准备逃亡国外的高等华人。祖国若真是即将陆沉，你这临阵脱逃的人苟全性命于海外，有何意义？难倒以外国为瞭望台而坐视祖国陆沉，也是人生一乐么？祖国若尚不致陆沉，你既有能力出国，难倒国内竟无正当的事可作么？"无国籍"的人，中国各埠皆有，其可怜状有目共睹，一个人在国未亡时而即准备作"无国籍"的候补人，真可谓毫无心肝了。就另一方面讲，每个国民都有权利追问，高等华人逃亡时的美金外汇何从得来？在外汇如此奇紧时，何来如许多的外汇供一大批行尸走肉去到国外行走丢丑？盼望高等华人稍知自爱，尤望财政外交当局稍知负责，不乱批外汇，不乱发护照，多为国家保留一点体面！

（原载北平《周论》第 2 卷第 18 期，1948 年 11 月 12 日）

"泰山崩于前"的时候

　　第二次大战以来，国际的局势始终不得安定，各国内部好似是治丝益棼，一波未平，一波又起，人心一向所认为大致稳定的世界似乎有全部瓦解之势。在整个苦难的世界中，中国恐怕可以代表苦难的极点。最近国内局势的急速变化，更使许多人惊慌失措，真有似古人所谓"泰山崩于前"，整个世界土崩瓦解的模样。少数人的东奔西逃，仅是此种心境最表面、最显著、也可说最幼稚的表现，许多身居原处的人，其心不知一日要翻几个一万八千里的筋斗，其彷徨无措的程度也不在凌空飞逃的人之下。然而愈到此时，我们愈当心平脑静，返躬而求诸己，只有反求诸己才能摈除过度狭小的自我打算，才能把自己的地位，把整个的问题，把自己与全局之间的关系理解清楚，也只有如此才能内对自己外对全局得到正确的判断与估价。若不如此，一个人就或者麻木不仁，或者只作本能的肤浅反应，都不合乎根本的作人之道。

　　歌德的一生，经过多次的战乱、革命与其他种类的大小纷扰，他每在外事令他心烦意乱以致难以自持时，就故意的勉强自己去研究一个科学的、哲学的或比较专门的历史上的问题，如此他就能恢复有如平时的哲学透视，再返转来判断与应付眼前乱人心意的事务时，已能心平气和，能只从大处着眼，从全体观察，一切私利的考虑与本能的反应已都烟消与云散。这绝不是逃避现实，这正是最彻底的正视现实与把握现实。只有钻进象牙之塔乐而忘返的，才是逃避主义，而歌德却可说是努力寻找正门与大门而进入现实的领域的。人格各自不同，每个人格都是"无双"的，歌德的方法不见得每个人都能适用，但非常之下返躬而求诸己的大原则，却是古今中外不移的真理。本刊本期特别登载两篇讲到人格、人性与根本人生的文字，一篇为国人自撰，一篇为介绍今日西哲的说法，希望能引起读者的注意与指教，另外，一篇专谈恐惧心理的文字，或者更切合今日的需要。

（原载北平《周论》第 2 卷第 19 期，1948 年 11 月 19 日）

盎格罗萨克逊联合国在形成中

据本月十日伦敦传来的消息，直布罗陀（西班牙南岸英港）、普兹穆斯（英伦南岸）、斯加巴佛罗（苏革兰北部）三地，即将为英美加三国大西洋与地中海舰队的联合海军基地，此一计划并将于明年初拟议中的北大西洋七国安全公约签字后立即实行。按直布罗陀与西地中海的英属马尔太岛及法国南岸的土伦港相连；普兹穆斯与法国北部的布勒斯特、圣那最尔及罗利翁等地相连，斯加巴佛罗为不列颠本部距北极圈最近的大海港。英美加海军在三港的联合如一，将使三国的海军完全控制北海，北极圈外的水面，北大西洋，及地中海。上述三港均有大型军舰的修理设备，为理想的大海军港。另讯，美国并可能请求英国将英国境内的海军基地一处完全交与美国舰队使用，由其自由处理。美国国防部长福莱斯特尔已于十日抵巴黎，日内将转伦敦，商讨军事基地的整个问题。

英美之间的关系，若作长期的历史透视，可说是先合，后分，最后再合的三部曲。北美仍为英国殖民地的时期，尚无所谓美国，那可称为原始的合一时期。自一七七六年十三州发动独立战争，战争成功而独立的美国出现，这是由合而分的过程。此后又经过一度一八一二至一八一四年间的英美战争，直至一八二三年美国宣布门罗主义，这个分的过程才开始结束。门罗主义是在英国的同意与赞助之下宣布的，宣布后的实际施行也靠英国海军的支持，否则仍然弱小的美国是无力推行这个志向远大的政策的。一八二三年以下的英美，发展到了第三段，就是分而复合的阶段。这个阶段又可自分三期。第一期为一八二三到第一次大战，此期的英美合作以英国为主，美国仍是小弟弟。第二期为两次大战的中间时期，英美的力量与地位已经平衡。第三期是我们所特别要提出来请大家注意的，就是第二次大战以至今日，而仍在继续发展的一个段落。此期英美的地位整个调换，正如英国人今日时常半慨叹半好玩的所说："英国终久要成为美国的第四十九州。"将来成否第四十九州，不必管它，但今日英国人民的根本生存，一部要靠美国维持，大英帝国已大部由美国接收，英国现有的实力已不能再对这个太阳不落的大帝国负责，中东、近东、地中海、大西洋四区的英国权益，现在都已全部或大部的在美国控制之下。最近在东西对立的刺激之下，英美与两国间最大联系力的加拿大又要以联合海军的方式控制北极圈至地中海的广大世界。英美今日的关系，已密切到欲分无从的程度。这个发展尚未到尽头，将来必还有我们今日不易想象的情形出现。

过去的大英帝国，其主要的部分最后发展成为以英伦为中心的许多平等独立国家合作的一个不列颠联合国。今日美国等于无形中参加了这个联合国，但参加的方式很特别，真所谓后来居上，靠着它雄厚的人力物力，一加入团体，立刻执其牛耳。就趋势讲，我们可以说，一个盎格罗萨克逊联合国在我们眼前正在形成之中。

（原载北平《周论》第 2 卷第 19 期，1948 年 11 月 19 日）

论货币再改

行政院十一日会议，通过修正金圆券发行办法，及修正人民所有金银外币处理办法，上距八一九的改币，尚不到三个月。此次的所谓修正，实际等于一套全新的办法。就其"新"而言，正式承认金圆券贬值的一点反属次要，重要的是金银外币准许人民持有及鼓铸金银硬币使金圆券与金银发生实际联系的两点。这两点在事实上与心理上都有稳定局势于一时的作用。

上次的币改，一般人民本是热烈拥护的，金银外币兑换的踊跃就是明证。专家虽然不能无疑，但多数也都善意的期待它最少能够得到部分的与一时的成功，借以稳定全局，徐某善策。无奈主持的人事先的准备太差，差到令人难以想象的程度，以致连本可得到的短期安定都未得到。事先不只未能设法把握物资，甚至连各大都市中所存的私有物资也无正确的统计或估计。而此时也正是整个的配粮工作青黄不接的时候，几乎使人相信主持的人是在故意跟自己开玩笑。恐怕也就是因为上次令人难以置信的种种情形，此次再改的法令发表后，给人的冲动极为轻微，绝无像上次那样全国热烈讨论的现象，一般人似乎都在观望风色，静观推行的结果如何再说。

物资缺乏，财政收支不能相抵，是任人皆知的今日根本问题，根本问题不能解决，货币的长期稳定当然是不可能的。但战争时期，一切都多多少少的由战争决定。如果战局今后能够稳定，财政当局也不再像上次那样的对一切都无准备，此次的币改应当是可以收到稳定一时的效果的。

（原载北平《周论》第 2 卷第 19 期，1948 年 11 月 19 日）

人生的境界（一）

——释大我

大我小我本是佛家语，今日用为普通的哲学名词，把个人看为宇宙的缩影，个人就是小我，把宇宙看为个人扩形，宇宙就是大我。我们现在谈大我，就是由人类的立场来看宇宙。这本是古今哲学家谈了几千年的问题，本文不敢自谓能有新见，不过是根据我们今日所有的知识作一个常识的探讨而已。

宇宙一词在今日普通是指物质世界的总体而言，但原来此词含意较广："上下四方为宇，古往今来为宙。"宇宙为空间与时间无限连续之意，有机动性，与最近西方的"时空"观念相同。宇，空间，整个的太空，是天文学的领域。宙，时间，有机的发展，是历史学的领域。这两者当然是分不开的，是同一现象的两方面，但为人心思维的便利，两者可分别观察。在空间，在物质方面，是因果的世界，大至天象，小至落叶，无不有前因，无不有后果，无不与整个连续不断的太空息息相关，没有任何的一事一物能够真正消灭，大小的一切都在六合之中永留痕迹。太空是没有意识，没有明显目的，而永远堆积不已的一本大账簿，没有一分一毫的遗漏。在时间，在心灵方面，是意志的世界，高至人类，低至变形虫，无不有与生俱来的欲望，无不有追求不已的目的，鞠躬尽瘁，死而后已，至死而仍有信仰与希望。空间是一笔大帐，一个无穷的记忆；时间是一出戏剧，一个无穷的希望。太空与心灵，尤其是人心，是古今哲人所永不能解的两个大迷。康德有一句名言："有两种现象，使人愈想愈发生敬生畏，就是头上的星天与心内的良知。"讲到最后，星天良知是人类一切思维的对象。

星天之大，大而无外，超乎人心所能想象的范围。人眼所能见的星球，不过几千。但实际专就我们直接的星天而言，就是所谓天河，星河，或银河，其中的星辰就有一千万万，整个银河之大，难以道里计。光的速度为每秒钟十万八千英里，须要十万年方能穿过银河。这就是天文学上所谓十万光年的距离。但银河只是"我们自家"的六合，此外天文学家已经清楚发现的尚有三万星河，天文学家知道存在的有十万星河，推定存在的有十万万星河。这十万万星河，平均各有星二百万万，合共有星为"二"后面加写十九个"零"的数目！这就是我们今日所知的世界，是最富于幻想的印度人的"大千世界"也望尘莫及的一种洋洋大观。然而这个推知的世界恐怕绝不代表全部太空。全部的太空究竟有穷或无穷？若说无穷，这根本是人心所不能想象的玄奥。若说有穷，到底大过我们今日所知的多少倍？任何人都可随便猜想，没有人敢下断语。若有穷，既穷之后又为如何的境界？有穷似乎又变为无穷了！并且星球还非太空的惟一天体，星球之外尚有许多残碎的物体，沙粒，与气体，好似是制造星球后所剩的残余废料。但废料却非常丰，专就我们的天河而言，其中的废料就足再制一千万万星球之需，可使我们星球的数目加倍！

太空的形象原为浓厚的热气，云雾弥天，实际为无量数的原子运动不已。弥天的云雾澎涨〔膨胀〕分裂为云块。云块缩为圆球。因中心吸力的关系，圆球缩小，成为星宿。星宿经过相当的时期之后，冷酷死亡，孤悬太空。今日的六合之中，以上的各种程序都同时存在：气体，气体成星，星宿死亡。我们依这万万千千星宿中的一个为生，就是我们的太阳。像太阳这样不太大也不太小的一个星宿，寿命约为一百二十万万年，至今它大概只出生了二十或三十万万年，前途尚有九十或一百万万年，人类短期间尚不致无依无靠！我们与一切的有生之物，直接寄托在太阳的一个行星之上，我们除了确知地球上有生物外，太空中任何其他的角落是否尚有生命，我们完全不知。据今日所知，只有附于一个恒星的行星之上，方能有生命。但太空的星辰，绝大多数是孤星，没有成为太阳系。依概然律推算，在这极少数的太阳系中，又是极少数演化出有生之物。在这极少数赋有生物的行星中，又只有极少数演出有似人类的高等灵物。在无限的太空之中，地球虽不见得是惟一的有生天体，但可能是惟一产生了像人类这种彻底摸索的动物的一个天体。反之，当然也可能在我们的银河中，或另外的银河中，尚有更高于人类的灵物存在，对于宇宙六合的了解力远在我们之上。

若由上面的观点设想，整个的人类虽有二十万万之数，但全人类与每个人在太空中是同样的孤单，同样的渺小，同样的进退失据。英国从前有一个故事，比人类于一个孤岛，比世界为狂风暴雨的严冬，比人生为冬野中孤立的一间温室。鸟在冬夜飞行，忽然穿窗户开放的温室而过，刹那的光明温暖后，就又返回冷酷黑暗的世界。以宇宙为起发点，我们绝难断定人类由何而来，往何处去，有否使命，有否归宿。这是使许多神经灵敏的人感到无穷痛苦的一个大谜。地球与太阳大概同时产生，至今已有二十或三十万万年。过去的时间，大半无生命可言，最低的生物大概是三万万年前才有的。至于初有人类，为时更晚，不过是三十万至五十万年前的事。然而那种所谓人类，并不是我们今日人类的祖先，所谓爪哇猿人，北京原〔猿〕人，海德堡原〔猿〕人等等，以及许多可能今日尚未发现遗迹的古人类，都是今日早已消灭的许多各自不同的物种。至于今日人类的成形，只是两万年以前的事，可能尤晚。假如生命有目的，先前的各种人类似乎代表屡次失败的尝试。最后一次的试验就是我们，此次是否成功，只有未来的人类或更高的动物能够判断。

以短促不过一两万年的人生，处在太空一粟的地球之上，而与寿命不可思议的全部六合相较，人类的渺小真是小无可小的。为达到伦理的目的，为培植谦德，这种看法也未可厚非。但反过来讲，这种看法也可说是极不正当的。有生以前的一切，所代表的只是简单的存在，机械的因果，一笔无特殊意义可言的旧账。生命，尤其人类生命，尤其最近一两万年的人类生命，所代表的是复杂的意志，无穷的希望，无限的追求，整个是有意义的。时空无限的宇宙能有意义，那个意义是人类给它的，否则宇宙只是狂风暴雨的黑暗严冬而已。无再高的意义可言。人之所以为人，就是因为他知道自己为动物。其他的动物都无此种知觉，所以永为动物。人类是动物而又超动物，所以为人。由六合而观有生之物，任何有生之物无不渺小。但其他动物都不自知渺小，所以真正渺小，只有人类感到自己渺小，所以伟大。也正因如此，所以人类在一切的有生之物中是惟一有精神上的痛苦与悲哀的。人类力量有限而知识甚高，欲望无穷。小不足道的地球诚然不能满足人类的欲望，但无边的太空又何尝能使人类满意？宇宙尽管大，但人类所希望的，所追求的，较宇宙尤大。他上知天文，下知地理，中知人事，希望由天文，地理，与人事历史之中找到一个使他心满意足的答案。但两万年来答案虽然很多，却没有一个能使他满意。上下四方古往今来的一切，都在人的方寸之中，这一切赋有意义，也就是因为经过了方寸的融化，这就是理学家所谓"宇宙即是吾心，吾心即是宇宙"的道理。人类总想在方寸所造的宇宙中求解脱，求出路。人类对于比较不切实用的天文学与历史学发生浓厚的兴趣，最后的原因在此，这两者是对空间与时间要追问到尽头的学问。追问后所得的解脱与出路，各代不同，但至今尚无一个令人长久满意的解脱方法或最后出路。

人类的无穷追求，是否自欺，是否永无达到目标的希望，是否无最后的意义可言？今日的人类，用今日所赋有的理智，对于这个问题恐怕是永无得到可靠答案的可能的。我们如果设身处地，想象一个变形虫的世界；即或假定它有理智，它的世界的简单与渺小，也几乎是我们所难以想象的。再往高处讲，我们试想犬马的世界，它们的世界与人类的世界已有一部的交错点。我们所见的天象，它们或者有时也能看见一部，但印象必非常模糊。地面上的一切，人类所见的它们也都能见，但对它们大概只代表饮食，阻碍，与不相干的触眼物而已。连最初所有的几种原始人类，他们的世界恐怕也比犬马的世界扩大或复杂不了许多。至于今日人类的复杂世界，不只是变形虫与犬马所不能了解，连爪哇人与北京人也不能梦想。同时，我们也可想象较远人类世界为复杂的心境，不是今日人类所能理解的。生命既是宇宙而生，必与宇宙有密切的关系，虽然我们今日无从知道关系何在。看到这一层高于一层的心界，我们如果勉强下一个肯定的猜想，宇宙中大概有不知是一个如何的力量，要自知自觉，要观察自己，要了解自己。生命就是此种力量的表面化。经过种种的试验与逐步的前进，最少在太空的一个角落里有了我们这样的人类，代表一种相当高的自觉力与自知力，人类的一切快乐与痛苦也就由此而来。但人类是否代表自觉生命的最高表现？想到生命史的长久，想到我们降世的短促，使我们难有理由相信地球上将来不会再有高于人类的动物出现，或宇宙的其他角落里没有高于人类的灵物已经出现。这些将来可能会有或他处可能已有的有生之物，对于宇宙人生的了解力必在我们之上，他们的"大我"必更伟大，更清楚。我们不能想象他们方寸之中的世界，正如犬马不能想象我们方寸之中的世界一样。这当然是猜想，甚至是幻想。但人类在今日地球之上是惟一赋有幻想能力的动物，我们为何不可尽量发展我们的幻想？

是幻想，也可说并非完全是幻想。所有的人大概都有一种经验，就是在大体平常的生活过程中，有时忽然有超过普通人生之感。因生命中过度可悲，过度可喜，或过度奇异的遭遇，使日常的人生丧失意义，而有一种超脱一切又明了一切的感觉。伟大的诗品，不朽的艺术，超绝的音乐，都是此种心境下的产物。诗人与艺人是常在此种心境下生活的人，他们的作品能感动我们，也就是为此原因。一般人此种一纵即逝的心境，是生活中最浓厚的段落，只有在此种段落中我们才有超尘之感，好似与宇宙化而为一，明白了宇宙最后的真理。然而此种心境最浓厚最深刻的，是宗教家。所谓宗教家，不是烧香拜佛或作礼拜的宗教信徒，他们不过是利用与误解宗教家的发现而已。真正的宗教家是人类历史上少数的创教圣者，如耶稣，释迦，庄周之类。他们都是生于此世而又超过此世的非常人物。他们并非厌世，而是看此世为无关宏旨，宇宙间另有高尚道理的所在。南北朝隋唐的佛教盛期，中国有许多释子能有此感。禅定修行，不起知情意的作用，一时杂念完全消失，倏然之间一片光明，内不见身心，外不见世界，见山不是山，见水不是水，但见道心，不见外物，最后达到无碍自在，不生不灭的永恒境界，与宇宙化一，明了宇宙人生的一切。这个境界可以意会，不可言传，释家称它为顿悟，为成佛。战国时代的道家也有同样的说法，称为天乐。基督教称此为神化，为与神合一。凡是有此种经验的人，一切怀疑全部消逝，自信已知最后的真理。我们这些无此经验的庸人，若平心静气去观察，对这少数特殊人士的经验当如何看法？无聊的讥笑不必，全部的接受不能，最好是看它为宇宙之中自我表现力可能高于今日的预示。今日的人类绝不代表最高可能的知力与觉力。或进步不已的今日人类，或高于人类的新的灵物，对于宇宙必有大于我们的了解，终有一天有物能彻底明了宇宙，与宇宙化一，小我真正成了大我，大我就是小我。

（原载北平《周论》第 2 卷第 19 期，1948 年 11 月 19 日）

我对苏联社会科学看法的转变

多年以来，我喜欢读英美以及其他资本主义国家的历史学以及一般社会科学的作品。除解放时，此种兴趣仍旧。自己全部旧的知识，除开于中国的知识外，都是由这些作品中得来的，故对它们是爱好的，可说是"有情"的。因业务的需要而寻找资料时，当然求教于这些作品；为消遣，往往也投向他们。自己可说是埋身以至埋心于这些作品之中。解放三年来，很慢慢地，但也是日渐清楚地，发生了转变。起初是对这些书的热情降低，不再以为消遣之资，只因业务的需要才去翻阅。当初翻阅时也尚无特殊的感觉，与旧日好似无大分别，照旧地查阅资料而已。再进一步，查阅资料时，常不自觉地有不耐烦之感，但自己也说不出不耐烦的所以然。最后，查阅此类作品成为一种负担，成了因业务关系不得不作的一件事，非绝对必要时不再摸这些书。时至今日，除了第一手的历史原料与经典原著外，在基本上我与资本主义国家的社会科学作品可说在精神上已经绝缘。

与以上并同发展的，是三年来我对于苏联作品态度的转变。解放之初，对于苏联的作品感到读不懂，最少是不能全懂，或是在自认为懂得的地方"发现"许多漏洞；总而言之，是根本谈不到领会全书或全篇的中心思想或整个思想。时常是不能卒读，半途而废。后来，不知不觉地起了变化，开始对苏联的作品发生兴趣，领会渐多，不再"发现"漏洞，即或不懂也能坚持读完。最后，对苏联的作品有了积极的热情，感到每篇都值得多加咀嚼，不似旧日英美作品那样可以随意涉猎，"一目十行"。今日只恨自己不能随心所欲地读俄文原著，只恨中文的译品太少太不坚实，以致自己新的求知欲望难得满足。

今日在批判自己旧日思想的同时，也批判了旧日所学的一套知识。过去几十年曾寝食梦寐于其中的无数卷帙，今日再拿起来，味同嚼蜡。如此一反过去的转变，何以会发生？说是自己思想起了变化，那是显然的；但就旧日作品本身而论，问题究竟何在？这个疑问，近来在心中反复流转，最近也得了一个初步的答案，现在提出，请大家批评指正。

　　资本主义国家的作品，是千篇一律的。比如说"十七世纪的英国史"一个题目，你如有兴趣的话，恐怕不太费力就可找到以此为题的作品数十种以至上百种；粗浅地看来，没有两种是互相重复的，在编排上，在个别事实的"解释"上，在文词的修饰上，每书各有特色，所以你如把所有的书都读一遍，也可不致发生重复之感。但这要假定你已习惯于读此类作品，习惯到心思迟钝以至麻痹的程度。你若细心地加以分析，就可发现，数十种甚至百种书的基本内容是完全相同的，主要资料是互相抄袭的，所不同处，除了用字措辞与编排次序的纯机械方面与表面现象外，只在个别事实的解释上，而这些所谓解释往往是一些不相干的琐事细节，真正根本的问题反倒都是平铺直叙，并无解释，因为著者一般地根本无力对这些加以解释。所以这类作品，只能说是耍把戏或玩花样的作品：基本的事实只有那些，并且那些事实大家也多不了解，大家不过是以那些事实为线索而穿盘出一套有趣味的故事而已，谁穿盘得最巧妙，谁就是成功的作假。但在实质上，最成功的与最失败的作品，可说是没有分别，都同样地缺乏教育意义，都同样地只会起迷惑麻痹的作用。一个人多年埋首于此种作品中，吸取了许多事实，也自认为对事实有了认识，能够解释。但那都是浮面的，都是身处局外的客观主义的知识，无数的事实只是机械地排列在心目之前，大小轻重的关系，有机的联系，是根本看不出的。一个只有此种知识的人，只能说是一个"学而不思"的人，所知的愈多，思想愈不清楚，因为他已被无数不相干的琐碎事物所纠缠包围，不可能拨云雾而见青天，不可能明了事理的真相。我们常听人说："知识就是知识分子最大的包袱"，所指的恐怕就是这种知识，因为真的知识是不会成为包袱的。一个此种知识包袱太多的人，对旧日的知识须要经过一个痛下决心的忘记过程，方能使自己逐渐求得真正的知识。

　　苏联的作品，是供给真知的作品。在苏联，并无每个题目有数十以至上百种的千篇一律作品的现象，也更无许多作者自出心裁地卖弄小巧的现象。写一本书，也有如打一个仗，是重大而严肃的任务，往往非一人所能生人，须几个人甚至更多的人，互相研讨，互相批评，互相帮助，然后看事实的便利而一人执笔或集体执笔才写成的。即或是一人执笔，也等于是集体作品，是许多同道的人批评研究的结晶。过一个时期，如果发现一书有问题，问题不大，就以集体的智慧加以修改，问题严重，就废弃旧书，再创新书。如此，一本书完完全全是以教育为目的，完完全全对人民负责。读此类的作品时，非精心细读不可；写时是字斟句酌，读时也就必须是字究句研。此种作品绝非消遣之资，甚至也不是让人身处局外而加以研究的对象。读者必须置身于其中，必须开动脑筋，打动自己的思想；若有不同的意见，若有批评，也必须是置身于其中之后经过思想的批评。以此种方法，读这样一本书，也是一种实践，在本质上有似参加一向革命任务或建设任务，是把全身全心放在其中的一种亲切经验。所以旧日英美的一本千页巨著，可以一日而终卷；今日苏联的一本百页小册，可能就须三日方能读完。旧日的书绝大部分只值得一读，甚至连一读也只是粗略涉猎；今日的书不仅要精心细读，往往还需要再读三读以至四五读，方能真正了解。经过许多人研讨批评之后写出来的作品，我们怎能粗心大意地一读就融会贯通呢？

以上所言，可说只是方法与技术方面的问题，根本思想的问题并未论及。苏联作品的所以如上所论，马列主义的思想当然是基本关键所在。但我们一个还没有对于马列主义完全熟练的人，只从方法与技术上比较观察英美的与苏联的作品，已可清楚地判辨两者间基本性质的大不相同。毛主席在《论人民民主专政》中说：在十月革命以前我们中国人"经过千辛万苦，向西方国家寻找真理……努力学习西方。"在革命方面，这种学习使我们完全失望了。我们知识分子今日也当了解，向西方资本主义国家的学术上的学习，特别是社会科学方面的学习，也基本上是落空的。正如革命正确道路的学习是由十月革命后的苏联学来的，为建设新文化所必需的学术学习，也只有从苏联才能学得正确的道路，穷途末路的资本主义国家是绝不可能供给我们健全的知识的。由此点言，我们旧知识分子不只在政治上在思想上要从头学起，在业务上在学术上我们也要从头学起。我们在此方面从头学起，比起一个文化水平低的人有容易处，也有困难处。容易，是因为许多基本事实我们已经知道，并且相当熟习，无需再费力去学。困难，是因为这些基本事实与许许多多不相干的枝节以及更多的错误解释和错误联想纠缠在一起，清除陈年累月的积压旧污，不是容易的。只有扫尘去污之后，知识才能成为真的知识；此事的困难未见得小于文化水平低的人对于基本知识的学习。但这是我们必须作到的，否则我们就不能把自己改造为完全适合人民需要的教师。

（原载《中苏友好》1952 年第 3 期）

附录1："史学方法"课堂笔记

按：雷海宗先生1932年到清华大学历史系任教后，多年开设史学方法一课，中西融汇，阐发己见，内容丰富，独树一帜；并采用研讨班的教学形式与方法，生动活泼，学生受益良多。但海内学者鲜有对此课程进行报导、研究或评论的。天津社会科学院研究员卜僧慧老先生在《缅怀伯伦师》一文（载南开大学历史学院编：《雷海宗与二十世纪中国史学》，中华书局2005年版，第38—41页）中，对雷海宗1936年讲授史学方法课程做了生动的描述，但叙述的主要是研讨班的情况，对课程内容接触较少。

江西师范大学历史系已故名教授谷霁光先生，1932年在清华大学听雷海宗讲史学方法课程时有笔记留下，言简意赅，是目前仅有的记录和保存此课重要内容的宝贵史料。不知什么原因，此笔记本保留在已故著名哲学家、南开大学原图书馆馆长冯文潜先生家中。上世纪80年代后期，冯文潜之子南开大学历史系冯承柏教授知我收集雷海宗的著述，就从家中找出谷霁光的笔记本交给我，由我保存至今。此笔记本不大，却记有1932—1933年清华大学三位名教授的讲课内容，依次是雷海宗的史学方法、刘崇鋐的17—18世纪欧洲史和金岳霖的论理学。现将笔记本中雷海宗的史学方法部分整理出来发表，供史学界同仁参考。

谷先生所记的史学方法部分不算长，不过两万字。我觉得，不是谷先生记得少，而是雷先生讲得不多。此课为一学年课，讲两个学期。如果完全讲课，笔记至少当近十万字。但据卜僧慧先生介绍，此课采取研讨班形式。雷先生先按历史的科学、历史的哲学和历史的艺术三个问题分别讲解，以后留下时间由雷师拟题、任每个学生选择题目读书准备，然后进行专题发言，再大家展开讨论和评论。因此，雷先生只是提纲挈领地讲，谷先生也提纲挈领地记，所以笔记不长，但内容却是丰富多彩的，读者读后自可体会。谷先生笔记的条理、文字和字迹都相当清楚，使用半文言文，有其特色。我本人又没有听过雷先生此课，所以除极个别明显笔误而能辨别清楚的字加以更正外，几乎是原封不动地将笔记原文发表出来。即使有一些不清楚或显得重复之处，也保持原样。个别地方加按语说明,以括号标出。凡英文字,尽可能译成中文,标以括号。为醒目起见,我按笔记的内容和小标题编出目录,将历史之科学、历史之哲学和历史之艺术三个专题列为章目,并增加总论之纲目和各章之子目,以便读者一目了然。不当之处,请方家雅正。笔记中无书名号,书名号及某些细分的标点符号,乃我所加。不妥者,希指教。

—— 王敦书

史学方法

重要参考书

1. Langlois and Seignobos, The Study of History(朗格诺瓦、瑟诺博司:《史学原论》)

2. Croce, On History: Theory and Practice or Theory and Practice of Historiography(克罗齐:《历史学的理论和实际》)

第一本注重考据,第二本注重性质。前者关于材料之采取方法多,后者理论多。

(按:据卞僧慧介绍,雷海宗1936年讲此课时,增加了第三本参考书,即鲁滨逊的《新史学》一书。)

总　论

一、历史著作之成分

凡研究一本历史著作而分析其成分,则有价值之书可分成三部分:一为历史之科学,二为历史之哲学,三为历史之艺术。第一项在历史未作之前有分析工作,第二项为综合工作,第三项为表现工作。即当著作之前,必经审查分析与整理鉴别。及材料分析后,对于材料必有一贯之概念与理论,此为综合功夫。至于叙述,为艺术功夫,亦属重要。

三者比较言之,分析为历史基础,为必需;综合为史学主体。此乃分析如择地然,综合如房屋本身然,艺术则装饰而已。

威尔士之《世界史纲》,其范围甚广。材料乃根据世界历史家结论而鉴别其轻重以成之,此为编史,但亦费分析之法。威氏提倡大同主义,又信进化论,所以将各不相属之文化一贯联属叙述，此其一线索；又反对战争与军国主义，主张战争为进化之阻碍，此又一线索，为其综合功夫。（现人固无人承认其价值，但示例而已。）威氏为小说家，下笔生动，故以小说写历史，亦觉有趣。其叙述分配，亦为其艺术之手段。

中国史学虽最发达，但无一书能全合乎此三条件者。中国历史材料多，左编右编，总不出乎历史材料。至于中国在分析方面已早有人下功夫，综合方面实乏其人，艺术方面亦属不弱，但为材料之读本而已。太史公作《史记》，固亦有分析之功夫，而缺一贯哲学。《左传》有艺术，而分析与哲学均缺。

二、史学之基础——Historical Sources（史料）

史料为已往社会种种活动留下之遗迹，此活动为各方面，包括思想言语行动。但以前社会之活动，未必均有遗留。如春秋、战国间有一百年中即全无史料之遗留。《左传》为叙至公元前 481—468 年止，以后无材料。后来发现之《竹书纪年》，亦因伪本，今亦难信。战国有《战国策》为 403B.C. 起，而《战国策》材料亦不重要，又无年代。始皇焚书，只留《秦纪》。而秦之文化低，又年代多误。司马迁所根据大部《秦纪》，亦曾言及之。

史料不整齐，其原因在以前亦缺乏材料。因时代不同，今人所注意者，在昔亦无之，如经济社会史是。又偶然之损失，如始皇焚书。而《竹书纪年》为魏官书，仅得以存。意外事如战争、水灾、世家子弟之佚失。再金石因年久湮没，或销毁。时代愈远，材料愈少，消灭愈多。

作史，在先搜集材料。搜集之法，全视时代与题目之不同。如研究最近之过去，不专赖于文字，而在于存之之人口述，或当事人之著述，分别鉴赏之。稍远之历史，口传虽可注意，亦当小心。更远之历史，则赖于文字。一为金石材料，此材料当为可靠。然当小心者，先人之泐石，其子孙每多夸耀之词，且刻金石其目的亦不为后人之历史而作。一为书简文字。

搜集材料以时间地域不同而异其趣。

西人每多毕生搜集材料，亦有搜集材料而自己不用者则保存之，此搜集与保存同其重要。英国皇家博物馆保存法尤精密。埃及发现所得之 Papyrus（纸草）必以化学方法方可保存。至于私人、公家保存，各个均可。个人收集而保存之，此亦有兴趣问题。此等人收集较国家当狭，以其兴趣所在，只注重于一方面。

西洋最近讨论私人与国家收搜问题，大都偏向于国家之收搜，因材料合聚，可省精力时间。又私人常秘而不示人，于历史无普通（按：笔记中此字笔迹为

"通",数处皆如此,故原样照录。似乎此处"普通"二字可作"普遍通行"解。)之利。中国方面则公家管理虽便于用,但一旦发生不测,必遭全毁。如巴黎、伦敦为大材料(archives 档案)处,一遇战争,必至危险。又如一国之 archivum(拉丁文,档案馆)保存自中古以下之档案与史料,有意外事,殊为可惜。又地震、火灾,亦不能补救。但此时之西洋各国,似仍宜于公家收搜。

已收搜之材料,再为初步整理。在中国往往不感此工作之困难,因中国多为书本,亦粗有条理,其实此均非原料。清代而外,吾人几不能知其原料,而皆毁灭。至于清代原料尚存,则有赖于初步整理。此初步整理,当赖有知识者分类作提要。故此人须有博识,忍耐,兴趣,小心,精神专注,不必大资格。初步整理为提要,再次为分类,此为目录学 bibliography。先订大纲目,再为小纲目。纲目视材料多寡与时代长短而定。既有纲目,又分类列为卡片,以后研究一题,自易寻觅其史料。再有需要为索引 index。因材料有多有少,多者从前至后,读之甚难,如有索引则省力不少。此便于各个研究,一如目录学然。另有一种索引,亦属重要。无论任何方面之史料,皆必有索引。目录学书亦有自成浩帙者,故亦须有索引以省精力。所以,目录本身固重要,而目录之索引亦为重要。提要、目录、索引三者在中国今日研究历史尤为要紧,否则以一人之力一生之功,不见其有所成功。

以上为历史材料基础知识。

三、研究历史之工具

研究一时代历史,必了解其时代之文字,文字学为重要。字义有古今不同,不可不知。文法亦有变迁,以免误会。尤有困难者为当时成语必须研究。如《盘庚》《大诰》最难明了,必须知其成语。甲骨文中可旁证之。此文字方面如此。

考古学亦须注意。古代艺术作品、器具、战器、金银货币,亦可知其社会。中国则战国以后文字无大变化,发掘极可助力。

一人为考古学家或为文字学家,为 Scholar(学者),不必为历史家,大抵分工合作。历史家知考古学家、文字学家所研究之结果而消化以成历史,故亦不必同时为此二学者。

第一章　历史之科学——分析

一、综论

　　史料之批评与鉴别为历史之科学。史料既为古人活动之遗迹，既不完备，其所遗留者则从其材料中不必能窥其全部情形。秦灭六国，其材料缺乏固不论。即如欧洲大战材料已云丰富，然一人即能批阅，未必能完全明其真相。因（1）其描写与文字记载是否合乎当时情形；（2）批阅当时人著作，当时人想象所描写，而吾人又读当时人所想象者，其合乎事实与否又为问题。一人所见之欧战，其描写各自不同，而对欧战之认识亦各自异。

　　历史著作既多，非经精密批评与鉴别不可。但假作与伪撰多，尤为不可任意引用。

　　批评为 criticism，分内评 internal criticism 和外评 external criticism。外评一部分为校勘学，内评一部分为训诂学，而外评、内评较校勘、训诂范围为大。

　　外评之意义，如古钱然，先不论其表示任何意义，乃先定其真伪。如汉五铢钱，是否为真，其形状为何，痕迹为何。又如文字然——不论其文字内容，而须认其源流。竹书纪书，何自出，何自改纂。一本书，何人著，何人注，何自传流，此于可能范围以内能推考其真实程度，其能保存原状程度。

　　是否保存真象，可从三方面观之。（1）书式－文字。如秦汉以前为古文，以后为今文。后有由古文改至今文，其材料已为改写而误多。（2）语言方面有无错误修改，有意与无意之改纂。（3）形式。在西洋文牍 1300A.D.左右传至今日者多。所以除研究其文字言语外，又须考其形式"大小纸类格式"等。又文字语言以内亦有形式上之考察可能。Boethius（波依提乌斯）著 On the Consolation of Philosophy（《论哲学之慰藉》），在十四五世纪（按：依笔记原文照录。但波氏生活年代为 480—524。此处之"十四五世纪"也许指抄本之时间。）当初为韵文，此时文化退化，而羊皮纸抄录难，将此韵文直抄，不分行格。此亦形式上之当研究者，匪独外表为然。

　　内评方面注意者，为材料内容。（1）文字语言之意义，免至附会或误会。不以现代眼光释古代，又须认清各人殊特性之文笔而知确定之意义。（2）作者之态度是否诚恳，否则有假托著书，有故造是非淆乱黑白，尤以政治观点不同有其立场著书，自不能不寻其究竟。（3）自欺欺人之材料，以其非亲身经历，或经历而以其知识范围有限。经历范围有限，无意亦欺他人。

二、外评

外评最重校勘。次推究著者（有托名、佚名者均宜考究之），然后可知其履历立场而使用其材料。再次，按材料分类，以便按内评工作之。

1. 校勘

校勘之学最重，因文字流转刊布难免讹误。一人抄写，往往亦无错误不可，甚至自己亦难发现之。故自己抄后，必须校对，又须朋友校对之。及付梓时，排版错误多。至于古代抄写错误更不待言。以讹传讹，当所不免。此古书校勘之学实为必需。

书贾无知识，又乏兴趣，刻本误错必多。如《韩非子》书本为研究法家重要书籍。以汉人不注意，令存者错误多，读之殊难索解，尤以《八经》篇为甚。今传《韩非子》本不止一种，而各个不同，意思不同，不能知其真象。《墨子》在汉以后，无人研究，在明朝犹然。清朝一代考证，与孙诒让辈之力，方可阅读。

文艺复兴以后西洋之校勘与中国亦同。校勘之法，须先识其书本：（1）原本尚存；（2）原本已失，抄本、刻本尚存一本；（3）原本失去，抄本、刻本不止一本。

如原本尚存，亦属可能。（《竹书纪年》是。）此校勘之法，在专根据原本而弃其他，故抄写时须注意不使错误。

至原本已失而余一刻本或抄本，其中必有错误。其可能错误，为抄写人、刊行人故意削删修改（不合其本人思想行动），添加增补（为自己行为张本）。或为抄写人、刊行人知识浅陋妄自删改增补。（故动机不同，而结果与前为一，因以为正确误为不正确而删补也。）或为无意错误。（如句读之误，书刊之误，从古文改今文之误。又为一人读令别人抄写，因之误听，而有遗漏笔误等情。）纠正之法，如故意之错，因无比较标准，仅能于文字上稍知其伪，而难判定，修改更无从由，此能置疑则可。无意错误，如为长篇，校勘亦难，一二字则可看出。

无意错误之种类：（1）字形同而致误，如鲁鱼亥豕，《抱朴子》与《家语》，天邑商乃大邑商；（2）字音同而致误，张章为姓之误；（3）两字或数字颠倒，如攘往迎来之颠倒；（4）句读之误，"五十以学，易（亦借用）可以无大过矣"；（5）衍字或衍文，重文重字；（6）漏字或漏文，笔误刊误；（7）两字误为一字，"五十以学"亦曰"卒以学"。如城武县知事张四维，《山东通志》误为张罗是；

（8）一字误为两字。

抄本、刻本尚多，常人多以便利计，任取一本以为根据，亦有专取版本最古者为根据。此中均有危险，因原本既无，而每抄本或刻本之蓝本必须研究。如最晚之刊本而蓝本反在最早刊本之前，则晚刊本根据最早蓝本，当较可靠。又有人根据内容相同的书本占多数者为准则，其实如这些书本同出一蓝本，自不能以其抄袭内容同便觉其可靠。又当考其根源，而判其正确与否。最妥之法，为比较方法。将刊本约分为类，而考其根源。凡错误全同者必出于一蓝本，互相抄袭之，刊行之。凡内容相近而文义通顺者，须一一分析之。然后加以整理，整理方法则依上列八项行之。

校勘价值为消极，为校正一部分之错误，指明一部分之怀疑。故校勘之后，书本不能恢复原来面目，而阅者亦必原本。此为 necessary evil（必然的灾难），贡献虽大，终限于事实之困难，无法完全其使命。

2. 著者推究

著者之推究。一人有其特殊环境，各有其特性与眼光。官书不同于民间著述，政治地位、社会地位不同，其兴味与立场不同，其著作自亦异趣。又后人喜改著者之名，或托乙以为甲。《左传》之非左丘明著，大都已证明。而作者之环境背景地位，今亦略有端倪，故其材料今仍可用。《易经》之《十翼》为有价值之哲学著作，惜不知著者之姓名。后人以其有价值，乃加之于孔子之身。故书面所著著者之名亦不必可靠。《列子》亦自有价值，而加之列御寇之身。其实作者并非一人，而其时代尤不可信。故视为春秋书本，可云为伪书。而推究其人以作为后代之作，则仍有价值。

推究方法。著作本身往往可以看出著者之时代、思想、背景。此法须先注意：（1）文字（形）；（2）语言（各地各代之成语不同）；（3）文气（《禹贡》与《大诰》比较，照前人说法，《禹贡》为 2100 B.C.，《大诰》在 1000B.C.，但《禹贡》文字上必较《大诰》为晚）；（4）事实。（著者之事实，书本内之事实，均须注意。如前人记后事，虽不必能决定此书为伪，至少亦知其书为后人增益者必多。如书本为后人记前事，则须考著者之年代。所不能详知之年代，亦当于书本中推其大概时期，以著作内容为张本。《老子》一书又当别论，《论语》亦难依法推出之。）

上法从著作本身研究。此法之外，尚有与他书比较之法。即已知一书之真伪时代，而从其文字言语等方面比较之。

再有推究方法即著作之内容，有为他人引录者，亦有为他人所记载者，从此可知其符合与否而定其真伪全缺。

再者，一书有时不止一人所述，有时一人述名而多人成之者，亦有窜文与续文所宜注意者。所以事实与年代不符，并不足以证明书之真伪。因窜文与续文有为其门人家人参入，亦在其时代耳。窜文有为有意，有为无意。无意如注解便误引为正文；有意如迁就事实而加入正文。校勘之法则惟依其文体、文气、文笔、思想比较之。最好考查其事实与思想有无矛盾之处。尤以两人以上之著作，其上下联接难免隙漏，连接之步骤亦可注意。（最难者个性不强之人，文体平泛，便无从解决，如《春秋》是。）此外则文字上之抄袭，多为人所忽。故研究窜文续文之后，必须估定其抄袭来源是否可靠，即须于其来源加以研究而后计其结论是否正确。所以抄袭文字之本，除考究其结论外，必须考订其来源。考究之法可依窜文续文之例与校勘法比较行之。

研究抄袭之书本，必须考订其来源。此法之利在于能知抄袭之本所在之时代，而定其有无价值。如古本存于抄袭之断片中，或一抄袭本引录前代著作，此抄袭本经考订后，其价值必为之增高。清代"辑佚"，即依此法以成。至于已指明出处之引录，尤为便利之工作。马国翰之《玉函山房辑佚书》，洋洋大观。西洋最近致有全部发现者，亦用"辑佚"之法。

推究著者之法则内部之伪与杂皆去，而得其真面目。惟此法不宜滥行。滥则弊端亦生。今人之疑《周礼》《今文尚书》《列子》，此即其例。

3. 材料之分类——外评

假定书本评定校勘已好，书本著者已知，是材料大致已整理完好，即一个一个之个别材料已整理完好，便可用之著作。

如材料过多，则必将材料分类以省力省时。最先以每一材料按性质分类，然后依分类性质利用之。札记之法不便寻找，不如分类之便利。又人每用分类笔记簿，此为先假定类别，而以所得材料归类。此法在材料多时不便，尤以分类先有成见，终至勉强分类，遗误滋多。至于专凭记忆力而不笔记之人如英之Lord Macaulay（麦考莱爵士），曾著 History of England（《英国史》），为专心究研之作，以致 foot-notes（脚注）错误滋多。此英国之文学历史家，真为天才也。

卡片法之便利：（1）分类自由，类别可自由增损变换。（2）材料不只属于一类，故可以自由抄录，多书卡片，且可用 reference slips（附笺）。（3）易于合并材料，无困难。

卡片分类法可分四类：（1）以时分类。因研究之时代过长，每一年为单位或每朝分类。（2）以地域分类。如研究各地之历史，此空间为类，以省为大单位，县为小单位。（3）以性质分类。性质之中再可按时空分为小类。（4）按形式分类。如所用材料之分类，不论形式。例公文、信札等等。普通以性质分类最不宜，尤以西人有专搜集 Merovingian（墨洛温王朝）481—751 时之材料而非供自己研究者，对于性质之分类更难适合。所以分类以时空形式为上，如以空间形式分类，则须有时间之索引。

4. 外评与外评家及其地位与价值

西人称外评家为 Scholar，中国称之校勘、考证、考据家。Scholar 与 Historian（历史家）不同，日（按：此字迹不甚清楚）者有外评而有著作是。

外评为必需，非有外评家不足以供研究。中国以外评家为历史正宗，其实外评为一种工具，而非目的。外评则求恢复原料真象，并不能明白历史。此所以外评为必需工具，非历史正宗，亦非历史目的。

历史家不能离外评家独立，此理尽然。因历史先无外评工作，则内容殊无价值，固不论其形式如何。

Leibnitz（莱布尼茨）能做综合工作而不喜外评，此赋性使然。综合工作绝不能与外评合为一人工作。又以时间关系，外评与综合工作难在一人。（有人劝 Leibnitz 搜集 Merovingian 材料，乃曰不能劝人娶不爱之女人。）

外评家嗜好有搜集癖，如古物古铜；有解谜力；有忍耐性；有准确精细心境。（Froude's disease "弗洛德之疾"。彼心不精细，但为英最初提倡用科学治史者。彼生英国，有一次至 Adelaide 阿得莱德城，云："We saw below us in a basin with a river winding through it, a city of 150000 inhabitants, none of whom has ever known or will ever know one moments' anxiety as to the recurring regularity of his three meals a day." "我们看到，在我们下面一条河流弯曲流过的盆地中，有一座拥有 150000 居民的城市，他们当中无一人过去曾，或将来会有一刻迫切希望再现其正常的一日三餐。"实际上为高原，为无河，为无 150000 人，为正饥荒之时。此例正多。）如一人幻想能力过大，精细心甚难。以上必要条件完备时，再加训练，便可从事外评工作。

外评工作之人，往往对于整个历史无整个了解，无综合观念，无哲学线索。因之，丧失轻重观念，是以客观视材料，毫不以主观之轻重以为研究之选择。所以西人每研究一不重要之材料，而遄遄焉以专利自期，而恶意以攻击他人。再有一种人以为，恢复原料现状为不可能，全美之作终不可期。如是，自作不敢示人，人之作品亦多方吹毛求疵。此种过泛过严眼光，均宜注意。

外评更有一危险为吹毛求疵（Hypercriticism 妄评、苛评。按："苛评"二字，乃整理者所加）。希腊罗马史外评工作，大致已完。如必再为外评工作时，必致吹毛求疵。所以以上三种弊病，均宜注意。

三、内评

1. 通论

内评在中国为训诂，在西洋范围略广。内评对已鉴别之材料研究其内容是什么，是否可靠，为对著者心理上之分析。著者作书，心理上必有搜集材料或观察事实之初步，再有拟定字句之第二步，再为写成之第三步。一著作必有此三步。如是，第一步观察与搜集之材料是否可靠。如材料不可靠而其人又不可信，必无价值。此为著者之源流与材料源流当注意。第二步文字是否通顺，是否易懂。第三步写文时是否注意小心。

内评分两步：（1）求材料之真正意义。此宜先不能有成见。如有成见，亦须放弃，视成独立之著作研究之。（2）真正意义之是否可靠，即有意与无意之不可靠，均宜注意。有意如党派，无意如误作。

内评机械之法最好用卡片。注意点：（1）内容是什么，所记确否。（2）著者目的是什么，有无成见。（3）抄录最重要点，足以示著作之大要与作者之成见。须分析后抄录，不必全收。（4）基础方面须有文字上了解。著者个人特性与笔法须了解。

2. 文字意义问题

文字之时代性与地方性。一句或一成语各时各地不必同。如"朕"在秦以前为普通人自称，秦汉以后则成皇帝专名词；文字地方性，在六国时文字不同。此可见古书流传之难读。

上言研究文字表面意义，须知文字时代（联）与地域（楚辞）与特性（个人笔法）。一字一句一语其意义不甚明了时，须用排比法。将同书中或同人著作中相同之字或句或语排比而研究之。再有注意之点，须知上下文，不能断章取义。此弊最通行。有时断片之意适与整个意义相反者。故须知上下文，方能取用其一部。

暗含意义在西洋多，如象征之著作（symbolism or allegory 象征与寓意）。有一字一句一语两意者，暗含之意迥不同于表面之意，是为双关。亦有诙谐之作，描写与事实故为相反者。亦有故为譬喻而非真者。亦有词藻足以夸大其文物者。

3. 著者问题

如故意骗人，及错误，最为不可靠。即使此二误无有，而其著作亦不当时事实之叙述描写，决非恰当，是真实程度亦难可靠。所以有意与无意之错误及文品之本身，均宜注意。

尽信书则不如无书。著作之互相矛盾，引起历史家之怀疑。因之以后对于材料，无论种类多少、异同如何，对所有材料，均须整个研究，其可靠程度，时代著者如何。再及个别研究。

整个研究，先知著者一生与时代，与外评同。至于个别研究，则如有意与无意之误、文笔之误，研究甚难。此须于心理方面加意分析。

心理方面之故意与无意骗人或发生错误：（1）私利（因自利益关系）；（2）形式或格式（公文程式各时各地不同）；（3）志趣（个人个性）；（4）虚荣心（各人不同）；（5）迎合他人心理（群众或读者）；（6）词藻。

私利。如 Bismarck（俾斯麦）改德国之电报文词。私人团体、国家，均各有立场。故一人之著作，须知其所属之团体、立场、嗜好、信仰，而易察其成见所在。

形式方面。古代公文程式不知，难于研究。中古之 Holy Roman Empire（神圣罗马帝国），各国各地之公文套上对于神圣罗马帝国非常尊重，此乃形式上并非真心。又中国之碑文，其行状均为褒扬，如视为真确材料，不可。又古史列传对于善恶不见可靠。酷吏传则不述其善行；循吏传则不计及恶行。

志趣方面。此为个人成见，如同情一宗教而怀恨其他。又如对于一种学理，无论有深刻研究与否，亦有志趣所在。

虚荣心。对于同时代有关系之团体或人物，必抬高其地位而叙述之，亦以增自己之地位。Retz（瑞茨）叙述路易十四，其自传将自己地位抬高。

迎合他人心理。叙述不必实在，而免反感。如对于教会专叙述一方面，在于不犯忌讳。政党亦然。故研究其作者地位，然后知其迎合何者人物。再研究其群众或读者心理如何，要求如何，志趣如何。

辞藻方面。其叙述大致不差，又加一枝节之词章，因详细节目不易观察，乃因其特为之词，以使笔力生动，并不欲专为事实叙也。史诗 epics 亦如此。记事词藻如史诗、《左传》中之演说词，以及两事不同时不同地而述于一篇，使之戏剧化、系统化。亦有故为词说而务为详尽者。如《左传》晋文公之行政全以出亡事实解释之。出亡之受遇于人即为当政之对策若合符节，此必词藻使然。情绪辞藻，近乎诗人，尤以作传记时，当注意，以免描写过当。

著者发生错误之可能：（1）著者观察能力之缺乏——幻想——成见；（2）观察地位不利——见闻地位、动作、志趣、了解能力、时间上之回忆，等等；（3）疏忽——情节之推想；（4）不能完全真实观察之事实——秘密、团体事业、长期事业、广地事业、过大数目。

方法：（1）有否可靠根据；（2）有否综合辨理能力。如过大数目，是否确有根据。又如团体或大地事业，是否有综合辨理能力以推得其全部结果。以一部分推论其余，须赖于此。

4. 传说问题

至于未经著者观察之事实，中国史料几全部如此。西洋方面，大部亦然。最普通为传说——口传、笔传，史话亦然。多为民间传说、开化民族之掌故，为文人世界之传说。如中国才子之掌故特多，此因才子对于社会印象深，因之集于一身，固无论确有其事否。史话对于一事，掌故对于一人，事实愈集愈多，而有笔记之传说。至于笔传如为原料固可，但必须一代传一代，原料不变。否则一代传一代，一代修饰一代，必致失真。口传多愈集愈多，而较可靠者为韵文传说，此不易变。故保持久变化多，惟证明何时所作最难。最好方法为研究其最早之传说或观察之人所传出，此为理想方法，兹不论。

历史最忌方法为将传说中之合乎人情者留之，自己不能想象而不理解者舍之。故参加以传说中之合人情者而杂以理想，便成一派传说之混合物。传说中所用方法而定其为或为可信。如一著作全部为偏见而内根据传说，此当不可靠。又如一著作在观察完全不可靠时（周之与匈奴交接少，而记录不可靠），则此时所遗留之传说亦不可靠。又历代堆积下之传说，愈近乎人情，因其情节愈精密以迎合读书心理。如是，取各代之传说比较阅之，自易看出。此堆积传说更不可靠，即或者可靠，亦无法研究。

传说中或有可靠者。传说之人无私见，必其有可靠根据，不致欺人。近日政治上大变动，举世知之，必不易欺人。此种传说之人大概为无私见无个人兴趣，而世人均知而不易欺人。此种传说，存疑可也。

传说中不致错误者。如长期大地之记载为社会历久之观察，此普通事实必较个别事实之传说为难错误。Troy（特洛伊）在荷马史诗中为神话史实合成，西人均初疑之。及 19 世纪末至 Troy 所传说之地而得其实，此不易错误。而长期大地之事，经社会长期大地之观察传说出来。

四、个别事实之断定

介于内评与综合工作中有交替工作，是为"个别事实之断定"。

历史上最重要为大事实，但大事实不易失去真面目。而个别事实最难保留，此枝叶足以繁荣全部历史，故当断定其可靠与否。

一事实能决定其观察者，为大致可靠者。此内外评之工作，再从而决定之。

事实分精神、物质二方面。前者为概念如宗教等，只须外评工作完满，材料可靠，即无问题。物质方面决定最难。

事实之可靠，在比较研究。事实材料上之工作为内外评，而事实之本身亦须注意。

事实之只一种记录或传说者；或两种以上之记录传说相矛盾者；或两种多种互相符合者，此三种可能均当注意。

比较研究在于两种不同之观察多不相同。故除为抄袭外，大多两种不同之著作，可比较其事实如何。

事实断定。如有一记录，可存疑而不决定其可靠。如有两种多种之记录（则讨论问题多，存疑亦可）而为矛盾，则不能以近乎人情者用之，抑或调和附会之。此最危险，因调和与附会，难于合乎古代情理也。两种之记录在作为两个单位，而研究其问题之所在。必有一成问题者，必有一不成问题者。多种记录不能取决于多数，此亦危险，因抄袭与观察地位同之故，必将来（按："来"不通顺，疑为"其"之误。）分为两类分析比较之。至于完全符合之材料，或为互相抄袭，研究其有无抄袭之痕迹。如为抄袭，则等于一种记录。如情节不同，文字亦不同，必为两种记录与观察，此宜研究。再研究其是否独立，即是否一种独立之观察。如一人异地记录不同，其值等于一。又如二人多人之记录不为各人之独立观察，亦等于一。又如二人多人之独立观察，而各人属于一派一教一团体而记载其与己有关之事，此多人相同之利益与偏见，亦可视之为一。

普通历史决定，为"前后协和"。故个别事实决定后，大致为可靠，则最后决定，则历史上前后协和。前后协和，则个别事实亦可决其可符。前后不矛盾，则多种材料之亦不矛盾，必亦可靠。

"前后协和"为综合之初步。此决定材料之成分，是否协和。

第二章　历史之哲学——综合

一、综论

根据历史科学所得为个别事实，而无合体之历史。个别历史料材可分人物，人物活动，人类想象——文学、宗教。各类之中类别之中各有关系，宜经综合工夫。

完全从理论上讲，历史料材之关联难得。但如二十四史之混杂，又觉难读，此事实上综合为必需。

从普遍性言之，历史涉及广大区域或长时，与涉及短时而小范围比较，性质不同，故以不同之性质之历史合在一起，不可能，必须先用综合工夫化成普遍性。

又时代与民族关系，往往划分不清。如中古史西欧东欧往往作为一民族之历史，其实完全为文化上之两潮流。西为封建，东又完全另一件事。故一事不必列于一起，必须先知其独立个体。

又历史可靠性确实性各各不同，如三分之二可信，而另一事为少可信，此经科学分析之后，亦必赖综合工夫而完全断定其可信否。

综合步骤如下：

1. 想象　想象以往历史。历史料材与吾人以印象，由想象力再知其情形。经过此历程，历史不见得可靠。但此唯一方法。因自己经验而想象之，而有记载可资印证。以现在之知识想象以往之知识，人类相传自多相同。此为 subjective 主观，知其个别材料为何，情形如何。

2. 分类　已知材料，已明了其情形，再从分类着手。分类无客观之分类，各人不同。后面列表明之。

3. 推论　如大战材料。此时材料尚多未曾研究，材料丰富，亦有确为应知之者。如 Battle of Jutland（北海战役，日德兰战役）为最大海战，英、德均自诩得胜。时至今日，虽有生人，亦不知果为何事。而古代记载又非常缺乏。分类之后，如感材料缺乏，必须推论。由有以论无，虽难而危险，然不可少。如 Java-man（爪哇人）由其断片骨板，而造成整个人像。根据人类已往知识，而为之。此犹自然科学之方法。至于历史上固亦如此。西洋人对于巴比伦史除《圣经》外，除非根据自己经验以推论之不可。

（1）根据现在情形论以往；

（2）根据他民族论自己。

4. 普通（按：后文"通"字为"遍"。）的方法——历史观

将材料有一整个概念，此亦不可避免主观事实；观点不同，历史亦不同，此亦不可避免事实。

二、想象

历史最有兴趣与重要者为时代之异点。想象根据史料，而史料之不以供想象，想象力所不及，乃比较之，而明其相互关系。一民族中因文字关系不明了，亦有非想象所知能者亦多。如甲骨文所载是。以想象不失史上之时代差异。

（按：笔记此段仅这些，可与前综论中谈想象部分联起考虑。）

三、分类

1. 按外表分类——时间、空间、人物，此非为本质分类。

2. 按本质分类——以内质分类为主，辅之以外表分类。虽各人分法同，兹亦可例示于次：

历史现象分类表

A. 具体活动

（1）物质背景——地势、气候、水土、草木、禽兽

（2）经济生活

（a）生产——农、牧、畜、矿（b）实业（c）商业

（3）社会制度

（a）家族

（i）组织方法（ii）权威（iii）妇孺（iv）经济制度——财产继承法

（b）阶级

（i）分别原则（ii）相互关系与规则

（c）教育

（i）目的（ii）方法（iii）教者与受教者

（4）政治制度（教会附）

（a）政治元首与政治机关

（b）政治设施——战争、司法、财政……

（c）选举——科举

（5）国际政治

（a）外交——规则、方法、情势

（b）战争——规则与方法

B. 精神活动

（1）宗教——信仰、礼节、道德

（2）哲学——概念与道德

（3）科学——方法、结论

C. 想象活动

（1）建筑——概念、方法、美术品

（2）雕刻——同上

（3）绘画——同上

（4）书法

（5）音乐跳舞

（6）文学

（a）基础——文字（b）兼属三种活动一一但形式永为艺术——美的

哲学中有三标准，为"真""善""美"（truth, goodness, beauty）。人类历史亦在求此三点之完满。具体活动为求善，或自认已臻完善；精神活动为求真；想象力量为求美。

3. 历史分类其他问题

A. 政治史与文化史之界限问题

历史分类尚有几问题。如政治史与文化史（Political History 与 History of Civilization）。有注重前者，有注重后者，而二者范围皆不算清楚，而界限难确。大概言之，则政治不重其制度，而在具体活动、个人活动，以人物为准。文化则重想象与精神，为大时间、大空间、大集团之活动。今之趋势为文化包括政治史，如上列表所言。

B. 团体问题

此外问题为团体问题。历史与人有关系，但人在历史上有（按："有"乃整理者所加，以使文句通顺，特此说明。）地位，实际上对象为人之集团。吾人对于"人类史"名称不能用，因其太空泛，难于尽量包括，亦难完全知之。至于各民族是否独立是否一元，亦难知。各民族影响互有，而难置于一范围。所以必须各民族历史独立。盖历史乃研究文化的人类，非如生物学家之研究生物的人类也。

再人类学不在历史之内。一文化不必为一单纯人种，欧、亚各洲皆然。反之，同一人种可以属于两文化，如匈牙利是。为研究方便计，不能如研究"匈奴史"然。用中国与西洋之匈奴人手，是仅中西洋史之一部分而已，非匈奴种族史。至于西洋人之人种优秀论同犯此病。Grant，Passing ofthe Great Race、（格兰特：《伟大种族之消逝》）与 Stoddard，Revolt against Civilization（斯托达德：《反对文明之叛乱》），是。

团体之标准，血统无关系，只在共同习惯信仰意志而已。如一地之人民具此条件，乃为一历史之对象——团体。一大团体有其公同意志信仰习惯，而又可分其为小团体。如可研究整个西洋（东欧不在内），亦可研究西洋各国。此标准本泛，只在研究对象之主旨如何。西洋语文历史如法文，瑞、比有用之者，故法、瑞、比三国皆应研究。加拿大亦有法人殖民子孙，亦宜研究。研究宗教亦然，天主教之在西洋，亦同注意于东方各国。

C. 历史演化问题（Evolution）

历史进化退化之标准难定，只云演化可也。历史研究文化或政治或其他专题之变化，必先定其研究对象。地理史有变化有不变化，而人工方面则多变。上表所定乃为演化对象，至演化之时间必须注意，如中国近三十年政治史是。时间定后，再分步骤研究，即大时间内分小时间。时间定后，再研究原动力，即演化原动力，为历史上最要问题。

D. 断代问题（Periodization）

为方便计，必将长期分为若干时代。此本有武断性质，亦极机械。西洋方面此问题亦难解决，因最激烈之革命亦不能于一定时间分其时代也。断代之法，不可不注意。断代在以长期之大变化分，于一短期变化影响长期之历史。所以分时代 Era 与时期 Period 二种。

（按：笔记原文将以上四问题列于"历史分类尚有几问题"后，从之。但这些问题与后面的历史观与历史哲学问题皆有关联。）

四、创造推论

材料不足，而此知识为必需，乃根据已知推论未知之史料。不如此则全体现象不明，历史缺憾甚大。兹所当禁忌而当避免者为——批评材料时不能推论，只能于材料内求批评。——一事联想他事。往往历史材料所无，根于个人之联想，无形间生出一概念，此宜禁忌，而在有逻辑上之连贯。——不必有结果。——不当使推论与从历史材料所指示者不分。推论出来者须加说明，然后读者知何为著者推论出来，何者为史料所载。

推论之方法有二：（1）消极推论法，一名默证 Argument from Silence。史料所未载，必有人认为有，亦有人认为无，如是断定此事果无。此方法不宜多用，因史料之无，在以前有为未注意者，有为不必记者，所以事实多缺记载，且多无记载。故默证法甚难用。此方法之用在于一事在当时必有记录，故设有此事，必有记录；又设有此事，必使记录可留传。此在证有此事必有记录，有记录必可遗传，为二大前提。然后，从无记录之遗留而否认之。如老子之被人否认为春秋时人，在各书均无记载。其实，此二前提均未具备，不能证明。（2）积极推论法。此根据因果关系、古今一律现象，据此二者现象以推得一证明，从正面人手。如研究选举制度，当时制度、现象均佳，则其人民有相当教育程度为可知，此推论之可能也。但因果非简单，可多因同果，多果同因。故必确定此因此果为相生，否则亦入于不可靠。所以此种推论法，亦属难用。总之，此推论亦只为"可能"，而非"可靠"，如内评外评所言。但如各推论结果相符，而材料各独立，则推论应为可靠，否则著作内不提及之也可。

五、普遍方式——历史观——历史哲学

1. 通论

有人以为不（按：原文无此"不"字，但从后文看不但不通，且意义正相反，恐漏字。故加此"不"字，以求上下文连贯，特此说明。）必需有历史哲学；有人以为可能。前者以为历史哲学为主观，而历史学乃不分轻重不分主客以求真而已。后者以为历史应有轻重去取标准，此即历史哲学。但事实问题，如无历史哲学，则去取无标准，而嫌材料过多过泛，读之过难。又如无历史哲学，则历史无意义。一件一件之个别事件，知之亦乏味，必由纵由横之历史关系以推得一结论，方为历史。故主无历史观者为 Scholar，而非 historian。

2. 历史哲学之基本问题

A. 人类意志问题

此即抽象问题。人类动作，果为自由，亦为身外所羁制驱使。历史现象如为人类自由意志所造成，则人类意志为自由。但自大体言之，大集团言之，纵横之历史上言之，则人类未必自由，意志未必自由。此问题东西哲学家均未解决，但近世西洋哲学家认为人类无自由者多。

B. 一元论与多元论

人类文化果为一元果为多元，亦难决定。但现近多主多元，各个系统不同

之文化，各自影响，独立发展之。

（按：以下有近两页空白，疑有缺漏。）

C. 历史之循环与相似——均势——平衡西洋

西洋

西洋		中国	
1200—650	王制时代——封建	1300—771	殷末、周
650—323	雅典、斯巴达、希腊	770—473	春秋
327—78	战争，强敌竞争	472—221	战国之世
78—180	帝国时代	221—105	
284			
284—476	帝国时代	106—316	
西洋近代		西洋古代	
911—1517	封建	1200—650	
1517—1815	旧制度时	650—323	
1815	强国竞争	327—78	
……		……	

从以往政治社会变化，知此种步骤与趋势为可能，是知此为大致趋势如此，其何以如此不得而知。人之生长为例，由幼及壮，由壮及老，身体变，眼光变。至于人之死，不必有病。自己至七八十岁，必死。文化亦然。成一大帝国，则内部分化，又必破裂，以被（按：原文为"所"，今改为"被"，特此说明。）征服为病然，自身破裂为老死然。

从宗教上言，西洋上古时代最盛，中国殷末西周宗教势力亦大。西洋 650 年有宗教上改革，中国不可知。650—323 之西洋为哲学盛，以宇宙、人生、意识为中心。中国为春秋时代亦然。第三期，哲学派别多，亦为竞争。宗教势力新生或输入。第四期为哲学势力几微而宗教势力大，完全信仰，而不为哲学上有基础。

从艺术上言，长城之建筑必为帝国时代所可有，而无艺术性质。

第三章　历史之艺术——著作

从著作根本上言之，一曰专史；一曰通史。专史如专题，专事，专人，专期。长期为通史。通史则专门通史、通俗通史。

专史注意之点在彻底研究。（1）每一论断或叙述必注明出处，必有 foot-notes。（2）年代必确准，于可能范围年代必按次序。（3）题目必须清楚，使人见题而知其内容，以供专家参考。可以有 title（标题）及 subtitle（副标题）。（4）研究一题不见准有结果可得。如不得结论，可不勉强。如不得积极结论，可下反面结论亦可。

通史之专门者乃为专家作；通俗者乃专家为普通人作。专门通史分类：（1）大事年表；（2）辞典；（3）大事记。大事年表以年为标准，而注明材料之出处与批评，即一事有何记录，记录出自何处，是否可靠。辞典亦然，按字母或分国或分题，而内容不同，原则必同。大事记如宗教史、法律史，将一事之自始至终详述之，只在有其材料而已。其条件为：（1）无词藻；（2）无解释。只搜集可靠材料结论排比之而已。

通俗通史为所有专家之结果，整个叙述之，必加批评。注意点：（1）不必为专家，可为普通对史有兴趣者；（2）注解须减少，与专门通史不同；（3）必加解释，有历史哲学之系统；（4）文字结构能引起普通人兴趣，而专门通史则忌讳词藻；（5）不失历史真相，而结构清楚。《左传》合乎此条件，尤其文字结构。Gibbon 之 The History of the Decline and Fall of the Roman Empire（吉本：《罗马帝国衰亡史》）；Macaulay 之 History of England。

（按：笔记本中本专题内容仅如此。）

以上言科学、哲学、艺术三部分。再言功用。其实极具体之功用为不可知，但概括言之。（1）明了过去较易明了现在，即以过去解释将来。（2）测推将来虽为人人所不敢定，但明了将来大概之趋向与情形，或可得知。如从历史中求得原则，亦有规则之推进。（3）具体上言，政治家知历史趋向，不致反潮流，易于成功。（4）历史与社会科学以相互功用，此学术界上有用处。

历史时代性，人人均知。史学著作均随时代变化。历史家之著作，有时代之眼光兴趣。时代变化，赏鉴变化，而解释历史不同。所以历史上之主观条件，为历史上之时代性。所以无一著作为永久标准与中心之著作。在西洋有十年以上之高尚价值，已属极佳之作。此就社会变化言之也。中国自汉至清，汉之著作至清犹合时代性，盖社会政治不变，普通见解亦同一，只在知识之高下有认识上差异而已。

外评工作拟题

1.《左传》(《左传》真伪考）(Karlgren 高本汉）

2.《左传》(古史研究）

3.《国语》(古史研究）

4.《春秋》(古史研究）

5.《太上感应篇》(《抱朴子》)

6. "共和"异说材料之比较研究

7.《墨子》之《兼爱》《非攻》《非命》好中下之比较研究

8.《古文尚书》(惠栋：《古文尚书考》)

9.《古文尚书》(阎若璩：《古文尚书疏证》)

10. Mamrix, Memoirs of Li Hung-chang（曼瑞克斯：《李鸿章回忆录》)

11.《逸周书》与《尚书》之《周书》事迹相同、体裁相同数篇之比较研究

12.《吕氏春秋》中古书轶辑（参考《汉书》之《艺文志》)

历史哲学论文题

1. Le Bon, The Crowd（勒邦：《群众》)；Martin, The Behavior of Crowds（马丁：《群众之行为》)

2. Carlyle, Heroes and Hero-worship（卡莱尔：《英雄与英雄崇拜》)

3. Hegel, philosophy of History（黑格尔：《历史哲学》)

4. Comte, Positive Philosophy（孔德：《实证哲学》，英译本，共 3 卷。)

5. Buckle, History of Civilization in England（巴克尔：《英国文明史》)；Semple, The Influences of Geographic Environment（塞珀尔：《地理环境之影响》)

6. Marx, Seligman, Kautsky（马克思，塞利格曼，考茨基。按：笔记此处未列书名，塞利格曼为美国经济学家，著《历史之经济解释》。)

7. St. Augustine，The City of God（圣奥古斯丁：《上帝城》)；Orosius（奥洛西厄斯，其著作为《反异教史》7 卷。)

8. Oppenheimer, The State（奥本海末尔：《国家》)

9. Gobineau, Essays on the Inequality of Races（哥比内：《论种族不平等文集》)；Grant, Passing of the Great Races.

10. Bagehot, Physics and Politics（白志浩：《物理学与政治学》)

11. 战国诸子史观——儒、墨、法、道、阴阳

12. Keyserling, The World in the Making（凯塞林：《形成中之世界》）

13. Smith, Migration of Early Culture（史密斯：《早期文化之迁徙》）

（按：以上这些题目在笔记本中原插于“一元论与多元论”和“历史之循环与相似”两子目之间，且前有近两页之空白，有点不伦不类。现移至全文之末。）

（原载《江西师范大学学报》2011 年第 2 期）

附录2：雷海宗年谱简编

马瑞洁　江沛

1902 年（光绪二十八年）

生于河北省永清县。父亲雷鸣夏，是当地基督教中华圣公会牧师。

1910 年（宣统二年　8 岁）

入基督教会兴办之蒙学堂读书，字伯伦。

1917 年（15 岁）

8 月，入北京崇德中学读书。此校前身为英国中华圣公会创办于 1874 年的崇德学堂。

1919 年（17 岁）

5 月，参加"五四"学生运动中的反日学生游行，自陈此为关注现实政治之始。

9 月，因成绩优异，受教会资助转入清华大学高等科，插班进入二年级学习。

1922 年（20 岁）

6 月，从清华学校毕业，获得公费赴美留学资格。

9 月，入芝加哥大学历史系，主修历史，副科学习哲学。

1924 年（22 岁）

9 月，入芝加哥大学研究生院历史学研究所攻读博士学位，导师是詹姆斯·汤普逊教授。

在美期间一心读书，同校中国留学生称之为"今之古人"，多次获得奖学金及荣誉褒奖。

与清华校友如刘绍禹、何运暄、闻亦传、张景钺等人交游较多。除芝加哥大学清华同学会外，还参加过两个中国留学生社团，前者主张推行民主政治、反对外力干涉，后者则以"谈话会"的形式议论国是。曾在"谈话会"上做过"八十年国耻小史"的报告。

留美期间，其父雷鸣夏病逝。

1925 年（23 岁）

五卅运动爆发后，作时事评论文章《"五卅"的功臣》，未发表。

1926 年（24 岁）

在《留美学生季报》上刊出时事评论文章《强权即公理说》

4 月，在上海《圣公会报》上刊出宗教历史文章《元代基督教输入中国纪略》

在《圣公会报》上刊出宗教历史文章《安第斯山耶稣之铜像》。

1927 年（25 岁）

1 月，在《留美学生季报》上刊出《"五卅"的功臣》，此为原作的一部分。

6 月，依托法文资料、以英文撰写完成的博士学位论文《杜尔阁的政治思想》（The Political Ideas of Turgot），顺利通过答辩，获哲学博士学位。

同年归国。

8 月，入中央大学历史学系任教，为副教授。

1928 年（26 岁）

3 月，在《时事月报》上刊出《评汉译〈世界史纲〉》一文。文章认为，人类历史并非一体，从时空两种维度考量，应为若干文化区域各自独立的发展演变。因此所谓"世界通史"要么是"一部结构精密不合事实的小说"，要么是"前后不相连贯的数本民族专门史勉强合成的一本所谓世界通史"，汉译《史纲》是威尔斯"鼓吹世界大同的一本小说杰作"，"本身无史学价值，我们不可把它当作史书介绍与比较易欺的国人"。《汉译〈世界史纲〉》由梁思成等五人译述，梁启超等十人校订，商务印书馆出版。

1929 年（27 岁）

8 月，任中央大学历史学系主任。

应邀为金陵女子大学兼课。

开始为《时事月报》撰写有关国际局势动态的文章，翻译英美学者史学文章，撰写书评推介史学名著。

1930 年（28 岁）

与张景茀结婚。张景茀是雷海宗清华学校及芝加哥大学校友、植物学家张景钺的胞妹。

12 月，《评汉译〈世界史纲〉》在中央大学历史学系主办的《史学》创刊号上转载。雷海宗在附言中解释再刊原因——"无论普通的读者或中学大学的学生仍多以此书为有权威的世界史。所以现在将原评转登在《史学》上，盼望国人将来能少走不通的路。"

《史学》同期刊出雷海宗译作《克罗奇的史学论——历史与记事》。此译作为意大利哲学家克罗奇的名著《史学的理论与实际》的第一章"历史与记事"，雷海宗在说明中强调，"克氏的议论虽不免有过度处，但以大体言之，他的学说颇足以调剂我们中国传统史学偏于'记事'的弊病"，可以"促进中国史学的发展"。

1931 年（29 岁）

生一女，名崇立。

2 月。受聘金陵女子大学历史系教授

7 月，受聘金陵女子大学中国文化研究所研究员。

8 月，辞去中央大学历史学系教职，入武汉大学，为史学系、哲学教育系合聘教授。讲授欧洲通史和中国哲学史课程。今存于武汉大学的《欧洲通史（二）》铅印授课提纲，经增补整理后逾 20 万字，共计 5 编 51 章，每章末开列相关外文文献，共计 300 余种。提纲体系完整、条目清晰，打破国别界限和王朝体系，抓住重大的社会政治变革和文化思想变迁，以宗教、哲学、科学、文学、市民社会之诞生等历史变革为主线，串联整个欧洲特别是西欧的历史，最后一节更由西洋文化普及全球，预言"人类命运之打成一片"。

在武汉大学《文哲季刊》第 2 卷第 1 号发表《殷周年代考》一文，引起学界广泛关注。该文吸取相关学科的研究成果，根据温带人类的生理和平均寿命来推断殷周的年代。现提出"按温带人类生理，普通四世当合百年"，以中国历朝各世君主在位的总年代做出统计，加以证明；然后再根据已知周代君主的世数推定周室元年当为公元前 1027 年；最终考证出盘庚迁殷为公元前 1300 年、周室元年为公元前 1027 年的记载是可靠的。这一论断至今渐成学界共识，著名史学家何炳棣认为，应称之为"雷海宗的年代"。

1932 年（30 岁）

5 月，金陵大学《金陵学报》第 2 卷第 1 期，刊载长文《孔子以前之哲学》。该文以西周春秋思想为主要研究对象，借鉴法国学者马斯伯劳的《中国古代史》（1927 年版）研究思想，提出孔老并非中国最早的哲学家，此前已有区别于宗教的哲学思想的发展。"孔子是史官思想的承接者"，"老子或《老子》作者是筮人思想的承继者"。

7 月，辞去武汉大学教职。

9 月，进入清华大学任教，为历史学系教授。适逢此时清华大学历史系主任蒋廷黻正推行"历史学和社会科学并重，历史之中西方史与中国史并重，中国史内综合与考据并重"，力求使清华历史系与国际一流大学接轨。雷海宗讲授中国通史、中国上古史、西洋史、史学方法等课程。汇编了近 90 万字的《中国通史选读》，串联史学原典，亲撰简明评述，体现其注重时代文化的总体特征、不拘于朝代更迭的治史风格。

1934 年（32 岁）

1 月，《清华学报》第 9 卷第 1 期发表《书评：Thompson, History of Middle Ages》。认为该书是研习中古史的最佳入门读物，并向学生推介了该作者的其他专著。

10 月，在《清华学报》第 9 卷第 4 期发表《皇帝制度之成立》一文。文章以皇帝成立的事实为主，兼涉帝王论，提出"皇帝制度本身到西汉末年可说已经完全成立，制度的本质与特性永未变更"的结论。

1935 年（33 岁）

10 月，在清华大学《社会科学》第 1 卷第 1 期发表《中国的兵》一文。该文另辟蹊径，并未将着力点放在兵制考察上，而以"兵的精神"为主要观察对象，从当兵的成分、兵的纪律、兵的风气和兵的心理等方面来考察中国的兵，由之探究中华民族盛衰的轨迹和原因。认为"汉代的问题实际是中国的永久问题，东汉以下兵的问题总未解决"，中国"长期积弱局面的原因或者很复杂，但最少由外表看来，东汉以下永未解决的兵的问题是主要的原因"。

1936 年（34 岁）

1 月，在清华大学《社会科学》第 1 卷第 2 期发表《书评：Hecker, Religlion and Communism》。该书论及俄国革命后俄国民众宗教观的改变，雷海宗认为此书态度客观，是英文同类书中难得的一本。

4 月，在清华大学《社会科学》第 1 卷第 3 期发表《书评：Jaspers, Man in the Modern Age》。认为该书是西方反思现代社会思想浪潮的产物，虽有瑕疵，仍值得一读。

7 月，在清华大学《社会科学》第 1 卷第 4 期发表《无兵的文化》一文，从政治制度之凝结、中央与地方、文官与武官、士大夫与流氓、朝代更替、人口与治乱、中国与外族等七个方面阐述中国文化的主要特征"就是没有真正的兵，也就是说没有国民，也就是说没有政治生活"，初步形成对中国文化结构的批判性认识体系，是"中国封建社会长期停滞"说较早的提出者之一。

10 月，在清华大学《社会科学》第 2 卷第 1 期发表《断代问题与中国历史的分期》一文，提出欧西文化和希腊罗马文化"推其究竟，是两个不同的个体"，"无论由民族或文化重心来看，都绝不相同"。该文在理论方法上受斯宾格勒（Oswald Spengler）"文化形态史观"的影响明显，认为每个高等文化在诞生前先有酝酿时期，其后分为形成、成长、成熟、大一统和衰亡五个发展阶段。但又在与世界文化发展比较的基础上，提出中国文化独具两个周期的"中国文化二周说"。

前述系列论文，以"民族前途"为根本问题意识，以"世界文明"为观瞻点，秉承了"五四"新文化运动对国民性的批判精神，以斯宾格勒"文化形态学"为母体，将近代中国的命运与全球经济一体化的世界大势紧密关联，从中西比较的历史考察中"眺望"中华民族在 20 乃至 21 世纪全球竞争中的前途。既打破了传统史学研究的王朝体系，又冲破了近代西方中心论的叙事樊篱。因其视角独特，眼界宏阔，创新迭出，在引发争议的同时，也使得雷海宗在中国史学界声名日益显著。

12 月，在《清华周刊》第 45 卷第 7 期发表《第二次大战何时发生》。认为第二次世界大战必将发生，但应在 1960 年代左右。提出国内需要加紧解决工业化、军备自给和粮食问题。

1937 年（35 岁）

4 月，在清华大学《社会科学》第 2 卷 3 期发表《世袭以外的大位继承法》。

7 月，在清华大学《社会科学》第 2 卷 4 期发表《中国的家族制度》，纵论大家族和小家庭制度各自优劣以及它们与国家兴亡之间的内在联系。

8 月，抗战开始后，告别妻女，随校迁往长沙。

11 月，北大、清华、南开三校联合的长沙临时大学正式开学，因长沙校舍不足，文学院暂设南岳。雷海宗接替刘崇鋐任长沙临时大学历史学系教授，并就任"临大"历史社会学系教师会主席。

年底，南京陷落，临时大学决定迁往昆明。雷海宗随文学院先迁还长沙，后与金岳霖、叶公超、吴有训等各系负责人一道赴广州、香港购买书籍和仪器，为入滇办学做进一步的物质准备。

1938 年（36 岁）

2 月，发表《此次抗战在历史上的地位》（《扫荡报》1938 年 2 月 13 日），部分修正了自己过去专注于批判中国文化的做法，肯定了"中华民族的坚强生力"，表达了高亢的爱国热情——"但愿前方后方各忠职责，打破自己的非常纪录，使第三周文化的伟业得以实现"。

5 月，任新成立的国立西南联合大学历史学系教授、系主任。此后几年，开设"中国通史""秦汉史""西洋（欧洲）中古史""西洋近古史（16—18 世纪）""罗马帝国制度史""西洋文化史""西洋史学史"等七门课程，并兼任师范学院史地系主任、西南联大教授会代表、新生资格审查委员会委员、一年级学生课业指导委员会委员等若干职务。

同年，与林同济参与由钱端升主持的《今日评论》的编辑工作。与陈雪屏轮流主编《当代评论》杂志。

年底，开始着手整理《中国的兵》等文章，增撰《建国——在望的第三周文化》和两篇总论，汇编《中国文化与中国的兵》一书。

1939 年（37 岁）

1 月，在昆明《今日评论》第 1 卷第 4 期发表《君子与伪君子——一个史的观察》。从历史的角度强调武德的重要性，认为 "凡在社会占有地位的人，必须都是文武兼备，名副其实的真君子。非等此点达到，传统社会的虚伪污浊不能洗清"。

1940 年（38 岁）

2 月，《中国文化与中国的兵》交由商务印书馆出版。此书分为上下两编，上编侧重对中国文化的批判及展望，下编则是雷海宗对于中日战争在中国文化发展史、中国近现代历史上举足轻重地位的分析，集中体现了雷海宗所借鉴"文化形态史观"的独特理论方法、"中国文化二周论"的文化思想及敏锐的社会批判意识，是其作为"战国策"派核心人物的代表作品。

该书细数自春秋、战国直至东汉时代的兵制，指出中国古代军队的构成由贵族、良民到贫民、流民，再到囚犯、外族，乃至"想用法术一类的把戏去打仗"，终于陷入"兵匪不分，军民互相仇视的变态局面"。认为无兵的文化导致"外族的势力根深蒂固，无从斩除；中国内部的病势过于沉重，难以根治"，外族入侵不断使社会时常陷入大动乱，全凭汉文化对游牧文化的优势勉强应付。至清末，面对文化上更先进的西洋外族，不再拥有文化优势的中华民族终于不得不面对前所未有的严重挑战。他由是断言"这种长期积弱的原因或者很复杂，但最少由外表来看，东汉以下永未解决的兵的问题是主要的原因"。

"无兵的文化"观点既出，学界褒贬不一、争鸣不断。张其昀以两千年来中国兵役与兵制的常态提出质疑，也不少文化人表示赞同。梁漱溟并撰文指出，雷海宗触动了中国古典文化的一大症结：中国"无论其积弱之因何在，总不出乎它的文化。看它的文化非不高，而偏于此一大问题，少有确当安排，则调用之'无兵的文化'，谓其积弱正坐此，抑有何不可？"

4 月，与云南大学林同济教授、西南联大外文系教授陈铨等，在昆明共同创办《战国策》半月刊。刊名源于雷海宗以文化形态史观推演出当今世界乃是古代中国"战国时代的重演"，创办者们希望以积极入世的态度，纵论时局，为国家、民族之"策士"。

6 月，在《战国策》半月刊上发表《张伯伦与楚怀王——东西一揆？》以楚怀王类比英国首相张伯伦，批评其面对德国法西斯犹疑彷徨导致被动。

8 月，任西南联合大学文学院历史学系主任暨师范学院史地系主任。

9 月，在《战国策》半月刊上发表《历史警觉性的时限》，批评只重考证训诂的历史之学，提出"历史的了解，虽凭借传统记载的事实，但了解程序的本身是一种人心内在的活动，一种时代精神的哲学表现，一种整个宇宙人生观应用于过去事实的思维反应。生于某一时代，若对那一时代一切的知识、欲望、思想，与信仰而全不了解，则绝无明了历史的能力"。

1941 年（39 岁）

1 月，在《战国策》半月刊上发表《中外的春秋时代》。

3 月，在昆明《中央日报》上发表《全体主义个体主义与中古哲学》，此文后来稍加改动，在北平《周论》第 1 卷 15 期重刊。

4 月，在清华大学《社会科学》第 3 卷 1 期发表《古代中国的外交》，此文后以《春秋外交与战国外交》为题在重庆《大公报》1942 年 7 月 23 日第 3 版、7 月 24 日第 3 版连载。

7 月，因"空袭频仍，印刷迟缓，物价高涨"等因，出刊 17 期的《战国策》宣告停刊。在昆明《当代评论》第 1 卷第 1 期发表《抗战四周年》，着重讨论抗战期间社会生活、社会风气以及社会心理的变化。认为目前已经走到了长期战的晚期，并提醒执政者"接受过去的教训，不要等胜利到来时而毫无迎接胜利的准备"。

9 月，在昆明《当代评论》第 1 卷第 9 期发表《海军与海权》。

11 月，在昆明《当代评论》第 1 卷第 18 期发表《论欧洲各国请英美善意保护》，预言战后"国际间必会产生以英美为重心的一个超然政府，一个赋有维持国际秩序的责任的政府"，"我们中国对于欧美这种新的局面，无论是处在合作、对立或中立的地位，我们对它的关系，一定只有比过去更要复杂"。

12 月，自当月 3 日始《大公报》"战国"副刊正式出刊。此为雷海宗等学人与该报合作的周三副刊专版。

除上述报刊外，雷海宗参与编辑的《今日评论》，陈铨主编的《民族文学》及《军事与政治》也是战国策派学人发表论著的主要园地。另有一些与他们观点接近的学人，如贺麟、何永佶、陶云逵、沙学浚、沈从文、公孙震、吴宓、王赣愚、冯友兰等也常在这些刊物上发表观点，彼此回应。这些学者在改造国民劣根性、反对国民党政治腐败、坚持抗战等问题上与战国策派观点一致，但在战时文化重建这一关键问题上又各有见解。由此可见，"战国策"派实际上只是对一个松散的学术集合体的笼统称呼，台湾学者王尔敏先生甚至认为"'战国策学派'一词，乃形容我国抗战期间关心世界大局且具威望警觉之学者言论。……但凡有强烈民族主义意识，从而自世界列强现势而作学理与形势探讨者，即被人目为'战国策学派'"。

抗战的危局、国民党的内部纷争、英美等为战争建立的危机政府以及德意日法西斯国家的暂时得势，促使雷海宗等人强调战时"民族至上""国家至上"，甚至认为战时中国应该有"英雄崇拜"，先以集权御外侮，后以民主行建设——这些观点在当时引起了众多争论，特别是受到了□□南方局领导的一些文化人的批判。近代中国救亡与启蒙的两难，观念与现实的纠缠，在战国策派学人的思想中具有明显的体现。

1942 年（40 岁）

2 月，在重庆《大公报》"战国"副刊第 10 期发表《历史的形态——文化历程的讨论》；在第 13 期发表《三个文化体系的形态——埃及·希腊罗马·欧西》。

3 月，在重庆《大公报》"战国"副刊第 14 期发表《独具二周的中国文化——形态史学的看法》。

雷海宗在《大公报》"战国"副刊发表的系列文章，均以文化形态史观为导向，认为文化发展可以分为封建时代、贵族国家时代、帝国主义时代、大一统时代和政治破裂与文化灭亡的末世等五个阶段。世界上如埃及、印度等多种文化依此分析均告灭亡，中国文化则因外来文化因子的融入而获得新生并进入第二个发展周期。雷氏"战国时代重演"的观点，引起了学术界极大反响，"战国策"派的称呼因此不胫而走。

春天，应林同济邀请，赴云南大学讲演历史周期论。

7 月，在昆明《中央日报》当月 10 日、11 日连载发表《近代战争中的人力与武器》。在昆明《当代评论》第 2 卷第 5 期发表《战后世界与战后中国》。重庆《大公报》"战国"副刊结束出刊，共计出版 31 期。

12 月，经姚从吾、王信忠介绍，加入国民党。

1943 年（41 岁）

1 月，在昆明《当代评论》第 3 卷第 9 期发表《平等的治外法权与不平等的治外法权》。

2 月，任西南联合大学文学院代理院长。

3 月，在昆明《当代评论》第 3 卷第 15—16 合刊上发表《战后经济问题座谈会上发言及总结》。

8 月，在昆明《当代评论》第 3 卷第 23 期发表《大地战略》。

10 月，在昆明《当代评论》第 3 卷第 24 期发表《欧洲战后人的问题》。

11 月，在昆明《生活导报周年纪念文集》发表《循环之理》。

12 月，在昆明《当代评论》第 4 卷第 1 期发表《四强宣言的历史背景》。

以上在《当代评论》发表的文章，均为时评政论。雷海宗认为盟国必胜、美苏将走向抗衡，主张中国战后应该在欧美各国之间保持平衡立场，并"用革命的手段"发展经济。

本年，雷海宗婉拒洛克菲勒基金委的访美邀请，坚持留在国内参与抗战。此邀请的背景是，时任美国驻华使馆文化官员的费正清与清华大学美籍教授温德联名给洛克菲勒基金会写信，反映中国学者在战争中的艰难处境，呼吁基金会予以援助。基金委因此决定邀请"不但著名而且最有创造力"的中国教授赴美研修。雷海宗名列首批名单，同批学者还有闻一多、费孝通、冯友兰、梁思成、罗常培等人。然而，雷海宗却婉拒不就。梅贻琦校长曾亲自动员雷海宗接受邀请，但他答复说学校正在最困难的时期，自己不宜出国。

为配合美军训练中国军队、中美协同反日的计划，西南联大和战地服务团成立昆明译员训练班，培训军事翻译人员。雷海宗无偿为其授课，教授英国史、南洋与中国、印度史、英文四门主要课程，参与了全部 9 期培训，直至 1945 年 8 月抗战结束。

1944 年（42 岁）

1 月，出任国民党西南联大区分部执委。

2 月，在昆明《当代评论》第 4 卷第 8 期发表《战后的苏联》。

为《云南民国日报》（1944—1945）《昆明中央日报》（1945—1946）昆明广播电台（1945—1946）等国民党或三青团媒体撰写时评和社论。

1941—1946 年间，在校内外做了约 40 次公开演讲。

1946 年（44 岁）

2 月，在《反苏宣言》上签字，参加在重庆举行的"反苏大游行"，在"东北问题讲演会"等若干集会上发表演讲，发表《东北问题的历史背景》，后刊载于昆明《再创》杂志。

3 月，蒋介石视察昆明，雷海宗与姚从吾等 7 位西南联大党部委员受到召见。雷海宗直言物价通胀，建议增加学生公费。

5月，与林同济合著的《文化形态史观》出版（上海：大东书局），收录了雷海宗在《战国策》杂志和《大公报》"战国"副刊上发表的4篇论文。

6月，在上海《智慧》第4期发表《时代的悲哀》。

7月，闻一多遇害。雷海宗任"丧葬抚恤委员会"委员，并在7月24日的追悼会上宣读祭文、报告生平，并保管了由闻一多遗体内取出的子弹头。

清华开始复员北上，雷海宗和家人从昆明乘飞机抵达重庆。为等飞机，在重庆盘桓一月。后改飞南京，再由上海乘船到塘沽。雷海宗临时接替一名教授，组织数百名学生乘船北上，途中遇大风浪。最终克服困难，井井有条地将大队人马带至北平。

8月，清华大学在北平复校。任清华大学历史学系教授、主任，后代理文学院院长。

9月，在南京《广播周报》复刊第3期发表《举世瞩目的阿拉伯民族》。

10月，在上海《观察》第1卷第9期发表《和平与太平》。

1947年（45岁）

夏，为胡适主编的《独立时论》（北平）撰稿。

7月，在《北平时报》发表《近代化中的脑与心》。

10月，在清华大学《社会科学》第4卷第1期发表学术论文《春秋时代的政治与社会》，从士卿、君子观念、士族渐衰、平民渐兴、大革命开始等五个方面加以阐释，认为"春秋时代已不是纯粹的封建时代"，"战国时代各国的国君，是中国历史上最早的专制独裁的国君"。秦制"在根本上是战国时代已经成熟的现成制度"。

在《北平时报》发表《史实、现实与意义》。

11月，在北平《北方杂志》第2卷第5期发表《自强运动的回顾与展望》。

1948年（46岁）

1月，受国民党北平市党部主任吴铸人之托，以"经费独立"，"不用党费"为前提，创办《周论》，出任该刊主编。

年初，入选中央研究院院士初选名单，学术声誉渐隆。

3月，在南京《中央日报》发表《本能、理智与民族生命——中国与英国民族性的比较》。

4月，在《独立时论集》第一集，发表《航空时代、北极中心与世界大势》

《伊朗问题》《两次大战后的世界人心》。

年中，列入国民政府"挽救北方学人"计划名单。

10 月，在《天津民国日报》发表《国际和平展望》。在清华大学《社会科学》第 5 卷第 1 期发表学术论文《东周秦汉间重农抑商的理论与政策》。

11 月，主编的《周论》停刊。该刊自 1948 年 1 月 16 日创刊，至同年 11 月 19 日终刊，共计 43 期。撰稿人几乎全是清华、北大知名学者，雷海宗除为其撰写全部六十篇社论外，还在该刊发表《如此世界 如何中国》《论中国社会的特质》《人生的境界（一）——释大我》等 10 篇署名文章。《周论》重视个人自由和个性价值，主张以宪法法律和适度干预的市场经济为社会基础；强调社会秩序，主张以渐进的方式推进社会改良；视宽容为社会生活重要价值标准。该刊在当时的京津教育界中颇有影响，但也充满争议：既有读者视之如理性思想的甘澧，有读者斥之为"反动"帮凶，也有读者谓其"立场不明"。最终中共军管会文化接管委员会将该刊确定为"应予没收"的刊物。

12 月 11 日，时任教育部长陈雪屏致信北大秘书长郑天挺，再次敦促若干学人早日南下，其中特别提及雷海宗。

12 月底，拒绝国民政府南下台湾的邀请，选择留在北平。

1949 年（47 岁）

9 月，辞去清华大学历史学系主任职务，仍任历史系教授。

1950 年（48 岁）

开始系统学习马克思主义。

春季，到北京郊区参加土地改革运动，并提交《参加土改总结与一年学习总结》和《我的思想转变》两篇参加土改运动及学习的总结汇报。《光明日报》分别在 3 月 29—30 日刊出。

3 月，办理反动党团分子登记，随后被宣布为"管制对象"。

8 月，完成论文《古今华北气候与农事》，探讨古书中所见古代华北的气候与农业，指出其后逐渐发生的变化，并对今后华北的气候状况和农业发展提出了自己的意见，既具有重要的学术价值，又具有现实意义。

1951 年（49 岁）

3 月，赴西北地区参观土地改革运动。

4月，北京市公安局宣布对其解除管制。

在《大公报》《进步日报》和《历史教学》发表了一系列批判教会的文章，如《耶稣会——罗马教廷的别动队》《耶稣会的别动队活动》《中国近代史上宗教与梵蒂冈》《20世纪的罗马教廷与帝国主义》和《近代史上梵蒂冈与世界罗马教》等，将稿费全部捐献国家。

1952年（50岁）

3月1日，"思想检讨"经清华大学历史系群众大会讨论通过。

秋，清华大学历史学系在院系调整中被取消，雷海宗奉命移砚南开大学，任世界史教研室主任。与之境遇近似的还有被誉为"北大舵手"的明清史专家郑天挺。雷、郑二位史学领军人物同调南开，从此开启了南开大学历史学科的崛起与繁荣期。

开设"世界现代史"必修课。此课是教育部参照莫斯科大学历史系的教学计划要求设立的。因国内全无基础，北大、北师大等校均无法立即执行此新计划，南开因有雷海宗而如期开课。雷海宗认为，苏联教材对现代历史时段的划分并不符合东方国家的史实，是苏联中心论的产物，不能照搬到中国教学中。他采用专题教学法，按历史次序讲授系列专题，在参照俄文材料的同时，尽可能采用英文文献，大大深化了课程内容和思想性。

1953年（51岁）

出任《历史教学》编委，分管世界上古史部分。并亲自撰写了《关于世界上古史一些问题及名词的简释》《世界史上一些论断和概念的商榷》《基督教的宗派及其性质》《读高中〈世界近代现代史〉上册》《历法的起源和先秦的历法》《欧洲人的"教名"及一般取名的问题》《关于公元纪年各种西文名词的意义及中文译名问题》等文章。此类深入浅出的阐释、纠谬，对当时高校青年教师和中学教学帮助很大。

在家中为青年教师讲授两周秦汉史，王玉哲和杨志玖先生也来旁听。

1956年（54岁）

加入九三学社。

按教育部计划，在全国率先开设"物质文明史"课程。他从生活和服装的变迁反观民族历史的发展，如讲到游牧的塞其提人由于骑马征战，穿绔、长靴、马褂、风帽；后因胯御寒不足，就加上腰成为开裆裤，再演变成合裆裤。一条裤子的演变绝不是对历史无聊细节的穷究考据，而是延续了他从文化形态史观观察物质文明推演的治史思路。明清史专家冯尔康先生认为，这门课当时给他启发极大，乃至潜移默化地影响到他对社会史研究的关注与倡导。

受教育部委托，编写《世界上古史讲义》。他对当时普遍采用的分区分国教学法提出不同意见，认为这种授课方式容易让学生产生各国兴衰循环的错觉，很难形成对世界历史的整体感。他采用"综合年代教学法"编写世界上古史，并于当年率先实践，获得巨大成功，其讲义后被教育部定为全国高校交流讲义。

发表《上古中晚期亚欧大草原的游牧世界与土著世界》。

1957 年（55 岁）

发表《世界史分期与上古中古史中的一些问题》一文。认为人类的历史依生产工具而论，可分为石器时代、铜器时代、铁器时代和机器时代。从社会性质来说，石器时代属于原始社会，铜器时代属于部民社会，铁器时代包括古典社会和封建社会，机器时代包括资本主义社会和社会主义社会。奴隶制只存在于雅典和罗马，应被视为封建社会的变种发展。这种人类社会形态发展中奴隶社会与封建社会差别不大的观点，后被批判为"反对马列主义社会发展的基本规律"。（详见《人民日报》，1957 年 6 月 5 日）

4 月，参加天津市委工作会议及《人民日报》召开的座谈会。这两次均是关于"百家争鸣"的座谈会。在会上，雷海宗主要谈了发展社会科学问题。他指出，社会科学是随资本主义产生而产生和发展的，因为中国历史上没有经历资本主义，因此中国社会科学一直非常薄弱。马克思、恩格斯是在资产阶级社会科学的基础上，用新方法和新观点为无产阶级建立了新的社会科学。"马克思理论自恩格斯 1895 年逝世后即停滞了发展"，列宁等人只是"在个别问题上有新的提法"。我们不应该认为他们已解决了一切问题，社会科学不能再发展了，而应当利用新材料、新解释把 1895 年到现在六十二年的课补上。这不是那一个个人的问题，而是整个社会主义阵营的问题。（详见《天津日报》，1957 年 5 月 22—23 日）

6 月 22 日，在天津市史学会讲演"关于世界史的分期问题"。

夏，在天津市反右大会后，被补划为"右派分子"，遭到全国点名批判，勒令停止一切教学与科研活动。精神遭受重创，开始便血。

秋，开始翻译斯宾格勒的《西方的没落》部分章节。

奉命校对新编亚非拉历史教材。虽无资格参编亦无资格署名，仍一丝不苟查对英文资料、修补文稿疏漏，为两部书出版付出辛勤劳动。

1958 年（56 岁）

3 月，中共南开大学党委、整风办公室确认，雷海宗的问题"按右派予以结论"。在待遇上保留教授职务，由二级降至五级，撤销其一切职务。

1960 年（58 岁）

经检查，患有慢性肾炎。

1961 年（59 岁）

年末，被摘除"右派分子"帽子。

1962 年（60 岁）

3 月，抱病重上讲堂，讲授外国史学名著选读、外国史学史两门课程。虽严重贫血，全身浮肿，行走困难，仍亲笔拟就"外国史学史讲义提纲"，又让助教用三轮车带他到教室上课。

委托助教王敦书先生从图书馆借出全套的《诸子集成》，打算研究先秦诸子，写作有关著述。

11 月底，病至无法行动，课程被迫停止。

12 月 16 日，因尿毒症发作，送医院抢救。

12 月 25 日，因尿毒症及心力衰竭等因，病逝于天津。

（作者：马瑞洁，南开大学文学院副教授；江沛，南开大学历史学院教授）